《宝安年鉴》编审委员会

《宝安年鉴》编辑部

编印说明

《宝安年鉴》是中共深圳市宝安区委、宝安区人民政府组织编印的地方综合性年鉴，是系统记述宝安区自然、地理、政治、经济、文化和社会等各方面情况的年度资料性文献。其编纂宗旨是：以邓小平理论、“三个代表”重要思想和科学发展观为指导，如实记述宝安改革开放的新成就和各行各业的新变化，客观、全面、系统地反映宝安各项事业新发展；如实记述宝安区在努力当好深圳发展生力军，争创科学发展示范区工作中采取的一系列新举措及其取得的成效。它是了解宝安、投资宝安的指南，具有重要的历史价值和社会价值。1995年创刊，现已出版17期。

本年鉴体例采用条目体，力求做到文字精练、图文并茂。

本年鉴涉及的统计数据来源于宝安区统计局。对各单位初稿使用的数据如与统计局公布的数据有出入者，一律以统计局公布的数据为准。

本年鉴的初稿由各单位、各部门特约撰稿人提供，得到各单位领导的重视和大力支持，在此表示衷心感谢！

由于水平有限，疏漏和差错在所难免，敬请广大读者批评指正。

2010年5月30日，中共中央政治局委员、广东省委书记汪洋到富士康科技集团调研

2010年10月9日，广东省委常委、深圳市委书记王荣到航盛电子股份有限公司调研

2010年4月29日，广东省委常委、政法委书记、省综治委副主任、省公安厅厅长梁伟发（前右二）一行，在市委副书记白天陪同下，检查沙井街道综治维稳中心和壆岗社区综治信访维稳工作站

2010年9月9日，全国妇联党组书记、副主席、书记处第一书记宋秀岩（前中）到沙井街道调研外来女工流动学校工作。全国妇联宣传部部长、办公厅副主任任卫国，广东省政协副主席、省妇儿工委副主任、省妇联党组书记、主席温兰子，深圳市政协副主席林洁，深圳市妇联主席蔡立等陪同调研

2010年10月8日，深圳市市长许勤率队到恩斯迈电子（深圳）有限公司调研

2010年8月10日，深圳市政协主席白天视察建安路商业街

2010年1月25日，中共深圳市宝安区第四届代表大会第五次会议召开

2010年3月2日，深圳市宝安区第四届人民代表大会第五次会议召开

2010年3月1日，政协深圳市宝安区第三届委员会第六次会议召开

2010年3月17日，中共深圳市宝安区第四届纪律检查委员会第五次全体(扩大)会议召开

2010年3月30日，宝安区委书记周林祥率队到沙井街道调研

2010年3月23日，宝安区区长李文龙在“广东省推进教育现代化先进区”授牌仪式上接受奖牌

2010年8月17日，宝安区委书记鲁毅到桃花源科技创新园调研

2010年12月9日，宝安区科技创新奖励大会召开，区长张备为科技创新“区长奖”获得者颁奖

2010年5月11日，宝安区政协主席沈建英到大浪服装产业基地调研

2010年5月14日，宝安区委副书记张洪华参加第六届“文博会”宝安区文化产业项目签约仪式

2010年7月7日，宝安区人大常委会常务副主任麦启锐调研宝安区水环境治理工作

2010年12月6日，宝安区举办高端产业招商推介会

海滨广场

建设中的宝安体育场

龙华文化广场一角

万福广场

机场片区“欧陆风格”市容市貌

广深高速鹤洲出口市容环境

铁岗水库库区

沿江高速宝安中心区江面段

固戍污水处理厂

福永凤凰山台湾街

海上田园

第六届“文博会”观澜版画原创产业基地分会场

2010年1月10日，“宝安京剧娃”在“盛世中华2010年春节戏曲晚会”上压轴亮相

2010年6月18日，宝安区启动“情暖四方·关爱劳务工”系列项目

目 录

文 献

特色宝安

总　述

政党政权

群众团体

法 制

军 事

工 业

城市规划和建设

人居环境

农林渔业

交通　邮政　电信

金　融

商贸　旅游

经济监督管理

科技　教育

文 化

卫生　体育

社会生活

街　道

人　物

统计资料

2010年宝安大事记

索　引

解放思想　改革创新
努力推动科学发展上水平

——在中共深圳市宝安区第四届代表大会第五次会议上的报告

（2010年1月25日）

中共深圳市宝安区委书记　周林祥

各位代表，同志们：

现在，我代表中共深圳市宝安区第四届委员会向大会作报告，请审议。

这次大会的主要任务是：深入学习贯彻党的十七届四中全会、中央经济工作会议、胡锦涛总书记视察广东重要讲话和省委十届六次全会、市委四届十三次全会精神，认真总结宝安区2009年工作，部署2010年工作，努力推动科学发展上水平。

一、2009年工作总结

过去的一年，是很不平凡的一年，是我们沉着应对、经受住国际金融危机严峻考验的一年，是我们勇于实践、以加强党的建设推动各项事业全面发展的一年。一年来，我们在市委市政府的坚强领导下，团结带领全区人民坚定信心、迎难而上，化压力为动力，化挑战为机遇，强化责任，狠抓落实，各项工作取得了显著成效。经济保持平稳较快增长，圆满完成生产总值“保11%、争12%”的目标；社会保持和谐稳定，治安形势持续好转，群众安全感明显增强；民生突出问题得到较好解决；党的建设取得新的成绩。

（一）及时制定“三保”综合措施，充分发挥了区委的决策引领作用

科学决策，坚定信心。2008年第四季度，国际金融危机持续扩散蔓延，世界经济严重衰退。宝安区是工业大区、加工贸易出口大区，受到的冲击更为直接、更加突出。企业订单锐减，一些工厂减产、停产，大家对国际金融危机何时见底心中无数，普遍对经济复苏前景缺乏信心，甚至存在恐慌心理。面对严峻形势，以及可能由此引发的一系列经济和社会问题，我们深入基层、企业开展密集调研，召开多种层次的座谈会，详细了解情况，广泛征求意见，冷静分析、审时度势，集中智慧和力量，按照“出手要快、出拳要重、措施要准、工作要实”的要求，及时制定“促进产业发展33条措施”和“应对金融危机的10项具体举措”，建立企业经营预警机制，出台了“1+8”保增长、“1+5”保稳定、“1+6”保民生的1、2、3号文件，制定一系列综合配套措施，对“三保”工作进行全面系统部署。各级各部门及时组织学习讨论，统一广大干部思想；通过媒体解读、印发宣传资料、组织宣讲团深入社区、企业讲解等多种方式，迅速将区委决策部署传达到全区企业和群众中，最大程度达成共识。区委的决策部署，坚定了广大企业和干部群众战胜困难的勇气和信心。

强化责任，狠抓落实。为推动各项工作抓落实，将三个文件细化分解为536项重点工作，明确每项工作的责任领导、责任单位、完成时限；各级各部门制定转变作风、提速提效和落实“三保”的具体措施，其中32个职能部门和10个街道的工作措施在《宝安日报》上刊登，广泛征集意见、接受社会各界监督评议，今年1月又分两批将各单位抓落实情况公布，取信于民；加强督促检查，及时掌握工作进

展，跟进落实情况，营造了“比学赶帮超”抓“三保”工作的良好氛围，推动了决策的落实。

适应形势，完善政策。各职能部门和各驻区单位加强对经济社会发展情况的监测分析，及时报送相关信息。区领导进一步加强调研，了解掌握实际情况。区委多次召开专题会议研判形势，适时调整完善政策措施，相继出台《宝安区关于进一步做好“保增长”工作的若干措施》、《关于当好深圳发展生力军争创科学发展示范区的工作方案》、《关于进一步做好年底“三保”工作的通知》等文件，进一步增强了工作的针对性、实效性。

（二）团结带领全区人民共同抗击金融危机，充分发挥了区委总揽全局、协调各方的领导核心作用

严格执行民主集中制，改善和创新领导方式，坚持把方向、抓大事、管全局，切实加强政治、思想和组织领导，最大限度调动和凝聚各方面的力量，形成团结一心、共克时艰的良好局面。

更加注重区几套班子团结一致、模范履职。区委坚持既宏观领导又具体指导、既分工负责又协调一致、既提出要求又提供支持的领导体制和工作机制，加强和改善对区人大、区政府、区政协的领导，团结带领几套班子围绕“三保”工作大局，发挥各自的职能，协同一致开展工作，形成了强大合力。区政府在抗击金融危机、落实“三保”的繁重任务面前，坚决贯彻落实区委决策部署，敢抓敢管、敢于负责，依法行政，不断提高执行力，做了大量卓有成效的工作。区人大、区政协围绕区委中心工作，深入基层、深入企业开展调研，对“三保”工作落实情况进行检查、视察等，充分发挥了监督和参政议政作用。

更加注重基层和职能部门的创造性，务求实效。面对严峻的形势和空前的压力，各职能部门准确理解区委决策部署，强化责任、创新方法，全力以赴抓好工作落实。各驻区单位以宝安为家、以大局为重，坚持在服务中执法，在执法中服务，主动加强对企业、对基层的服务和指导；积极当好区委区政府的参谋，提供了大量有价值的信息和建设性意见，作出了重要贡献。各街道、社区在应对危机中出实招、出新招，纷纷为企业减租、减负，自觉为企业牵线搭桥，帮助解决资金、物业、信息、用工等方面的实际困难，与企业共渡难关。各新闻媒体大力宣传“三保”各项政策措施、工作成效和先进典型、先进经验，营造了良好的舆论氛围。

更加注重“两新”党组织、统一战线和群团组织的积极性，共促发展。“两新”党群团组织认真落实区委部署，广泛开展“聚人心、促发展、渡难关”主题系列活动，召开“两新”党组织书记座谈会、专题组织生活会等1100多次，鼓励引导党员在关键时刻勇挑重担、敢于发挥作用；建立“两新”党群团工作联席会议制度，定期交流重要信息，研究解决相关问题。充分发挥统一战线联系各党派、各界人士的优势，广泛开展“助力三保”行动。通过开展“双爱双赢”、深入实施“百万技能人才工程”等系列活动，营造了“企业爱员工，员工爱企业”的良好氛围，促进了劳动关系的和谐，促进了企业的发展。

（三）切实加强党的建设，充分发挥了各级党组织的战斗堡垒和广大党员的先锋模范作用

认真履行抓党建责任，鼓励和引导各级党组织和广大党员干部增强党的意识和宗旨意识、大局意识、创新意识、纪律意识，在应对国际金融危机中发挥模范带头作用，为推动全区经济社会又好又快发展提供坚强保障。

学习实践科学发展观活动扎实有效。圆满完成两批学习实践科学发展观活动，进一步树立了科学发展理念。突出实践特色，创新活动载体，围绕“三保”主题，建立健全推动科学发展的保障机制，着力解决了一系列影响和制约科学发展的现实和长远问题，完成整改任务1239项，为群众办实事好事5216件，达到了“党员干部受教育、科学发展上水平、人民群众得实惠”的总要求，中央和省、市委学习实践办简报专刊刊发宝安区做法13期，群众测评总体满意率达96.8%。

党代会常任制试点工作向纵深推进。系统总结试点工作经验，制定了深入开展党代会常任制试点工作方案，细化为六个方面32条具体措施，对试点工作进行全面动员和部署，明确了深入开展试点工作的方向与任务。党代表作用进一步发挥，组织“党代表社区行”、“党代表企业行”等系列活动，区党代表386人次深入社区、企业走访、调研，促进群众反映的难点热点问题的解决；区党代表积极参与党内事务、建言献策，提出提案和意见建议41份，均得到较好办理和答复；以“聚焦党建、助推民生”为主题，组织党代表参加“民生访谈”，面对面听取群众意见建议；组织区党代表参加选拔处级干部面试，担任检察工作、政府采购监督员和企业发展环境特邀观察员等；建立党代办、人大办、政协办联席会议制度，统筹安排党代表、人大代表、政协委员活动，联合开展常规性视察。党代会常任制向基层延伸，建立23个党代表工作室，定期开展接待、约访活动，听民声、传民意、解民忧。区几套班子中的党代表发挥表率作用，到工作室开展接待活动，党代表工作室成为联系群众的新平台。宝安区党代会常任制试点工作向纵深发展的做法在省委十届六次全会上作了经验介绍。

基层党组织建设进一步加强。积极探索构建区域化党建格局，全区建立了13个驻社区党委，整合资源、团结凝聚党员群众，在应对国际金融危机、建设文明和谐社区等方面发挥重要作用。社区干部推动科学发展的能力与综合素质进一步提升，继续组织社区党组织书记、股份合作公司董事长、总经理614人，分期分批赴中山大学和长三角先进地区学习考察，进一步开阔了视野、转变了观念、增长了知识，推动了基层科学发展。积极引进和培养大学生“村官”，实现了每个社区班子至少有一名大专以上学历的干部，中央办公厅《每日汇

报》刊发了宝安区的做法。党内激励关怀帮扶机制逐步健全，党员服务中心建设进一步加强，初步形成了区、街道、社区三级网络；在入党纪念日和“七一”等节日里采用发短信等形式祝福和激励党员；为“两新”党组织、老党员订阅党报党刊，组织离任村（居）支部书记、主任健康体检，并开展慰问等活动。干部驻社区和基层党组织互帮互助工作有序开展，帮助发展集体经济，积极落实扶持资金。基层党组织推出“阳光凝聚工程”、向社区选派党建指导员宣传员、党建规范化建设、组织工作绩效考核等多项创新举措。

领导班子和干部队伍建设成效明显。高度重视抓班子、带队伍、树风气，坚持正确的用人导向，营造了风清气正的干事创业氛围，2009年再次被确定为全国组织工作满意度和选人用人公信度调查样本单位。注重思想政治建设，抓好理论中心组学习，党员领导干部自觉参加党支部生活，加强党性教育、廉政教育和能力培训，举办学习党的十七届四中全会精神、《珠江三角洲地区改革发展规划纲要》等培训班，集中培训干部10200多人次，促进各级干部坚定理想信念，提高推动科学发展的本领。干部调整配备和后备干部培养扎实推进，调整配备处级干部128人、科级干部1388人；有2名社区干部被招录为公务员，其中1名被选拔为街道中层干部；组织123名后备干部到执法一线体验、到社区实践、到艰苦地区锻炼。继续做好领导干部任用提名和竞争性选拔工作，选拔处级干部面试差额率为30.9%，面向全国公开选拔团区委书记，在全区公开推荐选拔13名事业单位领导，“两推两考”选拔20名副处级派出所领导。

反腐倡廉建设取得新进展。全面启动基层纪检监察派驻机构改革，整合街道纪检监察力量，设立了7个由区纪委、监察局直接管理的派驻组。强化对政府投资项目、工程招投标、专项资金使用等重点领域的监管，源头防腐工作取得明显进展。加强社区集体资产监管，将全区416家社区股份公司统一在街道集中记账，推行股份公司领导人员出国（境）审批备案制度，有效保障集体资产安全。举办纪律教育学习月和廉洁文化周活动，大力推进廉政文化建设，营造了崇尚廉洁的良好社会氛围。坚持严肃查处与教育保护相结合，该查处的查处，该教育的教育，该保护的保护，查处了一批顶风违纪违法案件，进一步遏制了腐败；为24名干部澄清是非，保护了干部工作的积极性。

（四）提高服务质量和水平，充分发挥了各级干部为民服务的应有作用

坚持“服务企业保增长、服务群众保民生、服务基层保稳定”，积极开展“服务年”活动等，想方设法为企业和群众排忧解难，进一步密切了党群干群关系。

强化服务意识。出台《关于加强行政服务全面提速提效的若干措施》，全力推进行政绩效评估工作。服务和审批部门发扬奉献精神，加班加点，自觉延长服务时间，积极主动、耐心细致帮助企业、群众解决办事过程中遇到的难题；执法部门转变执法理念，坚持“教育为先、服务为主、处罚为辅”，实施企业负责人约谈制度；行业主管部门主动上门为企业送政策、送信息，帮助企业解决资金、技术等方面的困难。

创新服务手段。各单位以服务方式的创新提速提效，设立重大项目、重点企业“绿色服务通道”，实行“一对一”贴身服务；将“一站式”审批服务延伸至街道，优化审批流程，削减审批环节，推行并联审批、联合办公，大幅缩短行政审批时限；建立企业约见政府领导和诉求处理工作机制，召开审批联席会议，解决了千余家企业审批疑难问题。开办“民生访谈”，编印《社情民意》，发挥“12348”法律服务热线、劳务工热线、义工热线、社区网上直通车等作用，进一步拓宽了民意诉求渠道，促进了群众关注的热点难点问题的有效解决。

拓展服务内容。发挥财政税收对经济发展的调节支持作用，全面落实国家结构性减免税费政策，清理涉企收费，清退占用资金，切实减轻企业负担；安排10亿元产业发展专项资金，为企业自主创新、转型升级、拓展市场、上市融资、引进人才等提供支持；成立全国首家企业援助中心，提供纠纷调解、商事认证、资信调查等服务；建立企业融资互保机制，进一步完善信用担保体系。积极帮助企业开拓国内外市场，在成都、哈尔滨和北京举办三场宝安产品推介活动，组织2000多家企业参加29场境内外展会，对企业参展费用予以补贴。全面推进素质工程、居民创业就业工程、创造青少年健康成长良好社会环境、慈善救助帮扶等工作，不断加大公共产品供给。

突出服务重点。抓住影响“三保”工作的突出问题和关键环节，加强为重点企业服务和扶持，加大民生工作力度，以服务促“三保”工作扎实有效。千方百计保龙头企业，实行领导挂点服务，为工业、出口、纳税、民营和自主创新等五类“百强”企业提供“一企一策”服务；想方设法扶持中小企业，重点扶持“民营中小企业成长计划工程”企业和自主创新型优势企业。完善领导干部包点基层制度，区领导包案解决信访重大案件，现场办公解决了一大批基层具体问题。加大对社区的投入与扶持力度，着力解决农村城市化历史遗留问题。出台《宝安区扶持股份合作公司发展指导意见》，设立专项扶持资金，引导股份公司健康发展。

（五）坚持以发展惠民生、促和谐，创造了科学发展新业绩

一年来，我们坚持把“保增长”作为首要任务，以经济的健康发展解决民生问题，促进社会稳定，努力使应对国际金融危机冲击的过程成为推动发展上水平的过程，成为为可持续发展打基础的过程，在科学发展进程中迈出了新步伐。

经济保持平稳较快增长。切实加强对经济工作的领导，采取一系列综合措施，促进经济不断回升向好。

预计2009年实现地区生产总值2223亿元，增长12.1%；税收总额356亿元，增长9.3%；财政一般预算收入114亿元，增长7%。坚持保增长与调结构相结合，经济发展质量和效益进一步提升。第三产业增加值增长15.4%；高新技术产品产值占全区规模以上工业总产值的比重达51.2%；公开公告专利增长54%，其中发明专利占50%；万元GDP电耗、水耗分别下降5%和8.8%。

社会保持和谐稳定。坚持“稳定是第一责任”，深入推进社会治安综合治理和安全生产工作，建立区信访大厅、街道综治信访维稳中心，并在社区、企业开展试点工作；推动人民调解进物业、进企业、进事业单位。圆满完成春节、全国“两会”、国庆等重点防护期的安保稳控任务，社会大局保持稳定，人民群众安全感不断增强，实现刑事发案、信访总量、群体性事件、劳资纠纷和安全生产事故等“五个明显下降”，接报总警情下降28%；全区未发生进京上访，赴省上访减少60%，到市集体上访减少40%；重大劳资纠纷、恶意欠薪案件数分别下降78%和74%。在全省123个县（市、区）群众安全感测评中排第20位。

民生福利进一步改善。坚持以人为本，把资源更多地向民计民生倾斜，全年安排“保民生”支出83亿元，占财政一般预算支出的79.8%，着力解决了一批民生突出问题，居民人均可支配收入增长9%。率先建立以最低生活保障为基础、专项救助为辅助的社会救助体系；顺利通过省教育现代化先进区督导评估，公共医疗卫生和计生服务体系进一步完善，公共交通加快发展，一批防洪排涝设施建成投入使用。文明礼仪宣传教育系列活动和群众性精神文明创建活动深入开展，一批优秀文艺作品获省级以上奖项。

城市建设呈现新面貌。城市基础设施建设全面提速，重大项目建设超额完成年度计划。启动市容环境提升行动，扎实推进城中村、大型工业企业周边环境综合治理。平峦山、铁仔山、松岗公园等3个城市公园和8个社区公园建成开放。强力推进治污保洁工程，节能减排主要指标超额完成市下达的目标任务。

过去的一年，我们在极其困难的情况下，取得了极其不容易的成绩，这是市委市政府正确领导的结果，是深入学习实践科学发展观的结果，是各级各部门、广大党员干部群众团结奋进、共同拼搏的结果，是社会各界大力支持的结果。在此，我代表区委向全区广大党员干部群众和关心支持宝安发展建设的社会各界朋友表示衷心的感谢！

回顾一年来的工作，我们深刻体会到，面对复杂严峻形势，必须加强和改进党的领导，充分发挥体制优势和政治优势；必须坚定信心，迎难而上；必须更加注重保障和改善民生，促进社会和谐；必须坚持科学发展，既立足当前，又着眼长远；必须坚持从实际出发，因时因势采取有效措施解决各类问题。

认真总结是为了坚定不移地推动科学发展，我们要清醒地认识到发展中存在的一些突出问题与不足。一是经济发展受国际市场不确定因素影响较大，转变经济发展方式、调整产业结构的任务紧迫而艰巨；二是区域情况复杂，人口多，流动性大，社会管理难度大、成本高，社会治安、安全生产形势依然严峻；三是城市化时间短，历史遗留问题多，有些问题群众反映强烈；四是城市基础设施和公共服务设施欠账较多，城市功能亟待完善；五是推动科学发展的能力与水平有待大力提升，等等。这些问题需要我们在今后工作中认真研究解决。

二、2010年工作部署

2010年是实施“十一五”规划的最后一年，也是深圳经济特区成立30周年，做好今年工作意义重大。展望新的一年，我们面临的总体形势好于去年。一是世界经济逐渐回暖，我国经济发展基本面和长期趋势没有改变，国家经济政策总体保持连续性和稳定性，为宝安区经济发展提供了良好的宏观环境；二是《珠江三角洲地区改革发展规划纲要》及《深圳市综合配套改革总体方案》全面实施，珠三角一体化、深莞惠同城化发展以及一批重大交通基础设施相继建成，为宝安区新一轮大发展提供了新的契机；三是经过国际金融危机的洗礼后，企业竞争力和抗风险能力进一步增强，为加快发展方式转变打下了坚实的基础。同时，我们必须时刻保持清醒头脑，世界经济全面复苏的基础并不稳固，不确定因素明显增多，今年“保增长”和各项工作任务依然十分艰巨。

2010年工作的总体思路是：深入贯彻落实科学发展观，按照市委市政府的工作部署，进一步解放思想，改革创新，巩固基础，优化结构，提高效益，改善环境，保障民生，促进和谐，以深入开展党代会常任制试点为抓手全面推进党的建设，努力当好深圳发展生力军、争创科学发展示范区，以优异成绩迎接深圳经济特区成立30周年，为“十二五”规划实施打下坚实基础。总体目标是：地区生产总值增长12%；全面完成“十一五”规划各项任务。

（一）在转变经济发展方式上取得新突破，提高经济增长的质量和效益

今年经济工作的重点是促进发展方式转变。要充分认识当前转变经济发展方式的极端重要性和紧迫性，真正把保持经济平稳较快发展和加快经济发展方式转变有机统一起来，在发展中促转变，在转变中谋发展。经过多年的快速发展，宝安区可开发的土地所剩无几，拼总量、拼资源、拼成本，已没有任何优势。有什么样的产业结构就有什么样的人口结构，有什么样的环境就集聚什么样的人。目前，宝安区的人口密度、环境承载力已至极限，由此带来的社会管理问题突出，社会管理成本不断增加，严重影响宝安区的可持续发展和民生问题的有力解决。在调整产业结构问题上，我们已没有退路；转变经济发展方式是宝安区实现科学发展的根本出路。今年，中央和省、市委将转变经济发展方式提升到新的高度，胡锦涛总书记指出“转变经济发展方式已刻不容缓”，要求广东“真正打好转变经济发展方式这场硬仗”；省委全会强调“加快经济发展方式转变是今年经济工作的头号工程”；市委全会强调“早转型早受益、晚转型多受累、不转型没出路”。我们要深刻领会、认真贯彻中央和省、市的部署要求，继续落实并不断完善“保增长”的综合措施，进一步提高为企业服务的水平，确保龙头企业稳定健康发展，加大对中小企业的帮扶力度，进一步巩固经济回升向好的基础，进一步巩固高新技术产业和先进制造业为主导的工业基础。继续坚持大力引进、积极培育、转型升级、有序转移、依法淘汰等同步推进的举措，坚定不移调结构，脚踏实地促转变，不断提高经济发展的质量与效益。认真研究制定“十二五”规划，打造电子信息高端制造业基地、生产性服务中心和技术创新中心，积极构建产业结构高级化、产业布局合理化、产业发展集聚化、产业竞争力高端化的现代产业体系。

着力推进产业结构调整。加大招商引资工作力度。择优选资，提高引资质量，大力引进高新技术产业、先进制造业和现代服务业的大项目和好项目。强化高新技术产业和先进制造业优势。推进电子信息制造业向产业链、价值链高端攀升，壮大以电子专用设备为主的先进装备制造业集群，大力引进培育互联网、新能源、新材料、环保产业、生物医药等新兴战略性产业，促进低碳经济和循环经济发展。促进加工贸易和传统产业转型升级。积极推动跨国公司将更高附加值、更高技术含量的生产环节转移到宝安区，引导“三来一补”企业就地转型为独立法人企业，推动服装、模具、印刷、家具等优势传统产业向品牌效益型转变。选择一两个街道作为产业转型升级的示范。完善“腾笼换鸟”、促进产业高端化发展的工作机制。研究制定具体措施，进一步明确“调什么、怎么调”。要提高产业准入门槛，特别要防止在经济形势好转的时候粗放式发展方式的“复归”。有关职能部门要严格执法，加大对严重污染环境、不具备安全生产条件、劳资纠纷频发企业的处罚力度，坚决依法淘汰不良企业。

着力增强自主创新能力。以创新优势赢得发展主动权，实现跨越式发展。加大创新平台建设。建设完善面向社会、资源共享的创新服务平台和行业公共技术平台，力争创建国家重点实验室、工程中心、工程实验室，继续开展企业开放性研发基地和技术中心认定工作。促进产学研结合。加快推进自主创新成果产业化，创造条件吸引国内外知名企业、科研机构和高等院校在宝安区设立研发机构，在重点领域扶持一批产学研科技合作项目，支持宝安区企业承担国家和省、市重大科技项目，突破一批宝安区优势产业的核心技术、共性技术，带动全局。充分发挥企业自主创新主体作用。大力实施专利化战略、品牌战略和标准化战略，形成一大批拥有自主知识产权的优势企业，积极培育支持创新能力强、经济效益好的民营企业做大做强，充分调动港台资企业自主创新的积极性，通过全面增强企业的创新能力，提升宝安区的产业竞争力。推进创新载体建设。加快建设以桃花源为核心的宝安科技创新产业园，落实市、区创新型产业用房，鼓励街道、社会力量建设创新产业园区和科技孵化器。构建促进创新的投融资体系。增加创新资金投入，合理配置创新资源，促进创新要素向创新企业集聚；大力发展创业投资，引导社会投资投向创新型企业，最大限度降低企业创新风险；加大实施上市培育工程，扶持更多的科技企业上市融资。

加快实施扩大内需战略。更加自觉、更加主动地坚持扩大内需特别是消费需求的方针，实现内需和外需有效互补，出口、投资和消费共同拉动经济增长。保持投资持续增长。充分发挥政府投资引导作用，加大城市基础设施和公共服务设施的投入，加快宝安中心区、二线拓展区和福永航空城等重点区域的规划建设；要集中力量办大事，确保重大项目的投入和建设。不断优化投资结构，引导社会资金投入国家鼓励的产业和建设项目，促进企业技术改造，大力推进城市更新，引导房地产业健康发展，确保完成全社会固定资产投资的目标。扩大内销市场。开展多渠道多层次的会展活动，组织更多的企业参加有影响力的境内外展会，在稳定传统出口市场、拓展新兴国际市场的基础上，加大力度帮助企业不断扩大国内市场，承办或主办一系列宝安区优势产品、品牌产品推介会，推进“深货北上西进”，加大与其他地区的经贸合作与交流，支持有条件的企业“走出去”。扩大居民消费需求。推动居民收入持续增长，实施积极创业就业政策，完善社会保障制度，不断增强居民的消费能力；完善商业网点布局，加快推进大型购物中心和街道特色商业建设，加大商业旺区的环境综合整治，优化消费环境；大力发展连锁商业、品牌商业、电子商务、社区商业和大型专业市场，提升商业业态；促进汽车、家电等大宗商品消费，培育新的消费热点；加快休闲旅游业发展，营造浓厚的商业氛围。

加快发展现代物流业等生产性服务业。宝安区发展生产性服务业有三个优势，一是得天独厚的区位优势，二是空港海港和铁路客运站交通枢纽优势，三是制造业规模大的市场需求优势。生产性服务业涉及领域广，促进生产、拉动消费作用大，资源耗用少，产业附加值高，对促进产业结构调整、转变经济发展方式和提高经济竞争力等，有着不可替代的重要作用。优先发展现代物流业。推进物流园区、信息平台、重大物流项目建设，积极引进国内外知名物流企业，加强物流业新技术、新标准的推广和应用，促进物流业和制造业联动发展，不断增强物流业的辐射能力。大力发展高端服务业。培育文化创意产业集群，推进服务外包基地建设，引进一批创业投资机构，支持发展研究设计、营销策划、工程咨询、中介服务等专业服务，促进科技服务业和商务服务业发展。重点发展生产性服务业、先进制造业总部。吸引国内外大型企业以及有影响力的中介服务机构在宝安区设立总部或分支机构，支持生产基地在宝安区的企业建设集研发、生产、销售为一体的总部。

加快新型产业园区建设。推进产业园区建设是当前保增长和长远可持续发展的着力点。没有高标准、现代化的产业园区，好项目大企业进不来，在宝安区发展起来的企业留不住，已经严重影响到招商引资和重大产业项目建设。要把产业园区建设与城市更新结合起来、与社区集体股份公司的发展结合起来，争取实现多赢的局面。重点推进“十大产业园区”建设，加快旧工业区改造整合，建设一批生态工业园、循环经济产业园、创新产业园、特色工业园和创意产业园，提高宝安区产业用地承载力，不断拓展产业发展空间。采取积极措施，全力保障重大产业项目、上市公司和大型企业的用地需求，促使签约项目尽快落地，在建项目尽快实现产能，增强产业发展的潜力和后劲。

（二）在解决群众最关心、最迫切的问题上取得新突破，切实保障和改善民生

保障和改善民生是发展的最终目的，是我们一切工作的出发点和落脚点。要把解决民生问题摆在更加突出的位置，顺民意，解民忧，进一步加大民生投入，切实为群众办好事、做实事，不断提高公共服务水平，优化生产、生活、生态环境，争取在惠民生上取得更大成效。

加大平安建设力度。平安是市民所愿、家庭之福，平安建设是党委政府义不容辞的责任。要坚持“标本兼治、综合治理”和“细查、严防、狠打”的工作原则，紧紧抓住影响社会和谐稳定的源头性、根本性、基础性问题，着力加强司法队伍、执法队伍作风建设，全面加强和改进社会管理。建立述职制度，强化各级领导干部抓平安建设的责任。加强信访维稳源头治理。进一步畅通民意诉求渠道，完善信访维稳三级联动机制，本着尊重历史、实事求是的原则，切实维护群众合法权益，着力解决信访积案，有效预防和化解各类矛盾纠纷。加大社会治安综合治理力度。对出租屋实行严格的整治与管理，集中整治重点地区、重点场所，深入开展交通综合治理，消除各类治安与安全隐患；全面整合治安辅助力量，切实加强管理，提升队伍素质，完善人防、物防、技防相结合的社会治安防控体系，严厉打击以黄赌毒、黑恶势力为重点的违法犯罪活动，不断增强群众安全感。坚持安全发展理念。健全安全生产责任制，突出落实企业安全法律主体责任，探索建设企业安全责任管理平台，全力排查整治安全隐患，加强食品药品监管，保障群众的生命财产和饮食用药安全。

大力发展以改善民生为重点的社会事业。按照基本公共服务均等化的原则，采取有力措施，加快解决涉及群众切身利益的问题。继续完善社会救助体系，根据社会评估和经济社会发展水平适时调整和增加救助项目；加大区内扶贫开发力度，全面完成第四期同富裕工程任务，继续帮助欠发达社区群众解决社保问题；加快保障性住房建设，着力解决困难群众工作、生活、住房等方面的实际困难。加快公共服务设施建设，重点解决教育、卫生、文体、社区办公场所、公共停车场等设施建设滞后问题；全面加强教师、医生培训和职业道德教育，深化医疗卫生体制改革，提升教育医疗和计生服务水平；加快发展公共交通，完善公交网络，优化公交线路，着力解决偏远地区和工业园区群众出行问题；深入实施创业就业工程；继续扩大社会保险覆盖面，努力让全区人民享受优质的公共服务。

切实提高社区管理和服务水平。抓住促进社区健康发展的重点工作，全面加强社区建设。推进社区管理体制改革，合理配置社区资源，理顺社区组织关系，培育发展公益慈善类、社会福利类等社区社会组织，推动社会组织承接政府转移职能和工作事项。深入推进物业管理进社区工作，认真研究解决后续管理问题，促进物业管理进社区工作持续健康发展。积极发展基层民主，引导社区居委会、业主委员会等基层群众自治组织健康有序发展。继续创建“六好”平安和谐社区。

积极促进社区股份合作公司转型升级。引导社区股份公司优化调整产业结构，支持其参与旧改和高新产业园区建设，采取多种措施实现资产保值增值；选择条件较好的社区股份公司开展多元化发展试点。创新思路和方法，认真研究解决欠发达社区集体经济发展问题，努力解决城市化遗留问题。更加注重监督与预防，建立健全财务、信息公开制度。鼓励人才引进，提高经营管理人员素质。

（三）在提升城市环境上取得新突破，实现城市面貌明显改观

按照建设现代化城区的目标，把城市建设与产业发展相结合、市容环境整治与商业业态调整相结合、建设与管理相结合，加快完善城市功能，以城市建设服务和促进产业发展，创造宜居宜业的环境，迎接深圳经济特区成立30周年和2011年世界大学生运动会。

大力提升城市规划设计水平。进一步提升、完善城市发展规划，建立国民经济和社会发展规划、土地利用规划及城市建设规划相互衔接的规划体系；加快对深圳西部滨海新城和珠江东岸新经济增长带的规划；突出区域特色，高标准开展城市和建筑设计；发挥规划在城市发展中的指引作用。

大力推进城市更新改造。抓住省、市旧改政策出台的有利时机，把旧改工作与优化调整产业结构、处理历史遗留问题、提升市容环境、解决平安建设、安全生产工作中的一系列问题结合起来，以积极的态度、先进的理念、有效的措施，科学编制整体性城市更新规划，加大城市更新改造力度，尽快改变区域环境不协调、不配套等状况。

大力实施市容环境提升行动。加快城市绿化、净化、美化、亮化工程和重点区域、重点路线、重要节点的景观建设，深入开展重点企业、产业园区和城中村环境综合整治工作，严格城市管理，加大综合执法和监督检

查力度，切实改善市容环境。

大力开展国家生态区创建工作。强力推进治污保洁，加大环境监督执法力度，加快环境基础设施建设，推进河流整治和水环境治理，实施生态修复工程，不断提高生态环境质量。开展“绿色创建”活动，实施城市绿化工程，着力打造全区绿色长廊，实现经济发展与生态保护双赢。

（四）在体制机制创新上取得新突破，增强科学发展的动力与活力

改革开放30年，宝安区取得了巨大成就，如何再创造新辉煌，把宝安建设成为最具吸引力、最具竞争力的国际化、现代化城区？这是需要我们认真思考、作出回答的问题。我们要进一步转变发展理念，坚持改革创新，抓好增强发展动力的基础性工作，创造公平公正的法治环境、优质高效的政务环境、开放诚信的营商环境、优美和谐的人居环境，以良好的环境吸引优秀人才、以先进的体制机制激励人才，进一步激发宝安发展的活力和创造力，不断增创新优势。

创新思想观念。观念创新是基础，没有观念创新，就没有工作新举措，就难以取得发展的突破。要正确处理“破”和“立”的辩证关系。过去，我们以“破”为主，敢闯敢试，敢为人先，打破旧的“条条框框”，创造了快速发展的奇迹。在当前经济社会发生深刻变化、改革开放不断深入、民主法制日益完善的新形势下，我们必须进一步解放思想，敢“破”善“立”，在新的起点上进行更高层次的创新。要坚持改革创新精神。不断深化改革，大力营造崇尚改革、尊重创造、宽容失败的氛围，增强改革的自觉性、主动性，不断把各项改革引向深入。要牢固树立先进的发展理念。勇于自我否定，正确处理好传承和创新的关系，切实转变制约科学发展的传统思想和发展模式，坚持用改革的办法、创新的思路解决前进中的问题。

创新制度体系。激发创新创业的动力与活力，需要先进的制度作保障。要加快建立吸引人才和激发人们干事创业激情的制度体系。强力推进依法治区。坚持依法行政、公正司法，依法办一切事情，不断增强全区干部群众的法治观念，维护社会公平正义和法律权威。强力推进服务型政府建设。转变政府职能，改进政府管理和服务方式，提高办事效率和服务质量。健全社会保障制度和社会事业发展政策，丰富公共产品供给，提升公共服务水平。强力推进社会诚信体系建设。加快“阳光政府”建设，打造诚信政府。建立社会组织的信用诚信系统和评价、查询、服务、管理系统，抓好诚信社会建设。加强公民道德教育，增强诚实守信意识。完善失信社会约束机制，让守信者受到尊重、利益受到保护。强力推进人才引进、培养和激励机制建设。研究制订激励人才干事创业、改革创新的工作机制，激励各类人才继续燃烧激情。建立绿色通道，重点引进各类高端人才。增强人才培训的针对性、实效性，促使人才综合素质持续提升。搭建创新平台，加强服务保障，为各类人才特别是高层次人才充分发挥作用创造条件。

创新基层管理。进一步简政放权。权力下移，做到权责利相统一。要进一步简化审批环节，提高办事效率，该由职能部门审批的由职能部门审批，该由街道行使的要通过授权、委托等方式下放给街道，能由社会中介组织承担的要交给中介组织。理顺街道机构设置。按照管理重心下移的原则，强化街道对辖区城市管理和社会管理的组织、协调、指挥能力；合理设置机构，解决机构重叠、职能交叉等问题。创新管理手段。改变靠“人海战术”、扩充机构抓工作的粗放式模式，在整合资源、提高能力、强化责任、抓好执行、促进落实等方面推出新举措。

（五）在推进党建创新上取得新突破，提高党的建设科学化水平

党建创新是激发各级党组织和广大党员创造力和活力的源泉，是推动科学发展上水平的不竭动力。加强对人大、政协和武装工作的领导，支持依法、依章程履行职能。积极创建学习型党组织，增强素质能力，培养高尚情操。深入开展社会主义核心价值体系教育，加强精神文明建设，努力营造健康向上的社会文化氛围。加强组织建设，推进基层党组织工作创新。着力建设高素质的领导班子和干部队伍，树立德才兼备、以德为先的选人用人导向，健全年轻干部、后备干部、女干部、党外干部培养选拔机制。切实抓好党风廉政建设，认真学习贯彻落实胡锦涛总书记在中央纪委第五次全会上的重要讲话精神，坚持标本兼治、综合治理、惩防并举、注重预防的方针，落实党风廉政建设责任制，增强教育的科学性、规范性、有效性，加强对党政正职的监督，严格执行制度，深化作风建设，坚决惩治腐败，严肃查处各类违纪违法案件，不断取得党风廉政建设和反腐败斗争的新成效。

深入开展党代会常任制试点工作。按照全面推进、突出重点原则，认真落实《深入开展党代会常任制试点工作方案》，充分发挥党代表在闭会期间参与党内事务、加强党的建设，促进经济社会发展建言献策，加强党内监督，密切联系群众、维护群众根本利益等作用，不断把试点工作推向深入。全面推广党代表工作室。依托社区党员服务中心，实现党代表工作室在全区的有效覆盖。充分利用党代表工作室这一平台，拓宽社情民意反映渠道，听民声、传民意、解民忧，努力实现党代表到哪里，哪里就是党代表工作室。进一步推进区域化党建工作。在有条件的社区全部成立驻社区党委；把“两新”组织党员纳入驻社区党委，实行一体化管理。充分发挥区委全委会和委员作用。进一步完善常委会向全委会报告工作制度，增加全委会召开次数，探索设立区委全委会专门委员会，充分发挥全委会对重大事项的决策作用。有针对性邀请区委委员列席常委会，参与一些重大问题的讨论。开展代表评议工作。制定具体的评议办法，每年选择一些基层党组织领导班子成员开展评议活动。开展听证咨询活动。建立健全党内事务听证咨询制度，对一些全局性重大事项决策，组织听证咨询，充分听取党代表、党员群众和基层干部意见和建议。

深化干部人事制度改革。省委组织部《关于确定我省深化干部人事制度改革试点单位的通知》（粤组通[2009]39号），将宝安区作为全省干部人事制度改革试点单位。要积极探索创新，突出工作重点，有序推进试点工作。规范干部选拔任用提名。完善干部任用提名办法，探索建立因岗制宜、分级分类、权责对等的干部任用提名制度，从源头上把好选人用人关。进一步推行竞争性选拔干部。加大专业技术岗位和事业单位领导干部公开选拔和“两推两考”的力度，试行差额推荐、差额考察、差额酝酿、差额票决等差额选拔干部方式，促进好中选优。建立健全干部激励机制和退出机制。建立党政“一把手”监督考核制度。组织开展党政“一把手”年度工作述职，探索实行“一把手”选人用人情况离任评议，开发干部考核评价信息系统，探索建立体现科学发展观要求的领导班子和领导干部考核评价体系。加大后备干部培养力度。实行后备干部动态管理，建立区直机关和街道后备干部双向挂职锻炼制度，有计划安排后备干部到基层一线和复杂环境实践锻炼。

认真开展纪检监察派驻机构统一管理试点工作。宝安区是省纪委基层纪检监察派驻体制改革试点单位，要认真贯彻落实省纪委《关于推进县级纪检监察派驻机构统一管理试点工作的实施意见》，进一步完善管理体制和工作运行机制，充分发挥派驻组的职能作用，在创新工作方式方法等方面取得经验，确保改革试点工作顺利推进。

认真开展区委委员、纪委委员提出罢免或撤换要求处理试点工作。按照中央纪委、中组部和市委要求，认真落实试点工作《实施方案》，继续完善相关配套制度，鼓励支持“两委”委员按照试点办法实事求是地提出罢免或撤换要求，开拓党内民主监督的新渠道。

把社区党组织班子建设成为坚强领导集体。突出抓好社区党组织带头人队伍建设。继续加强社区“两委”和股份合作公司班子成员教育培训与管理，着力提高社区党组织推动发展、服务群众、凝聚人心、优化管理、维护稳定的能力和水平。不断优化社区班子结构。引导鼓励更多大学毕业生到社区工作，为大学生“村官”发挥作用创造条件。下大力气解决社区发展党员中存在的突出问题。把扎根社区、素质高、想干事的优秀青年吸收到党组织中来，增强社区党组织的生机与活力。大力整顿软弱涣散的社区党组织班子。对严重不团结、缺乏战斗力、群众意见大、党群干群关系紧张的，采取强有力的组织措施，进行整顿、调整或处理。认真做好2011年社区换届准备工作。

创新“两新”党组织活动方式和内容。要着力在发挥“两新”党组织作用上取得实效。针对“两新”党组织特点，开展灵活多样的业余活动，使组织生活既体现党员先进性的要求，又为党员员工喜闻乐见。引导“两新”党组织和群团组织结合企业生产经营活动，团结凝聚员工，服务企业发展，提升在企业投资者、管理层和员工中的影响力，使党的建设与企业生产经营活动互相促进、实现双赢。为开展活动创造条件，把“两新”党组织书记和工作骨干列入区素质工程教育培训计划，提供适当的活动经费，将“两新”党组织活动纳入社区党组织活动范围。着力抓好新社会组织党建，提升民办学校党建工作水平，健全法律服务行业党建工作机制。

同志们，做好今年改革发展稳定各项工作，任务艰巨，责任重大。让我们紧密团结在以胡锦涛同志为总书记的党中央周围，在市委市政府的坚强领导下，继续解放思想，坚持改革创新，团结奋斗，扎实工作，努力推动经济社会又好又快发展，以优异成绩向深圳经济特区成立30周年献礼！

深圳市宝安区人民代表大会常务委员会工作报告

——在深圳市宝安区第四届人民代表大会第五次会议上的报告

（2010年3月3日）

深圳市宝安区人大常委会常务副主任　麦启锐

各位代表：

受林祥主任委托，我代表深圳市宝安区第四届人民代表大会常务委员会向大会报告工作，请予审议。

过去一年的工作回顾

区四届人大四次会议以来，区人大常委会以党的十七大精神为指针，在区委的领导和市人大常委会的指导下，深入贯彻落实科学发展观，紧紧围绕区委“保增长、保民生、保稳定”中心工作，按照区四届人大四次会议提出的“在提高监督实效上有新突破、在推动民生问题解决上有新作为、在发挥代表作用上有新提高、在提高履职能力上有新进步”的工作部署，依法扎实开展各项工作，积极履行宪法和法律赋予的职责，充分发挥了地方国家权力机关的作用。

一年来，常委会先后听取和审议了“一府两院”专项工作报告4项，其他报告21项，作出决议、决定6项，形成12份审议意见转交“一府两院”研究处理，依法任免国家机关工作人员60人次；检查了1部法律在宝安区的实施情况，参与了市人大常委会8项立法调研与1项执法检查；对3份规范性文件进行了备案；组织代表开展了2项专题调研和16项专题视察，为推动宝安区政治、经济、文化、社会建设协调发展做了卓有成效的工作。

一、立足保增长，切实加强了经济运行和行政效能监督

*支持财政加大投入。*常委会结合实际，着力加强计划、预算执行情况的监督，支持政府合理调配财力，加大投入力度，积极应对国际金融危机，推动宝安区经济平稳较快增长。在对2009年上半年计划、预算执行情况的审议过程中，常委会结合对桃花源科技创新园的视察，重点了解了产业发展扶持资金和科技研发资金的使用情况，提出了加快重大项目建设进度、加速经济转型升级、规范产业扶持资金的管理使用等意见。在审议通过计划、预算调整方案的同时，常委会针对方案调整幅度大、提交审批迟、跨年申报等问题，提出了加强和改进的意见建议。经过努力，宝安区2009年经济社会各项指标完成情况良好，顺利完成了年初制定的目标任务，其中，全社会固定资产投资完成额高达584.69亿元（含光明新区），完成年度计划的104.2%，完成进度为历年之最，完成额和增长速度列全市各区之首。

*促进政府挖潜节流。*在监督预算执行的过程中，常委会提出了财政支出应坚持有保有压、加大对民生福利和社会建设保障力度、控制一般性支出增长、降低行政成本、严格执行零基预算、及时清理部门结余资金等意见建议，得到政府的积极回应。区政府进一步加强了区本级结余资金管理，并实行彻底的零基预算，全年共收回区直行政事业单位历年结余1.9亿元，清理历年国土资金结余4.48亿元，分别调入财政统筹专户和国土资金账户管理；全年共压缩行政经费1.44亿元，实现办公经费预算“五个零增长”，有效提高了公共资金的使用效益。

*提高审计监督质量。*依照《监督法》的有关规定，常委会听取和审议了2008年度区本级预算执行情况和其他财政收支的审计工作报告、2008年绩效审计报告，并审查批准了宝安区2008年综合财政总决算。为提高审议质量和监督实效，在对两个审计报告的审议过程中，常委会对典型个案进行剖析，并及时向社会公开审议情况，取得了较好的效果。常委会在审议意见中提出了切实提高审计成果利用水平、加强专项资金使用监督、强化街道预算监管等建议，并责成政府对有关单位和个人进行责任追究，促进财政预算管理更加完善。

*推动行政提速提效。*以规范行政执法工作、推动政府效能建设为目的，常委会组织代表对宝安区行政执法工作情况进行视察，同时对全区14个行政执法单位进行暗访，现场了解和记录其运作情况。针对视察和暗访反映出的问题，向区政府提出了改进执法理念、提升行政合理性、完善监督制约、加强队伍建设、完善便民措

施等五个方面的意见建议。区政府根据代表的意见建议认真制定措施，从改进执法理念、细化行政执法标准和自由裁量权行使标准等方面进行了全面、深入的整改，有效提升了行政执法的规范化、合理化水平。

二、着眼保民生，稳步推动了公共服务和基层基础建设

开展水污染防治法执法检查。生态环境是本届人大常委会关注的重点之一，在2007年和2008年分别对《固体废物污染防治法》、《环境噪声污染防治法》开展执法检查的基础上，2009年又对《水污染防治法》的贯彻执行情况进行了检查，实地视察了茅洲河、观澜河等河道污染情况以及铁岗、石岩、罗田、茜坑、长流陂五大饮用水水库水质情况，并现场摄像，真实记录其中的重点污染区域和监管盲点。常委会执法检查组形成了树立治水为民理念、抓好饮用水安全保障和河流整治工作等22条具体的整改意见和建议，连同影像资料，一起提交常委会会议审议，提高了会议审议的质量，增强了执法检查的实效。常委会还专程前往光明新区调研、视察，将代表反映的关于茅洲河整治等四个方面的建议转交光明新区管委会研究处理。

开展公共卫生基础设施建设专项工作监督。针对各相关职能部门信息交流不够充分的现状，常委会注重搭建部门间相互沟通的桥梁，通过有效沟通协调，督促解决了建设过程中遇到的用地规划、选址、审批、配套设施建设等难点问题。目前区慢性病防治院新院已开工建设；区妇幼保健院新院已奠基；区中心血站新业务大楼即将投入使用；各街道卫生监督所建设用地已基本落实。同时，常委会对2007年社康中心建设专项工作监督的审议意见落实情况开展了持续的跟踪检查，600万房租补贴得以落实，社康中心业务用房的后续建设与管理工作加快推进。

开展学校危房改造专项工作监督。针对宝安区学校量多面广、校舍危房检测和改造难度较大、部分改造项目进展缓慢、各级各类学校危房改造工作推进不平衡的现状，常委会提出了增强责任感和紧迫感、建立健全排查检测监管的长效机制、切实开展各级各类学校安全排查检测整治工作、加大危房改造工作力度等意见建议，推动区政府进一步明确责任分工，把学校危房改造工作列入常态化管理，加快对已鉴定危房的改造重建工作。截至2009年底，已完成15所学校24栋危房的加固、重建等整治改造工作，有效保障了师生安全。

开展物业管理进社区专项工作监督。为稳步推进物业管理进社区工作，常委会充分审议了区政府推进社区物业管理专项工作报告，提出了有效推进并巩固物业管理成果、加强社区公共配套设施资金保障、充分发挥市场主导作用、鼓励社区自建物管企业实行自我管理等多项意见，推动政府积极完善相关政策措施，改变以往主要依赖政府补贴投入的做法，由政府向物管企业“输血”逐步向企业自主“造血”转变，努力加强社区物业管理的后续监管、扶持和引导，进一步提升全区社区物业管理水平。

开展农转居社区发展情况专题调研。农村城市化后农转居社区的管理和发展问题，是宝安区经济社会发展的热点难点，常委会在广泛调研、深入分析困扰社区管理体制改革和农转居社区发展主要问题的基础上形成了专题调研报告，提出了谨慎推进基层管理体制改革、扶持社区股份合作公司发展、加快历史遗留问题处理、加大市区财政对“失地农民”社会保障投入等方面的建议，引起了市、区两级的高度重视，为我市推进基层行政管理体制改革提供了决策参考。

三、围绕保稳定，有力促进了司法公正和社会管理工作

开展社会治安专项工作监督。常委会深入全区各街道及有关单位走访调查，全面掌握了宝安区社会治安工作情况及社会各界意见，分析了社会治安工作存在的重打击轻防范、重大案轻小案等理念误区，指出了在规范执法、防范犯罪、队伍建设、协作配合等方面存在的具体问题并提出了改进工作的意见。区公安部门积极回应，从强化执法理念、加大打击力度、推进规范执法等方面着手，制定了30项具体的改进措施。常委会还将调研过程中了解到的特区内外警力配置严重失衡、派出所二元化建制不合理等问题上报市人大，努力推动涉及公安管理体制深层次问题的加快解决。

开展企业欠薪垫付及追偿专题调研。受整体经济环境影响，2008年宝安区企业欠薪逃匿事件多发，劳资矛盾较为突出，对此，常委会通过走访调研，全面掌握并深入分析了宝安区欠薪垫付及追偿工作存在的统筹协调不足、欠薪垫付难、垫付款追偿难等问题，提出了健全防范工作体系、加大对欠薪逃匿的打击和追偿力度等七个方面的具体意见建议。调研报告上报区委并转交“一府两院”后，引起高度关注，区政府加快出台了《企业经营者欠薪欠款逃匿信息公告及打击处理办法（试行）》，有效维护了企业员工的合法权益。此外，常委会对构建和谐劳动关系工作等往年劳动领域监督议题进行跟踪检查，大力推动劳资联调模式的推广应用及公益职介工作的改进完善。2009年宝安区劳资关系取得明显改善，30人以上重大劳资纠纷同比下降80%，恶意欠薪案件数同比下降75%。

跟踪监督“两院”落实常委会审议意见情况。在2007年对区人民法院执行工作和区人民检察院法律监督工作开展专项监督的基础上，常委会对“两院”近两年来贯彻落实常委会审议意见的情况开展了跟踪监督，促进了“两院”相关工作的持续推进。区人民法院认真研究处理审议意见，不断提高执行工作规范化、高效化、透明化水平，2009年跨年度执行存案比2007年下降48%，涉及执行的信访投诉下降45%。区人民检察院根据审议意见的要求，从转变监督理念入手，不断加强法律监督工作力度，2009年纠正违法数量、发出检察建议数量和审判监督数量均有明显上升，法律监督效果显著增强。

做好群众来信来访工作。常委会认真处理群众来信，热情接待群众来访，坚持开展常委会领导接访活动，及时了解和掌握影响社会稳定的预警信息，依法开展信访监督，积极化解矛盾，取得了较好的成效。一年来，常委会共办理群众来信来访418件次，办理代表接访61件。

四、探索新机制，充分发挥了人大代表的主体作用

督办代表议案建议。常委会采取有效措施，加强对代表议案建议的督办。一是完善重点建议的办理机制。常委会将代表意见比较集中、涉及面广、亟待解决的两项建议确定为区四届人大四次会议的重点建议，要求区政府针对重点建议内容制定专门工作方案，进一步明确组织领导、责任部门及办理措施，及时将办理情况向常委会作专题报告，并接受公众监督。二是对代表反馈不满意、长期未能得到落实的建议，组织代表上门督办，让代表与承办单位面对面交换意见，探索解决问题的有效办法，进一步推动建议办理工作。三是为准确掌握代表议案建议的办理情况，常委会采取走访、座谈、视察等多种形式，认真听取和收集代表对办理工作的意见建议，及时向区政府和有关承办单位反馈，促进议案建议所涉及问题的解决。

组织代表专题视察。发挥代表的职能作用，推动群众关心的热点难点问题加快解决是常委会组织代表开展视察的主要目的。一年来，常委会先后组织代表对宝安区政府投资重大项目、高新技术产业发展、交通设施建设、公园建设、宝安中学新高中部建设情况等进行了视察，通过深入实地了解真实情况、集思广益研讨解决办法，及时将发现的问题以及改进工作的意见建议反馈给有关部门，着力推动政府加快相关工作进度，重点解决好群众反映强烈的学位紧张、交通拥堵等民生问题。

加强代表接访工作。常委会通过扩大试点、加强指导和规范管理，充分发挥代表联络站密切联系选民、畅通民意表达渠道的作用，使代表接访制度化、常态化，实现了代表“月月进社区”。一年来，市、区人大代表开展接访活动188次，接访群众1086人次，接访问题545件，办结203件。通过代表接访活动，人民群众的心声和诉求得到较充分表达，一些矛盾较好地化解在萌芽状态，一批民生问题得到有效解决。同时，代表们依托联络站这一平台，及时搜集社情民意，归纳整理其中具有代表性、普遍性的问题，为撰写议案建议积累了丰富的素材。

开展代表小组活动。代表小组是闭会期间代表活动的重要组织形式。一年来，宝安区代表小组活动形式多样、内容丰富、成效明显，代表活动质量大大提高。一是常委会办公室加强统筹，通过指导代表小组制定工作计划、细化代表活动要求、定期开展学习交流等方式，指导和支持代表小组积极开展闭会期间代表活动。二是法律、财经、教科文卫3个代表专业小组充分发挥“专业优势”，积极配合常委会相关工作委员会开展专项监督和专项调研，提高了常委会监督工作实效。三是各街道代表小组发挥“地域优势”，结合所在街道的工作实际和特点，通过加强对街道预算编制的初审和执行情况的监督、对当地群众普遍关注的热点问题开展视察等活动，努力推动街道预算管理水平与民生福利水平的提高。四是公明、光明代表小组紧密围绕光明新区开发建设、民生保障等重点工作建言献策，积极推动新区各项事业的发展。

五、适应新形势，不断提升履职能力和工作水平

以科学发展观统揽工作全局。一是坚持正确的政治方向，认真贯彻落实区委的决策部署。监督和支持“一府两院”开展工作，全力服务“三保”大局。二是以深入开展学习实践科学发展观活动为契机，坚持不懈地抓好机关干部思想政治教育，进一步强化责任意识，始终将人民满意作为基本的目标和要求，听真言、讲真话、报真情，扎实履职尽责。三是深刻认识坚持和完善人民代表大会制度的重要意义，明确新形势下做好人大工作的新标准、新要求，牢固树立人大工作必定大有可为、必须有所作为的思想认识，营造积极进取、干事创业的工作氛围。

弘扬开放透明的工作作风。一是切实保障代表知情权。有计划地邀请代表参与常委会监督、调研工作和列席常委会会议，定期编印会刊和工作通讯，及时将常委会审议的各项工作报告及审议意见发至代表；先后5次组织人大代表围绕民生问题接听群众热线，为代表及时了解政情民意提供服务保障。二是拓宽市民知情知政渠道。邀请市民旁听常委会会议，实现市民旁听区人民代表大会及常委会会议的制度化。三是做好监督公开工作。通过加强与新闻媒体的合作、加强人大网站建设等方式，依法、及时做好监督公开工作。一年来，区人大网站对常委会年度监督工作计划和各项监督事项进展情况进行了实时报道；各级平面媒体共刊发宣传闭会期间宝安区人大工作的新闻稿件70余篇，人大及其常委会在群众中的影响力不断扩大。

建设团结务实的干部队伍。一是积极应对机构改革的新形势，及时做好思想工作，统一人大基层干部的认识，实现了队伍的团结稳定和工作的有序衔接。二是优化人大机关的人力资源配置，加强了常委会工作委员会的力量，为常委会开展监督工作提供了保障。三是加强工作合作与学习交流，密切配合市人大常委会开展《深圳经济特区道路交通安全处罚条例》、《深圳经济特区中小企业发展促进条例》等立法工作和《深圳市城市规划条例》执法检查工作；组织常委会组成人员考察“长三角”地区社会主义新农村建设情况，开阔了视野，启发了对基层社区发展问题的思考。

常委会一年来的工作取得了一定的成绩，得到了代表和人民群众的认可，同时也存在着一些不足，主要表现在：常委会监督工作的针对性和实效性需要进一步提高；跟踪检查“一府两院”贯彻落实常委会审议意见的力度需要进一步加大；人大工作的制度化、规范化建设步伐需要进一步加快。我们将自觉接受人民监督，虚心听取代表意见，不断加强和改进工作，更好地履行各项法定职责。

今后一年的工作任务

今后一年，常委会将继续深入学习贯彻党的十七大和十七届四中全会精神，全面落实科学发展观，紧紧围绕区委中心工作，按照"突出针对性、提升实效性、弘扬创新精神、提高规范化水平"的总体思路，紧贴民生，勤勉务实，继续规范和加强人大工作，为全面完成"十一五"规划各项目标任务作出应有的贡献。

一、抓住重点，继续强化监督工作的针对性

服从和服务于区委工作中心，围绕区四届五次党代会提出的"转变经济发展方式、改善和保障民生、提升城市环境、创新体制机制"等中心工作，牢固树立敢于监督、善于监督的理念，从"一府两院"工作的重点领域、重点单位、重点项目、重点环节入手，找准监督工作的切入点和着力点，选好监督工作的议题。

一是听取和审议区政府产业结构调整升级和产业发展专项工作报告，紧紧围绕今年经济工作的重点，努力促进发展方式转变，推动经济平稳较快增长。

二是听取和审议区政府中等教育发展专项工作报告，推动区政府进一步均衡配置教育资源，增加中等教育学位，优化职业教育结构，提升教育教学质量。

三是听取和审议区人民法院行政审判专项工作报告，支持和促进区人民法院加强行政审判工作，维护司法权威。

四是听取和审议区人民检察院监督公安机关执法工作专项工作报告，支持和促进区人民检察院开展法律监督工作，强化对公安机关执法行为的规范和约束。

五是强化对计划、预算的刚性监督，进一步提高计划、预算的科学性、合理性和可行性，提高审计监督的实效，增强计划、预算执行的法律约束力。

六是开展《大气污染防治法》执法检查，促进宝安区的大气污染防治工作，提升大气环境质量，营造优美人居环境。

七是开展《食品安全法》执法检查，推动《食品安全法》在宝安区的贯彻实施，促进食品安全监管各项工作的落实，建设安全的食品卫生环境。

二、提高质量，不断增强人大工作的实效性

*深入调查研究。*认真开展对监督议题的前期调研，灵活运用各种调研方式，注重倾听基层群众和一线工作人员的声音，为常委会会议审议提供依据；坚持客观地、原汁原味地向"一府两院"反馈群众意见。

*提高审议质量。*重视发挥好常委会组成人员、专题调研组成员和列席常委会会议的人大代表的作用，鼓励多说话、敢说话、说真话，充分表达人民群众的心声；审慎把握好审议、表决权力的运用，以议案酝酿成熟与否作为是否提交审议表决的标准，避免仓促提交表决影响审议质量。

*抓好跟踪监督。*进一步丰富和完善跟踪监督的方式方法，通过开展跟踪调研、听取专题报告、实地视察等多种形式，督促"一府两院"抓好各项审议意见的落实，针对落实过程中存在的问题，多措并举，分步推进，形成持续的推动力，促进相关问题的解决。

*深化监督公开。*坚持监督工作选题公开、调研公开、审议公开，切实增强工作的透明度；融合各种传播媒介的优势，及时、全面地向代表通报、向全社会公开各项监督工作情况；积极搭建人大与公众互动的平台，发挥人民政治参与主渠道的作用。

三、坚持创新，丰富代表当政议政方式

*创新代表活动方式。*加强代表的学习培训和工作交流，进一步提高代表履职水平，充分发挥代表小组的作用，围绕群众关心的热点难点问题，开展好闭会期间的代表活动。组织代表对宝安区财政转移支付资金使用与管理、民办教育发展等课题开展专题调研，对提升城市景观环境、政府投资重大项目建设、律师进社区等工作情况开展专题视察。

*创新代表议案建议督办方式。*完善代表议案建议办理的跟踪落实制度，加强和改进议案建议督办方式，不断提高办理工作质量。

*创新代表联系群众方式。*继续抓好代表社区联络站试点工作，完善代表接访机制，积极开展各种接访、约访和回访活动，丰富代表联系群众方式。

*创新常委会联系代表方式。*充分利用代表联络系统等渠道，及时向市、区人大代表通报常委会有关工作，增进代表对常委会工作的了解，同时完善代表列席常委会会议和参与监督工作机制，更好地发挥代表参与管理地方事务的作用。配合做好市人大代表换届选举工作。进一步加强对公明、光明代表小组活动的指导，支持和促进光明新区做好各项工作。

四、完善制度，切实加强常委会自身建设

*加强思想建设。*进一步抓好政治理论的学习，正确把握人大工作的政治方向，牢固树立党的观念、政治观念、大局观念、群众观念和法制观念，增强做好人大工作的责任感、使命感。

*加强作风建设。*弘扬求真务实精神，大兴调查研究之风，深入体察民情，充分了解民意，使区人大的工作更加符合科学发展观的要求。

*加强制度建设。*规范区本级计划、预算的调整及街道级预算的初审程序；研究制订常委会监督工作程序的相关制度，把工作实践中形成的较为成熟的工作程序和方法上升为制度规范；探索对人大常委会任命的干部加大监督力度的有效形式；完善代表建议办理、社情民意汇总、信息公开等制度，不断提高人大工作的制度化、规范化水平。

各位代表！做好今年改革发展稳定的各项工作，任务艰巨，责任重大。让我们紧密团结在以胡锦涛同志为总书记的党中央周围，在区委的坚强领导下，继续解放思想，坚持改革开放，团结奋斗，扎实工作，推动宝安科学发展再上新水平！

政府工作报告

——在深圳市宝安区第四届人民代表大会第五次会议上的报告

（2010年3月2日）

深圳市宝安区人民政府区长　李文龙

各位代表，同志们：

现在，我代表宝安区人民政府向大会作工作报告，请予审议，并请各位政协委员和其他列席人员提出意见。

一、2009年工作回顾

2009年是极不寻常、极具挑战的一年。在市委市政府和区委坚强领导下，在区人大、政协监督支持下，区政府以科学发展观为统领，奋力应对国际金融危机，全面贯彻区党代会、人代会部署，积极落实“三保”综合措施，各项工作成效显著。实现生产总值2206.5亿元，同比增长12.1%；税收总额356亿元，增长9.3%；财政一般预算收入（不含光明新区）114亿元，按可比口径增长13%；人均生产总值6.21万元，增长9.8%；人均可支配收入2.72万元，增长9%；万元生产总值电耗、水耗分别下降5%和8.8%。

（一）保增长强服务取得明显成效

受金融危机影响，2009年宝安区保增长压力之大前所未有。我们审时度势，积极应对，从扶持企业、减轻负担、扩大投资、优化服务、调整结构、改善环境等方面入手，制定一系列配套措施，有效遏制经济下滑态势，圆满完成生产总值“保11%争12%”目标。

服务企业成效显著。为企业服务机制不断完善。千方百计稳定龙头企业，区领导挂点服务重点企业，对五类“百强”企业提供“一企一策”服务，全面整治70家重点工业企业周边环境，稳定了产业发展大局；想方设法扶持中小企业，成立企业援助中心，发挥企业服务中心作用，切实为企业排忧解难。规模以上工业增加值达1256亿元，增长10.8%。对企业资金支持力度加大。投入产业发展资金10.7亿元，2300多家企业受益。扩大信用担保规模和覆盖面，建立企业互保金机制，帮助中小企业融资13.1亿元。减轻企业税费负担25亿元，街道和社区减免厂租、管理费超过7亿元，核退出口台账和风险保证金约4亿元。财政资金在企业最困难的时期起到了“雪中送炭”作用。市场拓展取得新突破。在成都、哈尔滨和北京举办3场宝安专场展销会，组织2000多家企业参加29个境内外展会，现场成交额670多亿元；内销工业产品产值2041亿元，增长19.1%，内销比重提高6个百分点；对欧美等主要市场出口逐步回暖，对中东、非洲、东盟等新兴市场出口增长27.2%；出口降幅由一季度的18.1%收窄到全年的10.2%。

投资消费拉动作用明显。投资快速增长。全社会固定资产投资完成额585亿元，增长25%。政府投资和重大项目建设创历史新高，市区政府投资完成额168亿元，市区重大建设项目投资完成额256亿元，均超额完成年度计划。地铁5号线、沿江高速、华南公路货运中心等一批重点工程推进有力。消费市场日趋繁荣。社会消费品零售总额561亿元，增长20.2%，总量跃居全市第二，增速全市第一。一街道一特色商业街建设成效初显，成功举办宝安购物节、春风消费行动、福永家私节、沙井金蚝节。海雅商业中心动工，大浪商业中心开业，福永家私市场改造升级，新增大型百货超市6家。桃源社区获评“全国商业示范社区”，创业路天虹店获评“金鼎百货店”，8家商场获评“达标百货店”。海上田园和山水田园获评国家4A旅游景区，新增三星级以上酒店6家；举办万人游宝安活动，全年游客达450多万人次。

经济发展质量和效益不断提高。自主创新能力持续增强。实现高新技术产品产值3806亿元，占规模以上工业总产值51.2%。公开公告专利7917件，其中发明专利3954件、增长75%。扶持技术研发项目755个，获得市级以上科技立项200多项，6家企业获得国家、市级企业技术中心称号，83家企业被认定为国家级高新技术企业。动工建设桃花源科技创新园2个分园，规划观澜新型高科技园、高新技术产业加速器，创建2个市特色工业园。产业结构进一步优化。第三产业实现增加值786.79亿元，增长15.1%，占生产总值35.7%，比上年提高1.4个百分点，对经济增长贡献率达42%。实现文化产业增加值117亿元，增长14.5%；物流业增加值188亿元，占全市的24%；金融业增加值65亿元，增长20%，渤海银行深圳分行成为入驻宝安区的首家分行级银行。总部经济起步良好，17家本土企业通过市总部企业认定初审，9家企业签订总部落户协议。招商引资成效显著。成功举办投资环境推介会，引进项目108宗，协议投资额36亿美元；27宗亿元以上招商引资项目进展顺利。新增注册企业12292家，增长21.6%，其中注册资本超千万元企业97家；实际利用外资9.16亿美元，增长5.5%。企业整体素质进一步提升。新增规模以上工业企业418家，总数达5054家；新增纳税亿元以上企业8家、上市企业5家、中国驰名商标2个，49家"三来一补"企业不停产转型为法人企业。

（二）保民生办实事惠及人民群众

在抗击金融危机的困难时期，我们更加关注民生，安排资金83亿元，占财政一般预算支出的79.8%，促使一批民生突出问题得到解决，群众生活不断改善，社会事业全面发展。宝安区被评为全国青少年文明礼仪教育示范区、广东省推进教育现代化先进区，通过全国文化先进县（区）复评。

帮扶困难群众落到实处。制定实施《关于建立和完善社会救助体系的决定》"1+15"文件，在全省率先建立以最低生活保障为基础，以教育、医疗、住房等12类专项救助为辅助的社会救助体系。最低生活保障做到"应保尽保"，745户2140人获得低保救济。慈善救助、分类施保和低保边缘困难家庭救助面扩大，1450人受益。社会保险各险种参保达984万人次，49个欠发达社区5425名群众社保费缴交问题得到解决。

创业就业和素质工程扎实开展。积极扩大就业，促进居民就业4561人，"零就业家庭"动态归零，"充分就业社区"达标率98.7%，城镇登记失业率1.97%。大力帮扶"农转居"居民创业，建成创业孵化基地5个，举办创业项目推介会，帮扶228名"农转居"居民成功创业。完成区和街道公益职介机构建设，举办各类公益招聘活动479场，40余万人获得免费职介服务。深入推进素质工程，组织614名社区干部赴先进地区学习，举办各类培训和宣传教育活动7916班（场）次，154万人次接受培训。

社区管理和服务持续加强。安排社区社会管理经费7亿元，进一步减轻社区负担。设立专项资金1亿元，帮扶社区股份合作公司发展。完成社区基础设施和市政公共设施移交接管，累计建成固本强基项目243个，社区工作站办公用房全部达到200平方米以上。深入推进物业管理进小区，472个"村改居"小区实施企业化物业管理，覆盖率达91%。积极创建"六好"平安和谐社区，新增省"六好"社区30个、市"六好"社区51个。

为民办实事成效明显。十件"民生实事"年度任务全面完成。10个街道成为区义务教育均衡优质街道，44所原村小改造完工，3所新校如期开学，新增优质公办学位6379个。区人民医院新门诊大楼投入使用，妇幼保健院新院奠基，社康中心服务不断改善，甲流得到有效防控。公交特许经营改革基本完成，投放公交线路28条，增调运力315台，投放"绿的"329台，建成公交场站5个，500米公交站点覆盖率提高4.8个百分点。供水企业整合基本完成，宝安水务集团挂牌运营。完成人口计生年度责任制考核任务，建成社区生育文化中心149个。精神文明建设深入开展，一批文艺精品获省级以上奖项，读书月、外来青工文化节等活动广受好评。科普阵地建设加快，球幕天象馆奠基。创新"八个一"普法系列活动，普法教育超过百万人次。

（三）保稳定促和谐社会安定有序

2009年重点敏感期相对集中，受金融危机影响，保稳定形势更加严峻。我们坚决落实"稳定是第一责任"，积极预防化解矛盾隐患，实现刑事警情、信访总量、群体性事件、劳资纠纷和安全生产事故"五个明显下降"，宝安区在全省123个县（市、区）群众安全感和满意度评议中列第20位。

社会矛盾纠纷有效化解。拓宽民意诉求表达渠道，建成区信访大厅、10个街道综治信访维稳中心、155个社区综治信访维稳工作站、666个企业综治工作室，福永综治信访维稳中心成为全省示范点。建立企业经营预警机制，有效化解71家企业不稳定因素。实行信访首办责任制和重点案件区领导包案制，16起遗留多年的重大矛盾纠纷得到解决，全年未发生进京上访，到省上访减少60%，到市集体上访减少40%，群体性事件下降24%。

社会治安持续好转。保持严打高压态势，以沙井、龙华、松岗三个片区为重点开展全区治安综合整治，坚决打击黑恶势力、黄赌毒等违法犯罪。加强基层创安，新创建安全文明小区18个、围合式小区29个。加强重点场所整治，落实严管出租屋各项措施，整治51个城中村、旧屋村等重点区域。实现刑事警情下降35.5%，两抢警情下降54.3%，飞车抢夺警情下降66.6%。

安全生产形势平稳。完成3300家较大、重大安全隐患单位挂牌整治，治理危险边坡60处，完成179个"城中村"消防安全综合整治，沙井通过省政府消防安全重点区域整治验收。查处交通违章27万宗，查扣非法营运车975辆、非法上路摩托车4.5万辆。实施食品安全三年规划，升级改造农贸市场10个，主要农产品检测合格率均在98%以上。安全生产各类事故指标均在市下达范围之内，工矿商贸安全死亡事故数下降11%，火灾数下降38%，交通事故数下降17%，未发生重特大安全生产和食品安全事故。

劳资关系保持和谐稳定。积极开展"企业爱员工、员工爱企业"等活动，探索建立劳资恳谈协商机制。依法处理涉企纠纷，维护企业和员工合法权益，劳动争议结案率100%。加大企业工资监控系统推广力度，500人以上工业企业覆盖率达94%。30人以上重大劳资纠纷和欠薪逃匿案件分别下降77.6%、73.6%。

（四）抓规划重管理完善城市功能

按照建设优美现代化城区目标，我们牢固树立环境就是竞争力的理念，不断加快特区内外一体化发展步伐，城市规划建设管理水平进一步提升。

规划建设不断加强。城市规划体系逐步完善。新编法定图则18项、在编47项。完成6项道路交通详细规划和一批市政专项规划。完成中心区碧海片区城市设计。重点区域建设进展顺利。中心区游泳馆建成开放，体育场主体结构封顶，图书馆软基施工完成。松岗“西北门户”第一批5个项目完工，福永、观澜、民治“窗口”建设项目按计划推进。基础设施加快完善。完成107国道宝安段三期、广深高速新桥出入口改造，松福大道等一批道路建设进展顺利；开工建设变电站18座，建成15座，新增变电容量503万千瓦，占全市67%；龙华至大浪供水工程完工，76项防洪排涝应急工程建成，一批社区水浸问题得到缓解。

旧改工作加快推进。拆除重建类项目有序开展，龙华弓村动工建设，宝城26区一期完成土地出让，西乡劳动村等8个项目改造主体确定、拆迁基本完成，福永第一工业区等14个项目专项规划通过市审批。30个综合整治项目改造计划获市批准，整治规划编制完成。征收观澜上围等4个旧村，收回土地2万多平方米。

市容环境明显改观。推进重要节点环境综合整治，基本完成宝安大道新安至福永段沿街建筑立面整治，提升高速公路出入口、中心区主干道等绿化景观，完成40条优美道路创建年度任务，城区主要道路完好率95%以上。完成林相改造2746亩，种植市花簕杜鹃60万株，城市绿化覆盖率达46%。切实发挥数字化城管平台作用，深入推进街道综合执法。大力开展爱国卫生运动，创建32个省卫生村，连续两年夺得“鹏城市容环卫杯”。

土地管理切实加强。依法处置闲置土地，收回土地22宗24万平方米，征收闲置费5400多万元。完成储备土地清理，整治绿化土地150万平方米。加大违法抢建打击力度，组织查违行动816次，出动近两万人次，立案查处违法抢建568宗，拆除违建58万平方米。完成130008栋农村城市化历史遗留违法建筑信息普查申报，占应普查总量的98%。妥善处理“两规”历史遗留问题，累计核发私房房地产证35841本、厂房房地产证522宗1984栋。

生态建设力度加大。55项年度治污保洁任务全面完成，燕川、福永污水处理厂配套干管一期工程完工、二期工程开工，污水支管网工程有序推进，170座现代化垃圾转运站建成使用。平峦山、铁仔山和松岗等城市公园建成开放，凤凰山森林公园二期建设加快，8个社区公园基本建成。河流水环境污染得到遏制，观澜河水环境明显改善。生态创建成效显著，10个街道全部成为“深圳市环境优美街道”，建成23个市级绿色社区。主要污染物化学需氧量（COD）减排4.69万吨，污水集中处理率提高到63%。

（五）转作风提效能加强自身建设

面对繁重的“三保”任务，我们更加注重自身建设，以良好的作风加强服务、提速提效，为各项任务顺利落实提供坚实保障。

自觉接受区人大、政协监督。积极落实区人大各项决议，重大决策充分征询区人大、政协意见，报告“三保”工作、学校危房改造等专项工作26次，配合区人大、政协开展检查、视察和调研活动31次。实行议案、建议和提案办理领导负责制，办理人大代表建议138件、政协提案194件，全部按时答复，答复满意率分别为99.4%、100%。

勤政廉政建设扎实有效。坚持求真务实，转变作风，强化责任，狠抓落实，形成“比学赶帮超”的工作局面，536项“三保”重点任务完成良好。认真开展政风行风评议，明察暗访服务窗口、行政审批和执法部门，推进工程招投标、政府采购等制度创新，廉政教育和职务犯罪预防得到加强。严格实行责任倒查，追究了29宗70人行政过错责任。厉行节约，区直机关、财政全额拨款事业单位及各街道一般日常公用经费比上年压缩10%。

行政服务提速提效。行政审批改革扎实推进，审批事项办结时间平均缩短到3个工作日，比法定时间平均少10个工作日。积极推进便民服务平台建设，167项服务事项实现集中办理，9个街道成立行政服务中心。对20万笔审批业务实施在线监督，99.5%的审批业务提前办结，审批绩效全市第一。推进政府绩效评估，28个单位绩效评估试点工作成效明显，42个单位公共服务白皮书516项任务落实率达98%以上。

依法行政全面加强。出台加快推进法治政府建设实施办法，完成12类202项政府法治建设年度任务。完善政府法律顾问制度，法律顾问参与重大行政行为审查283次。建立行政首长出庭应诉、依法行政报告等制度，完成全区规范性文件审查清理和5.8万宗行政执法案卷评查。加强信息公开，全面启动阳光政府建设。

同志们，2009年宝安区经济社会发展取得的成绩来之不易。这归功于市委市政府和区委的正确领导，归功于区人大、区政协的监督支持，归功于全区人民的共同努力。在此，我谨代表区人民政府向各位代表、各位委员，向全区广大干部群众、数百万劳务工，向所有关心、支持宝安建设发展的驻区单位、光明新区和社会各界朋友，表示衷心的感谢和崇高的敬意!

在看到成绩的同时，我们也清醒地认识到，宝安区经济社会发展还存在一些突出问题，主要是：经济对外依存度过高，资源环境约束日益趋紧，转变发展方式的任务依然艰巨；人口密度大，流动性强，旧村旧厂房多，社会治安和安全生产形势仍比较严峻；交通、卫生、教育、文化等公共服务与群众需求差距较大，民生发展水平仍有待提高；政府规划建设管理现代化城市的经验不足，科学发展能力与形势任务要求还有差距。这些问题需要在今后的工作中切实加以解决。

二、2010年工作任务

2010年是深圳经济特区成立30周年，是完成“十一五”规划目标、谋划“十二五”发展的关键之年。市委市政府提出要向北京、上海、天津等国内国际一流城市学习，立足新起点，瞄准新目标，实现新发展，当好科学发展排头兵，加快建设现代化国际化大城市；区四届五次党代会针对当前形势提出了2010年工作总体思路：深入贯彻落实科学发展观，进一步解放思想，改革创新，巩固基础，优化结构，提高效益，改善环境，保障民生，促进和谐，以深入开展党代会常任制试点为抓手全面推进党的建设，努力当好深圳发展生力军、争创科学发展示范区，以优异成绩迎接深圳经济特区成立30周年，为“十二五”规划实施打下坚实基础。按照市委市政府和区委的部署，今年我们要在转变经济发展方式上取得新突破，以大项目和园区建设推进产业结构调整，着力增强自主创新能力；要在解决群众最关心、最迫切的问题上取得新突破，切实改善民生福利，努力推进社区股份合作公司健康发展；要在提升城市环境上取得新突破，强力推进城市更新改造，努力创建国家生态区；要在体制机制创新上取得新突破，牢固树立科学发展理念，努力创新干事创业的制度机制；要在推进政府自身建设上取得新突破，切实改进工作作风，进一步提高行政执行力，以只争朝夕的精神，大干苦干实干，加快区域发展，全面完成“十一五”规划确定的各项目标任务，促进经济社会全面发展。

综合考虑各种情况，确定全年经济社会发展主要预期目标为：地区生产总值增长12%，工业增加值增长12%，社会消费品零售总额增长16%，全社会固定资产投资完成额增长16%，外贸出口总额增长9%，财政一般预算收入（不含光明新区）增长9%，万元生产总值电耗、水耗分别下降3.5%，污水处理率达到70%。

为实现预定目标，重点要在六个方面抓好落实：

（一）着力推进自主创新，全力以赴加快产业结构优化升级

始终把增强自主创新能力作为转变经济发展方式的核心推动力，以前所未有的力度，坚定不移调结构，脚踏实地促转型，坚持大力引进、积极培育、转型升级、有序转移、依法淘汰等同步推进，增强产业竞争力和抗风险能力，提高经济发展质量和效益。

增强自主创新能力。推动创新载体建设。加快桃花源科技创新园三期建设，推进铁岗片区改造升级，打造宝安区科技创新产业园；启动观澜新型高科技园核心区建设，完善观澜高新技术园区公共配套；推进创新型产业用房建设，鼓励街道、社区及社会力量改造和建设创新产业园、科技孵化器。强化企业创新主体作用。促进产学研合作，鼓励企业与科研院所创建重点实验室、工程中心、博士后工作站，组建产业技术创新战略联盟，承接跨国公司研发中心转移，开展一批重大产业项目技术攻关。实施科技创新服务平台提升计划，在电子信息等重点产业领域探索建立公共研发、技术改造平台，认定一批开放性研发基地和企业技术中心。加强科技孵化服务，推动以专利、标准和品牌为核心的科技成果产业化。提升创新服务水平。积极探索创新融资体系建设，启动政府创业投资引导资金，搭建创新型企业与创投机构的对接平台，引导社会资金投入创新型中小企业；加快实施上市培育工程，扶持更多创新型企业上市融资。加大自主创新产品政府采购力度。大力培育和引进人才。完善人才政策措施，创新人才引进、培养、评价、任用、激励和服务保障机制，积极解决人才的住房、子女教育等问题，确保人才引得进、留得住、用得好。

加快重大产业项目引进和建设。提高招商引资层次水平。围绕高新技术产业、先进制造业、新兴战略产业和现代服务业，重点引进一批附加值高、带动性强的项目。在北京、香港开展以推介宝安中心区、机场商务区、大铲湾港区为主的招商活动。完善重大项目推进机制。探索由区投资管理公司收购储备土地厂房资源，建立重大产业项目、上市公司和大型企业增资扩产用地快速保障机制；引导集体企业、社区股份合作公司以土地厂房资源和上市公司、大型企业、高成长企业合作，实现优势互补。拓展产业发展空间。推进十大园区建设，重点规划建设福永北—沙井南高科技产业带和松岗先进制造业园区；加大旧工业区整合改造升级力度，建设一批新型产业园区。推进重大产业项目建设。加快航空航天电子产业园、大族激光生产基地、华润三九医药、创维“深圳电视城”、劲嘉印刷产业园、三一科技观澜产业园等一批项目规划建设，推动近年招商推介会签约的26个在建项目早日完工、11个竣工项目尽快形成产能。

强化高新技术和先进制造业优势。抢占产业制高点。进一步提升电子信息制造业竞争力，形成较为完善的计算机及外设、电子元器件、数字视听、集成电路、新型显示、软件、通信设备、平板显示等八大产业链条。壮大以电子专用设备为主的先进装备制造业集群，积极发展新能源、互联网、生物医药等战略性新兴产业。大力发展海洋产业，推进远洋渔业基地建设。促进加工贸易和传统产业转型升级。支持富士康等跨国公司在宝安区发展高端产业、设立研发中心，引导“三来一补”企业稳步转型为独立法人企业；推动工业化和信息化融合，加大技术改造投入，提高服装、印刷、模具、家私、食品等产业的技术水平和品牌创建能力，加快推进大浪服装、石岩小家电等传统优势产业基地建设；抓好松岗产业结构转型升级试点，推动建设“一街道一特色工业园”。大力发展低碳经济和循环经济。促进节能减排和清洁生产，推进大唐清洁能源基地、电子循环经济产业园、废旧汽车拆解中心和再生资源分拣中心建设。完善产业准入退出机制。修订产业导向目录，提高产业准入门槛，严禁调整置换出来的土地、厂房发展低端产业；从严执法，坚决依法清理取缔无牌无照企业，采取法律、行政和市场等综合手段，整治淘汰不具备安全生产条件、污染严重、劳资纠纷频发和违法经营且拒不整改的企业。

推动现代服务业加快发展。大力发展现代物流业。落实物流业发展规划，尽快解决华强电子、万港国际物流园项目用地，加快固成配送、空港保税、大铲湾等物流园规划建设，打造区域物流枢纽。做大做强文化产业。大力发展工业设计等创意产业，加快建设观澜版画艺术博物馆、版画交易中心等重点项目，扶持F518

创意产业园、雁盟酒店文化产业园等加快发展，推进观澜山水国画产业基地等项目规划建设。促进高端服务业发展。积极打造中心区中央商务区、金融集聚区，支持发展营销策划、工程咨询、中介服务等专业服务，促进科技服务业和商业服务业发展。抢抓深圳建设国家服务外包基地城市的机遇，加快推进石岩服务外包基地建设。着力发展生产性服务业和先进制造业总部经济。鼓励生产基地在宝安区的企业建设集研发、生产、销售为一体的企业总部，吸引国内外大型企业设立总部或分支机构。加快中心区中小企业总部大厦建设，选择符合条件的旧工业区改造成工业企业总部园区，积极落实已签约总部企业用地。

（二）着力实施扩大内需战略，继续巩固经济增长基础

深入落实保增长综合措施，进一步提高为企业服务水平，不断完善企业援助、监测和预警机制，切实帮助企业解决融资、土地、用电等问题，继续发挥投资消费拉动作用，保持出口稳定增长，努力完成全年经济增长目标。

继续加大投资力度。充分发挥政府投资带动作用。多渠道融资，争取完成市区两级政府投资200亿元以上，拉动社会投资500亿元左右；优化投资结构，重点投向改善民生、基础设施、结构调整、环境治理、城市安全等，引导社会资金投入政府鼓励发展的产业。确保重大项目投资额完成率100%。加快中心区、龙华新城、航空城等重点区域规划建设，配合建设广深港客运专线、厦深铁路、沿江高速等国家、省级项目和36个市级项目，确保62个区级重大项目完成年度建设任务。促进房地产业健康发展。规范房地产市场秩序，采取措施推动已出让商品房用地加快开发。

有效扩大消费需求。完善商业网点布局。加快构建核心商圈，优化街道商业旺区环境，提高已建成特色商业街档次，推进凤凰社区台湾美食街、新安翻身路商业街、西乡河商业街、民治上河坊等商业街区改造建设。提升商业业态。大力发展大型购物中心和专业市场，加快推进海雅商业中心建设，引导五金、建材等零散门店向专业市场集中；继续发展连锁商业、品牌商业、社区商业，鼓励发展租赁消费、网络消费。培育新的消费热点。举办宝安电子节，继续办好购物节、家私节和金蚝节，做好家电下乡和以旧换新，促进汽车等大宗消费，扩大旅游、文体、休闲、健身、养老服务等消费。完善旅游标志系统，支持景区、酒店升级。

大力拓展国际国内两个市场。转变外贸增长方式，加快发展一般贸易、服务贸易和保税贸易；不断优化出口结构，扩大具有自主知识产权和自有品牌产品出口；积极应对国际贸易壁垒和贸易摩擦，优化通关环境，提高通关效率。努力巩固出口传统市场，大力开拓新兴国际市场和国内市场，组织区内企业参加35场境内外展会，重点主办其中5场电子信息、服装等优势产品展会；鼓励街道、商会、行业协会等举办形式多样的展会，推进“深货北上西进”；加大经贸合作交流，支持有条件的企业“走出去”。

（三）着力提升城市环境，全面推进现代化城区建设

积极落实区委区政府《关于加快现代化城区建设　全面提升城市环境的实施意见》，坚持城市规划建设与产业发展相结合、城市建设与管理相结合、市容环境整治与业态调整相结合，按照“整洁、有序、生态、有特色”原则，提升城市环境，完善城市功能。

强化规划导向作用。提升城市规划水平，重点完善中心区、龙华新城、航空城规划，推进深圳西部滨海新城和珠江口东岸新经济增长带规划研究。加紧编制法定图则，实现法定图则基本覆盖城市规划建设区域。突出区域特色，高标准做好城市和建筑设计。开展“送规划下基层”活动，确保规划科学、合理、可行。

大力推进城市更新。用好用足国家和省的城市更新政策，抓住《深圳市城市更新办法》出台的契机，编制《宝安区整体性城市更新规划》，加快城市更新改造步伐。深入推进综合整治，重点整治各街道中心区、城市干道和门户地区，全面推进33个城中村二类综合整治项目。加快旧城旧村全面改造，推动新安街道城市更新试点，确保新安上合等6个项目年内开工，争取其他6个项目早日动工。积极跟进已上报旧改项目的审批工作，完善手续，争取“三旧”改造工作年内有较大的突破。

加快基础设施建设。继续完善交通路网，积极配合建设轨道交通、深圳北站、沿江高速等重大项目，加快福洲路、松白路改造等重点项目建设，着力改善道路微循环，强化宝安交通枢纽功能。改善供水设施，建设凤岩水库，扩建大水坑水库，推进街道小水厂整合和社区供水管网改造。加快电网建设，新建变电站11座，扩建3座，新增容量356万千瓦。

全面提升市容环境。积极落实市统一部署，大力开展市容环境提升“六大行动”、实施“六大工程”。加快提升中心区、航空城、龙华新城等重点区域环境，完成中心区和各街道中心区重点道路景观改造，推进机场周边10公里范围内建筑屋顶美化，改善深圳北站周边环境。刷新重点道路沿街立面，基本完成70条主次干道两侧建筑立面整治刷新，打造广深高速、107国道等4条景观长廊。启动灯光夜景工程，在重点区域、重要路段设置LED彩屏，建设11公里道路LED路灯试点工程。抓好城市重要节点和50条主次干道的绿化美化，完成83万平方米黄土裸露整治，提高绿化覆盖率。深入推进市“鹏城环卫杯”和省“卫生村”创建，严厉查处违法设置广告，有效治理乱摆卖和占道经营。深入开展以消防安全为重点的城中村综合整治和“五类”百强企业环境综合整治。切实加强土地管理，管好基本生态控制线，协助完成8650亩基本农田改造；保持查违高压态势，实现违法抢建“零增量”；完成农村城市化历史遗留违法建筑信息普查登记并分类处理。

深入开展国家生态区创建。强化生态优先理念，加大投入，健全责任制，完成国家生态区创建申报。推进清洁生产，加强环境监督执法，开展环境监控中心二期建设，对重点污染源企业实施24小时监控，完成年度污染减排任务。实施治污保洁工程，加快6座污水处理厂配套管网二期、污水支管网一期、宝城大型垃圾转运站和福永、燕川污水处理厂等项目建设。加快茅洲河综合整治，开展大浪、民治、九围等河流治理，逐步将新圳、西乡河整治为“不黑不臭”的景观河。完成613亩林相改造，加强2.26万亩生态风景林和新造林管理。加快凤凰山、羊台山、五指耙、罗田等森林公园建设，新建改造一批城市公园、社区公园，打造“公园之区”。开展绿色建筑达标活动，推动绿色社区及生态工业园区建设。

（四）着力改善公共服务，切实提高民生福利水平

大力发展以改善民生为重点的社会事业，继续办好一批民生实事，加大公共产品供给，扩大民生保障覆盖面，推进基本公共服务均等化，让全区人民共享改革发展成果。

继续完善社会保障体系。积极发展社会福利和慈善事业，及时调整完善社会救助项目，进一步加大困难群众救助力度。加强区内扶贫开发，深入实施同富裕工程，帮扶欠发达社区脱贫解困；探索建立原居民缴纳社保费长效保障机制，继续帮助欠发达社区困难原居民缴交社保费。多渠道筹措保障性住房房源，着力解决困难群众住房。积极推进全民医保，基本实现工伤保险和农民工医疗保险全覆盖，抓好退休人员社会化服务省、市示范点建设。

大力促进创业就业。实施积极就业政策，不断开发公益性岗位，加强对就业困难人员和“零就业家庭”的就业援助。开展就业援助月、大学生服务月等活动，引导转变就业观念，促进“农转居”居民、生源毕业生充分就业。积极推进职业技能培训，开展第四届职业技能大赛。加强创业指导和结对帮扶，精心组织好创业项目和青年见习推介会。

加快发展社会事业。大力推进教育现代化发展。完成中心区N5区初级中学建设，加快宝安中学新高中部、西乡高级中学、深圳第五高级中学建设进度，推动福永高中规划建设，深入实施中小学校校舍安全工程；规范发展民办教育和学前教育，大力发展职业教育。加强教师队伍建设，深化教育内涵发展。改善医疗卫生服务。支持区人民医院创建三级甲等医院，加快区妇幼保健院、慢性病防治院新院和预防医学大楼建设，推进公立医院改扩建；加快解决社康中心业务用房问题，不断提升社康服务水平；鼓励社会力量办医，加快民营医疗机构发展；健全公共卫生服务网络，做好传染病防控。推进文体事业发展。完成松岗、沙井、观澜、福永街道文化艺术中心项目前期工作，落实新安、大浪、民治街道文化艺术中心选址，继续推进流动科技馆、流动图书馆、劳务工图书馆建设。建成宝安体育场，动工建设松岗等街道体育中心。积极开展深圳特区成立30周年系列庆祝活动，广泛开展群众性文体活动。鼓励扶持文艺精品创作。协调加快数字电视整体转换。加强人口计生工作。做好第六次全国人口普查，完善流动人口计生服务管理长效机制，深入推进“两无”活动，全面加强出生缺陷一级综合预防，切实落实人口计生管理目标责任制。积极改善公共交通。增调公交线路30条，增加或更新运力300台以上，建设公交场站6个、候车亭200个以上。推动双拥、民宗、侨务、外事、保密、人防、老龄、妇幼、残疾人、档案、史志等工作取得新成绩。

不断提升城市文明水平。以“宝安讲坛”、“宝安市民讲堂”、市民学校为载体，大力建设学习型城区；深化文明礼仪宣传教育，积极创建文明社区，不断提升市民文明素养和社会文明程度。深入推进素质工程，完善政府补贴培训制度，加强职业能力开发阵地建设，有针对性地开展公务员、企业员工、社区干部等7类人员培训。继续创建科普示范街道、社区、家庭，申报创建2011至2015年度全国科普示范区。

加大劳务工关爱力度。探索建立优秀劳务工入户机制，优化劳动力结构。深入推进社区“大家乐”等配套文体设施建设，完善工业区有线电视网络，丰富劳务工文化生活。着力提升劳务工技能素质，进一步拓宽职业技能鉴定覆盖面。积极构建和谐劳动关系，进一步推广劳资恳谈协商机制，扎实开展“春风行动”等公益职介活动，完善企业工资监控系统，努力实现劳资关系“三率先”：率先实现劳务工工资基本无拖欠、率先实现涉及工资的劳动争议基本办结、率先实现涉及工资的群体性纠纷基本得到控制，加快实现劳务工“十有”：劳动有合同、上岗有培训、报酬有保障、生产有安全、工作有保险、维权有渠道、住宿有改善、子女有学上、生活有文化、发展有目标。

全面加强社区建设。大力发展基层民主，拓宽居民参与社区治理渠道。继续加大对社区投入，安排社区社会管理、市政设施维护等经费7.5亿元，强化社区建设管理经费监管。整合社区服务资源，完善综合服务机制，提高社区信息化服务水平。积极协调解决固本强基项目用地、审批难等问题，完善办公、服务、文体等社区基础设施。巩固物业管理进小区成果，增进市民物业消费意识，提高物业管理覆盖面和市场化水平。继续创建“六好”平安和谐社区，力争90%以上的社区达标。

促进社区股份合作公司健康发展。开展社区股份合作公司多元化发展试点，引导社区股份合作公司转变发展方式，推进产业升级和城市更新，重点推进松岗潭头发展先进制造业、沙井垦岗发展电子物流业、福永怀德发展现代服务业、新安安乐开展城市核心区配套、民治牛栏前发展商贸业、观澜福民开展高新园区和大型企业配套试点。引导社区股份合作公司做好房产确权工作，盘活土地房产。完

成街道集体资产管理机构设置和人员配备，加强社区股份合作公司监管，提升财务集中记账和信息公开水平。启动社区股份合作公司经营审计，争取今年完成50%、明年全部完成。

（五）着力加强平安建设，有效促进社会和谐稳定

坚持“标本兼治、综合治理”和“细查、严防、狠打”的工作原则，进一步创新社会管理，加大防控打击力度，强化复杂区域、重点场所综合整治，切实解决影响社会稳定的源头性、根本性、基础性问题，确保社会平安和谐稳定。

扎实开展信访维稳工作。全面推行重大事项社会稳定风险评估，完善区、街道、社区、企业四级维稳信访联动机制。实行领导干部定期接访、走访、下访，充分发挥“区长专线”、“民生访谈”、“法律服务热线”等作用，畅通民意诉求渠道。进一步规范信访秩序，加大矛盾纠纷排查力度，拓展“大调解”工作格局，着力在“事要解决”上下工夫。

强化社会治安综合治理。充分发挥公安机关主力军作用，保持严打高压态势，重点打击黑恶势力、两抢一盗、黄赌毒等违法犯罪。提高人防技防水平，整合治安辅助力量，继续推进治安大巡逻，全面提升电子防控效能。加强“旧屋村”、“三边”地带等重点区域综合整治，严格流动人口管理，严控重点人群。开展出租屋整治年活动，全面清查整治出租屋，探索统一出租和门禁卡管理模式，落实“以证管人、以房管人”制度和业主安全管理责任。扩大围合式小区、安全文明小区覆盖面，提高治安防控水平。

全力抓好安全生产管理。全面推进安全生产长效管理机制建设，进一步落实企业主体责任和“五位一体”网格化监管责任。继续实行安全隐患挂牌督办制度，完成松岗街道和9个社区“市火灾隐患重点地区”整治，落实2749栋疑似危房、89处危险边坡和第二批179个城中村整治任务。加快完善安全基础设施，建设、配齐消防设施设备。切实做好“三防”工作，增强防灾减灾能力。深入整治非法营运，改善交通秩序，提高交通安全水平。强化食品药品监管，提高生产经营单位检查覆盖率，严厉查处生产销售不符合安全标准产品的行为，全面完成农贸市场升级改造。

切实维护市场秩序。强力开展“清无”专项行动，坚决清理无证照经营，疏导经营户自觉办理证照。保护消费者权益，开展“打假治劣”专项行动，坚决取缔非法生产销售点；严格医疗、教育等民生领域价格检查，及时查处不正当价格行为，严厉打击商业欺诈、传销等违法犯罪。推进诚信守法教育，优化税收环境。

继续加强应急管理。完善应急管理责任制，强化信息报送等薄弱环节，规范突发事件处置程序，将应急管理纳入行政绩效考核范围。加强避难场所建设管理，做好应急物资储备。开展应急业务培训演练，推进专业应急救援队伍建设，提高应急救援能力。

（六）着力创新体制机制，不断加强服务型政府建设

按照市的统一部署，围绕服务型政府建设目标，进一步解放思想，敢“破”善“立”，切实加大改革力度，提升行政效能，优化发展环境，增创发展新优势。

扎实推进重点领域改革。按照权责利相统一原则，进一步简政放权，该由职能部门审批的由职能部门审批，该由街道行使的通过授权、委托等方式下放给街道，能由社会中介组织承担的交给中介组织，推进管理服务重心下移，方便群众和企业办事。继续推进事业单位改革，深化医药卫生体制改革，整合街道供水企业，做好公交资源整合收尾工作。深入推进国有企业劳动、人事和分配制度改革，加强国有资产运营管理，确保国有资产保值增值；稳步推进街道集体企业改制，提高企业经营发展活力。稳妥推进社区管理体制改革，积极培育公益慈善类、社会福利类社会组织，进一步强化基层管理和服务。

全面加强效能建设。落实区政府和职能部门公共服务白皮书制度，完善行政责任体系，深化行政目标管理。推进行政绩效评估工作，加快建立政府绩效电子评估系统，提高绩效评估工作专业化、信息化水平。完善行政审批服务体系，健全网上审批平台，实行政府投资项目并联审批，提高联合办公服务效率。认真落实市《党政领导干部问责暂行规定》，严格行政过错责任追究，严厉查处行政不作为、乱作为。

不断提升政风行风。继续开展明察暗访和作风评议，深化廉洁从政教育，不断增强公职人员的公仆意识和自律意识。贯彻市《关于加强党政正职监督的暂行规定》，加强对行政正职领导干部的监督。严格政府工程预算管理，强化建设工程招投标、政府采购等重要领域和关键环节监管，提高源头防腐水平。弘扬艰苦奋斗作风，严肃查处公款出国（境）旅游、超标准配备公务用车、违规发放津贴补贴等问题。

加强法治型政府建设。认真落实区人大决议决定，主动接受区人大、政协监督，办好人大议案建议和政协提案，积极配合区人大、政协开展检查、调研、视察等活动。坚持依法办事，规范行政执法，进一步提高行政执法效能和依法行政水平。加强阳光政府建设，推进政务公开，保障群众的知情权、参与权、监督权。

提高科学发展能力。深入学习实践科学发展观，加强学习型政府建设，进一步提高推动科学发展、促进社会和谐的能力。积极探索建立体现科学发展观要求的考核评价体系，增强公职人员践行科学发展观的自觉性、主动性。做好“十二五”规划编制工作，提高经济社会科学发展水平。

各位代表，同志们！做好2010年工作责任重大，使命光荣。让我们在市委市政府和区委的正确领导下，在区人大、区政协的监督支持下，深入贯彻落实科学发展观，继续解放思想，改革创新，攻坚克难，狠抓落实，努力推动经济社会又好又快发展，以优异成绩向深圳经济特区成立

30周年献礼！

附：名词解释

1. “三保”综合措施：为克服国际金融危机对宝安区经济社会发展的不利影响，2009年初宝安区先后出台了保增长“1+8”文件（《关于采取综合措施确保经济平稳较快增长的若干意见》及其8个配套文件）、保稳定“1+5”文件（《关于多措并举确保社会和谐稳定的若干意见》及其5个配套文件）、保民生“1+6”文件（《关于采取有力措施确保民生进一步改善的若干意见》及其6个配套文件），综合采取有效措施，确保经济平稳较快增长、民生进一步改善、社会大局和谐稳定。

2. 五类“百强”企业：是宝安区工业百强企业、出口百强企业、民营百强企业、纳税百强企业以及自主创新百强企业的简称。

3. 企业互保金机制：指通过政府、银行、企业三者之间风险共担来提高银行对企业信贷的积极性，促使其降低贷款门槛，帮助企业获得银行贷款的一项制度。2009年，为应对国际金融危机、积极解决企业融资难问题，宝安区建立了全国首个区级互保金机制。

4. 出口台账和风险保证金：台账保证金是指国家为了规范加工贸易管理，将进口料件分为允许类、限制类和禁止类三类，加工贸易企业在进口限制类料件时，先在海关指定的银行设立保证金台账，并存放等值于进口料件关税和进口环节增值税税款的保证金，海关根据企业加工产品出口或内销的情况，进行核销并确定保证金返还及扣除。风险保证金是指海关为防范企业在开展加工贸易业务时不履行海关规定的义务、偷逃税款、利用进出境之便从事非法活动等而要求企业缴纳的保证金。

5. “全国商业示范社区”、“金鼎百货店”、“达标百货店”：均由国家商务部组织评定。“全国商业示范社区”是指在商业网点的数量、分布、服务方式、服务能力、经营范围、便利性以及社区商业运营管理等方面考核达标的社区；“金鼎百货店”是指在经营管理、财务指标、商品结构、经营环境、企业管理、服务水平、诚信经营、信息化建设、节能降耗等9大方面达到商务部《金鼎百货店规范》标准的百货店；“达标百货店”是指在服务、管理、诚信、环境、安全、节能等6大方面达到商务部《达标百货规范》标准的百货店。

6. “六好”平安和谐社区：是省、市开展的一项推进社区建设的创建活动，主要通过创建“自治好、管理好、服务好、治安好、环境好、风尚好”的平安和谐社区，充分发挥社区在构建和谐社会中的作用，共筑安居乐业美好家园。

7. 劳资恳谈协商机制：是由政府主导，在遵循劳动法律法规的前提下，企业内部全员参与，通过采取友好平等、开诚布公的恳谈方式来解决劳资纠纷等问题的一种劳资协商机制。2009年，新安街道率先在区内推行该机制。

8. 法定图则：是城市规划主管部门根据城市总体规划、分区规划，对各片区的土地利用性质、开发强度、配套设施、道路交通和城市设计等方面作出的详细规定。因其经法定程序编制，具有法定效力，故命名为法定图则。

9. 一般贸易、服务贸易和保税贸易：一般贸易是与加工贸易、保税贸易等特殊贸易相对而言的国际贸易方式，指我国境内有进出口经营权的企业单边进口或单边出口货物的国际贸易活动。服务贸易一般指跨越国界进行服务交易的商业活动，包括商业服务、通信服务、建筑及有关工程服务、销售服务、教育服务、环境服务、金融服务、健康与社会服务、旅游及娱乐服务、文化与体育服务、运输服务等。保税贸易是指通过保税场所进行国际贸易的活动，货物在保税场所储存、分装、加工、转口，可以减少报关环节，提高物流效率，降低经营成本，提高企业竞争力。

10. “深货北上西进”：是指深圳企业生产的产品向深圳以北和以西的广大地区销售，加大产品内销份额，提高国内市场占有率，逐步降低经济外贸依存度。

11. 市容环境提升“六大行动”、“六大工程”：为加快提升宝安区城市环境，2009年宝安区出台了《宝安区市容环境提升行动实施方案》，决定开展市容环境提升“六大行动”、实施“六大工程”。“六大行动”指建筑立面刷新和屋顶改造行动、街道“家具”清洗刷新行动、交通设施粉刷翻新行动、窗口门户地区环境综合整治行动、城中村综合整治行动和环卫、爱卫及行政执法专项整治行动。“六大工程”指花卉布置工程、城市绿化改造升级工程、宝安体育场（馆）周边环境美化工程、市政公园景观改造与建设工程、城市照明改造和建设工程、重点企业周边环境提升工程。

12. LED：是英文Light Emitting Diode的缩写，汉译为发光二极管。它是一种固态的半导体器件，可以直接把电能转化为光能，具有高亮度、高节能、寿命长、变幻多等特征，被广泛应用于显示屏、照明等领域。

13. 计生“两无”活动：是基层创建“街道无政策外多孩出生，社区无政策外出生”工作的简称。它是落实计划生育基本国策，稳定低生育水平的有效手段。

14. 门禁卡管理模式：是指在每栋楼房出入口安装门禁卡刷卡器，在核准楼内居民人员身份信息后为每人配备一张专属智能卡，凭卡出入，达到“规范管理、保障安全、人来登记、人走注销”的目的，有利于提高出租屋和流动人口管理水平。

15. “五位一体”网格化监管责任：是指将安全管理对象划分成若干网格，对网格内的所有生产经营单位及其场所落实“业主、经营者、社区负责人、街道辖区内的行政执法部门负责人（包括公安、消防、文化、安监、市场监管、综合执法、环保等部门）、街道办事处负责人”五类责任主体的安全管理责任，实行责任卡备案管理。

政协深圳市宝安区第三届委员会常务委员会工作报告

——在政协深圳市宝安区第三届委员会第六次会议上的报告

（2010年3月1日）

深圳市宝安区政协主席　沈建英

各位委员、同志们：

我受政协深圳市宝安区第三届委员会常务委员会的委托，向大会作工作报告，请予审议，并请列席会议的同志提出意见。

一、2009年工作回顾

2009年，在市政协的关心指导和中共宝安区委的正确领导下，区政协及其常委会认真贯彻落实党的十七届三中、四中全会及省、市委全会精神，紧紧围绕区委区政府“保增长、保民生、保稳定”工作大局，团结全区各民主党派、各人民团体和各界人士，认真履行政治协商、民主监督、参政议政职能，为促进宝安区经济社会发展和民主政治建设作出了积极贡献。

（一）认真履行职能，为促进“三保”工作发挥了重要作用

一年来，常委会坚持把推动“三保”工作作为履行职能的重点，认真开展视察调研、协商议政等活动，主动为促进宝安区经济发展和民生改善献计出力。

及时组织专题宣讲。区委区政府作出关于“三保”的决策部署后，区政协高度重视，把深入开展学习宣讲作为首要任务，切实抓紧抓好抓落实。举办专题学习会。围绕贯彻落实区委区政府有关保增长工作要求，及时组织工商界委员、商会企业、侨界企业及有关团体集中学习，邀请区分管领导及相关职能部门作专场辅导。以各街道政协联络办为依托，召开委员座谈会，学习宣讲区委区政府“三保”工作文件，广泛听取委员的意见和建议，及时向党委政府反映。深入开展走访调研。主席班子成员分赴全区各街道，深入企业，深入社区，号召广大政协委员与区委区政府同心同德、与全区人民齐心协力，迎难而上、共克时艰，积极帮助解决企业遇到的一些实际困难和问题，鼓励企业界委员增强应对危机的信心与决心，把握时机、用好政策，引领企业走出困境。

认真搞好专题协商。全年召开主席会议12次、常委会议4次，围绕区委区政府“三保”工作决策部署，开展协商讨论，积极为推进相关工作建言。6月，召开三届十一次常委（扩大）会议，听取区政府关于宝安区“三保”工作情况通报，组织委员为推进“三保”相关政策措施落实建言献策。8月，召开发展宝安区总部经济征询会，组织委员就区政府“关于总部经济企业认定办法”和“加快发展总部经济的若干措施资金扶持实施细则”两个配套文件进行协商讨论，提出意见和建议。

精心组织专题议政。在三届四次会议上，举办“三保”主题大会发言，组织委员围绕开拓国内市场、破解中小企业融资难题、建设人才引进平台、构建和谐劳资关系、改善医疗聘用人员待遇、发挥民间组织作用、加强治安管理等问题踊跃建言，许多意见建议得到党委政府及有关部门的重视和采纳。其中，关于加快铁岗片区产业升级打造“宝安硅谷”的建议作为重点提案提交后，引起区委区政府的高度重视，区委周林祥书记、李文龙区长等区领导多次前往调研，成立铁岗片区升级改造领导小组，加快推进桃花源三期建设。

认真开展专题视察。围绕教育、医疗服务、公共交通、社会治安等群众关注的问题，组织系列视察活动，为推进民生改善工作增添助力。高中学校建设和原村办小学改造是2009年深圳市重大建设项目，是宝安区“十件民生实事”之一。11月，区政协联合市政协开展专题视察，向市、区政府提出加快高中新校建设，尽快启动原村办小学二期改造工程，妥善解决原村办小学用地产权归属问题等意见和建议，促进了相关工作的落实。7月，先后组织委员视察宝安区城市管理工作和排涝治污工程建设，呼吁政府及有关部门着力解决市政设施多头管理、垃圾处理项目建设进展缓慢和排涝治污规划建设滞后、管理体制不顺等问题。7月和12月，组织委员视察区妇幼保健院新院建设、区中医院住院大楼建设和西乡人民医院扩建改造工作，呼吁有关部门加快建设进度，确保工程质量，切实把民生实事办

好。5月和12月，组织委员视察宝安区公交场站规划建设和城区地铁工程建设情况，邀请施工沿线居民和企业代表参加座谈，听取群众意见，协调各方关系。11月，组织政协委员与党代表、人大代表一起视察宝安区重大项目建设情况，合力推动相关工作。10月和12月，组织委员到公安分局指挥中心、特保大队和看守所视察，围绕加大公安工作力度，促进平安宝安建设提出建议，呼吁政府及时解决看守所羁押场地严重不足等问题。

深入开展专题调研。一是开展社区股份合作公司发展专题调研，形成《关于协调解决宝安区社区股份合作公司发展相关问题的建议》，深入剖析股份公司在社保交费负担、物业资产、人才、社会负担等方面存在的突出问题，提出区别对待承担城市化人员社会保险等16条建议，为促进《宝安区扶持股份合作公司发展指导意见》及相关政策措施的落实发挥了积极作用。二是深化“发挥文化资源效益，推动文化产业大发展”专题调研，形成建议案。区政府及时组织有关部门认真研究吸纳建议案提出的意见，为进一步完善宝安区文化产业发展规划及政策体系、促进本土文化资源有效转化为产业资源等，发挥了应有的推动作用。三是开展培育和发展民间组织专题调研，形成调研报告，就降低准入门槛、政策扶持、发展重点以及加强管理等问题提出建议，供区委区政府决策参考。此外，还开展了“菜篮子”工程建设和安全生产工作调研，就保障宝安区“菜篮子”供应和质量安全、不断深化安全生产监督管理工作提出了具体意见和建议。

（二）发挥独特优势，为促进社会和谐稳定做出了积极贡献

一年来，常委会坚持把发扬民主、增进团结、协调关系、化解矛盾作为履行职能的重要着力点，充分发挥政协作为党委联系各界人士的桥梁纽带作用，积极为促进社会和谐稳定汇聚合力。

加强党派团结合作。坚持民主协商、平等议事、求同存异、体谅包容的原则，搞好同各民主党派和无党派人士的合作共事，支持各民主党派和无党派人士参与重大方针政策讨论协商及履行职责各项活动。建立健全政协与各界代表人士的联系走访、沟通交流制度，形成视察调研统筹、资源信息共享的工作机制。制定《关于民主党派人民团体提案征集办理的规定》，充分发挥各党派、团体和无党派人士参政议政的重要作用。一年来，以党派、团体名义提交调研报告9份、提案27件。

充分发挥界别作用。坚持走访约谈界别委员，支持和鼓励以界别、委员活动小组名义开展学习考察、视察调研，关注不同阶层利益诉求，广泛倾听民声，及时反映民意，协助党委政府妥善处理好各方面利益关系，团结各阶层人士共同致力于宝安的发展建设。一年来，委员小组开展各种履职活动16次，提交集体提案10件。

认真开展“委员进社区”活动。5月，组织全体委员分赴各街道，走访企业单位和社区群众，倾听群众呼声，及时向党委政府反映，着力推动相关问题的解决。如，西乡鹤洲社区的道路、供水、供电等问题突出，严重影响当地发展和社区民生，经区政协积极呼吁，区政府及有关部门高度重视，及时采取有力措施予以解决，目前该社区的供水、道路和人行天桥项目已立项建设，电力改造项目完成2200万元。另外，有关龙华富联新村7000多居民饮用自来水困难、芙蓉大道沙井段改造修复等问题得到解决；关于增设石岩街道经福龙路到深圳市区公交线路的建议得到有关部门采纳，正在落实。

积极开展团结联谊活动。加强与各界代表人士的联系。举办宝安区庆祝人民政协成立60周年座谈会，全面回顾人民政协的光辉历程，认真总结宝安区政协工作的基本经验，进一步营造各党派合作共事、各族各界团结和谐的良好氛围。举办新春茶话会、各街道委员座谈会，加强与社会各界的沟通，增进了解，凝聚共识。加强与香港地区友好团体的交往。先后参加香港西乡同乡会、香港宝安大龙华同乡会成立庆典大会，拜访香港深圳社团总会等友好社团，接待香港新界工商业总会大埔分会来访，为促进两地的交流合作、维护香港繁荣稳定发挥了积极作用。加强与各地政协的交流。先后赴内蒙古通辽市、重庆江北区、河南商丘等地学习考察，接待天津、重庆、安徽、广西、广州、罗定等地客人20余批300多人次。广泛发动委员关心支持公益慈善事业。组织委员积极参与赈灾扶贫、捐建希望小学等公益慈善活动，全年捐赠款物达4600万元。

（三）坚持改革创新，为推进政协工作不断向前发展注入了新的动力

一年来，常委会坚持把改革创新作为政协工作的重要任务，着力推进新时期政协工作的新实践、新发展。

准确把握新形势下政协工作的新要求。通过常委会议、主席会议以及各专委会、委员小组会议等形式，深入学习党的十七届三中、四中全会精神，学习领会胡锦涛同志在人民政协成立60周年纪念大会上的重要讲话精神和贾庆林同志关于人民政协事业发展的重要论述，认真学习中央和省、市委关于加强人民政协工作的文件及相关会议精神，切实把政协各参加单位和广大政协委员的思想认识统一到中央的决策部署上来，统一到党委政府的工作要求上来。对照党委政府的要求和人民群众的期待，认真总结经验，深入研究工作中出现的新情况、新问题，积极探索推进政协工作的新方法、新途径，确保政协工作与区委区政府的决策部署保持高度一致，切实做到政治上同向、思想上同心、行动上同步，形成推进改革发展的强大合力。

积极探索提案工作的新机制。坚持以督办重点提案为抓手，主动配合区委区政府制定《关于加强和改进政协提案工作的若干意见》，建立和完善党政领导领办重点提案和主席会议督办重点提案制度，初步形成科学、高效、规范、有序的提案工作新机制，推动了提案工作的制度化、规范

化和程序化。我们这一做法得到全国政协提案委员会的充分肯定。三届四次会议以来，委员提交提案213件，审查立案200件，其中4件为年度重点提案。截至2009年11月底，所有立案提案已经办复，委员提出的许多意见建议得到采纳和落实，为促进经济社会发展发挥了积极作用。

积极探索民主监督的新方式。组织委员参与"政协论坛"。6月，与市政协、深圳电视台联合举办"合力推动'农转居'居民创业就业"政协论坛，宣传宝安区"农转居"居民创业就业工程，呼吁社会各界继续关注和支持"农转居"居民创业就业工作。组织委员做客宝安电视台《民生访谈》，围绕食品卫生安全、社会治安、城市建设、环境保护等问题与市民展开讨论，听取各方意见和建议，促进相关问题的解决。组织委员参加相关部门开展的检查评议活动，加强对政府各部门行政效率、服务质量以及廉政建设的检查监督，促进职能部门改进工作作风、提升服务效能。

积极拓展参政议政的新领域。以街道政协联络办为依托、以推进街道建设发展为重点、以街道辖区委员为主体，认真开展视察调研，积极为推进街道中心工作献计出力。新安、西乡街道将委员履职活动延伸到社区管理工作，在居民社区设立委员联络站，由委员担任站长，并配备专门工作人员，设立委员议事（接待）室，定期组织委员听取群众意见，参与社区议事。一年来，各街道政协联络办组织各类活动53次。街道政协联络办和联络站已经成为委员了解社情民意的重要渠道和服务社区建设的重要平台，成为街道党工委办事处推动工作的重要抓手。

（四）加强自身建设，为全面提升履职能力和水平提供了有力保证

一年来，常委会坚持把加强自身建设摆上突出位置，主动适应新形势、新任务，着力提高履职能力和服务水平。

着力推进领导班子建设。自觉接受和维护区委的直接领导。主动配合区委做好政协领导班子届中的调整充实工作，按照"围绕中心、服务大局"的要求，认真谋划政协各项工作。对事关政协的主要工作、重大事项等，坚持主动向区委请示汇报。对政协的各种重要会议和重大活动，坚持主动邀请区委区政府领导参加。坚持集体领导和个人分工负责制。认真落实民主集中制、主席会议议事规则和常委会议制度，进一步提升主席班子及常委会的政治把握能力和总揽政协工作全局的能力，着力营造团结、民主、务实、高效的浓厚氛围。扎实推进领导班子作风建设。深入开展学习实践科学发展观活动，切实做好"服务企业保增长、服务群众保民生、服务基层保稳定"工作，坚决执行关于党政机关厉行节约、制止奢侈浪费的规定和禁止领导干部利用职务上的便利谋取不正当利益的各项规定，领导班子的凝聚力、感召力和战斗力进一步增强。

着力推进委员队伍建设。认真做好委员届中的调整增补。主动争取区委的重视与支持，三届四次会议以来增补委员23名，进一步壮大了委员队伍。加强委员的学习培训。年内举办专题讲座5场，邀请有关专家就人民政协理论、深圳改革发展形势、应对危机策略等问题作专题辅导，增强委员的大局观念和责任意识，提升委员的综合素质和履职能力。加强委员的管理考核。完善委员履职考核制度，对委员参加政协会议、视察调研、提交提案、反映社情民意、参加社会公益活动等情况进行年度考核，并予以通报，广大委员履行职责的积极性和主动性进一步增强。

着力推进机关作风建设。加强干部能力建设。抓好机关干部队伍的学习培训，采取专题学习、座谈讨论等形式，开展经常性的学习教育，组织机关全体工作人员参加自选培训，选派干部参加市政协系统高级研修班及岗位技能培训班，着力提高机关干部的整体素质和工作能力。加强机关作风建设。扎实开展"服务年"活动，切实转变机关作风，认真落实领导干部挂（包）点工作部署，组织机关党员干部深入挂（包）点街道、社区和委员企业，想方设法为企业、为基层、为群众解难事、做实事、办好事。加强机关制度建设。建立健全机关日常工作规范，明确各个岗位的工作职责、工作规范、工作流程和管理制度，确保机关工作协调统一、规范有序、高效运行。

各位委员，2009年是极不平凡的一年，是区委区政府团结带领全区人民积极应对国际金融危机保持经济平稳较快发展取得显著成效的一年，也是区政协各项工作扎实推进取得丰硕成果的一年。在过去的一年里，区委区政府十分重视和支持政协工作。区委坚持"党总揽全局、协调各方"的原则，把政协工作纳入党委重要议事日程，纳入全区工作规划，积极支持政协依照章程独立负责、协调一致地开展工作。区政府坚持把支持政协开展政治协商作为科学决策的重要环节，把自觉接受民主监督作为改进工作的有效形式，把支持政协参政议政作为切实做好工作的有效方式，主动为政协开展工作创造良好条件。林祥书记、文龙区长亲自阅批政协建议案、党派团体集体提案等重要建议，出席政协组织的重大会议和座谈活动，认真听取委员意见。区各分管领导以及各街道、区直各部门、驻区各单位主要负责同志坚持领办政协提案，主动向政协通报有关工作情况，参加政协组织的视察调研、协商议政、座谈讨论等活动。正是区委、区人大、区政府、光明新区党工委管委会的高度重视和大力支持，各街道、区直各部门、驻区各单位的密切配合和鼎力协助，为区政协工作的顺利开展提供了有力保证。借此机会，我代表区政协三届常委会，向关心、支持宝安区政协事业发展的各位领导、同志们、朋友们，表示衷心的感谢和崇高的敬意！

在肯定成绩的同时，我们也要清醒地看到，区政协的工作还存在不足，离新形势、新任务的要求和人民群众的期望还有差距。主要是协商监

督的针对性和实效性还有待进一步增强，政协界别的优势和作用还没有得到充分发挥，机关的工作质量和服务水平还有待进一步提高等等。这些问题，需要我们在今后工作中认真改进。

二、2010年工作思路

2010年，是实施“十一五”规划的最后一年，也是深圳经济特区成立30周年。区政协工作的总体思路是：以邓小平理论和“三个代表”重要思想为指导，深入贯彻落实科学发展观，全面落实党的十七届四中全会及省委十届六次全会、市委四届十三次全会精神，紧紧围绕区四届五次党代会确定的目标和任务，坚持把促进发展作为履行职能的第一要务，把促进民生改善摆在更加突出的位置，把促进社会和谐稳定作为重要任务，把全面加强自身建设作为重要抓手，充分发挥政协的优势和作用，切实做好协调关系、汇聚力量、建言献策、服务大局的各项工作，为推动宝安区科学发展上水平作出新贡献。

（一）政治协商方面要有新突破

要认真贯彻“把政治协商纳入决策程序”的原则和要求，深入开展协商讨论活动。要做好协商议题的协调统筹。围绕区委区政府年度工作重点，提出协商议题报请区委研究确定，并按照区委的统一部署，做好年度协商活动安排。要做好协商讨论的前期准备。依据协商内容，认真组织委员深入调查研究，了解掌握有关工作情况和政策规定，切实提高政治协商的质量和成效。要搞好协商活动的组织安排。根据协商议题，通过政协全体会议、常委会议、主席会议、各专委会会议等形式，认真组织协商讨论，并将参加会议各党派各团体和各界人士提出的意见和建议及时整理，报送区委区政府及有关部门，推进决策的民主化、科学化。年内，要重点围绕宝安区贯彻落实《珠江三角洲地区改革发展规划纲要》提出的一系列具体任务、项目和措施，抓住经济发展方式、产业基地建设、社会管理服务等重点领域，搞好专题调研和专题协商，为推进宝安区全年各项中心工作、做好“十二五”规划及中长期规划的研究编制工作献计献策。

（二）民主监督方面要有新作为

要充分发挥政协民主监督的优势和作用，助推发展之计、惠民之策落到实处，取得实效。要突出监督重点。以推动贯彻落实党委政府稳增长、惠民生、保稳定决策部署为主线，以推进区委区政府《关于加快现代化城区建设全面提升城市环境的实施意见》1+9文件落实为重点，选择城市规划设计、城市更新改造、交通环境整治、生态环境保护以及以改善民生为重点的社会建设，如公立医院建设及医疗改革、社会养老事业发展、教育先进区创建等问题，认真开展视察调研、协商议政。要加大监督力度。认真履行政协常委会议、主席会议、专委会议的监督职能，邀请区政府及有关部门参加政协有关会议，通报工作情况，听取意见建议。充分发挥提案工作在民主监督方面的重要作用，认真贯彻落实区委区政府《关于加强和改进政协提案工作的若干意见》，坚持党政领导领办和主席会议督办重点提案制度，采取全面跟踪、重点督办、量化考核评议等措施，进一步落实提案办理工作责任制。坚持把提案办理工作与视察调研、协商议政结合起来，推动委员合理化意见建议的采纳和落实。要拓宽监督渠道。深入开展“委员进社区”活动，密切关注事关人民群众切身利益的问题，广泛听取群众的呼声和诉求，并通过各种形式和渠道反映给党委政府，推动相关问题的解决。继续组织委员参与民生访谈、接听民生热线、参加政协论坛等活动，鼓励委员开设博客，参与网上议政。积极组织委员参加党政部门开展的检查评议，加强对政府各部门的民主监督，推进现代服务型政府建设。

（三）参政议政方面要有新成效

要立足当前经济社会发展形势，着眼宝安长远发展规划，积极开展参政议政活动。组织大会发言。把大会发言作为三届六次会议的重要内容，举行“当好深圳发展生力军，争创科学发展示范区”主题大会发言，围绕破解影响和制约宝安区科学发展难题建睿智之言、献务实之策。搞好课题研究。以专委会为依托，以课题为纽带，深入开展专题调研。选择打造全球信息产业基地和宝安区医疗卫生事业发展问题为区政协年度重点课题，力争提出有前瞻性、可操作性的意见和建议，为区委区政府决策提供参考。开展视察调研。围绕宝安区稳增长、促转型的工作部署，就企业享受扶持政策、企业转型升级、重大投资项目建设、产业园区规划建设、发展现代物流业和总部经济等重大问题，组织视察调研，充分利用政协人才和智力资源，为推动落实相关政策措施，实现宝安区经济平稳较快发展出谋划策。

（四）促和谐保稳定方面要有新贡献

要充分发挥政协联系广泛、包容性强的优势，努力做好协调关系、化解矛盾、理顺情绪、增进共识的工作，为改革发展化解阻力、增加助力、形成合力。要认真做好宣传工作。通过多种形式深入宣传党的方针政策，宣传深圳改革开放30年取得的辉煌成就和宝安区建设发展的巨大变化，着力增强全区各党派、各团体和各界人士对宝安未来发展的信心，千方百计增加和谐因素，努力促进政党关系、民族关系、宗教关系、阶层关系、海内外同胞关系的和谐。要充分发挥界别作用。坚持以政协界别小组为依托，组织委员开展视察调研、走访基层群众、参与社区议事等活动，广泛了解和反映影响社会和谐稳定的苗头性、倾向性问题，及时为党委政府决策提供来自不同阶层、不同利益群体有价值的参考意见，努力使政协成为社会各阶层群体意愿表达和利益协调的重要平台。要主动搞好团结联谊。加强与港澳台同胞、海外侨胞和归侨侨眷的联系，充分发挥港澳委员在促进深港澳合作、维护港澳繁荣稳定的重要作用。加强与各地政协的交往，促进经济、科技、文化等方面的交流与合作。组织委员积极参与公益慈善活动，促进宝安区慈善事业的发展，进一步增强政协组织的亲和力。

（五）自身建设方面要有新进步

要坚持解放思想、实事求是、与时俱进，切实加强政协自身建设。加强领导班子建设。要以创建学习型政协组织为目标，加强常委会、主席班子、专委会等各个层次的学习工作，进一步提高领导集体的政治把握能力，自觉用科学发展观指导实践，推动工作。加强领导班子的作风建设，充分发挥领导班子和常委会组成人员的模范带头作用，进一步增强政协组织的凝聚力。密切党派团结合作。坚持和完善中国共产党领导的多党合作和政治协商制度，加强同各民主党派、无党派人士的合作共事，进一步营造求同存异、体谅包容、平等议事、民主和谐的良好氛围。发挥专委会的基础作用。支持各专委会与各委员活动组、各街道政协联络办开展联合视察调研，切实提高工作水平。增强委员的主体作用。加强委员的学习培训，不断提高委员的综合素质和参政议政能力；坚持走访约谈委员制度，帮助委员发展事业、提升社会责任，为委员参加政协活动创造良好条件；完善委员管理考核机制，增强委员履行职能的积极性、主动性和创造性。抓好机关作风建设。以创建学习型、服务型、创新型、和谐型机关为目标，增强服务意识，创新服务手段，切实提高机关工作质量和服务水平。加强对街道政协联络办工作的指导联系，积极探索做好委员联络服务工作的新思路、新方法，充分发挥街道政协联络办的重要作用。

各位委员，面对新形势、新任务、新挑战，我们深感责任重大、使命光荣。让我们高举中国特色社会主义伟大旗帜，深入贯彻落实科学发展观，在中共宝安区委的坚强领导下，坚定信心，振奋精神，同心同德，扎实工作，为推动宝安科学发展上水平作出新的更大的贡献！

坚定不移地推进改革创新 积极开创反腐倡廉建设新局面

——中共深圳市宝安区纪委在区四届五次党代会上的工作报告

（2010年1月25日）

中共深圳市宝安区纪委书记　刘建柱

各位代表，同志们：

我代表区纪委常委会向区四届五次党代会作工作报告，请予审议。

2009年主要工作情况

2009年是宝安区极不平凡的一年，保增长保民生保稳定的任务异常艰巨。区委区政府审时度势、总揽全局，带领全区广大党员干部群众勇克时艰，实现了经济社会建设较快平稳发展。区纪检监察机关围绕中心、服务大局，切实加强对区委区政府重大决策部署的监督检查，统筹协调推进党风廉政建设和反腐败各项工作。各级各部门认真落实党风廉政建设责任制，积极构建惩治和预防腐败体系。经过全区上下共同努力，宝安区的反腐倡廉建设在新的起点上取得了新的可喜成绩。

一、大力开展政令检查和效能监察，服务“三保”成效突出

督促各单位细化落实“三保”措施。牵头开展两次万人评议活动。对527项“三保”重点任务细化分解，并将10个街道和32个职能部门的落实举措和落实效果，分别于年初和年底在《宝安日报》专刊公布、接受公众评议和监督，征求到意见建议7200多条，提振了社会信心，检验了工作成果，推动了“三保”任务的圆满完成。专项检查为企业减负和教育收费工作。督促取消9项涉企收费，减免企业税收约25亿元。严肃纠正了9所民办学校擅自提高教育成本费问题，清查返还相关费用500多万元。认真检查“查违”和历史遗留违法建筑处理工作。严肃“查违”工作纪律，对9名失职渎职、以权谋私的干部予以严肃处理。专项检查历史遗留违法建筑普查登记工作，及时纠正“搭车收费”行为，暂扣违规收费近1000万元。清理检查历史遗留违法私房和经营性房产收入分成返还资金3.7亿元，确保款项按时足额返还到街道和社区。坚持把安全生产摆在突出位置。参与调查安全生产事件72宗，严肃查处责任事故25宗；通过督查督办推动沙井街道成功摘掉“省火灾重点隐患地区”帽子。

全面推进行政服务提速提效。大力推动政府服务便民平台建设。23个政府部门进驻区联办中心，实现对140项审批服务的集中办理；9个街道成立了行政服务中心。大幅缩减审批环节和办理时间。共督促取消6项法定依据不足的审批前置条件，削减37个审批事项的42个办理环节。经过前三轮减时提速，全区169个审批事项实际办结时间比法定办结时间平均减少10个工作日，提速超过75%。充分发挥电子监察系统、审批信息共享系统和网上申报平台作用。对约20万笔审批业务实施在线监督，全区99.5%的审批业务提前办结，审批绩效居全市第一。236个审批事项的90%以上证照信息实现资源共享。审批的申请、受理、结果查询等环节全部实现网上办理。深入推进公共服务白皮书和绩效评估工作。全区42个单位的513项白皮书责任落实率达98.3%，绩效评估试点单位增至28个，评估指标体系和结果运用规则逐步完善。

二、坚持抓好廉政教育和风气建设，风清气正的环境进一步形成

切实强化反腐倡廉宣传教育。举办5期“三纪”培训班。对全区处级干部、财务人员以及股份合作公司和事业单位的管理人员共3000多人进行了岗位廉政教育。认真开展警示教育。组织400多名党员干部参观看守所，剖析宝安区近5年来发生的违纪违法案件，编写5期警示案例资料，以身边的事教育身边的人。积极开展“职务犯罪预防年”活动。重点实施了“一案一整改”个案预防、城市管理综合执法行业预防、重点建设项目专项预防，探索建立职务犯罪预警机制。办好纪律教育学习月和廉洁文化周活动。开办廉政教育讲座141场，10万余名党员干部和群众受到教育。通过开办论坛、领导讲课、主题征文、书法比赛等丰富多彩的活动，增强了廉政教育的吸引力和感染力。大力推进廉政文化建设。创建廉政文化示范点44个，建设廉政文化主题公园和社区广场8个，在《宝安日报》刊登“廉洁宝安”专栏42期，营造了廉荣腐耻的良好社会氛围。

有针对性地加强干部作风建设。积极推行“开门整风”。对建设、安监、工商、国土、文化部门开展民主评议政风行风活动，广泛征求干部群众和服务对象意见建议，坚决纠正部门和行业不正之风。探索开展暗访实拍。以群众反映强烈的热点问题为重点，集中对基层服务窗口、执法队伍的工作作风进行暗访实拍，严肃纠正了一批突出问题；制作《宝安区干部作风暗访实录》在全区组织播放，收到良好的教育效果。强化文明礼仪规范和日常言行监督。针对我市出现公职人员酒后驾车肇事等不良现象，及时出台《加强文明自律推动作风建设的规定》，积极开展“文明礼仪在机关”活动。对少数公职人员参与赌博和出入低俗场所的问题进行专项检查治理，有效遏制了歪风邪气。

认真开展各类专项治理。深入治理“小金库”和违规发放津贴补贴问题。对全区678个党政机关和企事业单位进行了专项检查，及时纠正处理了一批财务运作不规范问题，清退超标准发放津贴补贴1000多万元。严格落实中央厉行节约八项要求。清理党政机关、事业单位和社会团体举办的评比达标表彰活动，取消违规项目152个。严格审核控制由财政出资的晚会、展览、庆典、论坛活动，数量较上年度缩减一半以上。通过各类专项治理，全区公款出国（境）人数下降38%，公务用车费用下降40%，办公经费下降32%，年度行政经费支出缩减1.5亿元。

三、不断深化重点领域制度创新，源头防腐工作再上新台阶

继续加大要素市场规范化建设和监管力度。加强政府投资项目监管。出台《进一步加强政府投资项目监管的意见》，跟踪监督项目决策、立项、审批、招标以及工程建设、竣工审计、验收移交等关键环节，确保了体育中心、松福路等50多个重大项目顺利实施。推行工程质量和价格的量化考核，对6个施工、监理单位给予了通报批评和半年内不得承接政府新项目的处罚。推进政府采购制度创新。加强服务采购规范化建设，初步建立了政府物业管理服务采购预选供应商制度，完成11家医院物业管理和后勤服务的集中打包采购招标。探索实施“网上竞价”、“商场提货”、“跟标采购”三项改革，相关经验在全市推广。进一步规范小型工程招投标工作。全面推行公开招标，规范邀请招标程序，有效防范了规避招标、虚假招标、围标串标等问题。加强专项资金使用监管。重点跟进检查科技创新奖励资金、社区社会管理费用、扶持股份合作公司发展资金的使用情况，及时纠正了一批不规范问题。

坚持并不断完善选人用人制度。创新干部选拔方式。区委创造性地落实《干部任用条例》，实行“群众推荐提名、单位班子集体提名和区几套班子成员面试提名”相结合的方法；对拟提拔为副处级干部的人选，由区几套班子领导、工青妇负责同志和区党代表任考官进行集体面试、差额录取，有效防止了跑官要官等不正之风。加强对干部选拔任用的监督。坚持并不断完善干部任前廉政审核制度和任前公示制度，全区新选拔任用的500多名副科级以上干部，全部都由区纪检监察机关进行了廉政审核，全部都进行了任前公示，有力遏制了“带病上岗”的问题。

四、深入推进社区和国企廉政建设，和谐社会基础得到夯实

继续强化社区党风廉政建设。实现股份合作公司集中记账。推动设立街道集体资产管理办公室，理顺了股份合作公司两级监管体系。在各街道设立统一记账中心，全区416家股份合作公司在街道统一记账，接受专业指导和监督。严格实行“村官”出境审批备案制度。定期统计分析出境记录，视情况给予诫勉谈话、通报批评或党纪法纪处分，有效防范境外赌博，保障集体资产安全，相关经验做法被中央纪委总结推广。

积极探索国有企业党风廉政建设新举措。制定落实《国有企业党风廉政建设工作意见》。全面监控区属国有企业的经营、投资、财务等活动，重点监督非生产性投资项目预算计划的编制和执行，从源头上保证了国有资产保值增值。推行财务总监委派制度。由区投资管理公司统一向各国有控股企业派出财务总监，财务工作严格执行董事长和财务总监联署签名制度，对企业日常财务活动进行独立监管。实行第三方审计制度。委托中介机构对企业进行年度审计，堵塞管理漏洞，有效防止了提供虚假财务报告、违规自定薪酬、兼职取酬、滥发奖金补贴等现象。

五、积极拓展监督渠道，权力运行制约和监督机制逐步健全

坚持并不断完善重大事项议事规则。区委区政府坚持重大事项由区委常委会和区政府常务会议讨论决定。严格执行“区委任何领导不得对投资、工程、土地等项目直接签批，也不得以传阅会签或个别征求意见等形式代替集体决策，区委主要领导不得倒签上述文件和先发表意见”等议事规则。各级各部门适时修订完善工作规范和管理制度，有力推进了权力运行程序化和公开透明。

探索推进党内监督两项试点。深入开展党代会常任制试点。通过组织党代表开展调研、参与重大决策征求意见、视察工作落实情况、向区党代会提交提案等多种方式，充分保证党代表的知情权、参与权、监督权，进一步强化了基层党内民主和党内监督。稳步开展“两委”委员提出罢免或撤换要求处理试点。严格按照中央和省、市纪委的部署和要求，深入组织学习动员，认真制定具体实施方案和配套制度，鼓励支持“两委”委员实事求是地提出罢免或撤换要求，有效开拓出加强党内民主监督的新渠道。

坚持专门机关监督与群众监督相结合。严格执行述职述廉、诫勉谈话、经济责任审计等制度。全年共有12名党政正职领导干部定期向区委、区人大、区政府作了述职述廉报告，26名党员干部接受了区纪检监察机关的诫勉谈话，11名党政主要领导干部接受了审计部门的经济责任审计。积极发挥群众监督作用。成功推出50期《民生访谈》节目，听取群众意见建议500多条。不断完善新闻发言人制度，自觉接受媒体监督。

六、与时俱进调整工作策略，信访办案综合效益持续提升

坚持纪律处分与组织处理相结合。严肃查处违纪违法案件。区纪检监察机关办理违纪违法案件32宗32人，移送司法机关处理11人；区司法机关查处贪污贿赂案件22宗23人、渎职侵权案件10宗10人。重点查办了工程建设领域个别干部受贿和为亲友经营活动谋利，基层站所少数工作人员利用行政执法权谋取私利，个别公安民警涉黄涉赌以及少数公职人员失职渎职、滥用职权的典型案件。通过办案，为国家和集体挽回直接经济损失5600多万元。依法依规灵活运用组织处理手段教育和挽救干部。坚持从全局考虑，及时对26名不认真履行职责、工作存在严重问题的领导干部予以组织处理，既警醒和教育了干部，又维护了队伍稳定。

切实发挥信访维稳和教育监督作用。加强信访工作基础建设。成立区信访大厅和街道综治信访维稳中心，出台《信访事项首办责任制及代理制实施办法》、《信访工作责任制暂行规定》，强化了信访工作责任。加大信访维稳力度。积极化解信访积案难案，受理并办结纪检监察业务范围内信访举报530多件，妥善解决新安开屏、观澜下围社区居民集体上访等一批重大信访问题，越级上访逐年下降。切实发挥信访监督保护作用。坚持监督惩戒与信任激励并重，客观公正地为24名干部澄清了是非，有效保护了干部干事创业的积极性。

七、以基层派驻机构改革为契机，自身建设迈出新的重大步伐

设立7个垂直管理的派驻纪检监察组。根据省、市纪委和区委的部署，成功启动基层纪检监察派驻机构统一管理试点，整合街道原有纪检监察力量，由区纪委监察局垂直管理，对街道分片区监督、对区直单位分职能监督，实现了基层纪检监察体制机制的重大创新。加强人才建设。在全区公开选拔了7名德才兼备的干部担任领导职务，在全市公开选调14名年轻优秀干部充实队伍，进一步优化了队伍的年龄、知识和专业结构。坚持用人所长、多岗锻炼，全区1/3以上的纪检监察干部轮岗交流，增强了队伍的生机与活力。深化学习型机关建设。深入开展学习实践科学发展观和“做党的忠诚卫士、当群众的贴心人”主题实践活动；坚持人人学调研、人人会调研；加强业务知识学习，举办3期业务培训班，并组织31人参加了中央纪委和省、市纪委业务培训，切实加强了政治素质教育和能力建设。

一年来，宝安区党风廉政建设和反腐败工作取得较好成效，但仍然存在一些薄弱环节，主要表现在：对领导干部的监督举措有待完善，一些重要领域和关键环节的制度防腐工作需要加强，少数关乎民计民生的部门仍然存在不正之风，部分基层站所和一线执法部门不作为、乱作为损害群众利益的现象仍有发生，腐败现象在一些部门和岗位还不同程度存在。对此，我们必须高度重视，认真加以解决，决不辜负区委区政府和全区人民的期望。

2010年主要工作任务

2010年，我们要以邓小平理论和“三个代表”重要思想为指导，深入贯彻落实科学发展观，全面贯彻党的十七大、十七届四中全会和中央、省、市纪委全会精神，始终坚持标本兼治、综合治理、惩防并举、注重预防的方针，严格执行党风廉政建设责任制，认真落实惩防体系五年工作规划，以更坚决的态度、更有力的举措、更扎实的工作，努力开创全区反腐倡廉建设新局面。

一、坚持围绕中心服务大局，全力保证区委区政府重大决策部署贯彻落实

加强监督检查确保“五个新突破”。以严格的纪律确保实现经济发展方式转变、群众最关心问题的解决、城市环境提升、体制机制建设、党建工作创新等“五个新突破”。专项检查“稳增长、调结构、促消费”政策落实情况。通过群众评议、专项检查等多种手段，督促细化落实产业结构优化升级、自主创新能力提升的工作责任，着重推进扩大内需、发展物流业、建设产业园区。专项检查保障和改善民生工作。跟踪推进社会管理、社会保障、公共服务、社区发展各项工作，进一步畅通民意诉求渠道，切实解决群众最关心、最迫切、最现实的利益问题。专项检查现代化城区建设提升市容环境工作。重点跟进监督政府投资项目的资金使用、工程质量、建设进度等情况，确保廉洁、质量与效率有机统一。专项检查党建创新工作。督促落实《中共深圳市宝安区委关于贯彻〈中共中央关于加强和改进新形势下党的建设若干重大问题的决定〉的实施意见》，确保各项部署落到实处。专项检查行政机构改革工作。确保改革依法依规、稳定有序进行，既要充分实现改革目标，又要确保全区中心工作得到落实。

以绩效评估为依托构建保障科学发展的长效机制。建立专业化常设机构，协同推进电子监察、绩效评估、公共服务白皮书工作。深度发挥电子监察系统作用。实施精细化管理，以完善的功能设置、健全的配套制度、严明的责任划分将电子监察系统打造成“网络包公”。全面推行绩效评估和公共服务白皮书制度。建立绩效电子评估系统，完善评估指标体系和评估方法，强化评估结果的反馈和运用。切实抓好公共服务白皮书责任落实，大力推进阳光政府建设。认真开展行政过错责任追究。落实《党政领导干部问责暂行规定》，在严肃责任追究的同时，充分考虑基层实际，分清条块关系，注重权责统一，保护干部干事创业的积极性。

二、坚持以优良党风促政风带民风，切实加强和改进干部作风建设

坚持党风廉政教育常抓不懈。作风建设，教育是基础，要引导党员干部进一步增强政治意识、责任意识和廉洁自律意识。继续举办“三纪”培训班。今年重点对处级干部和建设工程、政府采购、组织人事等领域的公职人员进行岗位廉政教育。办好第20届纪律教育学习月和第5届廉洁文化周活动。充分调动各方力量，举办一批高质量的廉政辅导报告，建设一批廉政主题广场和公园，创建一批廉政文化“五进”示范点，推出一批富有宝安特色的廉政文化作品，树立一批勤廉兼优的先进模范。

建立健全干部作风查访机制。及时了解不同部门、不同岗位、不同时期的干部工作实情和思想动态，灵活调整查访重点、查访方式和处理办法，增强监督的针对性和说服力。定期开展专项检查。对党员干部在社会交往、休闲娱乐、生活作风方面的不良现象，要及时提醒、批评和制止。深入治理公款出国（境）旅游、超标准配备使用公务用车、违规发放津贴补贴等问题。继续开展暗访实拍。扩大暗访范围，加大查访力度，及时通报表扬和批评，及时开展责任追究和教育整顿，不断推动公职人员改进工作作风。

着力解决群众反映强烈的突出问题。积极开展专项治理和行风评议活动，坚决纠正损害群众利益的不正之风。加强机关和基层站所风气建设。纠正机关公职人员耍特权、摆威风，以及利用上班时间炒股票、玩游戏、迟到早退等不良风气；有效解决少数一线执法人员和窗口服务人员冷硬横推、吃拿卡要、执法不公、乱收费乱罚款的问题。积极推进医疗、教育单位民主管理和医务、校务公开。加强对医院院长、学校校长及其他管理人员的监督，进一步完善工程建设、物品采购、人员招聘、岗位安排等制度，认真治理开“大处方”、做“大检查”、收受“红包”等问题。

三、坚持用制度管人管事管权，继续深化重要领域和关键环节源头防腐工作

切实加强对各级领导班子和主要领导干部的监督。坚持党内监督与党外监督、专门机关监督与群众监督相结合，形成监督合力。认真落实《关于加强党政正职监督的暂行规定》。结合实际制定实施细则。对各单位领导班子工作分工情况、职责范围内重大事项个案处理情况以及正职配偶子女在国（境）外定居情况进行检查，及时纠正违反规定的现象。进一步拓展监督渠道和方式。严格执行民主集中制和领导干部廉洁自律各项规定，稳步推进党代会常任制和罢免或撤换工作试点，不断完善述职述廉、诫勉谈话、函询、质询、审计等制度，主动接受舆论监督。探索建立廉政风险排查与预防机制，对工作流程进行廉政风险评估和分类防控管理。加强制度执行情况监督检查。着力在领导干部中树立制度面前没有特权、制度约束没有例外的意识，引导领导干部带头学习制度、严格执行制度、自觉维护制度，提高制度执行力。

继续完善建设工程和政府采购监管制度。注重廉洁、质量和效率的有机统一，大力推进规范化、制度化建设。推行“清单制”和“台账制”管理制度。推广完善“对乙方清单制管理”制度，确保工程承揽方的人力、物力充分投入。试点推行“资金使用情况台账”制度，细化落实建设单位对政府投入资金使用情况的监管责任。开展工程建设领域突出问题专项治理，集中纠正处理一批围标串标、挂靠转包、违法分包等问题。增强采购的竞争性和透明度。深入推进“网上竞价”、“商场提货”、“跟标采购”三项改革试点；推广适用服务类采购预选供应商制度，加大服务类采购公开招标比重；开发政府采购网上电子反拍系统。

不断巩固发展社区党风廉政建设成果。充分调动区、街道、社区三级力量，继续深化社区党风廉政建设。进一步健全股份合作公司人员和财务监管制度。从基层实际出发，完善公司领导人员出国（境）审批备案制度、集中统一记账制度、居务站务财务信息公开制度，兼顾安全与效率。将相关政策和民主管理的成功经验吸收内化为公司章程条款，增强章程的权威性和约束力。区别对待社区党员干部违纪违法问题。注重策略、讲究方法、稳定大局、审慎处理，保障股份合作公司正常经营和稳步发展。

四、坚持以信访办案工作为“拳头”，坚定不移地惩治和遏制腐败

加大信访办案工作力度。因应腐败高发易发领域、部位和腐败形式的变化，及时调整信访办案的重点和策略。严厉惩处腐败分子和整治消极腐败现象。严肃查办发生在领导机关和领导干部中滥用职权、贪污贿赂的案件，发生在工程建设、政府采购、执法司法等领域的案件。坚决查处作风漂浮、敷衍塞责造成严重后果的案件，严重侵害群众利益的案件，以及群体性事件和重大责任事故背后的腐败案件。积极鼓励、正确引导投诉举报。完善网上举报平台，建立反腐倡廉舆情信息收集、研判和处置机制，积极回应社会关切。加强对民生信访问题的跟踪督办，及时纠正损害群众利益的行为。强化举报人和证人保护措施，对实名举报一律核查，及时答复。引导群众通过合法渠道表达合理诉求，减少集体访、越级访、重复访。

增强信访办案综合效果。坚持从全局的角度思考问题，用发展的眼光处理问题，增强信访办案的政治、经济和社会效果。全面、客观、公正地评价干部。综合考虑成长经历、工作环境等因素，既不能简单地把一名干部“捧上天”，又不能武断地“一棍子打死”；既要毫不手软地打击消极腐败行为，又要注重教育挽救犯了错误的干部。提高信访办案策略水平。综合运用纪律处分、组织处理、信访初查、诫勉谈话等手段，准确把握各种手段的采取时机、使用尺度和轮动切换，提升信访办案的效率和效果。完善个案预防制度，充分发挥信访办案的治本功能。

五、坚持高标准严要求推进派驻机构改革，构建全区纪检监察工作新格局

认真开展纪检监察派驻机构统一管理试点。严格按照省、市纪委和区委的部署，坚决推进、精心组织、大胆创新，为全省提供改革经验。着重处理好三个关系。厘清各方权责，完善工作运行制度，处理好派驻组与驻在单位的关系、与区纪委内设室的关系，以及各派驻组之间的关系，既要防止监督空白，又要避免职责交叉。充分发挥派驻组的四个作用。借助新体制新机制，发挥好派驻组在制度建设中的“前哨”作用、在监督中的“堡垒”作用、在信访办案中的“拳头”作用、在纠风中的“推手”作用。继续发挥驻在单位的党风廉政建设责任主体作用。驻在单位领导班子要切实负起党风廉政建设全面领导责任，做到人员、经费、制度、工作“四落实”。

切实强化教育、管理和监督。努力建设一支政治坚强、公正廉洁、纪律严明、业务精通、作风优良的纪检监察干部队伍。从严抓班子带队伍。加强纪检监察干部的党性锻炼和作风修养，牢固树立服务大局的意识和监督者更要接受监督的意识。提升履职能力和监督水平。加强业务知识学习和调查研究，培养一批特别会办案的人才，一批特别会调研的人才，一批特别会监督的人才。更新工作理念思路和方式方法。准确把握反腐倡廉建设新形势、新任务，研究加强监督的新举措，增强工作前瞻性和针对性。

同志们，党的事业愈发展，党的建设愈深入，党风廉政建设和反腐败工作就愈要抓得紧而又紧。全面落实今年的各项部署，任务艰巨，使命光荣。我们要坚定不移地贯彻上级纪委和区委区政府的决策部署，坚定不移地推进改革创新，突出工作重点，加大工作力度，狠抓任务落实，积极开创反腐倡廉建设新局面！

党建工作创新

【党代会常任制试点】2010年，宝安区党代表工作室从社区扩展到机关和行业协会，总数增加到29个，开辟了联系和服务群众的新平台。党代表依托工作室开展接待、走访、约访等活动，“听民声、传民意、解民忧”，处理群众意见建议1100余条，并积极参与听证咨询、视察调研、监督评议、提案提议等活动，党代表作用进一步发挥。宝安区党代会常任制试点工作受到中央政治局委员、广东省委书记汪洋和省委、市委的肯定。8月19日，省委组织部在宝安区召开全省实施党代表任期制和试行党代会常任制工作现场会。省委常委、组织部长李玉妹出席会议并作讲话，省委组织部副部长方锐主持会议，市委常委、组织部长戴北方，宝安区领导鲁毅、李文龙、赵燕民参加了现场会。

【社区党建工作创新】2010年，宝安区新建9个驻社区党委，总数增加到25个。宝安区调动多种资源参与社区建设和管理，探索将非公有制经济组织和社会组织党员纳入驻社区党委一体化管理，建立党组织与社会组织“双向”人才培养模式，不断丰富区域化党建内容。5月20日，驻宝民社区党委进一步创新工作方法，设立全省首个党组织议事厅，并开通议事热线电话。年内，宝安区组织168名社区干部赴新加坡、香港等先进国家和地区学习，开展大学生村官培训，促使社区干部不断拓宽视野、转变观念、增长才干。中央政治局委员、书记处书记、中组部部长李源潮两次对宝安区基层党建工作做出批示，给予肯定和鼓励。

特区一体化建设

【推进特区一体化】2010年，宝安区按照市委市政府提出的“六个突出”、“六个一体化”的要求落实特区一体化工作。先后召开区委四届八次、九次全体会议，部署特区一体化工作，明确总体目标和重点工作安排，并提出推进特区一体化的重点任务和保障措施，着力优化城市空间布局，完善城市功能，提升人居环境。2010年，宝安区在推进一体化过程中主要进行6个方面的工作：一是大力推进法制一体化。基本完成2008至2009年区规范性文件汇编工作，汇编各类规范性文件62件；开展全区规范性文件预清理工作；配合市相关部门开展《深圳经济特区股份合作公司条例》、《深圳经济特区城市规划条例》、《深圳市河道管理条例》等特区法规规章修订征求意见调研工作；二是完善城市规划体系。高标准编制国民经济和社会发展“十二五”规划以及23项专项规划，加快法定图则编制，实现全区覆盖；三是加快重点区域和重点项目建设。截至9月底，宝安区37个市级重大项目完成投资172.4亿元，62个区级重大项目完成投资35.4亿元，分别完成年度计划的77.5%和70.7%；一批道路交通、供水供电、防洪排涝、垃圾收运等重大项目相继投入使用，宝安中心区、龙华新城等重点区域基础设施日趋完善；四是大力推进城市更新改造工作。已列入市计划的52个全面旧改项目中，有8个项目已动工建设；34个综合整治类项目竣工；五是全面实施市容环境提升行动。至2010年，宝安区市容环境提升行动总体形象进度达78%；共开展259个城中村综合整治，提升107家重点企业周边环境，实施户外广告招牌综合治理；宝安区连续三年获得“鹏城市容环卫杯”荣誉；六是扎实开展环境保护和国家生态区创建工作。2010年，宝安区大力推进观澜河、茅洲河等河流水环境综合治理，建成燕川、福永污水处理厂一期工程，完成龙华污水处理厂二期工程35%的工程量，进一步加快污水干管工程建设；全区污水集中处理率提高到64%；完成80.4公里绿道网建设；创建国家生态区各项准备工作并于年底前完成申报工作。

【特区一体化建设示范区】2010年11月2日，市委常委会召开会议，讨论并原则通过《深圳经济特区一体化建设三年实施计划（2010～2012）》，民治街道被列为深圳经济特区一体化先行示范区。民治街道位于珠三角东岸城市空间中部纵轴与中部横轴的交点，地处我深圳市服务型经济、产业经济和未来学术中心的交汇点，对深圳市经济发展具有承上（上指福田服务型经济）启下（下指光明新区、华为科技城的先进制造业）的作用，是整合我市产、学、研、服等资源的最佳平台；地铁四号线由港铁公司运营，将大大强化民治片区与香港乃至世界的经济联系，为深圳市利用外资发展经济提供了极为有利的条件；民治街道作为连接国内三大经济圈的交通枢纽，将为深圳市商业经济发展注入强劲动力。民治街道作为深圳新的“门户”和“窗口”，能对外更好地展示特区内外一体化建设的成果。

转变经济发展方式

2010年，宝安区以产业高端化为着力点加快转变经济发展方式。宝安区有工业企业1.9万多家，其中规模以上工业企业5054家，实现地区生产总值2223亿元，财政一般预算收入114亿元。30年来，宝安区的经济社会发展取得了巨大成就，但以“三来一补”为基础发展起来的产业结构和模式，资源利用效率较低、经济运行质量和效益不高、生态环境承载力接近饱和。宝安区根据深圳市五次党代会关于加快经济发展方式转变的重大部署，实施园区带动战略，加强自主创新能力，以重大产业项目为抓手，引导产业结构和模式走向高端化、国际化，努力当好深圳经济又好又快发展的“主力军”，争创科学发展的“示范区”。一是高标准、高起点规划建设新型产业园区，打造高端产业集聚带。整合资源，集中力量，建设极具影响力的高科技园区，以产业园区聚集国内外一流创新人才和企业，促进产业规模化、集约化、集聚化发展。整合产业园区空间布局，将619个产业区整合改造为18个规模大、关联度高、基础设施共享的新型园区，重点发展高新技术产业和先进制造业；建设好“十大高端产业园区”，重点推进宝安科技创新产业区、观澜新型高科技园区、福永北—沙井南高新技术产业园、松岗先进制造业园区、循环经济示范园区和大浪服装产业基地等重点产业园区的建设和周边环境综合整治，完成航空航天电子产业园、汽车电子产业园等一批高端产业园区的规划和选址；推动“一街道一特色园区一孵化器一创新型产业园区”建设。鼓励辖区10个街道发挥自身产业集聚优势，着力打造特色产业园区。二是全力推进重大项目引进和建设，构建高端产业“航母群”。加大招商选资力度。在北京、香港开展以推介宝安中心区、机场商务区、大铲湾港区为主的招商活动，着力引进具有龙头作用的高新技术产业、先进制造业、现代服务业和战略性产业的大项目、好项目；建立重大产业项目协调机制。成立重大产业项目协调办公室，编制重大产业项目中长期规划和年度计划，完善重大产业项目储备、培育和扶持机制；推进重大产业项目建设。重点推进创维深圳电视城、艾美特电器百亿元小家电生产基地、大族激光全球生产基地等一批重大产业项目和宝安中心区星级酒店群、中小企业总部大厦、招商证券后援基地、工业设计产业园等一批现代服务业项目的落地、建设。三是着力增强自主创新能力，为产业高端化发展提供“内生能量”。加大政府投入，扶持创新。安排8000万元科研资金，重点扶持集成电路、电子元器件、半导体照明、电子装备制造等产业领域技术创新。年内新建电子信息、新能源、生物制药等10个公共技术服务平台；加快载体建设，支撑创新。启动桃花源三期建设，推进铁岗片区改造升级，建设孵化成果产业化用房，打造1.54平方公里的宝安科技创新产业园区；加快推进观澜新型高科技园区（占地9.5平方公里）的规划建设；鼓励街道、社会力量建设创新型产业园区和科技孵化器；强化企业主体地位，推动创新。支持自主创新型优势科技企业，对新认定的国家级高新技术企业，给予10万元奖励，争取新认定50家国家级高新技术企业。四是积极扶持战略性新兴产业，培育新的“增长极”。出台强有力的产业政策，协助提供发展资金，重点向潜力大、前景好、能耗低、产出高、辐射力强的战略性新兴产业倾斜，推动、引导新兴产业乘势而上、脱颖而出。制定新的《宝安区产业导向目录》和《宝安区战略性新兴产业规划》。进一步明确鼓励类、限制类、禁止（淘汰）类产业和项目，安排专项资金重点扶持新能源、生物医药、互联网等战略性新兴产业发展；推进支柱工业高端化发展。巩固电子信息业、装备制造业的优势地位；加大现代服务业扶持力度。强化现代物流、商贸业主导地位。依托空港海港和铁路枢纽优势，大力发展物流金融、仓单质押、电子商务等高附加值物流服务；重点发展大型综合超市、仓储式商场、大型购物中心等高端商贸流通业；积极发展金融、文化创意、商务服务等高端服务业，着力培育一批有实力、有竞争力的骨干现代服务业企业。

体制改革

【社区管理体制改革】2010年，宝安区共设立社区工作站156个，社区居委会236个。其中“一站一居”的社区工作站123个，“一站多居”的社区工作站33个。针对东、西片街道社区的发展差异，宝安区在社区管理方面推行“一站多居”、“一站一居”两种模式。东片的石岩、观澜、大浪、龙华、民治等5个街道推行“一站多居”管理模式、“居、站、企”分设，基本实现“四分离”（机构分离、职能分离、人员分离、经费分离）。西片的新安、西乡、福永、沙井、松岗等5个街道实行“一站一居”管理模式、“居站合一”，采用“三块牌子，一套人马”的运作方式。在经济上，社区股份合作公司与工作站、居委会基本实现脱钩。2010年，宝安区政府实现承接社区社会管理费用。宝安区在城市化之前，农村基层的社会管理费用一直由村委会承担。城市化以后，这些费用仍由社区股份合作公司（原村集体经济）承担。2006年以来，区委区政府把解除社区股份合作公司社会管理负担列入重要议事日程。2009年区财政安排了7.2亿元。此举有效保障了社区日常运转、办公场所租用、治安、环卫、计生、市政设施维护、户外活动场所维护等费用，也减轻了社区股份合作公司和股民（原村民）的负担，促进了社区股份合作公司的发展。2010年，宝安区推行社区工作社会化，对社区治安、环卫等工作实行购买服务。对工作量大，聘用人员多的社区治安、环卫工作，推行向保安公司、专业清洁公司购买服务的方式，实行“养事不养人”。此外，计生工作采取与出租屋管理员捆绑的方式，整合工作力量。“购买服务”减轻了政府管理成本的压力，提高了工作效率和工作质量。

【社区股份合作公司管理体制改革】2010年，宝安区加快推进社区股份合作公司发展。宝安区股份合作公司共有416家，总资产达520亿元、净资产279亿元，股东10多万人，在全区经济社会发展中占有重要地位。股份合作公司是宝安经济社会发展的一个重要支撑。改革开放之初，宝安人以“敢闯敢试、敢为天下先”的勇气和魄力，创造性地成立了农村股份合作公司，并以此为依托，积极招商引资、兴建厂房、引进“三来一补”企业，成为宝安经济起飞的第一推动力。长期以来，股份合作公司积极参与支持经济建设，主动加强为企业服务，促进宝安区经济平稳较快增长，特别是面对国际金融危机的严重冲击，主动减租减负，帮助企业解决资金、物业、用工等困难，为企业发展创造了良好的环境。同时，股份合作公司积极承担了相当一部分的社会建设和社会管理职能。农村城市化以前，社区道路、学校、公园等基础设施和公共服务设施，主要依靠股份合作公司出钱、出地、出力来建设；股份合作公司还承担社区社会治安、城市管理、公共服务等费用，负责解决原居民就业、社会保障等问题。城市化后，政府逐步承接社会建设和管理职能，股份合作公司仍承担不少工作，在巩固和稳定基层管理、改善人居环境、提高居民福利等方面发挥了重要作用。股份合作公司的持续发展，不仅关系宝安区经济发展，更直接影响基层社会稳定和民计民生，影响宝安区经济社会发展的根基。股份合作公司转型升级是宝安转变经济发展方式的重要内容。股份合作公司作为宝安区经济的重要组成部分，而且拥有大量的土地、房产等资源，将为实施大项目带动战略、园区集聚战略、产业集群战略、替代优先战略，推动产业结构优化调整提供有力的空间保障。据统计，股份合作公司拥有土地3700多万平方米、厂房宿舍4600万平方米，约占全区的一半，入驻企业9000多家，约占全区工业企业数的一半。2009年宝安区专门成立股份合作公司工作领导小组，由区长任组长，负责引导和扶持股份合作公司转变发展模式，促进社区集体经济又好又快发展。2010年7月1日起，特区范围扩大到全市，宝安迎来新一轮发展的最重要的战略机遇和最大的挑战。在推行市委市政府提出的“六个一体化”（法规政策一体化、规划布局一体化、基础设施一体化、城市管理一体化、环境保护一体化、基本公共服务一体化）的前提下，宝安区结合实际，提出“一年明显见效，两至三年有大的突破，力争五年基本实现一体化”的目标。特区一体化各项工作推进、目标的实现，归根到底都要落实到基层、落实到社区，都离不开股份合作公司的参与和支持。充分调动股份合作公司的积极性，形成加快特区一体化的合力，在特区一体化进程中共同发展、互利共赢。

【区政府投资项目并联审批制度改革】2010年，宝安区进一步优化政府投资项目审批程序，提高审批效率、缩短建设周期，有效控制投资，实现政府投资项目建设效能倍增。5月6日，区政府印发《宝安区政府投资项目并联审批实施方案》（试行）。全面突破项目审批条框，解放审批事项约束，在同一阶段所有审批事项及审批事项的内部环节（以下简称审批事项）之间不再互为前置条件，最大限度消除制约项目前期审批工作进展的体制障碍。通过对项目审批流程的再造，打破部门界限，取消前置条件约束，构建联合审批平台，形成部门间审批事项并联、项目主体单位前期工作并联、审批事项与前期工作并联的“三并联”审批机制。项目申报由区投资联办中心设置的专门窗口统一受理，审批部门所有审批结果由专门窗口统一发放，形成项目单位申报、领取只需面对一个窗口的受理模式。项目申报由区投资联办中心设置的专门窗口统一受理，审批部门所有审批结果由专门窗口统一发放，形成项目单位申报、领取只需面对一个窗口的受理模式。并联审批基本精神、审批流程、审批及工作时限原则上参照深圳市并联审批相关制度确定，提高审批工作效率，同时结合基层项目建设具体实际进行优化，增强可操作性。对工程规模大、专业技术要求复杂的项目，在开展前期工作时考虑适度放宽时限要求，以减少因项目前期工作时限要求较紧而导致出现设计错漏等情况，确保工程质量。房建类政府投资项目的审批工作时间由原来的209个工作日，大幅度缩短为65个工作日，压缩率为68.9%；市政类政府投资项目的审批工作时间由原来的171个工作日，大幅度缩短为55个工作日，压缩率为67.84%。

十件民生实事

【推进安全系统工程建设】一、开展安全主任培训，建立企业安全主任管理服务平台。制订《宝安区企业安全主任管理服务办法》；培训、再培训20000名以上安全主任；督促10000家以上企业配齐配好安全主任；成立10个以上“安全主任管理服务之家”。

二、开展劳务工安全生产“面对面”教育。通过“区-街道-社区”三级联合教育机制，以事故多发企业为重点，深入生产一线开展劳务工安全宣传、培训。年内完成劳务工安全教育30万人次。三、整治安全隐患。区分三批挂牌整治300家重大安全隐患单位，各街道分三批挂牌整治共3000家较大安全隐患单位。四、开展城中村安全整治。整治管线、改善环境、完善消防设施、组建消防队伍，完成市确定的二类城中村整治项目34个，完成三类城中村整治项目179个。五、完善社会治安基层基础设施。加大围合式管理力度，推进物业管理建设，完善二、三类电子防控设施，优先在有条件的城中村开展视频门禁系统。六、加强交通安全整治。查处非法营运蓝牌车、摩托车和泥头车违章等交通违法行为。七、进一步完善交通安全设施，年末国道、省道平均好路率达94%，县道、乡道平均好路率达92%。

【500米公交站点覆盖率提高至82%以上】实施宝安区及各街道“1+10”公交优化项目；年内新增或优化调整公交线路30条，增加或更新运力300台以上；建成200座公交候车亭、6个公交场站；实施16个以上短、平、快交通综合治理项目，优化街道内部交通微循环。

【实施宝安区社区给水管网改造工程（一期）】改造宝安区10个街道原股份公司给水管网，更换、敷设管径为DN50–DN500给水管道，全长413.7公里，共计66个改造子项目，总投资1.67亿元，年内开工建设，完成施工任务80%。

【开展就业困难人员就业援助】与各街道及区相关职能部门建立就业工作目标责任制，实现就业援助工作区、街道、社区、企业四级联动。对“零就业家庭”、“单亲家庭”、“4050”、低保户、残疾人等困难就业群体，实施“ABCD”四级分类援助，坚持“三个优先”帮扶（公益岗位优先安排、企业招工优先推荐、援助经费优先发放），开展“五送”活动（送政策、送岗位、送技能、送补贴、送温暖）。实现当年有就业愿望的就业困难人员就业率达85%以上，“零就业家庭”动态归零。

【建设大浪实验学校】项目位于大浪北片区，总用地面积36606.67平方米，总建筑面积25956平方米。建成后办学规模为48个班，其中小学24个教学班，初中24个教学班，新增学位2280个。2010年6月开工，年内完成土建主体工程。

【“村改居”小区物业管理覆盖率提高到95%以上】深化顾问指导，狠抓样板小区培植，加强“村改居”小区物业管理从业人员培训，落实达标验收和政府监管，在年内实现“村改居”小区目标任务物业管理覆盖率提高到95%以上。

【大力推进公园建设】一、投资4000万元，新建观澜街道求雨岭城市公园。包括文化体育设施，公园绿化、登山道、管理用房等，占地面积19.44公顷。2010年8月开工建设。年底完成50%的工程进度。二、建设石岩大树林公园工程，包括出入口、主次园路、景观绿化、雕塑小品、停车场工程及其他配套设施等。年底完成所有前期工作，开工建设。三、投资2000万元，对龙华公园进行全面改造，解决配套设施破损老化、附属功能不完善、排水功能丧失、照明系统缺乏、黄土裸露等问题。年底完成招投标工作。四、在全区新建10座社区公园，建设内容包括休闲小广场、园林绿化、小品及其他配套设施，年底前完成所有的前期工作并开工建设。

【完成宝安体育场主体建设】在宝安中心区建设宝安体育场，占地面积约12万平方米，总建筑面积约10万平方米，其中地下室约2.6万平方米，设计座位4万个，是2011年第26届世界大学生运动会的足球比赛场地。2010年一季度副场全部封顶，二季度主场钢结构完成，三季度业余体校工程主体封顶，四季度主体育场屋盖完工，当年完成投资4亿元。

【外来女工流动学校公益培训项目】开展外来女工流动学校公益培训项目，免费送课进厂100场。一、针对单身青年女工，开展心理知识、两性情感、健康保健等培训；二、针对已婚女工，开展婚姻家庭、维权知识、子女教育等培训。

【推动观澜街道低碳经济试点工作】继续推进9个“绿色行动”132个子项目循环经济任务；完成观澜河（人民桥—环观路桥）两岸绿化工作；年内新创3个绿色社区创建工作，全街道80%以上社区创建成为“深圳市绿色社区”；全面推动规模企业清洁生产和绿色创建工作，年内实现万元GDP水耗、电耗分别下降6.5%、4.5%的目标；完成大唐清洁能源基地、废旧家电及电子产品循环经济产业园和激光打印机再生资源生产配套建设等3个区重点低碳经济项目的前期论证与筹备工作。

“宝安八景”评选活动

2010年3月1日，宝安八景评选活动全面启动，目的是通过八景评选，全方位地展示宝安旅游资源，提升宝安旅游景点的知名度和影响力，推动宝安旅游产业转型升级，展示活力、和谐、文明的宝安旅游新形象。评选对象为宝安区内的景区景点、名胜古迹、自然风光、城市公园和标志性建筑等能代表宝安旅游新形象的景点（观）。评选标准：一是具有宝安地方特色，有较高的保存价值；二是有一定的观赏游憩功能，给人以美的感受和熏陶，有较高的美誉度；三是有较大范围的知名度和代表性；四是具有完整性和协调性，与环境和谐相融；五是具有公众休闲性，可供市民、游客游憩。宝安八景评选活动组委会办公室设在宝安区旅游局。该活动至5月28日结束。经各街道众多单位推荐、市民投票和专家组评议，最终充分反映宝安现有的资源特点和城市形象的“观澜球会、版画基地、凤凰胜境、羊台叠翠、海上田园、蚝乡古韵、西岸新城、万福广场”被评选为“宝安八景”。

首届“宝安慈善奖”评选活动

2010年4月4日，作为深圳市最早成立区一级慈善会的宝安区，由宝安区民政局主办的首届“宝安慈善奖”评选活动正式启动。表彰对象为热心支持和参与宝安慈善公益事业，对赈灾、扶老、助残、救孤、济困、助学、助医等慈善公益领域做出突出贡献，成绩显著，事迹生动感人，并得到社会和群众公认的单位和各界人士（含华侨及港、澳、台同胞，以及在此期间去世的个人）。“宝安慈善奖”下设4类奖项：慈善个人奖、慈善企业奖、慈善组织奖和抗震救灾捐赠特别奖。为体现慈善工作“党委重视、政府推动、民间运作、社会参与”的方针，充分体现公开、公平、公正的原则，由宝安区政府、人大、政协、纪委及各街道办领导，公益机构、企业代表等多方面人士组成评选委员会。评选委员会是“宝安慈善奖”评选表彰活动的决策机构。主要职责是审查、核实候选人事迹材料，评选出各奖项获奖者；组织实施首届“宝安慈善奖”评选表彰活动，推动活动的顺利进行。通过宝安政府网站及宝安新闻媒体进行集中公示，听取群众意见及建议。然后再由评选委员会讨论表彰名单，报区政府审定，4月29日召开表彰大会。大会对3年来宝安区慈善事业的先进集体和先进个人予以表彰，蔡吉胜等79人喜获“慈善个人奖”，艾美特电器（深圳）有限公司等30家企业荣获“慈善企业奖”，福永商会等30个单位荣膺“慈善组织奖”，广东恒丰投资集团有限公司等18个单位被授予“2008年抗震救灾捐赠特别奖”。

第六届“文博会”宝安参展情况

从首届文博会起，宝安就高度重视文博会筹备工作，成立以区长为组长的筹备领导小组，区领导对主会场和分会场包点负责，高效推进了文博会的各项工作。强大的展示交易平台使区内优秀文化企业、项目得到充分展现，企业签约项目连年递增，交易数额大幅攀升。宝安区“文博会”参展规模不断扩大、档次不断提高，发展到第六届文博会有8个分会场，规模空前。2010年圆满完成第六届文博会主会场参展工作，成功承办观澜版画基地、国瓷永丰源、中国（观澜）山水国画基地、F518时尚创意园、雁盟酒店文化产业园、深圳22艺术区、宝安国际珠宝交易中心、万众空间站等8个分会场和1个专项活动点。5月14日，第六届文博会宝安区文化产业项目签约仪式在深圳会展中心举行。文博会首日，宝安主展馆现场签订10项重大文化产业项目。17日，文博会观澜版画基地分会场的一项重要内容，“2010版画嘉年华拍卖会”在观澜美术馆举行。最终45幅版画成交金额达60万元，其中中国工业版画研究院院长宋恩厚创作的版画《毛主席来到武钢工地上》拍出最高价5万元人民币。18日，第六届文博会落幕，宝安各展馆迎来观众56万人次，创历届新高；宝安区总成交额达到180.1亿元，比上届总成交额增加16.1亿元，同比增长10%。其中，合同成交额50亿元，占总成交金额的27.8%，同比增长54.8%。主展馆成交金额117.2亿元，8个分会场成交金额62.9亿元。版画基地获优秀分会场二等奖，国瓷永丰源、F518时尚创意园获优秀分会场三等奖。

第十二届“高交会”宝安参展情况

2010年11月16~21日，第十二届中国国际高新技术成果交易会在深圳会展中心举行，在国务院出台加快培育和发展战略性新兴产业的重要背景下，本届高交会以“科技引领转型·创新驱动发展”为主题，首次集中展示七大战略性新兴产业取得的成就。高交会以其空前之盛况、丰硕之成果，日益彰显出中国之力量、科技之风采和深圳之魅力。宝安展团也凭借其强大实力在展会上大放光彩。本届展会集中展示了我国“十一五”期间的重大科技专项、基础研究、前沿技术、民生科技、传统产业技术改造等高新技术产业方面的典型成果，充分体现了科技在引领可持续发展、改善民生等方面取得的巨大成就。本届高交会聚焦“十二五”规划的产业布局、战略性新兴产业的培育发展、地区产业结构的优化调整升级，组织了大量的优势项目和技术进行展示和交易，充分发挥了高交会交易促进和技术引进功能，取得了显著实效。来自49个国家和地区的106个代表团、2775家参展商、2438家投资商和12793个项目，参加了高交会的展示、交易和洽谈，参观人数达52.5万人次。

宝安展团参展面积、参展企业数均为深圳市各区之首。企业团队总数达160家左右，除展出电子信息等支柱产业的高新产品外，还涉及互联网、新能源、新材料、生物医药等战略性新兴产业产品，凸显自主创新和新兴产业两大“亮点”。其中26家企业入选区政府组团参展，参展产品全部为互联网、新能源、新材料、生物医药等战略性新兴产业企业产品。参展企业均为创新型中小企业，面积和参展企业数为全市各区之首。首次在高交会宝安展团亮相的企业有18家，占参展企业的69%。其余约130家企业自行参展，多为较大规模、行业领军或技术领先企业，如富士康、航盛电子、乐新精密、良田科技等，总参展面积约2700平方米。遛遛网等3家互联网企业的亮相，成为宝安展团的一大亮点，打破了宝安展团没有互联网企业的历史。18日，工信部软件与集成电路促进中心与宝安企业宝德集团签订协议，建立战略合作关系，共同组建创新中心和应用推广中心。帮助国内厂商加速产品技术创新、市场应用推广，加速中国云计算战略落地实施。

重要展会和论坛

【宝安购物美食盛会】2010年3月16～28日，为期13天的“春风消费·宝安购物节暨台湾美食文化推广会”在宝安区宝城广场举行。此次推广会集“宝安购物节”、“春风消费月”、“台湾美食文化推广会”三大主题活动为一体，由宝安区政府主办，深圳市宝安区贸易工业（旅游）局、深圳市宝安区人民政府台湾事务办公室、宝安日报社、深圳市零售商业行业协会承办，联合各方力量力争将宝安购物节打造成为宝安零售行业的一个品牌项目。活动在前两届购物节成功举办的基础上，通过资源整合，使之规模更大、内容更丰富、覆盖面更广，成为宝安区商贸领域的一道亮丽风景。有超过500家品牌卖场及商铺共同参与，近20个消费领域、上万种品种参与打折优惠，还推出“刷银联卡送油送米”的促进刷卡消费活动，让利总额超过3.8亿元。活动期间，来自宝岛台湾的逾50家台南延平美食小吃协会成员单位、台湾知名美食小吃店，如：周氏虾卷、度小月、台南府城棺材板、贵记肉臊芋粿、安平蚵仔煎、海瑞贡丸、德洋、吉翔食品、台南府城、益生堂等著名的美食店面及品牌，在宝城广场举办“台湾美食推广会”，为广大市民献上一场饕餮盛宴。

【深圳—郑州经贸洽谈会暨宝安产品展销会】2010年3月26日～28日在河南省郑州市国际会展中心举行，本次展会由深圳市人民政府、郑州市人民政府和河南省商务厅联合主办，由深圳市科工贸信委、宝安区人民政府、郑州市商务局共同承办。

本次展销会全市近300家企业参展，其中深圳市有50多家商贸企业进场采购，宝安区共242家生产企业参展，河南省组织30家生产企业和500家采购商、贸易商、分销商、经销商、代理商进场洽谈。宝安区参展企业展位共计259个。展览总面积达到1.5万平方米。参展企业涉及电子信息、装备制造、服装、家居、包装、五金等诸多行业，其中电子信息企业有141家，约占参展企业总数的60%，充分体现了宝安区产业的特色和优势。参展企业阵容强大，上市公司3家，包括得润电子、成霖洁具、格林美，其中格林美于今年初在美国纳斯达克上市；中国电子百强企业5家，宝安区工业百强14家，区出口百强9家，区纳税百强5家，区民营百强31家，区高新技术企业100家，区民营经济成长计划工程企业80家。深圳代表团成交总金额约163.2亿元，其中销售125.7亿元，采购22.8亿元，投资14.7亿元。

【宝安青年创业高峰论坛】2010年5月6日，“特区三十年，青年再争先”宝安区纪念“五四”运动91周年系列活动之青年创业高峰论坛在F518创意产业园开幕，以此弘扬“五四”运动精神，纪念深圳经济特区成立30周年。本次活动是共青团宝安区委联合宝安区人事局、区劳动局、区职业能力开发局、区企业服务中心、宝安日报社、宝安广电中心举办，邀请区领导、创业指导专家、成功创业的知名企业家、创业青年代表，与全区有志创业的青年齐聚一堂，通过主题演讲、论坛交锋、互动交流等形式，分享创业历程的乐与苦，引导广大青年树立自主创业意识，激发创业潜能，帮助他们提高创业能力、提升创业本领，在特区二次创业的历史进程中再掀创业高潮。活动嘉宾共9人：肖奋、文丽华、马鑫、陈宏、叶文学、欧阳文道、戴丛磊、李冠玮、何敏。其中，肖奋为20世纪60年代出生的创业者，文丽华、叶文学、欧阳文道为70年代出生的创业者，更有2名80后的创业者——戴丛磊、李冠玮，他们的创业背景各有不同。三代创业者以及专家学者与台下的创业青年进行热烈交流与互动。嘉宾中的文丽华、马鑫分别是宝安区第六届“十大杰出青年”和“优秀青年”，此次论坛也是团区委“杰青与我面对面”活动之一。

【宝安区第二届户籍青年职业见习推介会】2010年6月21日，宝安区第二届户籍青年职业见习推介会举办。宝安区按照“政府搭台、企业参与、个人实践”的模式，认定了60家具有一定技术含量、技能操作性较强的企业作为宝安户籍青年职业见习基地。这些企业涵盖了机械电子制造、高新技术、金融商业、房地产及物业管理、生物制药、物流、动漫和园林设计等行业。本次推介会，在区劳动局、人事局和团区委的共同组织下，深航、沃尔玛、国美电器、中国移动、中国电信等50家知名企业提供了1640个见习岗位，岗位主要包括计算机信息管理、设备调试、网络技术、市场营销、物流操作和动画设计等200多个工种1600个岗位，吸引了1956名户籍青年进场寻找见习机会。户籍青年职业见习实行政府补贴方式，为期3至6个月。见习期间，见习单位和见习人员不建立劳动关系，不发放工资补贴，见习单位可以根据见习人员工作表现决定是否录用其为正式员工。政府向每位参加见习的学员提供每月800元的生活补贴，并购买特定的综合保险，同时给予见习基地一定的补贴。

【哈尔滨—深圳（宝安）电子信息产品展销会】9月16～18日由深圳市人民政府和哈尔滨市人民政府共同主办的“深圳—哈尔滨经贸交流暨宝安电子信息产品展销会”在哈尔滨隆重举行。本次展会是继去年8月深、哈两市成功举办反响巨大、成果丰硕的经贸合作洽谈暨产品展销会之后，为进一步加强深哈两地经贸合作关系，巩固和扩大两地合作成果，而再度携手举办的又一个集展销、采购、投资于一体的经贸盛会。本次展会设在哈尔滨国际会展体育中心C馆，面积达1.26万平方米，设中心展区、形象展区、特装展区及标准展位。宝安区共116家企业参展，其中特装展位16个，标准展位198个。本次展会以“宝安制造”为特色，突出宝安区电子信息产品和新能源产品两大主题，充分展示深圳宝安的优势产业和拳头产品。参展产品以计算机、手机、音箱、MP5、GPS导航仪等高端电子信息产品为主，以及LED照明、显示屏，太阳能灯具等新能源产品。参展企业阵容强大，其中电子信息制造企业有78家，新能源企业38家，都是生产规模较大、产品质量好、市场信誉高、创新能力强的优势企业，其中，有省级以上名牌产品、著名（驰名）商标企业24家；中国电子百强企业3家，市级以上高新技术企业41家，区工业、出口、纳税、民营百强26家，区民营经济成长计划工程企业31家。哈尔滨市组织采购商、贸易商、分销商、经销商、代理商进场洽谈采购。据统计，宝安区116家参展企业在哈尔滨设立的总代理、总经销、分公司及办事处等分支机构共计32个。展会期间，为推进两地深层次经济发展合作，除产品展销之外，还组织了项目签约仪式、新产品发布、银企座谈、参观考察哈工大工业基地等一系列经贸活动。深圳代表团成交总金额102．85亿元，其中销售金额77.60亿，采购金额13.22亿元，投资金额12.03亿元；其中电子信息类企业各类成交额88.02亿元，新能源企业各类成交额14.83亿元。签约金额超亿元的项目14个，包括深圳市高新奇科技股份有限公司和黑龙江鑫隆源电子科技有限公司、深圳市威克特电器有限公司和黑龙江龙煤矿业集团股份有限公司、深圳市富格实业有限公司和哈尔滨生利达电子有限公司等合作项目。投资合作项目分布在电子信息、低碳经济、新能源等行业，呈现出深圳与哈尔滨优势产业互补性强、关联度高的显著特点。

【宝安区第三届户籍居民创业项目推介会暨第六届中国（深圳）特许加盟展览会】2010年11月26～27日，宝安区第三届户籍居民创业项目推介会暨第六届中国（深圳）特许加盟展览会在区群众文化艺术馆广场举办。8397名居民与参展企业进行了洽谈，其中达成创业意向的有2913人。120家参展企业推出的数百个创业项目吸引了20000多居民前来参观。本届推介会上，一半以上企业是第一次参展。各企业推出的创业项目中，10万元以下的小型投资项目占30%，10～30万元的中型投资项目占50%，30万元以上的大型投资项目占20%。台湾服务业协会首次组团参展，参展的便所快乐主题餐厅、看茶王、伍丰点菜系统等加盟及连锁项目，引起了观展者的浓厚兴趣。在推介会现场，除了咨询感兴趣的项目外，不少居民还对项目的法律状况、投融资注意事项、开店所需的手续、可能得到的政府支持政策以及环保方面的问题非常关心。对此，主办方专门设立“政策咨询台”。两天时间，参展商共派发资料69728份，洽谈创业者达8397人，意向加盟客户2913人。

【宝安区高端产业招商推介会】2010年12月6日，由宝安区人民政府和市科工贸信委联合主办的“深圳市宝安区高端产业招商推介会”在大中华广场喜来登酒店举行。按照“优中选优、好中选好”的原则，会议共引进73个项目，总投资额达855.26亿元，其中，内资项目55个，投资额796.05亿元；外资项目18个，投资额59.21亿元。项目主要涵盖：电子信息装备制造业，生物医药、互联网、新能源、新材料等战略性新兴产业，文化创意、物流、总部经济等现代服务业，商贸旅游业，城市更新五大类。中粮大悦城、深圳航空产业园、低碳生态示范城、华润集团大型商业购物中心、华强集团宝安项目、中融信产业投资基金总部、怡亚通总部等38个龙头项目达成合作意向并在会上签约，投资总额达751.5亿元。会议重点推介“三港四城十大园区”（“三港”指空港——深圳宝安国际机场、海港——大铲湾、陆港——广深客运专线深圳北站；“四城”指中心区CBD、航空城、西部沿江新城和龙华新城；“十大园区”包括：宝安科技创新园、观澜高新产业园、西部高新技术产业园、福永航空产业园、沙井电子物流园、固戍配送物流园、大唐低碳生态示范园、观澜汽车产业园、石岩IT服务外包基地和大浪服装产业基地。）。“三港四城十大园区”的逐步建成，将进一步提升宝安产业载体的吸收力和承载力，形成“高产田”，促进产业结构优化升级。

总 述

区情概貌

【历史沿革】宝安区为原宝安县一部分。宝安县始设于东晋咸和六年（公元331年），明朝万历元年（1573年），朝廷取“革故鼎新，得宝而安”之义，曾改名为新安县，并设县治于南头。清道光二十年（1840年），鸦片战争爆发，道光二十二年（1842年），中英签订不平等条约《南京条约》，原属新安县的香港岛被英国占领，清咸丰十年（1860年），新安县的九龙半岛也因不平等条约《北京条约》而被迫割让给英国。清光绪二十四年（1898年），清政府与英国签订《展拓香港界址专条》，又将新界租借给英国，租期99年。至此，新安县原有3076平方公里土地中，有1055.61平方公里脱离其管辖，成为英国殖民地。“民国”三年（1914年），因新安县与河南省新安县同名，为免混淆，又复称宝安县，县治仍设在南头，新中国成立后续称宝安县。1953年，因宝安县深圳镇联结广九铁路，交通便利，人口聚居较多，工商业较兴旺，人民政府将宝安县治东迁至距南头10公里的深圳墟。1979年3月，宝安县改为深圳市，同年11月，深圳市改为地区一级的省辖市。1980年8月，在深圳市设置深圳经济特区。1981年3月，深圳市升格为副省级市。1982年12月国务院正式批准恢复宝安县建制，隶属深圳市，辖深圳经济特区之外部分。1992年11月11日经国务院批准撤销宝安县，分设宝安、龙岗两区，隶属深圳市管辖。1993年1月1日，新成立的宝安区正式挂牌办公。2006年4月29日，原龙华街道作为深圳市街道区划调整与管理体制创新的试点单位，新成立了大浪、龙华、民治街道办事处并正式挂牌办公。2006年9月，宝安区城市化转地移交工作全面完成，这标志着宝安区实现从农村向城市的跨越。2007年5月，市委市政府决定设立光明新区，将公明、光明2个街道划归光明新区管理，行政区划仍属于宝安，国民经济统计计入宝安区，人大、政协、检察、法院仍由宝安区统一负责，有关行政执法工作由宝安区委托。2010年7月1日，深圳经济特区范围扩大到深圳全市，宝安纳入到特区范围。

【位置与面积】宝安区位于北纬22°32′～22°51′，东经113°44′～114°07′；地处深圳市西北部、珠江口东岸；是穗深港经济发展轴黄金走廊的重要节点，是联系粤港的桥梁，辐射内地的通道；区委区政府驻宝安中心区（属新安街道辖区）。辖区总面积716.69平方公里（含光明新区156.1平方公里）。辖新安、西乡、福永、沙井、松岗、石岩、观澜、大浪、龙华、民治10个街道，共有社区工作站156个，社区居委会236个。深圳宝安国际机场、大铲湾港坐落在该辖区内，宝安国际机场与香港机场实现海陆联运；广深高速、107国道、龙大高速、梅观高速、机荷高速、南光高速、莞深高速、平南铁路穿境而过；深圳北站、广深港高速铁路、地铁1、4、5号线将于2011年开通，沿江高速公路、厦深铁路、穗莞深城际轨道、深港机场联络线、深中跨江通道、地铁6、11号线等正规划建设，海陆空铁立体交通规划日益完善，区位条件十分优越。

【气候】宝安区地处北回归线以南，属亚热带海洋性气候，四季温和，雨量充足，日照时间长，2010年平均日照时数1776小时，太阳年辐射量5410焦耳/平方米，年平均温度22℃。气候状况总体属于正常年景，夏长冬短，多数时间天气温暖舒适；年雨量偏少，平均气温略偏高，平均相对湿度偏低，日照偏少，平均风速正常，能见度趋好。年内气象灾害影响偏轻，但异常事件多，呈现“一强两早三严重”的特点：一是雷暴强；二是暴雨出现早，雷电出现早；三是回南天严重，秋冬干旱严重，沙尘天气严重。7月28日、9月9～13日的雷电强度为近年少见，全年雷电地闪频次为有雷电监测数据以来最多，3月出现罕见沙尘天气，7月首次同时观测到三个水龙卷。年内有“灿都”、“狮子山”、“莫兰蒂”、“凡亚比”4个热带气旋影响本区，影响程度偏轻。全年有7次暴雨过程，9个暴雨日，与累年平均相当，分别出现在2月7日、5月7日、6月26、28日、7月27～28日、9月4、11、21日。2月中旬受强冷空气影响出现连续6天寒冷天气，12月中旬遭遇自1991

年以来最严重的寒潮影响。全年优等空气质量天数明显增多，霾程度较2009年减轻。

【人口】2010年末，宝安区常住人口（不含光明新区，下同）402.36万人，比上年增长5.1%。其中户籍人口43.23万人，比上年增长4.9%；非户籍人口359.13万人，比上年增长5.1%。户籍人口出生率15.88‰，比上年增加2.04个千分点；死亡率1.56‰，比上年增加0.26个百分点；人口自然增长率14.32‰，比上年增加1.78个千分点。

【海岸与海洋资源】宝安区西南部为珠江口、伶仃洋，海岸线长达30.62公里，宝安区的深水港码头—大铲湾港区一期工程于2008年完工并投入运营，海岸线可建中小型码头的有10多处；宝安区海域、江域辽阔，海洋资源相当丰富，鱼、虾、蟹、贝类达100多种，其中沙井蚝是本区一大特产，享誉海内外。

【旅游资源】宝安区是依山面海、风光秀丽的海滨城区，具有丰富的旅游资源。羊台山险峻雄伟、层峦叠嶂，2004年和2010年获评“深圳八景”——羊台叠翠，每年重阳节宝安区都在此举办登山比赛；凤凰山奇拔俊秀，西眺伶仃洋，南瞰深圳湾，集自然优美山色、文物古迹、神话传说和宗教旅游于一体，是宗教、人文休闲度假之旅游景点；大、小铲岛有良好的自然生态环境，灌木丛生，林间有猴子出没嬉戏，四季有各种鸟类自由飞翔，是保护性、观赏性的旅游胜地；西部海上田园是深圳市西部海岸线的“沙田基塘”景观保护区和“三高”农业示范基地，集休闲度假、观光娱乐和生态生产示范功能为一体，具有浓郁的田园气息；西海堤堤外是珠江出海口，堤内是2万亩渔场，传统渔村与江南水乡相结合，风光旖旎。宝安历史人文旅游景点众多，包括深圳最早的革命遗址——中共宝安一大旧址；最大的古建筑——绮云书室；最大的宗祠——曾氏宗祠；唯一的古阁——文昌阁；唯一的石拱桥——永兴桥等。

【行政区划】宝安区下辖新安、西乡、福永、沙井、松岗、石岩、观澜、大浪、龙华、民治10个街道，共有156个社区工作站，236个社区居委会。

新安街道于1994年11月在原新安镇的基础上设立。该街道位于宝安区南部；东与南山区西丽街道接壤，西临珠江口，南与南山区南头街道相连，北以新安路为界与西乡街道毗邻；是宝安区委、区政府所在地；辖区面积30平方公里；下辖龙井、宝民、灵芝园、洪浪、上川、新安湖、新乐、文汇、布心、海富、海乐、兴东、大浪、建安、海华、文雅、海旺、海裕、上合、翻身、安乐、甲岸22个社区工作站，22个社区居民委员会，实行“一站一居”管理体制；2010年末常住人口40.7万人，其中户籍人口14.62万人。

西乡街道于2004年7月在原西乡镇的基础上设立。该街道位于宝安区西南部；东与石岩街道和光明新区公明街道接壤，西濒珠江口，南以新安路为界与新安街道毗邻，北与福永街道相连；辖区面积106平方公里；下辖西乡、柳竹、龙珠、龙腾、福中福、桃源居、富华、利锦、九围、黄田、钟屋、鹤洲、后瑞、草围、三围、固戍、共乐、乐群、盐田、河东、河西、臣田、庄边、凤凰岗、铁岗、麻布、径贝、流塘、劳动、渔业、蚝业、黄麻布、南昌33个社区工作站，33个社区居民委员会，实行“一站一居”管理体制；2010年末常住人口59.56万人，其中户籍人口8.1万人。

福永街道于2004年7月在原福永镇的基础上设立。该街道位于宝安区西部；东与光明新区公明街道接壤，西濒珠江口，南与西乡街道相连，北与沙井街道毗邻；辖区面积66平方公里（含机场面积6平方公里）；下辖兴围、福围、聚福、福永、新和、和平、桥头、塘尾、新田、凤凰、怀德、白石厦、稔田13个社区工作站，13个社区居民委员会，实行“一站一居”管理体制；2010年末常住人口47.17万人，其中户籍人口1.8万人。

沙井街道于2004年7月在原沙井镇的基础上设立。该街道位于宝安区西北部；东接光明新区公明街道，西临珠江口，南邻福永街道，北连松岗街道，西北隔茅洲河与东莞市长安镇相望；辖区面积64.91平方公里；下辖后亭、步涌、共和、民主、蚝一、蚝二、蚝三、蚝四、沙一、沙二、沙三、沙四、衙边、辛养、东塘、沙头、和一、大王山、马安山、壆岗、万丰、新二、新桥、上星、上寮、黄埔、沙井、沙企28个社区工作站，后亭、步涌、共和、民主、蚝一、蚝二、蚝三、蚝四、沙一、沙二、沙三、沙四、衙边、辛养、东塘、沙头、和一、大王山、马安山、壆岗、万丰、新二、新桥、上星、上寮、黄埔、沙井、沙企、茭塘29个社区居民委员会，实行“一站一居”管理体制；2010年末常住人口52.83万人，其中户籍人口3.1万人。

松岗街道于2004年7月在原松岗镇的基础上设立。该街道位于宝安区西北部；东与光明新区公明街道接壤，西与沙井街道和东莞市毗邻，南与沙井街道相连，北靠东莞市，是深圳的西北大门；辖区面积66.53平方公里；下辖东方、红星、潭头、楼岗、松岗、山门、洪桥头、沙埔、沙埔围、江边、郎下、碧头、罗田、燕川、塘下涌、溪头、松涛、花果山18个社区工作站，18个社区居民委员会，实行“一站一居”管理体制；2010年末常住人口39.68万人，其中户籍人口2.21万人。

石岩街道于2004年7月在原石岩镇的基础上设立。该街道位于宝安区中部；东邻大浪街道，西连新安街道和西乡街道，南依南山区西丽街道，北接光明新区公明街道和光明街道；辖区面积65.9平方公里；下辖水田、石龙、官田、上屋、龙腾、浪心、罗租、塘头、应人石9个社区工作站，水田、三祝里、石龙仔、官田、黎光、塘坑、上下屋、田心、园美、上排、下排、径贝、石岩、浪心、石新、砖厂、宝源、罗租、龙眼山、应人石21个社区居民委员会，实行“一站多居”管理体制；2010年末常住人口24.73万人，其中户籍人口1.36万人。

观澜街道于2004年7月在原观澜镇的基础上设立。该街道位于宝安区东北部；东与龙岗区平湖街道和坂田街道相连，西与光明新区公明街道和光明街道毗邻，南与大浪街道接壤，北靠东莞市；辖区面积89.8平方公里；下辖观城、福民、桂花、松元厦、新田、君子布、牛湖、库坑、樟坑径、黎光、章阁、大水坑、新澜、茜坑14个社区工作站，大和、马坜、横坑、岗头、大航、狮径、悦兴围、丹湖、四和、新城、茜坑、桂花、星花、大坪、福兴围、南大富、松元厦、老村、金龙湖、新田、君龙、君新、启明、石马径、广培、大水田、富坑、凹背、陂头吓、上坑、下湖、黎光、章阁、大兴、大三、桔塘、翠澜、桂澜、大布巷39个社区居民委员会，实行“一站多居”管理体制；2010年末常住人口45.13万人，其中户籍人口2.3万人。

大浪街道于2006年4月从原龙华街道分出。该街道位于宝安区东部；东接观澜街道和龙华街道，西与石岩街道、南山区接壤，南临民治街道，北靠光明新区；辖区面积37.2平方公里；下辖大浪、浪口、同胜、龙胜、高峰等5个社区工作站，石凹、新围、上岭排、下岭排、黄麻埔、罗屋围、水围、浪口、上横朗、下横朗、赖屋山、潭罗、三合、上早、下早、鹊山、元芬、陶吓、赤岭头、龙胜20个社区居民委员会，实行“一站多居”管理体制；2010年末常住人口27.78万人，其中户籍人口0.78万人。

龙华街道于2004年1月在原龙华镇的基础上设立。2006年4月29日，原龙华街道作为深圳市街道区划调整与管理体制创新的试点单位，分设为大浪、龙华、民治3个街道。新成立的龙华街道位于宝安区东南部；东与龙岗区坂田街道接壤，西接大浪街道，南邻民治街道，北与观澜街道相连；辖区面积24.8平方公里，下辖景龙、龙园、华联、三联、清湖、油松、松和7个社区工作站，景华、荔园、郭吓、老围、河背、牛地埔、墩背、玉翠、弓村、狮头岭、山咀头、清湖、上油松、下油松、水斗新围、水斗老围、共和、伍屋、瓦窑排、富康20个社区居民委员会，实行“一站多居”管理体制；2010年末常住人口36.41万人，其中户籍人口5.51万人。

民治街道于2006年4月从原龙华街道分出。该街道位于宝安区东南部；东与龙岗区坂田街道接壤，西与南山区桃源街道相连，南与福田区梅林街道毗邻，北靠龙华街道和大浪街道；辖区面积30.69平方公里；下辖民治、民新、民乐、上芬、龙塘、新牛6个社区工作站，上龙、东头、银华、丰润、锦绣、牛栏前、新塘、大岭、华城、华民、沙吓、恒穗、沙元埔、樟坑、横岭、白石龙、民富、民安、民丰、民泰20个社区居民委员会，实行“一站多居”管理体制；2010年末常住人口27.79万人，其中户籍人口2.1万人。

2010年宝安区各街道社区工作站、社区居委会统计表

街　道	社区工作站	社区居委会
新　安	22	22
西　乡	33	33
福　永	13	13
沙　井	28	29
松　岗	18	18
石　岩	9	21
观　澜	14	39
大　浪	5	20
龙　华	7	20
民　治	6	20
合　计	156	236

国民经济和社会发展

【概况】2010年是实施“十一五”规划的最后一年。宝安区深入贯彻落实科学发展观，紧紧抓住特区一体化的重大发展机遇，灵活应对复杂多变的国内外经济环境，着力巩固基础，优化结构，提高效益，改善环境，保障民生，促进和谐，努力推动经济社会协调健康发展，全区经济社会发展取得了新的成绩。2010年，全区生产总值2603.11亿元（含光明新区，下同），比上年增长14.9%。总量和增长速度均列深圳市六个行政区第一。全区生产总值2329.84亿元（不含光明新区，下同），增长14%，高于全市2.0%。其中，第一产业增加值0.8亿元，下降17.7%，对GDP增长贡献率为-0.1%；第二产业增加值1516.45亿元，增长15.2%，对GDP增长贡献率为71.6%；第三产业增加值812.59亿元，增长10.8%，对GDP增长贡献率为28.5%；三次产业比例为0.03:65.09:34.88；全年全区单位土地产出GDP4.09亿元/平方公里，比上年增加5889万元；税收（不含契税）地均集约度0.7亿元/平方公里，增加1391万元；万元GDP水耗、综合能耗分别下降4.2%和3.0%；物流和文化产业较快增长。全年物流业增加值224.35亿元，增长16.4%。文化产业增加值137.8亿元，增长17.9%；第三产业比重提高。全年居民消费价

格比上年上升3.1%。其中，服务项目类价格上涨2.3%，消费品价格上涨3.4%。规模以上工业增加值1558.47亿元，比上年增长16.9%，完成年度预期目标的100%；社会消费品零售总额603.82亿元，比上年增长18.1%，完成年度预期目标的100.1%；全社会固定资产投资完成额549.18亿元，比上年增长13.5%，完成年度预期目标的100%；外贸出口总额827.88亿美元，比上年增长30.6%，完成年度预期目标的114.3%；税收总额（不含光明新区）405.78亿元，比上年增长25.2%，财政一般预算收入（不含光明新区）102.48亿元，比上年增23.9%；人均可支配收入30013元/人，比上年增长10.2%，城镇登记失业率1.5%；万元GDP水耗下降4.2%；万元GDP电耗下降3%；二氧化硫排放总量控制在万吨以内；削减COD化学需氧量排放4.6万吨；污水处理率71%。

【农业】2010年，全年农业增加值2.02亿元（含光明新区，下同），比上年下降19%。农业总产值4.49亿元，下降13.3%；农业增加值0.8亿元（不含光明新区，下同），下降17.7%，总产值1.49亿元，下降35.9%。其中，种植业上升10.8%；林业下降13.7%；牧业下降65.4%；渔业下降32.1%；农林牧渔服务业上升393.8%。

【工业和建筑业】2010年，全年工业增加值1627.06亿元（含光明新区，下同），比上年增长16.6%。规模以上工业总产值9032.22亿元，增长16.6%。规模以上工业增加值1558.47亿元，增长16.9%，总量和增速均列全市六个行政区第一位；全年工业增加值1452.88亿元（不含光明新区，下同），增长15.3%，占全区生产总值的比重为62.4%。规模以上工业总产值8202.06亿元，增长15.3%。其中，国有企业产值190.29亿元，增长9.8%；民营企业产值1161.12亿元，增长21.2%；港澳台及外商企业产值6674.01亿元，增长14.8%。分轻重工业看，轻工业和重工业产值分别为1757.19亿元和6444.87亿元，增长16.3%和14.8%；通信设备、计算机及其他电子设备制造业产值5424.15亿元，增长17.7%，占规模以上工业产值的比重为66.1%。规模以上工业销售产值8001.07亿元，增长19.2%。工业产品销售率为97.5%，比上年提升3.3%。出口交货值5538.38亿元，增长21.3%；全年规模以上工业经济效益综合指数为138.33%，比上年提高8.79%。总资产贡献率7.49%，提高0.72%，资产负债率63.12%，提高2.76%，资产保值增值率126.07%，提高10.06%，工业成本费用利润率3.55%，提高0.13%，工业全员劳动生产率77611元/人，增长5.8%，流动资产周转率2.15次，提高0.2%，利润总额269.38亿元，增长33.2%；全年建筑业实现增加值86.02亿元（含光明新区，下同），比上年增长20.9%；全年建筑业增加值63.57亿元（不含光明新区，下同），比上年增长9.7%，占全区生产总值的比重为2.7%。

【固定资产投资】2010年，宝安区固定资产投资快速增长。全社会固定资产投资690.28亿元（含光明新区），比上年增长18.1%，比全市高4.3%，总量和增速分别列全市六个行政区第一、第二位。全年完成全社会固定资产投资549.18亿元（不含光明新区，下同），比上年增长13.5%。其中，基本建设投资368.51亿元，增长14.3%，占全社会固定资产投资总额的67.1%，比上年提高0.5%；更新改造投资49.51亿元，增长3.4%。从投资方向看，工业完成投资142.12亿元，比上年下降0.5%；住宅完成投资168.76亿元，增长6.3%；公共设施完成投资221.33亿元，增长32.4%。全区62个重大建设项目累计完成投资56.34亿元，完成年度计划的112.5%。其中，政府投资项目33个，完成投资33.55亿元；社会投资项目29个，完成投资22.79亿元。市第五高级中学、宝安中学新高中部、松岗街道燕罗片区防洪排涝工程和金海国际珠宝城、凤凰山森林公园二期、中心区N5区初级中学已投入使用，沙井街道衙边涌泵站排涝工程已全部完工，燕川污水处理厂配套污水干管工程（二期）、大族激光全球生产基地、华南公路货运中心、高新奇大仟工业区、宝兴特种线缆项目、展滔科技大厦及周边改造工程、中运泰科技工业区等项目基本完工。

【房地产业】2010年，宝安区房地产投资增长，商品房销售下降，房价增幅较大。全年房地产开发投资126.31亿元，比上年增长31.9%。施工房屋面积775.59万平方米，下降4.4%；竣工房屋面积110.95万平方米，增长168.3%；商品房销售量13600套，下降33.8%；商品房销售面积122.28万平方米，下降41.1%；商品房销售额233.93亿元，下降16.1%。

【国内贸易】2010年，宝安区市场销售快速增长。全年社会消费品零售总额652.67亿元（含光明新区，下同），比上年增长18.4%，总量列深圳市六个行政区第二位，增速列第三位。全年社会消费品零售总额603.82亿元（不含光明新区，下同），比上年增长18.1%。总计中，限额以上批发零售业零售额235.38亿元，增长27.6%；限额以下批发零售业和个体户零售额255.58亿元，增长9.5%；餐饮业零售额112.86亿元，增长20.7%。全区限额以上批发零售业商品销售额526.53亿元，增长39.4%，其中食品、饮料、烟酒类106.47亿元，增长30.2%；服装、鞋帽、针纺织类28.05亿元，增长38.2%；日用品类14.75亿元，增长37.8%；家用电器和音像器材类24.18亿元，增长48.3%。

【对外经济】2010年，宝安区对外经济呈增长格局。进出口总额1483.79亿美元（含光明新区，下同），比上年增长32.8%，其中出口总额864.73亿美元，增长30.2%，出口总额分别占深圳市、广东省、全国的42.4%、19.1%和5.5%。进口总额619.06亿美元，增长36.7%。实际使用外商直接投资金额12.51亿美元，下降1.8%。全年进出口总额1423.65亿美元（不含光明新区，

2010年宝安区进出口总额及与上年对比表

单位：亿美元

年　份	进出口总额	出口额	进口额
2009	1068.78	633.68	435.1
2010	1423.65	827.88	595.77
对比（±%）	+33.2	+30.6	+36.9

2010年宝安区对主要国家和地区进出口总额及其增长速度

单位：亿美元

国家和地区	出口额	比上年（±%）	进口额	比上年（±%）
美　国	149.35	19.9	14.11	15
欧　盟	101.91	20	23.05	28.8
香　港	449.27	45.7	2.52	-4.9
日　本	28.74	14.3	69.11	31.2
东　盟	29.01	31.3	74.15	33.1
加拿大	7.53	39.2	2.63	58.6
台　湾	11.67	5.3	105.68	19.7
中　东	12.52	18.4	2.18	41.4

下同），比上年增长33.2%。其中，进口总额595.77亿美元，增长36.9%；出口总额827.88亿美元，增长30.6%。贸易顺差232.11亿美元。全年新批外商投资项目532宗，比上年增长40.7%。实际使用外商直接投资金额9.51亿美元，增长3.8%。其中，第二产业外商直接投资7.15亿美元，占75.2%；第三产业外商直接投资2.36亿美元，占24.8%。在第三产业中，批发和零售业直接投资金额1.45亿美元，占61.4%。

【交通运输和邮电业】2010年，宝安区交通、邮政、电信平稳发展。全年完成货物周转量274.38亿吨公里（含光明新区，下同），比上年增长34.7%；旅客周转量295.21亿人公里，增长17.8%。全年邮政业务总量28918.6万元，下降16.5%；全年邮政国内汇款216.02亿元，增长21.5%；年末邮政储蓄余额97.96亿元，增长26.0%。电信业务收入89594.4万元（不含光明新区，下同），下降5.4%；固定电话用户125.9万户，增长11%；互联网宽带用户60.6万户，增长16.6%。

【旅游业】2010年，宝安区全年接待游客783.07万人次，比上年增长13.0%。其中，接待国内游客711.27万人次，增长13.8%，入境游客71.8万人次，增长5%。过夜游客272.35万人次，增长12.2%；过夜游客中的国外游客40.49万人次，增长8.8%。全年旅游总收入39.76亿元，比上年增长14.9%。其中，国内旅游收入31.88亿元，增长15.1%；入境旅游收入7.89亿元，增长14.1%。全区星级酒店29家，比上年增加2家。其中，五星级3家，四星级8家，三星级15家，二星级3家。

【财税和金融】2010年，宝安区全年地方财政一般预算收入102.48亿元，比上年增长23.9%。地方财政一般预算支出130.64亿元，增长25%，其中，用于公共安全、教育、文化体育与传媒、环境保护的支出分别增长6.1%、17.3%、93.6%、90.4%。全年税收收入405.78亿元（含契税），比上年增长25.2%，年末国内金融机构人民币各项存款余额2677.94亿元（含光明新区，下同），增长21.2%，增速比上年快0.8%。其中城乡居民储蓄存款余额1374.47亿元，增长20.8%。人民币各项贷款余额1399亿元，增长30.8%，比上年加快2.6%。全区全年金融机构累计现金净投放201.38亿元。

【教育和科技】2010年，宝安区教育持续发展。年末全区学校总数459所（不含光明新区，下同），比上年增加23所。其中，职业技术学校2所，普通中学92所，小学85所，幼儿园280所。全年各类教育招生人数9.39万人，比上年增长2.3%；在校生37.03万人，增长11%；毕业生7.27万人，增长9.3%。年末各类学校教职工总数3.17万人，其中专任教师2.15万人；全年高新技术产品产值4986亿元（含光明新区，下同），比上年增长23.5%，占规模以上工业总产值的55.2%。其中，具有自主知识产权的产值2488亿元，增长25.1%，占高新技术产品产值的49.9%。高新技术产品增加值893亿元，增长23.6%。全年专利公开公告10910件，比上年增长37.8%。其中发明专利4490件，增长13.6%；实用新型专利3499件，增长86.1%；外观设计专利2921件，增长40.2%。专利授权量9459件，增长51.9%。全区累计认定高新技术企业637家（不含光明新区，下同），其中民营高新技术企业435家，占68.3%。全年科技计划立项1399项，比上年增长85.3%。

【文化、卫生和体育】2010年，宝安区文化事业欣欣向荣。年末全区有区级图书馆1个，街道级图书馆16个，社区图书馆133个，总藏书量412.4万册；区级群艺馆1个，街道级文化馆（站）11个，博物馆11个，影剧院13个。全年共开展各类文化活动3477场次，其中“送电影进社区”2500场，“送戏下乡”200场，传统节庆、重大纪念日、各类专场赛事和演出活动300

场。全年获省级以上文化艺术奖项61项，其中国家级53项，省级6项；年末全区共有卫生机构852家，比上年增加9家，其中医院27家，卫生监督所10家，门诊部、诊所503家，社区健康服务中心168家。年末各类卫生技术人员12645人，比上年增加328人。其中执业（助理）医师4991人，注册护士4948人。卫生机构拥有病床6073张，比上年增加508张。全年总诊疗2592.76万人次，比上年增长12.6%，其中门诊诊疗2061.74万人次，增长7.8%。病床使用率83.3%，比上年提高5.5%；全区各类体育设施2124个，比上年增长10.7%。其中，健身路径326条，增长19.4%；游泳馆（池）91个，增长78.0%；篮球场1130个，增长4.6%；足球场76个，增长137.5%。全年举办群众性体育活动168次，比上年增长9%；参加人数36万人次，增长13%。国民体质测试有效人数14486人，合格以上率91.3%。全年获得金牌112枚，下降13%，其中国家级50枚，增长47%；获得银牌67枚，下降26%，其中国家级15枚，下降63%。

【城市建设、环境保护、安全生产】2010年，宝安区城市建设、环保、安全生产工作取得新成绩。市政建设更加完善。年末全区公园199个，比上年增加18个，其中社区公园164个；垃圾转运站达到189个，增加19个；公共厕所408个，增加4个；城市建成区绿化覆盖面积25565.74公顷，增长0.6%，建成区绿化覆盖率由上年的46.26%上升至46.27%。全年处理垃圾142.7万吨，增长15.3%，其中采取卫生填埋处理的达95.75万吨，采取焚烧处理的达46.95万吨，全区城市生活垃圾无害化处理率100%；全年空气综合污染指数1.644，比上年上升0.6%。二氧化硫年平均值0.013毫克/立方米，下降35.0%；二氧化氮年平均值0.059毫克/立方米，上升20.4%；可吸入颗粒物年平均值0.069毫克/立方米，与上年持平。全年区域环境噪声年平均值56.7分贝，与上年持平；道路交通噪声68.7分贝，与上年持平；全年共发生道路交通事故739宗，比上年下降2.4%。死亡214人，下降1.8%；受伤892人，上升8.5%；直接经济损失336.25万元，下降13.6%。发生火灾事故82宗，比上年下降4.7%。死亡1人，受伤5人，直接经济损失495.26万元。

【人民生活和社会保障】2010年，宝安区职工工资提高。年末在岗职工（不含私营和个体）32.2万人，比上年增长3.7%。全年在岗职工工资总额119.7亿元，比上年增长15.5%。在岗职工平均工资3171元/月，增长10.3%，扣除物价因素，实际增长7.0%；根据100户（含户籍和非户籍）居民家庭抽样调查资料，全年城市居民人均可支配收入30012.83元，比上年增长10.2%，扣除物价因素，实际增长6.9%；居民人均消费性支出20381.29元，增长6.5%，扣除物价因素，实际增长3.3%。城市居民家庭恩格尔系数37.6%，比上年上升2.4%；全年受理治安案件62100宗，下降22.4%；查处治安案件61089宗，下降22.3%；查处人数24105人，下降39.0%。全年刑事案件立案数74884宗，比上年增长67.7%；破案数10185宗，增长18.9%；全区年末各险种参保人数1110.02万人，比上年增长21.6%。其中参加基本养老保险341.12万人，增长39.0%；参加医疗保险人数371.69万人，增长15.4%（其中，基本医疗保险人数86.27万人，增长20.1%；劳务工医疗保险人数271.09万人，增长13.4%）；工伤保险人数366.16万人，增长13.4%；失业保险人数31.05万人，增长37.5%；全年共完成社会保险费征缴72.64亿元，比上年增长31.7%。其中，养老保险费58.94亿元；工伤保险费1.77亿元；基本医疗保险费6.3亿元；全年抚恤费598.9万元，比上年下降2.4%；安置费1505.2万元，增长76.1%。城镇居民家庭最低生活保障标准450元/人月，比上年提高35元。年末领取最低生活保障人数1676人，累计发放低保救济金529.4万元，下降17.6%。

【社会事业】2010年，宝安区进一步加大民生投入，全面发展社会事业。区级财政对民生和基本公共服务类支出86亿元，占一般预算支出的80%，“十项民生实事”全面完成。持续开展公益性招聘活动，提供就业岗位126万个，帮助居民就业9431人、创业243人，保持“零就业家庭”动态归零，城镇居民登记失业率为1.5%。开展“百万劳务工素质提升工程”、居民就业创业“金钥匙行动”等培训近万场次，参训人数227万人次。进一步扩大社会保险覆盖面，各险种参保总量1203万人次，增加21%；全面落实社会救助体系，低收入居民救助工作处于全市领先水平；第四期同富裕工程和对口扶贫开发“双到”（即规划到户、责任到人）工作顺利进行；创新“一十百千万”募捐方式，募集慈善资金6600多万元。积极推动教育优质均衡发展，被评为“广东省推进教育现代化先进区”。社康中心服务能力增强，服务人次约占全区门诊量的一半，卫生、计生服务水平不断提高。大力推进交通一体化，动工建设多个关口交通优化项目，在福永、民治街道开展交通综合改善示范工程，500米公交站点覆盖率提高到82%。安排10.5亿元投入社区公共服务，完成固本强基项目13个，社区给水管网改造一期工程完成80%，“村改居”小区物业管理基本实现全覆盖，新增省级“六好”（即自治好、管理好、服务好、治安好、环境好、风尚好）平安和谐社区50个。

【城市建设】2010年，宝安区以1号文出台《关于加快现代化城区建设全面提升城市环境的实施意见》，扎实推进城市建设。规划引导作用不断强化。高标准编制“十二五”国民经济和社会发展规划，高水平推进宝安中心区、民治先行示范区、航空新城、西部沿江新城、松岗片区和各街道中心区等重点区域规划建设，完成产业发展、城市更新、市政交通等一批专项规划。基础设施和公共服务设施建设全面加快。37个市级重大项目完成投资275.3亿元，超过计划23.7%，62个区级重大项目完成投资56.3亿元，超过计划12.5%；地铁1号线宝安段试运行，4号、5号线和广深港客运专线基本完工，深圳北站和沿江高速建设顺利推进；新建中小学3所，区人民医院新门诊大楼、中心血站新业务大楼投入使用，街道医院、文化体育中心等项目建设加快。城市更新和土地整备有力推进。福永第一工业区等7宗拆除重建类项目动工，19宗专项规划获得市里批准，37宗综合整治类项目竣工；制订土地整备工作方案，整备土地4.18平方公里，完成沿江新城一期填土工程前期工作。城市环境进一步优化。市容环境提升年度任务圆满完成，市政府两次在该区召开经验交流现场会；总长84公里的区域绿道全线贯通，绿道2号线福永段受到国家住建部和省住建厅充分肯定，作为样板工程在全省推广，城市绿化覆盖率达46.3%；连续3年夺得“鹏城环卫杯”；强力推进国家生态区创建，完成治污保洁年度任务，观澜河水质明显改善，污水集中处理率达71%，空气质量为优的天数增至161天。

【综合治理】2010年，宝安区强力推进综合治理，社会治安保持平安稳定，群众安全感和满意度大幅提升。在2009～2010年度全省133个县（市、区）调查中，宝安区公众安全感排名第10名，群众满意度排名第11名。信访维稳形势保持平稳。认真落实领导工作责任制，区领导包（挂）街道抓信访维稳工作，成立专案组协调解决一系列重大不稳定问题；完善区、街道、社区（企业）三级综治信访维稳平台，建立矛盾纠纷预警监控机制，开展民生问题专项治理，加强应急管理，及时有效化解矛盾纠纷、处置群体性事件，连续3年保持零进京非正常上访，到市集体上访人次下降31.8%。社会治安形势进一步好转。加强基层基础建设，开展“出租屋整治年”活动，推进视频门禁系统试点和治安辅助力量整合，整改不合格出租屋5万多间（套），消除隐患27.5万处，安装视频门禁系统6700多套，创建安全文明小区22个；扎实做好“平安鹏城10”、“迎亚运、保稳定、促平安”年终冲刺等行动，不间断地开展治安重点区域整治，加强校园及工业区周边安全保卫，严厉打击各类犯罪，八类严重暴力案件数下降15.5%。安全生产和食品药品安全监管工作不断加强。挂牌督办的300家重大和3000家较大安全隐患单位全部完成整改，百日安全生产大排查大整治行动效果明显，未发生重特大安全生产和食品安全事故。构建和谐劳动关系工作力度进一步加大。加强人文关怀，改善用工环境，加大劳动执法力度，积极推广“1+3”（“1”指一个目标，即劳资一心，互爱共赢。“3”指三种平台，即企业根据内部管理层级，从企业最高管理层到中层管理干部，再到最基层的一线员工都参与对话，使企业最高层的精神可以传递到最基层员工，最基层员工的呼声可以直接反映给最高层，中层管理者可以根据实际提出执行建议，企业的管理由原来自上而下单向命令式转变为互动式）劳资恳谈协商机制，欠薪逃匿案件下降25.5%，劳动争议案件下降13.3%。

【党的建设与精神文明建设】2010年，宝安区切实加强党的建设和精神文明建设。创先争优和机关作风大提升活动扎实开展。中央创先争优网刊登该区6个先进基层党组织、8名优秀共产党员的典型事迹；广泛开展机关作风大提升主题实践活动，6个单位及其负责人被评为全市“百优处室”和“百优处室带头人”。党代会常任制试点工作深入推进。党代表工作室从社区扩展到机关和行业协会，总数增加到29个；党代表依托工作室开展接待、走访、约访等活动，处理群众意见建议1100余条，积极参与听证咨询、视察调研、监督评议、提案提议等活动。该区党代会常任制试点工作受到中央政治局委员、广东省委书记汪洋同志和省委、市委的肯定，省委在该区召开现场会推广经验。党建社区化工作进一步深化。新建9个驻社区党委，调动多种资源参与社区建设和管理，探索将非公有制经济组织和社会组织党员纳入驻社区党委一体化管理，建立党组织与社会组织“双向”人才培养模式，不断丰富区域化党建内容；组织168名社区干部赴先进地区学习，开展大学生村官培训，不断提升社区干部综合素质。中央政治局委员、书记处书记、中组部部长李源潮同志两次对该区基层党建工作作出批示，给予肯定和鼓励。干部人事制度改革扎实推进。公开推荐选拔3名正处级实职干部和8名副处级干部，选拔1名社区党组织书记担任街道中层干部，招录1名大学生村官和2名劳务工为公务员，干部选拔任用工作四项监督制度得到落实。反腐倡廉进一步加强。认真学习贯彻《廉政准则》，举办纪律教育学习月和廉洁文化周活动；深入开展干部作风明查暗访，重点纠正行政审批、行政执法、医疗、教育等领域的不正之风；扎实开展工程建设领域突出问题专项治理，探索项目信息公开和要素市场诚信体系建设；开通社区党风廉政信息公开平台，方便群众监督；完善纪检监察派驻机构统一管理，强化对街道和重点领域的常态化、专业化、集约化监督。城市公共文明进一步提升。启动交通文明指数测评，着力整改城市环境、公共秩序和社会治安等方面存在的问题；完善公共文化服务体系，举办各类群众性文化活动3000多场；文艺精品创作成绩喜人，获得61项省级以上奖励；精神文明创建工作深入推进，新安街道被授予“省文明单位”称号，福永怀德、民治新牛社区被授予“省文明社区”称号。

【服务企业】2010年，宝安区服务企业工作成效显著。出台战略性新兴产业发展规划和政策措施，设立专项扶持资金，引导优质要素、高端要素向战略性新兴产业集聚，重点发展互联网、生物医药、新能源、新材料、节能环保等产业。狠抓试点，选择最有基础、现实市场需求大的领域为突破口，着力引进一批龙头企业和项目。

各街道都要高标准规划布局1～2个战略性新兴产业园区。年内民治电子商务产业园开园，西乡互联网产业基地一期投入使用，推进新安尖岗山新兴产业园、福永新能源装备创新基地规划建设。加快发展新一代电子信息产业，重点增强集成电路、新型平板显示等关键部件研发制造能力。打造一批具有自主知识产权的产品品牌。大力实施企业上市培育工程，做好78家拟上市企业的服务工作，争取8家上市。加大对优势传统产业的技术改造，鼓励加工贸易企业向“微笑曲线”两端发展，用两年左右的时间，基本完成规模以上“三来一补”企业转型。高标准组织好重点展会，帮助企业拓展市场。结合旧工业区改造，启动“五年6000家”低端企业淘汰工程，年内淘汰1200家，为高端产业发展腾出空间。

【总部经济发展】2010年，宝安区进一步完善总部企业扶持政策，出台激励机制，鼓励街道和社区全力争取各类企业总部入驻。年内认定一批总部企业，努力在引进上取得重大突破。大力发展第三方、第四方物流和保税物流，完成大铲湾物流园区、机场保税物流中心、华润万家物流园等项目规划。打造2—3个品质好、档次高、辐射力强的大型购物中心，重点推进中粮大悦城和海雅商业中心。鼓励社区“退二进三”，着力扶持福永怀德城市综合体、沙井垦岗中亚电子城、民治牛栏前商圈等项目。加快华侨城五星级酒店建设，推动格兰云天五星级酒店早日运营，支持观澜湖高尔夫球会申报国家5A级旅游景区。开工建设观澜版画艺术博物馆和版画交易中心，完成F518时尚创意园和西部国际珠宝城二期规划立项。　（区史志办）

中共深圳市宝安区委员会

2010年中共宝安区委书记、副书记、常委名单

书　记：周林祥（6月止）
鲁　毅（6月起）
副书记：李文龙（11月止）
张　备（11月起）
张洪华
常　委：周林祥（6月止）
鲁　毅（6月起）
李文龙（11月止）
张　备（11月起）
张洪华　李　桦　赵燕民
刘惠玲　刘建柱　戴　斌
曲晓顺　李立军　王立新

区委重要会议

【中共宝安区第四届代表大会第五次会议】2010年1月25至26日，中共深圳市宝安区第四届代表大会第五次会议在区委区政府会堂召开。大会的主题是，深入学习贯彻党的十七届四中全会、中央经济工作会议、胡锦涛总书记视察广东重要讲话和省委十届六次全会、市委四届十三次全会精神，认真总结宝安区2009年工作，部署2010年工作。会议听取和审议周林祥作的题为《解放思想　改革创新　努力推动科学发展上水平》的区委工作报告，听取和讨论李文龙代表区政府党组作的关于贯彻落实区四届四次党代会精神的情况报告，听取并审议区纪委工作报告，听取区人大党组、政协党组关于贯彻落实区四届四次党代会精神的情况报告，讨论并通过《中共深圳市宝安区委　深圳市宝安区人民政府关于加快现代化城区建设　全面提升城市环境的实施意见》、《中共深圳市宝安区委关于贯彻〈中共中央关于加强和改进新形势下党的建

2010年宝安区委机构设置

机构名称	主要职责	负责人	电　话	地　址
办公室	区委综合办事机构，负责区委日常工作	戴　斌	29996022	区委（区政府）办公楼
组织部	负责党务、组织和干部工作	赵燕民	29998205	同上
宣传部	负责宣传、教育和理论工作	李　桦	29998600	同上
统战部（区侨办、区台办）	负责统一战线、侨务、侨联、民族宗教和对台工作	黄英来	29999136	同上
政法委员会（维稳办、综治办、610办）	负责维护稳定和社会治安综合治理工作	曲晓顺	29998497	同上
区直属机关党工委	负责直属机关党务工作	陈琼生	29998188	同上
党校（电大、行政学院）	负责马列主义理论研究及党员干部培训工作	赵燕民	29990160	新安二路104号

设若干重大问题的决定〉的实施意见》。大会批准周林祥代表区委所作的工作报告，审议通过区纪委工作报告。大会同意，2010年工作的总体思路是：深入贯彻落实科学发展观，按照市委市政府的工作部署，进一步解放思想，改革创新，巩固基础，优化结构，提高效益，改善环境，保障民生，促进和谐，以深入开展党代会常任制试点为抓手全面推进党的建设，努力当好深圳发展生力军、争创科学发展示范区，以优异成绩迎接深圳经济特区成立30周年，为“十二五”规划实施打下坚实基础。总体目标是：地区生产总值增长12%；全面完成“十一五”规划各项任务。大会提出2010年宝安区工作的主要任务：一是在转变经济发展方式上取得新突破，提高经济增长的质量和效益；二是在解决群众最关心、最迫切的问题上取得新突破，切实保障和改善民生；三是在提升城市环境上取得新突破，实现城市面貌明显改观；四是在体制机制创新上取得新突破，增强科学发展的动力与活力；五是在推进党建创新上取得新突破，提高党的建设科学化水平。

区委区政府办公室工作

【**概况**】2010年恰逢深圳经济特区成立30周年，中央批准特区范围扩大到全市，是“十一五”的收官之年。全办干部职工积极向上，奋发进取，攻坚克难，全方位“刷新”精神状态，机关服务效能不断提高，整体工作水平不断提升，圆满完成各项工作任务。全办干部职工深入学习实践科学发展观，以“创先争优”活动和“双百”竞赛活动为契机，围绕中心，服务大局，强化服务意识，提升服务质量，不断加强队伍建设，努力提高工作水平，多项工作取得优异成绩。获省委办、省府办信息先进单位，深圳市创先争优“百名优秀处室”和“百名优秀处室带头人”，深圳市党政信息先进单位，全市督查工作先进单位，广东省第一届年鉴编纂质量奖三等奖，第九届（2010年）中国政府网站绩效评估区县排名第七名，区信访工作先进集体等。

【**政策研究**】2010年，宝安区委区府办紧扣区委区政府中心工作，进一步加强对全区调研工作统筹协调力度，紧贴基层，深入群众，敏锐关注社会焦点、热议问题，充分发挥“外脑”作用，创新调研成果转化载体能力。积极协调开展并完成“区委四个强力推进”重大调研课题，开展综合执法、查违、非农建设用地等多项专题调研，部分调研成果已转化为决策；出色完成2010年区一号文件以及富士康事件有关材料等重要文稿，得到区领导充分肯定。全区共完成58个涉及全区经济社会发展课题，编辑出版《宝安调研》10期、《调研快报》6期。

【**综合文稿服务**】2010年，宝安区委区政府办公室工作服务科学决策的能力进一步增强，参谋助手作用得到有效发挥，文稿质量和水平不断提高。紧紧跟上区主要领导思路，早谋划、早介入，求主动、求实效。年内，高标准、高质量地完成区四届五次党代会、区委四届八次、九次全会等重要会议材料和重要文稿撰写任务，全年共撰写和审核各类文稿270余万字，其中领导讲话稿500余篇、各类会议纪要200余篇、综合汇报材料80多篇、上报反馈材料476篇。

【**信息服务**】2010年，宝安区委区政府办公室信息工作取得新成绩。夯实信息工作的基础，不断提升信息网络的覆盖面，及时向领导反映新形势下的新亮点、新经验、新情况，充分发挥信息工作的“气象站”作用。年内，共编撰《宝安信息》周刊、增刊、专报69期，向省、市报送各类政务信息1052条，被采用752篇，其中被省委办公厅采用22篇，被省政府办公厅采用35篇，被市委办公厅采用696篇，关于宝安区首创党代表工作室的信息被中央办公厅《每日汇报》刊发并分送中央政治局、书记处各同志，关于党代会常任制的信息得到省委书记汪洋同志的批示。

【**督查督办**】2010年，宝安区委区府办紧紧围绕区委区政府中心工作，进一步加大决策督查、专项督查和建议提案办理工作力度，不断创新督查方式方法，努力把督查事项“查清楚，说清楚”，切实提高督查效能，有效推动区委区政府各项工作的落实。确保区委区政府重大决策部署和重点工作得到有效落实。积极与相关部门沟通，提前介入，逐一细化和分解工作任务，明确责任领导、责任单位和完成时限，及时组织各项富有推动力的督查活动，保持政令畅通。确保领导批示得到有效落实。围绕领导关注的重点、社会上反映强烈的焦点、工作落实中的难点问题积极开展专项督办，督促责任单位按期保质完成，并及时向领导反馈。切实抓好建议提案工作。认真落实承办措施，对存在问题进行归纳并提出工作要求，主动与区人大、政协和有关代表沟通，发挥沟通桥梁作用，增强办理工作的针对性、实效性。全年共办理各类督查件212宗（含637个事项），发出各类督办通知96份，编写各类督查反馈材料236期，已办结206件，办结率为97.2%；共办理市、区领导批示103宗，其中市委督查室转办16宗，市政府督查室转办15宗，区领导批示件72宗（含书记批示件28宗，区长批示件24宗）。

【**信访维稳**】2010年，宝安区委区府办紧紧围绕“五个新突破”的中心工作，进一步畅通信访渠道，全面推进“事要解决”，控制重信重访和进京、赴省、到市集体上访和非正常上访，继续保持北京奥运会以来的零进京上访，全力做好敏感期信访工作，确保宝安区信访形势的总体平稳。一是信访渠道更通畅。区信访大厅和综治信访维稳中心增强调处力量，初信初访问题处理率明显提高。开通23412345政府公开服务电话，来信和网上投诉办理更为规范，各街道和部门加大对群众电话、来信、电邮等多渠道反映问题的处理力度，增强基层化解能力。持续深入开展领导“四访”活动，党群干群关系更加紧密；二是“事要解决”落实更有力度。区领导带头协调解决信访案件，鲁毅书记研究调处沙井街道汉玉公司经济纠纷、蚝田补偿纠纷、松岗街道富葵公司（富士康下属企业）劳资纠纷，西乡街道桃源居小区物业纠纷等10余起案件，提出工作思路，使局面得到迅速控制，问题得到加快解决。据不完全统计，1～12月，区委区政府领导召开信访案件专题研究会议超过90次，推动松岗街道洪桥头拆迁商铺补偿纠纷、福永街道理光越岭美劳资纠纷及大浪三洋华强厂劳资纠纷等一批信访疑难案件和群体性事件得到有效化解。继续加大积案化解力度，去年“积案化解年”剩余的11宗积案在前三季度均得到推进；三是应急处置更迅速有效。圆满完成世博会、特区30周年庆典、亚运会和全国省市“两会”等敏感期的工作任务，保证敏感期的和谐稳定，实现上级“四个确保”的要求，民乐山庄、N15、涉军群体、外嫁女、蚝田补偿纠纷等在市里“挂了号”的重点案件得到有效控制。对集体上访、越级上访和非正常上访的处置逐步规范，1～12月未发生影响恶劣的上访事件。全年办理和处置赴省上访3批15人次，同比增加1批2人次，在全市各区排名第6名；到市集体访92批1217人次，同比批次下降8%，人次下降31.8%，在全市各区排名第4；到区上访1161批5355人次，同比批次上升5.4%，人次下降5.97%；办理群众信件来信721件，处理网上电子邮件投诉1438件，群众来电24794件次。

【会务组织与公务活动安排】2010年，宝安区委区府办认真做好会务工作，办会质量不断提高。及时研究协调区委区政府的重大工作安排，认真做好区领导参加各种政务活动的衔接工作，进一步规范区委常委会、区政府常务会议等重大会议办理流程，协调各方，确保会议的秩序和质量。圆满完成尉健行、李铁映、王荣、刘玉浦等中央、省、市领导来区视察的接待工作和区委四届八次全会、区委四届九次全会，市委市政府宝安区现场会及深圳经济特区成立30周年庆典系列活动，郑州、哈尔滨、南宁经贸展，省委巡视组来区巡视活动等大型会议、公务。全年共组织、安排有正式文号的会议621个、公务活动550次，区委常委会议29次，区政府常务会议21次，共接待厅（局）级以上领导220多次。

【文件文稿办理】2010年，宝安区委区府办按照“认真、高效、协调、服务”的工作思路，进一步完善《公文报送须知》，简化、优化办文程序，规范收文退文做到“有理有据，按制度处理”，不断优化电子请示报告处理系统功能，做到优质高效办文，服务水平明显提高。全年共办理、制发各种文件3226件，其中以区委、区委办名义正式编号发文320件，以区政府、区府办名义正式编号发文1217件，办理请示、报告、函类文件1689件。

【法制建设】2010年，宝安区委区府办扎实推进法治政府建设，组织完成202项法治政府建设工作任务，首次出台考评指标并纳入政府绩效考核，开展法治政府建设考评和行政服务法治化工作。汇编特区法制一体化若干问题研究文集供区领导决策参考，认真组织实施区政府常务会议学法制度，主动开展特区法规规章调研评估，行政复议和应诉工作成绩显著，全区网上依申请公开工作取得重大进展。全年共承办区委区政府交办的法律顾问事项225件，审查区规范性文件和其他政府文件43件，办理各类行政复议申请44宗，办结区政府为被告的行政诉讼、民事诉讼案件各1宗，其中行政诉讼以胜诉结案，民事诉讼以当事人撤诉结案。

【外事工作】2010年，宝安区委区府办严格把好因公出国（境）人员资格初审关，积极协调办证、管证和涉外管理事宜，共办理因公赴港（澳）通行证141人次，短期出国21批91人，临时赴港、澳45批228人；全年统一保管赴港（澳）通行证67本，领取使用次数248次，保管因公出国护照、临时赴港（澳）通行证197本；处理外事接待、涉外活动、涉外函件12宗。

【机要保密】2010年，宝安区委区府办高标准、严要求做好机要保密工作，按照“确保绝对安全、确保绝对畅通”的总体要求，零失误地完成全年明密电报办理任务，保障宝安区与全市党政机关横向计算机加密通信网络的畅通。分批次为72家单位200多台涉密（内网）计算机安装远程监控程序，全面实现对全区各个单位涉密（内网）计算机的实时监控。加强新《保密法》等法规宣传，组织涉密人员参加保密业务培训，强化保密意识和技能。全年共接收明传电报157份，其中特提38份，传输办理1423份；共接收密码电报138份，其中特提28份，传输办理997份。

【档案史志】2010年，宝安区档案、史志工作取得新成绩。年内，区档案局加强档案业务规范化建设，稳步推进档案信息化建设工作，积极做好档案信息资源开发利用工作，扎实做好档案安全管理。加强档案业务指导和执法检查，完成8家区属企业“企业档案工作目标管理省（部）级单位”升级达标工作。开展档案宣传教育工作，提高全社会档案意识。全年共接收进馆档案2.3万卷（件），安排公务活动拍摄319人次，形成照片档案4813张；接待查询利用1670人（次），调档2072卷（件）。史志工作取得新成绩，已完成《宝安区志》终审稿，出版发行《激荡30年—我们的宝安》，出版《2009宝安大事记》、《宝安年鉴（2010）》和4期《宝安史志》。 （史志办）

附：2010年宝安区委区政府办公室领导成员名单

主　任：戴　斌

副主任：林更斌　江朗朗　黄　臻
　　　　曾无非　王立萍

应急管理

2010年7月2日，宝安区举行综合应急救援大队成立暨授牌仪式，市政府副秘书长、市应急办主任李一康，宝安区委书记鲁毅为综合应急救援大队授牌

【应急值守】2010年，宝安区应急指挥中心进一步完善值班工作制度，加强突发事件信息研判、报送和跟踪，加强对全区应急值守工作的督促检查，取得较好的效果。1月，该中心组织对《区委区政府总值班室值班工作规范》进行全面修订，将工作要求明确到每一个细节，如信息报送方面，对什么情况要报到哪些领导、用什么形式报、多长时间报，都明确规定操作细则，值班工作基本做到制度化、规范化。在全年的应急值守工作中，该中心做到接报突发事件信息20分钟内核实事件发生的时间、地点、原因等10个要素，并进行初步研判，提出处置建议；对具有倾向性的问题，通过《一周值班情况综述》、《每月突发事件情况分析》向区政府和相关部门提出建议。对较大以上突发事件或敏感事件，坚持“边核实、边报告”，并及时跟踪事件进展情况，处置完毕后还要编发《突发事件情况专报》。2010年，区应急指挥中心对全区各单位的应急值守工作坚持每日抽查、每月通报、每季度考评，促进全区突发事件信息报送工作落实。全年全区突发事件信息迟报、漏报率同比下降23%，6个月未出现迟报漏报问题。

【突发事件处置】2010年，区应急指挥中心认真抓好《宝安区突发事件现场处置工作规范》的落实，严格落实突发事件处置现场签到制度，全年各类突发事件现场处置签到率为85%，同比增长40%，突发事件现场处置工作逐步规范，突发事件处置效率明显提高。2010年，区应急指挥中心进一步加强与驻区单位的联系。领导班子成员带科室负责人走访宝安交通运输局、公安分局、现役消防大队、规土委宝安管理局、药监分局、社保分局、宝安出入境检验检疫局、新城联检站、深圳机场、大铲湾码头、市地铁集团、国安局宝安工作处、宝安中心海事处、电信分局、邮政分局等多个驻区单位，完善与驻区单位的应急联动机制，提高协调处置突发事件的效率。全年共妥善协调处置684宗突发事件（按级别分，较大19宗、一般665宗。按类别分，社会安全事件346宗，事故灾难321宗，突发公共卫生事件11宗，自然灾害6宗），其中影响比较大的突发事件有富士康危机事件，福永理光越岭美劳资纠纷事件，“1·13”、“10·25”绿的罢驶事件，西部公汽公司763路公交车撞死回族小孩引发纠纷等，收到良好的社会效果。

【富士康危机事件】2010年1～5月，宝安区辖区内的富士康科技公司接连发生12宗员工跳楼事件，造成10死2伤，在社会上引起震动和广泛关注，受到中央、省、市高度重视。在区委区政府的统一领导下，全区各相关部门和相关街道，特别是龙华和观澜街道，积极做好事件处置相关工作：协助富士康做好防控工作，强化人防物防技防措施，遏制新的坠楼事件发生；督促指导富士康落实改进措施，加强人文关怀，切实维护员工合法权益；强化统筹协调，配合各省区派出的“乡情关爱行动组”开展工作；大力整治富士康周边环境，完善公共配套设施，为富士康员工提供良好生活环境；认真做好应急预案，强化应急准备，确保迅速稳妥处理各类应急事件。经过大量扎实的工作，取得良好的效果，有效化解了富士康危机事件。

【应急预案管理】2010年9月，区应急指挥中心举办全区应急预案编修工作培训班暨应急预案编修工作会议。全区各街道、各相关职能部门、驻区有关单位等50多个单位的应急预案编修工作人员共80多人参加培训。培训班组织学习《广东省突发事件应对条例》，还邀请市应急办预案综合处黄湘岳处长到场作专题辅导授课。培训授课结束后，区应急指挥中心组织对全区应急预案体系进行修订和完善，编制全区应急预案体系目录。截止2010年底，全区应急预案达到415个（不含社区、学校和非区管企业等基层单位制定的应急预案）。其中，区政府总体预案1件、专项预案245件、部门预案51件、分（街道）预案10件、区管企业预案84件、重大活动预案24件，预案体系基本实现“横向到边、纵向到底”。

【应急演练】2010年，全区应急演练

2010年12月6日，宝安区召开大风降温和强降雪防范应对工作协调会

工作进一步加强。区处置突发事件委员会主办，区应急指挥中心承办的“宝安区处置公交车辆爆炸（恐怖袭击）事件应急演练”于9月8日成功举行。参演单位18个，参演人员300多人，参加观摩180多人。演练以深圳西部公汽一辆公交车与一辆液氯运输槽罐车相撞发生爆炸的事件为假想背景，演练信息报送、应急响应、先期处置、医疗救护、环境处理、消防救援、防化救援、新闻应对等内容，检验预案、完善了制度、锻炼了队伍，达到预期效果。2010年，全区各单位开展的各类应急演练有800多次，参演200万多人次。通过演练，较好地提高了全区各单位的应急能力。

【**综合应急救援队伍**】2010年，市政府、省公安消防总队在宝安区开展依托现役消防大队组建综合应急救援队伍的试点工作。在市应急办和广东省公安消防总队的支持和帮助下，“宝安区综合应急救援大队”于6月底完成组建。7月2日，区综合应急救援大队及其下属8个中队授牌仪式在宝安现役消防大队营区举行。市政府副秘书长、市应急办主任李一康，区委书记鲁毅，区长李文龙，区委常委、副区长王立新，副区长孙波等领导出席授牌仪式。“宝安区综合应急救援大队”下设宝安、西乡、福永、沙井、松岗、石岩、观澜、龙华8个综合应急救援中队，共计250人。该大队除承担消防工作任务以外，同时承担综合性应急救援任务，包括地震、强风暴雨、泥石流等自然灾害，空难、建筑施工事故、道路交通事故、燃气事故等生产安全事故和恐怖袭击、群众遇险等社会安全事件的抢险救援任务，协助有关专业队伍做好水旱灾害、气象灾害、地质灾害、森林火灾、生物灾害、危险化学品事故、水上事故、环境污染、核辐射事故和突发公共卫生事件等突发事件的抢险救援工作，是宝安区综合应急救援的一支主力军。

【**应急宣传培训**】2010年，全区应急宣传培训工作力度进一步加大。8月23日，区委中心组举行《突发事件应对法》专题学习会，市应急办副主任杨峰作专题辅导报告。区几套班子领导、区法院院长、检察院检察长和各部委办局主要负责人等区委中心组成员听取辅导报告。8月份，举办宝安区突发事件信息员培训班，9月份，组织宝安区2010年应急预案编修培训班，10月份，区应急指挥中心与区人事局联合开展“全区公务员与职员应急管理全员培训”，参加人数达2万人。为增强培训效果，区应急指挥中心还编写一本宝安区公职人员应急培训通俗教材《学会应急》，印制2万多册下发各单位。通过培训，全区公职人员的应急能力有较大提高。2010年的应急宣传工作也取得较好的成绩。8月份，区应急指挥中心协助广东省“百人百场”应急知识宣讲团，举行应急知识宣讲活动，起到较好的宣传效果。区应急指挥中心、沙井街道应急指挥中

2010年9月8日15时，宝安区在宝安中心区宝兴路与海澜路交叉口成功举行了“宝安区处置公交车辆爆炸（恐怖袭击）事件应急演练”

心被市应急办评为深圳市公众应急知识宣讲活动优秀组织单位，该中心信息综合科副科长陈剑峰和沙井街道应急指挥中心主任陈家强被评为先进个人。2010年，区应急指挥中心派员到全区各类应急培训班进行应急知识宣讲40多人次。全区各街道、各相关部门也积极开展应急宣传，举办“5·12”防灾减灾日公益宣传活动等应急宣传培训500多场次，发放各类宣传资料50多万份。

【应急值守业务系统】2010年区应急指挥中心投入40多万元建设区委区政府总值班室应急值守信息系统。该系统5月份建成，6月份投入试运行，10月份实现全面运行。该系统的建成使用，实现值班事务安排程序化，拨打电话、收发传真智能化，信息处理标准化，较大提高了值班工作效率。

【应急物资储备】2010年，宝安区首个年度应急物资储备计划获得通过，全区25个应急物资储备成员单位（10个街道，15个职能部门）应急物资储备计划资金总额为1.02亿元，在资金总额内预留15%作为应对突发事件的机动经费。宝安区还与华润万家、天虹商场、人人乐、新一佳、佳华商场等5家商场签订2010年《救灾物资储备合同》，共储备瓶装水120万升、方便面等食品30万公斤、毛巾20万套，保证在发生自然灾害情况时救灾基本生活物资的供应。（陈剑峰）

附：2010年宝安区应急指挥中心领导成员名单

主　任：郭子平（11月止）
孙玉卫（12月起）

副主任：侯海龙　谭耀同

组织工作

【党代会常任制试点】2010年，宝安区党代会常任制试点工作取得可喜成绩。首先，年会的组织、形式、内容等方面进行了改革创新。会期延长至2天，保证党代表有充分的时间参与讨论和发表意见；在党代会年会上直接差额选举产生2名区委委员；年会上组织党代表现场打分，对区委、区纪委和区人大、区政府、区政协党组上一年工作情况进行满意度测评。其次，推广建立党代表工作室。以“社区党代表工作室”、“社团、行业党代表工作室”、“流动党代表工作室”等形式，进一步扩大党代表工作室的覆盖面和辐射力。至2010年，全区共建立党代表工作室29个，其中社区党代表工作室25个，行业和社团组织党代表工作室4个；第三，制定《宝安区党代表接待、走访党员群众守则（试行）》、《宝安区党代表工作室制度》，细化接待走访、意见办理、结果反馈等工作流程。组织区领导党代表到工作室开展接待走访活动。年内，党代表工作室开展接待走访群众活动947次，市党代表、区党代表和驻社区党代表1806人次参加，收集意见建议1506条，已处理并向群众反馈1076条；第四，加强宣传工作。制作“我们是党代表：您的心声，我们倾听；您的诉求，我们传达；您的困难，我们帮忙”公益广告，并在《宝安日报》刊登6期《中国共产党党代会常任制系列谈》。在全区党代表工作室开展《凝聚——党代会常任制在宝安》图片展巡展活动，在7个街道的13个党代表工作室展出，吸引12650多名党员群众参观；第五，充分发挥闭会期间党代表的作用。年内，组织区党代表共开展23次调研活动；党代表提案69份，比2009年增加60%，其中关于党建18份，占26%，8份提案和61条意见建议都由相关单位办理落实并作书面答复，党代表提案和意见建议办理率、答复率均为100%，党代表满意率达97.2%。先后组织15个代表团开展党代表“社区行”、“企业行”活动，组织区党代表深入社区、企业，倾听社区居民、企业员工的意见建议，现场答疑解惑，纾难解困；第六，年内，将驻社区党委作为选区，实行“三推荐一考察竞争性直选”方式，即组织推荐、联名推荐或个人自荐方式，区委对代表资格进行考察，采取无记名投票、差额选举办法直选产生8名区党代表。建立党代表信息管理系统，将党代表开展活动、接受评议、发挥作用等信息即时入库，作为党代表履职评价的重要依据；第七，探索发挥区委全委会和区委委员作用。年内，共召开4次区委全委会议，对干部任免工作实施“一报告两评议”制度，体现全委会对常委会及其成员的监督。制定《关于建立区委委员、候补委员基层联系点的方案》，实行区

2010年6月29日，宝安区举行民主党派和无党派人士活动室揭牌仪式

委委员既包点联系街道，又具体联系社区的“双挂”制度。2010年8月19日，在宝安召开的“全省实施党代表任期制和试行党代会常任制工作现场会”上，省委常委、组织部长李玉妹指出“宝安在全省率先建立党代表工作室，创新了党代表参政议政的载体，拓宽了渠道”，要求各地认真学习，全面实行党代表工作室制度。10月20日，中央政治局委员、广东省委书记汪洋同志对宝安区试点工作作出“不断总结完善，继续深化试点”的批示。

【党的基层建设】2010年，宝安区党的基层基础建设得到加强，创先争优活动得到深入发展。年内，共6个先进基层党组织事迹及7名优秀共产党员事迹分别被刊登于中央创先争优官方网站“五好党组织”、“我身边的优秀共产党员”栏目。制定出台《中共深圳市宝安区委关于着力构建区域化党建格局深入推进党建社区化的实施意见》，年内，新成立驻社区党委6个，至2010年，全区已成立驻社区党委19个，全面覆盖城市化程度较高的社区、农村城市化社区和楼盘式住宅小区等不同类型的社区。沙井街道壆岗社区、沙企社区试行“两新”组织党员纳入驻社区党委一体化管理；驻宝民社区党委发起成立宝民社区出租屋业主协会，参与出租屋管理工作。年内，中央政治局委员、书记处书记、中组部部长李源潮两次对宝安党建工作作出重要批示，充分肯定宝安党建工作社区化及创新人才培养机制的工作。年内，三级党员服务中心建设工作得到不断完善。全区共建成区级党员服务中心1个，街道党员服务中心9个，社区党员服务中心122个，覆盖全区79.4%的社区，为全区2397个党组织、36610名党员提供服务。2010年6月区党员服务中心挂牌设立“宝安区民主党派和无党派人士活动室”，全区党员服务中心向民主党派、无党派人士和社会各界开放，在很大程度上拓展了党员服务中心的辐射功能和阵地作用。

【干部队伍管理】2010年，宝安区不断加强干部队伍管理。积极推进干部人事制度改革试点工作，成立区干改工作领导小组及办公室，并制定《宝安区干部人事制度改革试点方案》。年内，公开推荐选拔3个正处、8个副处领导干部。采用“大评委制”面试机制选拔副处级领导干部，确保提名的公正和科学。依程序对9名副处级干部，25名正科级干部办理提退手续。对在2007～2009年连续3年年度考核中被确定为优秀等次的108名公务员和2009年度考核中被确定为优秀等次的668名公务员，分别给予记三等功和嘉奖。开展“强力推进各级班子和队伍建设”调研，对存在的问题和不足进行梳理，提出下一步的对策建议。在区委四届六次全体（扩大）会议上，区委委员、候补委员和列席人员对宝安区2009年干部选拔任用工作和7名新提拔党政正职领导干部进行民主评议和民主测评。年内，对拟任处级干部进行任前公示2人，对拟任科级领导干部进行任前公示109人，对拟任处级干部考察人选和试用期满干部进行廉政、计生审核96人次。对91名试用期满干部进行试用期满考核，委托审计局对1名正职领导干部任期经济责任进行审计；审定干部出生日期、在职学历（学位）等。组织开发“宝安区干部人事信息管理系统（网络版）”，进一步提升干部信息管理水平。组织建设“大组工网”并顺利通过省检查验收，省检查验收组认为宝安区积极探索“大组工网”向街道基层延伸，拓宽“大组工网”使用范围，体现出敢于先行先试、积极探索加强基层党建信息化工作的超前意识。省委巡视组在《关于巡视深圳市宝安区的情况反馈》中对宝安区干部选拔任用工作作了充分的肯定。

【人才工作创新】2010年，宝安区切实加强人才工作创新服务。成立宝安区博士联谊会，搭建人才工作平台，举办处级干部“城市公共服务与经济发展”和“加快转变经济发展方式，推进特区一体化”专题研修班。年内，组织全区45名处级干部在上海中国浦东干部学院举办了“处级干部城市公共服务和经济发展”专题研修班。2010年11月1日至6日，组织举办“加快转变经济发展方式，推进特区一体化”研修班，组织学员到南开大学、北京大学及天津、北京学习考察。举办学习“市第五次党代会精神，加快转变经济发展方式”专题研讨班，对近500名处级干部进行培训，将宝安区处级干部的思想和行动迅速统一到中央和省委、市委的重大决策

2010年4月28日，深圳“五老”颁奖晚会现场

部署上来，以实际行动再造一个激情燃烧的岁月。继续开办自选培训教育“超市”，开设课程20门，全年参训人员达到4200人次；共举办3期宝安讲坛，丰富干部学习培训内容。开展科级领导任职培训班、公务员初任培训班；选送134人次参加省、市有关部门举办的调训。

【老干部工作、关心下一代工作】2010年，宝安区老干部工作、关心下一代工作蓬勃发展。充分落实老干部在政治上关心及在生活上照顾的“两个待遇”。严格执行老干部福利政策，协调督促相关单位按时足额发放工资福利；为生病住院老干部解决实际困难，构建起“老干部—老干科—医院”快速救治通道；与区中医院协调沟通，邀请名中医到老干部教学大楼为宝城老干部上门坐诊，为老同志提供便捷、优质的保健医疗服务。完善老干部接访制度，每月安排一天到老干中心活动点进行现场办公和接访；全年处理老干部来信来访25件、来电咨询要求协助办理事项60多件次，全年上门探望慰问生病住院（家）的离退休干部126人次。举办文化活动，丰富老干部生活。年内，老干部大学共开设24个班级，16个专业，招收学员376人，合计508人次；龙井分校共设立7个专业，9个班级，参加学习人数80人，合计115人次。重视加强老干部活动阵地建设。筹划建立老干部书画院，创办区老干中心网站，《长青藤》杂志由季刊改为双月刊。年内，宝安区老干部代表在“庆祝深圳经济特区建立30周年全市老年人体育健身大会”中获得21面金牌、15面银牌、12面铜牌，并荣获“突出贡献奖”和“优秀组织奖”。老干部艺术团在全国“夕阳秀”艺术表演大赛荣获金奖；老干部合唱团在“宝安区庆祝经济特区建设30周年老年文艺汇演”中荣获金奖和优秀组织奖。书画摄影联谊会展示老干部风采。在区内成功举办“庆祝深圳经济特区成立30周年——宝安区老干部书画、摄影作品巡回展”。大手牵小手，关心下一代工作得到全面发展。在街道、社区工作站和居委会创建“宝安区关心下一代之家”，发挥老少交流平台、青少年健康快乐成长基地的作用；大力弘扬“五老精神”，宣传宝安“五老”典型人物；协同区教育局、团区委，全面部署宝安区青少年暑期工作。

【自身建设】2010年，宝安区加强自身建设。一是开展“争创学习型组织、争做创新型干部”活动。以“读”倡学，以“导”辅学，以“写”深学，以“讲”促学，以“雅”助学，以“考”督学，以“干”验学。进一步深化“讲党性、重品行、作表率”活动，结合贯彻市第五次党代会精神，组织开展了“贯彻市第五次党代会精神，做党性最强组工干部”学习活动，引导组工干部加强党性修养，以坚强党性促进工作落实；二是信息、宣传工作力度不断加大。信息工作成果丰硕。制定信息宣传通报办法，定期对组织工作信息报送情况进行通报。全年收集信息779篇，选登在《宝安党建网》712篇，编印《组工信息》34期，各级部门采用38篇次，同比增加29篇次，提高322%，其中《深圳市宝安区首创党代表工作室打通服务联系基层群众的“新管道”》的信息被中办《每日汇报》采用，并上报中央政治局和书记处；《广东党建》、《广东组工信息》、《广东组工通讯》等省级采用11篇次、《市委市政府信息快报》、《深圳组工信息》等市级采用11篇次，《宝安信息》等采用15篇次。“宝安党建”网站增设“党代会常任制工作”、“创先争优”栏目，《组工信息》设“党代表通讯专刊”栏目，及时公布有关动态信息。宣传工作有声有色。在市委组织部举办的“把科学发展观写在党旗上”的党建专题片展播活动中，宝安区共有6部专题片获奖，其中一等奖1部、二等奖2部、三等奖1部、优秀奖2部，居全市前列。三是联系街道、社区，虚心向基层干部学习取经。落实各科室联系街道、社区制度，定期到街道、社区调研，与基层干部群众谈心、交朋友，了解社情民意和基层党建、社区稳定、社区经济发展等方面的情况，为更好地认识社区、服务社区收集第一手材料，为今后工作奠定基础。　（钟艳妮）

附：2010年宝安区委组织部领导成员名单

部　长：赵燕民

副部长：曾庆章　项　健　高荣望　蔡天心

宣　传

【党委中心组理论学习】2010年，宝安区做好“读、讲、听、研”四环节，把区委中心组打造成为全区党员干部理论学习的风向标。举办各类集中学习研讨活动18次。严格执行区直属机关党委中心组理论学习通报制度、巡听制度，去年共组织巡听活动12次，对存在的问题跟踪督办，增强了区直属机关党委中心组理论学习的积极性、主动性。推行两年一次党委中心组理论学习工作检查考核，对先进典型给予表彰。通过强化制度建设，各党委中心组理论学习质量稳步提升，规范化水平进一步提高。年内，区直属机关党委中心组共组织集中学习活动400多次，举办专家辅导讲座120多场。

【理论宣传普及】2010年，宝安区组织党的十七届五中全会、深圳特区30周年等重大专题宣讲活动，举办专题报告会数十场，积极引导党员干部转变经济发展方式。着力打造“宝安讲坛”理论宣传品牌，邀请著名专家学者举办多场高水平讲座，影响力进一步提升。通过市民文化大讲堂、百课下基层、社科普及周等理论宣传平台，积极推进理论宣讲进社区、进学校、进工厂，提升了基层党组织理论学习质量，为基层学习型党组织建设营造浓厚的学习氛围。

【纪念特区建立30周年】2010年，宝

2010年宝安区精神文明建设委员会会议

安区举办纪念特区建立30周年宝安区原创音乐晚会，杂技精品晚会、“中国人的面孔”——全国第五届“群艺杯”摄影艺术大赛、《改革开放总设计师邓小平》大型展览宝安巡展等多项主题宣传活动。组织举办了包括歌咏、征文、美术、书法、摄影比赛等各类群众性文艺活动100多场。广泛开展特区30周年宣传报道工作，设置大型户外公益广告30多面，横幅数百条，全方位展示了宝安在深圳经济特区建立30年以来所取得的丰硕成果和宝安人民艰苦奋斗、积极向上的精神面貌。

【社会宣传】2010年，宝安区围绕转变经济发展方式、城市环境提升、关爱劳务工、创先争优活动等重大部署，内宣鼓劲、外宣造势，深入发掘新闻素材，做好区四届五次党代会、区四届人大五次会议和政协三届六次会议的宣传报道，协调各级媒体高度关注特区扩容及一体化给宝安发展带来的深刻影响，全面展示宝安区经济社会全面发展的良好局面。顺利开通深圳宝安网。2010年中央、省、市以及境外媒体对宝安区的正面报道超过5000篇，宝安日报超过8700篇，推出专版900多个，广电中心录制广播、电视报道超过17000篇，制作专题240多期，制作发布户外公益广告120多面次。充分发挥《万福之城深圳宝安》和《繁荣宝安》电视宣传片作用，扩大对外宣传，推广宝安城市形象。

【“民生访谈”宣传阵地】2010年，宝安区围绕区委区政府中心工作、社会热点问题，进一步提升《民生访谈》节目质量，强化品牌效应。全年共推出节目48期，3位区领导、60多位部门负责人及有关嘉宾参加直播节目，收集汇总民生热点问题、建议1293条，选登517条汇编成20多期《社情民意》，330多件民生问题得到较好解决。

【新闻发布】2010年，宝安区着眼提升舆论引导和新闻应对能力，推进新闻发布工作的规范化、标准化，不断提高新闻发布水平，组织做好宝安区高端产业招商推介会等新闻发布会。加强培训指导，推动新闻发布制度全面深入实施，连续四年举办全区新闻发言人高级研修班。高质量、高规格推出《宝安新闻舆论动态参考》月刊，各部门的新闻发布意识和新闻处置能力不断强化。妥善做好突发事件、敏感事件新闻处置工作。加强对社会热点、难点问题的舆论引导，回应社会关切，进一步维护了宝安区改革发展稳定大局。舆情工作机制不断完善。

【群众性文化活动】2010年，宝安区承办第六届深圳市外来青工文体节、第九届中国艺术节第十五届“群星奖”曲艺决赛、第十一届宝安读书月活动和第六届全国打工文学论坛。中央省市媒体对第六届全国打工文学论坛进行广泛报道，取得良好的社会反响。《打工文学》周刊全年发刊52期，逐步成为保障劳务工文化权利、提升劳务工素质、促进社会和谐稳定的重要抓手。稳步推进基层基础文化设施建设，充分利用图书馆、文化中心、展馆（厅）等文化阵地开展各类文化活动，举办周末广场音乐会、公益电影、宝图星期讲座、送讲座到基层等品牌文化活动，举办首届企业文化周活动，吸引了近10万劳务工参与。

【文艺精品创作】2010年，宝安区积极推进20集电视连续剧《大台商》、宝安大型原创话剧《突围1978》、广播剧《爱在春天》、《30年打工文学精选》等一批文艺精品的创作。杂协《蹬人》获第31届法国巴黎明日世界杂技节金奖；音乐杂技剧《卖火柴的小女孩》获全国民营艺术院团优秀剧目展演金奖；福永街道万福民工街舞团的舞蹈《快乐建筑工》（后改名为《咱们工人有力量》）获文化部“群星奖”，被“首届中国农民工艺术节”闭幕式调演，荣获2011年央视春晚“我最喜爱的节目”特别类节目一等奖。表彰2008-2009年做出突出贡献的宣传文化工作先进单位和获奖作品。大力实施音乐工程，以音乐工程“八个一”系列活动为载体培养人才。

【文化体制改革】2010年，宝安区按照省市统一部署，广电网络和新华书店改革重组工作稳妥推进，广大干部职工能够从大局出发，坚守工作岗位，各项工作有条不紊。进一步发挥有线电视网作为宝安区主要信息化基础设施的积极作用，数字电视整体转换工作扎实推进。截至去年年底，累计完成52.53万终端用户的整转。继续扶持、激励、培育民间和企业力量，坚持文艺团体市场化改革方向，福永杂技团、万丰粤剧团、沙井金蚝艺术团等一批民营艺术团体不断发展壮大。

【文化产业发展】2010年，宝安区圆满完成第六届文博会主会场参展工作，成功承办观澜版画基地、国瓷永丰源、F518时尚创意园等8个分会场和1个专项活动点，总成交额180.1亿元。重大项目建设有序推进，观澜版画艺术博物馆、版画交易中心、永丰源瓷文化公园等重点项目和产业园区建设稳步推进。观澜版画原创产业基地被国家文化部文化产业司和中国美术家协会授予第三批“国家文化产业（美术）示范基地”；深圳F518时尚创意园获目前国内创意产业领域权威奖项——“中国最佳创意产业园区奖”。文化产业体制机制不断完善，进一步优化企业经营和发展的外部环境。

【城市公共文明指数测评迎检】2010年，宝安区区委区政府高度重视，精心部署,区政府与10个街道及23个职能局签订目标任务责任书，区几套班子领导先后带队到各自包（挂）点街道检查迎检工作。各街道、各责任单位以迎检为契机，针对城市环境、交通秩序和社会治安等重点难点问题，逐条查漏补缺，逐项整改落实，迎检工作有力有序推进。利用海报、公益广告、宣传栏、报纸、广播电视、网络、手机短信等多种途径，通过派发倡议书、环保袋、举办“公共文明大家谈”电视论坛、交通文明劝导等多种方式，开展全方位、立体式宣传教育活动，营造浓厚氛围，广泛发动群众，不断增强市民的公共文明意识，城市公共文明水平得到进一步提升。

【公民思想道德建设】2010年，宝安区开展第七届深圳“关爱行动”主题活动160多项，大力宣传弘扬“关爱·感恩·回报”理念。组织文明礼仪宣传教育实践活动，印发《宝安区文明礼仪宣传教育实践活动2010～2011年工作方案》，编排“文明礼仪”主题文艺节目，深入机关、社区、企业开展文艺巡回演出50多场（次），开展“迎大运，促新风”等系列文明礼仪知识巡讲近百场。扎实推进未成年人思想道德建设，举办未成年人道德教育活动季，开展重点活动20多项。龙井社区和民治社区“四点半学校”试点工作成效显著。组织开展“百名市民宝安文明地图行”活动，增强广大市民的家园意识和爱国主义观念。组织开展道德模范基层巡讲活动宝安专场报告会，道德模范李传梅和残友集团董事长郑卫宁作了先进事迹报告，社会反响热烈。李传梅、曾柳英、承明等3人入围“深圳经济特区30年杰出人物和事件”评选活动杰出模范候选人。

【群众性精神文明创建】2010年，宝安区共有8个集体和个人获得深圳市精神文明建设重大成果奖。文明社区创建工作继续推进，文明社区示范点创建力度进一步加大，福永街道怀德社区、民治街道新牛社区被广东省委省政府授予“广东省文明社区”称号。开展深业新岸线“和谐康居示范社区”创建工作。加强课题调查研究，出台《关于建立长效机制全面提升文明城区建设水平的实施意见》，进一步建立健全精神文明创建长效机制。开展交通文明指数测评，进一步提升宝安区交通文明水平。精心组织开展2008～2009年度精神文明建设评选表彰活动。出台《深圳市宝安区基层文明创建活动管理办法》，规范文明创建评选表彰工作。

【市民学校建设】2010年，宝安区共建立市民学校159所，其中，区市民学校1所，街道市民学校10所，社区市民学校112所，企业市民学校36所，市民学校三级网络初步建立，已累计开展各类教育培训活动2500多场次，市民文明素养及综合素质得到有效提升。各街道市民学校积极探索市民教育数字化模式，建设数字化学习网站5个，进一步拓展了市民学校教育平台。

【基层宣传文化工作】2010年，宝安区宣传文化系统各单位分工协作、密切配合，形成合力。区文化局、文联精心组织纪念特区30周年系列活动，文艺精品创作取得优异成绩；区文产办、新华书店为推动宝安区文化事业和文化产业发展，做了大量卓有成效的工作；宝安日报社、区广电中心及驻区媒体紧紧围绕区委区政府中心工

2010年宝安区宣传思想工作暨精神文明建设重大成果表彰大会

作，组织策划了一系列重点报道，为服务全区工作大局，促进各项工作落实营造了良好的舆论氛围。各街道紧密结合实际，面向基层、深入群众，宣传文化工作成效显著。（李　炜）

附：2010年宝安区委宣传部领导成员名单

部　　长：李　桦
副 部 长：李全毅（兼区文明办主任）
朱桂明（3月止）
戴彩福（3月起）
邓少玲
文明办副主任：查桂芳

统战、侨务

【民主党派、无党派人士和党外知识分子工作】2010年，宝安区民主党派、无党派人士和党外知识分子工作再上新台阶。在区党员服务中心挂牌设立“民主党派和无党派人士活动室”，党外人士共享党建资源，此项党建工作和多党合作的创新举措得到市委常委、统战部长张思平的充分肯定，认为这一做法要在全市推广。民治街道中国文化名人大营救纪念馆被省委统战部列为“广东统一战线基地”，为深圳市首个统一战线基地，是构建统战工作社会化平台的新尝试。健全季度午（晚）餐会、定期组织党外人士围绕中心开展视察调研、党派负责人参政履职情况登记等制度，健全“党委出题、党派调研、政府采纳、部门落实”工作机制，组织各党派和无党派人士开展“产业结构现状与经济发展方式转变、城市管理、社区发展、旧城改造”等9项专题调研。各党派和无党派人士共提交区政协集体提案8件、个人提案36件（仅第一提案人的提案），区人大议案、建议48件。以“大特区”的思路来谋划科学发展，发挥党外人士知情参政的重要作用。支持各党派加强思想建设、组织建设、班子建设和制度建设，组织学习贯彻胡锦涛总书记在深圳经济特区建立30周年庆祝大会上的讲话、王荣在全市民主协商会和暑期学习恳谈会上的讲话、鲁毅要求全力答好宝安发展“四道题”的讲话等重要精神，深入开展中国特色社会主义主题学习教育活动，加强多党合作优良传统教育，树立和践行社会主义核心价值体系。区委成立民主党派换届工作领导小组，大力支持各党派加强自身建设，民革、民盟、民建、民进、农工党、致公党宝安总支完成换届工作，政治交接顺利进行。召开区知识界人士联谊会筹委会工作座谈会，建立健全无党派人士工作机制。做好市人大、市政协换届党外人士推荐安排工作，各党派和无党派人士共有4人担任市人大代表，非中共人士有23人担任市政协委员，党外人士骨干力量得到进一步加强。梁敏华等5名党外人士受聘担任特约审计监督员，特约人员工作得到进一步发展。广泛组织推荐无党派知识分子，各街道、各单位共推荐138人，为各党派和无党派人士组织发展培养后备队伍。

【侨务】2010年，宝安区侨务工作取得新成绩。年内，深入开展“侨爱工程”，依法保护侨胞投资权益、财产权益、捐赠权益、民生权益，扶贫帮困，慰问全区归侨侨眷等困难户，共发放慰问金23万元；主动“上门访”和“下访”，共化解33宗侨务信访和矛盾纠纷，稳定侨心。弘扬中华文化，为增强国家和地区软实力服务。加强海外华文教育，参加欧洲华文教育论坛，与马来西亚侨团开展华文教育交流，宝安实验学校与马来西亚沙巴州山打根育源中学、宝安民治二小与印尼圣彼得拉恩典学校结成姐妹校。向海外社团赠送《宝安日报》，拍摄宝安侨务工作专题片，传递乡讯。组织侨资企业参加市四届侨企运动会和侨资企业风采有奖征文活动。观澜街道编写《百年侨乡·观澜》一书，挖掘侨务历史文化底蕴。在区统侨部门和大浪、龙华、民治、石岩街道的推动下，成立香港宝安大龙华同乡会、石岩同乡会，进一步发展壮大爱国爱港力量。

【民族宗教】2010年，宝安区认真贯彻落实党的民族宗教政策，民族宗教工作取得新成效。大力开展“和谐寺观教堂”创建活动，民宗部门、宗教团体、宗教活动场所层层落实教情信息、消防、安全、反渗透等维稳责任，开展宗教活动场所安全大排查，加强对宗教团体、宗教教职人员、宗教活动场所、宗教活动的规范化管理。健全“街道组织、各部门参与”联合打击非法、抵御渗透的工作机制，运用依法处置与调解相结合的手段，积极防范和妥善处理涉及民宗的矛盾纠纷和突发事件，全区共处置涉及穆斯林的矛盾纠纷29宗，查处非法宗教活动2宗。开展全区穆斯林经营拉面馆、少数民族企业家、云南籍彝族人员等情况调研及民族工作对象信息采集工作，共有拉面馆488间，从业人员2012人。深入开展民族团结进步宣传教育活动，引导、鼓励各宗教活动场所开展帮扶困难信教群众、建设信教群众和谐家庭的活动。支持天主教建设新教堂，支持弘源寺筹建佛学院，密切关注伊斯兰教自发活动点问题，引导宗教界实现与社会其他方面的和谐相处。

【对台工作】2010年，宝安区对台工作取得新进展。扩大两岸交流，组织有关人员和专业团体共18批319人次赴台交流。举办“台湾美食文化推广会”，台南市50多家美食小吃店参加，接待居民达10多万人次；福永台湾美食街顺利开业。拍摄全国首部以台商为题材的电视连续剧《台商》，该剧被国台办列为全国重点对台宣传项目，原国台办主任、现任海协会会长陈云林为该剧题写剧名。深化两岸对口交流。正式启动深圳市与台湾首个镇级交流合作项目——福永街道与台南县学甲镇对口交流，福永街道圆满接待台南县学甲镇参访团一行62人。宝安区赴台参加“台湾·广东周”活动取得圆满成功，举办“宝安福永—学甲之夜”大型文艺联谊演出，观看演出的台湾民众达1万多人；寰通农产品公司与学甲镇虱目鱼公司签订500吨虱目鱼丸采购合同，为台湾地方乡镇史上最大的虱目鱼丸采购订单；与国民党中央评议委员会和台南市党部、高雄县那玛夏乡农会、新竹科技园区等进行参访交流。对口交流工作得到国台办、省台办和市委市政府的充分肯定。妥善处理涉台事务。坚持“台商例会制”，健全台商投诉协调处理工作机制，共协调处理台商投诉16宗；引导台资企业开拓国内市场，加快转型升级。 （叶剑明）

附：2010年宝安区委统战部（侨办、侨联、台办、民宗局）领导成员名单

部　　长：黄英来
副 部 长：陈日明　梁锦棠
区侨办主任：陈日明（兼）
区侨联主席：梁锦棠（兼）
民宗局局长：胡建武
区台办主任：舒富桃

区直机关党的工作

【机关党员思想教育】2010年，区直机关党工委以科学发展观、社会主义核心价值体系、廉洁教育为主要学习内容，举办入党积极分子、党务理论骨干等培训班，通过理论授课、个人自学、分组讨论、外出考察等形式，提高机关党务干部的业务能力。同时结合机关党建工作实际，组织编印《党支部工作务实手册》，并印发给各基层党组织，指导基层党务干部开展党务工作。结合机关实际，及时转发中央、省、市、区委组织部门《关于在抗震救灾、抗旱救灾中进一步发挥各级党组织战斗堡垒作用、各级领导干部模范带头作用和广大共产党员先锋模范作用》的通知，要求基层党组织通过学习和教育，把广大党员的思想统一到中央的高度，在急、难、险、重等任务面前充分发挥党员的先锋作用。加强党员信息化管理。将发展新党员信息、转入转出党员的党组织关系情况、党员民主评议、党（总）支部换届选举、支部领导班子换届情况等信息及时录入党务系统，提高党员的动态管理，并根据上级有关要求及时准确地完成党员半年和年终统计工作。严把党员“入口关”，切保党员质量，共发展党员46名，讨论预备党员转正86人。落实党员关怀激励机制，共慰问困难党员63名（次）发放慰问金6.3万元，在建党89周年之际，3个基层党组织、4名优秀党员、3名优秀党务工作者受到区委表彰。做好50年以上党龄老党员的统计工作，根据区委组织部的通知要求，在建党89周年之际，对广东省50年以上党龄的老党员颁发“南粤‘七一’纪念奖章”，通过认真统计核对信息，共上报92名符合党龄50年以上条件的老党员。

【机关党的组织建设】2010年，区直机关党工委认真抓好基层组织生活制度的落实。科学合理设置基层党组织，全年总撤销党总支2个、党支部21个，新成立党委1个，总支3个、党支部43个。指导8个党总支、31个党支部进行换届选举。转入党组织关系170人，转出组织关系132人，内部组织关系调动17人。开展对新社会组织党组织情况的全面调查摸底，组织召开新社会组织调查统计协调会，明确要求，落实责任，已建立党组织的社会组织13家，仅有个别党员但没有单独建立党组织的社会组织75家，没有党员的社会组织81家，准备注销的社会组织3家，详细统计出1474名社会组织党员信息，做到组织和党员“底数清、信息明”。加强完善党内民主，做好市第五次党代表大会代表候选人推荐人选推荐工作，组织机关171个支部2600多名党员参加推荐，提出候选人推荐人选30名。受区委委托，组织对宝安区推荐出席市第五次党代会代表候选人初步人选进行民意测评和考察，最后14名机关党员当选市五次党代会代表。完成区第四届党代会代表的补选工作。两次组织召开区直属机关党员代表会议，120名党员代表以无记名投票的方式，补选鲁毅、张备、李献荣、陈欣奋、林伟明、查红俐（女）、徐礼杰、詹惠军等8名同志为区第四届党代会代表。

【机关反腐倡廉建设】2010年，区直机关党工委按照市、区纪委的部署，深入开展以“加强制度教育，构筑拒

2010年12月23日，区直机关召开党代表会议，120名机关党代表以无记名投票的形式，补选区第四届党代会代表，鲁毅、张备同志全票当选

腐防线”为主题的纪律教育学习月活动，通过广泛动员、学习讨论、“一把手”上党课等形式，对广大干部职工进行增强纪律观念、保持廉洁自律自觉性教育。组织科以上干部原文学习《中国共产党领导干部廉洁从政若干准则》，把贯彻实施《中国共产党领导廉洁从政若干准则》与督促落实党内监督各项制度相结合，督促各级党员领导干部严格执行；组织开展“廉政文化进机关”活动，加强反腐倡廉宣传信息报送工作，明确纪检监察信息员队伍工作职责。抓好党员民主评议活动和党员领导干部专题民主生活会。上半年组织2702名党员进行民主评议，合格率为100%。下半年组织63个党（总）支部开展结合创先争优，对照“先进和优秀标准”，查找差距，制定措施，促进民主集中制的贯彻执行，提高班子依靠自身力量解决自身问题的能力。

【机关党建工作创新】2010年，区直机关党工委不断创新机关党建工作。参加全国县级机关党建研讨会。受市直机关工委推荐和委托，派员出席由紫光阁杂志社和浙江省直工委联合举办的全国县级机关党建研讨会，并向机关党建研究会有关专家和部分参会人员汇报宝安区机关党建工作情况，在此次研讨会中，党工委书记陈琼生撰写的理论文章《创新机关党建工作，增强基层组织活力》被评为优秀奖，宝安区机关党建创新经验和做法受到与会者关注，并得到中央国家机关工委领导及专家、学者的充分肯定。扩大《宝安党建视窗》的影响力。扩大发行范围，根据读者的要求和收集反馈到的意见，将《宝安党建视窗》赠送给全区处以上干部、区直机关各部门各科室、街道各部门（科、室）、各社区工作站，机关党建工作通过《宝安党建视窗》这个平台，充分展示在全区人民面前。

【创先争优活动】2010年，区直机关党工委扎实开展创先争优活动。结合机关实际，认真研究制订具体的实施方案，围绕“五个好”、“五带头”总体要求，开展“创先争优机关走在前”为重点的主题实践活动，强化机关党组织和党员队伍建设。开展走访调研。从10月中旬开始，组织专门人员，对在创先争优活动中被确定为重点培育对象的党组织进行走访调研，检查了解基层党组织开展创先争优活动情况，收集基层各党组织和党员在创先争优活动中涌现出来的生动、鲜活素材和典型事迹，帮助基层党组织挖掘、培育创先争优活动先进典型，并及时将其先进事迹材料通过《简报》、《宝安党建视窗》等媒体进行宣传。加强先进典型培育。把先进典型培育作为创先争优活动的重点，按照基层推荐、自我总结、组织调研、研究确定的程序，对照创建“党建工作示范点”和争当“科学发展带头人”的要求和标准，通过评选、引导、宣传等一系列举措，深入发掘机关的先进典型，通过广泛动员、层层评选，最后将基础工作扎实、个人成绩突出的15个基层党组织和10名先进个人确定为培养对象进行重点培育。深入开展宣传活动。充分利用报刊、网络、宣传橱窗、宣传展板等形式，加强创先争优活动的宣传引导。向区委组织部报送信息51条，刊发《创先争优活动简报》13期，在《宝安党建视窗》上刊发创先争优稿件15篇。

【机关武装工作】2010年，区直机关党工委按照区武装部的安排，及时召开机关民兵工作会议，研究部署民兵整组工作，组织机关13支民兵分队共469名基干民兵进行整组，任命民兵干部25人，补充下发兵民兵服饰360余套（件）。参加全市基层专武干部集训、考评。机关武装部干事李光辉参加全市基层专职人民武装干部集训暨考核评比活动，在200多名基层专武干部中，凭借过硬的军事素质和出色的表现，经过顽强拼搏，夺得第六名，区机关武装部被深圳警备区评为先进单位。

【组织开展机关作风大提升活动】2010年，区直机关党工委认真贯彻落实市委关于开展以“想干、敢干、快干”为主题的机关作风大提升活动决定，组织全区各级机关、人民团体、各驻区机关及事业单位开展机关作风大提升活动。重点开展“四项工作”，一是开展“深入学习贯彻胡锦涛总书记重要讲话精神”专题教育活动；二是开展“先进科室”及“先进科室带头人”的“双先”竞赛活动；三是开展“特色党建”创建活动；四是开展“共享改革开放成果，引领健康生活方式”的主题文体活动。积极参加市“双百”竞赛活动，经层层推荐，评选区委区政府办公室、区民政局、宝安检察院、区地税局、新安街道、观澜街道等6个单位参加市“双百”竞赛活动，并指导这6个单位公开服务承诺、优化服务流程，提高服务效能。经市考评，宝安区参加的六个单位和单位负责人全部被市机关作风大提升活动办公室授予“优秀示范处室、党建工作示范点”“科学发展带头人、优秀示范处室带头人”荣誉。广泛进行动员和宣传，进一步营造敢抓敢管、敢于负责的干事创业氛围，在宝安电视台制作并滚动播出提升机关作风的公益广告，并通过信息简报、宣传橱窗等载体，刊发各单位特色做法，目前，已印发《宝安区机关作风大提升活动简报》10期，其中《区委区政府办公室多举措引领干部健康生活方式提升服务质效》、《区地税局试行“全职能”窗口服务》被市作风提升办简报编发。（汪 伟）

附：2010年宝安区直属机关党工委领导成员名单

书　记：陈琼生

副书记：陈亚日

党 校

【干部培训】2010年，宝安区委党校加大统筹力度，坚持开拓创新，积极贯彻落实中央、省、市“大规模培训干部”的战略部署，按照“大教育、大培训”的工作要求，做好做实各项干部培训工作。为贯彻落实2009年深圳市出台的《深圳市干部学习促进办法（试行）》，推进宝安区干部学习科学化、制度化、规范化，增强全区的人才竞争力和综合实力，党校牵头会同区委组织部等，完成《宝安区干部学习促进办法（试行）》的起草工作，并联合发文发布该办法，为有效贯彻落实市委文件精神，规范宝安区干部学习制度，构建学习型社会发挥积极的作用。在干部培训方面，2010年党校（行政学校）共完成27期5443人次的培训班。主要班次包括机关科级领导干部公务员任职资格培训班一期112人，区卫生系统"党纪、政纪、法纪"教育培训班一期345人、建筑工程管理人员"三纪"教育培训班一期108人、组织人事干部"三纪"教育培训班一期138人、初任公务员培训班一期94人、全区处级干部十七届五中全会精神专题培训班两期430人；以及19个专题共20期自选培训，合计培训4216人次。在各类培训中，党校精心挑选培训内容，根据主体班学员的不同层次，坚持"缺什么、补什么，需要什么、培训什么"的原则，按不同层次类型的培训对象进行问卷调查综合分析，精选培训内容，尽量做到既有开阔视野的国际国内形势宏观知识，又有切合公务员实际的操作性知识；既突出素质培养和能力训练，又注重依法行政、提高科学决策等现实问题的内容；自选培训则强化"菜单式"自主培训学习理念，从近250门课程中挑选实用性较强的20门，使今年成为自2005年宝安区实施干部自选培训以来课程内容设置最丰富的一年。同时，党校努力创新培训形式，注重实操性和应用性，既安排传统的课堂教学，还安排"走出去，开眼界"的参观考察活动和军训活动等户外教学，开辟多个生动活泼的区情第二课堂，如科级任职班组织学员参观观澜版画基地、永丰源陶瓷和高新园区等，促进学员对区情的了解；新任公务员班开展军训拓展活动，锻炼意志力。另外，还注重配齐配强师资，提高学员综合素质。每次开班前，党校与组织人事部门召开联席会议深入讨论教师安排，建立起相对完善和稳定的课程师资库。2010年除邀请省内外的专家学者来授课，还邀请市区有关领导讲课，如区领导赵燕民、李勇，市委党校朱迪俭副校长等。此外，党校还充分利用现有的资源和平台，大力发展联合办学等形式的培训，举办市民大讲堂、宝安讲坛及业务培训等。2010年党校联合区人事局、职业能力开发局和卫生局等单位举办社会培训16场，培训约4680人次。

区委党校举办科研课题结项及研讨会议

【理论研究】2010年，党校紧紧围绕区委区政府重大决策与中心工作，充分利用党校理论优势，有效地组织激励干部教师深入调研、勤于笔耕、大胆建言献策，发挥决策参谋和智囊团等作用，完成各项年度课题调研及理论研讨会工作。在深圳特区成立30周年的大庆之年，党校围绕市区工作大局，立足宝安现实，立项《宝安区党代会常任制的基层实践研究》、《关于小产权房商品化处理的研究》、《宝安"两新"组织党建创新与发展》、《关于建立学习型基层党组织的研究》、《宝安区社区股份合作公司改革与发展模式的实践研究》、《关于打造宝安电大产学研基地的可行性研究》、《宝安区女干部成长路径探析》和《关于香港和深圳对于中国政治文明建设意义的探析》等8个科研课题，其中《宝安区党代会常任制基层实践研究》是为贯彻市委王荣书记在市五次党代会提出的"推进基层党建工作机制创新"要求确立的课题，被区委区府办确立为区级重点课题，对宝安区的成功经验、做法进行总结，同时对工作中需进一步完善的一些深层次问题进行理论探索研究。2010年底，党校召开年度课题评审总结会，邀请前省社科联副主席李恒瑞教授和《岭南学刊》两位编辑等有关专家教授对课题进行评审。8个课题全部顺利结项。为庆祝深圳经济特区成立30周年，党校举行庆祝特区成立三十周年专题理论研讨会。党校10多名教师与深圳市委党校、宝安区发改局、贸工局等部门的部分专家围绕深圳经济特区发展30年在经济、社会、党建等方面的经验，以及当前特区一体化宝安面临的机遇与挑战等话题展开热烈的研讨；会前，党校的教授、学者围绕纪念特区成立30周年的主题撰写的一批理论文章主要观点在宝安日报上专版专题发表，与社会各界专家共同探讨，力求为党委政府中心工作提供服务。

【理论宣传】2010年，党校积极参与区委中心工作，服务党代会，参与区委重要报告的起草工作，当好“智囊团”，充分发挥理论引导作用。年初，党校充分调动骨干师资科研力量，做好区四届五次党代会舆论宣传工作，做到“报纸上有文字、电视上有图像，电台上有声音”，为党代会召开及贯彻落实区委区政府决策营造良好的舆论氛围。会前，推出系列评论6篇，发动骨干教师撰稿，在宝安日报上推出关于经济、治安、民生、体会、希望等六个方面迎接党代会的系列评论；会中，组织校领导和党建、经济等专家教授接受电视台等的专题访谈，解读评论区委工作报告和一号文件等；会后，在宝安日报、南方日报上推出专版，刊登党校有关领导评述宝安基层经济工作的专题访谈等。有关领导和教师参与区党代会报告和宣传文章的策划起草、区领导纪念特区成立30周年座谈会讲话拟稿、党代会常任制进展汇报文件等写作工作，充分发挥党校的“思想库和智囊团”作用。另外，党校还积极发挥党建理论优势，宣传市区重要政策，校领导和专家教授等多次接受新闻媒体采访，踊跃在区级以上各平台上发表访谈文章，积极宣传评论宝安区重大政策及热点问题，积极参与新安街道基层党建创新工作，提供理论辅导。此外，作为党的理论研究阵地，2010年党校进一步拓展社科学术交流，由曾祥委教授牵头，组织3场教师和区内专家学者的前沿读书沙龙，总结交流个人读书和研究成果。该活动吸引区内外不少专家人才参与，构建较为高端前沿的学习平台，在促进党校教师队伍建设、营造学习氛围上发挥积极的作用。

2010年9月10日，宝安区委书记鲁毅到党校开展慰问座谈

【决策咨询】2010年初，党校获区级重点课题立项的调研报告《宝安区社区股份合作公司改革试点问题探析》在市委党校《特区实践与理论》刊物上发表，相关调研成果在南方日报、宝安日报上推出专版介绍。《宝安区公务员心理健康问题调查和分析》在市社科院《深圳社会发展报告（2010）》上发表，供组织人事培训部门参考。《金融危机冲击下宝安非公企业党组织发挥作用的调查与思考》在《宝安党建视窗》发表，《宝安中心区规划建设若干问题探析》在《宝安经济研究》上发表，为宝安区城市规划建设和基层党建工作提供参考。另外，有关教师为纪念特区建立30周年研讨会撰写的文章在有关报刊上发表，在宝安日报上发表学习“廉政准则”评论等。年内，党校教师在区级以上各刊物上发表文章等合计64篇，其中市级以上7篇，充分发挥党校教师的理论优势。

【学历教育】2010年，党校狠抓党校、电大、奥鹏、高校网络教育等各类型学历教育质量提升。年底全校学历教育在校生总数2782人，其中电大1540人，奥鹏学习中心142人，华南理工大学网络学院宝安学习中心1100人。各类型学历教育合计毕业453名学员。电大荣获“全国示范性基层电大”称号，年初积极开展县区级示范性基层电大创建申报工作，顺利通过中央电大专家组两轮评审，一举摘取“全国示范性基层电大”桂冠，举行隆重的揭牌仪式。党校函授学历教育全面收尾，最后一个班级27名学员顺利完成所有课程，举行隆重的毕业典礼。至此，宝安区委党校25年的党校函授学历教育画上圆满的句号，完成为广大党员干部“补学历”的任务。电大学历教育招生强化宣传，加强业务培训，提高窗口服务效率，共计招生531人，超额完成150多名；积极开展各类研讨，有条不紊开展教学活动。组织各专业教师参加市电大的研讨会12次，实施常规教学检查8次，两次组织学生开展实践基地学习调查活动等。完成毕业班毕业论文和社会调查报告的指导和评审答辩工作；组织校内17名教师及多名聘用教师完成党校本科28篇毕业论文的评审答辩工作，以及电大396篇毕业论文和510篇社会调查报告指导评审工作；狠抓考场管理建设，完善健全《考务管理工作办法》，强化教务管理培训，承办全市电大系统教务管理人员培训班，通过培训，切实提高教务管理工作的规范性和实操性。奥鹏、华工网院等学历教育践行“以人为本”服务理念，推进科学管理，通过大量调研，出台《宝安华南理工网络学习管理实施细则》，强化监督检查，使其管理更加规范严谨。

【干部教师队伍建设】2010年党校狠

抓教师干部队伍建设，积极推进办学体制改革，稳步推进后勤建设。利用校领导办公会、中心组理论学习等机会，扎实开展“廉政准则”等学习活动，抓住召开党员领导干部民主生活会的契机，深入学习市委王荣书记在市委党校局级干部“深入学习市第五次党代会精神　加快转变经济发展方式”专题研讨班上的报告等，开展校班子执行力提升活动。根据教育形势的要求，强化教职工素质教育意识，组织认真学习区委区政府各次重要会议精神，学习鲁毅书记教师节到党校开展慰问座谈的讲话精神，结合开展“创优争优”活动和以“想干、敢干、快干”为主题的机关作风大提升活动，进一步统一思想，振奋精神，加强师德师风建设，并推进风气建设“入课堂、入头脑、入教材”，努力推进干部培训和课题调研工作。采取“走出去、送出去”和集中学习相结合的学习方式，提高教职工的业务水平。派出两位副教授赴美远程教育培训。（马卓珊）

附：2010年中共宝安区委党校领导成员名单

党校校长、行政学校校长：赵燕民

党校常务副校长、行政学校副校长、电大校长：李高扬

党校、行政学校、电大副校长：李新添　刘上东

深圳市宝安区人民代表大会

2010年宝安区人大常委会组成人员名单

主　任：周林祥

副主任：麦启锐（常务副主任）　曾新稳（11月止）　邓桂洪　陈桂其　姜锦笑（女）　梁敏华（女）

委　员：刘文浩　苏喜金　梁贵喜　邹庆春　胡建修　庄景样　廖兰标　林卓光　余一平　徐建华　麦志成　陈海涛　袁　浩　金如湘　曾少贵　赖福安

专项监督

【推动重大项目建设】2010年，宝安区人大常委会结合专项监督工作的开展，从宝安区近百个市、区重大项目中，重点选取大运会场馆、中心文化场馆、排涝泵站建设、河流整治、市容环境提升等项目开展视察调研。街道代表小组结合辖区的实际，分别组织代表视察教育、旧城改造等重大项目20多个，有力推进重大项目建设。

【推动中等教育事业发展】2010年，宝安区人大常委会开展中等教育专项工作监督，提出加强统筹规划、加快学校建设、引进师资力量、支持职业教育和民办教育发展等意见建议，促进区政府进一步加强中等教育发展工作，尽快落实已立项的中等教育学校项目建设，有力推动宝安中学新高中部等3所公办高中、职业技术类学校建设项目等中等教育学校的建设。

【加大环境保护监督力度】2010年，宝安区人大常委会对《大气污染防治法》实施情况进行检查。重点查找城市规划、执法监管、垃圾处理、排污整治等方面的不足，提出加强和改进工作的意见和建议。结合代表建议的督办，对南玻公司废气污染整治问题进行深入调查，多次组织代表走访视察，力促企业切实加大减排技改力度，力促市、区职能部门加强实时监测和数据公开，引导和支持群众积极

2010年宝安区人大常委会机关机构设置

机构名称	主要职责范围	主要负责人	办公电话
办公室	为区人大常委会行使宪法、法律赋予的职权提供服务。负责人大机关的内外工作协调、办文办会、综合调研和后勤保障，负责联系代表、接待人民群众来信来访。	刘文浩	29998163
法律工作委员会	为区人大常委会依法开展专项监督工作提供服务，负责常委会对区法院、检察院和行政执法等业务部门的联系、沟通、协调工作，落实本工委业务范围的常委会监督工作事项。	苏喜金	29998131
财政经济工作委员会	为区人大常委会依法开展专项监督工作提供服务，负责常委会对区计划、财政、经济、审计等业务部门的联系、沟通、协调工作，落实本工委业务范围的常委会监督工作事项。	梁贵喜	29998161
教科文卫侨工作委员会	为区人大常委会依法开展专项监督工作提供服务，负责常委会对区教育、科学、文化、卫生、侨务等部门的联系、沟通、协调工作，落实本工委业务范围的常委会监督工作事项。	邹庆春	29998129

参与企业排污监督，推动企业与周边居民沟通对话机制的形成。

【推进食品安全监管】2010年，宝安区人大常委会开展《食品安全法》执法检查，深入食品生产、流通一线，认真检查重点品种、重点行业和重点区域，对存在安全隐患的门店、场所进行明察暗访，并广泛征集各方意见建议，全面了解宝安区贯彻实施法律的基本情况，提出强化政府食品安全监管责任和监管能力建设、大力整治食品安全违法行为、尽快建立食品行业诚信体系等整改意见与建议。

【加强计划预算审查】2010年，宝安区人大常委会依法审查批准宝安区2009年综合财政总决算、2010年政府投资项目调整计划和2010年区本级财政综合预算调整方案，听取和审议2009年度区本级预算执行情况和其他财政收支的审计工作报告、2009年度绩效审计工作报告、2010年上半年计划预算执行情况报告等，推动政府深化部门预算改革，压缩行政管理成本，集中财力保障民生领域，推动经济结构优化。同时，制定出台政府投资项目计划、财政预算调整监督工作规程，规范计划、预算调整的幅度和报批审查的程序，增强计划、预算执行的刚性约束力。

【促进经济转型升级】2010年，宝安区人大常委会对区政府加快经济发展方式转变推进产业结构调整工作开展专项监督，多次组织走访调研，收集汇总社会各界关于产业发展空间、政策调控、营商环境等三个方面的18条意见；提出明确政府定位、确立发展导向、注重规划先行、坚持立足基层等多项建议，支持和促进区政府全面总结“十一五”期间产业结构调整工作的成效，找准存在的主要问题，研究制定一系列的工作措施，并将其体现到“十二五”规划当中。

【促进劳动关系和谐发展】2010年，宝安区人大常委会对《深圳经济特区和谐劳动关系促进条例》在宝安区的贯彻实施情况进行检查，总结宝安区在构建和谐劳动关系方面成功的经验和做法，客观分析劳动关系领域中存在的问题。执法检查报告得到市人大常委会的充分肯定，“加强企业内部协调机制建设”、“推广劳资恳谈协商机制”、“增强劳务工归属感”等多项建议被市人大常委会执法检查组采纳。

【督促落实审议意见】2010年，宝安区人大常委会先后对社会治安、水污染防治、公共卫生基础设施建设、学校危房改造、物业管理进社区等专项工作进行跟踪监督，取得较好的成效。全区九成以上警力实现向一线单位下沉，治安辅助力量得到整合；完成4个一级水源保护区围网工程，全区给水旧管网改造全面启动；区预防医学大楼、卫生监督业务综合楼等一批公共卫生基础设施建设进度明显加快；15所学校24栋危房已完成整治；区政府出台《宝安区物业服务行业管理工作指引》，强化对社区物业管理行业的规范引导。

代表工作

【代表接访工作制度化】2010年，宝安区人大常委会督促各街道代表小组、代表联络站按照接访制度的要求，认真落实好“每位代表每年至少接访群众两次，每个社区每年至少安排一次代表接访活动”的规定，积极推行社区接访、回访、走访等多种接访形式，形成以联络站为中心，辐射整个社区、街道的多元化接访格局。年内，宝安辖区的市、区人大代表深入到全区各个社区接访、走访群众近千人次。

【代表小组活动规范化】2010年，宝安区人大常委会加强指导培训，健全代表小组活动机制，支持和引导代表更好地以代表小组活动的形式履行职责。各街道代表小组立足基层，围绕基层群众关注的环境卫生、教育医疗、道路交通等热点问题开展视察调研，全力推动辖区经济社会的发展、民生问题的解决；各代表专业小组充分利用专业优势，积极参与专项监督，深入开展专题调研，为常委会提高审议质量、强化监督实效，发挥不可替代的作用。

【督办代表建议】2010年，宝安区人大常委会认真督办代表意见。一是认真抓好历年代表建议的跟踪督办。常委会对本届人大以来的646件代表建议进行梳理，组织召开10场督办会，对基层反应强烈、代表多次提出、涉及群众切身利益的12件议案建议进行跟踪督办，有力地推动相关问题的妥善解决；二是认真抓好2010年度代表建议的督办。整合代表集中关注的“环境污染整治”和“扶持社区股份合作公司发展”两类建议作为重点建议，常委会组成人员、各工委、各街道代表小组分工督办。代表建议得到区政府的高度重视，办理工作收到较好的效果；三是高度重视对代表反馈不满意建议的督办。通过实地视察、督办会等多种方式，督促办理单位切实加强和改进工作，落实好代表建议；四是想方设法推动问题的解决。如《关于妥善解决原宝安县二轻系统职工退休待遇的建议》关系到一批老同志的切身利益，本着尊重历史、实事求是、以民为重、为民谋利的精神，常委会督办组主动走访市、区相关部门，传民情、达民意、出点子，促成问题的最终解决。

【支持市人大代表依法履职】2010年，宝安区人大常委会大力支持市人大代表依法履职。一是依法做好市人大代表候选人人选的推荐、考察工作。按照市委、市人大的要求，区四届人大六次会议依法选举产生宝安区新一届市人大代表79名；二是协助市人大组织开展代表培训，为市人大代表履行职责、当政议政提供优良的服务和支持；三是发挥市人大代表的作用，推进宝安区的各项工作。加强市、区两级人大代表的沟通联系，组织市人大代表参加专题调研、集中视察、代表联络站接访等代表活动。宝安区新一届市人大代表综合素质高、履职能力强，2010年5月份以来，向市人大提出10件议案和215条建议。宝安区人民群众在土地房产并轨管理、教育卫生一体化、“农转居”居民社保投入保障等方面的诉求，在这些议案建议中得到充分反映。

调研工作

【支持法院加强行政审判工作】2010年，宝安区人大常委会听取和审议区人民法院行政审判专项工作报告，深入分析影响行政审判工作的问题和困难，有针对性地提出敢于监督、敢于审判的要求，促进法院全面加强行政审判工作。行政审判对规范执法行为、纠正行政违法、提高行政机关法律意识的积极作用得以充分发挥。执法部门规范执法的水平进一步提升，依法应诉观念进一步强化，行政机关负责人出庭应诉比例逐步提升。

【支持检察院加强法律监督工作】常委会紧扣公安执法这一社会热点，听取审议区人民检察院关于监督公安机关执法工作的专项报告，支持和促进检察院进一步加大监督力度，突出抓好公安机关治安执法、刑事立案侦查、经济犯罪侦查等工作重点环节的监督，有力推动检察院检警执法互动、对公安经济犯罪侦察活动监督、查办民警职务犯罪案件等工作。区检察院2010年发出的纠正违法通知书和检察建议书数量同比增长144%，查办力度明显加强。

【认真办理人民群众来信来访】2010年，宝安区人大常委会着力提高群众来信来访的办理实效，切实为民排忧、替民解难。一是强化服务意识，热情接待来访群众，尤其是做好重复上访群众的思想工作，使接访的过程成为疏导群众情绪的过程。二是创新督办方式，对于部分重点件、疑难件，采取主动沟通、反复询问、上门督办等方式，力推问题解决。一年来，常委会共受理并办结人民群众来信来访416件次，重点督办58件。同时，积极推动律师参与“法律进社区”，督促有关部门切实加强制度规范和经费保障，发挥律师在基层矛盾纠纷调解工作中的作用，努力引导群众通过法律途径解决纠纷、表达诉求。

【加强作风建设】2010年，宝安区人大常委会坚持求真务实的工作作风，积极行使好重大事项决定权，监督工作敢于较真、敢于碰硬，坚持查实情、讲实话、办实事。坚持走群众路线，密切联系代表、密切联系人民群众，常委会组成人员经常深入基层开展调查研究，结合专项监督工作，提出许多有针对性的意见和建议。邀请代表和市民参与常委会的各项监督、调研工作和列席常委会会议，自觉接受代表和群众的监督。坚持不懈抓好纪律教育，做到廉洁自律、干净干事。

【加强队伍建设】2010年，宝安区人大常委会坚持不懈抓好理论学习，结合形势开展特区一体化、转变经济发展方式等专题学习，结合工作实际抓好业务学习，不断提高常委会组成人员和机关干部的思想政治素质和业务水平。在专项监督、执法检查和专题调研前，坚持组织常委会组成人员和专题调研组、执法检查组成员集中学习相关的法律法规和政策，为提高常委会审议质量夯实基础。坚持岗位练兵，着力培养年轻干部，营造朝气蓬勃、奋发有为的良好氛围。

【加强信息公开】2010年，宝安区人大常委会充分运用现代信息技术，创建网络化代表工作平台、信息公开平台，及时公布常委会工作动态、公告、决议、决定等相关信息，进一步提高人大工作的透明度。定期编发常委会会刊和工作信息，及时将常委会审议的各项工作报告及审议意见向代表通报，保障代表知情知政权。注重与新闻媒体的沟通协调，形成人大监督与舆论监督的合力。（马　刚）

深圳市宝安区人民政府

2010年宝安区人民政府区长、副区长名单

区　长：李文龙（11月止）
　　　　张　备（11月起任代理区长）
副区长：刘惠玲（常务副区长）
　　　　王立新　李慧民　龙耀庭
　　　　孙　波　蔡　颖　李　勇

2010年宝安区人民政府机构设置

机构名称	主要职责	负责人	电　话	地　址
办公室	区政府综合办事机构，负责区政府日常工作	戴　斌	29996022	区委（区政府）办公楼
发展和改革局	负责研究、提出国民经济和社会发展规划与发展政策，指导与协调经济体制改革工作	徐礼杰	29996388	同上

（续　表）

机构名称	主要职责	负责人	电　话	地　址
贸工局（旅游局）	负责工业、商业、口岸、贸易、经济合作、能源电力和旅游工作	贝济标	27848298	新安二路海关大厦
教育局	负责教育工作	郑映通	27880248	湖滨路1号
教育督导室	负责教育督导工作	王熙远	27781787	同上
科学技术局（科学技术协会、信息化办、知识产权局）	负责科学技术、信息工程、知识产权及版权工作	刘继昌	29998696	区委（区政府）办公楼
民政局	负责民政事务工作	王挹之	29996718	同上
司法局	负责司法行政工作	林锡宏	27876288	21区前进路
财政局（国资委）	负责财政和国有资产监督工作	李献荣	27789941	湖滨路31号
人事局（编办）	负责人事、人才、机构编制工作	曾庆章	29996068	区委（区政府）办公楼
劳动局	负责劳动工作	陈长贵	27664889	新安三路65号
建设局	负责工程建设、建筑业和燃气业管理工作	龚建荣	29996188	新安二路
农林渔业局(海洋局）	负责农业、林业、畜牧业、海洋、渔业和农业经济发展工作	张启光	29996898	区委（区政府）办公楼
文化局（广播电影电视局、新闻出版局）	负责文化传播及市场规范、新闻出版和广播影视工作	吴少平	29998184	同上
卫生局	负责医疗卫生、食品监督管理工作	陈金喜	27759245	龙井路116号
人口和计划生育局	负责人口和计划生育工作	刘红瑛	29998198	区委（区政府）办公楼
审计局	负责审计工作	贺远东	29998928	同上
环境保护局	负责环境保护工作	胡细银	27759398	新安二路18区环保大楼
统计局	负责国民经济和社会统计工作	查红俐	29996328	区委（区政府）办公楼
城市管理局（城市管理行政执法局）	负责城市管理和行政综合执法工作	戴彩福(3月止) 朱桂明(3月起)	29612333	新安二路86号
公安分局	负责维护社会治安，打击各类刑事犯罪活动和扰乱社会治安的违法活动，保护人民生命财产安全，管理户籍工作	曲晓顺	84467001	湖滨路3号
应急指挥中心	负责重特大突发公共事件综合协调和指挥工作	郭子平(12月止) 孙玉卫(12月起)	29990002	区委（区政府）办公楼

（续　表）

机构名称	主要职责	负责人	电　话	地　址
机关事务管理局	负责机关后勤保障工作	黄盛华	29998233	同上
安全生产监督管理局（安委办）	负责安全生产监督与管理工作	郑新强（12月止）覃敬腾（12月起）	27590002	新安二路社保大楼5楼
水务局	负责水行政工作	杨洪流	29996938	区委（区政府）办公楼
体育局	负责体育工作	杨齐兴	27869222	宝安体育馆东区3楼
城中村（旧村）改造办公室	负责城中村（旧村）改造工作	龙耀庭	29998788	区委（区政府）办公楼
住宅局（公共物业管理局）	负责安居房建设与租售管理，物业行业管理工作	任庆文	27755222	新安二路53号
高新技术管理办公室	负责高新技术园区的规划、建设、管理等工作	孙　波	29999039	区委（区政府）办公楼
建筑工务局	负责对区政府投资工程项目的计划编制、设计、立项、技术审查及监督、管理工作	陈　健	29998938	宝民一路广场大厦3楼
中心区规划办	负责中心区规划建设管理工作	邹建华	29996988	区委（区政府）办公楼
文化产业发展办公室	负责文化产业发展工作	王明祥	29998598	同上
城市轨道交通工作领导小组办公室	统筹协调轨道交通规划、建设工作	詹　辉	29998636	同上
职业能力开发局（素质工程领导小组办公室）	负责统筹规划和协调职业能力培训工作	范燕塔	29991266	龙井路70号
投资联合办公服务中心	负责组织和协调各有关职能部门联合开展各项投资审批业务工作	郭小海	27660202	新安二路海关大厦
群星农贸市场服务中心	负责规划、建设和管理各种产业市场工作	简火根	27870966	海圳路宝富花园2楼
土地储备开发中心	负责国有土地维护管理工作	徐　亮	27820028	前进路293号
政府采购中心	负责政府采购货物、工程和服务项目工作	陈宜汉	29993098	湖滨路40号

2010年市政府驻宝安区派出机构设置

机构名称	主要职责	负责人	电　话	地　址
市场监督管理局宝安分局	负责市场监督管理执法，维护市场秩序工作	陈欣奋	27836688	翻身路70号

（续　表）

机构名称	主要职责	负责人	电　话	地　址
市社会保险基金管理局宝安分局	负责社会保险工作	钟锦泉	27788733	新安二路社保大楼
市规划和国土资源委员会宝安管理局	负责规划和国土资源管理工作	罗志辉	27808896	前进路293号
市交通运输委员会宝安交通运输局	负责交通运输管理服务、交通公用设施管理和养护监管以及港航管理工作	巫作如	29660888	宝民一路37号
宝安区地方税务局	负责地方税收征管工作	林伟明	27881923	前进一路82号税务大厦
市地税局第四稽查局	负责辖区税收稽查工作	陈维忠	29951368	创业二路地税第四稽查局大楼
宝安区国家税务局	负责国家税收征管工作	李鸿杰	27755288	宝安九区国税大厦
市药品监督管理局宝安分局	负责药品、医疗器械、保健食品、化妆品的安全监督和行政执法工作	李　红	27756177	前进一路宝前巷46号经发大厦14楼

2010年宝安区检察院、法院、武装部机构设置

机构名称	主要职责	负责人	电　话	地　址
法院	负责受理刑事、民事、经济、行政等各类案件，依法审理并执行；调整经济、民事、行政法律关系	胡　鹰	29997668	建安一路3号
检察院	负责监督国家法律的执行，依法行使检察职权	叶　鹏	27881988	建安一路1号
武装部	负责民兵、兵役工作	李立军	27759016	湖滨路7号

2010年宝安区群众团体机构设置

机构名称	主要职责	负责人	电　话	地　址
总工会	建立健全各级工会组织，协同有关部门做好职工安全生产和劳动保护工作，维护职工的合法权益	邓桂洪	29999336	区委（区政府）办公楼
团区委	负责全区青年工作，团结和教育青年参与“两个文明”建设，维护青少年合法权益	詹惠军	29996822	同上
总商会	协调政府与工商界的关系，反映工商界的意见和建议，维护工商界利益	凌杰儒	29998328	同上
妇联	拟订区内各项妇女工作计划并组织实施，动员一切社会力量依法维护妇女的各项权益	邱慧萍	29998699	同上
文联	负责联系、协调各文化团体，维护文学艺术工作者和文艺团体合法权益，组织开展文学艺术培训、研究、评论和评奖等活动	戴有斌	29996511	同上
残联	负责政府、社会和残疾人之间的联系，维护残疾人合法权益，协调有关部门开展助残、扶残工作	黄平彪	27661393	留仙一路残联综合楼

2010年宝安区政府派出机构设置

机构名称	主要职责	负责人	电　话	地　址
新安街道办事处	行使区政府赋予的各项职权	欧瑞志	27789368	宝民一路202－8号
西乡街道办事处	同上	李　勇 （宝安区副区长兼任）	27932025	宝民二路108号
福永街道办事处	同上	廖少权	27399228	福永大道303号
沙井街道办事处	同上	刘少雄	27212666	新沙路488号
松岗街道办事处	同上	吴汉明	27099288	松岗街道办公楼
石岩街道办事处	同上	陆福强	27760193	石岩街道办公楼
观澜街道办事处	同上	刘家宝（12月止） 蔡　颖（12月起）	28165288	观澜街道办公楼
大浪街道办事处	同上	何家鸿	28109388	大浪街道办公楼
龙华街道办事处	同上	黄启键	27708388	龙华街道办公楼
民治街道办事处	同上	刘　斌	81718666	民治街道办公楼

宏观经济管理

【编制年度计划】2010年是“十一五”规划的收官之年，做好经济社会发展各项工作，对进一步有效应对金融危机冲击、巩固经济回升基础，全面完成“十一五”规划目标，为“十二五”规划启动实施创造良好条件至关重要。综合考虑国内外经济形势和宝安区实际，《宝安区2010年国民经济和社会发展计划纲要》提出2010年度目标如下：地区生产总值增长12%；人均GDP增长9%；工业增加值增长12%；社会消费品零售总额增长16%；全社会固定资产投资完成额增长16%；外贸出口总额增长9%；税收总额（可比口径，不含光明新区）增长10%；财政一般预算收入（可比口径，剔除政策性减收因素和转移性收入，不含光明新区）增长9%；人均可支配收入增长7%；城镇登记失业率控制在3%以内；万元GDP水耗下降3.5%；万元GDP电耗下降3.5%；二氧化硫排放总量控制在0.124万吨以内；污水处理率70%。

【年度计划执行】2010年，宝安区经济综合实力大幅增强，人民生活水平不断提高，城市功能更加完善，城市环境明显改善，社会事业全面进步，社会更加和谐稳定，体制机制再创新优势，圆满完成“十一五”规划目标任务。2010年全面实现年度的发展预期目标。2010年计划和“十一五”规划目标完成情况：实现地区生产总值2603.11亿元，同比增长14.9%，完成年度计划105.3%，完成“十一五”规划目标的106.7%。规模以上工业增加值1558.47亿元，同比增长16.9%，完成年度计划108.4%，其中规模以上工业总产值完成“十一五”规划目标的100.4%；社会消费品零售总额652.67亿元，同比增长18.4%，完成年度计划100.4%，完成“十一五”规划目标的100.1%；全社会固定资产投资完成额690.28亿元，同比增长18.1%，完成年度计划100%，五年累计完成固定资产投资2459.95亿元，完成“十一五”规划目标的163.9%；外贸出口总额864.73亿美元，同比增长30.2%，完成年度计划119.4%，完成“十一五”规划目标的109.5%；税收总额（不含光明）405.78亿元，同比增长25.2%，完成年度计划115.6%；财政一般预算收入（不含光明）102.48亿元，同比增长23.9%，完成年度计划119%；人均可支配收入30012.83元/人，同比增长10.2%，完成年度计划103%，完成“十一五”规划目标的118.9%；城镇登记失业率1.5%，完成年度计划和“十一五”规划确定的控制在3%之内的目标；万元GDP水耗下降4.1%，完成“十一五”规划任务；二氧化硫排放总量控制完成下达任务；化学需氧量完成下达任务；污水处理率71%，超出年度计划目标3个百分点，超出“十一五”规划目标1个百分点。

【推进“十二五”规划编制】2010年初，宝安区全面启动全区34项“十二五”规划编制工作，其中包括1项总体规划、23项专项规划和10项区域规划。2010年底，各项规划初稿已基本完成，部分规划的专家评审工作也已结束。《规划纲要》在综合考虑国际国内发展趋势和阶段性特征的基础上，提出“十二五”时期经济社会发展的总体目标和四个方面的具体目标共26项。其中约束性指标11项、预期性指标15项，有以下三个特点：一是突出推动科学发展，加快转变经济发展方式，创造宝安质量的内容。二是突出以民生为重点的社会建设，在指标设计中社会发展的内容占有较大的比重。三是约束性指标分量重，增强政府工作的可考核性和可评估性。

【**重大项目建设**】2010年，宝安区共安排重大建设项目62个，总投资439亿元，年度投资50.07亿元。另安排重大前期项目69个，总投资471亿元。截止12月底，全区重大建设项目累计完成投资56.34亿元，完成年度计划的112.5%。其中，33个政府投资项目累计完成投资33.55亿元，完成年度28.46亿元投资计划的117.9%；29个社会投资项目本年累计完成投资22.79亿元，完成年度21.61亿元投资计划的105.5%。市级重大项目完成额增幅较大。2010年，市布点在宝安区的市级重大建设项目共37个，总投资1329亿元，年度投资222.5亿元，截止12月底，37个市级重大建设项目累计完成投资275.3亿元，完成年度投资计划的123.7%。城市轨道交通5号线、广深港客运专线广深段、深圳机场飞行区扩建工程、沙井和观澜污水处理厂配套污水干管（二期）工程、市第五高级中学等25个市级、41个区级重大项目超额完成投资计划。

【**力推经济增长方式转变**】2010年，宝安区出台《关于加快转变经济增长方式强力推进产业结构调整的决定》，提出“两个着力，三个加快”，即着力推进产业结构调整，着力增强自主创新能力，加快实施扩大内需战略，加快发展现代物流业等生产性服务业，加快建设新型产业园区，促进产业高端化发展。全面启动宝安区产业发展规划编制和产业空间布局规划编制，形成《宝安区产业空间布局规划（2010-2020年）》（送审稿）和《宝安区产业发展规划》（送审稿）。这两项规划提出未来产业发展方向、定位、目标、任务及具体路径，为全面优化全区产业空间布局，促进产业升级奠定基础。

【**大力发展总部经济**】2010年，宝安区出台《宝安区总部企业认定工作流程（试行）》和《宝安区总部企业资助工作流程（试行）》，完善总部企业扶持政策。启动宝安区第一批总部企业认定工作，首批63家拟认定总部企业名单已上报区政府审定；先期开展宝安区总部企业资助工作，1家企业申请新增税收贡献奖励，42家企业申请职能中心投入补助，拟发放奖励和补助合计金额约890万元。积极推动上市企业总部及发展用地事宜，已经完成《总部企业集聚基地选址调研》和改造模式评估报告；中小企业总部大厦和宝安集团总部用地事项已经进入“招拍挂”条件设定阶段。

【**重大产业项目和园区建设**】2010年，宝安区着手重大产业项目的引进。对长安标致合资项目等一批带动性强的重大产业项目落户宝安进行跟踪协调；开展2010年新能源汽车充电设施选址工作。推进产业园区建设。对“三港四城十大园区”建设进行跟踪协调；稳步推进宝安西部高新技术产业园核心起步区规划建设，截至12月底，已完成面积约0.8平方公里的核心起步区综合整治规划和核心起步区综合整治工程项目建议书的编制工作。完成《深圳市宝安区松岗产业结构优化升级规划》，根据松岗产业发展现状和问题，提出整治提升、更新改造、清拆等21个拟试点启动项目。组织编制《西乡铁岗片区交通微循环综合整治工程项目建议书》，现该项目建议书已通过审批，批复投资额约为7419万元。

【**深圳北站周边地区综合提升工程**】2010年，宝安区对深圳北站周边地区的基础设施建设项目、公共配套与服务设施项目等情况进行全面梳理，建立项目库。完成深圳北站周边地区综合提升工程（一期）项目建议书编制、工程造价咨询、施工图审查及相关项目施工的招标工作。完成深圳北站周边地区综合提升工程（二期）、深圳北站前临时绿地项目、深圳北站广场周边绿化提升工程、龙华人民医院民治综合门诊部等四个项目的立项工作。

【**改革工作计划**】2010年，宝安区根据《深圳市综合配套改革总体方案》、《深圳市综合配套改革三年（2009～2011）实施方案》，编制《宝安区2010年改革工作计划》。开展全区试点职能部门改革与创新能力评估，对列入政府绩效评估工作试点的16个区直部门的改革与创新能力进行综合考评，完成《关于2009年宝安区政府绩效评估试点单位改革与创新能力评估情况的报告》和《关于2010年上半年宝安区政府职能部门改革与创新能力评估情况的报告》。

【**并联审批制度改革**】2010年，宝安区出台《宝安区政府投资项目并联审批实施方案（试行）》的编制。通过对政府投资项目审批流程的再造，打破部门界限，各审批环节同步进行，限时办结，实现政府投资项目建设效能倍增。房建类政府投资项目的审批工作时间由原来的209个工作日，大幅度缩短为65个工作日，压缩率为68.9%；市政类政府投资项目的审批工作时间由原来的171个工作日，大幅度缩短为55个工作日，压缩率为67.84%。（袁　铸）

附：2010年宝安区发展和改革局领导成员名单

局　长：徐礼杰

副局长：游植雄　陈炜诚

人事（编制）

【**人才资源开发**】2010年，宝安区人才资源开发水平整体提升。年内，宝安区人事局贯彻落实区委区政府《关于加快引进各类人才的若干措施》，加大人才优惠政策的宣传力度，参加“2010中国国际人才交流大会”，围绕“平安宝安、和谐宝安、繁荣宝安、优美宝安”主题，宣传宝安区经济社会发展的美好前景和优惠的引才政策，吸引各类人才来该区干事创业；围绕宝安区加快产业结构调整和转变经济发展方式的决策部署，着力引进宝安产业发展急需的创新型高层次人才，提升人才队伍的质量和规模，共引进各类专业技术人才1041人，接收优秀高校毕业生4914人，新设立博士后科研工作站1家，引进博士后科研人员2人；组织区内469家企业参加省内外8场大型中高级人才招聘会，促成企业与6000多名高层次人才达成招聘协议；补贴企业参加招聘会费用118.6万元，接收大学毕业生社保费316万元，并协助8家留学生创业企业申请市留学生来深创业前期费用补贴。

2010年8月26日至9月4日期间，宝安区区委常委、常务副区长刘惠玲视察，共解决469名生源毕业生的就业问题。图为城区会场

【“展翅行动”】2010年，宝安区深入推进“展翅行动”，加强生源毕业生学业、就业、创业服务。年内，宝安区人事局在全面总结“展翅行动”三年来工作情况的基础上，修改完善“展翅行动”实施办法，加大“展翅行动”学业、就业、创业各项扶持政策力度。举办各类就业能力培训班18班次、培训生源毕业生2140人次；举办各类专场招聘会12场次，帮助生源毕业生595人实现就业，2010年应届生源毕业生就业率达86%。联合团区委组织第八届生源毕业生“走进社会大课堂”实践活动，帮助507名大学生到企业实习锻炼。给予生源毕业生119人学业资助70.2万元、44人就业补贴13.8万元、2人创业贴息8.4万元、255人社会实践补贴15.3万元；补贴生源毕业生参加社会实践的31家实践基地7.65万元；资助区内机关事业单位96名临聘人员学历进修、技能培训补贴37.9万元，鼓励其通过再教育提升自身素质。

【军转安置及随军家属就业指导】2010年，宝安区认真做好军转安置及随军家属就业指导工作。年内，宝安区人事局妥善安置军转干部55名，圆满完成安置任务。促进9名干部类随军家属就业，解决军队干部的后顾之忧。

【职称管理】2010年，宝安区继续加强专业技术人员职称管理和服务。年内，宝安区人事局共办理专业技术职务聘任手续769人次，认定大中专毕业生中、初级职称考核529人次，审核拟调入专业技术人员职称69人次，完成2010年度教育系统专业技术资格学科组评审工作。

【人才市场管理与企业人才服务】2010年，宝安区进一步加强人才市场管理，提高企业人才服务水平。年内，宝安区人事局加大人才市场执法和安全生产巡查力度，全年未发生安全生产事故；主动到企业调研，宣讲人才优惠政策，积极搭建企业和人才双向选择平台，发挥人才智力市场配置人才资源的基础性作用。全年共举办公益性现场招聘会130场，提供17457个就业岗位，缓解企业招人难和人才找工难的两难困境。

【机构编制保障】2010年，宝安区进一步增强机构编制保障。年内，宝安区人事局配合市大部制改革，完成相关部门的机构编制调整工作。撤销区交通局、公路局下设的交通稽查大队等9个下设机构和2家事业单位，撤销10个街道交通管理所，做好机构撤销后的人员移交、工作交接等善后工作；调整区、街道城管综合执法部门机构设置和职能，将街道内设城管科调整为下设机构，更名为“城市管理办公室”，与街道执法队合署办公；调整区、街道卫生监督部门机构设置和职能，把部分执法事项划转给各相关政府部门，按照“人随事转”的原则，配合做好有关人员编制的划转。结合宝安经济社会发展需要，整合区体育局下属的两家事业单位，成立区体育中心，并配备30名事业编制；给区法院、检察院，区建设、文化、卫生、司法、森林消防、高新办等部门增加公务员编制、雇员以及临聘人员员额；核定区法院、检察院专职机关党委书记和区教育局、建设局、文化局、卫生局、城管局专职党委副书记；核定2010～2011年度全区公办中小学的教职工编制，并及时调整。做好出入编管理和机构编制监督工作，按照人员岗位设置条件，严把入编审批环节，不断优化人员结构，提高机构编制配备效用和使用效益。

【事业单位登记管理】2010年，宝安

2010年9月25日，宝安区人事局组织区内138家企业携5262个招聘职位参加高校毕业生“双选会”

区事业单位法人登记率进一步提高。年内，宝安区人事局严格执行国家事业单位法人登记管理有关条例，依法行政，规范事业单位登记管理行为，按时完成全区315家事业单位年检工作，合格率100%；办理事业单位设立登记13家、变更登记50家、注销登记1家，核发7期法人登记公告。

【公务员与职员管理】2010年，宝安区公务员与职员队伍建设得到加强。年内，宝安区人事局积极推进公务员分类管理改革，完成宝安区首批15个部门26个执法单位423个行政执法类公务员职位设置，套转和任职行政执法类公务员271人，办理提高一级职务提前退休26人；稳妥推进事业单位岗位设置，积极组织业务培训和指导，协助200家事业单位完成岗位设置实施方案；组织实施全区第二次科级干部跨部门交流，完成11个部门20名科级干部交流，优化人力资源配置，促进勤政廉政；加大公务员与职员公开招聘力度，结合宝安社会经济发展的需要，公开招聘公务员两批次共195人、职员三批次共997人，选聘7所重点师范院校优秀毕业生169人；强化公职人员考察任免和日常管理，全年任免干部900人次（不含执法类公务员套转任职），组织两次科级领导干部竞争上岗笔试，参考人员1284人次，办理公务员登记189人，注销登记24人，办理出国赴港政审1335人次。

【临聘人员管理】2010年，宝安区临聘人员管理进一步规范。年内，宝安区人事局在深入开展调查研究的基础上，修改完善《宝安区机关事业单位临时聘用人员管理暂行办法》，明确临聘人员的使用范围，适当提高临聘人员待遇，严格审批程序，优化队伍结构。

【机关事业单位工资管理】2010年，宝安区进一步规范工资管理和服务工作。年内，宝安区人事局共办理4291人工资福利，每月统发5446人工资，完成17336人年度考核正常晋升工资档次和上年度7176名干部体检工作，办理15人工龄确认和90人出生日期认定工作。

【人事编制执法检查和人事争议仲裁】2010年，宝安区人事局组织开展年度人事编制执法检查，督促各有关单位贯彻执行人事编制政策法规，维护人事编制工作纪律。准备“五五”普法考核验收迎检工作，顺利通过检查验收。做好人事信访维稳排查工作，继续保持全年零案例。

【素质工程】2010年，宝安区人事局以加强公职人员能力建设为核心，围绕宝安区调整优化产业结构、加快经济发展转变的要求，按需施教、讲求实效，不断加强培训内容和方式方法的创新，有效提高公职人员队伍的整体素质。年内，共组织任职培训班、初任培训班、产业升级与科技创新班等各类培训班32个班次，培训公职人员1.32万多人次。　（肖远扬）

附：2010年宝安区人事局（编办）领导成员名单

局　　长：曾庆章
编办主任：曾庆章
编办副主任：廖小群
副 局 长：刘典明　李先富

机关事务管理

【概况】2010年，宝安区机关事务管理局以管理、保障、服务为主线，围绕区委区政府中心工作，完成区大型公务活动和机关后勤保障服务；不断拓展工作思路、创新工作机制、强化工作方法，积极提高工作效率、提升服务质量，建设一支高素质的后勤队伍，实现预期目标，圆满完成各项工作任务。

【机关后勤服务】2010年，宝安区机关事务管理局积极改革创新，开拓进取，组织开展合理化建议、星级服务员评选等活动，探索优化工作程序、提高工作效率的新路子，取得一定成效。开展提合理化建议活动。2010年4月，宝安机关事务管理局结合“规范管理月”和“工作创新月”活动开展合理化建议征集活动。活动广泛征求全局工作人员的意见及建议，查找不足之处和存在的问题，并提出一系列具有创新性和实用性的建议。这次活动得到全体工作人员的响应，共发放《区机关事务管理局合理化建议征集表》174份，收回93条建议，内容涉及后勤服务、办公室日常管理等多项工作。对收回的93条有效建议，局领导认真研究讨论，各科室制定整改方案，基本得到落实，有效地改进了工作。上半年召开一次班组长以上干部参加的工作务虚会，找出工作中的不足之处和存在问题，并提出一系列具有创新性和实用性的建议。开展服务员星级评定活动。为推进机关后勤服务标准化和规范化管理，更好地激发服务员学习专业技能、提供优质服务的工作热情，制定《宝安区机关事务管理局临聘人员激励办法（试行）》，通过建立激励机制提升服务水平。制定《宝安区机关事务管理局服务员星级评定办法》及《关于做好2010年服务员集中考核工作的方案》，以评定星级服务员、争当岗位明星为抓手，开展星级服务员评定活动。2010年6月，该项活动顺利开展并完成，对会议服务部和食宿管理部的服务员进行星级评定，活动做到标准规范、公开评选、公开打分，最终评出“一星、二星、三星、四星”服务员47名。该活动取得良好效果，形成争当岗位明星的良好氛围，有效提高服务员的工作积极性。实行购用三分离。修订细化机关后勤工作规章制度以及各个科室的工作规范程序，建立健全相关规章制度，以制度管人、管事、管物。在实际工作中，宝安机关事务管理局贯彻执行上述制度，对后勤物资严加管理，对采购、保管、使用环节的现状进行调研，实行购、管、用三分离，即后勤物资的采购、保管、领用三个环节均由不同科室负责，明确相应的交接程序，实现三个环节分离。三分离制度的推出，健全、规范物资采购管理机制，从源头上堵塞可能出现的漏洞。

【大型公务活动保障服务】2010年，宝安区机关事务管理局做好大型公务活动保障服务，认真做好区党代会、人大会、政协会和每年的区老领导新春座谈会、团拜会及接待外地考察团来访、慰问等大型会议和公务活动的后勤保障工作。圆满完成区“两会”、深圳—郑州经贸洽谈采购会暨宝安产品展销会、第六届中国新疆·中亚南亚商品交易会、哈尔滨—深圳经贸合作洽谈会、中国东盟博览会深圳代表团、省委巡视组、昆山市党政代表团以及各级领导到宝安区调研现场会等大型会议和公务活动保障工作。

【后勤队伍培训】2010年，宝安机关事务管理局多措并举，创造条件，加强后勤工作队伍培训教育，建立人才支撑体系：积极组织好局里的学习会议，加强思想交流和业务学习，营造良好的工作和学习氛围；坚持每月读一本好书活动，组织学习《中国共产党党员领导干部廉洁从政若干准则》、《弟子规》、《命运》等10本书籍；各科室组织开展各类业务知识培训班，组织消防系统及楼宇自检系统、文明礼仪、财务会计、野外拓展、治安防范、交通安全培训等培训活动16次，共1750人次，有效地提升了干部职工的综合素质。

【“五个办事”要求】2010年，宝安机关事务管理局加强队伍管理，狠抓纪律和作风建设，从管理中要战斗力。一方面，抓好党支部班子建设，坚持民主集中制。领导班子坚持重大问题集体研究决定，实行政务公开，增加决策透明度，充分发挥班子集体的智慧。对涉及本局党务工作、人事调整、工程项目、大宗开支等重大问题，始终做到充分发扬民主，集体研究决定。支委成员做到克己奉公、作风正派、任劳任怨，做勤政廉政的表率，营造团结协作、风正气顺、积极进取的良好氛围。较好地落实“五个办事”：一是胸怀大局办事，充分发挥主人翁意识，全心全意抓好服务；二是按制度流程办事，建立完善工作制度和工作流程并严格遵守；三是尽职尽责办事，紧紧围绕“为机关服务、为群众服务、为领导服务”的宗旨，恪尽职守；四是敢于善于办事，突出做好“三个敢于，三个善于”，即敢于抓、管、查，善于履职、探索、总结；五是干干净净干事，狠抓廉洁、廉政教育，强化廉政制度监督。通过落实“五个办事”要求，全局上下统一思想，形成想干事、肯干事、敢干事的良好气氛。（严宝铃）

附：2010年宝安区机关事务管理局领导成员名单

局　长：黄盛华

副局长：王伟邦　谢晴玲

政府采购

【概况】2010年，宝安区政府采购中心共完成采购项目4464个（含协议采购项目），同比增长6.36%（其中招标项目643项，同比增长101.57%）；完成采购预算12.20亿元（创历史新高），同比增长22.98%；节约资金1.23亿元，同比增长29.47%；节资率10.12%，同比增长5.3%。2010年开评标组织工作非常繁重，该中心完成的招标采购项目同比翻一番。

【政府采购试点改革】2010年，宝安区政府采购中心建立网上商城系统，不断扩大商场供货、网上竞价、跟标采购规模，大力推进评定分离制度实施，取得良好成效。为深化市纪委确定的试点改革工作，同时适应电子商务发展形势，该中心组织人力物力联合软件公司开发网上电子交易平台，即网上商城系统。网上商城系统是指通过建立虚拟网上商城，由商场供应商将实体商场中的采购商品，维护到虚拟商城中，采购单位可以通过虚拟商场，选购需要的商品；在线生成采购订单，商家网上确认订单，采购人收货验收，并通过政府采购卡在线支付。该系统引入管理规范的大型购物或专营商场理念，充分发挥商场内产品价格透明、采购方便快捷、商场间竞争较充分、监督更到位的优势，提升通用类货物政府采购管理，提高政府采购效率和服务质量。截至2010年年底，该中心已委托软件公司开发网上商城系统，并于2011年初上线。扩大商场供货采购规模，商场供货方式扩大政府采购物品选择渠道，方便采购单位，杜绝个别采购单位工作人员虚开发票行为，并充分利用市场竞争后的价格为政府采购所用，降低采购价格，且使采购价格透明可比。2010年，共通过商场供货采购完成项目261项，采购预算286.0万元，成交价273.8万元，节资率为4.3%。同时，根据市纪委的要求，该中心拟将文具和体育用品等办公用品和茶杯、饮用水、清洁用品等日用百货也纳入商场供货模式。年内，日用百货商场已通过公开招标确定，共有天虹、新一佳等5家商场入围；办公用品商场正在招标之中。扩大网上竞价采购规模，通过一年多的实践证明，网上竞价系统可解决部分采购项目因竞争不充分而导致的采购价格较高问题，同时，还可防止专家评标不公和供应商围标串标问题。2010年，共完成网上竞价101单，采购预算1632.2万元，中标价为1486.1万元，节资率为9.0%。大力推进跟标采购制度的实施，实施跟标采购，不用经过复杂的招投标程序，采购项目公开招标至少需要35天时间，现只需1个星期即可完成，提高采购效率，减少重复招标，节省人力物力。2010年，共完成跟标项目3单，分别为区医院、西乡医院和松岗医院的神经肌肉刺激治疗仪项目。其中松岗医院跟标项目最高限价30万元，中标价为21万元。大力推进评定分离制度实施，制定《宝安区政府采购评定分离实施办法》报财政局审批。评标委员会根据用户方及该中心设定的资质标准，对投标人进行资格性、符合性审查。通过审查的投标人在网上竞价系统中进行价格竞争，投标价格最低并通过资格后审的投标人中标。同时，对采用综合评分法定标的单一货物，在公示预中标期间，如收到其他供应商质疑预中标价格过高，在竞价系统中再次进行竞价确定中标人。这种制度在一定程度上打破由专家确定中标候选人的模式，减少人为因素的干扰，且节资率大幅度提高，受到好评。如区城管局导气石笼预制件项目，采购预算80万元，中标价仅48万元，节资率达40%。

【扶持本地企业】2010年，宝安区政府采购中心充分发挥政府采购政策导向功能，大力扶持本地企业发展。在招标文件中充分体现优惠措施，将优惠措施和加分办法体现在评标内容中，如列入区贸工局中小企业成长计划目录或民营企业百强企业目录的企业得1分，节能环保产品最高可得4分，自主创新产品最高可得4分，技术工程中心、技术研发中心、生产基地或工商注册地在宝安的得2分，接纳宝安户籍人员最高可得3分。一批本地企业在优惠措施支持下中标，如宝安企业深圳东风汽车有限公司在获得优惠加分措施后，成功成为垃圾压缩机箱采购项目的中标单位。全力支持在宝安的协议采购产品供应商，生产商的一级或代理授权是在宝安注册的供应商，优先纳入协议采购供应商库。同时，扩大协议采购范围，先后将方正电脑、富士施乐打印机等本地高新企业纳入协议采购供应商库，支持其发展。目前，共有64家本地高新企业生产的自主创新、节能环保产品纳入协议采购商品库。建立扶持企业信息库，主动邀请其参与投标，为支持本地企业发展，该中心从区科技局、贸工局取得宝安区自主创新企业124家，宝安区民营百强企业，宝安区民营中小企业成长计划工程认定企业200家名单，在宝安区政府采购网上公布，并将联系电话纳入短信群发系统，保证这些企业能及时获取招标信息，参与宝安区政府采购。为宝安区企业提供政府采购应标培训，2010年12月，该中心举办宝安区本地企业政府采购培训班，提高对政府采购政策的把握程度，提升其应标能力，鼓励积极参与宝安区和全国各地的政府采购活动，扩大企业和产品的影响。

【提高精细化管理水平】2010年，宝安区政府采购中心在常规管理相对完善的基础上，认真研究政府采购过程每个细节，完善开评标各环节程序，推进各环节操作规范化，进一步提高政府采购工作精细化水平。完善采购需求方案格式文件，针对货物、服务、集成、软件开发等四种项目类型，分别制订《政府采购需求方案及市场价格调查情况申报表》，明确申报内容，并对投标人资格、授权要求、配置或工程量清单、技术参数、售后服务要求等填报内容进行注解，引导采购单位按照统一格式正确编制采购需求方案，方便采购单位，提高工作效率。制定审核采购需求方案和供应商资质要求的规则和制度，针对货物、工程及服务项目，分别制定审核采购需求方案和供应商资质要求的规则和标准，严禁需求方案中出现倾向性内容，让项目负责人采用统一的审核标准，确保需求方案和资质要求科学、合理。整合标书模块，完善相关内容。规范招标文件的编写工作，统一制作货物和服务两大类项目招标文件标准模板，使各条款内容表述清晰、经得起推敲，确保标书内容科学、合理、严谨。制定评标因素和分值设定的规则和标准，针对货物、工程、服务等三类项目，分别制订评分规则和标准，对综合实力、技术、售后服务等内容，分别确定评分因素和分值，使每个评分项都公平公正，每项分值设定都科学合理，并引导专家按评分因素和分值设置情况公正打分。制定开评标异常情况处理办法，对开评标过程中出现的硬件设备、应用软件、网络系统及监控系统等问题，以及供应商不能上传投标文件、采购中心无法下载或解密供应商投标文件、供应商资格有关材料模糊不清、评标专家发表倾向性言论等情况分别制订处理措施，确保开评标工作顺利进行。

【确保采购质优价廉高效】2010年，宝安区政府采购中心针对个别采购单位反映政府采购产品存在质量差、效率低、价格高的问题，组织专门小组进行调研，分析原因，提出切实可行的措施，取得实效。2010年，各采购单位对采购质量满意度进一步提升，质疑投诉同比减少18%，节资率为10.12%，高于全市平均水平。强化监管，提高产品质量，在采购方案制定层面，加强对采购单位的指引，制定需求方案标准格式，指导采购单位正确制定采购需求方案，合理设定技术参数和要求，并对重大敏感项目，组织召开论证会，邀请专家进行论证；在履约验收层面，加强合同履行监管，该中心参与验收，加强合同履行的监管，成立市场部，参与产品验收并进行抽查，杜绝货不对板现象；在评标层面，提请市财政部门不断提高专家综合素质和职业道德，加大违规专家的处罚力度。多措并举，降低采购价格，进行标前价格调查，根据调查结果设定最高限价，控制采购价格在合理水平，如宝安体育场智能化系统工程等一些大型集成项目、所有实行协议采购和网上竞价的办公设备都进行全面的市场价格调查；加强需求方案的审核，严禁需求方案中出现倾向性内容，确保需求方案和资质要求科学、合理；放宽竞争条件，主动邀请供应商参加招标等方式，让供应商参与竞争，通过充分竞争降低采购价格；实行评定分离，对材料、设备及车辆租赁、搬迁等项目，组织专家对供应商进行评审，通过审查的参加网上竞价，报价最低的供应商中标，减少人为因素，并通过竞价控制价格；实行电脑自动评分办法，将统一技术标准的设备和商品询价采购通过电脑标准化评标定标，不再进行人为评标，减少人为评分因素的影响，确保中标价处在合理水平；建立政府采购产品信息库，工作人员可随时查阅相关产品价格、参数、服务等资料，定出采购限价，防止中标价格偏离市场实际价格的情况出现。建章立制，提高采购效率，对电脑、空调、打印机等通用产品，采购单位可在网上商场选购，100元以上货物即可送货上门，提高采购效率；时间要求紧迫项目采用需时较短的竞争性谈判或跟标方式采购，采用竞争性谈判方式，一般10天内完成，采用跟标采购方式，7天即可完成；服务类项目实行预选供应商制度，如通过公开招标方式，择优选取一定数量的物管企业进入预选供应商名录，采购单位可直接在名录中选取物管企业，减少招标环节，提高采购效率；加强对采购单位的培训和沟通，每年至少对采购单位人员进行一次政府采购知识及操作培训，派3人常驻服务大厅，对用户单位和供应商的咨询进行解答。（陈国新）

附：2010年宝安区政府采购中心主任名单

主　任：陈宜汉

同富裕工程

【加大社保扶持力度】2010年，宝安区同福办在市同富裕社保政策规定（即与市配套700万元）的基础上，加大扶持力度：由区财政加拨1800万元，解决集体交纳不足部分和个人缴纳部分。市、区两级全年总共安排社保资金3002.5万元，创下历年新高，确保全区49个欠发达社区（居民小组）5425名困难群众老有所养、病有所医，巩固农村城市化成果，维护社会稳定。

【完善配套设施】2010年，宝安区安排发展经济项目资金4300万元，市安排宝安区基础设施建设资金1250万元。区同富办通过完善同富裕工业园配套设施，提升物业附加值，促进集体经济可持续发展，提升困难群众分配收入；根据市基础设施项目实施计划，积极落实资金，认真选好项目，并配合市同富办做好前期考察工作。继续对欠发达地区道路交通、供水、排洪、排污设施进行建设和完善，解决欠发达地区群众在出行、用水等方面的热点难点问题。

【加快工程建设】2010年，宝安区同富办及时汇总各街道工程项目进度，进一步完善欠发达地区基础设施，为提升城市环境、促进经济发展创造有利条件。年内，新开工项目25项。二期、三期同富裕工程277个项目已归档267项，第四期同富裕工程项目已归档14项。

【全面开展培训】2010年，宝安区安排专项资金300万元，组织百名社区干部和管理人员考察浙江萧山航民村，学习当地发展集体经济的经验和做法。青年拓展培训和学历、技能培训由各街道同富办根据培训方案自行组织，区同富办参与管理。年内全区培训人数约为4000人次。

【争取贷款贴息】2010年，宝安区加强与市同富办的协调沟通，下达宝安区2010年贴息贷款额度800万元。区同富办根按要求进行统筹安排，为社区集体经济发展提供帮助。

【加强区内扶贫开发】2010年，宝安区根据上年全省扶贫开发会议提出“规划到户，责任到人”的精神，推动欠发达地区经济持续发展。4月，区同富办邀请市同富办领导和市委党校专家来宝安区召开座谈会，下基层走访，了解宝安区同富裕工程实施情况，对第四期同富裕工程结束后如何继续开展和加强区内扶贫开发工作广泛听取意见，为上级领导提供基本情况和决策依据。

【办好提案建议】2010年，区四届人大五次会议和区政协三届六次会议期间，代表、委员提出的涉及同富裕工作的建议共4件，其中2件为区同富办主办，2件分办。区同富办主动联系会办单位，加强与有关方面的沟通，形成答复意见。答复工作全部都在规定期限内完成。代表、委员表示满意。（甘德康）

附：2010年宝安区实施同富裕工程领导小组办公室领导成员名单

主　　任：蔡　颖

常务副主任：郭瑞琼

政协深圳市宝安区委员会

2010年政协深圳市宝安区委员会主席、党组书记、副主席、常委名单

主　席、党组书记：沈建英
副主席：曾汉良（党组成员）
蔡兰香（3月止）
高书环
黄英来（党组成员）
毛伍元
周格机（党组成员）
秘书长：李时中（党组成员）
常　委：邓剑平（3月起）
王熙远　卢暖培　刘小江
刘瑞永　庄陆坤　张清明
李　懿　肖　奋　陈日明
陈玉昌　卓照明　胡　俐
唐　瑛　翁锐桂　曹享云
黄尔春　黄盛华　黄瑜玲
赖汉宣　赖海宏　廖　欣
蔡天心　魏思环　魏新燕

政协宝安区三届六次会议

2010年3月1～2日，中国人民政治协商会议深圳市宝安区第三届委员会第六次会议在区委区政府会堂举行，169名政协委员出席会议。会议审议通过主席沈建英代表常务委员会所作的工作报告和副主席高书环代表常务委员会所作的提案工作报告。宝安区委书记周林祥出席会议并做讲话。会议一致同意常务委员会关于2010年工作的部署，要求常务委员会认真组织落实。会议认为，区委区政府团结带领全区人民坚定信心，强化责任，狠抓落实，各项工作取得显著成效，经济保持平稳较快增长，民生突出问题得到较好解决，社会保持和谐稳定。政府工作报告对2009年工作的概括总结客观全面，对当前形势的判断把握准确深刻，对本年度工作的部署安排科学缜密，抓住经济社会发展关键，为宝安区巩固经济企稳向好势头、推动科学发展上水平奠定良好基础。委员们对做好年内工作，实现经济社会发展总体目标充满信心。会议充分肯定区政协一年来的工作，区政协牢牢把握团结和民主主题，紧紧围绕区委区政府“保增长、保民生、保稳定”工作大局，团结全区各民主党派、各人民团体和各界人士，以奋发有为的精神状态和求真务实的工作作风，认真履行政治协商、民主监督、参政议政职能，为促进宝安区经济社会发展和民主政治建设作出积极贡献。会议强调，2010年是深圳经济特区成立30周年，是全面完成“十一五”规划目标、谋划“十二五”发展的关键之年。区政协各参加单位和全体委员要树立强烈的使命感和责任感，把思想和行动统一到区四届五次党代会的决策部署上来，自觉服从和服务于全区工作大局，坚持把促进发展作为履行职能的第一要务，把促进民生改善摆在更加突出的位置，把促进社会和谐稳定作为重要任务，把全面加强自身建设作为重要抓手，充分发挥政协的优势和作用，认真做好协调关系、汇聚力量、建言献策、服务大局的各项工作，为推动宝安区科学发展上水平作出新贡献。会议号召，区政协各参加单位和全体委员，要高举中国特色社会主义伟大旗帜，深入贯彻落实科学发展观，在中共宝安区委的坚强领导下，坚定信心，振奋精神，同心同德，扎实工作，努力推动经济社会又好又快发展，以优异成绩向深圳经济特区成立30周年献礼。市政协副主席陈观光，区领导周林祥、李文龙、张洪华、沈建英、赵燕民、曾汉良、高书环、黄英来、毛伍元、周格机出席会议。

综　述

【认真履行职能】2010年，宝安区政协常委会坚持把助推区四届五次党代会“五大新突破”和区委八次全会关于全力推进特区一体化工作部署的落实，作为政协全年工作重点，精心选择课题，深入调查研究，认真协商议政，积极献计献策。围绕“当好深圳发展生力军、争创科学发展示范区”主题，以专委会、各民主党派、委员活动组为单位，就经济发展、社会建设、城市管理以及人才建设等四大领域，选择转变经济发展方式、产业结构优化升级、打造电子信息制造业基地、构建区域创新中心、加强劳务工

2010年宝安区政协机关机构设置

机构名称	主要职责范围	电　话	地　址
办公室	区政协的综合办事机构，负责处理机关日常工作	29998108	区委区政府办公楼
经济委员会	负责组织政协委员就经济、科技方面的问题开展各种活动，联系和团结经济、科技领域的各界人士	29998266	同上
提案委员会	负责组织区政协提案工作	29998138	同上
社会联谊委员会	负责与党政机关、各民主党派和人民团体的联谊工作	29998113	同上

教育培训、合理配置医疗资源、推进旧城旧村改造、加快基础设施建设、推进社区物业管理以及建设科技人才高地等课题，深入开展调查研究，并在三届六次会议开幕大会上举行大会发言，提出意见和建议39条。

【专题协商】2010年，宝安区政协为推动区委区政府1号文件《关于加快现代化城区建设，全面提升城市环境的实施意见》的落实，上半年，先后开展3次专题视察调研，组织委员深入街道和有关部门了解推进情况。6月，召开区政协三届十六次常委（扩大）会议，认真听取区政府有关情况通报，围绕全面提升城市环境进行专题协商，7位委员分别代表党派、界别和专委会作专题发言，充分肯定环境提升行动工作，针对城市规划起点不高、整体布局不够合理、建设标准偏低、城市功能不够完善、与特区内规划衔接不够紧密等问题，从高起点做好城市环境总体规划及城市道路、城市公园规划，高标准建设产业集聚基地及交通、水务等基础设施，加快推进城市更新，创新城市管理模式、实现高效能管理城市等七个方面，提出意见和建议22条，形成《专题协商会议建议》，为区委区政府决策参考。

【专题议政】2010年，宝安区政协围绕宝安区科学制定“十二五”规划和推进特区一体化建言献策，是下半年区政协的一项重要工作。8月，制定具体工作方案，以专委会、党派、团体、街道政协联络办、委员活动组为单位，组织委员开展为期2个月的调查研究。9月底，召开区政协三届十七次常委（扩大）会议进行专题议政，认真听取区政府“十二五”规划的基本思路及编制进展情况通报，10位委员分别代表专委会、党派、团体、委员活动组以及街道政协联络办作专题发言，从教育发展、文化建设、城市管理、医疗卫生、道路交通、社会保障、社区服务等七个方面，提出意见30多条，形成《关于对“十二五”规划编制及推动宝安实现特区一体化

2010年4月1日，宝安区政协召开街道政协联络办工作会议

的建议》，报送市政协和区政府，得到市政协领导和区委书记鲁毅的充分肯定，许多意见建议被政府有关部门采纳。

【专题调研】2010年，宝安区政协按照“突出重点、量力而行、多出精品、注重实效”的要求，着力搞好两个重点课题研究。一是立足产业发展，开展“宝安建设电子信息高端制造业基地”课题研究。经过6个月的深入调研，根据当前发展的形势与任务，从加快创新体系建设、加大对关键领域产业项目引进和落地、规划建设富士康科技城、优化产业空间布局、大力发展生产性服务业、建立完善推进电子信息高端制造基地建设工作机制等八方面，提出对策建议，形成调研报告。二是立足民生改善，开展“发展宝安区医疗卫生事业”课题研究。区政协组织相关领域委员从医疗卫生资源总量、结构布局、基础设施设备、医务人员配备以及管理服务水平等方面找出宝安与原特区内各区的差距，并提出具体意见和建议19条，形成《建议案》提交区政府。区政协常委会把实现好、维护好、发展好最广大人民群众的根本利益作为政协工作的出发点和落脚点，积极协助党委政府做好保障和改善民生的各项工作，努力促进惠民政策措施的有效落实。

【专题视察】2010年，宝安区政协认真组织委员开展专题视察活动，积极推进惠民工程建设。6月，组织委员实地视察，针对宝安中学新高中部校园周边交通拥堵问题突出、修建工程进展缓慢、市政配套供电工程亟待改善以及校园绿化整体布局品位不高等问题，形成《关于进一步做好宝安中学新高中部建设工作的几点建议》提交区政府。7月和12月，组织政协委员会同党代表、人大代表，先后视察宝安区水环境综合整治情况和市容环境提升工程、沙井河片区排涝泵站工程、西乡河整治、中心区图书馆建设等政府投资重大项目建设情况，围绕科学建设污水处理厂和配套管网、推进防洪排涝工程建设、做好重大项目前期准备以及确保建设进度和工程质量等问题，提出意见建议。配合市政协，认真做好市、区政协委员联合视察宝安区城市公共文明建设、道路交通基础设施建设、街道医院建设以及推进特区法制一体化工作。年内，区政协

2010年1月13日，宝安区政协主席沈建英参加观澜街道政协联络办组织的考察活动

围绕民办教育发展、文化创意园建设、服装产业聚集基地建设、社区经济发展、社会养老事业发展等问题，开展视察调研，助推相关工作开展。

【提案办理】2010年，宝安区政协坚持把提案作为政协关注民生的重要抓手，选择《关于修建固戍二路的建议》、《关于重新规划区人民医院，创一流就医环境服务市民的建议》等12件提案为重点提案。6月，会同区人大召开人大议案和政协提案办理工作汇报会。12月，会同区政府、光明新区管委会分别召开重点提案办理工作汇报会，听取有关单位办理情况汇报，有力地推进提案办理工作。三届六次会议以来，收到委员提案217件，审查立案207件，全部及时办结，提案意见已经落实的占31.1%，正在落实的占60%，提案人反馈满意率为86.6%，基本满意率为13.4%。12件重点提案中，《关于解决宝城前进路与龙井路交叉路口交通混乱状况的建议》等7件重点提案所提建议得到落实，5件取得重大进展。通过提案办理，一批群众关心的热点难点问题得到较好解决。

【加强党派团结合作】2010年，宝安区政协充分发挥政协联系面广、包容性强的优势，在调动各方积极因素、协调关系、维护稳定等方面进行多项工作。密切与各民主党派、工商联和无党派人士的联系，支持他们围绕宝安科学发展的重大决策协商议政，支持他们通过担任各类特邀监督员就一些重要问题实施民主监督。切实加强民主党派集体提案的办理工作，制定《关于民主党派人民团体提案征集办理的规定》，明确民主党派集体提案的提出和办理要求。将民主党派和无党派人士提交的提案专报区委区政府领导审阅，并将《关于加快创新型城区建设构建区域性科技创新中心的建议》等4件党派提案列入年度重点提案跟踪督办。认真贯彻落实党的民族、宗教政策，发挥民族宗教界委员的积极作用，促进民族团结、宗教和谐。

【发挥政协界别作用】2010年，宝安区政协充分发挥政协界别和委员活动组作用。坚持走访约谈界别委员，支持和鼓励以界别、委员活动小组名义开展学习考察、视察调研，关注不同阶层利益诉求，广泛倾听民声，及时反映民意，协助党委政府妥善处理好各方利益关系，团结各阶层人士共同致力于宝安的发展建设。年内，组织界别和委员小组活动18次，提交集体提案13件。深入开展“下基层送服务促转变”活动。主席班子成员坚持深入基层，走访港澳委员企业、台资企业、民营企业，及时协调政府有关部门解决企业发展遇到的实际困难和问题。认真开展“委员进社区”活动。1月和5月，以街道政协联络办为依托，组织委员走访企业单位和社区群众，倾听群众呼声，及时向党委政府反映，着力推动相关问题的解决。

【开展团结联谊活动】2010年，宝安区政协积极开展团结联谊活动，加强与各界代表人士的联系。举办新年茶话会、国庆中秋联谊会、各街道委员座谈会，加强与社会各界的沟通，增进了解，凝聚共识。加强与香港地区友好团体的交往。先后参加香港石岩同乡会、香港公明同乡会成立庆典大会，拜访香港深圳社团总会及文氏宗亲会新界正气堂、观澜旅港同乡会、西乡旅港同乡会、香港长洲宝安会所，为促进两地的交流合作、维护香港繁荣稳定发挥积极作用。加强与各地政协的交流。成功举办第九届深圳市“政协杯”乒乓球赛，赴内蒙古与通辽市政协联合举办“梦幻与诗篇——深圳宝安·观澜国际版画展”。

【政协工作改革创新】2010年，宝安区政协根据新形势、新任务，切实加强自身建设，不断提升整体素质，增强工作活力，为有效履行职能提供坚实保障。坚持党组会议、主席会议、常委会议和机关集体学习制度，组织委员和机关干部参加全国政协举办的专题培训，并通过举办专题报告会、专题讲座等多种形式，不断增强服务科学发展的主动性和积极性。为推动《中共中央关于加强人民政协工作的意见》贯彻落实，区政协全力配合专项督查组，先后召开党组会议和主席会议，认真总结政协工作的主要成效和经验，客观分析政协工作面临的新情况、新问题，积极探索做好政协工作的新思路、新方法。通过专项督查，增强贯彻落实中央《意见》的坚定性和自觉性，巩固和发展重视支持政协工作的良好局面。积极协同有关部门认真做好五届市政协委员推荐工作。加强政协宣传工作，主动与新闻媒体联系，建立联动互动机制，及时沟通活动信息，主动提供新闻线索。2010年，宝安日报、宝安电视台刊播政协活动文稿120条，人民政协报、南方日报、深圳特区报刊登文稿11篇。加强委员学习培训。通过举办委员培训班、专题座谈会等形式，增强广大委员履行职责的责任感和使命感，激发委员服务经济发展、参与社会公益事业的积极性。搞好委员服务管理。坚持以街道政协联络办为依托，围绕推进街道中心工作，组织所在街道政协委员视察调研，为委员解社情民意、参政议政创造良好条件。年内，街道政协联络办组织开展活动共50多次，推进委员履行职能常态化。完善委员履职考核制度，对委员参加政协会议、视察调研、提交提案、反映社情民意、参加社会公益活动等情况进行年度考核，并予以通报，广大委员履行职责的积极性和主动性进一步增强。转变作风，有效提升机关服务水平。以创建“学习型、服务型、创新型、和谐型”机关为目标，进一步推进机关思想建设、组织建设、作风建设和制度建设。深入开展“创先争优”、纪律教育学习月和以“想干、敢干、快干”为主题的干部作风大提升等系列学习教育活动，切实增强机关干部的大局意识、责任意识和服务意识，不断提高机关的政务性服务能力和统筹协调能力，为做好各项工作提供良好的服务保障。（王梦郁）

纪检　监察

2010年中共深圳市宝安区纪委、区监察局领导成员名单

书　　记：刘建柱
副 书 记：谢炳文　王　敬
监察局局长：王　敬
副 局 长：刘　伟
区纪委常委：刘建柱　谢炳文　王　敬　刘　伟　田向伟　王　新　余光林

宝安区纪委四届五次全体（扩大）会议

2010年3月17日，中共深圳市宝安区第四届纪律检查委员会第五次全体（扩大）会议在区委区政府会堂召开。区几套班子成员以及各部门负责人共600多人参加会议。区委书记周林祥作大会讲话，区委常委、区纪委书记刘建柱主持会议并代表区纪委常委会作工作报告。这次全会的任务是学习贯彻中央纪委十七届五次全会、省纪委十届四次全会、市纪委四届七次全会精神，总结宝安区2009年党风廉政建设和反腐败工作，部署2010年工作。区委书记周林祥对2009年全区党风廉政建设和反腐败工作给予充分肯定，他强调，要加强制度建设，促进廉政勤政；加强对重点项目的监督检查，努力做到廉洁、效率、质量的统一；加强作风建设，切实提高执行力等明确要求。区委常委、区纪委书记刘建柱在工作报告中指出，要认真履行监督检查职责，全力保证实现“五个新突破”；多管齐下强化效能监察，进一步提升行政服务水平；切实加强和改进作风建设，促进党员干部廉洁从政；深入开展反腐倡廉宣传教育，筑牢拒腐防变思想基础；着力推进制度反腐，增强重点领域和关键环节监督实效；巩固社区党风廉政建设成果，保障社区稳定和谐发展；加大信访办案工作力度，维护党纪国法严肃性；与时俱进加强自身建设，为开创纪检监察工作新局面提供组织保证。全会审议并通过刘建柱所作的工

2010年宝安区纪委（监察局）机构设置

机构名称	主要职责范围	主要负责人	电　话	地　址
办公室	区纪委的综合办事机构，负责处理纪委综合性日常工作	王　新	29998968	区委区政府办公楼
案件检查室	负责受理对违反党规、党纪的党员、干部和监察对象的初查、立案调查工作。	徐　勇	29998066	同上
案件审理室	负责审理党员、党组织和监察对象违反党纪、政纪案件	李伟如	29998089	同上
党风廉政室	负责监督检查、综合分析党风和廉政建设情况	余光林	29996866	同上
宣传教育室	负责开展经常性党风党纪教育活动	廖远滨	29998019	同上
政令检查室（纠风办）	负责落实上级纪检监察机关部署的执法监督、政令检查和效能监察工作，纠正不正之风	田向伟	29998075	同上
绩效评估室（电子监察室）	负责行政绩效评估和公共服务白皮书制度落实工作；利用电子监察系统开展电子监察工作	唐秋艺	29998637	同上

（续 表）

机构名称	主要职责范围	主要负责人	电 话	地 址
信访室	负责受理对党员、党组织和监察对象的检举、控告和申诉；反映信访情况等	徐 颖	29998086	同上
派驻第一纪检监察组	负责对区属政府投资工程建设、政府采购、专项资金等领域的纪检监察工作	范培川	29998080	同上
派驻第二纪检监察组	负责公、检、法、司机关及区直行政执法工作领域的纪检监察工作	杨知义	29998777	同上
派驻第三纪检监察组	负责全区教育、卫生系统的纪检监察工作	李慧丽	29998794	同上
派驻第四纪检监察组	负责新安、西乡、福永3个街道的纪检监察工作	夏 风	27582382	西乡街道城管办大楼
派驻第五纪检监察组	负责沙井、松岗2个街道的纪检监察工作	张楚健	27210520	沙井街道办公大楼
派驻第六纪检监察组	负责石岩、观澜2个街道的纪检监察工作	毛健强	28025622	观澜街道办公大楼
派驻第七纪检监察组	负责大浪、龙华、民治3个街道的纪检监察工作	蔡英权	81718629	龙华街道办公大楼

作报告和区纪委四届五次全会决议。

反腐保廉

【**政令监督检查**】2010年，宝安区集中开展大规模查违督查工作，出动人员500多人（次），深入一线明察暗访56次，立案查处失职渎职、包庇纵容、以权谋私等案件7宗7人。参与调查安全生产事件69宗，查处责任事故25宗。全程跟踪百日隐患大排查行动，督促检查经营场所1.8万家。督办火灾隐患重点地区整治工作，督促整改隐患46个，推动1个街道和9个社区通过省、市检查验收。大力推动治污保洁工程，每月定期跟进62个环保项目进展情况。认真检查深圳北站、地铁建设等项目52个分项工程的进度和质量，协调推动地铁5号线翻身站等3处站点的征地拆迁工作。积极跟进社会综合整治，督促取缔无证无照经营1.5万家、查扣非法营运车辆1万余台、查处制假售假案件179宗。

2010年7月22日，宝安区2010年纪律教育学习月启动仪式

【**行政效能建设**】2010年，宝安区全面强化电子监察，对15.6万笔审批业务实施在线监督，全区198项审批业务平均办结时间较上年度提速18%。继续开展行政服务事项清理，将25项非许可类行政审批转为行政服务，并取消24项不合理的行政服务。推动便民服务机制逐步完善，区行政服务大厅集中办理177项涉企审批事项，10个街道行政服务中心全部投入运行，21个部门221项审批事项实现网上申报、办事预约。绩效评估实现信息化和常态化，在全市率先建成区级政府电子绩效评估系统。建立跟踪检查制度，动态监督白皮书任务落实情况，区政府承诺的39项市级白皮书任务圆满完成，区直部门承担的460项区级白皮书任务完成453项。

【**党风廉政教育**】2010年，宝安区分层级分岗位举办8期“三纪”培训班，对处级干部和司法机关、组织人事、工程建设、政府采购等系统共2500多人进行岗位廉政教育。举办纪律教育学习月和廉洁文化周活动，区委主要领导和各单位“一把手”带头作廉政辅导报告56场，1.2万名党员干部受到教育。举办廉政楹联大赛和美术作品展览，征集优秀作品400多件，发放廉政图书、光碟等学习资料6.2万份。打造《廉洁宝安》、《民生访谈》等品牌栏目，及时反映宝安区反腐倡廉建

2010年3月11日，省委巡视组听取宝安党风廉政建设情况报告

设新动态、新举措。在人民网、新华网、《中国纪检监察报》、《南方日报》等媒体刊载新闻报道20篇，在区内主要干道设置立柱广告、宣传标语等460多个。

【干部作风建设】2010年，宝安区纪委对基层站所、审批、执法、医疗、教育等部门暗访实拍，制作、播放《宝安区干部作风暗访实录》（第2期），纠正群众反映强烈的作风问题44个，曝光典型案件4宗，问责16人。在11个有代表性的企业、协会和办事窗口建立行风政风监测点，及时发现和纠正带有苗头性、倾向性的问题。开展“窗口作风大家看”和“走进阳光政府”市民开放日活动，对公安、劳动、社保等24个部门的窗口形象、服务态度等情况进行检查。认真开展对科技、环保、卫监等部门的行风评议活动，坚决纠正行业不正之风。大力推进政务公开，对55个部门共2672项公开内容进行网上巡查和督办，网上政务公开率达99.2%，区政府门户网站获全国县级政府网站绩效评估第7名。严格控制公用经费支出，党政领导干部因公出国（境）人数较上年度减少10.5%，公务购车费用、评比表彰活动、晚会展览庆典实现“零增长”。

【权力运行监督】2010年，宝安区纪委稳步推进罢免撤换试点和询问质询工作，深入组织学习动员，制定完善配套制度，鼓励支持“两委”委员实事求是地提出罢免、撤换、询问和质询。发挥专门机关监督作用，全年共有17名处级党政正职向区委、区人大、区政府作述职述廉报告，区委区政府领导按照责任分工，对各街道各部门党政负责人分别展开廉政谈话；区纪检监察机关牵头检查全区处级干部配偶子女在国（境）外定居情况和“一把手”分工情况；区审计部门对7名党政主要领导干部进行经济责任审计。发挥社会监督作用，推出《民生访谈》节目46期，听取群众意见建议100多条。积极回应舆论关切，对网络反映的沙一村官等事件进行调查，严肃依法依纪处理。不断完善政府部门新闻发言人制度。

【制度反腐】2010年，宝安区开展“加强制度建设推进反腐倡廉”活动成效明显，重点推进政府内部机构运行、电子政务、行政处罚自由裁量权规范等20项制度创新。在工程建设领域全面实行“承揽方清单制”和“资金使用台账制”，大力推行小型工程“公开招标简易程序”和“电子邀标抽签定标”，切实强化政府资金使用情况监管。在政府采购领域推行“网上竞价”、“商场供货”、“跟标采购”、协议采购“标签制”监督等制度，有效降低采购价格，提高采购效率。对科技创新奖励、社区社会管理、股份合作公司扶持发展等24类专项资金进行全面梳理，加强统一管理

2010年11月9日，宝安区举行第五届廉洁文化周书法美术优秀作品展

和规范使用。规范街道记账中心运行，推动完成对200家股份合作公司经营状况审计，10个街道全部建成开通社区党风廉政信息公开平台，进一步规范公司领导人员出国（境）审查流程，社区股份合作公司监管更加精细。

【信访办案】2010年，宝安区加大信访举报处理力度，全年受理纪检监察业务范围内信访举报470件，全部按时通过自查、交办、转办等形式分类处理，妥善解决一批积案难案。注重在信访工作中教育和保护干部，通过诫勉谈话、发信访通知书等方式，对61名有违纪苗头或轻微违纪行为的党员干部早打招呼早提醒。严肃处理捏造事实、恶意诬告的行为，为44名受到不实举报的干部澄清是非。严肃查办违纪违法案件，全年立案查处41宗，给予党纪政纪处分46人，移送司法机关处理9人，重点查办个别社区干部职务侵占、非法为亲友谋利，少数司法和行政执法人员以权谋私、涉黄涉赌、失职渎职等典型案件，有力惩治和遏制消极腐败现象。加大违纪违法款项追缴力度，为国家和集体挽回直接经济损失3000多万元。坚持快审快结，对135宗案件的执行情况进行检查，对21名被处分人员进行回访。

（王　新　张　曙　余进龙）

群众团体

工 会

【参与市总工会关爱富士康员工工作】2010年，宝安区总工会积极参与市总工会关爱富士康员工工作。“富士康事件”发生后，按照区委和上级要求，由区总工会牵头，相关部门和街道345名工作人员组成宝安区进驻富士康工作组，在市总工会统一领导指挥下，到企业一线、员工宿舍，对43078名员工进行一对一访谈，排查心理异常员工53名，整理反馈员工意见建议60余条，协助富士康工联会成立13个工会分会筹备组和15个工会小组筹备组，动员4920名员工自愿加入工会组织，并协助企业妥善解决2起异常员工突发事件。

【举办系列关爱富士康员工活动】2010年，宝安区总工会与富士康工联会协作，陆续开展员工有奖知识问答、演讲比赛、文艺演出、送电影进企业等活动，先后向富士康员工赠送报刊和法律知识手册10万多份，小礼品5万份，文艺演出3场和电影2场。区总工会还组织龙华、观澜等相关街道总工会和富士康工联会，每周举行一次富士康员工趣味游园活动，有近20万名员工踊跃参加。

【开展关爱员工系列活动】2010年，宝安区总工会协同相关部门在全区深入开展员工关爱系列活动。年内共组织举办“百场心理健康知识讲座进企业”活动，得到广大企业和职工的欢迎；与《深圳晚报》联合编辑“青工关爱在线”，免费向劳务工发放100余万份；按照区委的要求，全面启动员工“关爱中心”建设，推动企业建立心理辅导室。全区各级工会也积极行动起来，制定加强员工人文关怀的具体措施，在加强员工人文关怀方面各有特色、效果明显。

【群众性经济技术创新活动】2010年，以加快转变经济发展方式为主线，全区各级工会积极组织职工开展小发明、小创造、合理化建议等群众性经济技术创新活动。认真做好区第四届职工技能竞赛的宣传、动员和组织工作，发动全区职工踊跃参与技能竞赛，鼓励职工立足岗位成长成才；积极开展“工人先锋号”创建活动，宝安区妇幼保健院新生儿科获得“全国工人先锋号”，是宝安首家获此荣誉的集体；沙井三洋微马达厂等4家企业班组分别被广东省、深圳市总工会授予“广东省工人先锋号”和“深圳市工人先锋号”。

【发挥新时期劳模的引领作用】2010年，宝安区评选推荐全国劳动模范1名、广东省五一劳动奖章1名（深圳畅鸿塑胶制品有限公司总经理陈华瑞获全国劳动模范称号，深圳市公安局

2010年12月23日，区总工会举行企业员工交通安全暨禁摩工作宣传月活动启动仪式

2010年1月18日，全国总工会书记处原书记李永海到宝安区企业调研工会工作

宝安分局刑警大队副大队长国涛获广东省“五一”劳动奖章）；完成区劳模协会会长的补选工作，进一步加强对劳模协会的规范化管理；召开庆“五一”劳模慰问座谈会，组织劳模参加庆祝深圳经济特区建立30周年系列活动，充分展示全区各级劳模的风采，弘扬劳模的时代精神；组织劳模外出学习、疗养和体检，在节日期间对劳模进行走访慰问，积极营造学习劳模、争当劳模的良好氛围。

【劳动竞赛专题调研】2010年，为深入研究新时期劳动竞赛工作的体制机制，不断丰富劳动竞赛内涵，创新劳动竞赛载体，2010年8月至11月，区总工会组织专门力量，深入街道、企业，听取各街道总工会和24家企业的工作汇报，通过召开座谈会、发放职工问卷调查表等形式，就全区非公企业开展劳动竞赛的情况进行详细调研，形成《宝安区非公有制企业开展劳动竞赛情况的调查报告》。《报告》立足服务转变经济发展方式新要求，对宝安区劳动竞赛工作进行深入思考，提出开展劳动竞赛的新思路。

【推进基层工会组建工作】2010年，宝安区基层工会组建工作取得新突破。区总工会针对市总工会提出的全市工会组织基本覆盖（工会组建率90%，覆盖职工90%，简称“双90%”）的工作目标，成立专项工作小组，制定考核奖励办法，并实行周报、月报制度，及时了解工会组建进度和存在的问题。宝安区各级工会上下联动，积极配合，在规定的时间内“保质、保量”完成上级下达的任务指标。截至2010年9月30日，在全区8625家符合单独组建条件的企事业单位中，已组建基层工会委员会8066家（年内新建1186家，其中238家千人以上企业全部单独组建工会）；在不具备独立建会条件的12964家企业中，建立工会小组11802家，全部由社区工联会实施覆盖。目前，连同174个区域性工联会和2个行业工联会，全区工会组织已达20044家，会员1414819人（其中年内新发展会员292988人），圆满完成双“90%”组建任务，顺利通过市总工会考核验收。

【增强基层工会组织活力】2010年，宝安区进一步加强基层工会规范化建设。年内全区开展规范化建设的基层工会有5633家，部分组织不健全、制度不完善、运作不规范的基层工会得到有效整改，基层活力不断增强，切实让新建工会企业和新入会会员感受到工会带来的新变化，有力巩固“双90%”组建工作成果。认真做好基层组织推典树优工作，两年一度表彰大会评选表彰一批工会工作先进集体和先进个人。龙华人民医院急诊科被评为“全国模范职工小家”，是宝安区首家获此荣誉的工会小组。

【企务公开】2010年，宝安区坚持和完善以职代会为基本形式的职工民主管理制度，通过示范单位的引导带动和辐射作用，巩固国有、集体及其控股企业和科教文卫体等事业单位公开面，扩大非公企业企务公开覆盖面，不断提升企务公开民主管理工作水平，推动非公企业企务公开工作规范化运作。截至年底，宝安区企务公开率达94%，年内召开职工代表大会的单位有2608个，职工代表大会建制率达69%（其中国有、集体及其控股企业职工代表建制率100%，事业单位职工代表建制率100%，非公有制企业职工代表建制率68%）。

【推进集体合同签订工作】2010年，宝安区积极推进以工资正常增长为主要内容的集体合同工作，并督促企业履约兑现。按照上级工会的安排部署，在全区选取34家重点企业开展“三定”（定点、定时、定项）集体协商工作，经过全区各级工会组织的共同努力，共有35家企业签订具有员工工资具体涨幅标准的要约行动集体合同，超额完成1家。2010年全区共签订（续签）集体合同594份，覆盖员工923，627人，签订女职工特殊保护专项集体合同12份，覆盖女职工3600人，有效维护和发展职工合法权益。

【开展工会维权维稳工作】2010年，宝安区不断完善劳动关系预警机制，年内制定下发《劳动关系统计表》、《企业经营工作预警信息报送表》等，要求基层工会定时上报，及时掌握全区劳动关系状况，做到“早发现、早介入、早解决”，充分发挥“第一知情人、第一报告人、第一协调人、第一帮扶人”的作用。进一步加强基层劳动关系调解组织建设，2010年共举办劳动争议调解培训班10期。进一步加强劳务工维权工作，2010年共处理来信、来电、来访75宗，结案率达98%。主动参与安全生产事故的调查处理，2010年共参与安全生产事故调查评审会11次，审理安全生产事故69宗。积极参与劳动争议群体性事件的调查处置，在理光越岭美（深圳）技术有限公司、深圳三洋华强激光电子有限公司龙华分厂、一鑫三福精密来料加工厂等几起劳资纠纷的调查处置过程中，既坚持党委政府的统一领导，又及时向政府相关部门反映员工的利益诉求，提出工会的主张和建议，做到工会“有声音、有行动、有影响”，有力维护社会的和谐稳定。

【开展困难职工帮扶活动】2010年，宝安区总工会深入开展系列送温暖活动。春节期间慰问困难、重病职工199人，工伤、重病劳务工127人，“五一”、“中秋”、“国庆”期间召开“双爱”慰问座谈会，共发放慰问金慰问品75万元。同时，“金秋助学”为47名家庭困难大学生发放14万元助学金，区困难职工帮扶指导中心对8名患病劳务工进行临时救济，发放临时救济金2.4万元。

【落实职工素质培训补贴】2010年初，宝安区总工会对全区实施职工素质培训补贴工作情况进行全面检查，从组织领导、培训内容、资金使用等方面查摆问题，总结经验，进一步完善《宝安区总工会2010年职工素质培训补贴工作方案》。积极筹措资金400万元，及时下拨到基层工会，给开展培训的企业和个人进行补贴。各街道总工会和工委会已向符合申报条件的企业和职工发放补贴，为企业培养实用型人才和创新型人才创造良好的条件。

【开展各类职工素质教育培训】2010年，宝安区广泛开展各类职工素质教育培训取得良好效果。7个职工培训示范基地和10个街道学习教育培训中心共培训员工约100万人次，组织劳务工2071人参加深圳市工会“大学校”企业班组长内部培训，101人参加师资培训。举办为期一周的心理咨询师培训班，培训咨询师100人。积极开展“女职工素质教育活动”，全年共组织女职工流动课堂13场，培训女职工1950人次，充分发挥工会“大学校”作用，不断提高职工队伍整体素质。

【推进创建“书香企业”活动】2010年，宝安区积极推进创建“书香企业”活动取得成效。全年为基层企业赠送价值100多万元的书籍，内容涵盖技术技能、心理健康、婚姻家庭等方面。读书月期间面向全区企业开展《我阅读、我快乐》劳务工征文比赛，帮助职工打造一个分享读书快乐、展示学习成果的平台。以创建先进“职工书屋”为契机，对部分企业“职工书屋”进行“五有”〔有场地、有基本设施、有专（兼）职人员管理、有规章制度、有资金投入〕标准的检查指导，使“职工书屋”真正成为职工提升素质的“加油站”。2010年，观澜街道富士施乐、石岩街道艾美特两家企业获得“全国工会优秀‘职工书屋’”称号。

【干部思想作风建设】2010年，宝安区以“创先争优”活动为契机，通过开展“四抓”（即抓优良学风、抓基层基础、抓班子团结、抓廉洁从政），切实加强区总工会机关作风建设。按照区委部署，经过近一年的“创先争优”实践，全体工会干部立足基层，边学边干、以学促干，精神面貌焕然一新，为提升服务基层水平、全面完成全年各项工作任务打下坚实的思想基础。

【干部队伍建设】2010年，宝安区通过干部选调、考试录用和社会招聘等形式，将一批素质高、敢创新的年轻干部充实到工会工作岗位，干部队伍结构进一步优化。不断加大学习培训力度，以工会理论实践、工资集体协商、劳动争议调解等为内容，对全区新老工会干部开展有针对性的培训，全年举办3期工会干部规范化岗位培训班，参加培训的227名工会干部全部拿到“岗位培训合格证书”。全区各级工会开展工会基本知识业务培训100多期，培训工会干部1万多人次。

【扩大工会影响力】2010年，宝安区采取多种途径，不断扩大工会组织的社会影响力。通过配合宝安日报办好“工会大讲堂·工会专栏”栏目、编辑出版《宝安工会》、宝安工会网站等载体，不断扩大工会组织的社会影响力。为进一步加强工会信息工作，制定下发工会信息考核奖励办法，极大提升基层工会干部上报信息的积极性。深入基层调研，结合宝安区实际撰写《后金融危机时期宝安区企业职工劳动经济权益实现状况、问题和对策建议》，在“全国工会理论研讨会”上作专题发言，并被省、市工会刊物全文刊载。 （陆婷婷）

附：2010年宝安区总工会领导成员名单

主　席：邓桂洪

副主席：曾志欢　李庆扬　张金龙

共青团

【概况】2010年，宝安团区委紧紧围绕党政中心工作，以纪念深圳经济特区建立30周年为契机，认真贯彻落实区委四届八次、九次全会精神，充分履行团的职能，夯实团的基础，实施一项工程（即青少年“阳光成长工程”），开展两项重点工作（即“全国城市战线团建试点”工作、“青少年城市文明素质提升”工作），推进三项行动（“青年创业就业行动”、“义工服务提升行动”、“青少年关爱行动”），带领全区广大团员青年为争创科学发展示范区、建设现代化国际化先进城区发挥生力军作用。团中央书记处书记汪鸿雁、周长奎，团省委副书记陈小锋、曾颖如、陈宏宇先后到宝安调研指导共青团工作，并对宝安共青团工作给予充分的肯定。全年新建512个非公企业团组织，新增团员9445人，目前登记在册团员16.2万人。

【青少年阳光成长工程】2010年，宝安团区委认真打造青少年阳光成长工程。举办"我与祖国共奋进"纪念特区建立30周年主题系列活动，累计举办17场（次）专题学习会、座谈会、讲座等，动员全区团员青年认真学习贯彻胡锦涛总书记在深圳经济特区建立30周年庆祝大会上的重要讲话、市委五届四次全会和区委四届八次、九次全会精神。举办"特区一体化，我们怎么干"团干部"大家谈"和"今后三十年，再创火红事业"团员"大讨论"活动，开展"燃烧青春激情，再创火红年代"新老团干座谈会，动员各级团干"想干、敢干、快干"，为加快推进特区一体化作出更大贡献。举办"我与祖国共奋进，携手杰青共成长"宝安区第六届"十大杰出青年"表彰暨事迹访谈活动，感染和鼓励广大青少年健康成长，建设宝安。纪念"五四"运动91周年系列活动。开展2008—2009年度宝安共青团"五四"系列评选表彰活动，评选表彰全区195个优秀基层团组织、176名优秀团干部和314名优秀团员以及38名"青年良师"。开展"我与特区共成长"主题教育活动。开展庆"六一"少儿文艺演出暨第三届少儿文化艺术节，举办少儿歌手大赛、少儿舞蹈比赛、中学生演讲比赛和第八届18岁成人宣誓仪式等活动，加强青少年思想道德教育。举办第八届"相约金秋"机关青年联谊拓展活动，共87名机关青年参加活动。

【团建创新工作】2010年，宝安区成立全市首个驻社区团委——新安街道驻海裕社区团委。大胆创新"党建带团建"机制，不断提高团组织对社区青年的吸引力和凝聚力，夯实团的基层基础。大力开展非公企业团建工作，认真落实全国非公有制企业共青团工作电视电话会议精神。召开全区非公企业团建工作推进会，新建非公企业团组织512个。中组部、团中央联合调研组来宝安区调研基层"党建带团建"工作和农民工发展党团员工作，并充分肯定宝安区工作。推进共青团固本强基工程，加大对基层团建创新项目资金扶持力度，团区委从部门经费中拨出24万元支持基层开展非公企业团建工作，拨出10万元支持社区开展固本强基项目建设。落实团区委机关挂点联系街道制度，开展"两进三同"活动（走进基层、走进青年，同学习、同生活、同劳动），加强对基层团建工作的指导和帮扶。推进驻社区团委建设和党代表助理配备工作，开展"党员义工进社区"活动、"迎大运当先锋"活动，推动全区各级"号手"创建工作，在广大团员青年中营造比先进、赶先进、争先进的浓郁氛围。开展以"想干、敢干、快干"为主题的机关作风大提升活动，印发《关于进一步加强团干部学习的意见》和《关于进一步加强团干部作风建设的通知》，加强团干部工作作风、学风、会风和机关制度建设。举办青年文明号培训班、社区团干部培训班和共青团宣传工作培训班，进一步提升全区团干部的整体素质和业务能力。分别召开宝安区第五次少代会和区青企协三届一次全会，选举产生区少工委和区青企协新一届领导班子，并规划未来三年工作。改版季刊《宝安青年》，创设月刊《宝安义工报》，开通《宝安青年资讯》手机报，改版宝安共青团网站，加强义工网的建设和管理，有效抢占青少年思想阵地，切实引导、服务广大青少年。

2010年5月27日，中组部组织一局、团中央组织部"党建带团建"和农民工发展党团员工作调研组到宝安区考察调研

【青少年素质提升活动】2010年，宝安团区委围绕区委区政府《关于加快现代化城区建设　全面提升城市环境的实施意见》、《宝安区"迎大运、创全国文明城市标兵"200天行动纲要》文件精神，开展思想道德、法律法规、文明规范、城市生活常识、安全生产、家园意识教育和义工志愿服务等活动，切实提升全区青少年城市文明素质。深入开展"12355在行动"现场普法宣教活动，提升青少年维权意识。举办"行动，让宝安更美好"文明劝导义工活动，以"微笑+手势"的方式，劝阻行人莫闯红灯、随地吐痰、乱扔垃圾，请出践踏草地的行人，参与文明劝导义工2880人（次），服务时间总计14400小时。

2010年5月6日，宝安区举办青年创业高峰论坛

开展大运争当义工活动，举办义工环境净化活动。以“倡导职业道德，提供优质服务，展示青春风采，共建文明城市”为主题，组织全区各级“青年文明号”及争创集体开展“青年文明号”优质服务示范月活动，向社会展示宝安区各界青年的风采，让广大人民群众享受优质服务。新创省级青年文明号2家、市级8家、区级34家。区人民医院外科一病区获得四星级国家青年文明号。组织历奇培训师深入企业、工业厂区开展“青春暖流，共创未来”青工提素训练营，累计举办15场（次），服务青工3500人，提升务工青年的文明素质，增强适应城市生活的能力。在富士康龙华总部开展“放飞心灵，提升自我”企业员工素质提升活动，200名青年员工参加压力管理训练。

【青年创业就业行动】2010年，宝安团区委举办“特区三十年，青年再争先”宝安区纪念五四运动91周年系列活动之青年创业高峰论坛，邀请特区成立以来三代创业青年和各界创业指导专家，通过主题演讲、论坛交锋、互动交流等形式，分享创业历程的乐与苦，引导广大青年树立自主创业意识，帮助广大青年提高创业能力和创业本领。继续举办创业大讲堂、就业讲座活动，不断加强“农转居”青年创业就业工作，引导“农转居”青年创业就业。举办“青春暖流，激情创业”爱心花市，免费提供50个铺位，为100多名创业青年提供良好的实践机会和平台。举办第二届户籍青年职业见习推介会和第三届创业项目推介会，8397名居民与参展企业进行洽谈，其中2913人达成创业意向。开展第八届“走进社会大课堂”大学生社会实践活动，近1000名大学生参加供需见面会，其中有507名大学生经成功面试进入企业实习，开展“生源大中专学生社会实践基地”创建工作，全区44家机关企事业单位成为首批“社会实践基地”。举办创业沙龙，组织青年企业家、创业青年齐聚一堂，分享创业经验，研讨创业难题。区青企协组织会员和创业青年前往江苏昆山、高安等地，实地参观会员企业新开发的工业园区，引导和带动青年创业。组建“宝安区创业指导专家团队”，充分发挥专家学者的作用，为创业青年提供公益性创业咨询和创业后续跟踪服务。

【义工服务提升行动】2010年，宝安团区委进一步推进“社工+义工”联动模式，加强义工骨干的培养和基层义工组织的规范化管理。配合做好义工积分入户工作，加强义工注册信息化管理。联合省青年干部学院，开展《义工工作如何在维护社会和谐稳定中发挥作用》专题调研，并列入区委区政府重点调研课题，联合深圳大学开展全区务工青年心理健康状况调研。成立观澜老年大学义工队等组织。举办“爱在身边”社区促和谐活动、“助苗行动”，广泛开展助老、助残、环保、治安、法援、未成年人帮教等义工服务。深化开展“维护社会治安义工筑城”行动，建立信访义工服务队，切实服务平安建设、信访维稳、社会治安综合治理工作。在全区设立105个“爱心愿望箱”，收集、整理并反映群众的诉求，累计帮助群众解决300多个实际困难，为维护社会和谐稳定作贡献。联合有关单位开展“爱心15载，因你更精彩”宝安义工联成立15周年系列活动。先后举办“小箱子，大爱心”爱心愿望箱活动、“百束鲜花献爱心”、“因为有你”宝安义工公益广告宣传语和摄影比赛及宝安义工联成立15周年“最具影响力人物”、“最具影响力事件”评选表彰等活动，举办“我在，爱在”——宝安义工访谈活动、义工工作发展研讨会和义工青工诗友会，大力弘扬义工精神，营造城市文明新风。深化“义工、社工”帮教未成年人工作，开展少年犯“一对一”帮教服务。

【青少年关爱行动】2010年，宝安团区委举办“青春暖流，平安返乡”赠票仪式暨关爱青工新春慰问演出活动，为返乡的劳务工赠送车票，并举办慰问演出，切实丰富广大务工朋友的节日文化生活。举办“宝安—龙川手拉手帮扶活动”，切实加强两地青年工作的交流合作。各街道团工委积极响应并组织开展“帮困助弱”等募捐活动，累计开展各类关爱活动90多次，慰问演出31场，服务青少年40257人次，慰问物资约65万元。贯彻落实市委市政府的有关部署，深入富士康生产生活一线，通过义工活动、拓展活动、文体活动等途径，将工作网络

2010年1月12日，宝安区第六届“十大杰出青年”评选颁奖后合影

覆盖到富士康基层员工，加强员工之间的沟通和交流，提高员工对企业的归属感和认同感。团区委机关团干部、义工共与5312名员工谈心，发现重点关注人员9人，收集60多条意见和建议，并在富士康青工中筹建6个团支部和10个兴趣小组，发展团员259人。充分发挥青少年社工站的作用，建立助苗行动义工服务队，开展劳务工子女心理保健、“欢乐课堂”、“家庭成长”亲子教育等活动，加强对劳务工子女的心理关怀，深化民治街道“四点半课堂”义工帮扶劳务工子女活动。累计开展活动60场，服务2400人次。（陈东林）

附：2010年共青团宝安区委领导成员名单

书　记：詹惠军

副书记：贺泉龙

妇　联

【女性素质工程】2010年，宝安区为推动深圳创建民生幸福城市，以“母亲的智慧”为主题，借助“智慧母亲欢乐会”开幕式，开展宝安“智慧母亲”评选等1+10系列活动，通过区、街道、社区层层推荐，经组委会筛选、群众投票及评审委员会复核，最终评选出十大宝安“智慧母亲”及五名提名奖。评选意在通过发掘宝安本地可学可仿的身边典型，引导母亲提升自身素质、用科学的观念和方法教育孩子、用心经营婚姻家庭。“智慧母亲”评选作为本次文化节的主打活动，十项配套活动有制作“母亲微笑墙”、“智慧母亲的家庭小故事”作品征集、“妈妈最喜欢听的一句话”征集、“智慧母亲”亲子教育报告会、“宝安母亲林”亲子养护活动等。各种活动形式新颖，内容丰富，影响广泛。根据巾帼文明岗创建活动的新特点和发展的实际情况，对《宝安区巾帼文明岗管理办法》进行重新修订。同时，把“巾帼文明岗”延伸到“两新”组织领域，积极鼓励、指导条件成熟的民营企业创建“巾帼文明岗”。目前全区共建有巾帼文明岗453个，其中国家级8个，省级86个，市级147个，区级212个。民营企业中创建市级巾帼文明岗25个，区级28个。为纪念“三八”国际妇女节100周年，以“平等、发展、和谐”为主旋律，开展主题欢庆活动。举办“我们奉献，我们成长，我们幸福”宝安区来深建设者纪念百年“三八”文艺晚会和“春天有约”宝安各界妇女联谊会，聚集全区各界妇女代表展示宝安女性风采；策划“发展与未来”宝安妇女发展论坛，邀请宝安女大学生和女劳务工两大群体的代表，与专家共同探讨宝安女性发展与未来；在宝安日报、宝安电视台和宝安广播电台开设“百年‘三八’话宝安巾帼”专栏，回顾宝安妇女事业发展历程，宣传宝安优秀女性典型。

【女劳务工工作】2010年，宝安区妇

2010年9月9日，全国妇联副主席、书记处第一书记宋秀岩率队到沙井考察外来女工流动学校教学工作

联女劳务工工作扎实进展。5月，外来女工流动学校公益培训项目获选“宝安十件民生实事”项目之一。外来女工流动学校紧紧围绕新生代女工的精神权益问题，依托区妇女教育讲师团，实施项目化运作、订单式分层次培训、互动式教学，构建多层次、广覆盖的公益培训体系，形成社会认可、群众欢迎、影响广泛的妇女培训品牌。9月，全国妇联党组书记、副主席、书记处第一书记宋秀岩一行来宝安区调研，到沙井街道雪华铃家用电器（深圳）有限公司，考察外来女工流动学校公益项目情况，并与多名女工进行座谈，她对宝安区外来女工流动学校公益培训项目明德、砺能、笃行、创新表示充分肯定。截止10月底，区妇联已免费送课100场，提前完成“民生实事”项目目标，各街道积极配套送课，全年共计送课291场。11月，召开外来女工流动学校工作交流会，来自区妇女讲师团骨干讲师、外来女工流动学校代表、基层妇女干部结合自身实际，为外来女工流动学校献计献策。继续在宝安日报开设“情感热线”专栏，组织妇女教育讲师团专家每周一到宝安日报社接听热线电话，2010年共提供情感热线专版44期。在女工中培育“知心姐姐”，成立“女工互助小组”，开展互助自助活动，帮助女工走出困境，让女工感受“家”的温暖；开设“女工QQ群”，邀请专家、讲师与女工通过网络进行交流，开展“新生代女工婚恋”问卷调查，了解女工情感需求现状。富士康事件发生后，为帮助新生代劳务工尽快适应工作和融入社会，引导他们树立热爱生活、不畏挫折的阳光心态，组织各街道妇女干部、专家30余人深入富士康科技集团，与一线员工进行为期1个月的访谈，了解员工切身需求，疏导员工情绪，共访谈员工近8000人次。举办“我们成长，我们快乐”为主题的劳务工爱情运动会，通过“互动交流，寓教于乐”的形式，开展爱情互动游戏、才艺表演、知识抢答等开放式活动，为单身青年朋友们提供一个展示自我、放松身心、沟通交流的平台，深受广大劳务工的喜爱。年内共举办“爱情运动会”25场，其中有5场是在富士康科技集团举行，共有近万人次参加活动。

【妇女儿童维权】2010年，宝安区妇女儿童维权工作取得实效。制定四项信访制度：信访统计分析与档案管理制度、信访跟踪回访制度、法律援助制度和心理辅助服务制度。2010年全区妇女组织共处理信访案件905宗。其中区妇联权益部处理信访399宗，包括来电308宗，来访78宗，来信13宗，其中婚姻家庭类案件占52.4%。利用妇女儿童的节日开展普法宣传活动。3月8日，开展主题为“男女平等促和谐，人人学法保平安”三八妇女维权周法律宣传服务活动。现场设置区党代表接待点、家庭教育专家咨询点、法律援助服务点、家庭暴力宣传点、义诊服务点等。维权周期间，全区共开展普法宣传活动69场，派发宣传品约14万份，参加活动人数达2万多人次。“六一”国际儿童节期间，开展以宣传《未成年人保护法》为主的大规模、多角度法制宣传活动，积极倡导“爱护儿童、尊重儿童、儿童优先”的公民意识。区妇联还积极配合有关部门开展禁毒工作，广泛宣传“不让毒品进我家”倡议书。截至目前，各级妇女组织全年共开展105场普法宣传活动，参加活动人数达5万人次，派发近30万份妇女儿童宣传资料。针对贫困妇女，开展“关爱行动”送温暖活动，为20名贫困妇女代表，送去节日祝福，发放慰问金和慰问品共计2万元。针对儿童，前往龙川县探望43位父母在深务工的留守贫困儿童，送上慰问金及书籍、文具等慰问品共计5万元；举办“留守儿童暑期爱心学习班”，来自四川、贵州、河南等地的40位留守儿童与在宝安打工的父母共度愉快的暑假。帮扶在信访中遇到的困难妇女儿童，共救助来访患重大疾病的劳务工或劳务工子女读书7名。同时，在全区招募“爱心父母”集体6个，个人97人，结对儿童103人。各街道妇联还利用节假日慰问单亲特困母亲、贫困妇女儿童，共计671人次，慰问金额达56万元。召开区妇女儿童工作会议，部署终期评估工作和新规划编制工作。向各成员单位征求妇女儿童发展规划中各项指标的意见和建议。组织相关妇儿工委委员及工作人员到规划实施的重点成员单位开展规划督导检查，了解各成员单位的规划落实情况，进一步推进指标的如期完成，完成《2009年宝安区妇女儿童发展规划统计监测报告》。

2010年3月8日，宝安区民治街道开展主题为“男女平等促和谐，人人学法保平安”的“三八”妇女维权周宣传活动

2010年6月7日，宝安区妇联举办"爱国进行时"亲子红色之旅活动

【**创建平安和谐家庭**】2010年，宝安区推进"廉政文化进家庭"活动。利用母亲文化节、"六一"儿童节等节日，广泛推动廉政文化进家庭活动，向全区的家庭发出"廉洁教育进家庭"倡议书2万份，同时刊登在宝安女性网上，倡导全区家庭树立"家庭助廉"意识，弘扬"勤俭守廉"传统，营造"文化倡廉"氛围。开展家庭教育品牌工作，培养家庭教育专业队伍。通过举办"我家喜洋洋"家庭情境互动活动，举办"爱国进行时"亲子红色之旅，创建亲子互动载体，开展家庭教育实践活动。与教育局联合举办"阅读·传承·和谐"为主题的宝安区第十届家庭教育宣传周活动。举办全国首个"家庭教育专业硕士课程班"，30名学员参加首届硕士班的学习。承接中国家庭教育专业委员会"十一五"规划课题《青春期孩子的家庭教育指导》，征集30户个案家庭接受专业指导，进行为期一年半的跟踪研究。举办"家庭教育教学科研带头人培训班"，培训分为集中理论面授、小组讨论交流、个案研究分散指导3个阶段。成立宝安首个"家庭教育工作室"、"情感婚姻工作室"，开展家庭治疗、心理咨询、个案跟踪指导、婚姻家庭讲座、亲子关系互动等公益活动。在宝安日报开设"亲子成长园"专栏，每周一期，由家庭教育指导老师撰写文章解答家长和孩子提出的问题。筹备成立宝安区"阳光家庭综合服务中心"，结合社会工作的专业方法为社区居民提供家庭服务。（朱　明）

附：2010年宝安区妇联领导成员名单

主　席：邱慧萍

副主席：冯颖霞

总商会（工商联、民营工委）

【**引导非公有制经济人士参政议政**】2010年，宝安区积极引导非公有制经济人士参政议政。年初，区三届五次政协会议上，商会任职的政协委员提交集体、个人提案30多件。同时，引导非公有经济代表人士参与宝安区社会经济重大决策活动，邀请40名企业家参加区第四届五次党代会；推荐10位关心宝安交通运输事业发展会员企业负责人作为宝安交通运输局交通观察员；积极配合区委组织部、统战部做好市人大、政协换届工作，推荐5名企业家当选市人大代表，7名企业家当选市政协委员，壮大非公有制经济代表人士的队伍。

【**提高商会服务水平**】2010年，宝安区总商会为解决企业招工难问题进行深入调研，开展企业经营情况调查活动，为切实解决实际问题提供信息参考。对规模较大的会员企业进行用工需求调查，收回《宝安区总商会会员企业用工需求调查表》103份。为企业开展招商引资提供信息服务，对商会物流企业的详细经营信息进行采集，并调查企业空置厂房情况。另协助市总商会开展全国工商联上规模民营企业情况调研工作，以发放调查表的形式，对企业营业收入总和超3亿元的民营会员企业进行调研。积极推动重点企业互保金管理机制有关工作，会同区财政局、区贸工局，积极推进宝安区重点企业互保金管理机制。自3月份开始受理互保金贷款业务以来，已有15家企业加入"重点企业池"，9家重点企业通过互保金贷款1.45亿元。目前，深发展、招商、民生、兴业等银行都已申请加入互保金管理机制合作银行，使更多的企业能够享受通过互保金管理机制进行融资带来的便利。开展企业培训活动，加强与区政协、区委统战部、区职业能力开发局、贸工局等有关部门的合作，大力推进企业培训工程。如"如何开发和培育自主品牌"培训班和"低碳经济与深圳发展"讲座、海关业务政策宣讲会、企业家高级研修班等。各街道商会在区总商会的带动下，也积极开展企业管理培训活动。如劳资关系培训、税收讲座、来料加工企业原地不停产转型方法介绍等。据不完全统计，全区商会系统2010年共举办企业业务培训41期（次），累计培训6000多人次。帮助企业寻找商机，3月和6月，分别组织会员参加"深圳—郑州产品展销采购大会"和"第六届中国新疆喀什—中亚南亚商品交易会"，共53家会员企业参展，帮助企业开拓产品内销市场。同时，各街道商会也采取鼓励企业走出去的发展方式，积极组织企业外出考察，如观澜商会组织会员企业参加"国家级银川经济技术开发区投资环境推介会"；民治商会组织企业家共赴梅州考察"广州（梅

2010年3月10日，宝安区总商会召开互保金临时管委会第一次会议

州）产业转移园”投资环境等。据统计，年内各街道商会组织企业参加各种商务考察、经贸洽谈活动47次，签约3亿多元。举办丰富的会务活动，区、街道商会举办形式多样的会务活动，把商会建成“会员之家”，丰富会员企业业余文体生活，促进会员企业之间交流，增强商会作为非公有制企业大家庭的凝聚力。年初，区总商会组建由企业家自主管理的高尔夫球会，丰富企业家之间的交流途径。5月，组织企业家参加“统战杯”体育比赛。同时，各街道商会也开展多姿多彩的会务活动，如西乡商会赞助20万元举办“商会杯”足球赛、松岗商会举办“会长杯”卡拉OK大赛、大浪商会组织以“金秋登山乐、和谐会员情”为主题的登山比赛等。

【投身社会公益事业】2010年，宝安区总商会大力发动和引导会员企业积极参与社会公益事业。4月，青海省玉树藏族自治州玉树县发生7.1级地震，造成大量人员伤亡和房屋倒塌，区总商会响应区委区政府号召，认真做好组织发动会员企业积极为灾区募捐活动。各街道商会发动企业及个人共捐赠人民币7785340.47元、10万个医疗口罩、301件棉衣、515条裤子、200床棉被等其他物资（物资价值1424868元），用实际行动支持灾区人民。11月，区、街道商会积极发动会员企业参与宝安区“慈善捐赠月”活动，为宝安区的慈善事业发展发挥突出作用。在区慈善表彰大会上，区总商会及各街道商会均获得慈善组织奖。

【民营工委】2010年，区民营工委以“创先争优活起来，党旗引领促发展”为主题，紧紧围绕“创建党建工作示范点”和“争当科学发展带头人”两个主要内容，根据各党支部的实际情况和党员的岗位特点，周密部署，精心设计，使创先争优活动在直属党支部扎实开展。一是层层发动，教育党员深刻认识企业和党组织所肩负的经营责任、政治责任和社会责任，进一步解放思想、放宽视野、深入研究市场规律，形成公司科学发展的共识。二是通过网站、手机短信等方式进行宣传，使党员人人明白创先争优活动的重要意义，为活动营造浓厚氛围。三是结合直属党支部的特点和实际，确立“创先争优活起来，党旗引领促发展”的活动主题。把创先争优活动与企业发展紧密结合，作为加强和改进党建工作的重要载体，努力打造先进基层党组织、建设优秀党员队伍。强化基层党组织班子和队伍建设，提高党建工作水平。按照“班长抓班子、班子带队伍、队伍促发展”的要求，加强对党支部工作的指导，注意调动和发挥支部的主观能动作用。年内工委指导23个党支部进行换届选举，在充分调研、周密准备的基础上，换届工作顺利完成。各党支部党建工作的能力、管理教育党员的能力以及围绕中心工作加强思想政治工作能力不断提高，有力地促进支部各项工作的开展。加强党员教育管理工作不断提高党员队伍素质，年内工

2010年10月26日，深圳市委常委、统战部部长张思平到沙井商会调研

委安排教育经费为“两新”组织党支部订阅各种学习教育资料，积极发挥远程数字电视系统的教育作用，还组织党员开展专题研讨、专题讲座、参观走访以及参加商会举办的各类体育比赛等活动，全面提升党员综合素质。同时结合各党支部所在企业的特点，组织党员学习企业管理知识、社会主义市场经济等有关知识，扩大党员的知识面，改善党员的知识结构，提高党员队伍的整体素质。（姚云菁）

附：2010年宝安区总商会（工商联、民营工委）领导成员名单

会　长（主　席、书　记）：凌杰儒

副会长（副　　主　　席）：郭瑞琼

副会长（副主席、副书记）：于剑锋

文　联

【概况】宝安区文学艺术界联合会（简称“宝安区文联”）属人民团体，实行团体会员制。至2010年底，有区级正式团体会员12个：宝安区作家协会，宝安区书法家协会、宝安区美术家协会、宝安区摄影协会、宝安区音乐家协会、宝安区舞蹈家协会、宝安区戏剧家曲艺家协会、宝安区动漫艺术家协会、宝安区民间文艺家协会、宝安区电影电视家协会、宝安区杂技家协会，宝安国标舞协会。

【联络服务】2010年，宝安区文联高度重视与各协会联络服务工作。组织文艺工作者交流、采风、联谊40余场（次），组织文艺家培训20余场（次），开展美术书法摄影展近20场（次），在市以上报刊发表文学作品400余篇（部），举办送戏下乡、关注劳务工慰问演出和其他文艺演出20余场（次），艺术家参与和支持的文艺活动106场（次）。关爱劳务工，促进社会和谐。宝安区文艺品牌《打工文学》周刊全年发刊50期。全区打工作者超过300人，《打工文学》周刊推动打工文学的发展，成为和谐劳动关系、保障劳务工文化权利、提升劳务工素质、推动社会稳定的重要抓手，得到社会各界赞许，中国作协、省作协、市文联给予很高评价，港台文学界如《圆桌诗刊》、《艺文论坛》等刊物专文推介并与之交流合作，使之成为宝安区一张文化名片。打工文学的发展，推动宝安区文学事业，全区内刊发展迅速，至年底，街道、机关的文学内刊8个，社会文学内刊20余种。其他协会也积极开展活动，先后举办全国外来青工风采影展、全国外来青工艺术节硬笔书法巡展等展览7场；慰问劳务工（文明宣传）杂技专场6场。区动漫协会、龙华文体中心联合派出专家到富士康集团，与企业员工共同举办动漫研讨会1场、COSPLAY动漫嘉年华3场，漫画巡展3场；富士康集团4月创办我国首家非动漫企业出品的专业漫画杂志《富漫》（双月刊，已出4期）。龙华文体中心正式打出“龙华打工漫画”的旗号，在《打工文学》周刊连载20期，举办“龙华打工漫画”巡展8场。国标舞协会也多次举办劳务工培训活动，受青年劳务工的热烈欢迎。开展庆祝深圳经济特区建立30周年系列文艺活动，助推特区一体化建设。一是成功举办“深圳的路——宝安区纪念深圳经济特区建立30周年原创交响音乐会”，成为国内首次全场的原创交响音乐会。由全区文艺精英和深圳交响乐团组成的200余人的强大阵容，精彩演绎12个节目。二是成功举办全国第六届打工文学论坛。以高度的政治敏锐性，联系宝安社会经济以及打工人群的变化，确定本次论坛“打工文学”与“特区一体化”的主题，共收到国内权威专家论文15篇，胡平等中国作协领导出席和指导论坛。在对30年打工文学进行盘点的基础上，科学探讨新时期打工文学的创新发展提高转型方向与途径。三是举办当代美术展、梁冰雕塑展、第三届宝安舞蹈比赛、征歌比赛等一系列庆祝活动。面向基层，主动服务群众，助推提高市民素质。书协、美协、作协、摄影协、动漫协积极配合环保、廉政、安监等部门，开展廉政征文、廉政征联比赛、廉政硬笔书法比赛。廉政格言、短信征集、廉政书法比赛、廉政美术作品征集吸引大批市民参与。开展慰问劳务工、慰问老干部、慰问敬老院老人、慰问驻军和边防战士的慰问演出22场。派出艺术家对戒毒人员进行思想教育。文艺工作者积极协助文化主管部门开展鹏城金秋社区活动，积极配合和参与人口文化、公园文化活动、读书月活动、创意十二月等近20项文艺活动。作协举行作家签赠活动2次，其中每年在读书月期间的签赠活动已初步形成品牌效应。作协还深入社区、厂区，举办朗诵、联欢活动4场，活跃群众文化生活，并传授文学创作经验。美协大力引进国内外名家举办高水平展览12场，其中俄罗斯功勋画家油画展等多个展览已是坚持数年，颇具影响力。音协年内在宝安广电中心电视上开辟《家园音乐》栏目，辅导音乐知识，传播音乐技艺，推荐音乐人才，在艺术服务群众上作了很成功的尝试。舞协建设街舞基地，并组织获奖作品《快乐建筑工》进行多场公开演出。戏协建立本土市民粤剧粤曲基地，大力开展粤剧粤曲培训，并通过参与京剧粤剧进校园活动，又培养9名少儿戏曲小梅花。民协石岩元宵灯谜晚会，让群众受到艺术家的贴心服务。刚成立的国标舞协会也举办3次专场活动，引来大批市民群众。摄影协会继续推动QQ摄影课堂建设，承办群艺杯全国摄影大赛，获得1金4银12铜的好成绩。加强对文艺家的培训。一是结合音乐工程开展培训。二是培训与评审相结合。三是培训与创作修改提高相结合。四是沙龙、联谊、采风、推介与培训相结合请进来、送出去，利用各种机会开展培训。五是培训与考察相结合。作协加大交流力度，国内外的文学刊物纷纷推出宝安文学专辑和针对宝安文学现象的评论文章和专门报道，并开展共同的联谊、研究活动。打工文学论坛已举办6次，有全国性影响；深港台作家交流、与美加华人文坛的交流日益增多，其中安徽《诗歌月刊》、香港《圆桌诗刊》、台北《艺文杂志》等

2010年8月3日，宝安区举办“深圳的路——宝安区纪念深圳经济特区建立30周年原创交响音乐会”

均上专版推介宝安诗人及作品。美协4月组织赴台交流展出，获得巨大成功，还协办薛永年等12名外地画家高水平的画展。民协多次与揭阳、香港等地举办灯谜专家研讨会，计划合作承办第五届中华灯谜节，出版一本弘扬慈孝文化的灯谜作品集，举办向国内外征稿大型灯谜比赛。宝安区政府代表成员赴“台湾”文化交流，取得良好效果。大力加强推介宣传作为服务艺术家的重点。参与推荐制作胡棵育、佟建华专集，举办梁冰个展，在《南方日报》、《亚洲新闻人物》、《打工文学》周刊等报刊推荐闫敏、曾楚桥等艺术家。推荐曾楚桥、徐东等人进入省委宣传部“十百千人才培养工程”，推荐《仙儿堂》（孙向学）等4部精品成为省市文学重点创作项目，协助杂技《技巧造型》、广播剧《爱在春天》、第六届全国打工文学论坛成功申报宣传文化基金。

【文艺创作】2010年，宝安区文联努力探索实践多种成功的精品打造模式，取得良好成绩。全年获得省以上政府奖61项，其中，打工作家王十月在宝安创作和发表的中篇小说《国家订单》获全国鲁迅文学奖，吴君则以《亲爱的深圳》获得入围奖；张煌新的散文《客家美食好名声》摘取中国散文华表奖，其散文集《记忆龙华》“第四届广东省民间文艺优秀著作奖”；吴君、曾楚桥荣获广东省“香市杯”青年文学奖（原广东省新人新作奖）；舞蹈《快乐建筑工》先后获文化部“群星奖”、广东省群文作品金奖，并在中国达人秀中进入24强，在“我要上春晚”农民工题材征集中进入“三甲”，被农业部、文化部、中国文联“首届中国农民工艺术节”闭幕式调演；组织参加第六届深圳创意舞大赛，《传人》获全市唯一的创意大奖，另获两银奖；《月下羊台》获广东省群文作品三等奖。杂协《蹬人》喜获第31届法国巴黎明日世界杂技节金奖；《扇韵》、《火之灵——技巧造型》获全国第八届杂技魔术比赛金奖、银奖；音乐杂技剧《卖火柴的小女孩》在全国民营艺术院团优秀剧目展演并荣获金奖；短剧《穿越奏鸣曲》入围“中国戏剧奖”决赛。孙向学的长篇小说《仙儿堂》在《十月》发表；萧相风的《词典：南方工业生活》在《人民文学》发表并获“人民文学奖”。巫定定作曲的《风动帆动人在动》被确定为第四届中国杯帆船赛主题歌。戏曲方面又培养出7朵少儿梅花。郭喜忠漫画《画说廉政新规之公款互请》以单日付费下载手机8819次的成绩，获第四届中国原创手机动漫游戏大赛优秀奖。（郭喜忠）

附：2010年宝安区文学艺术界联合会领导成员名单

主　　席：戴有斌
专职副主席：李汉源
秘 书 长：易　贞

残　联

【概况】2010年，宝安区在册残疾人8831人，其中肢体残疾2800人，视力残疾1721人，听力残疾657人，言语残疾433人，智力残疾338人，精神残疾2882人。持证残疾人2852人，其中视力残疾215人，听力残疾250人，言语残疾129人，肢体残疾1278人，智力残疾476人、精神残疾499人，多重残疾5人。8月，宝安区残联在广东省六届残运会上获得优秀组织奖。11月，宝安区西乡、新安、观澜街道残联街道综合（职业）康复中心被全国残疾人康复工作办公室、中国残疾人康复协会授予“全国残疾人康复咨询人员上岗服务试点工作示范单位”。12月28日在深圳市第二届残疾人展能节当中，宝安区残联获优秀组织奖。

【组织建设】2010年，宝安区进一步加强残联基层组织建设。5月7日，由孙波副区长主持召开宝安区2010年区残工委全体委员会议，由于成员单位工作人员的变动原因，对13个成员单位的委员进行调整。5月26日，区残联党支部召开全体党员大会，选举产生新一届党支部委员会。随后召开的区残联支部委员会，选举产生新一届区残联党支部书记、组织委员及宣传、纪检委员。区残联根据市残联的统一部署，共组织46名残疾人参加社区残协专职委员的选聘考试，25名残疾人顺利通过笔试、面试、体检等，成为第三批社区残协专职委员，并于4月1日正式上岗。目前，宝安区共有73名专职委员活跃在社区，深入残疾人家庭，为残疾人提供服务。精心组织切实抓好区、街道、社区残联组织的业务培训。4月，与区卫生局联合举办精防康复工作培训班。7月，举办为期3天的区残联系统业务培训班，全系统130余名工作人员第一时间学习《广东省实施〈中华人民共和国残疾人保障法〉办法》和基层组织建设、残疾人康复等的相关知识。8月4日，举办《荷秋藤》骨干通讯员交流会。11月18日，在市残联理事长祖玉琴的大力支持下，举办区残联系统首次财务知识培训班。年内，由区残联组织培训区残联机关的干部职工、街道残联专干、社区残协专职委员、康复医生、街道综合康复服务中心管理人员、干预中心老师、残疾人等700余人次。年底，区残联素质工程建设顺利通过区素质工程领导小组的考核。

【残疾人康复】2010年，宝安区完善区级辅助器具服务中心，向社会各界展示市配送170件（套）辅具样品。全年免费配送辅具440件（套），向市辅助器具中心提供转介服务达138人次。为全区172名家庭困难的精神病人提供免费服药服务。对严重精神病患者免费送院治疗，目前宝安区有住院精神病人48人，年内送住院人次达63人次。送往区中途宿舍康复10人，精防经费达90多万元。从7月份开始，对各街道白内障患者进行的摸底、登记，共查出全区白内障疑似患者623人。全年申请白内障手术补助203名。为生活不能自理、父母年满65周岁、低保、重症（一、二级）的残疾人开展居家助残服务。经过上门入户评估，年内共有116名残疾人享受居家助残服务项目，每月900元聘请护理员居家护理，其中50名重度残疾人享受区级资助。资助残疾儿童义务康复（听障、智障、自闭症、脑瘫等，早期干预、个性化教育、生活自理能力训练等），每人不超过1万元/年，其中39人获得区级资助，39人获得市级资助。重点扶持成立宝安区利民复康中心（中途宿舍），这是全市第一家精神病康复者中途宿舍。目前该机构已正式营业并登记入住。

【残疾人教育】2010年，宝安区残联深入社区和残疾人家庭开展残疾儿童教育情况调查。宝安区现有0～8岁残疾儿童81人，已在机构康复43人，已在学校就读的有32人，未在学校或康复机构的17人。为随班就读学生提供支援服务。组织区特殊教育工作者和部分社工为19名户籍的随班就读学生提供支援服务，包括心理、学习能力、文化知识等方面的辅导，每名学生可以免费得到6000元的服务。三是加强特殊教育教学管理工作，把师资队伍问题通过残工委会议形成纪要并与教育局联系，将特教老师纳入全区教师队伍管理。四是定期或不定期组织培训学习，提高办学水平。五是针对宝安区自闭症、孤独症儿童就近康复和早期干预的迫切需求，改善教学环境，扩大儿童室外活动场地，引进人才，在现有一个春藤班和一个夏荷班的基础上增设一个秋菊班。

5月13日，宝安区在西乡会堂举行首次残疾人大型文艺汇演

【残疾人就业】2010年，宝安区制订残疾人就业服务工作量化管理办法，对街道残疾人就业服务工作责任制、残疾人就业信息跟踪管理数据库和残疾人就业服务档案管理等进行量化管理和考核。为残疾人提供职业评估，组织55名残疾人参加中残联残疾人职业评估软件的测评。同时积极组织残疾人参加市残联组织的动画制作培训班、“义齿加工”定向培训班、长江高科培训班、社区残协专职委员培训班等培训，全年共有582人次参加培训。5月15日上午，与区劳动局联合举办“关爱帮扶贫困残疾人”暨宝安区第五届“就业助残”招聘会。130余名残疾人与30家用人单位进行双向选择，当天有32名残疾人与用人单位达成就业意向。四是多渠道促进残疾人就业。积极发动用人单位安置残疾人就业，并通过托养安置就业办法，解决残疾人就业。确定石岩康园工疗站为残疾人集中就业基地。全年，通过各种渠道就业，全区共有残疾人就业206人。

【扶残助残】2010年，宝安区共受理申请办理残疾人证670人。为2340人申请特殊困难救济补助，其中申请重残定补1916人，低保定补284人，临时困难104人，大学生36人，补助金额达284万元。本年度共为残疾人办理社保补贴32人及残疾转保并取消社保补贴3人。办理深圳通残疾人乘车卡共265人次。本年度先后接待残疾人29人次来访，32次来电，2封来信。从1月20日开始，至2月5日结束，区、街道、社区三级党政部门和残联组织共拨出近200万元资金，对全区登记在册的3000多名残疾人进行逐户春节慰问，让残疾人得到真正的实惠。5月14日上午，与区司法局联合设立的宝安区残疾人法律援助工作站正式落户区残联，并在各街道设立分站。工作站为宝安区户籍残疾人提供法律咨询、代写法律文书、依法受理法律援助申请。

【**助残活动宣称**】2010年，宝安大力宣称助残活动，努力营造社会助残氛围。5月16日是第二十次“全国助残日”，主题是：关爱帮扶农村贫困残疾人。5月6日，区残联在都之都广场举行宝安区“全国助残日”系列活动启动仪式。在现场为残疾人提供康复、就业、维权等方面的咨询服务，发放宣传小册子、礼品3000余份，300余名残疾人前来咨询；开展全区性的慰问活动，区残联统一购买大米75吨、食用油15吨，送到全区3000多名残疾人手中，各街道也拨付资金慰问残疾人，使残疾人得到真正的实惠；5月13日，在西乡会堂举行2010年宝安区残疾人文艺汇演，近200余名残疾人自编自演10个精彩节目，充分展现残疾人乐观向上的良好风貌，其中新安街道的《刘海砍樵》被市残联指定参加“传播关爱阳光，共建幸福民生城市”深圳市残疾人大型文艺演出；6月3日，宝安区残联举行第二十次“全国助残日”赠送活动仪式，向街道职康中心赠送1000余册残疾人励志图书和残疾人工作用书，300多件（台）文体器材，以及40多件轮椅、拐杖、坐便器等辅助器具。各街道残联在“全国助残日”期间为残疾人组织篮球赛、心理知识讲座、集体生日会、励志电影和座谈会等形式多样的活动。通过“助残日”系列活动，唤起全社会关心关爱残疾人、关心关注残疾人的事业，让“助残日”天天在，天天有。

【**区第二届“残疾人展能节”**】2010年，宝安区举办宝安区第二届“残疾人展能节”书画摄影作品及手工艺品展，10个街道职康中心参展，展出作品包括书法、手工艺品、绘画、摄影、雕塑、刺绣串珠等17大类176件。11月16日，在西乡会堂举办宝安区第二届残疾人展能节大合唱比赛，以街道职康中心为单位，每个职康中心共派出30名残疾会员参与，共有10个队参加选拔，参与的残疾会员有300人。其中福永街道的参赛歌曲《落雨大》荣获宝安区第二届残疾人展能节大合唱比赛特等奖。12月28日上午，深圳市第二届残疾人展能节在罗湖区东门文化广场隆重举行，福永街道职康中心代表宝安区参加深圳市第二届残疾人展能节大合唱比赛，并合唱充满本地风味的广东民谣《落雨大》，在比赛中脱颖而出，获深圳市第二届残疾人展能节大合唱比赛一等奖。同时，宝安区残联在本次活动中获优秀组织奖。展出作品受到深圳市民的关注和好评，当天上午共卖出残疾人书画摄影作品及手工艺品22件。

【**残疾人体育活动**】2010年，宝安区认真组织残疾人体育活动。5月举行的2010年全国残疾人射击锦标赛上，新安街道的王路华在女子气手枪项目中获第五名；在8月8日惠州市闭幕的广东省第六届残疾人运动会上，宝安区运动员随深圳市代表团参加乒乓球、聋人足球、田径等项目的比赛，其中5名运动员在本次比赛中获奖，松岗街道的赖渭斌获得田径项目男子60级铅球比赛第一名并破省运会纪录，为宝安区和深圳市争得荣誉。区残联在省六届残运会上获得优秀组织奖。为鼓励残疾人自强不息，积极参与体育竞技，区残联领导分别采取送奖励上门的形式，看望获奖运动员并予以奖励。

2010年5月15日，区劳动局和区残联联合举办深圳市2010年“关爱扶助困难残疾人”暨宝安区第五届“就业助残”招聘会

【**残疾人事业宣传**】2010年，宝安区残联为发展残疾人事业，促进残疾人充分参与社会生活，共享社会物质文化成果，1月创办《荷秋藤》杂志（双月刊），已完成8期杂志的发行，共面向全区和兄弟单位、上级残联及全区残疾人发行28000多本，残疾人朋友实现“人手一册”。《荷秋藤》杂志的创刊得到市残联领导和区领导的充分肯定和高度评价，同时也得到基层残疾人组织的支持和参与，赢得社会各界的广泛赞誉。同时通过网络等媒介广泛开展宣传活动，维护管理好区残联网站，及时上传网站所需各类稿件。通过制作宣传栏、标语、横幅、向市民发放宣传小册子等多种形式进行宣传。据统计，年内共在各新闻媒体、网站刊发稿件200多篇（次），图

2010年10月21日，中国残联理事、人事部主任相自成一行到宝安区开展“心智障碍者托养服务与保障的需求研究”课题调研

片200多幅。其中，中残联网站、中国残疾人网、中国广播网、省市残联网站、《党建视窗》、《宝安信息》刊发转载宝安区反映残疾人活动的稿件。 （魏 晶）

附：2010年宝安区残联领导成员名单

理 事 长：黄平彪

副理事长：陈洁珍

慈善会

【概况】2010年是宝安区紧紧抓住特区一体化的历史机遇，奋发而为，经济社会全面发展的一年，也是宝安区慈善事业稳步发展的一年。宝安区慈善会认真贯彻落实区建立和完善社会救助体系的工作部署，扎实工作，努力使慈善事业成为宝安区社会保障体系的有力补充。全年共募集慈善资金6606万多元（含玉树地震、西南旱灾、舟曲泥石流和“广东扶贫济困日”捐款）。宝安区慈善会全年共救助困难群众670人次，发放救助金545万多元，其中劳务工281人次，发放救助金250万多元。为保障困难群众基本生活，构建和谐宝安发挥了应有的作用。

【慈善募捐】2010年，宝安区慈善会积极发动和组织慈善募捐活动，支持灾区和贫困地区，改善了困难群众的生产生活。一是积极为玉树地震灾区募捐。2010年4月，青海玉树地区发生特大地震，根据区委区政府的部署，区慈善会及时在《宝安日报》刊登倡议书，在全区开展募捐活动。一个月内，全区募得善款3500多万元，位居全市第一；二是开展“广东扶贫济困日”募捐活动。积极贯彻省委省政府办公厅《关于在全省开展“广东扶贫济困日”活动的通知》和6月24日市政府关于开展2010年“广东扶贫济困日”活动协调会精神，从6月30日起开展“广东扶贫济困日”募捐活动，为宝安区“双扶双到”贫困村、贫困户募集善款1800万多元，位居全市第一；三是组织为西南旱灾灾区和甘肃舟曲泥石流灾区捐款活动，其中为西南旱灾灾区募集资金36万多元，为甘肃舟曲泥石流灾区筹集资金34万多元；四是做好定向募捐。接收深圳市红发实业有限公司定向捐款50万元，资助茶阳镇太宁小学福永商会科教楼项目。五是创新“慈善捐赠月”募捐方式，开展“一十百千万”募捐活动。宝安区在11月深圳“慈善捐赠月”活动期间，加强了以“人人可慈善”为主题的宣传，开展了“一十百千万”募捐活动，即号召“中小学生捐一元，普通市民捐十元，公职人员和个体工商户捐一百元，一般企业捐一千元，规模以上企业捐一万元”。活动取得了良好效果，全社会慈善意识进一步提升，共募得资金737万多元。

【慈善救助】2010年，宝安区慈善会加大救助力度，惠及更多的困难群众。一是积极实施慈善救助。根据特区内外一体化后提高的最低工资标准，将申请救助门槛从月收入1800元以下提高至2200元以下，扩大救助覆盖面。全年共资助困难群众670人次，资助金额545万多元。其中资助户籍困难居民214人次，发放资助金199万多元；资助身患重病劳务工135人次，发放资助金104万多元；资助遭遇自然灾害和重大事故群众78人次，发放资助金65万多元；资助驻地困难官兵87人次，发放资助金47万多元。开展春节慰问活动，慰问困难群众129人，发放资助金55万多元。特殊个案27人次，金额72万多元。二是捐赠区中心血站双层采血车1台，价值约120万元。为深入开展无偿献血公益活动，更好地为无偿献血者提供服务，保障医疗临床用血需求提供了条件。

【慈善宣传】2010年，宝安区慈善会努力做好慈善宣传，群众慈善意识进一步增强。一是召开首届宝安区慈善表彰大会。在区委区政府的高度重视下，首届宝安区慈善表彰大会于2010年4月29日顺利召开，社会各界代表近600人参加会议。时任区委书记周林祥参加会议并讲话。林祥书记在讲话中充分肯定了区慈善会成立以来的工作成绩，表示区委区政府将一如既往地高度重视、大力支持慈善事业发展，号召社会各界继续积极投身公益事业，多做善事，多行善举。区慈善会研究并报区政府批准，蔡吉胜等79人获“慈善个人奖”，艾美特电器（深圳）有限公司等30家企业荣获“慈善企业奖”，福永商会等30个单位荣膺“慈善组织奖”，广东恒丰投资集团

有限公司等18个单位被授予“2008年抗震救灾捐赠特别奖”。二是制作反映区慈善会成立三周年暨宝安慈善事业发展纪实专题片《慈善宝安》。专题片客观地回顾了区慈善会成立3年来的发展历程和取得的成绩，总结了宝安区慈善会发展的基本经验，揭示了政府引导、社会参与的重要作用。宣传了捐款不分多少，不分先后的理念。三是认真做好慈善发动工作，扩大慈善影响。每一次募捐活动都认真研究和部署发动工作，每一次募捐都发倡议书，阐明募捐的必要性；都印发资料，层层深入发动，市民的慈善意识进一步提升。2010年11月深圳市慈善捐赠月活动中，印制了一批宣传资料，共派发《倡议书》14万多份，张贴宣传海报1万多份。在交通要道、候车亭、公交车站设立广告，60面公益候车亭广告引人注目，成为宝安区的一道慈善风景。在宣传发动中，《宝安日报》和宝安电视、广播电台发挥重要作用，积极报道慈善新闻，宣传典型事例。宣传进一步深入社区、企业、学校。（刘曦光）

附：2010年宝安区慈善会领导成员名单

会　长：何植洪
副会长：张文枢（常务）
王挹之　叶伟雄　苏洪根
李时中　欧阳泉　洪游奕
黄尔春　凌杰儒　颜继攀
秘书长：刘年娣
监事长：梁妙兰
监　事：左联翠　梁志斌

政 法

【维护社会稳定】2010年，宝安区委政法委（维稳办、综治办）切实抓好社会矛盾纠纷的源头预防和排查调处，积极预防和依法处置群体性事件，严格落实重大敏感节点各项稳控措施，社会大局继续保持和谐稳定。积极探索被动应付到主动维稳之路、经验维稳到科学维稳之路和运动维稳到长效维稳之路。主动回应舆论批评，不断强化依法维稳意识，将维稳工作引入法治轨道。继续落实区、街道、社区三级排查制度，坚持日常不间断排查调处、每月定期排查调处、突出问题专项排查调处、敏感时期预先排查调处等工作制度，全年共排查社会不稳定突出问题556宗，30人以上社会矛盾纠纷的排查预警率达到100%。各级人民调解组织受理案件15681宗，调解14984宗，调解率为95.6%；劳动争议仲裁机构受理案件10779宗，法定期限结案率达100%，调解率59%；法院审前调解受理各类民商事案件10545宗，成功调解7175宗，调撤率68.04%。

【社会治安综合治理】2010年，宝安区委政法委（维稳办、综治办）以推进社会矛盾化解、社会管理创新、公正廉洁执法三项工作为重点，严厉打击违法犯罪活动，构建严密治安防控体系，开展治安综合整治，实现全区稳定形势和治安形势进一步好转。严格落实综治问责制。建立社会治安综合治理考核评价体系，各街道、各综治维稳成员单位分管领导向区综治委领导、区人大代表、政协委员、党代表半年述职，主要领导年终述职，接受社会各界评议。突出抓好全方位督导检查。区委成立5个政法综治维稳督导组，由区委政法委和检、法、司、安5个部门的领导带队，分片包干10个街道督促工作落实，区委政法委成立10个督导小组与区督查室协同开展督导检查，有效促进综治维稳各项工作落实。加强重点时段防范管控。在上海世博会、广州亚运会、全国两会等重大活动期间组织专项行动，采取有针对性的工作措施，加强安全保卫和治安防范，消除各类隐患，圆满完成重大活动安保任务，确保57个重点目标万无一失。加强校园安全保卫。投入3600万元成立千人校园护卫大队，追加960万元完善学校电子监控及门禁系统，为宝安区各学校增配标准保安器械1780套，整治校园及周边各类隐患1400多处，在学校上学、放学时段实行民警及巡防队员定人定点定岗责任制，全区未发生一起涉师生恶性案件。构建“大调解”工作格局。建立完善人民调解、行政调解、司法调解和仲裁调解相结合，劳动、信访、司法、公安等部门联动的“大调解”工作机制，受到国家司法部、省司法厅的高度肯定，并在全市全面推广。积极探索人民调解进物业、进企业、进事业，创新推广“市民评理”、“移动调解室”、“医患纠纷联调”、“大爷大妈义务调解队”等矛盾纠纷调处新机制。深入持久推进严打整治工作。全年破获刑事案件数同比上升18.9%，命案破案率上升6.4个百分点，刑事拘留数同比上升7.0%；八类警情、“两抢”警情、飞车抢夺警情同比分别下降22.7%、23.8%、21.1%。2010年8月评选的09年度深圳市综治考核宝安区位列第二，被市委市政府评为平安建设先进区，取得历史最好成绩。根据广东省综治委委托国家统计局广东省调查总队开展的2010年全省公共安全感调查结果显示，宝安区在全省133个县（区）中排名第10。

【反走私综合治理】2010年，宝安区进一步完善反走私综合治理工作责任制，加强反走私活动的监督、检查、指导力度，不断提升反走私综合治理工作水平。年内，将西乡、福永、沙井3个街道作为重点街道，将新围社区等12个社区作为重点社区，加强对重点街道、社区的沿岸防范和整治，对发生过或容易发生走私货物上岸的码头、岸点专门建立档案，落实监控责任。全年全区共查获各类走私案件94宗，案值9700多万元，协调边防、海关查获走私红油案15宗，查扣走私红油427吨，查扣涉嫌走私油车28辆，船舶13艘，查获旧汽车切割件3捆，高档名牌旧汽车12辆。

【禁毒工作】2010年，宝安区各级禁毒部门继续深入开展禁毒人民战争，全区毒情灾害得到进一步有效遏制。年内，制定《宝安区禁毒奖励经费管理暂行办法》，深化创建“无毒社区”，全年完成全区最后5个无毒社区创建工作，共创建达标无毒社区163个，创建覆盖率达到100%。加强基层防毒培训，举办禁毒知识培训班，全区各街道禁毒专干、社区治保主任、出租屋管理站站长分两批约500人参加培训；组织全区5600多名出租屋综管员禁毒知识轮训，共同参与打击毒品违法犯罪活动。积极推进禁毒社工进社区工作，全年帮教转化吸毒人员25人，其中成功推荐就业3人，成功推荐培训5人，服务对象中3人转化为禁毒志愿者。

【执法监督】2010年，宝安区切实加强执法监督工作。年内，牵头开展清理涉法涉诉信访积案活动和百万案件评查活动，制定下发《深圳市宝安区开展集中清理涉法涉诉信访积案活动的工作方案》和《深圳市宝安区开展案件评查活动的工作方案》，全年共排查66宗涉法涉诉信访积案，并逐案落实“包案责任制”，现已化解38宗，息诉罢访20宗；评查案件100宗，全部为合格以上；全年累计接待来访群众90人40余次，受理群众投诉材料40余件，使用司法救助金200余万，救助案件100余宗。

【治安基层基础建设】2010年，宝安区委政法委（维稳办、综治办）以加强人防、物防、技防建设为基础，不断提升社会治安防控水平。对全区近万人的社区治安联防队伍进行优化整合，基本建立起区治安联防指挥部、10个街道治安联防大队、34个派出所治安联防中队、155个社区治安联防队“四位一体”的治安联防体系，基本完成全区4500余人的巡防队伍、5700余人的出租屋管理队伍、600余人的交通协管员队伍、1.8万人的宝安区保安公司保安员队伍等五类近4万名治安辅助力量的整合工作。全年共创建安全文明小区41个、“围合式”小区60个；建成8332个一类摄像头，38904个二三类摄像头，组建764人的监控队伍，建立大片区信息研判机制，全年电子防控系统共协助公安机关破获刑事案件767宗，其中命案50宗，打掉犯罪团伙159个、抓获嫌疑人1511名。推广视频门禁系统，区财政落实3000万元作为试点建设资金，每套系统区、街道奖励经费3000元，全年共完成36个试点小区设备安装工作，安装系统5343套。

【出租屋整治年】2010年，宝安区四届五次党代会将2010年确定为出租屋整治年，并列入党代会和政府工作报告中，成立由区长任组长的出租屋整治年工作领导小组，按照“细查、严防、狠打”的原则，不断加大出租屋清理整治力度，确定151个重点整治地区，逐间（套）排查整治出租屋治安安全隐患。全年累计开展集中整治7300多次，清查出租屋50.4万栋，整改各类隐患27.5万处，整改不合格出租屋5万间套，拆除房中房、乱搭建20.7万平方米，整改“六小场所”7.6万家。

【综治信访维稳中心建设】2010年，宝安区以抓运作磨合为关键，高标准建设综治信访维稳三级平台。在原区信访大厅的基础上建设区综治信访维稳中心，2010年9月16日深圳市委副书记王穗明为中心揭牌。全年各街道综治信访维稳中心共受理各类矛盾纠纷40006宗，成功调处36514宗，调处率达91.3%。广东省省委常委、政法委书记、省公安厅厅长梁伟发2010年先后三次来宝安区检查综治信访维稳中心建设工作，并对宝安区的综治信访维稳中心建设工作给予高度肯定。

【社会管理创新】2010年，宝安区委政法委（维稳办、综治办）以特区一体化为契机，着力探索社会管理服务创新，积极开展“防控网”、“工作网”、“服务网”试点建设。由宝安区委副书记张洪华，宝安区委常委、政法委书记、宝安区公安分局局长曲晓顺牵头，组织区委政法委、民政局等二十多个职能部门，与国内知名机构合作，开展公共服务体系、社区治理体系、治安立体防控体系等十大体系创新研究，破解社会管理难题。

（肖宏义　赫永生）

【队伍建设】2010年，宝安区政法各部门持续开展公正廉洁执法和争优创先教育活动，加强执法规范化建设，健全完善执法监督机制，严肃查处违法违纪行为，实现全区政法队伍素质和战斗力明显增强，公正廉洁意识明显提升，政法机关执法公信力和群众满意率明显提高。持续开展公正廉洁执法和争优创先教育活动。区委政法委组织开展“敢想、敢干、快干机关作风大提升”活动，掀起新一轮干事创业良好氛围；制定《关于深入推进宝安区政法机关公正廉洁执法的实施方案》，开展以“公正廉洁执法”为主题的学习教育活动，重点推进执法规范化建设与执法监督机制的健全完善。开展科级干部竞争上岗。区法院连续四年推出副科实职竞争上岗和初任法官选拔考试，用人标准明确，示范作用明显。区公安分局13名年富力强、学历高业务强的优秀民警在科级警官选拔中脱颖而出，走上领导岗位。持续开展争优创先活动。区法院在全院遴选出4名专职信访员，壮大接处访力量，拓展窗口服务功能，立案庭获评广东法院省级“青年文明号”，执行局被省高院记集体一等功。区公安分局全年共荣获国家级荣誉集体2个，个人3名，省级荣誉集体3个，个人4名，市级荣誉集体14个，个人67名；荣立个人一等功2名，荣立集体二等功2个、三等功5个，个人二等功10名、三等功74名，36名优秀民警被评为“警队之星”。积极落实爱警工程。千方百计实施党委为民警办理“十件实事”工程。全年共慰问伤病民警138次182人，通过各种渠道争取到外派中国移动、中国电信劳务工应聘机会，帮助42名民警家属解决就业问题，组建十多支文化团队，丰富干警业余生活。政法各单位相继组织各种形式的文体活动，既增进友谊，又营造了团结向上的良好氛围。区公安分局全年办理39起民警维权案件，为61名被侵权的民警进行维权，发放慰问金11.2万元，依法处理涉嫌侵权嫌疑人48名，进一步增强队伍凝聚力。（赫永生）

附：2010年宝安区委政法委（维稳办、综治办）领导成员名单

区委常委、政法委书记：曲晓顺
区委政法委副书记、
维 稳 办 主 任：张建国
区委政法委副书记：薛祝和 龚报优
区委综治办主任：窦文耀
区委综治办副主任：张永明
区委维稳办副主任：林 平

审 判

【概况】2010年，宝安法院全年共受理各类案件51551件，继2008年首次突破5万件后再创历史新高；审结执结49500件，综合结案率96.02%，一线法官人均结案556.5件，收结案总数继续位居全市基层法院之首；十二项排头兵达标竞赛指标全面达标，成为深圳市唯一全部达标的基层法院，审判质量、工作效率、综合效果呈现出良好态势，实现审判执行工作的整体跨越。在全市基层法院年终综合量化考核中再次夺魁，实现区法院年终综合量化考核“三连冠”，并荣立集体二等功，蝉联全市“先进法院”。

【刑事审判】2010年，宝安法院进一步落实宽严相济惩的刑事政策，努力维护社会治安稳定。根据宝安区情，更加注重使刑事审判符合社会治安的实际状况，突出打击重点，加大对黑恶势力犯罪、严重暴力犯罪、多发性侵财犯罪、涉众型经济犯罪以及“黄赌毒”犯罪的打击力度，依法严惩以朱京利等为首的6个黑恶犯罪团伙；及时惩治谎称绑架学生骗取钱财犯罪，公开宣判5起诈骗学生家长案件；国际禁毒日期间集中审判9宗10人涉毒犯罪案件。更加注重正确把握宽严相济刑事政策，保持依法严厉打击的同时，对情节轻微的初犯、偶犯和过失犯罪依法从宽处理，并认真做好被害人的救助和安抚工作。更加注重对未成年罪犯的教育、感化、挽救工作，通过引入社工、义工帮教机制，加强对未成年人合法权益的保护，与宝安区救助管理站联合签署《宝安法院与宝安区救助站建立缓刑青少年救助平台协议》，共同搭建利于缓刑青少年返回家乡的工作平台，还出台实施《未成年人民事案件审判规程（试行）》，将少年审判的工作重点从主要集中于刑事领域转到未成年人权利全方位保护的探索与实践，少年审判工作成为全市全省法院该工作领域的一道亮丽风景线。更加注重量刑规范化工作，通过开展量刑辩论等，全面落实上级法院部署的量刑规范化改革，推动量刑工作不断规范化、科学化。全年共受理刑事案件5270件8070人，审结5084件7770人（其中未成年人犯罪案件523件662人），结案率96.47%。

2010年12月10日，最高人民法院党组成员、政治部主任周泽民到宝安法院调研指导工作

【民商事审判】2010年，宝安法院依法审理婚姻家庭、继承纠纷、合同纠纷、权属侵权纠纷、知识产权纠纷等民商事案件。正式建立专司知识产权和涉外案件的民四庭，为推动知识产权战略实施、创建创新型城市提供有力的司法保障。进一步建立应对重大敏感案件，企业非法撤资逃债和倒闭企业案件的预警机制和应急审理执行机制。不断增强审判工作的和谐观，依法平等保护各方当事人的合法权益，倾力调处各类民商事纠纷，加大提前介入力度，突出司法调解和联调工作，竭力推进矛盾纠纷的化解。全年共受理民商事案件23952件，审结23491件，其中调解结案16929件，调解率72.07%，高出全市法院5.82%，调解工作成为区法院化解矛盾纠纷的传家宝。

【行政审判】2010年，宝安法院完善行政案件协调处理机制，突出协调劳动争议、城市管理、社会保障等行政诉讼案件，推行行政执法人员旁听庭审制度和联席会议制度，法院“走出去”到行政机关讲课、座谈，促进司法与行政执法的良性互动。全年共受理行政诉讼案件128件，结案127件，同比分别下降28.49%、28.65%；协调和解81件，和解撤诉率63.78%。一起当事人上访10年的行政争议在诉至区法院后，经主持运用行政协调和解机制促成双方和解、原告撤诉。

【执行工作】2010年，宝安法院以规范执行重点环节和关键节点操作流程为抓手，以审限内执结率和实际执行率为硬指标，全面清理执行积案，充分发挥执行联动机制作用，启动主动执行工作，建立执行24小时全勤值班制度，探索建立快速执行工作机制，有效提升执行效果，执行局被省法院记集体一等功，区法院被省委政法委评为全省集中清理执行积案活动先进集体。并作为全省法院系统唯一的发言代表，在全省集中清理执行积案活动先进集体和先进个人表彰电视电话会议上向大会介绍宝安法院开展清理执行积案的经验。全年受理执行案件22036件，结案20640件，同比分别上升7.44%、5.88%，结案率93.66%。

【推进审判制度科学化】2010年，宝安法院进一步完善规章制度。全面梳理历年形成的近百项规章制度，重新奠定全院管理的制度体系，审判业务、司法政务的各项管理更趋合理和规范。全面建立工作档案制度。在原有人员分类管理的基础上，进一步对每位干警和员工设立工作档案，建立量化指标体系，干警员工的工作总量、综合绩效、工作作风、廉洁情况、奖惩、考勤情况等全部记入电子档案，年终考核、评优评先、提拔任用等均与档案数据挂钩，以业绩论英雄的评价体系和用人导向进一步形成。进一步完善审判管理组织。成立审判管理办公室，专司全院的审判管理工作，初步形成政治处主要管理组织人事、办公室主要管理行政事务、审管办主要管理审判业务的管理格局。进一步加强信息化建设，在全市法院系统率先引进使用《人民法院司法文书纠错系统》及《人民法院裁判文书管理系统》软件，将其广泛运用到裁判文书的制作和校审工作中，加强网络的管理升级以及对各类管理软件的开发和应用力度，完善科技法庭远程存储、远程数字安防监控、庭审信息化指挥系统，探索试行远程庭审，提高审判工作科技含量。

【深化审判改革】2010年，宝安法院坚持把改革创新作为解决工作难题、推动工作发展的动力源泉，结合区情院情，重点推进四项改革：一是做大做强审前调解，实行快调优先。作为高效便捷经济地解决矛盾纠纷的尝试，宝安法院于2009年首创的审前调解工作机制取得较好效果，2010年以来，在原有工作基础上加大投入力度，完善工作机制，继续推动向纵深发展。全年审前阶段成功调解案件8092件，占全部民商事案件的34.45%，占总调解案件的47.8%，通过审前调解结案的案件平均结案周期仅为6.1个工作日。审前调解制度成批量高效便捷经济地化解大量矛盾纠纷，展示特区司法审判战线化解矛盾纠纷的“深圳速度”，引起最高法院和省市法院的关注与重视，市法院在宝安法院召开现场会，在全市法院推广该工作模式。二是推行社区司法联络员制度。在宝安和光明新区的社区及相关企业选聘236名社区司法联络员，并确立对应的联络法官，便捷反馈社情民意、方便群众诉讼，全面建立司法协作网络，该工作模式亦被市法院纳入三项改革举措之一的“法官进社区”工作。三是着力推进知识产权审判体制改革。调整知识产权审判工作布局，成立知识产权审判庭，实施知识产权案件“三审合一”改革，加大知识产权保护力度，优化全区的创新创业环境（全年审理知识产权民事案件767件，刑事案件102件）。四是创新执行工作模式，探索建立快速执行机制。依法任命若干名专职执行员，在原有执行办案流程的基础上实行繁简分流，对被执行人有履行能力、执行难度较小的案件由专门的执行员实行速执速结，对于执行难度较大的案件由执行员完成财产查控后再转由执行法官依法按程序执行，进一步实现执行工作整体上的高效快捷。

2010年10月19日，宝安法院院长胡鹰作为基层法院代表在全市法院审前调解工作现场会暨调解工作表彰大会上介绍宝安法院的工作经验

【队伍建设和廉政建设】2010年，宝安区法院进一步加强司法形象和司法能力建设。举行法官宣誓仪式，增强法官职业意识；开展文明司法专项行动，提升法院形象；在全院开展创建“学习型法院”、“学习型庭室”、争当“学习型标兵”活动，提高干警综合素质；创办内部刊物（《法治宝安》），为干警学习、调研、交流提供平台；持续开展调解经验交流、接访能力培训，完善工作岗位指引，出台工作流程手册，不断提升司法能力与工作能力。抓文化建设和风气建设。把文化建设和风气建设放在突出位置，强调大兴学习之风，大树正气之风，在全院开展荐书、读书活动，

2010年9月6日，宝安法院125名法官身着法袍宣誓

引导健康文化生活；连续第四年推出副科实职竞争上岗和初任法官选拔考试，用人标准明确，示范作用明显。在全院定期实行工作作风明察暗访，切实改进工作作风；制订出台廉政建设工作意见，推出四项新举措构建廉政监察网络；在六个派出法庭和执行局设立专职廉政监察员，在其他部门设立兼职廉政监察员，明确工作职责，进一步掌握发现问题、监督工作的主动权；强化对临聘人员的廉政管理，要求全院聘用制工作人员签订廉政承诺书，并在新入职干警的上岗培训中增设廉政教育专项科目。　（吕　静）

附：2010年宝安区人民法院领导成员名单

党组书记、院长： 胡　鹰
副　　院　　长： 潘新辉　孙肇平　符　波　詹旭伟
机关党委书记： 陈　勇
政治处主任： 任　强

检　察

【刑事检察】 2010年，宝安区检察院不断强化审查批捕、起诉职能作用，坚决依法打击各类刑事犯罪，努力维护社会稳定，促进经济发展。共受理提请批准逮捕案件5494件8365人，依法批准逮捕7476人；受理移送审查起诉案件5275件8015人，依法起诉7706人。严厉打击严重刑事犯罪，增强检察执法综合效能。坚持依法“从严、从重、从快”的打击方针，突出打击严重暴力犯罪、黑恶势力犯罪和“两抢一盗”等多发性犯罪。依法起诉杨某等人涉嫌组织领导参加黑社会性质组织罪等涉黑案件61人、“两抢一盗”案件2061人、“黄赌毒”案件1257人，有力震慑犯罪分子，增强群众安全感。坚持宽严相济的刑事司法政策，大力运用轻微刑事案件快速办理与刑事和解等机制，对未成年人犯罪和轻微刑事犯罪依法适度从宽从快处理。全年共对该类案件不批准逮捕128人，相对不起诉57人，取得良好的法律效果和社会效果。依法保护市场经济秩序，营造经济发展健康环境。积极参与整顿和规范市场经济秩序工作，先后与区市场监督管理局、国税局等部门建立长效协作机制，积极推动行政执法与刑事司法环节的有效衔接。进一步加大打击侵犯知识产权、非法传销、非法经营、商业诈骗等犯罪的力度，全年共起诉各类破坏市场经济秩序犯罪案件320件466人，涉案金额高达人民币4.7亿元，有力维护全区市场经济的良好运行环境。强化办案维稳意识，在办理全国有影响的“DDS速递网络倒闭事件”中，区检察院高度关注，及时提前介入，以涉嫌挪用资金、虚报注册资本等罪名依法快速批捕邹某等犯罪嫌疑人6人，配合党委政府有效防止事态的恶化。妥善化解社会矛盾纠纷，促进社会管理创新发展。立足检察职能，全力配合区委区政府开展综治维稳工作。全年共受理各类信访案件359件，灵活运用检察调解等手段，依法妥善办理永超泰公司及恒美集贸市场租户60余人

2010年3月15日，宝安区检察院召开作风整顿年活动动员大会

集体上访案等一批信访案件。探索试行与街道综治信访维稳中心工作对接机制，有效增强化解矛盾的合力。制定出台《风险案件评估和预警工作规定》，有效提高矛盾隐患的防范和应对能力。不断探索青少年领域综合治理工作新机制，开展检察调研活动，进行在校学生携带刀械上学的安全隐患调查，为上级领导决策提供有力参考。关注网络管理创新，编印《青少年网络自护手册》，反响良好。进一步完善未成年犯罪嫌疑人法律援助提前介入和案后回访机制，出台《在校生犯罪不起诉后帮教适用办法》，构建起检察院、家庭、学校、社区“四位一体”的帮教网络。大力开展普法宣传工作，与区法院和区社工站共同组织学生开展青少年法制教育活动，努力营造良好的法治氛围和社会治安环境。

【职务犯罪查办和预防】2010年，宝安区充分发挥检察机关在反腐败和廉政建设中的职能作用，围绕深圳打造“廉洁城市”的奋斗目标，不断加大查办和预防职务犯罪工作力度，全年共查办各类职务犯罪案件38件41人。服务大局加强反贪工作。紧紧围绕党委关注，群众关心的热点、难点问题，坚决查处政府投资领域、行政执法领域和教育等涉及社会民生领域的职务犯罪。全年共立案侦查贪污贿赂案件29件32人，比去年分别上升31.8%和39.1%。进一步改进侦查办案模式，探索建立大办案组工作机制，有效提升侦查办案能力。进一步加强办案规范安全工作，建立办案流程检查制度，确保依法办案、文明办案，安全办案。把握契机推进反渎工作。以设立反渎职侵权局为契机，进一步加大工作力度，全年共查办渎职侵权案件9件9人，介入公安机关使用武器致人伤亡事件8件次，参与调查安全生产重大事故60件次。重点加强对行政执法活动渎职犯罪行为的查处力度，成功查处原光明分局公安民警涉嫌徇私枉法和玩忽职守案件6件6人。首次邀请区人大代表专门视察反渎工作，深入行政执法部门积极开展专项调研活动，反渎工作的影响力不断增强。抓好源头开展预防工作。积极深入街道、企事业单位开展个案预防、行业预防。结合案件查处，协助石岩街道出台实施《石岩街道政府投资工程项目管理暂行规定》等一系列配套文件，有效增强相关领域的防腐效能。大力开展预防职务犯罪宣讲活动，全年共对有关政府部门和基层单位举办预防宣讲和警示教育42场次，受教育6428人次，宣教力度和效果显著增强。积极探索预防工作新途径，努力提高预防工作科技含量，建设大型户外LED显示屏进行廉政宣传，取得阶段性成效。

【诉讼监督】2010年，宝安区检察院不断强化办案与监督并重的执法理念，诉讼监督工作取得新的进展。按照区人大常委会的统一部署，重点开展公安执法专项监督活动，从6大方面、19小项加强对公安机关治安执法、刑事立案侦查、经济犯罪侦查、看管羁押等活动的专项监督工作，取得显著成效。共发出纠正违法通知书7份，检察建议书15份，受理在押人员投诉632件，依法追回非法被扣押物品折合人民币36万元。探索建立试点派出所季度刑事立案情况备案审查机制和辖区律所协作机制，着力拓宽立案监督线索来源，全年共受理立案监督线索53件，成功促使公安机关依法立案10件，撤销不当立案72件。积极开展不捕案件季度分析工作，协助公安部门包片轮训一线驻所民警，从源头上提升案件侦查质量。探索建立附条件不起诉制度、刑事和解制度、重大案件提前介入和检察长出庭支持公诉制度等工作机制，并重点推行量刑建议及量刑辩论机制改革，进一步提高办案质量和效率。全年共对150宗案件发出量刑建议，已判决136宗，其中法院采纳量刑建议的有103宗，采纳率达75.7%，有力促进审判职权的公开、公正行使。探索建立两院沟通协作长效机制，轮流组织召开两院领导班子及有关部门联席会议，就加强两院协作、提升办案水平、及时互通信息、维护民生诉求、强化法律监督等一系列问题达成共识。密切关注民生诉求，大力拓展民事行政检察监督领域。共办理民事行政审判申诉案件63件，依法提请抗诉或建议提请抗诉6件。探索公益诉讼制度运行，促请区民政部门为一宗交通事故无名氏被害人提起民事诉讼。深入开展民生热点领域调研，积极维护广大群众的切身利益，所拟《关于深圳机场航线及周边环境相互影响的初步调研报告》经市人大代表采纳后转化为深圳市两会提案，得到上级领导的高度肯定。

2010年11月30日，宝安区检察院和市检察院联合举办检察开放日活动

【机制建设】2010年，宝安区把规范检察权运行摆到与强化法律监督同等重要的位置，切实加强内部业务环节的监督制约，积极拓宽外部监督渠道，确保检察权规范正确行使。强化阳光检务工作机制建设。进一步探索阳光检务新途径新方式，正式启用阳光检务大厅，为群众提供一站式服务平台，得到群众的充分肯定。全面改版宝剑网，建立网上阳光检务服务专栏，并在全国检察系统中首家开通微博，得到社会的普遍好评。出台试行《听取被害人意见实施办法》，认真执行不起诉、不抗诉说理制度，维护刑事审判案件当事人的知情权和表达权。建立健全看守所检察官接待日和在押人员申请约见制度，设立检察官信箱，开展在押人员阳光关爱行动，切实加大对在押人员合法权益的保护力度。加强检察宣传力度，在各类媒体进行检察宣传361次，坚持与《宝安日报》联合开办《说法周刊》专栏，开展案例警示宣传，并推出检察官系列专访活动，切实提升检察工作的社会认知度和公开透明度。强化人大监督工作机制建设。进一步探索完善人大决议执行落实机制，对人大代表的意见建议进行有效的跟踪督办。继续深化人大代表联络制度和人民监督员、特约检察员、执法监督员工作制度，主动提请区人大常委会首次审议民行检察工作专题报告，邀请“三员”列席检委会，组织人民监督员参与职务犯罪案件评议会，有效提升执法办案的透明度。重点承办由市区两级检察院联合举办的检察开放日活动，邀请市人大代表宝安团视察区检察院驻区看守所检察工作，并观摩青少年犯罪圆桌审判，得到代表们的充分肯定。强化执法规范工作机制建设。进一步完善案件管理平台，出台《办案质量评分标准》，建立起覆盖检察业务各环节的案件质量标准体系。加强案件督察和评查工作，全年共办理督察督办案件8件，评查案件20件，有效规范业务部门的执法行为。加强执法办案安全防范工作，完善办案工作区建设，严格规范提审工作程序，进一步强化法警工作职能，为检察执法办案提供强有力的安全保障。加强光明检察室建设，探索上下联动的检察执法机制，积极服务光明新区工作大局，在参与新区维稳、重大事故调查、行政执法监督、职务犯罪预防和线索初查等方面发挥积极作用。

【队伍建设】2010年，宝安区检察院把进一步营造风清气正的机关氛围，进一步打造严明精专的检察队伍作为工作目标，努力提升检察人员的责任意识、执法能力、职业荣誉感和社会形象。切实把机关作风建设作为检察队伍固根基、严纪律、强素质的重要手段，全面开展机关作风整顿年活动。进一步强化检务督察工作，推行检务督察工作月报制度，采取定期和不定期结合的方式，对干警提审出庭、出勤值班、接待服务、车辆使用等情况进行突查和暗访。全年共发出督察通报10份，发出督察建议35条，取得显著成效，机关作风持续改善，精神面貌焕然一新。加强班子管理考核，率先垂范，进一步完善党组会、检察委员会、检察长办公会等议事规则，规范决策运行；坚持民主生活会、中心组理论学习等制度，提升班子作风素能。进一步深化干部电子信息库建设，提高干部管理和绩效考核的透明度和实效性。强化纪检监察职能作用，切实加强队伍自身廉政纪律教育力度。认真落实从优待检措施，通过召开座谈会、领导谈心和探访等形式，倾听检察人员意见建议，及时了解掌握队伍思想动态，切实帮助检察人员解决实际问题，增强管理成效。加大专业教育培训力度。认真开展“恪守检察职业道德、促进公正廉洁执法”主题实践活动和“创先争优”系列活动，积极塑造先进典型，全年共荣获各级各类表彰32项92人次，有力促进全院形成心齐气顺、昂扬向上的良好氛围。继续深化岗位练兵活动，共组织检察人员参加各类培训班28期524人次，其中各高校业务培训班10期55人次，有效提升检察人员的职业操守、业务技能和综合素质。（苏宝桂）

附：2010年宝安区人民检察院领导成员名单

检察长、党组书记：	叶　鹏
副检察长、党组副书记：	巫春华
副检察长、党组成员：	欧光清
	卢子祥
	黄冠明
	刘汉俊（2月起）
政治处主任、党组成员：	胡厚雄
机关党委书记、党组成员：	熊　峰

公　安

【概况】2010年，宝安区8类警情、“两抢”警情、飞车抢夺警情、盗窃汽车警情比上年分别下降22.7%、23.8%、21.1%、53.8%。破案打击情况实现“六个上升”：破刑事案件10185宗，上升18.9%；命案破案率97.3%，上升0.9个百分点；刑事拘留9736人，上升7.0%；治安拘留17452人，上升15.3%；强制隔离戒毒1659人，上升6.6%；劳动教养568人，上升9.4%。严重影响群众安全感的八类暴力案件保持下降，立八类案件5680宗（占刑事案件总数的7.6%，所占比重下降7.4个百分点），下降15.5%。圆满完成校园安全保卫、富士康危机事件处理、特区30周年庆典安全保卫等一系列重大工作任务，妥善处置群体性事件116起。深入开展社会管理创新，对全区正规旅馆、旅业式出租屋、带留宿功能的休闲场所、歌舞娱乐场所、废旧金属收购场所、劳务市场、正规网吧100%安装治安管理信息系统和采集系统，纳管场所不断扩大，对流动人口的管控水平明显提升，停车场和车辆信息采集工作得到强化。以社区治安联防队伍的整合为突破口，全面启动全区8类7.3万名治安辅助力量的整合，“大保安”格局初步形成。公众安全感和公安工作群众满意度大幅提升，在2009~2010年度全省133个县（市、区）公众安全感和公安工作群众满意度调查中，宝安区公众安全感（得分94.1分）位列全省第十，区公安分局公安工作群

2010年4月29日，省委常委、市委书记王荣到龙城派出所指导工作

众满意度（得分93.6分）全省第十一。

【维护社会稳定】2010年，宝安区维稳处突工作迈出新步伐。年内，区公安分局对长期难以根本解决，经常引发群体性事件或采取越级上访、过激行为等方式扰乱公共秩序，严重影响宝安区和谐稳定的3大类共12小类群体开展调研，逐项提出建议，认真做好预案。加强特保队伍建设，积极争取区委区政府支持，特保大队队员增编至800名。大力加强国保基础工作，查破专案3宗、破现行案件3宗，瓦解邪教组织100人以上大型聚会活动4次，排查不安定因素393宗、处置203宗。高度重视信访工作，接待处理信访事项1482宗，正式受理170宗，其中来信870件，来访612宗1123人次；上级部门转送、交办的信访事项，全部依法、及时、妥善办理；受理信访事项在规定期限内回复率达100%；对市、区两级政府12345转办的2716宗信访事项全部办理终结；实现连续3年全国“两会”期间赴省进京上访“零登记”。扎实做好大运安保准备工作，对大运场馆周边200米范围的居住人员、商户信息进行摸查和采集，对所有场馆内保人员背景进行审查备案，完善比赛场馆视频监控系统和技防系统设计方案，开展大运安保装备建设，设立防爆安检工作站，完成大运场馆周边400米范围高层建筑、大运场馆内部合计93个监控点的位置选点、现场勘验和项目立项工作。

【严打整治工作】2010年，宝安区打击违法犯罪取得新成果。年内，区公安分局深入推进打黑除恶工作，共打掉黑社会性质组织5个，刑事拘留黑社会性质组织成员88人，打掉恶势力团伙18个，成功破获以陈某为首的黑社会性质组织案等一批重大涉黑涉恶案件。重点打击多发性、团伙性犯罪，成功侦破新乐“4.26”特大入室盗窃团伙案、官田“6.06”盗窃保险柜案等一批影响较大的团伙性案件；10月19日，分局成功打掉一系列盗车团伙，依法击毙一名主犯，带破盗车案100多宗，缴获赃车21辆、猎枪2支、小口径气枪1支、仿64式手枪1支、子弹40余发。深入开展打击“黄赌毒”专项行动，查破“黄赌毒”案件5083宗，抓获“黄赌毒”违法犯罪人员9768人，停业整顿存在“黄赌毒”问题场所134家，打掉“黄赌毒”犯罪团伙182个，抓获团伙成员778人。打击毒品犯罪成果突出，侦破毒品案件672宗，摧毁制贩毒工厂6个，打掉制贩毒犯罪团伙6个，缴获毒品海洛因4.7公斤、K粉30.3公斤、冰毒30.2公斤、其他毒品16.9公斤；5月14日，分局侦破一特大涉外制贩毒案件，捣毁制毒窝点1处，抓获贩毒嫌疑人7名，缴获冰毒约4公斤、现金30余万元，广东省公安厅禁毒局专门发来贺电提出表扬。严打经济犯罪，破获经济案件396宗，刑事拘留410人，逮捕242人，挽回经济损失3.53亿元人民币，涉众型经济犯罪案件发案率下降41%；破获“东道物流合同诈骗案”、“米其科技合同诈骗案”等

2010年8月25日，宝安公安分局与南山公安分局签署区域警务合作协议

多宗社会各界关注、各级领导重视、群众反响强烈的重大经济案件。

【社会治安立体防控体系建设】2010年，宝安区社会治安立体防控体系建设取得新突破。年内，区公安分局从七月份开始着手构建全区社会治安立体防控体系，以松岗街道为试点，以“七张网”建设为主线，以点带面推进全区立体防控构建工作。构建“情报信息网”，筹建情报信息中心，加强情报信息研判工作，完善三级联动工作机制，签收率、反馈率、发现率分别由3月份的66%、58.4%、28.3%提高至100%、100%、43.4%；通过三级联动抓获逃犯1337人，查获吸毒人员7242人次；落实有奖举报，接到群众举报信息1452条，破案900余宗，对1312人申报奖励，金额共计228万余元。构建“基础防范网”，强力推进“大保安”格局构建，成立宝安区保安支队，在全区范围内建立34个大队、167个中队，整合巡防、联防、出租屋综管员、保安公司保安员等各种治安辅助力量7万余人；全区34个派出所成立专门的接处警队伍，分局指挥中心得以实现跨区域、跨派出所指挥调动警力，防控效果提升明显；建立社区民警包片负责机制，全区494名社区民警分别包片全区494个责任区，实现社区民警和责任区一一捆绑，包片固化；已有82个警务室与社区工作站、综治信访维稳室等社区单位合署办公，加强横向合作，提升工作效率。构建“视频监控网”，完善视频监控布局，落实视频监控管理机制、队伍建设、经费保障和日常维护，落实视频情报研判、警情现场视频勘查工作制度；全面推广视频门禁系统，全区共有36个试点小区完成设备安装工作，已安装5202套，完成率39.9%；通过视频监控破刑事案件767宗，其中命案50宗，打掉犯罪团伙159个、抓获嫌疑人1511名。构建“网络管控网”，24小时不间断巡查，确保重点舆情及时发现、重大舆情及时稳控；加大对网吧的检查力度，检查网吧6914家，纳管网络出租屋2900家，采集上网人员信息80多万条；刑事打击“黑网吧”案件180宗，刑事拘留256人，逮捕159人，扣押服务器、电脑主机等设备1100台，查处涉案非法所得金额1200余万元，打击力度为全市最强。构建“区域协防网”。8月25日、11月10日，区公安分局分别与深圳市公安局南山分局、东莞市公安局长安分局签署《区域警务合作协议书》，加强区域联防联勤及警务协作。

2010年11月26日，宝安公安分局召开富士康安保工作表彰大会

【重大工作任务】2010年，宝安区公安分局解决新问题的能力明显提高。1～5月，深圳富士康科技集团接连发生12起员工跳楼事件，引起中央、省、市领导及社会各界的极大关注。区公安分局严格贯彻落实上级指示精神，积极配合国务院有关部委调查组开展工作，对12起跳楼事件按照命案标准开展调查，准确定性，及时公布情况，协助处理善后事宜；采取一系列有效措施，强化企业周边治安控制，引导网上舆论，积极指导、协助企业加强防范疏导，排查调处不稳定因素，有效防止跳楼事件的再次发生；5月21日至7月，共发现、化解和阻止员工欲轻生事件44起；7月份以来，富士康集团整体趋于平稳，其周边治安秩序良好，未发生影响重大的刑事案件及其他不安定情况。福建、广西等地先后发生涉校重大案件后，区公安分局全面铺开校园安全保卫战，严格落实学生上学、放学、晚自习各时段的警力安排和部署，实行定人定点定岗责任制，对校园周边治安隐患和校园内外的不安定因素进行排查，对校园周边的监控盲区重新进行规划选点和布点，及时维护维修610个一类监控摄像头，确保全区各中小学校周边监控无盲区和摄像头正常接通；在此基础上，为每所中小学、幼儿园配置2套装备器材，克服警力不足压力，各派出所自5月13日开始对学校实行一校一警（持枪）、2名巡防上岗；组建千人校卫大队，驻校开展校园安全工作，确保全区449所学校的平安。（杨金凤）

附：2010年深圳市公安局宝安分局领导成员名单

局长、党委书记：曲晓顺
政委、党委副书记：郭向阳
第一副局长、党委副书记：金　铎（12月起）
副局长：胡　迪
督察长、纪委书记：李培生
政治处主任：王夫基

司法行政

【概况】2010年，宝安区司法局按照

“加强完善、创新推广、巩固提高”的工作思路，创新普法品牌，继续推进“八个一”（即：开展一次法制专题学习，组织一次学法讨论，组织一次“法律六进”，每周一次进驻社区，悬挂一批宣传横幅，开展一次宣传咨询活动，举办一期法律知识讲座，组织一批典型宣传）系列普法宣传教育活动；稳步推进司法行政“五项”创新推广工作，即：创新推广“移动调解室”、“法律超市”、“市民说事评理机制”、“大爷大妈义务调解队”、“出租屋管理员义务调解队”；加强企业“法制教育培训基地”建设，建立企业普法长效机制；创新法援工作模式，设立宝安区残疾人法律援助工作站，方便残疾人法律咨询和申请法律援助；设立“医疗纠纷专家库”，进一步完善医患纠纷联调工作机制；开辟老年人法律援助“绿色通道”，对老年人追索赡养费，全部纳入法援范围，不再进行户籍审查，切实维护老年人群体的合法权益；创新“大调解”机制，深入开展人民调解工作进事业单位、物业小区、企业（以下简称“三业”），稳步推进人民调解工作进“交警”；积极开展人民调解协议书司法确认工作；创新律师管理，深入推进律师参与“法律进社区”活动，不断拓展律师参与“法律进社区”工作领域和服务范围，在宝安区看守所设立“驻看守所法律咨询服务工作室”，为犯罪嫌疑人家属和附近居民提供法律咨询服务；切实加强对社区矫正和安置帮教对象的安全管理，无脱管漏管和重新违法犯罪现象的发生。

2010年6月22日，宝安区司法局驻看守所法律咨询工作室揭牌

【普法工作】2010年，宝安区司法局创新普法品牌，继续推进以“八个一”为龙头的“大普法”新格局，全区法制宣传教育工作再上新台阶。年内，该局按照“围绕中心，突出重点，创新品牌，务求实效”的工作思路，以“创建法治城区，构建和谐家园”为主题，进一步创新普法方法，拓展普法领域，夯实普法阵地，深化普法效果，在全区开展一系列贴近民生、寓教于乐、精彩纷呈的“八个一”系列法制宣传教育活动。即：（1）召开一次宝安区“五五”普法工作总结研讨会；（2）开展一系列普法成果展示活动；（3）深入开展一系列从企业管理层到员工的法制教育培训；（4）组织相关行政执法公务员参加一次行政法庭审判活动；（5）开展一系列“送法进校园”活动；（6）组织一千场电影送法进基层活动；（7）丰富一个“说法周刊”报刊专栏；（8）继续开播一台《法制宝安》广电栏目。年内，全区共开展普法宣传活动3340多场次；编印发放各类法制教育读本、宣传资料926万份；举办各类人员普法培训班834期；上法制课826次，播放法制电影872场，更换法制宣传栏5610块；《法治宝安》电视节目120期，播出《法治在线》广播节目120期；《宝安日报》刊出“说法周刊”40期160多篇法制专题文章，全区受教育人数近1000万人次。年内，共在316家中小企业建立“法制教育培训基地”，开展企业法制培训632场次，受教育员工16万人次，全区企业法制宣传教育工作逐步走上规范化、制度化、常态化轨道。9月17日，全省企业普法工作现场会在宝安区召开，推广该区企业普法的工作经验。11月16日，《法制日报》用头版头条新闻报道“深圳市宝安区走上企业普法制度化规范化常用态化之路”的经验做法。“五五”普法成效显著。5月11日，宝安区召开“五五”普法（即《中央宣传部、司法部关于在公民中开展法制宣传教育的第五个五年规划》）检查验收动员大会。5月25日至28日，宝安区抽调部分人大代表、政协委员以及区团委、妇联、总工会、区职业能力开发局的领导分五个小组，对全区10个街道、16个机关单位、10个社区、11所学校、11家企业等共58家单位进行为期4天的检查验收。7月7日，深圳市“五五”普法检查组在市司法局副局长邹从兵的带领下，对宝安区“五五”普法工作进行检查验收。7月29日，省人大常委会副主任陈小川带领省“五五”普法检查验收组一行8人对新安街道进行抽查，省普法检查组对宝安区“五五”普法工作给予高度评价。法治城区（街道）创建活动取得明显成效。5月11日，宝安区召开全区“法治城区（街道）创建”活动动员大会，副区长蔡颖就开展法治城区（街道）创建活动进行安排部署。年内，该局在全区组织开展“法治城区（街道）创建”活动20多场次，张贴悬挂过街横幅300多条，举办特区一体化政策法规“双百”法制讲座109场，法律咨询198场，受教育人数达

42289人次，为促进依法治理、建设法治政府奠定坚实基础。11月4日，宝安区被广东省依法治省工作领导小组和广东省普及法律常识领导小组授予首批“广东省法治县（市、区）创建活动先进单位”荣誉称号。12月24日，又被全国普法办授予首批“全国法治县（市、区）创建活动先进单位”荣誉称号。

【劳务工学法】2010年，为加强劳务工普法工作，区司法局针对春节前后数百万劳务中集中返乡的特殊情况，重点开展劳务工法制宣传。2月1日，该局组织由律师事务所、区法援处、“12348”法律服务中心以及宝安公证处等部门组成的法律服务队在宝安汽车站开展“关爱·感恩·回报”新春普法宣传教育活动。区普法办还编印《宝安区劳务工法律知识读本》、《宝安打工必读》等宣传资料，通过开展送法进企业等系列普法活动，大力宣传《安全生产法》、《劳动合同法》、《就业促进法》等与劳务工作生活密切相关的法律法规知识，不断提高劳务工的法律素质和依法维权的能力。从4月份开始，区司法局还在全区开展送千场电影进社区、进企业活动，年内，共放映普法宣传影片872场，观看人数达188万人，为平安宝安、和谐宝安、优美宝安营造浓郁的法治氛围。

【青少年学法】2010年，宝安区青少年法制教育进一步加强。年内，为提高全区青少年的法律意识和道德观念，教育引导其树立正确的人生观、价值观、道德观，养成高尚的思想品质、良好的道德情操，区普法办专门制作《爱与法》未成年人法制教育电视专题片，共制作光碟280套2240盘，发至全区各中小学校，通过对典型案例进行深入分析，加强对未成年人的不良行为进行警示教育，进一步增强青少年学生的法律意识和道德观念，从小树立学法、知法、守法、用法的良好习惯。另外，区普法办还自行设计印刷《中小学生自我防护安全手册》30万册发放到各中小学校，通过加强中小学生安全教育，增强青少年的自我保护意识，提高辨别是非的能力。

【司法行政五项创新推广】2010年，宝安区司法局重点开展司法行政五项创新推广工作。6月11日，宝安区召开司法行政工作五项创新推广会议，深圳市政协副主席、市司法局副局长钟晓渝，区领导张洪华、曲晓顺、蔡颖出席会议，就全区推广“法律超市”、“移动调解室”、“市民说事评理”机制、“出租屋管理员义务调解队”、“大爷大妈义务调解队”等创新做法进行部署。为推进法治城区（街道）创建活动，新安街道在全区率先开设“法律超市”，该“法律超市”是全省首个由基层政府与高等院校以“政学结合”的形式为居民提供法律服务的平台，集法制宣传、人民调解、法律援助等多项功能于一体的“一站式”超市化服务，成为宝安区“五五”普法工作一个新的亮点。年内，全区共建“法律超市”8家。“移动调解室”也是新安街道的首创，由于其具有机动灵活、快速高效化解社会矛盾纠纷的独特功能，并且集“人民调解、法制宣传、法律服务和重大矛盾纠纷应急功能”于一身，在街道综治信访维稳工作中发挥越来越重要的作用。年内，区委区政府高度重视，并拨出专项经费，在全区进行推广。另外，区司法局还在全区创新推广西乡街道的“市民说事评理”机制、观澜街道的“出租屋管理员义务调解队”、大浪街道的“大爷大妈义务调解队”、龙华、福永街道的“义工调解队”等创新做法，取得明显成效。

【构建“大调解”格局】2010年，区司法局创新“大调解”机制，深入推进人民调解工作进“三业”。年内，区司法局按照“全面规划、突出重点、以点带面、提高素质、整合资源、互动联动、形成网络”的工作思路，创新“大调解”机制，将人民调解组织网络向300人以上500人以下的“三业”延伸覆盖，全区共建进“三业”调解组织850家，覆盖率达89%。其中，建物业管理小区调解组织502家，覆盖率达66%；建相对独立事业单位调解组织54家，覆盖率达96%；建300人以上500人以下的企业调解组织294家，覆盖率59%，形成覆盖街道、各社区居委会、企业、物业小区和事业单位的三级调解组织网络，实现“小矛盾不出社区，大矛盾不出街道”的工作目标，较好地维护社会稳定。全面推进人民调解进“交警”工作。年内，区司法局在10个街道交警中队均设立“人民调解工作室”，各街道除配备专职调解员外，区司法局还将14名调解社工分别充实到西乡、沙井、松岗、龙华、大浪、民治、观

2010年5月11日，宝安区“五五”普法检查及法治城区创建活动动员会召开

澜、石岩等街道交警中队人民调解工作室，负责受理交通事故的调解工作，至11月底，全区共受理并调处交通事故纠纷1445宗，调解成功1372宗，调解成功率达95%。全面开展人民调解协议书司法确认工作。区司法局与区人民法院合作，联合下发《关于进一步加强人民调解协议司法确认工作的若干意见》，积极开展人民调解协议司法确认工作，对除涉及房地产纠纷案件外，标的不超过20万元且按照法律规定可以进行司法调解的案件以及经区人民法院审查确认的其他案件进行司法确认。年内，全区10个街道共完成人民调解协议司法确认案件2555宗，较好地维护当事人的合法权益。2010年，全区共建立人民调解委员会625个，其中街道调委会10个，社区调委会209个，企事业调委会346个，物业小区调委会59个，行业调委会1个；有专职调解员275人，兼职调解员3429人，纠纷信息联络员800人。年内，全区各级调解组织共调解矛盾纠纷17496宗，调解成功16725宗，调解成功率95.6%，充分发挥人民调解在维护社会稳定中的“第一道防线”作用。

2010年4月12日，司法部法制宣传司司长肖义舜在省司法厅党委副书记、巡视员王承魁等领导的陪同下到新安司法所调研

【社区矫正和安置帮教工作】2010年，区司法局积极会同公、检、法、民政、工商、税务、劳动等部门，切实加强对社区矫正和安置帮教两类重点管控对象的安全管理。通过建章立制，规范运作，健全报到登记、建档立卡、签订帮教协议等制度，严格落实排查、走访等措施，重点加强两类人群在“亚运安保”和节假日期间的安全教育，密切掌握社矫安帮人员的行为动态，有效掌握和控制其活动范围，确保节假日和“亚运安保”期间的社会稳定。同时，还及时开展送温暖活动。9月13日，区司法局组织帮教慰问小组前往韶关、北江等监狱开展送温暖帮教慰问活动，为宝安籍狱中服刑人员，送去党和政府的关爱，提高改造和帮教质量。通过加强对社区矫正和安置帮教两类重点人群的安全管理，年内，全区社区矫正对象新增8人，期满解矫5人，现在册社区矫正对象27人，其中缓刑11人，假释7人，监外执行2人，剥夺政治权利7人；安置帮教对象新增17人，按规定解除安置帮教32人；建档率达100%，帮教率达100%，没有出现脱管和漏管现象，重新犯罪率为零。

【法律援助工作】2010年，宝安区法律援助工作有新的突破。5月份，区司法局与区残疾人联合会共同印发《关于成立宝安区残疾人法律援助工作站的方案》，决定设立“宝安区残疾人法律援助工作站”，方便宝安区户籍残疾人法律咨询和申请法律援助。5月14日，“宝安区残疾人法律援助工作站”正式挂牌运作。建立“医疗纠纷专家库”。6月29日，区司法局联合区法院、区卫生局联合建立“医患纠纷联调工作专家库”，进一步完善医患纠纷联调工作机制，促使医患纠纷快速有效化解，得到司法部和省、市、区各级领导的充分肯定。年内，宝安区法援处共受理医患纠纷案件50宗，已办结18宗，其中单方疏导2宗、调解结案13宗、诉讼解决3宗，在办结的案件中有3宗为上访案件，为5人/次患者垫付鉴定费3万余元。7月份，区法援处进一步降低法援门槛，开辟老年人法律援助“绿色通道”，对老年人追索赡养费，凡是宝安区法院管辖范围的案件，全部纳入法援范围，不再进行户籍审查，切实维护老年人群体的合法权益。年内，区法援处共承办法律援助案件7740宗，其中刑事案件716宗，民事案件7024宗，解答法律咨询23299人次，其中网上解答法律咨询327人次，代写法律文书252件，共为当事人追回索赔利益4121万元，较好地维护弱势群体的合法权益。

【律师参与“法律进社区”】2010年，宝安区律师参与“法律进社区”工作有新的进展。区司法局在看守所设立“宝安区司法局驻看守所法律咨询服务工作室”，每天安排2名专职律师值班，为犯罪嫌疑人家属和附近居民提供免费法律咨询服务，不仅从根本上打击非法执业现象，同时也将律师参与“法律进社区”活动向社会管理重要区域不断延伸。年内，区司法局共派出138名律师，为967名群众提供法律咨询服务，受到宝安区看守所及社区居民的一致好评。7至9月，区司法局针对特区一体化的新形势又组织律师开展为期2个月的特区一体化政策法规“双百”宣讲咨询活动。至12月底，全区42家律师事务所，525名执业律师，共开展律师参与“法律进社区”活动11940

人次，接待群众咨询21168人次，调处各类纠纷1404宗，举办法律培训讲座732场，参与矛盾纠纷排查工作587次，为维护社会稳定发挥重要作用。

【公证法律服务】2010年，宝安公证处进一步优化服务质量，提高服务水平，为政府、法人以及全区市民提供优质、高效、便捷的公证法律服务，充分发挥公证在预防矛盾纠纷、减少诉讼、维护社会稳定方面的职能作用。年内，共办理各类公证案件24451宗，与上年同比增长20.92%；其中，国内经济公证3276件，与上年同比增长5.88%，国内民事公证19053件，与上年同比增长24.41%，涉外民事公证2122件，与上年同比增长17.17%。

2010年12月4日，宝安区举行法制宣传日活动

【12348法律服务】2010年，区司法局立足"为社会提供优质高效法律服务，为群众排忧解难"的工作宗旨，进一步加强12348法律服务窗口建设，将12348打造成接听来电、接待接访、受理咨询"三位一体"的一站式法律服务平台，每天安排专职律师和法律咨询员24小时接听热线电话，向广大市民免费提供法律咨询服务，将矛盾纠纷及案件引入法律轨道。年内，"12348"共受理咨询32784件，其中来电32323件，来访461件。（张建国）

附：2010年宝安区司法局领导成员名单

局　长：林锡宏（12月止）

副局长：梁伟棠　马晓燕

区依法治区（普法）办专职副主任：辛　一

2010年宝安区武装领导机构领导成员名单

中共宝安区委人民武装委员会

主　　任：周林祥（7月止）

　　　　　鲁　毅（7月起）

副 主 任：张洪华　李立军　刘晓春

宝安区国防动员委员会

第一主任：周林祥（7月止）

　　　　　鲁　毅（7月起）

主　　任：李文龙（11月止）

　　　　　张　备（11月起）

副 主 任：张洪华　刘惠玲　李立军　刘晓春

中共宝安区人民武装部委员会

第一书记：周林祥（7月止）

　　　　　鲁　毅（7月起）

书　　记：刘晓春

副 书 记：李立军

人民武装

【党委班子建设和干部队伍建设】 2010年，宝安区人武部认真贯彻民主集中制，抓好党委一班人的理论学习，搞好班子团结，营造干事创业氛围，保证党委决策正确、制度落实、科学发展、廉洁从政，班子的凝聚力战斗力明显增强。扎实抓好干部队伍建设，不断提高办文办事水平，干部队伍整体素质得到有力提升。一是严格落实制度。在抓党委中心组理论学习上，坚持落实集中学习、个人自学、学习考勤、体会交流等制度，确保学习的时间、内容、形式、效果“四落实”。在学习中，坚持做到“五个一”：每人有一个学习笔记本、有一个心得体会本、每专题写一篇心得体会、进行一次体会交流、每半年进行一次理论考评。二是领导以身作则。特别是在完成重大任务上，都能抢在前、干在先。部长李立军和政委刘晓春同志，为了搞好全市专武干部大比武，多次下基层调研，与机关研究训练方案，在封闭式集训期间，连续10天吃住在基地，起到很好的模范带头作用。在廉洁自律方面，注重规范程序，落实监督，强化制约。在经费使用方面，实行主官双签，做到“一个预算安排，一个账户进出，一个渠道管理”。三是狠抓工作作风。充分利用宝安是革命老区、人口大区、经济强区的优势，谋求武装工作如何创新，民兵预备役建设如何发展，始终是部学委摆上议事日程的一件大事，党委一班人为打造宝安武装工作品牌积极出谋划策，为搞好武装工作多次深入基层，调查研究，解决重点难点问题。四是强化干部素质。注重提高干部学历教育。现役干部9人中，学历全部在本科以上，2人已获得研究生学历，7人已报考研究生。注重提高理论水平。每月组织一次理论辅导讲座，由刘晓春政委授

宝安区参加“鹏城2010”军地联合实兵演习

课。注重提高办事办文能力。年底，区人武部被深圳警备区政治部评为“新闻宣传工作单位”，被省军区评为“先进人武部”，李立军部长被省军区评为“优秀团主官”。

【创建培育工作】2010年，宝安区人武部围绕省军区党委《关于“建设学习型党组织、创建学习型军营、培育知识型军人”的意见》和深圳警备区《关于“建设学习型党组织、创建学习型军营、培育知识型军人”的实施方案》，建立考勤、引导、联学等5项机制，广泛开展集中培训、征文演讲、岗位练兵、参观见学等活动，为创建和培育工作规范路子，搭建平台，营造个个创先进、人人争优秀的良好氛围。按照加强理论武装、提高思维层次、把握工作规律、增强创新能力、实现全面发展的总体要求，紧紧围绕把党委建设成团结和谐，干事创业氛围深厚，民主意识强，干部讲学习、爱学习、比学习，在本职业务能力上有了新进步，在办文、办会、办事上有了新发展。

【战备工作】2010年，宝安区人武部深入贯彻省军区小型作战会议，周密制订《2015年前军事斗争准备实施计划》、《非战争军事行动能力建设规划》等一系列方案预案，基本形成齐全配套、军地对接的方案体系。狠抓国防工程维护管理，进一步完善国防工程档案，高度重视指挥系统，提高遂行任务的通信保障能力，广州军区徐粉林司令员率工作组视察时给予充分肯定。

【民兵整组】2010年，宝安区人武部4月上旬专门召开全体基层武装部部长、干事参加的民兵组织整顿工作会议，布置任务，明确整组的方法和要求，强调民兵组织建设应紧贴作战任务，坚持“编为用，建为战”的指导原则，要利于建设、利于训练、利于使用，形成以城市防空、科技支前和维护社会稳定力量相结合的科学布局。6月，组织机关同志对全区整组情况进行检查，从检查的情况来看，民兵建设的质量和科技含量有了较大提高，民兵编组更加科学，布局更加合理。

【专武干部大比武】2010年，深圳警备区在4月底组织全市专武干部大比武，内容有军事理论、射击、军事地形学和3000米。为了搞好近10年来全市组织的第一次专武干部大比武，部党委高度重视，先后2次召开党委会，决心集中精力、全力以赴迎接大比武，目标是确保宝安区在全市六区中名列前三，力争第一。2次召开专门会议进行部署，决定比武分三步走：第一步是各街道先认真准备，在体能技能上先打下坚实基础；第二步是集中全体参考人员在区国防教育训练基地进行为期10天的封闭式集训，进行强化训练，按比武科目上午进行学习辅导，下午进行考核验收，晚上个人自我复习；第三步是统一参加警备区组织的在市国防教育基地的培训，进一步巩固和深化。4月25日至28日，宝安区10名专武干部参加大比武，全市共60多人参加。4月30日警备区召开全市专武干部大比武表彰大会，宝安区取得总分第一名的好成绩，全市个人总分前10名中宝安区共有5人，其中龙华街道的夏明江干事取得全市个人第一名。

【重大任务】9月18日，以2011年世界大学生运动会安保任务为背景，深圳市委政府和警备区组织驻深党政军警20个单位、3300余人、850多台（件）武器装备，进行“鹏城——2010”军地联合实兵演习，军区吕丁文副司令员率工作组亲临指导，宝安区民兵应急分队担负的首个“城市应急处突维稳科目”得到广州军区、广东省区军、深圳市委政府和警备区的高度评价。

【国防后备力量建设】2010年，宝安区人武部围绕“双应一体”目标搞筹划抓建设，国防动员和后备力量建设取得可喜成绩。一是动员体制机制建设不断加强。注重加强对机关新颁布的《国防动员法》的学习宣传，全区各级领导和广大群众依法建国防的责任感紧迫感明显增强。顺利完成全区动员潜力普查，进一步掌握全区交通战备、人民防空和经济、科技动员资源数量质量情况。二是队伍素质结构不断优化。坚持“建在身边、抓在手里，用在关键”，圆满完成年度国防后备力量组织整顿任务，全区基干民兵2607人，预任预编人员333人，较好解决了组织重叠、人员交叉等问题。

【正规化建设】2010年，宝安区人武部贯彻依法从严治军方针和军区“桂林集训”精神，部队安全发展局面持续巩固。一是条令法规学习抓得扎实。以学习贯彻新一代共同条令为契机，持续开展“学法规、用法规、守法规”和条令学习月活动。二是倾向性问题整治及时有力。着眼个人形象、机关抓表率、营院抓秩序、全员抓安全，从3月份起大力开展机关和营院治理活动，规范了部队秩序。5月中旬开始全面展开“迎亚运、严军纪、树形象、作贡献”教育整顿活动。三是重大安全问题防范卓有成效。针对“两会”、世博会、省运会、亚运会相继召开，先后3次派出机关工作组对各个街道安全工作进行拉网式检查。“鹏城——2010”军地联合实兵演习期间，宝安区出动的人员、装备数量最多，多次远距离机动，均未发生任何事故和问题。

【夏季招收士官】2010年，部队再次在宝安普通高等学校毕业生中直接招收士官，这是加强军队建设、培养高素质人才、实现军队现代化建设的需要，也是国家兵役制度改革的重要内容。5月份部署此项工作，区征兵办公室和各街道主动作为。全区共有6名全日制大专、本科毕业并符合年龄的青年在毕业院校应征报名。经区征兵办体检、政审后有2名应征青年“双合格”。经上级征兵部门专业审查，来自松岗街道松涛社区，毕业于深圳信息职业技术学院移动通信专业的刘保新和来自新安街道翻身社区，毕业于深圳大学移动通信专业的郭奕成，分

新兵入伍

别被广州军区海军某部和广东武警总队选中。

【冬季征兵】2010年宝安区冬季，区委区政府正确领导，市征兵办具体指导，区征兵办先后召开专武干部会、征兵工作部署会、报名动员大会、新闻报道会、征兵体检会、征兵政审、征兵家访、定兵等工作会议。全区适龄公民报名总数1278人，送区体检站受检860名，双合格238名，共征集新兵206名（男兵202名、女兵4名），首次超过200人，约占深圳市总任务数的三分之一。（柯超华）

附：宝安区人民武装部领导班子名单

部　　长：李立军

政治委员：刘晓春

副 部 长：林家努（2月止）

曾志勇（2月起）

武装警察

【概述】武警深圳市支队宝安中队主要担负深圳市宝安区看守所看守勤务、武装押解以及协助地方党委、政府处置各类突发事件和上级赋予的其他临时性任务。2010年，宝安中队按照总队、支队两级党委扩大会议精神和中队年初《按纲建队计划》工作部署，以新《基层建设纲要》和部队条令条例为依据，紧密联系中队建设实际，紧紧围绕“争创先进中队”的目标，面对亚运安保、执勤管理、正常工作“三条战线”同步展开，着眼“建设现代化武警”目标，突出以大项任务为牵引，抓好经常性、基础性工作，圆满完成以执勤和处理突发事件为中心的各项任务，高标准实现“两个确保”，中队全面建设取得明显进步。2人荣立三等功，30人受嘉奖，15人次考学和选送培训，3人入党。

【党支部建设】2010年，武警深圳市支队宝安中队按照先进性要求加强党组织建设。始终高度重视党支部建设，注重政治理论的学习，用科学的理论武装头脑。重点学习科学发展观，《党支部工作条例》、《政工条例》，进一步提高支部一班人的政治思想素质和理性思维能力。党支部按照确定议题、会前准备、民主讨论、形成决议、分工落实的程序开展工作，在讨论决定中队大项事情和敏感性问题上严格按照“十六字”方针，贯彻民主集中制、尊重支部成员的意见，不搞个人说了算，做到公开、公平、公正。

【党员队伍建设】2010年，武警深圳市支队宝安中队结合党支部开展“创先争优”活动，在中队设立“党员先锋岗”、“党员责任区”，进一步强化党员的党性观念。为充分发挥党员的先进性，根据支队加强经常性政治工作落实的有关要求，一方面制定详细的年度组织生活计划，突出抓好党员思想汇报和党员的培养发展工作，从源头上抓好党员队伍建设；另一方面结合每月一次履职尽责讲评，对中队党员的思想、作风、工作和模范作用进行讲评，开展批评与自我批评，在中队叫响“我是党员看我的”口号，党员先锋模范作用发挥明显。

【群众组织建设】2010年，武警深圳市支队宝安中队本着“全力支持、发扬民主、充分参与、落实制度”十六字方针指导两个群众组织的工作。充分发挥团支部和军人委员会各个活动小组的作用，做到活动经常、比赛经常、评比经常。全年，中队团支部组织为战士过集体生日晚会10次，组织开展各类文体比赛活动20余次，配合中队党支部出宣传板报15期，成立了中队小广播和宣传报道组。武警委员会充分发挥三大民主的作用，理发组、板报组、维修组、篮球队工作主动，活动开展积极，成效明显。

【现代化建设】2010年，总部党委首长确定在广东召开武警部队推进现代化建设工作会议，选定深圳支队宝安区中队作为一个观摩现场点，主要任务是建好智能化电子哨兵系统，进行减员增效模式探索；改造勤务值班室与看守所AB门，规范执勤秩序；安装先进的执勤管理软件，展示勤务管理智能化成果。革命化主要是通过优化营区政治环境、规范各类库室和宿舍牌匾来展现。中队党支部深感肩上责任重大，机遇难得，在总队支队党委首长和机关的有力指导下，坚决贯彻上级指示，根据任务分工和统一部署，科学分工、精心谋划、全面准备、扎实推进。

【中心工作】2010年，武警深圳市支队宝安中队共完成临时押解勤务62批次，其中短途押解35批次，长途押解27批次，共押解犯人2718人，出动兵力305人次。2010年11月至12月，根据支队命令，中队抽组24名官兵赴广州广东奥林匹克体育中心场馆群，担负广州亚运会和亚残运会安全保卫任务。期间，中队官兵紧紧围绕支队提出的“三个确保一个展示”的总体目标，严密组织勤务，参勤官兵发扬不怕苦、不怕累连续作战的精神，圆满完成任务。广州亚运会安保中队1名战士荣立三等功，10名官兵获得支队嘉奖。

【训练工作】2010年，武警深圳市支队宝安中队军事训练坚持以科学发展观为指导，严格按照总队训练计划和支队党委对年度军事训练工作的安排，依据新《军事训练与考核大纲》的内容要求，以完成中心任务为牵引，以落实大纲为主要内容，以培养提高干部战士的军事素质为目的，提出了向训练要管理，向训练要战斗力的口号。着力抓好《军事训练大纲》的学习，严密组训，科学施训，始终把军事训练工作的根本点放在提高训练质量上。进一步规范训练场秩序，以正规求质量，有效促进了经常性军事训练。

【后勤保障工作】2010年，武警深圳市支队宝安中队后勤保障工作按照“加强管理、深化改革、提高效益、服务中心”的思路，加强后勤正规化建设。坚持建管并举、以管促建，全面提升后勤保障水平。管好经费开支，充实中队家底。搞好伙食管理、提高保障水平。认真贯彻《武警部队伙食管理规定》，全面落实食物定量和新的伙食费标准，严格落实伙食管理制度。抓好营区设施配置和维修，重点解决好重购置轻管理的现象。搞好农副业生产，自力更生改善中队伙食。今年以来，加大科学养殖的力度，农副业的丰收在一定程度上改善了官兵生活。搞好卫生防病工作，确保人员安全稳定。定期对蚊、蝇、鼠、蟑螂滋生地进行消毒和清理，把好食品采购关，杜绝各类传染病进入，防止食物中毒事故发生。

【“三共”活动】2010年，武警深圳市支队宝安中队坚持主动作为的思想，严格落实各项制度，积极与宝安看守所目标单位联系广泛开展以“共建、共管、共保安全”为主要内容的“三共”活动，共同研究完善各类应急预案，加强联合演练；不断完善“四防一体化”建设，深入治理执勤安全隐患，提高安防系数，确保看守所的绝对安全，全年没有发生一起犯人和犯罪嫌疑人脱逃事件。（彭冬鹏）

2010年7月24日，武警部队副司令员薛国强中将在总队长何宏成少将的陪同下莅临中队视察指导

附：2010年武警深圳市支队宝安中队干部名单

中　队　长：武世杰　上尉
政治指导员：赖荣伟　上尉
排　　　长：皮　政　少尉
孙家明（8月起）中尉

边防管理

【概况】2010年，武警深圳边防指挥部和驻深边防部队圆满完成反偷渡、反走私、严打整治斗争、抢险救灾、特区检查、维护边境一、二线稳定以及春运执勤、春节期间仙湖弘法寺安保工作、青海玉树抗震救灾、赴沪执勤上海世博安保、亚运安保、亚洲帆船锦标赛增援、深圳特区成立30周年庆典、“平安鹏城10”行动、“粤安10”专项行动、“鹏城-2010”军地联合安保行动实兵演习和处置集体上访突发事件等重大活动期间的边防保卫任务。

【二线管理】驻深边防七支队四大队和深圳经济特区检查站驻宝安区分站主要负责二线边防管理任务。2010年，边防七支队和深圳经济特区检查站紧紧结合爱民固边战略，加强现场监督管理，进一步规范特区检查验证程序，简化人员、车辆通关手续，确保了关口畅通。以“二线管理文明畅通，适应特区经济发展、网上追逃卓有成效”为工作目标，进一步深化二线勤务改革，推进执勤规范化建设，加大查控力度，严格现场管理，进一步完善设施和简化验证手续，方便群众进出特区，狠抓文明执勤、依法执勤工作，自觉维护执勤人员的良好形象。年内，边防七支队四大队官兵共查获走私7宗，涉案价值三百五十余万元。成功侦破“610A”特大团伙贩

2010年8月19日，省委组织部部长李玉妹视察边防部队

查扣电脑1035台，查获K粉2千克，开展便民服务2170人次，有效打击了犯罪分子的嚣张气焰，遏制了各执勤点的发案率。驻深边防部队圆满完成特区成立30周年焰火晚会安保任务，期中驻宝安区部队共出动100名警力，妥善处理紧急情况6起，从危险区域劝离群众7万余人。驻深边防部队共派出500名警力协助公安机关圆满完成亚运火炬传递（深圳站）安保任务，其中驻宝安区部队共派出80名警力参加此次安保任务。驻深边防部队在亚运安保期间共派出212名官兵、22艘船艇分赴广州、汕尾，出色完成亚运安保任务。根据市公安局统一部署，驻深边防部队先后担负并完成了首长视察、顺访深圳、外国国家首脑、政要访问深圳等重大安全保卫工作的机动处突任务11次，待命警力1100人次。

毒案，缴获毒品5910克、现金人民币68000元、港币5500元、美金700美元和50英镑，抓获犯罪嫌疑人5人。侦破“610B”团伙贩毒案，清缴毒品19.19公斤，受到市公安局高度赞誉。年内，深圳经济特区检查站在特区“二线”关口共查验进入特区人员6.187亿人次，车辆1.786亿辆次；完成警卫任务111次；查获网上追逃人员149名，至2010年12月31日，累计查获网逃3396人，被公安部评为“网上追逃先进单位”；查获毒品案件161宗，缴获各类毒品16.16千克；缴获枪支7支，子弹41发；查获走私违规物品101宗，案值5300多万元。

【**维护社会治安**】2010年，深圳边防指挥部根据上级的指示精神，协调各驻深边防部队主动作为，积极协助当地政府、公安机关，打击犯罪，维护稳定，牢固树立立警为公、执法为民的思想，充分发挥执勤执法、热情服务的宗旨和职能作用，赢得群众满意，确保社会平安。全年，驻深边防部队官兵在深圳边防指挥部的协调指挥下，共派出5000余名官兵，出动警力30000余人次参加地方临时勤务。驻深边防部队连续24年担负深圳火车站“春运”安全保卫任务，安全运送旅客410万人次，做好人好事1030多件，协助铁路公安处抓获黄牛党、蛇头和各类违法犯罪人员10余人，拒贿8000多元，成功平息多次旅客骚动事件，确保火车站的正常安全运行秩序，其中宝安区部队共派出120名官兵进驻罗湖火车站和火车西站。驻深边防部队全力协助公安机关开展“平安鹏城10”行动，共出动警力28635人次，车辆1000余台次，盘查可疑人员9540多人次，可疑车辆31000多台次，协助抓获犯罪嫌疑人152名，缴获管制刀具54把，仿真枪21把，查封黑网吧91间，

【**双拥共建**】2010年，驻深边防宝安区部队深入大走访，做到“三个不漏”。全年共走访驻地地方党政、企事业单位、驻地群众3593次。组成关爱小组深入辖区福利院、救助站为困难儿童、贫困家庭、孤寡老人送去节日温暖；邀请驻地市民家庭、学生到营区体验警营生活，弘扬警队文化，增进警民关系。开展绿色义工活动，成立义务护林队、景区服务队积极维

2010年8月19日，市委组织部部长戴北方视察边防部队

2010年广东省边防总队驻深圳市宝安区部队

<table>
<tr><th>单位名称</th><th>主要职责范围</th><th colspan="2">驻宝安区部队</th><th>负责人</th></tr>
<tr><td>武警边防总队七支队</td><td>担负特区管理线执勤任务。</td><td colspan="2">四大队</td><td>邹志坚（大队长、中校）
郑培伟（教导员、中校）</td></tr>
<tr><td rowspan="4">武警边防总队深圳市边防支队</td><td rowspan="4">担负海上缉私、反外逃、粤港管理线执勤耕作口检查工作。</td><td rowspan="4">宝安大队</td><td>宝安大队大队部</td><td>邹创辉（大队长、中校）
胡飞鹏（政委、少校）</td></tr>
<tr><td>西乡站</td><td>钟家钊（站长、少校）
刘木尚（教导员、少校）</td></tr>
<tr><td>沙井站</td><td>杨　楠（站长、少校）
龚　鹏（教导员、少校）</td></tr>
<tr><td>福永站</td><td>韦志强（站长、少校）
蒋大军（教导员、少校）</td></tr>
<tr><td rowspan="7">武警边防总队深圳经济特区检查站</td><td rowspan="7">担负进入特区的人员、车辆证件查验工作。</td><td colspan="2">南头检查站</td><td>吴艺腾（站长、少校）
黄立阳（政委、中校）</td></tr>
<tr><td colspan="2">同乐检查站</td><td>曹　福（站长、中校）
杨锦照（政委、中校）</td></tr>
<tr><td colspan="2">梅林检查站</td><td>侯新明（站长、中校）
张和元（政委、中校）</td></tr>
<tr><td colspan="2">白芒检查站</td><td>张尊生（站长、中校）
李明山（政委、中校）</td></tr>
<tr><td colspan="2">新城检查站</td><td>林坤松（站长、中校）
陈建群（政委、中校）</td></tr>
<tr><td colspan="2">南坪检查站</td><td>李东生（站长、少校）
卢　田（政委、少校）</td></tr>
<tr><td colspan="2">福龙检查站</td><td>宋　宝（站长、中校）
赵珠福（政委、少校）</td></tr>
</table>

护景区治安秩序；积极参与地方政府开展的“净、畅、宁”工作；组织营团职干部与揭阳、汕尾边防辖区60名孤儿结对帮扶；深入社区组织义诊活动，为周边20多万群众送医上门；为旅客提供便捷服务，做好事、解难事10000余件，扶危济困2300多人次；解答有关边境法规知识430多人（次）。组织开展共建和学雷锋活动2890余人次、参加义务植树3000余株、协助地方党委政府和公安机关化解各类矛盾纠纷82起、避免了11起群体性事件发生；积极参与抢险救灾，及时为群众排忧解难，得到深圳市宝安区双拥办高度评价。（杨　倩）

2010年度武警广东省边防总队深圳指挥部领导成员名单

指　挥　长：郭　伟　大校
政　　　委：陈品贤　大校
办公室主任：李　晖　上校
办公室副主任：刘晓红　中校
办公室副主任：盖金民　中校

工 业

综 述

2010年，受国内外经济复苏向好带动，宝安工业经济增势良好，全区实现规模以上工业总产值8206.06亿元（不含光明新区），全年增长15.3%；规模以上工业增加值1390.56亿元，增长15.4%。宝安工业正朝着规模化、集约化方向发展，全区规模以上工业企业达4842家。已形成以电子信息产业为龙头，以装配制造业和传统优势产业为支撑的工业结构，产业链相对完善。电子信息产业是宝安最大的支柱产业，已形成以富士康、恩斯迈电子、伟创力、富士施乐等公司为代表的高科技企业群落。2010年，通信设备、计算机和其他电子设备制造业产值5424.15亿元，占全区工业比重66.1%。民营经济高速成长，规模以上民营企业工业总产值1161.12亿元，占全区规模以上工业总产值的14.2%。汽车、专用设备、光机电一体化等先进制造业比重不断攀升，服装、印刷、玩具、模具、塑料制品、五金制品等传统优势产业的集聚效应不断增强，多个产业集群逐渐成形。宝安孕育一批具有较强国际竞争力的优势产品，半导体、集成电路、电子元件、打印机、复印机、组合音响、皮鞋、电话机等产品享誉海内外。目前拥有中国名牌产品11个，中国驰名商标9个，广东省名牌产品39个，广东省著名商标72个。2010年，新增世界500强外商投资企业6家，新增上市企业10家，117家“三来一补”企业实现不停产转型。“十二五”期间，宝安还将积极培育和发展互联网、生物医药、新能源、新材料、文化创意、节能环保等一批新兴产业。

2010年全区GDP与工业增长速度对比图

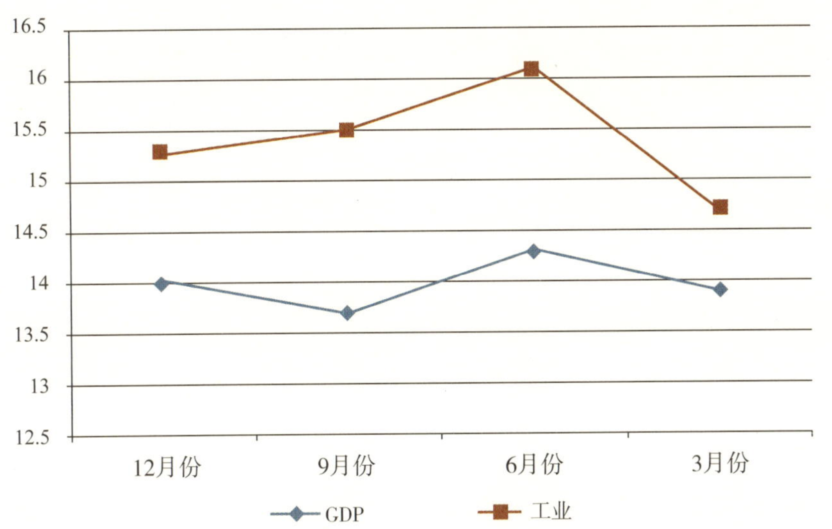

从企业注册类型看：内资、民营、港澳台和外商企业分别完成工业产值1528.05亿元、1161.12亿元、2436.18亿元和4237.83亿元，分别增长18.0%、21.2%、-0.5%和22.7%，其中内资、民营和外商企业分别比工业增幅高2.7%、5.9%和7.4%，而港澳台企业比工业增幅慢15.8%。内资、民营、港澳台和外商企业工业产值分别占总量的18.6%、14.2%、29.7%和51.7%，内资、民营和外商企业比重分别比2009年提高3.2%、2.1%和1.8%，而港澳台比重则下降5%。

2010年，通信设备、计算机及其他电子设备制造业、电气机械制造业和仪器办公制造业分别实现工业产值5424.2亿元、692.7亿元和232.8亿元，同比分别增长17.7%、4.6%和下降1.1%，分别占工业总产值的66.1%、8.4%和2.8%，其中，通信设备、计算机及其他电子设备制造业增速比全区工业增速快2.4个百分点，产值比重比2009年同期提高0.8个百分点，电气机械制造业和仪器办公制造业产值增速分别比全区工业增速慢10.7和16.4个百分点，产值比重都下降0.2个百分点。

规模以上工业企业经济效益

指标名称	计算单位	1~12月累计	累计同比（±%）
企业单位数	个	4090	—
#亏损企业	个	1395	—
主营业务收入	万元	78882663	34.4
管理费用	万元	3040875	21.4
财务费用	万元	35179	-75.2
#利息	万元	105487	4.7
应交增值税	万元	854301	55.0
利润总额	万元	2693807	33.2
产成品	万元	3765396	59.1
应收账款	万元	17423366	37.1
资产总计	万元	52160430	32.1
负债总计	万元	32925200	35.9
总资产贡献率	%	7.49	0.72
资产负债率	%	63.12	2.76
资产保值增值率	%	126.07	10.06
工业成本费用利润率	%	3.55	0.13
工业全员劳动生产率	元/人	77611	5.8
流动资产周转率	次	2.15	0.2
工业产品销售率	%	97.5	3.3
工业经济效益综合指数	%	138.33	8.79

注：根据国家统计局报表制度修订办法，工业经济效益从2007年起改为1~2月、1~3月、1~5月、1~6月、1~8月、1~9月、1~11月、1~12月。

规模以上工业企业主要产品产量

指标名称	计算单位	本月数	1~12月累计	累计同比(±%)
1. 光电子器件	万只	43435.93	727839.51	56.8
2. 电子元件	亿只	56.68	562.46	59.0
3. 印制电路板	万平方米	167.29	1622.71	36.2
4. 半导体分立器件	万只	27548.35	148515.45	38.9
5. 显示器	万台	325.43	3671.25	-11.8

（续　表）

指标名称	计算单位	本月数	1~12月累计	累计同比（±%）
6. 移动通信手持机（手机）	万台	1408.37	12877.53	975.5
7. 电饭锅	万个	7.02	68.10	–31.0
8. 家用吸尘器	万台	103.45	1195.56	2.3
9. 家用电热烘烤器具	万个	266.3	3312.08	–2.1
10. 家用电风扇	万台	82.84	911.83	3.6
11. 彩色电视机	万台	328.71	1061.57	83.9
12. 照相机	万台	37.06	608.82	125.0
13. 组合音响	万台	217.85	2800.79	–5.1
14. 集成电路	万块	–745.24	6804.92	–42.9
15. 数字激光音、视盘机	万台	131.06	1903.62	21.1
16. 半导体存储器播放器	万个	359.34	2441.40	76.4
17. 液晶显示器件	万片	1657.03	24957.92	22.3
18. 复印和胶版印制设备	万台	2.83	30.99	32.4
19. 打印机	万台	9.53	98.63	41.3
20. 两轮脚踏自行车	万辆	13.07	181.91	20.3
21. 家具	万件	75.28	625.94	12.8
22. 啤酒	千升	43369.96	519988.03	18.8
23. 软饮料	吨	15779	246798	–5.7
24. 服装	万件	513.13	6853.05	5.6
25. 塑料制品	万吨	3.64	51.24	15.0
26. 中成药	吨	2897.02	26449.49	13.6
27. 表	万只	552.41	5230.2	29.8
28. 平板玻落	重量箱	291112	3472104	–44.1
29. 卷烟	万支	102792	1817025	3.6
30. 自来水生产量	万立方米	4572.65	53515.09	12.0

【产业结构调整】2010年，宝安区进一步优化企业发展空间。推进“一街道一特色工业园”建设，新增龙华利金城科技工业园、粮食集团观澜工业园、高新奇工业园等3个特色工业园，全区特色工业园达6个（全市16个）。完成《新安、西乡等街道功能混杂区全面改造整治实施规划》的编制工作，提升福永第一工业区的产业定位，推进新安、西乡、福永凤凰社区功能混杂区等旧工业区的更新改造。协助20家企业调整提高土地容积率，共增加厂房建筑面积126万平方米，有效解决部分企业扩大生产规模的空间需求。全年共转移关闭工业企业94家，腾出厂房面积约27.6万平方米，为优质企业腾出发展空间。加快企业转型升级。协助松岗街道明确片区产业升级的定位和方向，加快旧工业区的产业整合和置换，认真筛选首批示范项目。加快德普电子城、秋硕工业区的改造升级，推进沙井电子物流园建设；支持沙井街道整合147栋厂房和宿舍，着力打造43万平方米的坣岗中亚

电子博览中心。选择100家电子信息企业和100家传统优势产业企业予以重点扶持和服务。117家“三来一补”企业成功转型为独立法人企业，投资总额达1.35亿美元，“三来一补”企业存量减少至1500家。对新百丽鞋业等6家获评市级技术中心的企业补贴资金600万元；对14家被认定为区级技术中心的企业补贴资金1120万元，企业自主创新能力进一步增强。对86家企业信息化建设项目给予补贴资金2034万元，企业信息化水平进一步提升。

【低碳经济和电网建设】2010年，宝安区落实循环经济行动计划100条，全面完成“一十百千万”试点工作（打造一个具有全国辐射影响力的政府质量奖品牌、培育十家以上行业标杆、推进百家以上重点企业绩效提升、引导千家以上企业开展卓越绩效管理、培训万名以上企业管理人员）。联合北大深圳研究生院成立低碳经济创新中心，制定低碳经济发展工作方案，选取65个项目作为低碳经济试点。大力推广“清洁生产伙伴计划”和“升转一站通计划”，组织150家企业开展清洁生产培训。推动观澜银星工业园、创维工业园成功创建深圳市生态工业园。加快变电站建设及配网改造，全年投产6座变电站，扩建3座变电站，增加变电容量232.2万千伏安，占全市投产总容量的22.3%。至年底，宝安区共有64座变电站，主变总容量21288兆伏安，是“十一五”初的两倍。积极协助宝昌电厂与区内大型企业签订冷热联供协议，推动大唐低碳生态示范城建设。

烟草业

【概况】2010年，宝安区共销售卷烟90203箱，实际税利2.26亿元。2010年，宝安区烟草专卖局共出动执法人员12000人次，查获假烟案件88起，捣毁制假窝点2个和仓储窝点16个，缴获假烟4087件，私烟142件、非烟78件，捣毁大型制假烟厂两个，查获制假烟机2台套、假烟运输车辆23台，全年合计破获7个制售假烟网络（其中符合国家烟草专卖局标准的网络案件1个），案值3000多万元，配合公安、司法机关抓获犯罪嫌疑人59人，判刑2人，侦破卷烟制售假网络质量明显提高，依法重判制售假烟分子数量明显增多，封堵假烟分销工作取得重大突破。市场净化率指标达到97%，切实维护国家利益和消费者利益。

【专卖管理站】2010年，根据市烟草专卖局专卖管理工作的统一部署，为切实加强龙华、石岩、观澜等五个街道的专卖管理工作，宝安区烟草专卖局12月6日成立龙华烟草专卖管理站。在市烟草专卖局领导的关心支持下，龙华烟草管理站于2010年十月中旬开始试运行。龙华专卖管理站选址龙华街道中心位置，管理辐射面大，交通便利，有利于开展专卖稽查执法。在工作机制上，管理站积极开展部分许可证申请受理、打假办案等工作。同时，进一步加强与当地公安、市场监督管理、交通等执法部门的协作和沟通，依靠社会力量，打击卷烟违法经营行为，取缔无证经营。龙华管理站的成立，有效提升专卖管理工作效率，进一步推进该区域卷烟市场持续、协调、稳定、健康地发展。

【市场检查】2010年，宝安区烟草专卖局开展以“打击、拦截、封堵”和“破网、抓捕、追刑”为重点的卷烟打假专项工作，取得较好成效。突出对机械制假和原辅材料供应活动的有力打击。区烟草专卖局加强对城中村和仓库、厂房等重点地区的控制，加强对案件的经营，分别破获“1·7”宝城制假案件、“6·23”观澜制售假烟案件。对利用物流假烟分销违法活动进行有力的封堵。区烟草专卖局联合相关职能部门加强对货运站场的调研，加强对物流企业的法律法规宣传，通过宣传造势，扩大打假信息来源，为侦破大要案件广集信息，通过半年多的高压整治，成效显著。其中福永、龙华、沙井等物流企业集中的地区利用物流中心托收、转运假烟的现象明显减少，有效遏制利用物流方式运假烟的违法活动。深化卷烟打假社区化管理，进一步加强卷烟打假的宣传教育工作。“3·15”消费者权益日的宣传活动期间，区烟草专卖局共派发宣传资料4000份，受理投诉20余起。5月初，区烟草专卖局再次在物流园、物流市场和物流公司等共派发打击假烟宣传单8000多份，并对投诉电话进行24小时接听，安排专人登记，对投诉的案件一一进行反馈。5月，区烟草专卖局与区经侦大队、市场监督局等部门在辖区内开展主题为“打击和防范经济犯罪——你我共同的责任”宣传教育活动。6月初，区烟草专卖局以召开“两高”涉烟司法解释座谈会为契机，进一步加强与公安、检察院和法院三个执法部门间的联系，强化辖区卷烟联合打假长效机制，增强联合打假力度，大大推动卷烟打假破网工作的纵深开展。

【证照管理】2010年，宝安区切实加强烟草专卖零售许可证的管理，严格落实《烟草专卖许可证管理办法》、《烟草专卖法》等相关法律法规文件要求，依法办理烟草专卖行政许可事项。做到依法受理、法定期限办结、按期送达。对性质轻微的违规卷烟零售户予以调整类别或暂停延续等处罚。对屡次违规及情节严重的卷烟零售户取消经营资格，同时对依法取消经营资格、注销的烟草专卖许可证，通过公告栏进行公告。截止2010年，区烟草专卖局专卖持证零售户数为9781户。

【网上订货】2010年6月，宝安区烟草专卖局作为深圳市烟草行业试点单位，启动网上订货工作，全面提升深圳烟草网络建设软实力。10月8日实现深圳烟草行业首日网上订货，首批33名客户在新商盟网上订货系统顺利完成订单提交，订货量达5694条。截至12月底，开通网上订货客户占全区客户总数的56.6%，圆满完成市烟草专卖局交予的试点工作任务。

【服务零售终端】2010年，宝安区烟草专卖局规范客户信息分类，促进货源供应方面的公平、公正，提高客户满意度。根据宝安市场人口流动性较大、需求变化复杂的实际，宝安区烟草专卖局对客户信息进行有效分类，对客户分类做到层层把关，责任明确，形成有效的监督机制。在对零售户分类管理的基础上，结合货源情况，按照客户分类标准，对卷烟品牌实行分类定量投放，以求最大限度地满足客户需求，又体现出货源分配的公平、公正，提高客户满意度。区烟草专卖局对零售客户的终端维护工作进行细化，通过一系列的服务手段，提升卷烟零售客户终端形象，实现渠道网络的规范、有序、高效。

【党支部创先争优】2010年，宝安区烟草专卖局认真开展党支部“创先争优”试点活动。7月，区烟草专卖局党支部举行《廉政准则》学习教育活动演讲会，管理人员、稽查队员、客户经理等不同岗位的演讲者，从不同内容、不同角度和深度畅谈自己学习《廉政准则》的体会。7月上旬，区烟草专卖局党支部组织全体党员前往石岩街道上屋社区宝安劳务工博物馆进行参观学习，激发广大党员的生机活力及模范带头作用。通过采取设立“党员先锋服务窗”、开设网上订货体验区、“我为创先争优献一言”、制作活动工作简报等措施，使试点活动取得明显的效果。（陈　兰）

附：2010年宝安区烟草专卖局（公司）领导成员名单

局　长（经　理）：李新忠（10月止）
罗求安（11月起）

副局长（副经理）：韩方远　杨明雄

盐　业

【概况】2010年，光明新区盐务分局合并到宝安分局。宝安盐务分局、盐业公司担负着两区食盐市场监督管理和食盐供应工作。全年，两区盐业经济保持稳步增长，实现销售盐产品总量21160.99吨，比计划指标增长12%。全区碘盐覆盖率为95%，居民户抽检合格率为96%，合格碘盐食用率为96%。其中小包装12641吨，工业用盐3219.6吨，食品加工用盐2439.85吨，品种盐2860.54吨，确保了两区食用盐的安全食用和保障供应。

【盐政管理】2010年，宝安盐务分局加强盐政执法管理工作日常检查力度，开展一系列专项整治行动，严惩了一批重、难、惯盐业违法行为。创新了分局内部盐政执法岗位培训模式和练兵载体，全面提升了盐政执法人员的综合办案素质和业务技能水平。积极接受社会监督和群众投诉，促进政风行风建设。加强与行业部门之间、与区职能部门之间的协作执法，建立长效的盐政执法管理机制。2010年，分局共查获没收各类假冒劣质盐产品86.2吨，现场销毁假冒劣质盐产品8.3吨，盐业行政执法立案125宗，罚款上缴财政92000元，查扣运载假冒盐车辆8台次，捣毁地下制造假冒盐窝点5宗。联合公安、市场监督、城管等部门办案5宗。

【盐业供应】2010年，宝安盐务分公司加强食盐调运、仓储管理，全面超额完成各项指令性计划。为确保两区盐产品有序、及时的供应，公司从组织上加强领导，强化内部服务管理，对客户服务实行五承诺:一是产品质量合格率大于99.9%；二是预约购买食盐，二天内送达；三是顾客投诉，一天内给予答复结果；四是食盐质量问题，包退包换；五是顾客应急需求，四小时内解决。制定具体销售工作人员的行为规范和责任分工，具体负责实施到个人。加大硬件设置投入力度，改善经营条件、办公场地、净化库容库貌，规范商品摆放，完善营业厅、扩大营销部门和加强营销队伍力量。完善各项规章制度、基础资料和台账，以优良的环境和优质的服务，全面做好分公司盐产品经营供应工作。2010年，全年销售食用盐及工业用盐共21160.99吨，确保宝安区和光明新区食用盐的保障供应和安全食用。

【企业管理】2010年，宝安盐务分公司流通能力迅速增强，企管水平进一

2010年3月3日，盐务分局联合松岗公安民警查获地下加工假冒盐窝点

步提高。全力推进食盐流通现代化建设，进一步扩大食盐直配直送工作，确定终端客户315家，提高两区食盐终端配送率，食盐流通水平得到明显增强；进一步丰富盐产品结构，完善品种盐的销售方案，持之以恒地提高服务质量和服务水平，稳定用户群；不断加强营销思路，确保盐产品结构销售井然有序。2010年4月，为不断推进公司改革管理，全面提高企业管理水平和竞争能力。随着深圳盐业总公司推进“三项制度”改革的深入，分局、分公司进一步细化了干部职工岗位双向选择，加大了绩效考核力度，实现了人员组合的最优化，激发了干部职工的工作积极性、创造性，进一步增强了干部职工的责任意识、行业意识和忧患意识。健全了分局、分公司预算目标控制制度、理顺预算台账等控制体系，严把各项财务支出关。根据上级有关要求，对年度经营管理目标进行了考核审计，纠正了在年度经营管理、资产处理等方面存在的不规范行为，严格落实各项安全防范措施。

【盐业宣传】2010年，宝安盐务分局开展学法、用法活动。组织全体盐政执法人员学习《食盐专营办法》、《广东省盐业管理条例》、《广东省查处生产销售假冒伪劣商品违法行为条例》、《深圳市盐业管理处罚规定》、《中华人民共和国行政处罚法》及《中华人民共和国行政许可法》等相关法律法规，使每一位盐政一线人员在认真学习后，全面了解和掌握，做到学有所得、学有所进，能够运用到实际执法工作中。同时，分局加大盐业法制宣传力度，2010年，在围绕“3·15”、“5·15”两大主题活动中，利用“5·15”第十七届碘缺乏病宣传日为主题，与宝安区疾病控制中心区卫生局、西乡街道办、区义工联在宝安区西乡街道港隆城商场门口人流密集的地点进行第十七届碘缺乏病宣传活动，现场鉴别真假冒盐，派发有关碘盐宣传资料达5210份，现场发放碘缺乏病调查问卷达850份。

【监督检查】2010年，宝安盐务分局加强大案、要案的查办力度。根据省、市局2010年盐政工作管理意见要求，分局将查办大要案放在工作的显著位置，始终坚持以对社会影响大、造成危害大、参与人数多的涉盐重大案件依法严厉打击，彻底摧毁私盐组织网络体系。分局还进一步落实盐政执法重大案件报告、会审和定期交流制度，完善大要案的各项保障制度。此外，还加强与重点区域公安机关的密切合作，不断巩固打击涉盐违法犯罪的合力。在日常检查行动中，重点以“堵截源头、铲除窝点、突破大案、治理重点”为主。在两区12个街道范围内一方面对用盐单位进行摸底调查和清理，另一方面对私盐惯犯以及有劣迹、嫌疑、前科的店铺或市场进行重点定位、跟踪监控，严厉遏制售私盐为主的源头监管行动，保持了依法打击盐业犯罪行为的高压态势。

【基础建设与完善机制】2010年，宝安盐务分局着重从制度建设入手，强化盐政基础建设，全力打造盐政工作制度化、科学化、信息化、规范化的轨道。一是建立日常执法统计制度。重点做好月报表、季报表、临时报表，及时、准确地编制按月上报。同时还认真做好盐政执法成果的半年度统计分析报告；二是建立执法工作报告制度。把法律、法规的宣传情况；盐政执法工作的主要做法和经验；盐业违法案件的查处情况；盐政执法工作存在的问题；今后的打算和措施等等，全部统一部署上报;三是建立大案要案上报备案制度。坚持和完善“政府责任、盐业主导、部门配合、社会参与”的长效机制，分局切实把保障食盐安全的各项措施融入到各级街道工作中去，主动加强与政府部门的沟通和协调，食盐安全联合监管不断完善，主动与区食安委、区打假办、区公安局、市场监督局、卫生局、街道综合执法队等部门开展不同类型、不同规模的联合执法行动，延伸了盐业市场监管的触角，增强了监管力度。同时，也带来巨大的社会效应，进一步稳定和净化宝安区食盐市场。（李永旺）

附：2010年深圳市盐务局宝安分局领导成员名单

局　长（经　理）：谢汉香
书　　　　　记：李良适
副局长（副经理）：魏志坚

2010年8月18日，区盐务分局在沙井垦岗社区现场查获一运载假冒盐货车

2010年5月15日，盐务分局联合区疾控中心、区卫生局宣传第十七届碘缺乏病现场

重点企业选介

【**富士康科技集团**】1988年成立，位于宝安区龙华油松第十工业区，由世界500强企业台湾鸿海精密工业股份有限公司投资，总投资额41.87亿美元，在宝安区共设立企业30家（其中规模以上工业企业16家），分布在宝安区的龙华、西乡、福永、沙井、松岗、观澜街道。主要研发生产精密电气连接器、精密线缆及组配、电脑系统组装、无线通讯关键零组件及组装、光通讯组件、消费性电子、液晶显示设备、半导体设备、合金材料等产品。龙华富士康科技工业园占地1.8平方公里，建筑面积240万平方米，员工人数达20万人。于2002年获深圳市高新技术企业认证。

【**深圳市深国际华南物流有限公司**】2000年成立，位于梅观高速公路梅林起点站东侧，距我国最大的陆路口岸皇岗口岸仅6公里，距盐田港25公里，距蛇口港20公里，平南铁路与园区擦边而过，梅观、南坪、机荷、水官、清平、龙大等高速公路纵横交错，将华南国际物流中心“网”入其中。负责开发和经营华南国际物流中心。华南国际物流中心是深圳市六大物流园区之一龙华物流园区的主体项目，占地面积65万平方米，总投资16亿人民币，被列为深圳市重大建设项目和重点物流项目。主要经营进口保税仓储、出口监管仓储、国际集装箱堆存中转、粤港转关接驳、绿色通道等业务，推出全新的“内陆物流港”经营模式，整合深港两地物流资源，构筑深港物流“绿色通道”，全面打造符合现代物流发展的“保税物流中心”。

【**恩斯迈电子（深圳）有限公司**】2000年成立，位于宝安区石岩塘头路塘头社区，是由英属维尔京群岛恩斯迈国际有限公司投资的外资企业，总投资额9180万美元，注册资本5180万美元。主要经营生产电脑主板、电脑显示卡、高档服务器、无线接入通讯设备、嵌入式计算机等产品。企业自建厂房面积20万平方米，现有员工约5500人。于2002年获ISO14001认证。

【**富士施乐高科技（深圳）有限公司**】1995年成立，位于宝安区观澜大和路长青工业区，是由日本“富士施乐株式会社”投资的外资企业，投资总额5900万美元，注册资金3800万美元。主要经营生产激光打印机、复印机和集“打印、传真、扫描、复印”多种功能于一体的多功能数码复合机及相关零部件等产品。2000年度被深圳市科技局认定为“深圳市高新技术企业”。

【**伟创力电子设备（深圳）有限公司**】1994年成立，位于宝安区西乡固戍路愉盛工业区，是由世界500强企业新加坡伟创力集团公司投资的外资企业，总投资额3756万美元，注册资本1802万美元。主要经营生产血糖测试仪、胰岛素注射器、多相住宅电表、通讯器材等产品。1993年获ISO9002质量认证。2003年获ISO14000质量/TL9000移动电话制造认证/EN46000医疗产品制造认证。连续九年获全国外商投资双优企业、出口先进技术企业荣誉。

【**兴英科技（深圳）有限公司**】2002年成立，位于宝安区沙井镇南环路1号，属台湾上市公司——精英电脑股份有限公司在深圳市宝安区的线路板及主机板生产基地，注册资金9900万美金，员工约9000余人。本公司为电脑主机板的专业制造厂商（中国前三大主机板生产基地），主要产品为线路板、电脑主机板、电脑适配卡等产品。产品100%外销于欧、美、亚、非各国。以国际品保模式ISO-9001为质量标准，并已通过ISO14001环境管理体系认证。

【**深圳市天鹰速递有限公司**】2004年成立，位于宝安区西乡街道后瑞社区新瑞路19号。注册资本为1000万元人民币，由原1999年成立的天鹰货运部发展而来，公司自成立以来，主营公路、快件、深港运输，附加服务有仓储、派送、代收货款、签单返回、逆向物流，公司自发展的历程中不断创新，锐意进取，不断改进服务质量和开拓服务内容，不断为客户提供安全、稳定、快捷、全方位的运输服务，为客户量身定制、设计合理的运输服务方案，使客户在降低成本的同时能完全满足客户产品在末端的服务需求，年营业额超过0.5亿元人民币。公司从初期的单一运输代理发展到现在拥有85台自有运输车辆，其中80%的运输车辆为目前运输车辆中顶级高品质商用车，如：庆铃、沃尔沃、日野等车型，对干线车辆完全用GPS定位系统专人管理，对驾驶员、行车安全、车辆维护保养、在途货物安全等形成了流程化及制度化管理和考察机制。针对现在物流服务的全方位高品质化，天鹰公司十分重视企业团队建设和网络建设，现公司拥有高素质的物流专业化人员689人，在广东、潮汕、福建、云南、香港设有直属分公司23家，开辟了多条往返快速专线，并在深圳、东莞、广州、汕头、厦门、泉州、晋江、莆田、福州、昆明、香港设有集散中心，把各线的辐射能力和服务质量提高到一定的高度，能满足客户在各区的往返等各项服务需求。

【德昌电机（深圳）有限公司】1982年成立，位于宝安区沙井镇。德昌电机集团于1984年在香港证交所上市，是恒生指数的成分股。通过迅速扩展的业务，集团已经成为一家年销售额超20亿美元，具极佳发展前景的环球企业，是世界最大的马达制造商之一。在驱动方案设计、研究和制造方面均居全球领先地位。所生产的驱动组件与子系统被广泛应用于消费品及商用产品领域，包括汽车配件、家用电器、电动工具、商业器材、个人护理产品、多媒体及视听产品及医疗护理仪器等。德昌电机也是全球最大的驱动子系统及驱动部件供应商之一，其产品专注于汽车及工商应用领域。具有超过十亿台电机及驱动子系统的年产能，产品远销世界三十多个国家和地区。德昌电机集团通过“汽车产品集团”、“工业产品集团”和“Johnson Medtech”三大经营部门对驱动系统、电机和开关业务进行管理。

国土资源管理

【概况】 2010年，深圳市规划和国土资源委员会宝安管理局公务员编制116名（其中，局领导职数为一正三副），工勤编制6名。内设办公室、法制科、计划财务科、规划科、征地拆迁与用地保障科、建设用地及耕地保护科、土地资产科、城市更新科、建筑设计管理科、市政交通科、地籍信息科、房地产管理科、地矿科、储备办14个科室，还代管“两中心”（区土地房产事务中心、区房地产交易中心）和“三办”（区处理历史遗留违法私房及历史遗留生产经营性违法建筑办、城市化土地遗留问题处理办、区农村城市化历史遗留违法建筑信息普查办）。2010年，在转变经济发展方式和特区一体化的时代背景下，以服务发展能力提升和城市功能提升为主线，优化土地资源配置，大力推进城市规划的编制和实施，全力构筑优质城市，规划的龙头引导作用日益增强。

【规划编制与实施】 2010年，深圳市规划国土委宝安管理局逐步完善规划体系，全区65个片区法定图则中，16个已经市规划委员会签发，17个经法定图则委员会审批通过，在编图则32个，已批和在编的法定图则已覆盖宝安可建设用地；大力推进重点区域规划，编制《观澜君子布高新园区详细蓝图》、《大浪服装基地东南片区工业整合规划》等规划。编制《西部沿江新城概念规划》、《松岗产业升级空间布局规划研究》，并以怀德社区为试点，协助社区编制《怀德社区综合体规划》，提升片区城市功能；加快市政专项规划编制步伐，对全区现状市政交通设施进行普查，将现状或已批设施形成“市政设施一张图”。编制《宝安区再生水系统管网详细规划》、《深圳市宝安区老虎坑环境园详细规划（修编）》，高标准开展雨、污分流的排水管网规划和一批道路详细规划；狠抓规划实施，全年共核发《建设项目选址意见书》119份、《建设用地规划许可证》193份、《建设工程规划许可证》350份、《市政工程报建审批意见书》100份。编制《深圳北站周边地区规划实施方案》，明确未来五年内北站周边173个建设项目的建设时序和责任部门。

2010年4月15日，宝安区举办宝安股份公司规划国土知识培训班

【城市设计】 2010年，宝安区城市面貌进一步提升。开展福永街道凤凰社区城市设计试点；建立并使用三维仿真系统，完成宝安妇幼保健院、维雅德酒店和中心区滨海片区天御豪庭等8个重点项目的建模工作。

【土地管理】 2010年，深圳市规划国土委宝安管理局落实年度土地利用计划，完成用地预审111宗，面积635万平方米；出让土地93宗，面积272万

2010年5月13日，国土资源部总规划师胡存智、市规划国土委员会巡视员刘永根一行到宝安考察

平方米，地价收入近28亿元；办理合同变更219宗，地价收入4亿元；长安标致等一批重大项目用地成功出让。拟订《宝安区征收地拆迁补偿工作程序》，进一步理顺征地拆迁工作机制，提高工作效率；对机场南路进行优化方案，减少90%的拆迁量，宝石路二期优化方案节约资金约2亿元。开展土地整备工作进一步增强土地管控能力，拟定《宝安区土地整备工作方案》提出土地整备主体、程序、资金等方面的建议，计划三年整备土地37平方公里。全年签订补偿协议书88份，补偿土地454万平方米，拆迁永久性建筑物36万平方米。加强储备土地管理，拟定《宝安管理局储备土地入出库管理暂行规定》等制度，及时做好出入库管理，全年入库土地252万平方米，出库土地419万平方米，全区入库土地面积44平方公里。加快闲置土地处理，进一步盘活土地资产，对第一、二批337宗闲置土地处置261宗。夯实地籍基础数据，完成11万余条数据的对比清理工作，原地政、产权、“两规”和国土所数据清理整合入库工作基本结束，编制《宝安区土地权属现状调查工作标准》、《宝安区土地权属现状调查工作方法》，并开展试点工作。

【土地台账】2010年，深圳市规划国土委宝安管理局积极推进辖区原农村土地台账建立，原农村用地利用效率进一步提升。确定以原农村各行政村为基本调查单位，用两年时间建立111个行政村的用地台账。目前已基本完成20个原农村土地台账建立试点工作，进一步查清试点村土地的数量、权属、利用现状等情况，为下一步编制社区规划、整合土地资源奠定基础。

【资源环境保护】2010年，宝安区进一步加大耕地及基本农田保护力度。严格按照耕地保护有关规定审批占用耕地的项目；开展基本农田后备区调查分析；完成2010年基本农田改造前期工作，协助制定基本农田改造清偿方案。开展基本生态控制线范围内已建成区现状专题调研，完成《宝安区基本生态控制线规划管理研究分析》，并召开专家研讨会，社会反响热烈。加强地矿管理，保障资源安全能力进一步提升。完成四个政府投资类采石场治理工程的结算和审计，共征收145万元矿产资源补偿费。拟定《宝安区地质灾害群测群防工作暂行规定》和《责任认定办法》，建立区地质灾害防治联席会议机制，形成地质灾害巡查监测和应急防治网络。开展为期3个月的安全生产百日大排查大整治行动，对持证采矿企业、场平工程进行检查，对264个重大地质灾害隐患点进行排查，全年地质灾害零人员伤亡。

【城市更新】2010年，宝安区多渠道破解土地不足的瓶颈，拓展城市发展空间，城市更新取得新突破。制定《拆除重建类城市更新项目单元规划的组织编制、申报及审批操作规程（试行）》、《宝安区拆除重建类城市更新单元旧屋村范围认定操作规程》，进一步规范工作程序。制定《深圳市宝安区城市更新总体规划工作方案》，按照综合整治、功能改变、拆除重建等三种模式推进城市更新专项规划编制工作。完成8个拆除重建类城市更新项目、30个综合整治

2010年11月14日，宝安区基本生态线专家研讨会召开

2010年11月12日，深圳市政协主席白天到宝安检查福洲路一期工程建设进度

类的规划审查，完成23个常态申报项目的初审。福永第一工业区、西乡街道劳动旧村、龙华街道郭吓旧村、民治街道牛栏前旧村、观澜街道田背旧村、新安街道上合旧村和沙井商业中心7个项目顺利开工。

处理历史遗留违法私房及生产经营性违法建筑

【依法处理和征收历史遗留违法统建楼试点工作】2010年，根据市政府工作部署和市委常委、常务副市长吕锐锋几次召开的住房保障工作会议精神，并报市政府同意，宝安区拟通过依法处理和征收历史遗留违法统建楼的方式，解决保障性住房房源不足问题。先后选择沙井蚝二社区西海岸花园、沙井垦岗社区综合楼、松岗山门社区中闽花园、石岩上屋社区顺安公寓、塘下涌众和社区统建楼和沙井步涌统建楼等项目作为试点。成立由分管副区长为组长的领导小组，并在住宅局设立专门的办公室。首选的试点项目松岗中闽花园项目完成资料收集和补充、土地和建筑物查丈、施工图审查、规划审查、建设资料审查和论证、建筑节能审查、行政处罚事项拟定、建筑物逐套验收、建筑质量检测鉴定、征收意向书和合同书起草、征收价格评估等工作。消防、环评、水保、特种机械设备已完成申报和初审，目前已完成价格审定，准备签订征收意向书、征收合同及后续手续的完善工作。塘下涌众和社区统建楼项目、沙井步涌统建楼已基本完成资料收集和补充、土地和建筑物查丈、施工图审查等工作。

【两规处理】2010年，宝安区“两类”历史遗留问题取得明显成效。全区应纳入申报的违法建筑总量有137577栋，申报137483栋，占应申报总量的99.93%，违建普查工作圆满完成，并以第一名的成绩通过市查违办验收。全年核发两类历史遗留违法建筑处理决定书4504份，地价罚款收益3.6亿元，完成计划的178%。基本完成民治街道塘水围富豪新村宅基地补偿工作，福永桥头次中心区的土地遗留问题也已制定具体处理方案。　（曾　伟）

附：2010年市规划和国土资源委员会宝安管理局领导成员名单

局　长、党总支书记：罗志辉

副局长：郭清栗　周　辉　郑镜荣

城市规划

【项目设计】2010年，宝安规划设计院签订城市规划编制、市政工程设计、建筑设计等大小项目合同72份。年内，开展的城市规划及专项研究项目有：《深圳市宝安区老虎坑环境园片区详细规划（修编）》、《深圳市宝安区石岩街道溪之谷入口片区改造专项规划》、《深圳市宝安区大浪街

2010年11月30日，国家土地监督管理广州局派驻深圳督察室主任江福秀率队赴宝安区开展“深圳市土地历史遗留问题”专题调研

道元芬社区综合整治规划》、《深圳市宝安区大浪街道新围社区综合整治规划》、《深圳市宝安区福永街道政府二办周边交通整治规划方案》、《深圳市宝安区福永第二工业区改造专项规划》、《深圳市光明新区市容环境提升行动项目设计批量招标深圳市宝安区鹤州工业开发区项目规划》、《深圳市宝安区横朗地区建滔工业园城市更新项目》、《深圳市宝安区新安、西乡、福永、龙华、观澜街道消防专项规划》、《深圳市宝安区大浪街道联建科技工业园详细蓝图》、《深圳市宝安区重大项目“十二五”规划》、《深圳市宝安区土地利用“十二五”规划》、《深圳北站周边地区规划实施方案》、《深圳市宝安区福永凤凰社区规划及城市设计》、《深圳市宝安中心区待建地景观整治专项规划》、《深圳市宝安区尖岗山创新产业园区升级改造项目建议书》、《深圳市宝安区城市更新专项规划》、《深圳市宝安区新安34-1区旧城改造专项规划》；《深圳市宝安区老虎坑环境园社会风险影响评估报告》、《深圳市宝安区松岗产业升级空间布局规划研究》、《深圳市中部综合组团产业带及用地整合规划研究》、《深圳市宝安区非农建设用地规划研究》等共24项；市政工程项目有：《深圳市宝安区大浪街道新围社区综合整治工程》、《深圳市宝安区海滨大道（广深沿江高速I匝道处）给水管及消防设施改迁工程》、《深圳市宝安区观澜街道富士康园区给水管网建设工程》、《深圳市宝安区富士康（观澜园区）周边交通综合整治工程》、《深圳市宝安区龙华街道清联站清泉北路段（北环路—龙观东路）市政电缆沟工程》、《深圳市聚豪会高尔夫球场道路市政工程》、《深圳市宝安区大浪街道元芬社区综合整治工程》、《深圳市宝安区大浪街道鹊山二村、下早村、龙胜旧村基础设施改造工程》、《深圳市宝安中心区商务办公区市政管线详细规划》、《深圳市宝安区华荣路DN1000给水管道工程》、《深圳市宝安区观澜街道小额管道改造工程》、《深圳市宝安区大浪街道元芬社区居民新村排水排污及巷砼地台工程初步设计》、《深圳市宝安区长安标致汽车（观澜）生产基地场平工程》等共共24项；建筑与环境工程项目：《松岗第一小学围墙工程》、《宝安中心区01-05-10、01-23-04地块围墙工程》、《宝安中心区15-01、15-02、11-05-02地块临时围墙工程》、《深圳市救助管理站二期建设工程》共4项。开展咨询服务有：《深圳市宝安中心区规划管理办公室人员派出服务》、《深圳市规土委宝安管理局人员派出服务》、《深圳北站周边地区土地清查》、《深圳市宝安区土地整备工作情况汇报》、《深圳市宝安区大空港地区规划发展规划前期策划咨询》、《张备区长调研材料》、《规划让城市更美好宣传资料》、《深圳市宝安区08-A114-1988/08-A114-1989地块、2010-00T-0004地块、A115-0131地块、A906-0427地块保障性住房容积率研究》、《深圳市宝安区A712-0633、A712-0634、2010-00K-0027、A907-0003地块保障性住房容积率研究》、《深圳市宝安碧海片区15-02地块文化设施综合体项目规划功能及开发规模研究》、《深圳市宝安区沙井万丰白竹山、丽晶豪庭、盛豪庭项目规划整治研究报告》、《深圳市宝安区地铁4号线上塘轨道接驳公交总站（上盖保障性住房）设计方案》、《深圳市宝安区规划展厅技术咨询》、《深圳市宝安区新安国土所结构验算及加固设计》、《深圳市宝安区规划展厅附属配套设计》、《深圳市宝安区万丰大朗山东宝小区项目规划整治研究报告》、《深圳市宝安区福永街道塘尾社区沙井插花地项目规划整治研究报告》、《深圳市宝安区沙井国土所综合办公楼设计补充设计》、《协助宝安管理局里制作整理向区长、规土委里汇报的工作材料》、《深圳市宝安区大浪服装基地发展单元前期工作》共20项。

【机构调整及管理】2010年，宝安规划设计院对组织机构和管理人员进行调整，全院设1室2部3所，形成以法人、管理者代表、总规划师为核心，以综合部部长、技术质量部部长、规划所所长、市政所所长、建筑与环境所所长、副总师、院长助理为基础的管理团队，使宝安规划设计院更加适应市场的发展和规模的变化；推出薪酬制度改革，提高固定薪酬的额度，增大占员工总收入的比重；按工作性质划分成技术职系和管理职系两个薪酬系列，以岗位说明书为基础，依据员工的工作技能、技术等级、职位职责等确定其职等和薪等以及职级和薪级。为员工提供一个合理的薪酬保障和激励机制，使薪酬分配更具内部公平性和外部竞争力；在建立质量管理体系的第6年，通过总结多年实践质量管理体系的经验和教训，结合2008版标准的要求，顺利完成宝安规划设计院质量管理体系的换版工作，为设计产品质量的稳定和提升奠定了基础。

（谢雪珍）

附：2010年宝安规划设计院领导成员名单

单位法人：张智光

土地储备开发

【概况】2010年，宝安区总体开展了70多个项目的勘察、设计等前期工作和30余个土地整备工程项目的建设，超额完成政府下达的年度投资计划，包括土地整备、市政工程、民生项目、政府招拍挂用地开发、地质灾害治理等方面。内部管理方面，积极开展党建工作，开展素质教育和制度建设，加强宣传信息工作等。

【土地整备】2010年，宝安区土地整备主要包括：1．西部沿江新城的土地整备工作。西部沿江新城土地整备工程一期面积约10.65平方公里，主要工程内容为修建临时海堤和吹填砂，以及对现状河涌、沿江高速高架桥进行保护等，已完成计划立项、勘察设计招标、勘察和测量、工程可行性研究、方案设计专家评审和方案设计完善工作；2. 开展观澜松元、石岩上屋、松岗潭头地块的土地整备；3. 支持大型企业落户宝安发展，积极完善相关市政配套设施。包括：长安汽车（观澜）生产基地场平工程、福永福园二路以西发展备用地平整工程。

【市政工程】2010年，宝安区市政工程包括市政府和区政府投资两部分。本年度市政府投资项目包括碧湾路、新安六路、湖滨西路顺利完成了年度投资计划；区政府投资项目为投资新建、续建工程项目约20项。主要包括：1. 新中心区项目：包括海堤工程（南侧）、新安西路、国丰路、玉林路几条道路的绿化、路灯工程等；2. 西乡碧海片区4条市政路；3. 新安街道及其他零星项目：包括宝安中学高中部外围道路、115区宝翠山庄道路、福永中集集团场地平整、福永街道华美边坡治理等；4. 推进几个开发区后续收尾工作。项目包括：鹤洲、尖岗山、观澜横坑水库地区。

【民生工程】2010 年，宝安区加快宝安中学新高中部周边道路工程及慢性病医院周边道路的建设。宝安新高中部如期完工，确保学校在2010年9月份开学时投入使用；宝安慢性病医院周边道路的前期工作，完成文卫路、文教路的初步设计和概算审核、施工图设计、预算编制审核、规划国土环保林地等前期报建工作，文卫路施工招标已完成，正在进行施工准备。

【招拍挂用地前期开发】2010年，宝安区完成观澜横坑水库地区博强路、求知一路的施工图设计、前期报建及预算编制审核，准备进行施工招标；完成尖岗山居住区卧龙一路、卧龙二路、卧龙三路、卧龙四路、卧龙五路、卧龙巷的勘察设计招标、勘察测量和初步设计等工作，以及广深高速公路隔声屏工程(二期)的勘察招标。

【地质灾害治理】2010年，宝安区土地储备开发中心开始承担由政府负责治理的危险边坡治理前期工作。包括勘察、设计、工程造价预算编制及审定、工程施工招标文件编制等，年内68个地质灾害点的前期工作按照区政府要求完成。此外，中心还会同区水务局开展石岩水田矽感工业园片区、石岩永颐和工业园片区防汛安全隐患的调查，并拟定治理方案。

（张　群）

附：2010年宝安区土地储备开发中心领导名单

主　任：徐　亮

市政工程建设

【概况】2010年，宝安区建筑工务局扎实工作，全力推进宝安体育场、松福大道等一批重大民生工程项目。宝安中学新高中部二期工程和N5初级中学如期投入使用。年内，宝安体育场工程和松福大道6个土建标段被评为2010年上半年深圳市安全生产文明施工优良工地。

【政府工程建设】2010年，宝安区建筑工务局提前介入工程项目工作，进一步加强工程的前期管理和协调力度，确保松福大道路面工程、宝安图书馆基坑支护及桩基础等重点项目前期工作的顺利完成。宝安图书馆基坑支护及桩基础工程比原计划提前开工。年内完成项目前期工作及施工招标共17项，合计预算投资74199万元，施工承包合同金额63768万元，通过招投标降低造价10431万元，平均下浮14.1%；签订各类主要工程合同47项。区建筑工务局年度在建工程11项，共计36个标段，完成工程投资额达9.74亿元，宝安体育场、松福大道、宝安中学新高中部、宝源路等市、区重大项目进展顺利。宝安体育场工程已完成投资约4亿元，索膜结构张拉和机电设备安装工作已完成。截至12月，宝安体育场工程完成进度达到90%以上；松福大道市政工程年内主要进行路基和路面工程建设，投资计划为3.8亿元，全年完成投资5.05亿元。10月底，提前完成全年投资计划；宝安中学新高中部一期已竣工验收移交使用，9月完成二期工程教室办公楼的施工和移交，完成进度为88%；宝源路三期土建工程已竣工验收，道路移交并开通使用，绿化工程已组织初验，交通工程已完工；宝安区慢性病防治院（新院）工程的所有建筑物完成结构封顶，工程进入装修阶段，完成投资3000万元，完成进度为50%；中心区N5区初级中学工程于8月29日整体移交并投入使用，比合同工期提前一个多月完成；宝安中心区图书馆工程基坑支护及桩基础工程第一标段9月顺利开工，截至12月底完成投资1650万元，完成进度为67%。上部工程建筑、结构与设备安装工程图纸通过二次评审；中心区高级中学工程8月开工，截至12月底累计完成投资1142万元，工程进度为10%。

【加强工程管理】2010年，宝安区建筑工务局对在建项目的宝安体育场、松福大道、宝安中学新高中部二期等多项市、区重点工程，开工前就已严格审查其进度计划，确保计划制订符合合同要求。并通过每月例行检查，掌握工程进度完成情况，确保投资计划的进度落实。全年编制安全预案2份以及局内安全监督工作方案4份，共组织地毯式安全检查工作11次，有力推动项目的顺利开展。在确立关系的合同中，也细化安全文明施工要求，明确合同条款内容和约束机制，完成造价咨询合同范本及工程保修协议书的修订工作。同时结合管理要求修改完善勘察、设计、监测、监理和施工合同条款，确保合同条款的严密性、完备性和适用性。对安全文明施工，打造和谐工程，区建筑工务局在施工前向有关媒体发布施工公告，并在工程沿线张贴宣传提示；做好施工围挡及临时设施，保证施工里外安全，防止扬尘、道路和噪声的污染；做好工地现场的卫生管理，确保施工人员的身体健康；加快工程进度款审批时效，确保工程进度款及农民工工资的及时发放；尽力协调有关部门解决临设搭设、临时水电开通等问题，为承建商加快工程建设创造良好条件。另外，区建筑工务局还落实预选承包商履约考评制度，对政府工程项目承包商季度履约情况进行考评，共对45项工程项目的41家承包商进行考核，6家承包商被评为优秀，32家承包商被评为合格，3家承包商被评为季度不合格，对履约良好的15家单位给予通报表扬，对履约评价较差的1家单位给予通报批评。

【健全管理制度】2010年，宝安区建筑工务局成立专门领导小组负责规章制度的修编工作。领导小组组织各科室相关人员及浙江江南公司进行5次集中讨论，1次封闭式研讨。年内推行重大项目中标人约谈制度、现场移交会签制度、开工交底制度、AB角工程管理制度及违约警告制度，并完成制度修编初稿的目标，为以后工程项目管理提供依据。各制度的推行，进一步加强政府投资重大项目的质量、投资、进度、安全控制，有效地避免因拆迁不到位给工程建设留下后患及因弹性公干和休假而出现岗位工作缺失等问题。在监理和施工单位方面出现违约情况时，以违约告知单的形式督促监理、施工单位履行合同，对严重违约者上报建设主管部门。突出开工交底制度，将有关事项整理汇编成册发给各参建单位，让参建单位少走弯路，有方向、有步骤地开展工作。

【企业脱钩划转】2010年，宝安区建筑工务局所属企业脱钩划转工作取得重大进展。12月，区脱钩划转领导小组办公室与建筑工务局联动，根据区政府有关会议精神，将长治物业公司、全达市政公司、全安监理公司和层层高公司正式脱钩划转至区投资管理公司管理。国全混凝土公司和全发实业公司也已根据区国资委的要求宣布停业。为妥善处理6家企业脱钩划转工作，正确看待遗留问题和尊重历史原因，区建筑工务局诚恳耐心安抚抵触情绪的员工，认真严谨做好信访接待工作，对员工的需求和思想动态及时上报区政府。年内，共接待上访次数71次，接待上访人员450人次，其中个人访16次，集体访55次。

（黄　卉　许流飞）

附：2010年宝安区建筑工务局领导成员名单

局　　长：陈　健

副 局 长：岑伟芳　郭　军

总工程师：冯　强

公共物业管理

【社区物业管理】物业管理进社区是区委区政府2010年度的“十件民生实事”之一，按照区领导在2009年11月11日召开的民治现场会议精神，住宅局协调各街道及时调整年度计划，修订工作方案，落实各级责任制和责任人，确保适应新的任务要求。经过几年的努力，各街道对推进工作重视程度进一步提高，工作方法不断创新，社区基层干部思想观念进一步转变，基础工作更加扎实有效，各级各单位对区下拨的物业管理补助经费能及时投入、合理使用，公配设施整治效果明显，推进工作规范化程度有明显提高，至2010年5月，全区共557个“村改居”小区按区定标准引进物业管理，提前一年完成原定的计划任务。宝安区被评为深圳推进社区物业管理先进单位。

【物业行业管理】2010年，特区扩容和物业管理法律法规的不断完善，对宝安区物管行业的监管工作提出更高的要求。对此，住宅局主动适应法规政策形势的变化，严格依法依规履行行业监管职能，进一步推动宝安区物业服务行业的健康发展。初审76家物业管理企业资质的申请（含社区自建企业34家），其中三级资质48家，三级暂定资质28家。指导成立业主委员会4个，完成换届选举11个。认真组织“区优”考评，共评出区优项目19个，推荐的6个项目获评市优（其中“村改居”项目1个）。

【政府物业资产管理】2010年，宝安区住宅局按照“安全、有序、规范、增值”八字方针，全力加强政府物业资产的管理。一是做好区直机关单位政府物业接收工作。完成49409.21平方米物业产权移交，57292.07平方米的物业实物移交，基本完成区直机关单位政府物业资产的产权、实物移交工作。二是做好小区公配物业设计方案审核和实物移交工作。完成12个小区共40处，合计49344.23平方米的小区公配物业移交。三是解决15家区直机关单位办公用房问题，做好政府物业的委托管理工作。加强沟通协调，通过调配、租用、置换物业等多种方式，妥善解决15个单位的办公及办公配套用房问题。完成12家单位共计物业42处128980.31平方米的政府物业委托管理。四是抓好政府物业的经营管理工作。新签租赁合同224份，合同面积64633.87平方米，较好地发挥政府物业资产的经济效益。五是不断完善规章制度。配合区政府研究出台适合全区实际的《深圳市宝安区政府物业管理规定》，出台《宝安区行政事业单位购买物业管理服务费用指导标准》，为规范物业管理内容、服务标准和服务费用，提供重要的依据，此举在全国尚属首创。六是做好政府物业资产的安全管理和维修养护工作。组织实施53宗维修工程。七是扎实推进街道政府物业资产产权移交和委托管理工作。根据区政府部署，成立街道政府物业资产清理移交工作小组，确保按区政府的要求在2010年年底之前基本完成街道政府物业资产产权移交和委托管理等工作。

【房屋公用设施维修基金追缴和监管】2010年，宝安区住宅局按照“严监管、建系统、紧追缴、保稳定”的工作思路，细化工作措施，灵活有效推进房屋公用设施维修基金的追缴工作。一是追缴工作成绩突出。至12月，房屋公用设施专项维修资金到账总额达4.32亿元，全面圆满完成市主管部门下达的追缴工作任务。二是使用监管工作步入正轨。《深圳市物业专项维修资金管理规定》9月10日正式颁布实施，住宅局严格按照《深圳市经济特区物业管理条例》、《深圳市物业专项维修资金管理规定》等相关法规政策规定，依法行政，注重沟通协调，妥善做好资金使用备案工作，确保专项维修资金规范使用，防止出现安全问题，维护业主的权益。三是做好日常收取的物业专项维修资金（俗称本体维修基金）交存工作。根据市主管部门工作部署，2010年第四季度各区日常收取的物业专项维修资金须存入专户。住宅局已向全区物业服务企业转发通知要求，并进行前期培训工作。四是物业专项维修资金信息系统构建工作正顺利展开。至年底，全市物业专项维修资金信息系统（一、二期）已顺利上线，信息管理系统的三期的建设顺利进行。　　（孙善文）

附：2010年宝安区住宅局（公共物业管理局）领导成员名单

局　长：任庆文

副局长：庄礼衔　骆石平

房地产交易与管理

2010年，市规划国土委宝安管理局认真落实房地产市场调控措施，完善宝安区房地产预警系统，实现房地产监管系统化、科学化和实时性。全区共批准商品房预售面积149万平方米，同比增长31%；新建商品房销售面积100万平方米，同比下降55%，其中住宅93万平方米，同比下降56%；新建商品住宅销售均价约为19944元/平方米，同比增长45%。加强监管和专项整治，制定《房地产市场日常巡查监管制度》，完善日常巡查监管体系。开展3次商品房市场秩序专项整治活动，以及2次违法建筑销售专项整治活动，进一步规范开发企业、中介机构的经营行为。

城市管理

【市容环境提升行动】2010年，区城管局加速推进以机场片区、宝安中心区和道路门户三个重点区域，宝安大道、107国道宝安段、广深高速机场至同乐段以及观澜版画基地至宝安中心区四条重点线路和各街道中心城区五条主次干道为重点的市容环境提升行动。建筑立面刷新与屋顶美化工程已于年内全面完工，全区共刷新整治建筑立面1871万平方米，占全市的60%，长度约240公里，涉及建筑物约6000栋。全面提升宝安中心区、机场周边、深圳北站、高速公路出入口、二线关口等重点区域和重要节点环境景观水平，经提升后的宝安机场周边、广深高速鹤洲片区、铁岗片区（共71万平方米）形成具有欧洲小镇风格的三个不同色彩的建筑群体，效果突显。全区99条道路街道家具清洗及259条道路共257万平方米的交通设施粉刷顺利通过市考核验收，其中新安、西乡、福永、大浪四个街道被评为市街道家具清洗刷新示范单位。开展以消防安全治理为重点的城中村综合整治。完成259个城中村整治任务，房中房等“定时炸弹”得到排除，消防水源实现全覆盖，“生命之门”全部打通，架空管线得到精梳细理，户外广告统一规划、统一标准、统一设置，乱搭建得到清理，为居民营造一个安乐、祥和、有序的工作和生活环境。加快推进108家重点企业周边环境整治，较好地解决企业周边存在的道路严重破损、有路无灯、有灯不亮、有路无树、排水不畅、“六乱”严重等环境问题，企业生产发展环境不断优化。8座城市公园和17座社区公园建设扎实开展，福永望牛亭城市公园及3座社区公园建成开放；4座城市公园和2座广场改造提升工作有序推进。抓好“鹏城环卫杯”和“宝安杯”竞赛活动，扎实开展“清洁宝安百日行动”，继08、09年连续夺取“鹏城环卫杯”后，宝安区城管局2010年再次获此殊荣。市容环境提升行动年度任务全面完成，市政府先后两次在宝安区召开现场会，市环提指挥部向宝安区颁发全市第一号嘉奖令。

【城市日常管理】2010年，宝安区城管局不断加强城市日常管理工作。爱国卫生工作。全年全区创建6个省级卫生村，100个市级卫生村通过复检；西乡街道桃源居、观澜街道版画基地荣获深圳市“行业卫生单位”称号。园林绿化工作。年内，宝安区城管局强力推行清单式养护管理，城区补种行道树756株、灌木地被9万平方米；完成特区30周年庆典60万盆鲜花摆放；全区绿化覆盖率达到46.3%。公园（广场）管养工作。年内，宝安区城管局

2010年12月11日，城管局举行“体验城市新变化　千名市民看宝安”系列活动启动仪式

强化平峦山、铁仔山公园日常监管，成功举办市第五届公园文化节宝安分会场活动，打造宝安公园文化品牌，让广大市民尽情享受公园文化艺术盛宴。灯光景观营造和路灯设施管养。年内，宝安区城管局加快推进城市照明监控系统和LED路灯示范工程，路灯亮灯率达到98%，设施完好率达到97%以上；在重要节日和特区建立三十周年庆典进行节日装扮，营造欢乐、祥和、喜庆的节日氛围。渣土管理。年内，宝安区城管局共查处泥头车9100台次，清理乱倒余泥渣土及无主渣土4.7万立方米，处理违章罚款近12万元。完善环境园区内环保设施。年内，宝安区城管局定期进行环境监测，严格垃圾运输车辆管理；按照科学化、社会化、资源化、减量化、无害化的原则要求，不断加大垃圾综合处理力度，共处理生活垃圾约145万吨，实现全区城市生活垃圾100%无害化、超过28%的资源化处理；国家建设部等多批参观团对老虎坑环境园均给予充分的肯定和高度的评价。加强清扫保洁力度，全区市政道路清扫保洁市场化、专业化达100%；各街道中心区保洁率达100%。提升行政业务审批效率。年内，宝安区城管局通过升级业务审批电子系统、开通网上受理及查询功能等措施，审批效率进一步提高，办结率和满意率均达100%。做好安全生产工作。年内，宝安区城管局通过抓制度落实、抓教育培训、抓隐患排查整改，确保全年的安全生产工作始终处于平稳状态。

2010年9月20日，宝安区召开深圳市区域绿道建设工作现场会

【重点工程建设】2010年，宝安区城管局加快重点工程建设进度，市政基础设施日趋完善。宝城大型垃圾转运站工程项目进展顺利；老虎坑垃圾填埋场一期三单元改造工程全面开工，二期工程进入施工招标；老虎坑垃圾焚烧发电厂二期工程正进行基坑开挖；渗滤液处理厂二期工程已通过市发改委审批；填埋场沼气利用CDM项目土建工程、气体收集工程、电力上网工程和设备安装及在线检测系统等基本施工完毕；福永西海堤、观澜黎光、松岗潭头、大浪大坑山等4个渣土受纳场规划许可证办理工作已完成，大浪大坑受纳场建成投入使用。

【区域绿道建设】2010年，宝安区完成经宝安区的区域绿道2号线和5号线，总长度为84.1公里。作为珠江三角洲绿道网主线的重要组成部分，是宝安区居民及外来建设者休闲娱乐的重要去处，得到广大市民的充分肯定和高度评价。绿道建设配合“环境提升工程”和“交通综合整治工程”，为宝安区交通枢纽城镇增添新内容。区域绿道2号线宝安福永段北接沙井凤岩水库，南接凤凰山公园与西乡绿道交接，途经凤岩水库、七沥水库、屋山水库、凤凰山生态园、凤凰山森林公园等风景区，全长13.33公里，总造价约3358万元。年内工程已完工并投入使用。福永段绿道充分利用凤凰山公园的生态环境优势，结合公园二期建设项目，统筹考虑、合理布局经过凤凰山公园段的绿道走向，沿山地林道、人行道、登山道、滨水道行进，绿化生态和景观效果好，路面宽敞平整，标志标牌科学规范，构建生态型、都市型、郊野型和文化型绿道。福永段绿道受到国家住建部住建司和省住建厅领导的高度评价，市人居委和市城管局领导肯定，认为该段绿道可成为全市的样板绿道。此外，深圳市广电集团将该段绿道拍摄宣传片为样板模范工程，面向全国宣传和推广。

【数字化城管平台运行】2010年，宝安区加快数字化城管平台的运行和管理，城管精细化水平逐步提高。年内，区城管局推行评价常态化，适时调整评价模型，加强各成员单位案件处置力度，全年共印发《数字城管简报》6480份、《数字城管综合周评价情况通报》1320份。通过调整单元网格规划，将原913个工作网格调整为183个，扩大单元网格的面积，提高工作效率。加强信息采集队伍管理，保证企业的服务质量。全区数字化城管信息系统共受理案件33万余宗，总体结案率为90.91%，较2009年总体结案率提高19.9%，蝉联市数字城管标兵称号。真正建立起一套采集、立案、处置、监督和考评的闭合处理模式，为科学化、精细化、高效能管理城市提供依托和保障。

【街道综合执法】2010年，区城管局先后牵头组织平峦山公园、小铲岛等乱搭建清拆等各类专项行动25次。集中力量整治富士康周边环境脏乱差，使之在较短时间内得到较大改善。强力推进户外广告专项整治行动，15天内顺利拆除广深高速宝安段违法立柱广告90块，占全市80%，获市政府嘉奖。抓好行政执法，共清理乱摆卖46.5万宗，清理乱张贴4.5万张、乱涂写2.7万处，查处违法设置户外广告行为3.7万宗、车压人行道2396宗、占道经营8.5万宗、超线摆卖7.2万宗、噪音扰民1万余宗、非法燃放烟花爆竹107宗、乱搭建5098处34万多平方米；查处违法经营燃气449宗，暂扣“黑燃气”1916瓶；查处非法屠宰禽畜63宗，取缔生猪私宰点8个；查处非法办学79宗；查处无证擅自改建施工行为395宗；收缴街头摆卖的非法书刊2540本、非法光盘8488张，市场秩序得到进一步规范。

【查违工作】2010年，宝安区通过开展春季专项行动、卫片执法检查和假日巡查防控等措施，始终保持高压态势，扎实做好新增违法用地和违法建筑查处工作，严厉打击各类违法抢建行为，出动执法人员5544人次，拆除违法建筑栋727栋（处），面积19.53万平方米，其中清拆永久性建筑720栋，面积18.19万平方米；清拆临时性建筑7处，面积1.34万平方米，处理违法违规用地58处，图斑面积5195.39亩（耕地面积223.59亩），确保查违形势稳定和土地安全。该项工作于2010年12月移交给宝安区规划土地监察大队。

【建立党代表工作室】2010年，宝安区城管局在区职能部门中率先建立党代表工作室，每月邀请3～5名区党代表与局领导共同接访，让城市管理民意反映渠道更畅，城管工作更加贴近基层，贴近市民。从转变作风、重视民生的高度做好“两代表一委员”的议案提案办理，通过召开代表委员座谈会、约见会和通报会等形式，由城管局主办和协办的66件提案议案已全部办理完毕，满意率达100%。

【城管队伍建设】2010年，宝安区城管局制定和完善《宝安区城管局(执法局)工作规则》、《宝安区城管局2010年小型预选承包商名录》、《宝安区城管局小型工程发包抽签定标操作细则》、《宝安区城管局（执法局）政府采购管理办法》、《宝安区城管局财务管理规定》、《宝安区城管局（执法局）请销假及考勤管理规定》、《宝安区城管局（执法局）临聘人员管理办法》等规章制度，各项工作更加科学、规范、有序运作。严格落实督办制度，把“责任白皮书”、上级交办、局领导批办、会议决定和各种文件规定办理的工作任务全部落实到责任领导、责任科室（单位）和责任人，完成情况实行周报、月报和季报制度，由局办公室检查、督办和评估，确保政令畅通。实行领导挂点街道制度，从5月份开始，城管局领导班子成员每人挂点一个街道，每周利用不少于半天时间深入基层调研，沟通思想、贴近基层、发现问题、寻求对策、科学指导、全面提升市容环境水平。加强教育培训，举办街道综合执法业务培训；组织科级干部赴浙江大学培训；开展工程招投标、安全生产，环卫、路灯行业管理等14个培训班，使全局干部职工的知识结构进一步拓宽，队伍整体素质进一步提升，管理和服务能力进一步增强。以新安、福永、民治街道为试点，开展“城管进社区”和“门前三包”工作，整合各种资源，搭建城管与市民互动的平台，让市民更多地参与、支持城管工作。利用《宝安日报》“城市家园”栏目、宝安电视台“城市在线”栏目，宣传城管工作，展示城管风采。（于兴华）

附：2010年宝安区城管局（执法局）领导成员名单

局长、党委书记：戴彩福（4月止）
朱桂明（4月起）

党委副书记、纪委书记：胡雨青

副局长：陈才苏　黄立平　张雄汉　何小群

建筑业

【概况】2010年，宝安区建设局围绕全区城市建设中心工作，建设项目整体推进平稳有序。全年共办理施工许可532项，建筑面积336.96万平方米，总造价76.62亿元；完成工程施工招标581项，预算价64.66亿元，中标价55.68亿元，节约政府投资8.98亿元；审核工程预、结算3412项，审核金额120.05亿元，核减2.09亿元；受理监督登记709项，总建筑面积352.48万平方米；监督验收建设工程675项，总建筑面积361.66万平方米。

【工程质量监管】2010年，宝安区建设局完善工程质量管理体系，提高科学管理水平，加大工程质量监管力度，严格控制原材料和工程实体质量。年内，完成材料现场抽检4153组，合格率95.1%，发放《监督检查意见书》21份，记录公示不良行为8项。开展结构工程质量大检查、市政工程质量专项检查，检查在建结构工程、市政工程项目62个，发放《监督检查意见书》50份，《责令整改通知书》5份，红黄警示1次。同时，加强商品住宅建筑工程的质量监督管理，全面落实商品住宅逐套检验制度与商品住宅保修制度，共监督验收商品住宅项目10个6255套，随机抽检310套，合格率达到100%。

【工地安全监管】2010年，宝安区建设局推行重大危险源监管制度，加大深基坑、高边坡、高支模、人工挖孔桩、大型机械设备等危险性较大工程的监管力度，及时掌握危险性较大工程的动态信息。年内，区建设局全面推进建筑工地安全隐患排查治理，开展建筑领域安全生产百日大排查、大整治以及各种专项检查行动，共检查工地4096项（次），发出《责令整改通知书》64份、《责令停工通知书》14份、《不良行为认定书》167份，并率先在工程项目管理中实行红、黄色警示制度，对27家单位和89人进行黄色警示，对4家单位和2人进行红色警示。鉴于上海“11·15”事件，区建设局在全区组织开展建设工地消防隐患整治，加强电焊工等特种作业人员上岗资质管理和工地防火专项检查巡查，严格落实工地动火审批制度和施工现场火灾防范制度，强化施工现场易燃材料规范管理，切实整治工地火灾隐患。

【现场发放施工许可证】2010年，宝安区建设局为把好工程开工安全关，深化现场发放施工许可制度，要求建设相关单位确保施工现场安全、安全生产机构完备、施工安全资料齐备、主要管理人员和施工安全措施到位。年内，现场发放施工许可证532份。对现场不符合条件的工程，不予发放施工许可证，待整改且具备施工安全条件后，再发放施工许可证。对未取得施工许可擅自进场施工的项目，根据有关法律、法规给予处罚。

【工地达标考核】2010年，宝安区建设局开展施工现场“安全达标”工作和创建“文明工地”活动。年内，共对285项工程（单体972栋）进行“安全达标”考核，优良及合格工程274项，达标率为96%，创建区级文明工地10个。

【疑似危房排查】2010年，宝安区建设局组织专家编写《宝安区旧工业区厂房检测鉴定参考》和《深圳市宝安区旧工业厂区建筑结构安全隐患整改治理操作指南》，统一检测鉴定标准，组织各街道开展危房检测鉴定和鉴定报告专家评审工作。年内，对全区各类旧工业厂房进行排查，共排查出疑似危房2749栋约606万平方米；对1380份疑似危房质量检测鉴定报告出具专家评审意见。同时，加强校舍安全检查，完成全区414栋校舍的抗震安全鉴定报告评审，并对参加评审的学校下达校舍抗震建筑安全隐患处理意见。

【安全生产教育培训和宣传】2010年，宝安区建设局就特区内行政执法实务及特区一体化法律法规适用问题，对200名持执法证人员进行专题培训。聘请专家讲解施工安全管理知识，培训监督管理人员及各在建工程现场管理人员4000多人次。同时，加大建筑工人安全教育培训力度，组织开展建筑工人安全教育培训136场，培训人员12000人次。此外，免费向各施工单位发放《安全生产管理法规汇编》、《深圳市施工伤亡事故案例汇编》、《重大危险源警示牌》、宣传挂图等资料13000余份。

【中心区地面沉降处理】2010年，宝安区建设局组织专家对中心区地面下沉原因进行分析，得出地面沉降属软弱土层自然固结造成，建筑主体结构安全的结论。为安定民心，消除顾虑，区建设局迅速采取应对措施，督促相关单位对沉降区域地面及设施进行检查和维护。积极引导媒体实事求是地宣传报道沉降问题，做好沉降原因的解释工作，消除业主顾虑。同时，启动宝安中心区填海区软基处理综合研究前期工作，并协调深圳市地质局对中心区填海区进行监测。

【工程招标投标管理】2010年，宝安区建设局推行阳光评标、网上投标及电子辅助评标，加强评标专家管理，从源头上解决工程招投标过程中易出现的问题，有效遏制围标、串标现象，确保招投标活动公开、公平、公正。为进一步规范各方主体行为，推行优质优价机制，区建设局认真贯彻市政府86号文件精神，印发《关于进一步加强宝安区政府投资建设工程招标投标管理的通知》，对工程招标投标实行统一进场、集中交易、行业监管。年内，共完成工程招标581项，预算价64.66亿元，中标价55.68亿元，中标价相对标底平均下浮13.89%，节约政府投资近8.98亿元。针对宝安区市容环境提升工程项目数量多、时间紧的特点，在保证工程质量和程序规范的同时，区建设局简化招标投标程序和方式，创新工程招标方法，试行市容环境提升工程批量招标模式，将同类工程统一打包招标，减少开标次数，提高市容环境提升工程的招标效率，确保全区市容环境提升工程顺利开工。年内，共办理市容环境提升工程施工招标166项。同时建立、完善街道小型工程招标信息发布系统，实现全区招标项目统一发布的目标。

【建筑市场秩序整顿】2010年，宝安区建设局积极配合公安机关开展包工头藏匿或逃匿、幕后操控、召集社会闲杂人员和黑律师参与上访案件的调查取证，严厉打击各种建筑违法行为，净化建筑市场环境。集中开展全区建设施工领域非法违法行为专项整治行动，加大建设工程转包、违法分包及挂靠行为专项整治力度。年内，对全区172项报建项目的工程转包、违法分包及挂靠行为进行专项整治检查，整改存在问题的项目31个，涉及施工和监理单位29家。加强行业信用体系建设，印发《关于进一步加强宝安区建设工程项目经理监督管理的通知》，对电子信息系统进行更新改造，逐步完善项目经理锁定系统，规范项目经理的变更、锁定和解除锁定程序。认真实施《宝安区建筑市场主体不良行为记录公示与处理实施细则》，严厉惩戒各类违法违纪的建筑市场主体，对发生安全事故或因质量等问题引发重大不稳定事件的企业，记入不良行为档案，限制其参与政府工程投标，并停止其办理施工许可等业务。年内，共记录并上传市场主体不良行为95条。

【绿色建筑推广】2010年，宝安区建设局出台《宝安区绿色建筑工程建设管理暂行办法》，要求政府新建工程项目全面推行绿色建筑，并逐步要求社会投资项目按照绿色建筑标准施工建设。年内，分批申报绿色建筑试点项目8项，有6项通过验收。9个“十栋试点建筑”节能改造项目完成改造并通过验收。社会投资的熙龙半山花园被列为深圳市第三批绿色建筑工程示范项目。同时，积极推广太阳能应用，6个太阳能热水系统试点项目通过验收；N16高级中学太阳能建筑一体化示范工程和12项具备安装太阳能热水系统的民用建筑工程通过专家组验收，安装太阳能热水系统集热面积4237平方米，使用太阳能热水系统建筑面积17.1万平方米。

【建筑节能减排】2010年，宝安区建设局根据国务院《民用建筑节能条例》和深圳市《深圳经济特区建筑节能条例》规定，加强建设工程建筑节能监管工作，做好民用建筑施工图设计文件审查和抽查以及建筑节能专项验收工作。年内，抽查民用建筑节能施工图设计文件49项，抽查建筑面积57.75万平方米；审查民用建筑节能施工图设计文件65项，审查备案建筑面积164.45万平方米；办理建筑节能专项验收66项，验收建筑面积196.06万平方米，节能量相当于2.02万吨标准煤。在建工程100%执行建筑节能强制性标准。

【混凝土材料应用】2010年，宝安区建设局加强预拌混凝土企业登记（备案）和检查工作，对全区34家预拌混凝土企业的试验室、原材料、混凝土生产及成品质量和安全生产管理等进行检查，通报表扬12家企业，批评5家企业。同时加强预拌混凝土企业使用原材料的抽检工作，重点对企业使用的水泥、砂子、石子和粉煤灰等原材料进行抽检，抽检结果合格。此外，区建设局积极推广应用预拌混凝土和预拌砂浆，全区在建工程100%使用预拌混凝土。年内，预拌混凝土使用量625万立方米，同比增长15%；散装水泥使用量195万吨，同比增长14%；干混砂浆使用量12万吨，湿拌砂浆使用量30万立方米，实现预拌砂浆零的突破。

【政府工程造价管理】2010年，宝安区建设局按照造价管理有关法规和政策，以概算总额及造价指标作为标底审查的高压线，认真执行单价、总价、计价标准和费率标准，规范造价审查方法，推行电脑化审核，减少审核中的人为因素，严把造价编制质量关，严格控制政府工程造价，确保标底的真实性、准确性、科学性，以及审核过程的公正、公平与透明。同时，采取政府购买专业服务的方法，招标选取具有合格资质的造价咨询机构参与造价审核，提高审核效率。年内，共审核工程预、结算3412项，审核金额120.05亿元，核减2.09亿元。

【关爱建筑工人行动】2010年，宝安区建设局关心建筑工人生产生活，免费向工地派送各种图书及读本，丰富工地管理人员和建筑工人业余生活，营造学习知识的氛围，并给各片区工期较紧的工地近3000名建筑工人送去防暑降温用品。同时，继续实施工地平安卡培训制度和劳务工工资保障金制度。年内，全区共发放平安卡12000张；办理工资保函460份，涉及金额16007.09万元，建筑工人的合法权益得到保障。

【建筑行业维稳工作】2010年，宝安区建设局完善信访工作制度，及时高效处理各类信访案件，全面开展建设领域矛盾纠纷排查调处，切实做到把问题解决在基层。处理观湖园别墅项目、宝体地铁站1号线装饰工程、深圳机场新航站区轨道交通枢纽土建预留工程及车站土建预留主体结构工程项目、22区国汇山旧屋改造、第五高级中学工程、辉盛达工程等比较重大的劳资纠纷案件。年内，共处理劳资纠纷事件76起，涉及劳务工人数2003名，涉及金额2401.43万元，调解率100%。

【燃气站点统一标志】2010年，宝安区建设局为进一步加强瓶装燃气经营站（点）的规范管理，根据《关于全市瓶装燃气经营站点实行统一标志的通知》（深建燃〔2010〕24）要求，完成全区瓶装燃气供应站（点）统一标志的改造工作。年内，燃气企业经营的瓶装燃气销售终端供应站78个、服务点210个全部按要求实行统一标志。

【天然气推广应用】2010年，宝安区建设局加快燃气管道建设，督促燃气企业增加市政管网建设投资，完善管网结构、提高管网覆盖率。年内，共投资9300万元，铺设市政燃气管道103公里。同时，加快天然气利用推广步伐，引导天然气市政管网覆盖区域的酒楼、宾馆等商业用户使用管道天然气；联合市燃气集团宝安管道分公司，对宝安区的工业、商业、学校、居民等用户能源使用状况进行系统的市场调查，为天然气推广利用提供科学翔实的依据。

【燃气安全管理】2010年，宝安区建设局要求燃气企业强化所属供应站（点）的管理，督促燃气企业消除事故隐患，落实企业安全管理责任。加强地下燃气市政管网的日常巡查工作，共排查燃气管道被占压圈占隐患188项，整改147项。同时继续开展形式多样的安全用气及管道保护宣传活动，在全区范围内分发260万份《安全使用燃气须知》和《安全使用燃气忠告》，并通过报纸、广播、电视等媒体广泛宣传用气知识，增强市民安全用气和管道保护意识。

【工程档案管理】2010年，宝安区建设局进一步修改完善工程档案管理制度，重新制订《档案查询利用制度》，明确查询主体、查询条件和具体工作程序，为查询工作提供便利。年内，共办理工程竣工档案审核验收579项，档案入库331项。其中文字5000卷，图纸1800卷，档案利用1344项，档案查询493人次，竣工图光盘450份，接收系统内建设工程管理档案2100卷。

【机关作风建设与党风廉政建设】2010年，宝安区建设局制定《区建设局开展以“想干、敢干、快干”为主题的机关作风大提升活动实施方案》，认真开展深化作风建设提高执行力活动，不断增强服务群众、服务基层、服务企业的能力。组织开展政风行风评议“回头看”工作，强化窗口建设，切实转变干部队伍工作作风。年内，区建设局机关党支部荣获宝安区“先进基层党组织”称号。宝安区建设局按照深圳市五次党代会精神，树立干事创业的良好风尚，完善干部考核监督机制，定期对工作人员履职情况进行考核，将考核结果作为评优、提拔任用的重要依据。为加强党风廉政建设，区建设局制定《2010年党风廉政建设和反腐败工作责任制分工明细表》，细化工作措施，有效防范不廉洁从政行为。为落实廉政责任，区建设局局长与各单位主要负责人签订《党风廉政建设责任状》，各单位主要负责人与全体干部职工签订《党风廉政建设责任状》，做到层层抓落实，全局共签订《党风廉政建设责任状》300份。同时开展纪律教育月活动，举办廉政专题讲座，组织观看党风廉政教育专题片，教育广大干部职工自觉构筑拒腐防变的思想防线。

【创先争优活动】2010年，宝安区建设局结合特区发展、迎办大运及行业特点，制定《宝安区建设局创先争优活动实施方案》，出台工作措施，以开展“我是党员一面旗”的主题活动为载体，要求党员干部工作中戴党徽，亮身份，营造浓厚活动氛围，力争在推动科学发展、促进社会和谐、服务人民群众、加强基层组织和做好本职工作上创先争优。共印发《创先争优活动倡议书》250余份，签署《创先争优公开承诺书》183份，设置“党员示范岗”10个，创先争优示范点1个。年内，区建设局荣获深圳市住房和建设局系统2010年度先进集体称号。（何永桃）

附：2010年宝安区建设局领导成员名单

局长（党委书记）：龚建荣
党委副书记：黄小青
副局长：马赓力 张宏 林青

城中村（旧村）改造

【概况】2010年，宝安区城改办根据《关于推进“三旧”改造促进节约集约用地的若干意见》（粤府〔2009〕78号）和《深圳市城市更新办法》（深圳市人民政府令第211号）的有关文件精神，深入贯彻落实区委区政府《关于加快现代化城区建设 全面提升城市环境的实施意见》，为进一步加快推进宝安区城市更新工作，专门出台《关于大力推进城市更新工作的若干措施》，鼓励街道、社区、业主按照统一规划、分步实施、分类指导的原则，采取综合整治、全面改造和政府征收等多种措施大力推进宝安区城市更新工作。2010年，西乡劳动旧村改造项目、福永第一工业区改造项目、沙井商业中心改造项目、新安上合旧村改造项目、观澜田背旧村改造项目、龙华郭吓旧村改造项目、民治牛栏前旧村改造项目等8个项目已正式动工建设。

【调查摸底】2010年，为进一步了解改造过程中存在的问题，深入推进城市更新工作，宝安区城改办开展基础性数据调查摸底工作，组织各街道对宝安区拟改造的区域（即旧工业区、旧商业区、旧住宅区、城中村、旧屋村和以上区域的混合区等城市建成区）进行摸底调查，为新一轮城市更新单元规划制订计划的申报工作打下良好基础。

【编制计划】2010年，宝安区城改办出台《关于大力推进城市更新工作的若干措施》和《宝安区拆除重建类城市更新项目操作基本程序（试行）》。经市城市更新主管部门审查批准，宝安区有22个旧改项目列入2010年度深圳市城市更新实施计划。同时，按照市综治办统一部署，经宝安区政府审查同意，在宝安区城改办的积极推动下，宝安区又有7个城中村项目列入深圳市综合整治计划。根据《宝安区拆除重建类城市更新项目操作基本程序（试行）》（深宝府办[2010]70号）的要求，宝安区城改办积极组织已列入深圳市改造计划的项目申报单位开展旧改专项规划编制工作；对西乡华宝饲料厂等15个已经编制完专项规划的项目，开展区级审查工作；继续跟踪协调已上报深圳市城市更新主管部门项目的专项规划报审工作，2010年底，观澜黎光旧村改造、沙井商业中心改造、石岩官田工业区、翻身工业区、松岗溪头村工业区、西乡凤凰岗村等6个项目专项规划已获市建环委批准。

【营造和谐改造环境】2010年，宝安区采取多种措施，努力营造和谐改造环境。通过采取开办政策培训班、召开旧改现场会、印制宣传册等形式，构建立体的信息宣传网络，广泛宣传旧改法律、法规、政策、程序和典型案例，并通过信息简报，及时快捷地向市、区相关单位反映宝安区城市更新工作中的创新举措，加强上下左右的联系，为城市更新工作创造有利的社会环境和舆论氛围；召开全区旧改拆迁补偿工作座谈会，介绍拆迁补偿安置工作流程，剖析旧改拆迁案例，介绍交流拆迁经验；及时快速处理各类纠纷。截至2010年11月，区城改办妥善处理信访件4份，较好地解决项目改造中发生的投诉问题，维护社会稳定。（陈映冰）

附：2010年宝安区城中村（旧村）改造办公室领导成员名单

主　　任：龙耀庭
常务副主任：房品新
副 主 任：吴柏江

环境保护

【概况】2010年，宝安区空气质量保持稳定，环境空气质量API指数为优的天数达到161天，比上年增加15天，主要饮用水源水质良好，饮用水源水质达标率为100%；观澜河全河段水质综合污染指数均值同比下降16.6%，水质有所改善；区域环境噪声和道路交通噪声平均值分别为56.7分贝、68.7分贝，分别达到国家《声环境质量标准》2类和4类标准，均与上年持平。

【国家生态区创建】2010年，宝安区确定“年底前完成国家生态区申报，争取2011年创建成功”的工作目标，印发《宝安区深入开展国家生态区创建工作实施方案》，确定57项生态区创建重点任务，10个街道和14个相关职能部门为重点责任单位。年内，圆满完成燕川污水处理厂配套管网二期工程等32项生态区创建工程的年度任务。桃花源科技创新园等4个工业园区通过市人居环境委组织的“深圳市生态工业园区”专家验收；开展“2010年宝安区生态创建杰出典范”评选活动，评选出“杰出环保市民”10名、“生态示范街（社）区”10个、“生态示范企业”10家，并给予表彰；观澜街道、石岩公学、石岩人工湿地3个项目获评市人居环境委“十大优秀低碳范例”荣誉称号。开展公众对环境满意率调查工作，编写生态区创建技术报告和工作报告，拍摄生态区创建专题汇报片。2010年12月宝安区正式向省环保厅递交申报材料，完成“国家生态区申报”的工作目标。

【治污保洁】2010年，宝安区治污保洁任务共计62项，其中市政府下达23项，宝安区自加39项，涉及责任单位21个。59项任务中，水环境整治类有47项，大气污染防治类有1项，固体废物污染防治类有3项，生态恢复与建设类有4项，环境管理与能力建设类4项。区治污保洁办强力督办、沟通协调，全年开展现场督查5次，跟踪检查203次，组织召开协调会16次，发出督办协调函件18份。通过将重点项目列入审批“直通车”、区联合督查小组的强力督促以及区治污办的及时协调推进，有效推进各项任务的落实。观澜等5座污水处理厂配套管网（二期）工程年度建设任务按期或超额完成；老虎坑垃圾填埋场渗滤液处理工程顺利通过市人居环境委员会的环保验收；区域绿道网宝安段2号线、5号线年度建设任务圆满完成；各街道共41条主次干道130公里绿化升级改造和83.6万平方米裸露黄土整治复绿工作全面完成。宝安区的治污保洁工作得到市治污保洁领导小组的充分肯定，并在年度考评中获得99.49分的好成绩，全市第一。

【污染减排】2010年，深圳市下达宝安区的工程减排任务为削减COD（化学需氧量）2.47万吨，结构减排任务为关停工业企业及实施清洁生产企业合计10家，削减COD10吨，监督减排任务为工业企业污染治理项目到10家。年内，制定《宝安区2010年度污染减排任务》，大力推进工程减排、结构减排和监督管理减排。通过进一步加强污水处理厂的运营监督管理力度，坚持污染物总量控制原则严把项目审批关，强力推进清洁生产，严厉打击环境违法行为等举措，全年工程减排完成COD削减量3.74万吨，完成市下达年度任务的151%；结构减排削减COD达17.4吨，完成年度任务的174%；关停并转迁工业企业及实施清洁生产企业合计达86家，完成年度任务的150%。

【环保审批】2010年，宝安区环保审批建设项目11954宗，大部分项目的实际审批时间为5个工作日左右。严把审批验收关，按照转变经济发展方式、强力推进产业结构的要求，对不符合生态区划功能、不符合产业导向、产业布局、污染减排总量控制要求的企业，对列入国家、省、市、区《产业导向目录》明令禁止、淘汰的设备、工艺等项目，一律不予审批。否决“三高一低”项目992宗，否决率达8.3%。实施审批稽查制度，定期对各街道环保所的审批业务进行稽查，进一步提高环保审批质量和效率。组织建设项目现场检查97宗次，其中竣工检查并核发试运转通知书40宗，工程项目验收25宗，建设项目竣工验收32宗。加强对在宝安区从事环评工作的环评机构备案管理，向社会公布备案机构名单。

【环保监督管理】2010年，宝安区环保局坚持监管与服务并重原则，环境监督管理是环境保护工作的重要抓手，持续加大对环境违法行为的打击力度。2010年，共出动环保执法人员109663人次，检查企业42607厂次，对1647家企业下发整改，关停并转企业78家，对1221宗环境违法行为实施行政处罚。工业污染源常规达标率达到89.8%。发放排污许可证385个，共有2173家企业在宝安区固废软件系统上申报危险废物转移联单1771份。排污费征收完成年度任务的110%。加大重点区域重点行业的整治力度，开展观澜等7个街道的环保执法大检查及服务行动，实施“蓝天行动”、“平安行动”及地下炼金整治等专项行动。创新监管手段打击违法行为，通过监控系统的预警分析，形成机动灵活、高效打击的新监管模式，将企业违法违规行为遏制在萌芽状态。加大机动车排气治理力度，联合多部门开展高污染排放车辆整治，共对8941辆机动车进行抽检，对515辆超标车辆下发整改或处罚决定书。加强环境安全工作，开展环境安全隐患“百日”大检查、大整治行动，参与两次环境应急演习，5次突发事件的调查处置，组织环境安全强制性培训8期，691家企业约2000人次参加培训，并通过考核获得上岗证。大力推进重污染行业减排和优化升级工作，共有12家企业上报优化升级改造方案，受理新申报项目6宗，全年排污费资助金额达595万元。

【水源保护】2010年，宝安区环保局高度重视水源保护工作，按照水源保护区网格化管理方案，对全区水源保护区巡查路线和重点巡查区域进行巡查。及时将巡查中发现的违法养殖场、地下加工厂及违章乱搭建、违法开发等问题通报相关街道办，发函29份。组织开展为期两个月的饮用水源保护“雨季行动”专项执法检查，在铁岗—石岩水源保护区内共清理违章养殖户61户，清理生猪约3300头，清理面积约5000平方米，清理垃圾收购站约35500平方米，窝棚乱搭建约600平方米，检查企业271家，上报处罚建议23宗；在观澜河流域及其他中小型水库水源保护区内共检查工业企业344次，下发整改通知书5份，上报行政处罚12份，清理危险废物7吨。全区饮用水源水质达标率连续两年稳定在100%。

【环境信访工作】2010年，宝安区环境信访立案宗数为3889宗，处理率、回复率、回访率均为100%，群众满意率为90.7%，继续在全市名列前茅。局长信箱收到425宗信访件，处理期限由原来的15天缩短至3～7天，满意率为100%。全局共有12000余人次参加信访调处工作，召开协调会230场次，走访、约谈企业150厂次，全年无一宗越级上访案件。完善领导接（下）访工作，安排局领导接访日活动17次，有效解决德盛丰纸品厂、广深沿江高速工程噪声扰民等热点难点信访投诉案件。安排“三级两会”、中高考、广州亚运等重点时段的隐患排查工作；对新安、西乡、松岗等10个街道的校园周边企业进行逐一地排查，有效化解实验学校旁湖滨变电站施工噪声扰民等问题。加大对重要信访件的调处力度，有效解决信隆等78宗重要环境投诉信访件。加强信访制度建设，编制完成《环境信访调处手册》及《环境信访资料汇编》。

【环境监测】2010年，宝安区扎实做好各类环境监测工作。全年共取得各类环境监测数据94502个，其中环境质量监测数据11048个，污染源监测数据73839个，质控数据9615个，监测质控数据合格率99.99%，监测报告合格率99.99%，监测报告及时率99.86%。每月对区管国控重点污染源和污染减排工程项目进行监督性监测，每季度对区管国控、省控污染源废水在线监测点进行数据有效性比对监测，编写《宝安区污染源监测月报》、《宝安区污水处理厂监测分析报告》、《宝安区饮用水源水质监测月报》、《宝安区河流水质监测月报》等监测报告，让区领导和相关部门及时了解变化情况。编写宝安区季度环境质量分析报告、年度环境状况公报和宝安区2009年度环境质量报告书，对阶段性环境质量变化进行分析。认真分析污染源、饮用水源、河流的监测结果，发现异常数据及时通报环境管理部门，为环境监管提供技术依据。积极开展监测技术比武活动，获深圳市环境监测系统技术比武团体第一名，受到市人居环境委的表彰奖励。

【环境宣传教育】2010年，宝安区大力营造环境宣传教育氛围。紧紧围绕生态区创建这一中心工作，加强生态区创建宣传动员，印发《生态区创建工作简报》，在宝安日报刊登每周一期的《宝安生态区　你我共创建》专版，开设每周一期的“低碳科普”小栏目；在宝安电视台开设《生态宝安》电视专栏和播放生态创建主题电视公益广告；在宝安区环保局网站开设“国家生态区创建”专栏；编印《创建国家生态区行动手册》5万册，通过邮政投递点直接投送到社区、家庭、企业、工厂。以“六·五”世界环境日为契机，精心策划组织以“生态宝安，宜居家园”为主题的第四届宝安区市民环境文化月系列活动，包括“我眼中的生态区”市民考察活动等16项宣传活动，弘扬生态文明，普及低碳知识，在全区营造保护生态环境，节约资源能源，减少污染排放，建设宜居家园的良好氛围。

【街道环保所工作】2010年，宝安区街道环保所监管服务各有特色，亮点突出。新安环保所生态创建取得突破，文雅社区申报“省级绿色社区”并通过省环保厅专家考评验收；西乡环保所创新环保联络员动态管理机制，成立环保联络员巡查组，按照河流流域重新划分职能；福永环保所编印环境信访投诉指南，派发到企业和居民手中，提高环境污染案件处理效率；沙井环保所着重在手段、技术及服务方面进行创新，举办工业废水处理技能现场比拼活动；松岗环保所深化落实审批预先介入机制，从源头上严格控制住宅密集区域餐饮娱乐类项目；石岩环保所强化对水源保护区内的监管，对入库支流、排污口周边企业进行分类管理；大浪环保所扎实推进生态创建工作，生态大浪建设成效明显；龙华环保所深入社区，开展多种形式的环保宣传和服务工作；民治环保所创新建立夜间二十四小时出警制度，快速、及时处理群众反映的环境信访投诉；观澜环保所全力推进生态创建工作，成为全区首个“深圳市绿色社区”全覆盖的街道。　（张文婷）

附：2010年宝安区环保局领导成员名单

局　长：胡细银

副局长：游高强　周展明　李　莉

水　务

【概况】2010年，宝安区完成投资16亿元；新增污水处理规模27.5万吨/天、污水管道180多公里、水源保护林40万平方米；实施社区供水管网改造一期工程，累计改造供水管道414公里，惠及62个社区64万人口；日均处理污水96万吨，全年累计处理污水3.52亿吨，削减化学需氧量（COD）4.56万吨，超额完成年度污染减排任务的80%；污水集中处理率达到71%，处理率同比提高8个百分点；水土流失面积从2009年的17.49平方公里下降至目前的15.35平方公里，同比下降12%；成功抵御“狮子山”、“凡亚比”、“鲇鱼”等台风影响，全区没有发生人员伤亡和重大财产损失。

【水源工程建设】2010年，宝安区水务局不断完善区内水源网络体系。东部供水工程、梅龙供水工程、北线引水工程总引水能力达310万方/天，满足当前城市发展的原水需求；建成西铁隧洞—朱坳水厂输水工程等一批原水调度项目；协助市水务局加快实施甲子塘—松岗原水调度工程建设，初步实现主要水厂水源双回路保障；启动沙井凤岩水库工程和大水坑水库扩建工程；加快村级小水厂整合进度，基本完成国有供水企业整合；稳步推进连续四年的社区供水旧管改造，一期工程将于2011年完成；通过实施社区供水旧管改造、长流陂水库内源污染控制工程、一级水源保护区涵养林工程、石岩水库污水截排工程，大大改善供水水质、水压。

【水质保护与供水安全保障】2010年，宝安区水务局继续抓好水质保护与供水安全保障。通过划定河道管理蓝线和水库保护红线，建立水源保护区国有土地管理机制，实施5座饮用水库的隔离围网与污染控制工程，加强水库周边养殖业清理，防止饮用水源遭投毒污染等多种措施不断强化水安全保障与隐患防范工作；协调各饮用水源管理单位和各供水企业做好供水安全保障工作，宝安区水源水质达标率100%；委托专业机构对全区25座小型水库进行日常管理及大坝安全监

2010年宝安区第四届爱水节水宣传月启动仪式

测；不断充实水库技术员及管理员队伍；配合市水务局做好全区每月供水调度计划及日常调度管理；督促供水企业做好管道爆管抢修期间的供水保障工作；加强与市水务局和东江水源地联系，争取足够的水量支持，2010年安全供水量约为5.75亿立方米，占深圳市供水总量的1/3。

【**供水管网改造**】2010年，宝安区水务局加快推进供水管网改造。全面启动投资达6亿元的供水旧管网改造，2010年已实施完成社区供水管网改造一期工程的80%，累计改造供水管道414公里，惠及62个社区64万人口；计划争取用3～5年时间，完成全区旧供水管网改造，以期解决管网锈蚀严重导致的饮水安全、卫生问题，降低漏损导致的水资源无谓浪费。

【**水资源管理**】2010年，宝安区水务局按照《宝安区创建节水型城市和社会行动方案》要求，全方位推进节水型社会建设。每年举办一届"爱水节水宣传月活动"，推动各行各业深入落实节水措施；国家节水型城区创建通过审核，有力促进全区经济转型和产业升级；加强水资源管理，严格节水洗车场牌证发放的审批和节水设施运行日常监管，实现水资源"减量化、再利用、资源化"；深入开展全区493家洗车场专项清理整顿和取缔私采地下水井专项行动；通过多种举措，浪费水的行为逐步得到遏制，水资源初步实现科学管理和合理利用，万元GDP水耗呈逐年持续下降趋势；2006年，宝安区供水总量为5.08亿立方米，到2010年，全区人口增长近百万，GDP年均增长15.9%，供水总量为5.75亿立方米，仅增加0.67亿立方米，年均增长3.1%。

【**防洪排涝工程建设**】2010年，宝安区水务局针对全区地势东部高、西部低的特点，确立"西部片区主要抓排涝建设、东部片区主要抓河道治理"的思路。建成衙边涌等10座排涝泵站，新增抽排能力115立方米/秒，消除内涝面积20多平方公里；开展沙井河及固戍片区排涝工程建设；完成总投资约17.2亿元，设计规模为519m^3/s，装机容量约35275kw，服务面积达45.9km^{2}的13座规划泵站前期工作；全面推进总投资约64亿元的茅洲河流域塘下涌片区等8个片区的涝区治理。这些防洪排涝设施实施后，将使宝安区防洪排涝能力大大提高。

【**河道整治**】2010年，宝安区水务局继续抓好河道整治工作。实施省界河综合整治示范工程——茅洲河界河段综合整治一期工程，对茅洲河下游11.4公里界河河道进行清淤清障，防洪能力从5年一遇提高到10年一遇；全面启动茅洲河干流及其支流、石岩河三期、珠江口小流域河涌等综合整治工程；开展观澜河流域支流坂田河等12条河流综合治理工程的前期工作；完成每个街道一条（11条）河道清淤工程前期工作并移交各街道组织实施，以期改善河流水质，确保泄洪安全。

【**污水处理费征收**】2010年，宝安区水务局认真贯彻执行《深圳市污水处理费征收使用管理办法》，抓好全区污水处理费征收工作，共征收污水处理费约3.34亿元，上缴市财政约2.15亿元，比去年同比增长10%；积极协调市水务局、市财政局做好排水设施运营服务费的申拨，保障全区排水设施运营养护工作有序开展。

【**排水设施管理养护**】2010年，宝安区水务局加强排水设施管理养护工作。针对性地对管网进行清淤疏通，保证污水处理厂进水量；累计清疏管道5167.6米，清掏检查井163座，清理管道及检查井内淤泥448.95立方米；累计清理泵站及沉砂池淤积物约9000立方米；处理数字化城管系统转办排水管网养护案件496宗，补装损坏或丢失雨污水检查井盖108套，雨水箅子242套；维修更换各泵站老化、损坏设施；全年在管8座污水泵站共输送污水14900万立方米。

【**排水工程**】2010年，宝安区水务局继续抓好排水工程建设。年内，完成总投资为228.4万元的宝民一路—107国道雨水箱涵清疏工程、观澜库坑快渗处理设施厂区道路工程、宝安大道固戍段雨水箱涵清疏工程、新安街道上合社区33区商住楼排水管道改造工程，解决以上片区排水不畅问题；实施总投资为116.41万元的石岩浪心污水泵站10KV外线工程。

【**排水管网市场化**】2010年，宝安区水务局强力推进排水管网市场化运营工作。完成全区排水管网普查，全面掌握排水管理实际情况；积极配合市水务局深入各街道进行调研并制定《关外四区排水管网市场化运营工作方案》和排水管网市场化运营招标示范文本，为排水管网市场化进程奠定基础。

【**水污染治理设施建设**】2010年，宝安区水务局加快水污染治理设施建设步伐。年内，继总投资约14亿元、总长度265公里的污水干管一期工程全部建成投入使用后，动工建设总投资约22亿元、总长度344公里的污水干管二期工程，服务范围包括福永、燕川、观澜、龙华、沙井等5座污水处理厂；覆盖固戍、龙华、沙井、观澜、福永、公明、燕川等7座污水处理厂服务范围内的11个社区，总投资约10亿元、总长度约200公里的污水支管网一期工程前期工作全面完成，将于2011年动工建设；宝安区（含新安、石岩片区）污水支管接驳一期工程基本建成，全区管网收集系统初步形成；开展观澜河水污染治理一级强化处理挖潜改造工程、观澜污水处理厂设备更新改造工程。

【**污水处理厂运营**】2010年，宝安区3座以BOT模式建设的固戍、龙华、沙井污水处理厂和观澜污水处理厂实现大部分生活污水集中处理，日均处理污水96万吨，全年累计处理污水3.52亿吨，削减化学需氧量（COD）4.56万吨，超额完成年度污染减排任务的80%，比上年的3.72万吨增加22.3%；

宝安区水土保持国策宣传教育学生实践日活动

污水集中处理率达到71%，处理率同比提高8个百分点。此外，配合市水务局基本建成燕川、福永污水处理厂，全区污水处理厂从原来4座增加至6座，污水处理能力增加27.5万吨/天。

【水生态环境保护】2010年，宝安区水务局继续抓好水生态环境保护。完成新圳河西乡河水环境综合治理工程前期工作，编制大铲湾港池水动力研究方案；实施观澜河干流污染截排工程与中水回用工程，观澜河水质污染指数比2006年下降47.1%；投入627万元加强河道养护保洁，开展全区28条河流养护工作以期保证水面整洁，无漂浮垃圾，改善周边环境；加快实施罗田、长流陂水库水源保护林建设工程；稳步推进铁岗、石岩和茜坑水库水土保持综合治理工程、芙蓉尾山、横坑石场整治复绿工程；完成红木山水库库尾裸露地等10个水土保持工程治理工作；全年共出动500人次对683宗开发建设项目实施监测，对42宗水土流失隐患点下达整改通知；加强监督管理总面积5.49平方公里的国有水务土地，水土流失面积从2009年的17.49平方公里下降至目前的15.35平方公里，同比下降12%。

【汛情灾情】2010年，宝安区属于降水偏少年份。全年累计降雨量1644.65毫米，比上年同期的1680.58毫米减少约2%；降雨主要集中在9月份，该月单月降雨达464.5毫米；汛期期间分别出现“5·7”、“5·29”、“7·28”、“9·10”、“9·19”等5次主要降水过程，单日最大降雨出现在9月10日，为新安街道126毫米。年内，属台风偏少的年份，共14个，无台风在宝安直接登陆。宝安区有效应对“狮子山”、“凡亚比”、“鲇鱼”等5次台风外围影响。对宝安区造成影响的台风数量与多年平均数基本持平。

【三防建设】2010年，宝安区三防工作取得较好成绩。建立三防责任体系、预案体系、应急指挥体系、抢险保障体系，形成三防会商、督导、沟通协调和信息发布机制，战胜多场强台风、强暴雨灾害，最大程度地保障人民群众生命安全，减轻灾害损失。汛期共出动抢险救灾人员4867人次，开放避险场所约260间次，全区排涝泵站运行869.6小时，累计抽排水量约1687万立方米；修编完善预案并编入《宝安区三防和地质灾害防治工作手册》；7月，宝安区联合龙华驻港部队组织300余名官兵举行一场抢险演练；强化三防物资储备体系，全区共储备冲锋舟51艘，橡皮艇97艘，大型发电机组6台等总价值超过1000万元的充足物资；年内补充购置54艘橡皮艇、20台发电机、30台水泵等一批总金额约200万的重要三防物资，采购后分发至各街道，确保明年防汛物资充足。

【水事行政管理】2010年，宝安区水务局起草《深圳市宝安区开发建设项目水土保持专项验收规定（试行）》，发出《关于开展开发建设项目水土保持专项验收的通知》，率先在全市各区中试行开发建设项目验收；审批管理更加规范，认真做好水土保持、水工程建设、防洪方案及排水方案的审批把关，从源头上强化水事秩序维护；水事行政执法打开良好局面，开展面向街道的委托执法，在机构设立不到两年的时间里，就查处水事违法行为456起，开展联合执法专项行动32次，清拆违章建筑和乱搭建2.6万平方米，清除违法种养22万平方米，填埋私采地下水井745口，收缴罚金22.7万元，基本遏制水事违法泛滥的势头；信息化建设稳步推进，建成排水管网地理信息系统、防洪重点部位视频监控系统、污水处理设施在线监测系统；扭转水务设施重建轻管局面，河道及附属设施的日常养护、水库大坝的安全监测、三防物资储备、水土保持监测等工作经费纳入部门预算。宝安区水务局向社会发布《宝安区水务局2010年度目标责任白皮书》，将工作任务进行层层分解，明确到科，责任到人，确保年度目标任务的全面完成；大力推进素质工程建设，积极组织相关岗位干部职工开展政务、财务、行政执法、公文信息处理、工程管理、保密、行政审批录入、应急处理等方面业务学习；举办全区泵站管理员、橡皮艇驾驶员、小型水库管理员等多个培训班，全局超过250人次参加业务学习，人员素质稳步提升；不断加强信息宣传，举办第四届宝安区爱水节水宣传月活动，使水务工作得到社会各界高度认可，爱水节水理念深入人心，信访投诉量明显下降，有效促进水务各项工作开展。 （吴品超）

附：2010年宝安区水务局领导成员名单

局　　长：杨洪流

副 局 长：高书环　麦依权　吴新锋

水办专职副主任：李　莉（1月止）

供　电

【**概况**】宝安供电局作为深圳供电局分支机构，担负宝安区电力供应和保障任务。2010年，宝安辖区有变电站65座，主变容量为17451MVA。宝安供电局下辖7个供电所，管理10kV线路1757条，线路总长7638千米，配电变压器29414台。2010年完成供电量为276.83亿千瓦时，同比增长16.91%，供电可靠率RS-1为99.943%；平均停电时间4.9919小时/户，同比减少16.6%。年内，该局配电部、龙华供电所等部门获得“深圳供电局安全生产暨安全生产风险管理体系建设先进集体”荣誉，福永供电所等部门获得“深圳供电局亚运保供电先进集体”荣誉。同时，该局加强党政工团工作，宝安供电局党总支获得“2008～2010年度深圳供电局先进基层党组织”荣誉，局长黄桂华被授予“深圳市直机关工委优秀党务工作者”称号，副局长潘捷被授予“深圳市直机关工委优秀共产党员”称号，宝安供电局石岩供电所获得深圳供电局先进“职工小家”荣誉。

【**安全生产**】2010年，宝安供电局建立安全生产管理长效机制。一是对配电班组核心工作情况进行统计分析，收集每项工作的时间，分析每个班组对每项工作的不同意见和处理时间，开展配电班组资源整合。二是加强宣贯和培训，确保生产技术标准的落实。年内共举办各类安全生产技术培训42期，参加人员2100余人次。三是定期组织运行班组人员召开现场会，对运行中出现的问题进行剖析，提出解决问题的方案。开展人员风险行为管理系统试点。2010年3月，龙华供电所作为南方电网公司人员风险行为管理系统首家试点单位，开展以“关心员工、关注安全”为宗旨的人员风险行为管理系统的建设与应用工作。成功搭建干预体系框架，编制《龙华供电所安全行为干预管理工作标准》，各执行小组共进行1513宗行为观察，发现安全行为1348次，风险行为165次，安全行为比率为90%，龙华供电所试点工作取得成功。

【**可靠性管理**】2010年，宝安供电局采取多项措施提高可靠性管理，成效显著。一是认真执行停电管理制度，强化停电计划的刚性执行及转供电、综合停电工作。2010年编制配网月度停电预计划1062项，预停电计划实施率不断提高；实施转供电245宗，综合停电72宗，减少停电135230时户数、减少用户平均停电时间5.7793小时/户，提高年供电可靠率0.066%；二是全面开展带电作业。年内完成带电作业201宗，减少停电19057时户数、减少用户平均停电时间0.8144小时/户、提高年供电可靠率0.0093%；三是加强巡视力度。根据不同的运行环境和特点，制定相应的方案；有针对性地开展各种巡视，及时消除安全隐患；发现问题及时处理，做到早发现、早处理、早消缺；四是建立抢修过程管理及快速复电机制，利用营配一体化配网集成系统加强抢修过程管理，实现“快速反应、快速到位、快速抢修、快速复电”。

【**营销管理**】2010年，宝安区供电局完善线损“四分”管理，深化以“客户为中心”的服务理念，简化报装手续，落实“限时办结制”。加强计量管理，按照“一站妥”服务要求，简化装表用电手续，减少用户办理业务的时间，以更好更快最高效的方式给用户装表送电。2010年，共完成高压装表1264户、低压装表26187户，没有发生内部原因造成装表超时的情况。

【**保护电力设施**】2010年，宝安区供电局根据《深圳供电输配电线路防外力破坏工作方案》和《深圳供电局2010年打击盗窃破坏电力设施及窃电违法犯罪工作方案》的要求，研究建立“发挥联防互动优势，建立有偿护线组织”的机制，沿着输配电线路走向，在被破坏和盗窃比较严重区域的周边，通过有偿护线和奖励并举的方法组建群众护线组织，以保证电力设施的安全。参考消防、国土等部门的方式，拟将有偿护线工作委托给各社区工作站下辖治安巡防队（或保安服务公司）实施，把电力设施保护工作纳入“三级联防”、“四级联动”工作的重要组成部分，充分依靠社区力量，调动各方积极性，做好电力设施保护工作。年内初步选择观澜街道观城和茜坑工作站这两个电力设施被破坏、被盗窃较为严重的单位率先进行有偿护线试点工作，共同做好电力设施保护工作，待经验成熟后将在全局范围内推广。

【**电力供应与电网建设**】2010年，宝安经济稳步快速增长、电力需求日益旺盛，加上西南干旱、天气炎热等因素影响，重新面临电源性缺电局面。面对这种局面，宝安供电局在上级领导的关注和市局多个部门配合下，多次优化电网运行方式，挖掘设备潜力，收到很好的效果。制订并滚动修编有序用电方案，加强对客户自觉错峰的监督。做好停电和错峰信息披露及告知工作，积极向社会和客户宣传电力供应形势，确保全区电力的有序供应。2010年，宝安供电局加强电网建设，工程投产及时发挥效益。全年共完成508项工程施工工作，完成投资5.95亿元。合计投产10kV线路392千米、低压线路334.1千米、投产配变189台，投产容量127265kVA。在度夏前，通过精心组织，抓紧实施，沙井万丰站、垦岗站、云帆站等67个配网新出线项目及时投产并发挥效益，为该片区迎峰度夏打下良好的运行环境基础。为加快电网建设的步伐，2010年5月，深圳供电局下达站址预控任务，全力推进变电站站址预控。经过多次沟通协调、现场勘察、技术验证及国土资料核查，选定观澜街道的220kV四黎站及110kV桂花站作为代管站，并草拟《变电站土地代管协议》，2010年10月14日由具副局长代表深圳供电局签订代管协议。

【新能源建设】2010年，宝安供电局为应对节能减排目标，开展新能源汽车充电设施建设，在9月份开展电动汽车充电站的选址工作。年内，宝安机场充电站已投产运营；另有7座充电站站址已取得意向，其中石岩站、观澜站及龙华站已经上报规土委等待批复，宝安中心站已经取得体育局和中心办书面同意，待进行设计工作。积极开展社会停车场加装新能源汽车充电桩项目，已落实第一批合计515个充电桩建设计划，目前该批项目已经进入施工阶段，第二批充电桩项目正在选址立项阶段。

【客户服务】2010年，宝安供电局通过各种举措，使客户服务再上台阶。走进企业，积极开展客户走访活动，从安全用电、节约用电、规划用电等方面为企业排忧解难，福永供电所、龙华供电所帮助客户解决困难，并将客户的意见及建议认真做好记录，受到客户的一致好评；走进社区，把“流动营业厅”开进住宅小区，现场为社区办理业务，向社区居民宣传安全、科学、节能用电方面的知识，增强客户对企业品牌的认同与情感依赖，宝城供电所将“流动营业厅”开进小区，服务客户受到赞扬和好评；与客户进行面对面的沟通与交流，收集客户的意见和建议，观澜供电所特制6万张便民服务卡、沙井供电所创新客户温馨提示栏都受到广大客户的欢迎和好评；实行居民住宅区客户经理制，为684个住宅区42万居民客户配置客户经理127名；举办各种培训，提高营销各班组各岗位的专业技能和服务礼仪。松岗供电所各班组灵活发挥主动性，采取相互竞赛的形式开展提升客户满意度活动，取得良好效果。全面开展绿色社区联盟建设。积极加强与物业管理单位和小区业主委员会沟通，并与其签订《绿色社区联盟协议》。截止2010年底，完成所有物业小区的沟通联系工作，共签订协议63份。

【节能绿色行动】宝安供电局按照上级部署，深入贯彻落实“绿色行动”工作方案，积极开展节能服务，建立常态化节能服务机制。引导工业客户节能，2010年共为131家工业大客户提供节能服务，形成书面节能建议书，为企业节能提供参考；为22家新投运大客户开展差异化节能服务，会同客户电力设备的设计、施工单位，提前介入指导，为客户提供节能建议；深入开展节能宣传活动。结合全国节能宣传周活动，举办主题为“节能攻坚，全民行动”的节能宣传活动，使节能服务进社区，走进千家万户。

（周莉芬）

附：2010年广东电网公司深圳宝安供电局领导成员名单

局　　长：黄桂华

副 局 长：潘　捷

供　气

【概况】深圳市燃气集团股份有限公司宝安管道气分公司成立于1993年6月，原名深圳宝安煤气有限公司，是深圳燃气集团下属全资二级企业，主要从事宝安区范围内管道燃气项目开发、建设及液化石油气销售供应业务。1998年12月，深圳燃气集团公司出资收购了原建威公司的管道燃气资产，为宝安区管道的建设带来快速发展。2007年12月，根据深圳燃气集团整体上市工作的需要，该公司更名为深圳市燃气集团股份有限公司宝安管道气分公司。通过十余年的不断完善和规范化管理，截至2010年底，深圳燃气宝安管道气分公司已拥有管道燃气客户18万户（不含工商、公福客户），供气管网达640多公里，供气场站27座，其中气化站2座；客户范围已遍及全区各个街道，肩负着宝安区燃气供应的主渠道任务。目前宝安管道气分公司在册员工365人，其中具有大专以上学历101人,具有高级专业技术职称5人，中级职称15人。近年来，该公司不断引进高科技技术，不断加强新进优秀员工的职业培训，优化人才资源配置，提升管理水平，开展创先争优活动，积极调动员工的创造性和主动性。宝安管道气分公司奉行“行之以专，律之以责；创新之途，务实为基”的企业精神，以“安全供气，优质服务”及“承恩于心，泽惠于人”为服务宗旨，全力推行“首问负责制”的服务理念，规范和完善了安全及优质服务程序化、制度化管理的各项业务流程和制度，构建了安全和服务管理的信息网络平台，具备强大的安全供气保障能力。

【管网建设】2010年，深圳燃气集团加快深圳市天然气高压输配系统工程（西气东输二线深圳配套工程）及募投项目——深圳市天然气利用工程建设，与中石油签订了西气东输二线天然气采购协议，为宝安管道气分公司未来快速发展提供了充足的气源保证。2010年，宝安管道气分公司坚持以科学发展观为指导，紧紧围绕从城市燃气运营商向清洁能源运营商转型的战略主题，按照“大管网、大客户、大信息、大发展”的要求，在深圳市政府大力实施节能减排政策的推动下，在深圳市工商用户尤其是电厂等大工业用户对天然气需求持续旺盛的形势下，结合深圳市经济特区一体化的不断推进，进一步提升发展低碳经济能源的战略，大力扩展管道主客户，加大管网建设，以气换油，天然气供应能力将大幅度提高。宝安管道气分公司推行业务精细化管理模式，配合深圳燃气集团“主业跨越、两翼支撑、三大保障”的发展战略，加快科学发展步伐，积极配合、推进西气东输二线深圳配套工程项目建设，不断完善公司治理，全面推进风险管理，推动服务创新，进一步加强安全生产，使公司各项经营管理工作再上新台阶，迎接绿色大运，以成就绿色品质生活为使命，以成为一流的城市清洁能源运营商为愿景，创造城市燃气发展的“深圳质量”。

【客户拓展】2010年，深圳燃气集团宝安管道气公司加快开发工商业大客户市场，争取逐步形成新的经济增长点。宝安管道气分公司将按照“盯准目标市场、培育潜在市场、把握已有市场”的原则，对有意向的大客户及时跟进，力求突破；对潜力市场采取灵活的营销策略，激活一个点、带动一条线、影响一大片，逐步扩大市场的影响力；对已有的市场科学分析、适时把握、互利互惠、有进有退。在面对急剧变化的环境和激烈的市场竞争时，适应市场的发展趋势，强化管理，争取在更大利益的前提下达到公司与客户的双赢。

【安全供气】2010年，深圳燃气集团宝安管道气分公司安全依赖科学管理，即把一切行为指向安全，以安全为主导，崇尚科学管理和技术创新。通过持续创新技术设备水平，最大限度地提高硬件系统的安全可靠性；通过采用先进科学的管理手段，不断改进安全管理方式，提升安全标准，细化工作流程，努力提高员工的安全意识和综合素质，全力保障输送和使用的燃气都觉得安全可靠。

【优质服务】2010年，深圳燃气宝安分公司以客户满意度为落脚点，从客户感知出发，努力提升服务质量，服务于宝安区人民。通过第三方测评显示，2009～2010年，公司客户满意度节节攀升，从最低81.41分，上升到2010年第四季度的84.07分，公司树立了优质服务品牌形象，得到广大宝安区人民的认可。　　（罗小草）

附：2010年深圳市燃气集团股份有限公司宝安管道气分公司领导成员名单

总 经 理：张劲风

副总经理：任　军　刘建辉

综　述

【概况】2010年，宝安区农业实现总产值44905万元（现行价），比上年下降13.3%。种植业完成产值8673万元，比上年增加10.8%。年末蔬菜种植面积4407亩，比去年减少5.2%；蔬菜总产量15948吨，比上年减少7.4%。年末水果种植面积10232亩，与去年持平；总产量741吨。其中，荔枝产量638吨，比上年增长54.9%；龙眼产量103吨，比上年减少23.1%。年末花木场数87个，比去年增长2.3%；花卉、园艺产值3035万元，比上年增加9.4%。畜牧业完成产值4615万元，比上年减少65.4%。年末猪场数8个，生猪出栏量12170头，比上年减少85.7%；年末鸡场数3个，比上年减少25%；活鸡上市量91.3万只，比上年减少24.2%；存栏量18.5万只，比上年减少25.4%。年末鸽场数2个，乳鸽上市量41.3万只，比上年减少32.3%；存栏量11万只，比上年减少1.6%。渔业完成产值1099万元，比上年减少32.1%。年末水产养殖面积14351亩，比上年减少27.5%；水产品总产量1562吨，比上年减少23.2%。其中：海水产品707吨，比上年减少17.4%；海洋捕捞455吨，比上年减少43.9%。

【国有农业用地管理】2010年，宝安区为加强城市化后转为国有农业用地的管理，农林渔业部门开展国有农业用地综合整治，对发现问题的地块进行造册登记，限期整改，防止乱种养、乱搭建行为发生，确保农地整齐、美观、按规定组织生产。同时加强对各类市政建设占用农地的核实工作，办理好与农地回收相关的退租手续。此外，启动基本农田改造工作，做好未征转地块的征地工作及相关清场工作，并进行现场勘查，完善改造详规。

【农业科技】2010年，宝安区继续加大农业科技推广与培训力度，普及农业实用技术，提高农业科技攻关水平和农业从业人员素质。开展“宝安区农业植物有害生物疫情普查及其防控体系的研究”科研项目研究。全年举办“绿色证书”培训班3期，培训学员220人；举办“蔬菜优良品种推广和荔枝优质丰产技术培训班”10期，培训农业从业人员800人；举办“农药安全使用知识和无公害蔬菜农药使用技术培训”10场，培训学员800人。开展“优质荔枝郁蔽园改造技术培训”科技下乡活动，共100多位荔枝场场主和技术人员参加。

农产品质量安全监管

【农业投入品监管】2010年，宝安区加大农业投入品监督管理力度，开展农资打假专项治理行动，整顿和规范农资市场秩序，确保农业投入品使用安全。年内共开展22次农资打假行动，共出动检查人员115人次，查获假冒农药290瓶（包）、不合格肥料42包，对宝安区10个街道23家农药店进行3期农药抽检，在农业信息网上公告抽检结果，并印制宣传彩页张贴在田间地头以及各农资市场。

【农产品监督检验】2010年，宝安区开展农产品质量安全专项整治行动，加大农产品抽检力度，坚决查处、销毁有毒有害农产品，确保上市农产品质量安全。年内，宝安区蔬菜农药残留抽检57359份，平均合格率为99.40%；抽检水产品16301份，平均合格率为99.90%；生猪“瘦肉精”残留抽检65504头份，平均合格率为99.96%。全年累计销毁农药残留超标蔬菜685公斤、药物残留超标水产品84.50公斤，查处并销毁“瘦肉精”残留检测超标生猪（含同群猪）255头，确保市民吃上安全放心的农产品。

动植物防疫检疫

【动物防疫】2010年，宝安区重点加强动物疫病防控工作，针对高致病性禽流感、高致病性猪蓝耳病、牲畜口蹄疫、犬类狂犬病等重大动物疫病，累计完成禽只禽流感免疫注射104.44万只、开展鸡新城疫免疫92.27万只；开展生猪高致病性猪蓝耳病免疫3.85万头、口蹄疫免疫5.22万头、猪瘟免疫3.96万头、马流感免疫48头、马日本脑

2010年12月28日，宝安区召开动防暨农检表彰会

炎免疫22头、犬类狂犬病免疫注射1.75万只。

【**动物检疫**】2010年，宝安区严格按照检疫操作规程，加大畜禽产地检疫和屠宰检疫，做到有报必检，实现定点屠宰检疫率100%，家禽批发市场检疫率100%。全年共开展产地检疫生猪2.71万头、禽31.25万只，屠宰检疫生猪212.10万头、牛0.52万头、羊0.32万只，家禽批发市场检疫家禽1285.28万只，共检出病死猪1134头、病猪肉98420公斤、病禽6.80万只，全部作无害化处理。

【**外来有害生物检疫**】2010年，宝安区严格执行植物检疫制度，加强产地检疫，从源头控制有害生物传播途径，2010年宝安区实施产地检疫面积900亩，检疫苗圃场2个，检疫苗木220万株。采用化学防治和生物防治相结合的方法，全面开展薇甘菊防控工作，薇甘菊防控面积23750亩。对宝安区2811株发生椰心叶甲疫情的棕榈科植物开展防治工作，全年累计防治棕榈科植物8433株次。加强红火蚁疫情防控，对人员活动较多的公共场所进行重点防控，全区防控面积约17.7万亩次，使用药剂8000多公斤，防治效果达到90%以上，其中重点区域防治效果达到95%以上。

造林绿化与林政管理

【**造林绿化与森林公园建设**】2010年，宝安区全年完成造林面积887亩，完成率100%。至年底，共完成生态风景林和林相改造抚育工作32074.90亩次。森林公园规划建设工作取得较大进展，凤凰山森林公园于年内完成二期工程，经过四年建设，凤凰山森林公园被精心打造成一个集传统文化、休闲观光于一体，融人文历史、自然生态于一地的精品园区。羊台山森林公园石岩登山广场及第二条登山道工程完成施工开标、评标及监理招投标工作，大羊台片区完成施工招投标工作。

【**林政管理**】2010年，宝安区全年办理征占用林地申请初审26宗，临时占用林地13宗，查看征占用林地现场65次，发放林木采伐许可证46份，缴纳占用林地森林植被恢复费531.45万元，办理木材经营许可证15份，年审86份。开展打击破坏森林资源违法行为专项行动，全区共破获林业刑事案件5宗，抓获犯罪嫌疑人5人；查处林业违法案件29宗，林业行政罚款12.28万元。

【**森林防火**】2010年，宝安区农林渔业局着重抓好森林消防队伍建设和野外火源监管力度，确保宝安区森林资源安全。开展安全隐患排查，及时消除安全隐患，排查林区乱搭建658处，发现安全隐患107处，查处安全隐患面积24505㎡，取缔隐患场所21处。进一步加强森林防火宣传工作，开展宣传咨询活动9次，利用电视媒体播放宣传短片180余次，竖立宣传牌411块，发

2010年7月6日，宝安渔政大队在西乡码头举办消防救生应急演习

放各类宣传资料9.3万份。全年共接森林火警报案电话44宗，发生一般森林火灾12宗，过火面积12.90亩，受害森林面积3.90亩，没有造成人员伤亡事故和大的财产损失，森林防火各项指标都控制在省政府规定之内。

海洋与渔业管理

【海域使用管理】2010年，宝安区强化海洋执法监察，全面清理整顿非法占用海域违法行为，严厉打击违法用海及破坏海洋环境行为。年内，进行海上执法巡查71次，陆域执法巡查82次，排查用海项目24个，查处违法案件2宗，罚款10.30万元。

【渔政渔港监督】2010年，宝安区进行封港检查4次，累计检查渔船191艘，整改隐患3处。严把渔船进出港签证关，坚持对出海生产渔船登船检查，严禁不适航渔船出海生产，全年累计办理渔船进出港签证81艘次，查获10艘未按规定签证渔船，罚款2000元。对宝安籍渔业船舶进行年审，年审渔船92艘。

2010年3月25日，宝安渔政大队在全区范围内开展水生野生保护动物专项执法检查

【渔业资源保护】2010年，宝安区积极发展海洋产业，加强海上安全生产管理。扶持相关企业发展海洋产业，鼓励并支持渔业企业更新渔船设备，进一步提高渔船远洋作业能力。完善休渔值班制度，休渔期间做到“船进港、证集中、网封存、船留人”，同时加大海上巡查力度，杜绝休渔期间出现违规捕捞行为。开展“护渔2010”等12次渔业资源保护专项行动和日常执法50余次，出动船艇63艘次，人员385人次，检查船舶492艘，查获“三无”船舶8艘，清理长笼网约10000米，处理各类渔政案件36宗，共罚款8.65万。（叶　花）

附：2010年宝安区农林渔业局领导成员名单

局　长：张启光

副局长：郭文企　万国顺

道路建设与管理

【概况】2010年，宝安区建成区次干道以上路网密度2.85公里/平方公里，管养里程2906公里，桥梁768座。至年底，途经公交线路306条，公交车辆5367台，占全市公交车总量的41.36%，500米公交覆盖率为82%；"绿的"企业6家，车辆1381台；公路客运企业8家，进站长途客运班线488条，客车5153台，可达辽宁等18个省区；货运企业10913家，货车26348台；集装箱企业271家，集装箱车辆705台，挂车740台；自卸运输企业408家，泥头车762台；危运企业38家，危运车595台；机动车维修企业1216家，其中一类25家，二类232家，三类959家；道路养护企业5家，养护工区5个。

【大部制改革】2010年1月，设机构7个：综合组、公共服务组、城市道路养护组、公路养护组、交通管理组、交通运输与安技组、代管组。11月，设机构19个：综合组、财务组、规划组、建设组、养护监管一组、养护监管二组、养护监管三组、公共交通组、设施管理组、安全管理组、新安交通事务所、西乡交通事务所、福永交通事务所、沙井交通事务所、松岗交通事务所、石岩交通事务所、龙华交通事务所、民治交通事务所、观澜交通事务所。

【规划建设】2010年，宝安交通运输局承担交通共用设施建设项目162项，工程总投资约63.2亿元。其中重点推进的A类项目28项，总投资13.2亿元；市政府投资的B类项目35项，总投资23.5亿元；正在推进前期工作的C类项目84项，总投资25亿元；综治项目15项，总投资1.5亿元。重点编制《宝安区交通运输"十二五"规划》、《宝安区二线关及耕作口交通综合改善规划》、《宝安区"一站两线"快速公交接驳体系规划》及各街道交通综合改善规划，按国际化、现代化标准推动宝安交通一体化建设。

【A类在建项目】2010年，宝安区共有7项A类在建项目：（1）鹤洲社区洲石路连接线工程。起点为鹤洲社区路口，终点为洲石路交叉口，全长283.831米，2010年11月动工，计划工期3个月。总投资212.18万元。（2）留仙三路连接留仙大道工程。起于宝安区留仙三路，终点连接南山区留仙大道，全长542米，主车道按城市主干道标准建设，双向六车道，路面为降噪减污染沥青路面，人行道铺设吸水环保地砖。工程穿越原二线关管理线，在南山区留仙大道与留仙三路之间建设边防联检站、公交接驳站。工程总投资4720万元，12月7日动工，计划工期300天。（3）福永街道兴围社区道路改造工程。建设内容为兴围社区的一号路、二号路、四号路以及五号路东南段路面改造以及配套路灯照明设施，加铺沥青罩面，全长693米。2010年7月动工，2010年11月完工。总

2010年12月7日，区交通运输"十二五"规划研讨会召开

投资229.13万元。（4）福永街道新田社区道路改造工程。改造范围为新田社区道路和其延伸出来的道路，新建混凝土道路及附属设施，全长464米。2010年7月动工，2010年11月完工。总投资161.02万元。（5）沙井街道上寮社区道路改造工程。为上寮社区道路面改造及107国道西侧店面门口水泥混凝土场地及绿化恢复，道路全长650米。2010年7月完工。总投资213.05万元。（6）107国道垃圾转运站工程。建设内容包括房屋建筑、给排水、电气及垃圾压缩设备等设施。2010年7月动工，2010年11月完工。总投资191.19万元。（7）龙井二路交通综合改善工程。龙井二路道路改造全长693米，改造内容为增设出租车临时停靠站、渠化岛、交通安全设施、交通监控，给排水设施。2010年8月动工，2010年12月完工。总投资310.44万元。

【市发改立项道路工程前期项目】 2010年，宝安区共有35项市发改立项道路工程前期项目：（1）新安一路—新安四路改造工程；（2）前进一路改造工程；（3）创业二路改造工程；（4）西乡大道与前进路跨线桥；（5）石岩工业路市政工程；（6）洲石路延长线市政工程；（7）沙井街道蚝乡路（环镇路—中心路）市政工程；（8）宝安中心区海澜路市政工程；（9）观天路（田贝路—大和路）扩建工程；（10）尖岗山居住区卧龙巷路市政工程；（11）尖岗山居住区卧龙一路市政工程；（12）尖岗山居住区卧龙二路市政工程；（13）尖岗山居住区卧龙三路市政工程；（14）尖岗山居住区卧龙四路市政工程；（15）尖岗山居住区卧龙五路市政工程；（16）松安路市政工程；（17）西二路—福龙路节点改善工程；（18）老虎坑环境园进园道路工程；（19）地铁4号线（宝安段）沿线交通改善工程；（20）广深沿江高速公路（宝安段）交通疏解工程；（21）观澜平安路（观澜大道—环观南路）市政工程；（22）翠幽路（大和路—沿河路）市政工程；（23）新湖路（观平路—高尔夫大道）市政工程；（24）107国道宝安段兴围、黄田掉头匝道桥工程；（25）宝安区顺昌路（航城大道—固戍二路）市政工程；（26）宝安大道西侧辅道机场段市政工程；（27）龙峰三路与华繁路连接段道路工程；（28）华盛路南段道路工程；（29）华兴路–龙大路节点改善工程；（30）梅龙路留仙天桥及玉龙天桥工程；（31）第二劳教所新址一号路新建工程；（32）宝城26区公园路西一巷改造工程；（33）宝城26区北商业街改造工程；（34）观澜吊神山仓储区樟新路新建工程；（35）观澜吊神山仓储区桂平路新建工程。

【区发改立项道路工程前期项目】 2010年，宝安区共有39个区发改立项道路工程前期项目：（1）华明路市政工程；（2）龙华街道办东环一路东延段（东环二路至五和大道）市政工程；（3）宝安体育场中心区跨街天桥工程；（4）上川路与公园路人行道改造工程；（5）裕安二路跨线桥工程；（6）体育馆周边道路环境提升工程；（7）尖岗山居住区广深高速公路隔声屏工程（二期）；（8）商务中心区间路工程；（9）深圳职业技术学院宝安二级学院外围道路工程；（10）尖岗山居住区西乡大道支线市政工程；（11）玉兰路市政工程；（12）圣明路市政工程；（13）玉丹街市政工程；（14）玉竹路市政工程；（15）圣尚路市政工程；（16）圣洁路市政工程；（17）金桂路市政工程；（18）康宝路市政工程；（19）寻宝路市政工程；（20）宝安中心区博宝路市政工程；（21）海天路延长段（新安一路—寻宝街）市政工程；（22）拓展路市政工程；（23）石岩德政路工程；（24）石岩民乐路——羊台山路工程；（25）水田民营工业园外围配套道路；（26）海城北路市政工程；（27）宝民二路（新安五路至西乡大道）改造工程；（28）丰民路扩建工程；（29）锦绣路沙福河桥；（30）南岭路改造工程；（31）雄宇路（塘下涌工业路至水泉路）改造工程；（32）河滨南、北路（松安—水务所）改造工程；（33）长朗路（洋冲路至广田路）改造工程；（34）松岗东方路西段、沿河南路、溪头路、洪桥头路道路改造项目；（35）大浪北路市政工程；（36）福德路工程（立新路至宝安大道）；（37）桂月路（樟阁路—桂花路）拓宽改造工程；（38）樟阁路（观光路—桂月路）拓宽改造工程；（39）宝安区断头路项目38个。

【各类移交工程前期项目】 2010年，宝安区共有29个各类移交工程前期项目：（1）石岩北环路改造工程；（2）龙观路—新区大道连接线工程；（3）地铁1号线（宝安段）沿线交通改善工程；（4）地铁5号线（宝安段）沿线交通改善工程；（5）稔田大道（凤塘大道—沙福路）工程；（6）源高路市政工程；（7）观澜桂香路（大富路—桂花路）市政工程；（8）宝城68区恒安工业区与留仙二路区间路工程；（9）中心区兴康路（兴民路—宝华路）市政工程；（10）文卫路市政工程；（11）文教路市政工程；（12）固戍二路（107国道—宝源路）改造工程；（13）石岩街道办官田路（官田居委—田心大道）工程；（14）建设路（工业大道—东环二路）市政改造工程；（15）民主大道延伸工程；（16）沙井11—1地块西侧区间路；（17）迎宾路（博岗路至中心东路）工程；（18）沙井上寮大道维修改造工程；（19）观天路城市景观道路改造工程；（20）宝安中学新高中部周边道路（洪浪北路—大宝路）；（21）观澜横坑水库地区求知一路（求知东路—观天路）市政工程；（22）兴民路（海晖路–海澜路）；（23）健宝路市政工程；（24）雅兰路市政工程；（25）银晖路市政工程；（26）观澜横坑水库地区博强路（求知二路—科盛路）市政工程；（27）观澜河巡堤路（污水处理厂段）工程；（28）荔园西路（福园二路—西海堤）工程；（29）宝安中心区景观路工程。

【交通场站建设项目】 2010年，宝安区共有46个交通场站建设项目：大宝北路公交总站、洪浪北路公交总站、文汇花园公交总站、五区市场公交总站、留仙三路公交总站、北方公司公交总站、新城联检站公交总站、固戍村公交总站、劳动路公交总站、兴围村公交总站、新湖路公交总站、机场东路公交总站、碧海湾公园公交总站、铜鼓路公交总站、塘尾村公交总站、凤凰村公交总站、凤塘大道公交总站、和平村公交总站、白石厦公交总站、万丰市场公交总站、和一村公交总站、新二村公交总站、碧头村公交总站、东方村公交总站、洪桥村公交总站、芙蓉工业区公交总站、溪头村公交总站、越华工业园公交总站、塘下冲公交总站、石岩汽车站公交总站、官田工业区公交总站、塘头新村公交总站、石龙仔公交总站、罗租村公交总站、吉坑村公交总站、施乐公交总站、君子布公交总站、企坪公交总站、上横朗新村公交总站、大浪公交总站、罗屋围公交总站、羊台山庄公交总站、油松综合市场公交总站、水斗新围村公交总站、四季花城公交总站、民治公交总站。

【交通综合整治前期项目】2010年，宝安交通运输局结合交通环境综合提升工作，提出16个交通综治项目：（1）富士康（龙华园区）周边交通综合整治工程；（2）富士康（观澜园区）周边交通综合整治工程；（3）观澜富士康科技园周边交通整治提升工程；（4）福永街道中心区交通管理设施完善工程；（5）福永街道桥和路、桥塘路改善工程；（6）福永街道翠岗路等3条道路改善工程；（7）福永街道政丰南路改善工程；（8）福永街道西环路改造工程；（9）沙路改造工程；（10）107国道与福永大道交叉口改造工程；（11）桥头路改造工程；（12）龙翔路改造工程；（13）107国道新安二路至创业路段辅道整治工程；（14）沙井公园南路改造工程；（15）富士康北门路口改造工程；（16）大浪街道石龙路华旺立交周边道路整治工程。

【公路养护】2010年，宝安区道路5015条，总里程2906公里，总面积5487万平方米，桥梁768座。其中公路121条，总里程442.677公里，公路养护面积1173万平方米；绿化养护面积为361万平方米；桥梁（不含人行天桥）171座。按行政等级划分，有国道31.114公里（主干线）、省道43.974公里（干线）、县乡道及其他367.589公里（次干线）；按技术等级划分，一级公路315.737公里、二级公路81.448公里、三级公路28.458公里、四级公路17.034公里；市政道路4894条，总里程2462.97公里，总面积4314万平方米；市政桥梁597座（含人行天桥），总长度22451米，总面积523844平方米（上述为管养过程中重新调查的数据，道路较年初城管部门移交的设施量清单增加322万平方米，桥梁增加226座）。2010年，共实施大中修项目121项，总投资4亿元。至年底，完成62项，涉及投资3.61亿元。宝安区各条主次干道、桥梁、护坡均处于安全运营状态，路容路貌进一步提升。国道年平均好路率为97%，年末好路率为100%；省道年平均好路率为94%，年末好路率为94.6%；县乡道年平均好路率为92.3%，超标完成年平均好路率91%的目标。

【公路交接工作】2010年，宝安区根据大部制改革工作要求，宝安交通运输局向区城管局移交公路和高速公路出入口绿化，总面积306万平方米。从市交通运输委接管地方道路279.025公里，桥梁83座；接管大中修、三危工程等项目90项，总投资约2.77亿元，其中完工项目49个，前期项目41个。

【日常养护管理】2010年，宝安区道路设施维修完成市交通运输委下达的1.2亿元小修保养计划，累计维修路面126137平方米，人行道24623平方米，路缘石8447米，各类护栏12852米，防护桩2951根；大中修工程方面，投入1.15亿元，对36项道路大中修工程进行技术改善，完成项目前期工作，并进行施工招标，其中新安公园路、石岩吉祥路等工程年内开始施工。

【道路交通环境提升行动】2010年，宝安交通运输局制订《开展“办赛事、办城市，新大运、新深圳”环境提升行动工作方案》，快速有序推进道路交通环境提升工作。以各街道的主次市政道路桥梁、主要景观地区、机场港口、车站、高速公路出入口、街道办周边及街道主要商业路段等为重点区域（A类地区），对养管的259条A线路及区政府创建70条优美示范路，完善道路指示牌、标线、护栏、防撞墙等配套安全设施和指引标志。选用耐污染、抗张贴、易清洗、光泽好的高性能涂料，对梅林检查站、南头检查站、107国道宝安段、宝安大道、西乡大道、西宝线龙华街道中心路段、龙华富士康等重点路段进行清洗刷新，显著提升辖区主要道路和主要区域周边道路的环境水平。全年累计完成桥梁设施清洗刷新180948平方米，道路设施清洗刷新1317600平方米，交通设施清洗刷新290712平方米，总投资约5049万元。

【迎接全国干线公路养护管理检查】2010年，宝安区为迎接2010年全国干线公路养护管理检查（简称国检），特制定《宝安交通运输局迎接2010年全国干线公路养护管理检查组织工作方案》，细化各项迎检工作，责任到人。按照国检相关要求，进行大量的整理和完善工作，包括公路管养示意图的更新、养护资料文件的收集整理和装订、宣传栏制作、桥梁管养示意图等上墙图表的完善工作。启动13个大中修项目，包括对107国道宝安段进行局部路面罩面及修补。

【公路路政许可】2010年，宝安区办理路政许可事项66宗，其中同意审批64宗，不同意审批2宗；路产赔偿事项244宗。收取赔偿款2662350.71元，其中行政许可赔偿款1549793元，交通事故赔偿款1112557.71元。

【三危项目管理】2010年，宝安区定期检测三类桥，对水田小桥、龙华村小桥、石岩大桥边坡、洋涌河大桥进行维修加固，对边坡、挡墙等设施进行治理、排查。对青山下桥（三类）、君子布小桥（四类）、洋涌河小桥（三类）、松岗小（三类）桥、西乡一桥（三类）、新田二桥（三类）、库坑二桥（三类）、上南桥（三类）等进行拆除重建或维修加固；拆除樟坑径小桥（四类）；维修加固西乡二桥（三类）、钟屋村小桥（三类）、新墟河桥（三类）。对创业立交、机场立交、松岗高架桥、凤光线K17+000高边坡、凤光线K14+700边坡等五个维修加固及重建项目的工程效果和质量进行跟踪检查，建立《公路养护日常巡查台账》，督促施工单位对损坏的创业立交伸缩缝进行维修，确保行车安全。

【数字化城管信息处理】2010年，宝安区加强数字化城管信息处理工作，安排专人负责案件统计及督办工作，对宝安公路智能巡查管理系统进行二期扩容，覆盖辖区主要道路和桥梁。通过该系统，确保养护公司按规定要求和频率对管辖路段进行巡查，减少该巡而不巡现象发生，对养护公司巡查情况进行方便、直观、有效的监督，提高养护监管效果。年内，共处理案件2869项，保障交通安全，维护市容环境。

【应急管理】2010年，宝安区完善智能巡查管理系统，对养护企业定时、定点巡查实施有效监督。建立应急抢修队伍和应急响应机制，在辖区主要道路和桥梁上设置应急维修电话指示牌，公布24小时应急抢修电话，让公众共同参与道路公用设施管理，确保主干道出现紧急情况后半小时内赶赴现场处置，一般性小修项目4小时内完成。开展安全隐患百日大排查行动和交通设施安全排查整治行动，每周对各养护生产单位进行安全检查，发现隐患及时整改；对全区公路事故易发路段、公路桥梁、公路广告牌架、管线公路安全护栏等进行安全排查。

公路运输

【客运管理】2010年，宝安区共有公交线路298条，其中快线25条，干线140条，支线105条，高峰线18条，高快巴士10条；公交运营车辆5367台，运营里程达6100公里，公交万人拥有率达10台/万人，公交分担率达43%；“绿的”企业6家，营运车辆1381台；长途客运企业8家，客运站14个，其中一级站2个、二级站4个、三级站6个、简易站2个。年内，新开线路54条，其中快线5条、干线15条、支线17条、高峰线7条、高快巴士10条；新增运力528台，其中含混合动力117台，天然气动力50台，更新运力222台；建成200个公交候车亭，设置56个临时停靠站牌，500米公交站点覆盖率达82%，比2009年增长4%。

【“1+10”公交线网优化规划】2010年3月，宝安区“1+10”公交优化项目启动，被列为宝安区“十件民生实事”之一。年内，在10个街道完成燕川、罗田、垦岗、海富等35个社区的走访调研工作，对富士康、新百丽、兴英科技、和平市场、燕川工业园区等47个主要站点进行线路布设。共规划新增公交线路39条，调整线路46条，其中涉及地铁轨道接驳规划线路9条（新增5条、调整4条），涉及深圳北站规划线路23条（新增8条，调整15条）。5月中旬，公布宝安区2010年“1+10”公交优化项目首批公交线路，征求广大市民意见。“1+10”优化方案中，“1”是指公交快、干线网络优化方案，即是对现存的公交骨架网络进行梳理和优化，搭建起全区公交“快、干”线骨架，具体目标：一是结合现有的客流需求及三层次公交线路设置标准，在年底前梳理既有线路50条。二是选择10～15个适当点位作为整个骨干线网架构的公交换乘枢纽点，实现公交无缝接驳，方便居民出行。三是通过加强各片区的快线网络联系以及轨道线网接驳联系，形成宝安中心区与各个片区之间的30分钟出行时空圈，以及宝安各片区与市中心区的1小时出行时空圈。四是在各街道范围初步建立起三层次公交换乘接驳体系，并力争在2010年底率先建立起民治、福永等区域公交换乘接驳典型。方案的“10”是指10个街道公交微循环线路规划方案，通过“10”方案的推进，打通片区之间的公交微循环，减少盲点盲区，压缩非法营运的生存空间，为市民提供更加安全、便捷的公交服务。

2010年4月9日，宝安区举行2010年度公交线网“1+10”优化项目启动仪式

【**民治大道、梅林关早高峰交通疏解**】2010年，宝安交通运输局针对梅林关周边市民上下班高峰出行难的社会热点问题，对民治大道、梅龙路等路段的5个站点实施分站停靠，增加运力125台，在梅龙路、梅观路设置16.7公里的公交专用道。同时，在周边建设新增临时场站，加快梅林关公交基础建设改造工作。通过以上措施，梅林关出入关公交车速度提高152%，高峰期有效运力增长14.1%，梅观路公交人均耗时由原来的20.6分钟缩短至8.2分钟。

【**龙华街道人民路公交列车化改善**】2010年，宝安交通运输局针对龙华街道人民路交通拥堵问题，组织各单位召开专题会议，研究公交列车化改善方案，安排工作人员现场进行调研，调查人民路道路交通情况与早高峰客流情况。已经出台公交优化调整方案，将614等7条线路调出人民路，302等18条线路实施跳站停靠，于10月25日许可实施，缓解人民路公交列车化问题。

【**交通拥堵点的梳理和营运秩序整治**】2010年5月，宝安交通运输局对宝安区交通拥堵点进行摸排梳理，共摸排交通拥堵点37处，并联合路政中队、交通运输行政执法支队、交警大队等相关部门开展维持1个月的交通拥堵点营运秩序联合整治工作。重点整治长期违规停放道路两旁以及占用公交停靠站的社会车辆、客运车辆。

【**开设高快巴士及区间线**】2010年9月，宝安交通运输局针对市民反映意见较多的“山寨公交”问题，详细调查868、654等公交线路早晚上班和节假日高峰期的运力需求情况，督促东、西部公司购置运力，挤压非法营运市场空间，使市民出行需求得到解决。在民治片区、宝安中心区开设10条高快巴士，投入运力45台，采用定点定时发车，中途不停靠的方式组织营运，用于缓解梅林关、华强北片区、南头关、新城联检站等区域公交出行难、非法营运猖獗的现象；优化调整868线路，行走高快速路段，取消龙城广场等20对停靠站，提高公交运行效率。同时，开设2条868区间线，投入运力12台，满足取消站点的市民出行需求。在中秋、国庆等节假日开行8条区间假日专线，投入运力62台，缓解节假日高峰客流出行压力。

【**公交资源整合**】2010年1月26日，宝安区公交专营改革工作全部完成。除K578、787、788、M206等四条线路165台车由于置换“绿的”尚未投放而没有移交公交资源外，西部公汽公司完成整合线路124条车辆2646台，接收员工9130多名，顺利解除58条公交线路承包关系，1402台承包车辆全部实现自营。为确保公交专营改革的平稳过渡，宝安交通运输局积极配合宝安区专营办推进宝安区公交专营财政补偿工作，制定《宝安区公交行业特许经营改革配套专项补偿方案》，拨付补偿金1.8亿元。

【**站牌设施建设**】2010年，宝安区有公交停靠站共2388座，其中正式公交候车亭918座，包括宝安区政府投资建设的260座及社会投资建设（BOT模式）的658座，简易公交停靠站1346座，出租车候车亭124座。为改善正式公交站台覆盖不足的区域乘车问题，宝安交通运输局及时建设临时公交候车亭，满足群众出行。如配合在富士康周边新开通的5条公交线路增设40个简易公交站牌架、配合新开通的5条高峰快线，在民治街道增设5座简易站牌架、增设“安吉尔公司”、“华南物流园”、“富士康南门”、“方正科技园”及“观澜商业中心”等多座简易站牌架。多次组织公交停靠站的应急工程抢修，如梅林检查站、南头检查站及新城联检站应急抢修工程、龙华观澜富士康周边候车亭清洁维护及新开线路设置临时站牌站架等应急工程、全区开展清洗刷新候车亭应急工程、防台风抢修公交候车亭栏杆等应急工程等，消除安全隐患。

【**公交服务提升**】2010年，按照市交通运输委的有关部署，宝安交通运输局对西部公汽公司4个分公司进行每月一次的培训工作检查制度，严格落实司乘人员的培训工作安排；年内共受理公交运营投诉建议2405单，回复率100%，投诉人满意率达95%；做好人大、政协、党代表提案议案及交通观察员意见的办理工作，承办提案议案12件，协办3件，满意率达100%。

【**春节旅客运输**】2010年，宝安交通运输局为确保广大劳务工春运期间能顺利、安全返乡，组建100台公交应急运力、60台长途应急运力和100人的应急分队。同时，为保障旅客高峰客流能及时疏散，宝安交通运输局共发放春运证271张，其中省内210张，省际61张。据统计，宝安区各汽车站共发送客运班车15.41万班次，运送返乡旅客133.61万人次，占全市公路旅客输送量的三分之一。

【**开通深莞互通专线**】2010年，宝安交通运输局根据《推进珠江口东岸地区紧密合作框架协议》及开通深圳至东莞两市毗邻镇客运线路相关会议精神，于1月29日开通东莞市凤岗汽车客运站至宝安区观澜汽车客运站，东莞市塘厦汽车客运站至宝安区观澜汽车客运站的城际公交线路。这两条城际线路的开通，加强深莞两地的直接联系，方便两地居民跨市出行。

【**客运站场进行站级提升**】2010年，宝安交通运输局协助龙华汽车站开展升级工作，对龙华汽车站由二级站升一级站前期准备工作进行检查，对不符合要求的地方提出整改措施并督促、监督整改情况，通过省交通厅验收，于2010年6月23日升级为一级（A类）汽车客运站。

【**优化企业出行环境**】2010年，宝安交通运输局为辖区工业50强、出口50强企业提供一对一服务，主动深入富士康、致君制药、哈飞工业等46家较大企业调研交通需求。开通B780夜班公交环线，解决新百丽厂区“三班倒”员工夜间出行需求。开通E18快线，解决石岩泰科电子等企业前往市区公交绕行问题，出行时间缩短至30分钟；开通M225线等5条常规公交线路及2条高峰线，增加运力135台，解决富士康员工出行问题。清洗刷新塘头大道，提升恩斯迈集团周边交通环境。结合新线路的开通，在安吉尔公司、北大方正科技等企业周边灵活设置临时公交站牌，改善企业员工乘车环境。年内，受理宝安区企业服务中心来函76单、街道办来函10件、企业来电50余次；优化和新增23条公交线路为企业服务。

【广州亚运会（残运会）公路运输安全检查】2010年，宝安交通运输局为做好第16届亚运会公路运输安全检查工作，制定《广州亚运会（残运会）公路运输安全检查工作方案》及应急预案，于11月12日前对宝安区客运行业“迎亚运保平安”工作进行全面检查，确保宝安区客运行业相关单位在亚运会期间的安保工作安全有序进行。

【维稳应急】2010年，宝安交通运输局共处理维稳应急事件30起，其中长途客运维稳应急事件2起、公交维稳应急事件8起、“绿的”维稳应急事件20起。做好汇宝苑业主多次诉求宝安区政府组织搬迁新城汽车站的协调工作，协调解决安道集团长途班车停车场地问题，对沙井中心站公交站台违规停靠的长途班车进行整治，维护良好的交通秩序。特别是在处理承包公交线路经营者上访及“绿的”司机治安、交通事故等维稳应急事件时，协调辖区街道、公安、交警、企业等部门开展现场稳控、应急处理等工作，经常通宵达旦地驻夜完成维稳应急工作。

【货运管理】2010年，宝安区共有普通货运企业10913家，普通货运车辆26348台；集装箱运输企业271家，集装箱运输车辆705台，挂车740台；自卸运输车辆（泥头车）企业408家，泥头车762台；危运企业38家，危运车辆595台。宝安交通运输局下发《关于开展宝安区2009年度道路货物运输车辆审验及道路运输证件核发工作的通知》和《关于做好道路危险货物运输车辆审验及IC卡道路运输证件核发工作的补充通知》等文件，全面组织安排，制定具体工作方案，成立专门的年审工作领导小组，负责货运车辆审验的组织、协调、指导工作。年内，宝安区共年审合格货运车辆11349台，制作IC卡12347张。

【危运企业管理】2010年，宝安交通运输局把检查重点放在对各道路危险货物运输企业经营资质、运输车辆、从业人员、作业场所设施设备的安全技术把关等方面，尤其着重加强对罐式危险货物运输企业的安全检查，重点查看驾驶员及押运人员持证上岗情况、危险货物运输车辆技术等级评定情况、危险货物运输车辆容器、压力罐、槽罐检测记录、应急预案修订及演练情况、GPS全球定位系统的安装及应用情况，深入每家危运企业，对各道路危险货物运输企业开展逐车、逐项的全面检查，包括运输车辆的车容车貌、证件资料、从业人员持证及培训、停车场地安全管理、相关安全管理台账资料保存、车辆维护保养、消防设备设施配备等情况。全年检查危运企业38家，发出安全生产整改通知书26份，有力规范宝安区的道路危险货物运输市场。16家危运企业经营许可获延期，34家危运企业571辆危运车辆通过审验。新增运力核查。在日常危运行业的管理工作中，从组织架构、企业管理制度、经营场地、从业人员、运输车辆、生产设施设备等方面严把危运行业安全生产准入关，对如危险货物运输车辆、驾驶员、押运员、管理人员等一些需要国家专业部门安全技术认定的设备和工种人员更是从严把关，对不符合危运行业安全生产标准的行政申请不予通过。全年共核查危运企业新增运力18辆。（曾振海）

附：2010年深圳市交通运输委员会宝安交通运输局领导成员名单

局　　长：巫作如

副 局 长：黄亦响　王　玮　张东辉

城市轨道交通建设

【概况】2010年，宝安区轨道交通建设任务包括轨道1、4、5号线、广深港客运专线、厦深铁路、深圳北站枢纽及穗莞深城际线，涉及征收地拆迁、管线迁改、交通疏解及用地落实等内容，共计52项任务。2月9日，宝安区召开轨道交通建设工作会议，会议总结2009年轨道交通建设工作，部署2010年工作任务，文龙区长与区各责任单位签署《宝安区2010年轨道交通建设责任书》。宝安区委区政府带领相关部门、街道狠抓落实、周密部署，100%完成2010年的工作任务。

【统筹协调轨道交通建设衍生问题】2010年，宝安区轨道办妥善处理好轨道工程建设中产生的房屋下沉开裂、噪音扰民、交通不便等衍生问题，确保轨道工程建设与沿线社区生活的双重稳定。全年共召开协调会议48次，协调处理轨道交通衍生建设问题及信访件22宗，涉及包括华丰广场、碧海花园小区、中粮集团公司等受影响商铺、居住区、企业，其中可能引起群体性上访等社会维稳事件13宗，处置率为100%。

【宣传轨道交通建设】2010年，宝安区轨道办大范围地开展宣传工作：一是针对轨道维稳工作集中片区派发“致业主（商户）的公开信”。二是在媒体、网站开设轨道交通宣传专栏、增设公开信箱，普及轨道交通基础知识，畅谈宝安区轨道交通发展前景。三是印发宣传彩页2万余份，分发至街道社区、工厂等区域进行张贴，在社区公园、广场进行巡展1次。四是组织轨道交通安全乘车知识宣传，会同市规土委宝安管理局开展拆迁知识培训。（廖展全）

2010年8月26日，区领导调研因轨道工程建设受损商铺

附：2010年宝安区城市轨道交通工作领导小组办公室领导成员名单

主　任：詹　辉

副主任：庄永拥

邮　政

【邮务类业务】2010年，宝安区邮政分局通过营销队伍建设及产品模式的创新，使业务得到专业化发展，也进一步满足各级单位、企业的个性化用邮需求。通过加大力度建设营销队伍，使邮务类营销队伍从无到有；配备专职营销员和成立客户服务部；同时继续推行"扶、帮、带"工程，充分发挥专业公司的业务指导和支撑作用。在营销体系逐渐完善的基础上，使业务发展更加专业化、精细化。创新产品模式，宝安区邮政分局在2010年开发的"一公里商圈"项目，不仅使数据库商函业务得到发展，也为部分中小企业提供方便、专业的服务；针对富士康事件，为富士康提供个性化的服务，通过为其员工家属制作"致员工家属的一封信"，进一步满足企业需求；近年来，宝安区邮政分局积极响应深圳市政府号召，提供小额账户支付服务，依靠网点资源优势，全年售卡4880张，充值4434万，很好地提供便民服务。

【速递业务】2010年，宝安区速递类业务实现业务收入1.3亿。年内，宝安区分公司积极调整业务结构，重点项目重点发展，在业务研究、推广、宣传及客户开发工作中发挥突出的作用，通过有效的组织实施，推动代收货款、电子商务和同城业务高速发展。分公司与深圳市市场监督管理局宝安分局在联办中心行政审批服务大厅设立邮政窗口，开办宝安区工商营业执照同城速递便民服务方便企业、个体户，尤其是偏远街道企业、个体户领取营业执照，免除来回奔波和排队等待叫号之苦，同时也缓解各服务窗口的办证压力。

【代理金融业务】2010年，宝安区通过改善网点服务环境、优化网点布局、增加ATM等形式加强自身能力建设，为宝安区广大外来务工人员提供普遍服务。2010年，宝安区邮政分局同中国移动深圳分公司积极合作，通过"汇款优惠"活动，提供惠民服务，至活动结束，共优惠汇费25万余元。近年来，宝安区邮政分局采取"走出去"的服务方式，积极进社区、工厂开展业务知识推广活动，为广大人民群众提供金融业务讲座，全年共举办18场各式推介会，在业务得到推广的同时，也进一步丰富服务内容。

【强化能力】2010年，宝安区邮政分局投入800多万元重点对沙井、光明、松岗、石岩、观澜、田寮等网点进行整治、改造，同时对950个ATM网点外部形象进行整治，进一步改善生产环境和服务环境；加大自助银行的建设力度。在营业厅功能改造的同时，加大对自助设备服务区的改造，先后在中心园、大浪、锦绣、塘头、公明、新桥、燕川、凤塘等11个网点设立自助银行，使网点功能分区更加清晰；优化ATM的布局，通过对ATM效益的专项分析，将25台效益较差的ATM进行搬迁优化。

【效能管理】2010年，宝安邮政分局完成经营管理体制调整，按照上级提出的降本增效的发展战略和要求，优化管理机构的设置，并通过组织选任和公开竞聘的方式组建一支精干的管理人员队伍；顺利完成支局、储蓄所经营体制的调整，将原综合性支局按照邮务类和代理金融两大专业进行划分，设置12个支局、4个二级支局，12个储蓄所、30个二级储蓄所。结合实际情况，探索并推行"行政上统一管理、业务上专业经营"的管理模式。加强人力资源管理，提高人工效能，充分利用自助设备做好客户分流工作，实现客户分层服务，提供个性化、人性化服务；加强干部培养和管理，通过在全局范围内对35个岗位的公开竞聘，打造一支专业的管理团队，提高队伍素质。加大教育培训力度，2010年，共组织509人参加技能鉴定考试，进一步提高持证上岗率，使服务更加规范；同时认真做好新业务培训、岗前培训和各类专题培训组织工作，全年共组织6311人次参加171期培训，其中自办培训16期，851人次参加，使员工的素质进一步提升，服务水平进一步得到提高。通过项目成本管理，各项财务指标得到有效管控，通过对专题和重点项目的效益分析，

2010年宝安邮政分局网点分布一览表

序号	名　称	网点地址	联系人
1	新安支局	宝安区六区新安二路49号	文庆林
2	裕安支局	宝安区13区宝通大厦一楼	钟　斌
3	西乡支局	宝安区西乡街道龙珠路10-11号	钟华星
4	福永支局	宝安区福永街道福永大道287号	赖伟红
5	沙井支局	宝安沙井街道新和大道旧基变电站侧	杨玉梅
6	松岗支局	宝安区松岗街道东方大道1号	姚若云
7	公明支局	光明新区公明长春南路1号	谢培兵
8	光明支局	光明新区光明大街西九区34号	刘深造
9	石岩支局	宝安区石岩街道宝石东路377号	张伯良
10	龙华支局	宝安区龙华街道公园路8号	钟文生
11	观澜支局	宝安区观澜观城社区中心花园11栋1楼	罗新宇
12	固戍支局	宝安区固戍村路口牌坊旁边	蔡少坚
13	机场支局	宝安区机场航站三路6号	梁玉林
14	田寮支局	光明新区田寮社区田湾路82号	轩　林
15	新桥支局	宝安区沙井镇107国道82号	张少君
16	民治支局	宝安区龙华镇民治街道民旺路88号	巫碧光
17	裕安储蓄所	宝安区14区宝通大厦一楼	陈月泳
18	西乡储蓄所	宝安区西乡街道龙珠路10-11号	邹文杏
19	福永储蓄所	宝安区福永街道福永大道287号	冯　荔
20	沙井储蓄所	宝安区沙井镇新沙路571号	罗元桃
21	松岗储蓄所	宝安区松岗街道东方大道1号	刘遵旭
22	公明储蓄所	宝安区公明长春南路1号	王国林
23	石岩储蓄所	宝安区石岩街道宝石东路377号	翟锦荣
24	龙华储蓄所	宝安区龙华街道公园路8号	郑宜娥
25	观澜储蓄所	宝安区观澜新澜大街102号	罗红浩
26	固戍储蓄所	宝安区固戍村路口牌坊旁边	曾海涛
27	田寮储蓄所	光明新区田寮社区田湾路82号	厉宏伟
28	民治储蓄所	宝安区龙华镇民治街道民旺路88号	温木楼
29	创业路储蓄所	宝安区新安71区统建房1栋103号	廖清波
30	机场储蓄所	宝安区机场航站三路6号	林燕施
31	前进储蓄所	宝安区西乡前进二路臣田村3-1B号	温旭凤
32	银田储蓄所	宝安区西乡银田工业区A7栋8、9、10号	马少芳
33	恒丰储蓄所	宝安区西乡鹤洲恒丰工业城D1栋一层6～7号	李雪波

（续　表）

序号	名　称	网点地址	联系人
34	九围储蓄所	宝安区西乡街道洲石公路九围段乌石脚综合楼1楼A号	陈莉萍
35	凤塘储蓄所	宝安区福永大道华丰科技园2号一楼	曲经纬
36	凤凰储蓄所	宝安区福永凤凰社区第三工业区A栋11～12号	龚秋兰
37	福兴储蓄所	宝安区福永重庆路高科林工业区1栋3号	潘晓钧
38	新桥储蓄所	宝安区沙井镇107国道82号	王　秀
39	新和储蓄所	宝安区沙井街道新和大道旧基变电站侧	谢　冰
40	锦绣路储蓄所	宝安区沙井街道金荣诚大厦一楼3～4号	仇丽芬
41	田园储蓄所	宝安区沙井街道西环路建艺装饰大厦首层	麦志芬
42	溪头储蓄所	宝安区松岗镇溪头花园商铺5～6号	潘一峰
43	燕川储蓄所	宝安区松岗燕罗大道燕峰综合楼首层西侧	文毅东
44	江边储蓄所	宝安区松岗街道江边工业区C栋一楼	胡伟伟
45	塘下涌储蓄所	宝安区松岗街道塘下涌广田路64号一二楼	温炜怡
46	观澜富士康储蓄所	宝安区观澜街道大水坑观澜富士康科技园区商业街	范国鑫
47	合水口储蓄所	宝安区公明街道合水口下朗工业区伟林丰盛街B栋B-115至B-119	曾吐莲
48	新围储蓄所	宝安区公明街道将石社区新围工业区第一幢一楼A20	邹伟彬
49	塘头储蓄所	宝安区石岩塘头大道宏发工业园一楼商铺	邱创如
50	水田储蓄所	宝安区石岩水田社区宝石东路85号一楼	黄旭钦
51	大浪储蓄所	宝安区大浪街道华旺路华富工业园综合楼7～12号铺	黎建伟
52	龙华富士康储蓄所	宝安区龙华富士康园区	邓辉军
53	清湖储蓄所	宝安区龙华清北路商住综合楼A2	谢秀红
54	樟坑径储蓄所	宝安区观澜樟坑径下围工业区金雄达综合楼一层19～26座	谢建光
55	中心园储蓄所	宝安区观澜观城社区中心花园11栋1楼	赖超钦
56	玉律储蓄所	宝安区公明街道玉律社区玉泉东路8号二层B区	黄红燕
57	长圳储蓄所	宝安区公明街道长圳社区长圳工业区K栋一楼	梁杰生
58	光明储蓄所	光明街道光明大街西九区34号	何拥政

提出具体实施方案，降低企业运营成本。有效收入占比、收支系数和边际贡献率等市局监控的财务效益指标均排在深圳市邮政局前列。网点损益核算工作稳步推进。年初以福永、沙井、龙华为试点进行网点损益核算，随后全面实行，网点损益核算与网点预算、绩效考核等工作紧密结合，引导和促进基层经营关注效益。重视安全生产、保卫工作，确保通信生产正常运作。做好重点时期的安全保障工作。上海世博会和亚运会期间，宝安区邮政分局成立专项检查小组，增加“收寄邮件验视”的检查频次，加大检查力度，确保邮件寄递安全；对网点进行安全评估，通过内控管理，加强邮政金融资金安全专项检查，全年组织检查千余次，对发现的隐患进行整改，保证资金的安全；认真开展安全教育工作，提高安全意识。在做好日常安全教育培训的基础上，开展“安全生产月”活动，并结合“平安出行、杜绝违章”道路交通安全专项活动，组织开展多次培训。进一步保障企业的安全生产，为广大用户提供更加放心的服务。

【文明治企】2010年，宝安邮政分局开展“高举邮政大旗，共创美好未来”主题思想教育系列活动。以“高举大旗活动”为主线，扎实有序地开展如民主生活会、员工思想分析会、形势任务教育、企业“小故事”征集、“我为五大效能献一策”合理化建议征集、深圳市邮政局的主题演讲比赛等活动，使广大员工统一思想，营造积极向上的企业氛围。通过开展党风党纪教育和文明创建工作，使精神文明建设取得新进展。宝安邮政分局在全局范围内开展党风廉政宣传教育月活动，根据宝安区纪委和市局的要求，结合实际在全局范围内开展系列活动，有效提高全局党员干部参与反腐倡廉工作的积极性和主动性。积极推进“创先争优”活动。根据市委、区委的统一部署，宝安邮政分局拟定《关于在全局党支部和党员中开展创先争优活动实施方案》，在所有基层党支部和党员中开展创建先进基层党组织、争当优秀共产党员活动。以“创先争优”活动推动企业转型发展，推进干部队伍建设，大力弘扬想干、敢干、快干的精神，充分发挥党支部的战斗堡垒作用和共产党员的先锋模范作用。巩固提高文明创建成果。5月，裕安支局被市局评为“双创窗口”，龙华储蓄所晋升为“四星级规范窗口”、龙华配送部晋升为“三星级配送部”，11月，西乡储蓄所被评为深圳市级“青年文明号”。通过文明创建工作的巩固提高，进一步促进服务水平。（张启亭）

附：2010年深圳市邮政局宝安分局领导成员名单

局　长、党委书记：刘应富

副局长、工会主席：杨绪珍

电　信

【概况】深圳市电信宝安分公司是中国电信股份有限公司深圳市分公司直属二级单位，主要职能是对外代表中国电信管理其在宝安区的业务，并与宝安区政府、各街道办事处以及相关单位联系与合作等；对内负责中国电信所赋予的在宝安区范围内的通信建设、电信业务经营和客户服务等工作。宝安电信下设4个部室，分别是销售部、政企客户中心、客响维护部、综合部；下辖14个生产中心，包括龙华、观澜、西乡、福永、民治、松岗、石岩、沙井、新安、裕安、固戍、新桥、机场等13个营销服务中心及宝安区管线维护中心；共设有21个实体营业网点，152个社会合作网点，12500个IP公话超市；共有客户服务经理310人，营业员390人，管线维护人员80人，装维工程人员800人；共服务政企客户91家，企业客户8.5万家，家庭客户68万家。2010年，宝安电信获授省公司绩效先进单位一等奖和市公司绩效先进单位等荣誉称号。

【全业务收入增长】2010年，宝安电信继续保持收入稳步增长。全年实现全业务收入22.65亿元，同比增长10.64%，增收2.18万元；固话用户达到116.4万户、ADSL用户达到54.4万户、移动用户达到50.5万户，均在深圳市公司排名第一；移动行业应用、全球眼视频监控、宽乐通信等各种增值转型业务迅速发展，为全区用户提供优质综合信息服务。

【区域信息化网络建设】2010年，宝安电信完成资本性投资1.8亿元，基础通信网络进一步优化，为城市信息化发展奠定了坚实基础。完成大带宽新增、扩容节点近1218个，新增数据端口16万，语音端口18万，语音端口利用率达到46.05%，宽带端口利用率达到31.77%，提前一个月完成市公司“保八”专项行动。加大光缆规划建设力度，大力补充接入网主干光缆，加大光缆覆盖率，全面完成中继光缆建设。建设宝安区27条主干光缆，提供0.88万纤芯公里，完成FTTH近3万线，FTTO改造工业园区、写字楼近60个。网络优化专项工作以片区负责人为基础，结合管线、设备专家成员，结合中心支撑站、资源支撑，有节奏完成全年6.3万线网络优化及铜退计划，解决迁改工程20项，架空下地10项目。

【提高全业务服务水平】2010年，宝安电信抢抓移动互联网、三网融合、特区一体化的发展契机，提出打好移动规模、宽带领先和3G市场“三大战役”，提升资源整合和服务“两个能力”，以及转变模式、优化渠道、存量经营、综合支撑“四大重点工作”，确保实现总收入、移动、宽带、固话、互视净增量和宽带新增市场占有率等“六大目标”，全面落实“三大战役”的全年营销布局，深化固移融合，依托终端拉动和流量经营，加速实现3G和大带宽规模发展；聚焦细分市场，深化渠道协同，积极引入合作力量，大力抢占宽带市场份额；提高资源配置的效率和效益，精确满足有效益区域的投资需求，巩固提升区域电信市场地位，进一步在全业务运营新格局中实现了可持续发展。

【实施全业务服务标准】2010年，宝安电信宣贯实施全业务服务标准（2010版）及“5个一”服务举措，前端客户服务感知稳步提升，其中营业厅服务满意度连续多月测评表现优于全市平均水准；政企客户经理服务满意度测评趋势向上。深圳电信外部客户感知测评报告数据反馈，宝安营业厅服务满意度93.9%（全市91.8%）；政企客户经理服务满意度94.19%（全市93.67%）。下半年投诉热点百日整治行动雷霆开展，宝安越级投诉量压控成效显著，由7月12宗下降至2宗，其中责任越级投诉为0宗；全业务工单处理及时率97%以上；在市公司服务劳动竞赛活动中分别获评“越级投诉压控——最佳进步奖”、“投诉管控——处理及时率优秀奖”、“投诉管控——环节解决率优秀奖”。

【履行企业社会责任】5月份富士康事件发生后，宝安电信作为优化服务组成员，坚决落实区委区政府的各项工作要求，采取积极措施，立即成立“改善富士康周边信息娱乐设施领导工作小组”。小组根据工作需要分为市场线、客维线、综合线、属地中心线，职责分工明确，各条线协同配合，共同努力推进各项措施。积极向区级政府部门提出解决建议和措

宝安电信各营销服务中心一览表

营销服务中心名称	办公地址	负责人
龙华营销服务中心	宝安区龙华街道人民北路183号	许江宇
观澜营销服务中心	宝安区观澜街道福民村电信大厦	王映忠
西乡营销服务中心	宝安区西乡街道60区电信大楼	李　亚
福永营销服务中心	宝安区福永街道福永大道212号	肖海鸥
松岗营销服务中心	宝安区松岗街道环城路3号	韦　钢
石岩营销服务中心	宝安区石岩街道宝石东路381号	彭光照
民治营销服务中心	宝安区民治街道民治村宝民路88号	王东闻
沙井营销服务中心	宝安区沙井街道博岗大道1号	周爱升
新安营销服务中心	宝安区6区新安2路49号	刘新忠
裕安营销服务中心	宝安区30区裕安2路15号	钟贤坤
固戍营销服务中心	宝安区广深公路固戍路口	韦　钢
新桥营销服务中心	宝安区广深公路沙井段82号	黄小瑶
机场营销服务中心	宝安区深圳机场航站3路6号	皮丽娟

施，提交“关于积极配合区政府满足富士康员工信息娱乐需求的报告”，制定及时满足富士康周边网吧电路、公用电话、互联网视听、视频监控等方案，并多次与相关部门研讨确认方案。为切实保障富士康及周边地区的通信质量和需求及时满足，宝安电信针对龙华、观澜、松岗街道的富士康厂区进行全范围的通信线路资源和接入网机房交换容量清查，释放端口确保顺利放号；调派人力与资源加强该区域通信设施故障排查与抢修力度，第一时间响应，当天故障当天修复。

【社区信息一体化改造】2010年，宝安电信响应区政府“建设特区一体化先行区”的发展目标，针对广大劳务工聚居的社区网络线路因小区无管道而不能下地、乱搭乱架现象普遍存在的实际情况，选取龙华街道富士康周边共和新村、伍屋村、瓦窑排社区作为试点区域，投资2500万元进行信息一体化改造。在共和新村、伍屋社区实现管道到楼、光缆到户的资源改造，保证当地每个住户都可享受到20—100MB的高带宽网络服务。龙华共和新村社区成为深圳乃至中国第一个“光纤社区”，示范效应明显。

【党委和工会组织建设】2010年，宝安电信党委组织开展创先争优活动，持续推进“党员先锋行动”，在重点融合业务攻坚、“城中村”基础数据清查等行动中充分发挥基层党组织的先锋堡垒作用和党员的模范带头作用，有效促进各级管理人员和广大党员在政策上和能力上更加适应企业转型和全业务运营的要求。工会在重大节日和业务冲刺时段开展对一线员工的关怀慰问活动；推进家园式小家建设，整改和完善多个中心的办公场地、宿舍、食堂、小浴室等设施；推行“技能提升·岗位帮扶”方案。积极开展“我与企业共奋进”等丰富多彩的活动使企业充满活力，有效助力企业生产经营。宝安分公司荣获“省公司先进党组织”、“深圳市五四红旗团委”、“省公司工会创新成果一等奖”等多项荣誉。　（王光宇）

附：2010年深圳市电信宝安分公司领导成员名单

总经理、党委书记：段亚林

副　总　经　理：吕生力　陆　涛　张洪宗　杨　波

银行

【中国工商银行深圳宝安支行】1984年2月成立，1985年初从中国人民银行宝安支行分出。1987年10月，设立中国工商银行宝安县支行新安镇储蓄所。1992年4月，成立龙华办事处。5月，成立创业路储蓄所和黄埔工业联合公司储蓄代办所、信托投资公司宝安证券部。1993年5月，宝安支行分设为宝安、龙岗2个支行，升级为处级机构。1993年7月，1997年分设龙华支行，2003年分设新沙支行。1990年，有职工人数175人（不含临工12人）。其中：干部82人，合同干部38人，工人9人，合同工人46人；下属机构13个，其中：办事处9个，储蓄所4个，储蓄代办所4个。1991年4月，设立科技股、外汇专业股。1993年7月，设立黄田国际机场办事处。1994年5月，设立石岩办事处；新安路储蓄所升格更名为宝安支行上合分理处。1994年6月，调整内设机构，设置营业部、办公室、资金计划科、信贷管理科，撤销秘书科、对公科、计划信贷科。1994年12月起，对外开放政策性房贷业务，设立房地产信贷部代办处。1994年，实现全行各网点100%上机联网，新装终端25套，清灭单机所9个。1995年1月，公明办事处。2003年3月，新沙支行从宝安支行分出，成为独立一级支行。2010年底，全行有职工210人，其中，职工177人，外包从业人员33人。2010年，工商银行宝安支行存款余额101亿元，贷款余额109亿元。

1985年工商银行宝安支行开展外汇业务，1989年在西乡、松岗办事处开办外汇业务。至1989年底，港币存款2404万元，其中储蓄存款达1631万元；美元存款89万元。发放港币贷款1450万元、美元贷款133万元，实现外汇利润为人民币157万元。1991年外汇专业股，年底港币存款8620万元，其中企业存款4935万元，储蓄存款3585万元，全年实现外汇利润149万元（人民币）。2010年，工行宝安支行实现外汇存款折合2556亿美元，外币贷款折合998万美元。

1987年，工商银行宝安支行开办传真汇款业务，发、收文字传真和办理汇划款项，使用范围限于分行本系统开户的各行处之间的信汇汇款、托收承付和委托收款划回款。1990年，工行宝安支行首次发行牡丹信用卡，1991年发放1000张、发展特约单位10个。同年，配置首批自动取款机（ATM）。1992年3月9日，支行营业厅及储蓄一所实现业务操作电脑化。1994年，支行各网点100%上机联网，新装终端25套，清灭单机所9个。1997年，开通PCC系统，各网点实现外汇会计和报表业务的电脑化操作，汇入汇款、汇出汇款、托收、信用证付款在结算网上自动收发；支行营业部安装外币业务电脑自动验印系统，在OA系统安装国际收支统计软件，离岸业务会计账务实现电脑化操作。截至2010年底，工商银行宝安支行发借记卡70万张，贷记卡38万张、自助银行35个、ATM机88台，各类电子银行客户数2万人。（卢漫湘）

【中国农业银行深圳宝安支行】2010年末，农行宝安支行本外币各项存款余额103.6亿元，增长19亿元、增幅22%，其中，人民币储蓄存款增长14亿元。本外币贷款余额103.8亿元，增长25亿元，增幅31%；其中个人贷款余额62.1亿元，中小企业贷款余额13.5亿元。全年累计销售理财产品近30亿元。拨备前利润4.08亿元，同比增幅62%，净利润2.62亿元。人均绩效工资增长31%。2010年宝安支行内设机构为8个营业网点：支行营业部、新安支行、新宝支行、新岸线支行、尚都支行、前进路支行、西乡支行、弘雅支行；8个部室：财会运营部、综合管理部、监察保卫部、信贷管理部、国际业务部、零售业务部、零售资产部、公司业务部。在职职工262人（不含外包工），中层以上领导干部37人。2010年参加机构改革的部室有：原财务管理部更名为财会运营部，原办公室更名为综合管理部，原个贷中心更名为零售资产部，原个人金融部更名为零售业务部。（张　钰）

【中国建设银行深圳宝安支行】2010年，建行宝安支行设宝安、沙井、龙华三个管辖行。宝安支行管辖的网点有创业支行、前进支行、新安支行、宝城支行、安乐支行。沙井支行管辖的下属网点有机场支行、福永支行、松岗支行、公明支行，龙华支行管辖的下属网点有观澜支行，平湖支行，从业人员338人。2010年底，人民币存款余额227.1亿元，人民币贷款余额244.9亿元。有自助银行63个、ATM机118台，个人网银客户20万户、个人手机银行客户12.5万户、个人短信通客户17.5万户。（梁仲之）

【中国银行宝安支行】至2010年末，中国银行宝安支行本外币各项存款余额达114.97亿元，比年初增长9.37亿元，增幅达8.87%，其中，人民币储蓄存款比年初增长9.41亿元。本外币各项贷款余额达72.61亿元，比年初增长21.10亿元，增幅达38.28%，其中，人民币公司贷款比年初增长19.05亿元。全年代销基金达4亿元，代销保险达1.04亿元，全年实现经营收入达4.08亿元。

2010年宝安支行内设机构为5个营业网点：新安支行、新城支行、西乡支行、前进支行、桃源居支行；6个部室：个人金融部、公司金融部、会计部、营业部、财富管理中心、办公室。在职职工227人（不包括外包员工），中层以上领导干部36人。2010年新增宝安管辖支行财富管理中心。

（尚　卫）

【招商银行深圳宝安支行】招商银行深圳宝安支行于1993年8月23日成立，2010年本单位辖属6个营业网点，分别是宝安支行营业部、新安支行、松岗支行、建安支行、龙华支行、沙井支行；6个部室，分别是办公室、个人理财业务部、个人贷款业务部、公司部、柜面业务管理部、综合业务部。2010年底全行员工人数200人。2010年，招行宝安支行负债业务：全折人民币自营存款余额达123.86亿元，较年初净增9.4亿元；中间业务：全年实现中间业务收入15995万元，同比净增6613万元；国际业务：全年实现国际业务总量68.31亿美元，同比净增23.07亿美元；资产业务：全折人民币一般性贷款余额98.12亿元，比年初净增27.52亿元；经营利润：全年实现经营利润38931万元，同比增加11715万元，增长43%；实现经济利润34561万元，同比增加12070万元，增长53.67%。人工效能：宝安支行全年平均人数206人，全年实现人均经济利润167万。截至2010年，宝安“一卡通”发卡142.32万张，自助银行网点19个，自动柜员机56台。（滕铁兵）

【宝安农村商业银行】深圳农村商业银行成立于2005年12月，是经中国银监会批准，在原深圳市农村信用合作社联合社及辖属18家信用社取消法人资格、新设合并的基础上，征邀原社员、本地优质民营企业和社区企业，共同发起设立的股份制农村商业银行。

至2010年末，深圳农村商业银行在宝安区共有一级支行9家，二级支行85家，从业人员共730名，提供存款、贷款、理国内外结算、代缴各种费用、代发工资、代理保险、同城跨行转账、异地汇款等综合性金融服务。截至2010年末，宝安区辖内各支行人民币存款共计446.40亿元，较2009年末增加67.75亿元，增长17.89%；人民币贷款共计232.91亿元，较2009年末增加36.52亿元，增长18.60%；实现中间业务收入1.13亿元，较2009年末增加0.19亿元，增长20.43%。拥有自助银行380个，自动柜员机（ATM）、自助存取款机合计725台，累计发行信通卡482万张。

2010年4月2～6日，深圳农村商业银行新一代综合业务系统上线并平稳运行，在技术运用上实现“小核心+大外围”的先进业务体系架构，在业务创新上实现强大的金融产品创新能力，在运营管理上理顺内部运营流程，在风险管理上实现前后台业务的分离和风险业务的集中操作，提高风险管控能力。宝安区各支行在总行统一领导部署下，对系统切换升级事宜采取柜面提示、网点及ATM机具张贴告示等公告方式，落实对客答疑工作，确保业务平稳过渡。

2010年，宝安区各支行结合市场需求与客户特点，开展“信通用电保函”、智能通知存款、月稳赢、季稳赢等产品营销，开通自助终端深圳通自助充值便民服务功能。总行设立宝安信通小企业服务中心，为涵盖生产、服务、贸易等各类行业的个体工商户和小企业提供方便快捷的金融解决方案。在沙井支行信通财富管理中心、公明信通财富管理中心的基础上，增设福永信通财富管理中心、龙华信通财富管理中心，投入使用新一代信贷管理系统、VIP客户关系营销管理系统等信息平台，为客户提供多样化的产品、方便快捷的结算服务、个性化的理财方案及各项增值服务。2010年11月28日，宝安区支行参与总行在福永万福广场承办的中国银行业公众教育服务日深圳宝安片区的集中宣传教育活动，开展面向公众“借记卡”、“自助设备”、“电子银行”等安全知识宣传。（张家禄）

【民生银行宝安支行】中国民生银行是国内首家主要由非公有制企业入股的全国性股份制商业银行。近年来，该行在“特色银行　效益银行”的发展定位下，坚持“做民营企业的银行、小微企业的银行、高端客户的银行”，取得良好成绩。中国民生银行深圳分行致力于服务深圳宝安地区经济建设，推出全面的金融服务，包括个人储蓄业务、对公业务、外汇业务、商贷通贷款、理财、私人银行业务等。其中，商贷通作为该行针对民营企业主、中小企业主推出的拳头产品，致力于解决中小企业融资难、结算难问题，为中小企业、小微企业提供一揽子综合性金融服务。至2010年，中国民生银行深圳分行在宝安设立3家支行：宝安支行、宝城支行和龙华支行。其中，宝安支行位于宝安区3区建安一路33号，成立于1999年12月。截至2010年底，该支行人民币储蓄存款超过7亿元，个人结算量超过16万笔，为中小企业办理商贷通贷款共140户，发放商贷通贷款人民币2.14亿元。宝城支行位于宝安区宝安大道与裕安路交汇处，成立于2009年12月；

2010年12月1日，中国民生银行深圳分行在宝安区龙华新区的黄金地段——民治街道梅龙路世纪春城设立龙华支行，给宝安区居民提供更便利的金融服务。（黄显柱）

保　险

【中国人民保险公司宝安支公司】 1984年11月成立，1985年5月正式对外营业，办公地点设在宝安县建安路工商银行营业厅，公司内设办公室、综合业务股、人身业务股，1988年撤销内设股室。业务经营范围有：机动车辆保险、财产保险、各类责任保险、进出口货物运输保险、产品质量保险、农业保险、人身意外及其他人寿保险等险种。1986年，设立龙岗办事处，管辖龙岗、横岗、坪地、大鹏、葵涌、坪山、坑梓业务。同年，沙井、松岗、横岗三镇设立保险代理站。1987年，观澜、龙华、公明、福永、坪地、坪山、葵涌、大鹏、石岩、龙岗等镇相继成立保险站代理站。1988年设立布吉办事处，1989年设横岗、松岗办事处，1991年设新安、龙华办事处。1993年松岗、布吉、龙岗办事处升格为支公司。

1994年，分公司属下相对独立经营人身险业务的专业公司开始实行财务独立核算，自负盈亏，宝安支公司寿险业务统一划归寿险公司经营，宝安支公司不再经营寿险业务。1995年，宝安支公司设立机场、福永、石岩办事处。

1996年，中国人民保险公司更名为中保财产保险有限公司，各分支机构相应更名，中国人民保险公司深圳分公司宝安支公司更名为“中保财产保险有限公司深圳市分公司宝安支公司”。

1997年，增设上合办事处。

1999年，中保财产保险有限公司更名为中国人民保险公司，中保财产保险有限公司深圳市分公司宝安支公司更名为“中国人民保险公司深圳分公司宝安支公司”。

2000年，撤销龙华办事处，成立“中国人民保险公司深圳市分公司龙华支公司”。

2003年，中国人民保险公司更名为中国人保控股公司，宝安支公司相应更名为中国人民财产保险股份有限公司深圳市分公司宝安支公司（简称：人保财险深圳市分公司宝安支公司）。

公司开设的险种主要有企业财产保险、机动车辆保险、货物运输保险、建筑、安装工程保险、家庭财产保险及各类责任保险。其中：

企业财产保险包括财产基本险、综合险、一切险及机损险、现金险、利润险等专项保险，可对各类标的约定承保。

机动车辆险主要承保车辆损失险和第三者责任法定保险。此外还根据保户需求开办了各种附加险。

货物运输保险主要承保各类运输工具的进出口货物运输和国内货物运输保险业务。

建筑、安装工程险包括建筑工程一切险、安装工程一切险及其项下的各种责任险。

责任保险包括公众责任保险、雇主责任保险、产品责任保险等。

家庭财产保险包括通家财险、长效还本家财险、液化石油气罐爆炸保险等系列保险服务项目。

农业保险是公司开办的一项支农扶农政策性保险业务。

2010年中国人保财险宝安支公司保费收入为13697万元，为社会各界累计提供2000多亿元人民币保额的保险保障，累计赔款5.8亿元，为社会及时化解风险，营业税金及附加716万元。

【平安保险宝安支公司】 中国平安保险公司成立于1988年3月，同年9月6日成立平安保险第一家分公司——宝安分公司，从事涉外财产险、运输险、责任险业务。1992年6月，平安保险宝安分公司更名为中国平安保险公司深圳分公司宝安支公司，可办理法定保险和国有企业、三资企业保险业务，以及各种外币保险和国际再保险业务。1993年获批取得经营机动车辆保险经营许可。2003年更名为中国平安财产保险股份有限公司深圳市宝安支公司。行业归口管理为中国保险监督管理局深圳市保险监督管理局。

1988年设立布吉办事处，1989年设立沙井办事处，1999年成立松岗、沙井、石岩、西乡办事处，1996年设立龙华、公明、福永办事处。截止2003年，共有西乡、福永、沙井、公明、石岩、龙华、松岗、梅林8个办事处。

公司开办的保险险种有：企业财产损失保险、家庭财产损失保险、团体短期意外险、建筑工程保险、安装工程保险、货物运输保险、机动车辆保险、船舶保险、能源保险、一般责任保险、保证保险、信用保险及中国保险监督委员会批准的其他财产保险业务。

2010年平安人寿深圳分公司宝安支公司经营情况：保费收入162240.2万元，赔付支出13328.4万元，营业税金及附加1575.5 万元。2010年平安财产保险深圳分公司宝安支公司经营情况：保费收入11650.48万元，赔付支出5066.8万元，营业税金及附加588.16万元。（王　宇　任旭明）

【太平洋财产保险深圳分公司宝安支公司】 1994年4月27日，经中国人民银行深圳分行批准，成立中国太平洋保险公司深圳分公司宝安支公司，地址在龙井二路嘉宝大厦2楼。1996年8月，成立龙华和松岗营销服务部，同年9月成立沙井营销服务部，1999年7月成立石岩营销服务部。2000年底，中国太平洋保险公司实行产寿险分业经营，更名为中国太平洋财产保险股份有限公司深圳市宝安支公司，2006年9月成立福永、公明和观澜营销服务部。截至2010年共有上述7个营销服务部。

公司经营的保险险种有：机动车辆保险、财产保险、各类责任保险、进出口货物运输保险、人身意外保险等。

2010年太平洋财产保险宝安支公

司经营情况如下：保费收入20911万元，赔付支出8784万元，营业税金及附加1085万元。

证 券

【概况】截至2010年底，各家证券商在宝安成立营业部或建立营业网点的有：国泰君安、招商证券、安信证券、国信证券、国海证券、中信建投等。

【国泰君安证券】国泰君安证券股份有限公司深圳松岗营业部，成立于1993年7月，股份制企业。2010年营业部有从业人员60人，年内实现股票基金交易量累计294.74亿元，手续费累计3733.06万元，市场份额0.0259%。国泰君安证券股份有限公司宝安区龙华街道梅龙中路证券营业部，成立于2010年4月1日，股份制企业。2010年营业部从业人员62人，2010年实现股票基金交易量累计17.30亿元，手续费累计84.58万元，市场份额0.0016%。

（刘 琼）

【招商证券】招商证券股份有限公司深圳建安路证券营业部，其前身为中国农业银行深圳信托投资公司宝安证券营业部，成立于1991年4月18日，股份制企业。2010年有从业人员111人，2010年实现股票基金交易量累计1273.76亿元，手续费累计13263万元，市场份额0.1136%。（杨蓉晖）

【中信建投】中信建投证券有限责任公司深圳市宝安前进一路证券营业部成立于2006年3月，营业地址：深圳市宝安21区前进路深信泰丰大厦5楼，业务范围包括股票、基金、期货交易。2010年有从业人员30人。2010年累计实现股票基金交易量212亿元，手续费累计1927万元，市场份额0.19‰。销售偏股型基金867万元。（王代义）

商 贸

【概况】2010年，宝安区以科学发展为主题，以转变经济发展方式为主线，克服国际金融危机的严峻挑战，保增长调结构，全面完成“十一五”各项任务和指标，为“十二五”开局起步奠定良好基础。年内实现地区生产总值2603亿元，增长14.9%；规模以上工业总产值9032亿元，增长16.6%；规模以上工业增加值1558亿元，增长16.9%；社会消费品零售总额653亿元，增长18.4%；出口总额827亿美元（不含光明新区），增长30.4%；实际利用外资9.5亿美元（不含光明新区），增长3.76%；供电量276亿千瓦时（不含光明新区），增长16%，超额完成各项目标任务。

【商贸活动】2010年，宝安区举办春风消费宝安购物节暨台湾美食文化推广会、福永家私节、沙井金蚝节。西部国际珠宝城和福永台湾美食街已经开业；组织相关部门开展华润MALL选址工作，初步确定选址意向；加快推进海雅商业中心建设，协调解决其供电、交通等问题。新增岁宝百货、华润万家、国惠康、人人乐等7家知名百货门店，全区大型商业网点达189个。制定应急物资储备计划，督促商场、超市做好应急物资储备。推进家电以旧换新工作，全年共销售新家电12.3万台，回收旧家电8.01万台，涉及补贴金额4895万元。完成“宝安八景”评选工作，拍摄“万福之城”旅游宣传片等活动，进一步丰富宝安旅游内涵。新增五星、四星级酒店各1家，至年底，宝安区星级酒店总数达32家。全年接待游客778万人次，实现旅游收入近40亿元。组织开展“关爱在鹏城、旅游进厂区”活动，丰富来深建设者们的业余生活。

【对外经贸】2010年，宝安区外贸出口827.88亿美元，增长30.6%，增幅比全国（31.3%）低0.7个百分点，比全市（26.1%）高4.5个百分点。全年高新技术产品出口477.72亿美元，增长34.5%，高于全区出口增幅3.9个百分点；机电产品出口734.35亿美元，增长33.9%，高于全区出口增幅3.3个百分点。全年加工贸易出口688.73亿美元，增长25.9%；一般贸易出口92.74亿美元，增长37.1%，增速高于加工贸易11.2个百分点。外商投资企业出口664.49亿美元，增长30.5%；民营企业出口100.8亿美元，增长53.1%，增速高于外商投资企业22.6个百分点，占全区出口比重由去年的10%提高到12.2%。富士康集团出口412.87亿美元，增长38%，出口前20名企业全年出口511.96亿美元，增长34.6%，占全区出口比重为61.8%。电子信息制造业出口635.65亿美元，增长32.8%，占全区出口比重为76.8%。实行《重大产业项目招商引资责任制》及《奖励办法》，按照产业发展导向择优选资，质量招商，全年新批外资项目531宗，增资216宗，投资超千万美元项目27宗，合同利用外资12.2亿美元，增长133%。新增规模以上工业企业36家，全区规模以上工业企业达4842家。成功举行“高端产业招商推介会”，重点推介“三港四城十大园区”，引进73宗高端项目，总投资额约为855亿元，签约38个项目，投资额达751.5亿元。成功引进6家国际世界500强投资企业。全力做好33个重大产业项目落地跟踪服务，大族激光、高科工业园、华美工业园（二期）等5个项目已经建成。长安标致合资项目前期工作有序推进，一期用地已完成招拍挂出让手续。

【为企业服务】2010年，宝安区重点实施“一企一策”。积极落实市、区领导“送服务下基层”和转变发展方式调研活动，逐一梳理30家企业提出的78个问题，形成“一对一”为企业服务方案。实行重点企业“一企一策”，为“六类”（工业、出口、纳税、民营、科技、服务业）百强企业解决实质性困难。分三批对273家重点企业周边环境进行综合整治，已完成165家。积极协调解决大型、超大型企业在生产经营过程中遇到的问题。深入开展企业援助工作，受理商事调解、知识产权保护等187项援助申请事项并全部办结，援助工作深受企业的欢迎和肯定。加强企业生产经营预警工作，共收集企业经营风险信息460条，召开21次预警信息研判会，对27家企业发出预警，妥善处置企业经营预警危机问题。帮助企业融资。加大企业上市培育力度，加强上市培训和辅导工作，协调解决一批企业在上市过程中遇到的环保、税收、城改、消防、劳动以及用电问题。年内，有格林美、兆驰股份、长盈精密等10家企业挂牌上市，实现融资约103亿元。至年底，宝安区已有28家企业上市，拟上市企业78家，基本具备上市条件的企业近300家。推进金融机构与中小企业的良好对接，引进深圳高新投作为信用担保合作机构。用好用足产业发展资金，联合担保机构共为229家企业提供14.3亿元的信用担保；为125家企业提供贷款贴息4684.5万元；12家上市及拟上市公司补贴共计1260万元；164家企业信用担保手续费补贴1487万元；119个贸易项目获得外贸发展资金1844万元，其中出口信用保险保费资助88项，资助金额1128万元，增长303.5%；39家重点民营工业企业销售额增长奖励245万元；2家企业设立小额贷款公司奖励资金200万元，企业融资难问题得到有效化解。全年承办郑州展、深圳服装展、哈尔滨经贸洽谈会以及东盟博览会深圳专场，还组织企业参加华交会、东北亚博览会等25个国内展会和美国拉斯维加斯电子展、德国柏林电子展等11个境外展会，共计36场，参展企业累计1500多家，各类成交额约680亿元，其中内展成交近580亿元。全年内销工业产品产值2402亿元，增长12.1%。通过参展，82%的内展企业发展新的代理商、经销商、分公司，建立稳固的销售渠道，42%的外展企业首次走出国门，成功开拓海外市场。对香港、美国、欧盟等传统市场出口增速在20%以上，对印度、巴西等新兴市场出口增长超过30%。全年实地核验加工贸易企业1485家，审批加工贸易合同19294宗，签发一般原产地证52923份，代办领事认证956份，代办商事证明书1075份，为企业拓展国际市场提供便利服务。编制完成宝安区工业、现代服务业、循环经济、电力“十二五”发展规划。开展宝安区转变经济发展方式课题调研，在此基础上，推动出台《若干措施》15条。完成《宝安区建设电子信息高端制造业基地》、《宝安区企业上市情况研究》等重点课题，开展电子信息制造业外贸出口指数研究。较好地完成工业贸易经济运行监测，加强对超大型企业的监测分析，完成电子信息制造业出口海关口径和国民经济统计口径的转换等基础性工作，撰写《富士康集团外贸出口情况分析》、《两岸经济合作协议对宝安经济的影响》等十几篇研究分析报告，近十篇学术论文在核心期刊公开发表。

【对口帮扶和“双到”工作】2010年，宝安区承担对口帮扶龙川县和东源县共45条村的“双到”工作任务，全区选派61名干部驻点龙川、东源县各镇村，帮助当地8434户贫困户脱贫致富。2010年度“双到”工作通过省、市的考核验收，总评为优秀。全年共拨付对口帮扶资金3650万元，其中，扶持龙川县2900万元，扶持东源县250万元，帮扶纳雍县500万元。帮扶项目总计437个，主要涉及危房改造、安全饮水工程、村道建设、村容村貌改造、贫困户种养等方面。

旅游

【概况】2010年，宝安区加大旅游环境推介力度，活跃旅游市场。全年接待游客783.07万人次，同比增长12.97%；旅游业总收入39.76亿元，同比增长14.88%。年内，宝安区旅游局举办宝安八景评选活动，通过市民投票和专家论证等方式评选出观澜球会、版画基地、凤凰胜境、羊台叠翠、海上田园、蚝乡古韵、西岸新城、万福广场等八景，使这些景区知名度大幅提升。全区五星级酒店3家，四星级酒店7家，三星级酒店14家。

【深圳市西海岸海上田园风光旅游区】深圳市西海岸海上田园风光旅游区位于宝安区西部的沙井、福永境内，西临珠江入海口，南接深圳黄田国际机场，东依规划的滨海大道，北面与东莞市相邻，总面积约24平方公里。该旅游区大片水面和纵横的塘基形成阡陌纵横、鱼塘万亩的田园风光，是深圳市沿海最具田园风光特色、最富生态农业潜力和环境人为破坏最小的地段。宝安区根据现状条件以及围绕深圳市未来城市定位的大目标，确定该区性质为以海滨园林化的生态基塘养殖和生态旅游为主要特色的大型水乡生态旅游区，兼生产、观光、休闲、度假、娱乐、生产示范、展示教育、科研教育、自然保护、城市防灾等功能。根据性质定位和基地现状，海上田园风光旅游区划分为三大功能分区，即海上田园风光旅游区、水产及农业生态区和海上生态景观区，并根据功能特点确定两大走廊联系各功能分区，即由海上田园风光旅游走廊联系海上生态景观区和海上田园风光区，由水产及农业生态走廊联系水产及农业生态区。其中，海上田园风光旅游区集中控制区内的主要旅游、观光、度假活动，兼生态农业展示和示范、科研、教育、城市防灾等主要功能，景点紧凑，相对人工构筑物及建筑物较多；水产及农业生态区以基塘水产养殖和塘基种植为主要特征；海上生态景观区，以沿海红树林、滩涂和珠江入海口海景为区内的主要景观。

【羊台山森林公园风景区】羊台山森林公园位于深圳市西北部，地处宝安区石岩街道、龙华街道与南山区的交会处。公园东面和东北面与宝安区龙华街道相邻，南面与南山区相接，西面和西北面与宝安区石岩街道相连，规划总面积28.52平方公里。园内森林总覆盖面积在98%以上。羊台山森林公园地势走向以大羊台山为中心，向四周延伸，形成中间高，四面低的高丘陵、低山地貌特征。园内最高处为大羊台山，海拔587米，有深圳西部第一峰之称。山区森林茂盛，山谷大小水库、水池4处，天然泉水到处可见。2004年“羊台叠翠”被评为深圳八景之一，2010年被评为“宝安八景”之一。该公园总体形象定位为：羊台叠翠，绿野仙踪。公园分为水源生态保护区、分散森林游憩区和集中森林游憩区三个功能区，拟建高峰水库生态保育区、大羊台山登山览胜区、小羊台山森林游览区、南山林果观光区、大围肚野营区、罗租山休闲娱乐区、冷水坑科普教育区等7大景区。景区开发分前、后两期，前期主要是以森林游憩区两个景区（大羊台、小羊台森林游览区）作为重点，以建设基础设施和游憩设施为主，对外开放；后期以分散森林游憩区的四个景区放在后期开发，顺序为：冷水坑景区—罗租山景区—大围肚景区—南山景区。森林公园总体规划期限为7年，建设分两期：前期2004—2006年；后期2007—2010年。该园设“古道遗址、百米竹径、石雕浮墙、客家民俗围屋、龙浮石刻”等40个旅游点供市民观光。经专家测算，羊台山森林公园建成后，可日供1.8万多人次来“天然氧吧”享受。羊台山森林公园主要有“四多两丰富”的特点。“四多”指峰多、石头多、沟谷多、水源多。“两丰富”指野生动植物资源丰富，因园内日照时间长、气候温和湿润，野生动植物资源均非常丰富，共有植物114科400多种、野生动物120多种，其中属于国家重点保护的植物有桫椤、苏铁蕨、白桂木、土沉香、野生樟树等，动物则有蟒蛇、穿山甲、猫头鹰和褐翅鸦鹃等。柿子是羊台山特有水果，成熟之季，树挂金果、满山飘香。

【凤凰山风景区】凤凰山风景旅游区坐落在福永街道凤凰村东面，海拔378米，方圆1.2公里，素有“凤山福水福盈地”的美誉。凤凰奇拔俊秀，像一弯新月镶嵌在西海之滨，西眺伶仃洋，南瞰深圳湾。峰峦连绵叠翠，树木四季葱茂；百鸟啼鸣，花果飘香；山泉浅唱，壑洞幽藏，奇石多姿，古庙生辉。自然风景绮丽，人文景观丰富。水光山色，峭岩古洞，构成一幅风光旖旎、雄伟壮观的山水画卷。景区分为三部分：山下胜景区，古庙胜景区，山顶胜景区。山下胜景区位于凤凰山南麓，由位于岭下的“凤凰文昌塔”以及沿石阶路的“朝阳灵犬石”、“普门示现牌坊”、“青牛跃涧留仙迹”、“圣水灵泉”、“松经风琴”等景区组成；古庙胜景区是凤凰山风景游览区的主体部分，以始建于1297—1307年间的凤凰庙为主体，配以众多的自然景观，分别为：“净瓶露”、“莺石点头”、“凤凰仙洞”、“长寿仙井”、“合掌枕流”等，峭壁上留下历代文人墨客题咏，还有新建综合大楼和望海楼；山顶胜景区从“云顶参天”开始分为南北两路：南路（沿大茅山方向）有猪兜石、“万福洞”、“石乳清湖”、“狮吼巨石”、“烟楼晚望”等；北路有“试剑石”、“伶仃奇石”、“较剪石”等景点。

【观澜山水田园文化产业园】观澜山水田园文化产业园位于宝安区观澜街道。由深圳市山水田园实业有限公司于1999年3月投资兴建，2003年5月全面建成并正式对外运营，总投资3.2亿元人民币。景区以田园农庄的形式，塑造城市中的世外桃源，已建成集生态文化、客家文化及乡村民俗文化为主背景的旅游观光度假酒店，文化娱乐、休闲养生、会议、演艺等为一体的旅游文化产业园。山水田园农庄占地面积400余亩，其中水面面积100亩，总体规划以吃、住、行、旅、娱、购六大要素功能板块为旅游产业基础，由3000多米仿生态栈道、观澜演艺广场、渔樵耕读广场、红色广场，山水轩客栈、乡村酒家、乡村温泉、农家爱心动物园、拓展训练基地、CS野战区、农家绿色果园等组成，一年四季繁花似锦，是深圳市民最喜爱的休闲度假胜地之一。

【中共宝安县“一大”会议旧址】中共宝安县“一大”会议旧址位于松岗街道燕川社区，始建于清代中期，是燕川村陈素白的后人为纪念其祖先而兴建的分支祠堂，该祠为三开间两进一天井两廊枋建筑，主体建筑为砖木结构，清水外墙，大门门面、部分厅柱、墙角下部、檐阶、天井以经砂石岩石条为材料，前厅屋顶为船型脊，后厅屋顶为博古脊，通面阔11.6米、进深18.4米，占地面积213.44平方米。1928年2月23日，中共宝安县委在此召开第一次党员代表会议。抗日战争期间，中共领导建立的东宝行政督导处设在燕川村，这里曾作为督导处开展农民运动、减租减息的办公地。1999年3月29日被宝安区人民政府公布为第一批文物保护单位。2000年深圳市和宝安区投入资金100多万元对其进行维修及设备的完善，并举办“宝安革命风云”陈列展览，把素白陈公祠改建成中共宝安县“一大”会议纪念馆，2000年10月建成，2001年6月正式对外开放。现被深圳市确定为青少年爱国主义教育基地，红色旅游景点之一。

（范　敏）

附：2010年宝安区贸易工业（旅游）局领导成员名单

局　长：贝济标

副局长：赵京河　覃敬腾　曾新晓　王会明

财 政

【概况】2010年，宝安区完成税收总收入398.17亿元（不含光明新区收入，不含契税），同比增长24.83%；加上契税收入，全口径税收收入达405.78亿元（不含关税和海关代征收入等）。至年底，宝安区累计完成一般预算收入102.48亿元（其中：税收分成收入100.6亿元，非税收入1.87亿元），完成年初预算90.18亿元的113.6%，同比增长23.87%；转移性收入39.69亿元，累计完成一般预算总收入142.16亿元，完成年初预算119.31亿元的119%，同比增长24.16%。国土资金收入35.51亿元（不含列收列支的城市更新收入），统筹资金收入6.2亿元，综合财政预算收入（不含融资计划）183.87亿元，完成年初预算150.5亿元的122%。全年完成一般预算支出130.64亿元，完成年初预算107.76亿元的121%，比上年决算增长23.88%，剔除调出预算稳定调节金因素，可比口径增长6.25%；加上转移性支出，一般预算总支出142.16亿元，比上年决算增长24.16%。其中：一般公共服务、教育、医疗卫生、公共安全、城乡社区事务等公共服务支出102.44亿元；基本建设支出2亿元；产业发展支出3.3亿元；地震灾区恢复重建支出0.89亿元；上解支出8.57亿元；调出预算稳定调节金22亿元；本年结余2.95亿元。

【民生支出】2010年，宝安区一般预算安排民生支出86亿元，占一般预算支出107.76亿元的80%，重点保障教育、医疗卫生、公共交通、社会保障和就业、文化体育、环境保护等民生领域支出。全年安排教育支出20.78亿元，同比增长17.29%，进一步提高教师工资福利水平和教学行政经费标准，加大教育基础设施建设投入，全年新建中小学校3所，新增学位7012个；安排医疗卫生支出7.07亿元，进一步提高宝安区医疗服务水平，促进医疗服务价格总体水平下调和药品加价率下调，努力解决群众看病难、看病贵问题；安排公交补贴上缴支出2.5亿元，推进公交降价和公交资源整合，全年增加公交线路46条，调整线路33条，新增运力528台，全区500米公交覆盖率提高到82%；安排社区公共服务支出10.2亿元，加强社区物业管理和公共设施建设；安排社会保障和就业支出5.7亿元，保障全区609户低保户、1687人最低生活保障，解决困难家庭住房、医疗和子女就学问题，5200多名老年人得到居家养老服务补贴，帮助居民就业8212人，促进“农转居”居民就业1997人、创业179人，宝安区城镇登记失业率降至1.85%；安排文化体育与传媒支出3.77亿元，宝安区文化体育设施不断完善，宝安体育场等项目顺利推进，送戏下乡200余场，送电影下乡2500余场，受益观众260余万人次。

2010年8月23日，宝安区财政局召开2010年纪律教育学习月动员大会

【基建投入】2010年，宝安区本级安排基本建设支出65亿元，同比增长31.5%，进一步完善宝安区基础设施建设。按照基建工程建设进度及时拨付基建资金，全年累计支出完成33.33亿元，加上以前年度安排的基建支出，全年共拨付基建支出80.45亿，大力推进各项基建项目建设，加快特区一体化进程，推动经济社会全面发展。

【优化产业结构】2010年，宝安区安排扶持产业发展资金6.65亿元，全年实际支出4.62亿元，大力推动文化产业、科技研发、民营经济、自主创新、循环经济和支柱产业的发展，促进宝安区产业结构进一步调整优化，加快转变经济发展方式。

【监管扶持股份合作公司】2010年，宝安区财政局继续抓好社区股份合作公司统一记账工作，指导街道建立健全规章制度，认真开展股份合作公司党风廉政信息公开平台建设工作，加强对股份合作公司的财务监管，促进股份合作公司民主管理、民主决策、民主监督。制定并提请宝安区政府出台《宝安区扶持股份合作公司发展专项资金使用管理暂行办法》，安排专项资金1.5亿元，扶持股份合作公司转型升级、做大做强。加强对股份合作公司经营管理人员的培训工作，年内累计组织股份合作公司有关人员培训共1600多人次，重点对规划国土知识、财务知识、信息公开平台操作等方面进行培训，提高股份合作公司的经营管理水平。

【促进国有经济发展】2010年，宝安区财政局全年共完成宝安区机关事务管理局所属建设物业管理中心、西园招待所及宝安区建筑工务局所属6家企业的脱钩工作。积极稳妥推进天宝公司网台分离、新华书店整合等专项工作。同时，积极协调有关单位和部门，大力推动街道供水资源整合工作，妥善解决历史遗留各类产权（权益）纠纷。

2010年12月31日，宝安区股份合作公司工作会议召开

【调研第四轮市区财政体制】2010年，宝安区财政局紧紧围绕特区一体化建设和第四轮市区财政体制改革两大主题，撰写《宝安区综合财力分析报告》、《夯实宝安财力　加快推进特区一体化发展》、《推进特区一体化财政工作思路》、《宝安区财政运行情况汇报》、《宝安区关于第四轮财政体制市区两级事权划分的汇报材料》、《关于深圳市第四轮市区财政体制实施方案（征求意见稿）的意见建议》等专题报告，为深圳市财政委和宝安区区委区政府决策提供参考依据，进一步强化预算管理，提高科学理财水平。

【实行“零基预算”】2010年，宝安区财政局进一步强化部门预算管理工作，按照“零基预算”和厉行节约的要求，细化基本支出和项目支出预算编制，从严从紧编制部门预算。强化单位的预算编制主体责任，要求各单位将预算编制作为经常性工作，提前做好基本支出测定、项目论证评审等前期工作。同时，强化预算执行管理，进一步提高预算编制与执行的一致性。

【整合规范财政专项资金】2010年，宝安区财政局将分散的财政专项资金（政府性基金）进行整合管理，纳入宝安区财政管理的专项资金（基金）由44项减为23项，制定《宝安区财政专项资金管理暂行办法》，对专项资金实行总量控制、分类审批、绩效管理，进一步加强对专项资金的监管，提高财政资金的使用效益。

【强化政府采购监管】2010年，宝安区财政局修订《宝安区政府集中采购项目非公开招标采购方式审批管理办法》及网上竞价、商场供货和跟标3项政府采购管理办法，进一步完善政府采购监管机制。全年宝安区实施政府集中采购项目4464个，采购金额10.96亿元，比上年增长10%，节约资金1.23亿元，取得良好的经济效益和社会效益。

【国库管理制度改革扩点】2010年，宝安区财政局制定预算单位零余额账户开设、支付系统业务培训和银行业务联调等实施方案，全面推行国库集中支付改革，同时将扩点单位预算内资金纳入支付系统管理。至年底，宝安区132个预算单位（除行政事业单位工资津贴部分外）预算内资金全部纳入集中支付系统管理，进一步完善国库单一账户管理体系，强化财政资金支出管理。

【严格控制行政成本】2010年，宝安区财政局严格落实厉行节约有关规定，2010年部门预算单位一般性项目支出比上年压缩10%，全年节约财政资金0.49亿元。同时，严格审核各项临时请款，全年共受理各单位计划外请款报告349份，申请金额12.01亿元，核给金额3.04亿元，核减金额8.97亿元，核减率达74.7%，节约财政资金，保障全区各项重点支出需要。

【检查监督财政资金】2010年，宝安区财政局共对26个单位29个项目的资金使用情况进行检查，并针对检查中发现的问题和薄弱环节，要求相关单位及时整改，进一步加强对单位的财务监督管理，提高财政资金的使用效益。

【加强会计管理培训】2010年，宝安区财政局继续加强会计管理和培训工作，一是把好会计从业人员入门关，年内共组织会计从业资格、专业技术资格、电算化等会计类考试报名及考试人员共65002人次；二是加强会计人员持证上岗检查，规范会计市场秩序，全年共组织对宝安区国有企业13家公司、10个街道348家事业单位及新注册的94家代理记账机构的会计工作人员持证上岗情况进行检查；三是强化服务意识，进一步提高服务质量，为方便会计类考生报名，全区共设置9个报名点，组织会计人员培训11期共1229人。　（罗俊彬）

附：2010年宝安区财政局（国资委）领导成员名单

局　长：李献荣

副局长：刘柏稻　饶诚进　李纪文　王映芬

税　务

国家税务

【税收收入】2010年，宝安区国税局累计组织税收收入273.36亿元，同比增长21.71%，增收48.75亿元。在总收入当中，实现税收入154.47亿元，同比增长33.14%，增收38.45亿元；免抵调库收入118.89亿元，同比增长9.49%，调增10.30亿元；审核出口退税102.34亿元，同比增长71.02%，增退43.5亿元。分税种看，增值税现税入库107.82亿元，同比增长24.40%，增收21.15亿元；消费税收入20.97亿元，同比增长36.34%，增收5.59亿元；企业所得税收入25.61亿元，同比增长83.52%，增收11.65亿元。

【税源分析】2010年，宝安区国税局进一步完善区局、分局、科室三级联动分析监控机制，完善科学制定任务、动态进程反馈、精确分析预测"三位一体"模式。依托征管系统平台，有效提取信息数据，充分发挥《税收月报》、《税收分析报告》等载体作用，结合经济发展状况和经济政策效应，准确分析预测税收收入变化趋势，从企业行业、经济性质等维度分析掌握税源分布和构成，对重点税源和纳税大户加强实时关注，做到宏观和微观紧密结合。通过加强趋势分析、动态比较实现过程控制，从而及时发现工作中的问题和薄弱环节，有的放矢，牢牢掌握组织收入的主动权。此外，组织宝安区分局工作人员参加总局和市局举办的税收分析培训班，有效提高全局税收分析预测水平。

【税收征管】2010年，宝安区国税局稳步落实信息管税，树立税收风险管理理念，以提升涉税数据的采集、应用能力，畅通税企信息沟通渠道等措施为抓手，有效防控税收执法风险，提高征管质效。一是建立数据平台，信息分析利用实时化。建立疑点企业分析筛选机制，组建数据应用小组，合理设置预警指标，查找企业申报数据与实际生产经营状况的差异，有效筛选存在重大税收违法嫌疑的企业。构建重点税源征管应用数据库，初步建立"重点税源企业数据查询分析系统"，涵盖全局498户重点税源企业，通过加强信息采集分析和对比指标力度，逐步实现预测企业生产经营和收入变动情况、筛选疑点企业进行重点监控的功能。探索建立免抵退企业基础税源数据库，根据企业2006～2009年期间销售收入、税负等信息设定指标，通过横向比较同一行业不同企业数据、纵向比较同一企业历年相关数据，筛选明显异于行业平均值、各年度波动显著的企业进行约谈和核查，准确了解和掌握企业的经营动态。二是建立工作机制，纳税评估逐步常态化。开展销售免税货物增值税进项核查，科学筛选908户一般纳税人进行核查，有效开发"免税销售进项转出核查系统"，实现区局、分局和企业三级进度同步，已核查企业852户，核实的需调增的进项税额转出为1.04亿元。建立日常化纳税评估机制，制定区、分局两级纳税评估工作制度，建立包括纳税评估操作办法、表证单书、税管员系统评估流程等操作规范。认真开展增值税申报异常企业和医药连锁企业纳税评估，将92户企业及时下发基层分局落实，强化后续监督控制。探索建立行业纳税评估模型。以家具行业纳税评估为突破口，逐步建立家具行业纳税评估指标体系和峰值；并结合该行业纳税评估经验，进一步探索制衣、电子等行业的纳税评估方法。三是完善通报考核，执法风险实现可控化。将执法指标的考核细分到单位和个人并开展责任追究，严格落实相关责任人，降低执法风险；继续细化征管质量和五项重要工作量化和排名通报的考核机制，提升分局征管工作效率和执行力。编印业务期刊《税海导航》，汇集最新的政策文件和业务要点难点，强化业务指导、促进工作规范、提高交流实践、防控执法风险。四是探索分类管理，税源管理渐入专业化。加强重点企业分类管理，由业务骨干主抓重点企业日常管理，提供差异化的管理和服务，有效提高管理质量。开办直通车服务室，为大企业提供便利直通车服务，实现分级分类管理，提高办税效率。全面推行个体定税新办法，将个体户定税新规程在全局推广，节约人力资源、强化事后监控，在精细化、专业化管理上进行积极实践。

【税收执法】2010年，宝安区国税局加大力度整顿市场秩序，规范执法行为，不断提高纳税遵从度。全年共查补税款、罚款和滞纳金2.14亿元，实际入库2.09亿元，入库率达97.46%。认真抓好大案要案以及总局、市局转办案件的查处、督办工作，重点对252户涉税违法企业进行检查，查补税款、罚款及滞纳金合计5794.12万元。大力抓好税收专项检查和自查。一方面，成立四个专项检查小组，科学制订工作方案，对12户案源实施检查，发现问题企业9户，查补税款570余万元；另一方面，结合市局下发名单23户，自行选取重点企业52户，开展税收自查，共入库税款和滞纳金15094.76万元。严厉打击发票违法犯罪活动，严查涉案企业的发票领用和真伪情况，重点打击辖区发票“买方市场”。年内，联合宝安区公安经侦大队开展“9·17”专案行动，清查发票制售嫌疑窝点5个，抓捕犯罪嫌疑人8人；严厉查办上海黄金票专案、武汉金凰专案、“7·30”专案等发票专案，共查处涉案企业222户，检查发票2926份，非法开票金额8419.72万元。此外，做好发票协查工作，抓好案源受理和线索评估、不断提高选案准确度，继续提高欠税清理效率和力度，加强同公安、检察院等相关部门协作，及时移送涉嫌构成犯罪的案件，全年向公安机关移送案件26户。

【队伍建设】2010年，宝安区国税局通过强化思想政治工作、抓好教育培训、加强税务文化建设等措施，不断提高干部队伍依法行政和廉洁从政的能力和意识。一是以创先争优活动为主线，发挥党员干部表率作用。二是以干部选拔轮岗为契机，激发税收队伍干事活力。三是以税务文化建设为重点，彰显机关以人为本内涵。年中，龙华分局获广东省“三八红旗集体”和广东省“青年文明号”荣誉称号；宝安区国税局机关党支部荣获2010年中共深圳市直机关优秀党支部荣誉称号；宝安区国税局被评为2009年度深圳市工伤预防先进单位三等奖，以及宝安区2008—2009年度文明单位。

【廉政建设】2010年，宝安区国税局以深入推进内控机制建设为载体，完善惩防体系，有效增强干部职工拒腐防变能力。严格落实党风廉政建设责任制，建立大预防的工作格局。第一，开展职务和廉政风险教育，加强内控机制与信息技术平台的融合，进一步规范工作流程；根据岗位职责，梳理权力事项、查找职务和廉政风险点，形成完整、系统、细致的岗责体系，确保部门内控机制覆盖每一个工作岗位和人员。第二，扎实开展纪律教育月活动和学习《廉政准则》活动。采取观看教育影片、参观看守所、《廉政准则》网上答题、邀请检察院干部做预防职务犯罪讲座等方式，增强党员干部的廉政意识和防范风险意识。第三，强化两权监督，开展税收执法监察。对各分局在2009年9月至2009年12月期间的共计356个执法疑点进行立项监察检查，规范税收执法程序，强化工作人员的执法意识。此外，认真做好纪检监察系统上线工作，组织完成近年来发生的案卷信息；扎实做好信访工作，确保“件件有落实，事事有回音”。

【纳税服务】2010年，宝安区国税局以纳税人合理需求为导向，积极创新服务方式方法，在提高服务质效的同时努力降低纳税人办税成本，朝着“需求及时响应、效能大幅提升、负担显著减轻、满意度持续提高”的目标迈出坚实的一步。一是把握重点，进一步强化税法宣传。针对纳税人权利和义务重点宣传，派发“纳税人权利和义务”、“为税三字经”等宣传资料，到农贸市场等场所贴公告；针对信用度差的纳税人重点宣传，对长期零申报、漏征漏管户、无证经营户，通过税务约谈、结合专业市场整顿和政府清无行动，开展税法宣传；针对需求度大的纳税人重点宣传，协同宝安区工贸局、宝安国检局、南头海关及地税所等5个单位为380多家“三来一补”企业宣讲新政策。二是创新方式，进一步优化办税服务。丰富和完善网络办税功能，积极推广网上抄报税，加大宣传培训力度，引导纳税人使用网上抄报税系统；继续推行代开发票网上预录入，节约纳税人办税时间；开通并定期更新网站子网页，便利纳税人及时获取税务信息；设立12366纳税服务咨询热线远程坐席，提高业务疑难问题答复率。加强办税服务厅平台建设，继续加强导税岗管理，合理优化窗口业务设置；推广电脑版普通发票，完成发票换版推广试点工作；启用新的《发票试点规程》，统一使用发票专用柜，方便取用，缩短售票时间。三是拓新渠道，进一步深化辅导培训。开展“走进国税局”活动，邀请人大代表、政协委员、商会负责人等20位纳税人代表走进宝安国税，参观办税流程，反映生产经营中的困难和改进纳税服务工作的建议；编写“为税三字经”，形式新颖、通俗易懂；设计税收宣传明信片，发放给辖区2009年纳税额超过100万元的2700余户企业；办好办税讲堂，根据纳税人需求调查结果，定期开展系列辅导培训。（徐少鹏）

2010年度宝安区国税局局长、副局长、纪检组长、总经济师

局　　长：李鸿杰
副 局 长：董全安　李向林　陈梅清
　　　　　马　敏（12月始）
纪检组长：胡善云
总经济师：邵长记（9月止）
　　　　　徐　磊（9月始）

地方税务

【组织收入】2010年，宝安区地方税务局组织税收收入148.18亿元，同比增长30.48%，圆满完成年度税收计划；每平方公里土地产出税收0.26亿元，比上年提高30.5%。税收收入主要特点：一是制造业、房地产业、建筑业、物流业四大产业合计税收贡献七成以上；二是高新技术产业税收增长显著；三是加工贸易转型升级提速，涉外企业税收大幅增长；四是物流业快速发展成为第三产业税收增长重要力量。

【创新体制机制】2010年，宝安区地方税务局从制约征管质效的瓶颈和难题入手，成立大征管领导机构，采取“走下去”、“走出去”、“请进来”等多种方式，先后召开60多场座谈会，征集200多条“金点子”，构建适合宝安地税工作科学发展的新路子。一是创新办税服务模式，在福永、龙华等税务所推行“全职能窗口”试点，率先在全系统建立“一窗全职、一窗通办”服务新模式；二是创新税源管理模式，按照集约型税收管理的要求，建立重点税源企业由专业管理科管理，中小企业属地由税务所管理，综合管理科负责税收分析、税源监控、纳税评估和日常检查工作的管理新模式；在福永、龙华税务所试点建立以业务流程为导向、以“管事”为主的管理模式；三是推行专业化纳税评估工作，成立纳税评估专门机构和专业队伍，全面推进税源监控、税收分析、纳税评估及税收检查“四位一体”工作机制；四是完善绩效激励机制，制定实施《干部职工月度税收工作考核奖考核实施方案》，率先在全系统实施差别化奖金考核管理。

【税收征管】2010年，宝安区地方税务局加强经济税收分析，加大对重点税源企业、行业、税种的税收分析力度；组织对辖区支柱产业、战略性新兴产业税收的调研工作；坚持每月预测收入报告制度，对异动情况采取针对性管理措施；加大对重点行业、新兴税源的管理力度，强化房地产行业、“大小非”、股权转让行为的税收管理；抓好“两型”企业汇算审核工作；加大清理欠税工作力度，全年清理欠税1.77亿元。

【税收执法】2010年，宝安区地方税务局坚持将依法治税作为税收工作核心，加强对行政审批事项的管理和监督，细化税务违法案件行政处罚裁量标准，坚决维护纳税人合法权益；设立专业管理科，严把注销关；联合公安、国税等部门开展打击发票违法犯罪“百日决战”行动，查获各类假发票1.9万份，维护税收经济秩序。

【纳税服务】2010年，宝安区地方税务局采取多项提升服务经济措施：一是建立“局长联系重点企业制度”，提供“直通车”服务，高效解决企业税收方面的问题；二是开展“局领导到税务所当值班领导”活动，现场解答纳税人的税收问题；三是大力推进办税服务厅规范化建设，2010年完成7个办税服务厅的改造；简化办税表证单书五类，优化办税流程八项，为纳税人提供良好的办税环境；四是统一业务咨询、涉税举报、案件投诉热线；五是实行国、地税联合办理税务登记证23853份。

【税收宣传】2010年，宝安区地方税务局与第四稽查局联合举办第19个税收宣传月“税收开放日·征税零距离”活动；局长林伟明受邀参加广播热线直播节目《民生访谈》，就“税收、发展、民生”主题及税收热点问题与市民进行在线交流；落实“调结构、促发展、惠民生”宣传工作，梳理编制《当前税收政策汇编——“调结构　促发展　惠民生”热点政策“50问”专刊》以及《金融业》等6个行业《纳税指南》共21000册，免费发放给纳税人。

【队伍建设】2010年，宝安区地方税务局坚持“人本带队”理念，参与机关作风大提升“双百”竞赛活动，采取系列鼓实劲、出实招、求实效措施，促进全局机关作风大提升。宝安区地方税务局被授予市“优秀示范处室、党建工作示范点”称号，林伟明局长被授予“科学发展带头人、优秀示范处室带头人”称号。此外，大力组织教育培训，组织36期847人次参加信息化培训，355人次参加各项税收业务、知识更新培训；贯彻落实市局党组《关于进一步加强干部管理工作的若干意见》，选拔科级领导干部8人、交流科级领导干部6人；开展“廉政教育警示年”活动，举办局领导上党廉课，建立季度党风廉政分析

2010年7月14日，深圳市地税局局长钱勇到宝安区地税局基层税务所检查工作

宝安区地税局被授予深圳市“优秀示范处室、党建工作示范点”称号

会制度，完善“税务工作评议电子监督系统”，编制《税务廉政风险防范手册》、《网上廉政教育期刊》；开展党建形势、宗旨意识和“荣誉、责任、能力、廉洁”价值观等教育，全局有1756人次参加各种献爱心募捐活动，募捐27.88万元。2010年宝安区地方税务局被评为市地税系统先进单位，宝安区地方税务局党总支被评为区“先进基层党组织”，区局和石岩、沙井税务所被评为区2008～2009年度“文明单位”，沙井税务所被授予省“青年文明号”等。

附：2010年宝安区地方税务局领导成员名单

局　长：林伟明

副局长：叶晓阳（10月起）
谢少华（10月起）
廖开满
余鸣亚（10月止）
王俊武（10月止）

税务稽查

【**概况**】2010年，地税第四稽查局共办理各类税务案件71宗，组织199户企业进行纳税自查。全年查补税款、滞纳金、罚款合计3.7亿元，入库2.93亿元，完成全年稽查收入任务的145%。2010年紧紧围绕税收中心任务和市地税局“大征管”格局，重点做好部门配合，与宝安区地方税务局积极探索管查协调机制，努力实现“以查促管、以查促收”的稽查职能；大力加强稽查信息化建设，建立稽查选案新机制、建立国地税信息共享平台，出台《纳税人自查管理办法》和《税务审计实施办法》，加大稽查流程的信息化管理，确保选案、稽查、审理、执行四环节的协调配合畅通无阻。

【**稽查业务**】2010年，地税第四稽查局继续全面规范行业税收秩序，全年共对6个行业实施税收专项检查；组织以房地产行业、上市和拟上市公司为重点的行业自查，培养纳税人税法遵从度；积极开展打击发票违法犯罪活动专项整治工作，规范辖区经济秩序；全方位构筑辖区协税护税网络，加强与宝安区局、光明新区局的管查协作，深化国地税稽查协作，加强税警协作，最大限度堵塞征管漏洞，保护国家税收利益。

【**稽查制度建设**】2010年，地税第四稽查局围绕市地税局“谋破局”的工作思路，紧扣稽查职能，在稽查制度建设上有新的突破：一是建立稽查选案新机制，首次将监察手段介入选案环节，使党风廉政建设全面渗透到选案、稽查、审理、执行四个环节，保证廉洁稽查、廉洁从政；二是出台《纳税人自查管理办法》，使自查工作更规范、更科学，全年房地产开发企业、上市和拟上市公司、“大小非”、股权转让等行业企业自查应补税共计3.18亿元；三是出台《税务审计实施办法》，从税务审计的对象、程序、文书、档案管理四个方面入手，进一步规范对经营规模较大、内控制度较为健全、财务核算较为规范的纳税人的检查；四是建立国地税信息共享机制，通过建立联席会议制度、设立联络常设机构的方式，建立国地税信息共享平台，全年共与宝安区国税局、地税局交换信息10多次，交换信息2000多条。

【**纳税服务**】2010年，地税第四稽查局联合辖区征管部门举办多场税收宣讲会，重点开展上市和拟上市公司税收宣讲；开展“稽查回访”活动，以掌握税务稽查对纳税人生产经营的影响程度，同时监督税务稽查人员的执法态度、方法及廉政情况；加强与征管部门的沟通协调，协助纳税人解决查补税款缴纳过程中遇到的问题。　　　　（吴丹丹）

2010年深圳市地方税务局第四稽查局领导成员名单

局　长：陈维忠

副局长：蔡志文　王俊武

市场监督管理

【**企业注册登记及日常管理**】2010年深圳市市场监管局宝安分局继续做好“大企业直通车”工作，全年共办理“直通车”业务224件；推进窗口改革，推行《营业执照》邮政速递服务，累计速递《营业执照》及相关材料5687份。全面实行内资企业网上年检，私营企业、内资企业、外资法人实检率分别达到94.14%、94.46%、93.71%，均创历史新高。2010年全区新设立各类企业19203家，同比增长32.3%，占全市的三分之一强，新设立个体工商户26167家，同比增长82.37%，约占全市登记总量的四成。截至2010年12月31日，宝安区现有各类市场主体253528家，其中企业88755家，“三来一补”项目5971户，个体工商户158802家。

【知识产权战略】2010年，深圳市市场监管局宝安分局开展保护“亚运会”标志及“大运会”标志专有权等多次专项执法行动，举办“世界知识产权日”现场宣传活动。全年共查办商标侵权案件250宗，罚款74.88万元，没收销毁侵权商品及标志31万多件。按照统一部署，在全区开展声势浩大的“双打”行动，查处侵犯知识产权和制售假冒伪劣商品案件31宗，罚没16.02万元，捣毁制假售假窝点33个，没收侵权手机2352台、其他侵权物品及标志8.27万个。坚持保护与促进相结合，提升企业知识产权战略意识，2010年全区新增中国驰名商标1个，省著名商标14个。现全区累计已有9家企业获得中国驰名商标，72家企业获得省著名商标。

【标准化战略】2010年，宝安区全力推进标准化战略专项经费资助工作。至年底，共有40家企业的138个项目符合资助条件，拟获资助金额将达502万元；受理办结企业产品标准备案28个，企业产品执行标准登记1个；发动16家企业申请“标准化良好行为企业”认定，指导6家企业创建“标准化良好行为企业”；指导企业完成采标认可的产品51个；对63家企业完成标准化实施监管。

【以质取胜战略】2010年，宝安区全面推进“第五届宝安区质量奖”评审工作，有15家企业获得共计250万元的政府奖励；认真开展“质量月”活动，帮助企业提升质量管理水平；围绕安全、民生、环保加大产品质量监督力度，召开质量分析会2次，全年共抽查产品910批次，合格628批次，平均抽样合格率为70%，完成后处理250宗，查处严重质量不合格案件18宗；积极推进“大质量”工作体系建设，与宝安检验检疫局签署《合作备忘录》；组织开展认证监管工作，全年检查强制性产品认证企业226家，监督检查管理体系认证证书36张、食品农产品认证证书31张。2010年宝安新增省名牌产品3个。现宝安累计已有11家企业获得中国名牌，35家企业获得省名牌。

开展打击假发票行动

【食品安全准入和监管】2010年，深圳市市场监管局宝安分局全年受理各类食品准入业务9222家次，发证7114份，参与各类生产许可业务195家。开展“乳及乳制品清理整顿工作”等食品安全专项整治行动20余次，投入经费90多万元用于印制食品安全宣传资料，扎实开展食品安全宣传周活动，累计印发宣传资料32万余份，发布《食品安全消费提示》19次；建立健全食品安全突发事件应急处理机制，实行食品安全应急值班制度；认真做好重大活动食品安全保障工作，承担“福永杯”首届全国南狮公开赛等8个重大活动的餐饮服务食品安全保障工作。

【“清无”疏导工作】2010年，宝安区出台新的“清无”疏导政策，结束宝安企业每年都要换照的历史，为企业提供极大方便，全年共疏导发照42694家。在注重疏导的同时坚持“以打促梳”，全年共查处取缔无证无照经营户16816家，暂扣物品41866件，立案2561宗，罚没400.4万元。

【特种设备安全监察】2010年，深圳市市场监管局宝安分局以特种设备安全隐患排查治理为重点，借助房屋租赁、安监、社区等单位的力量，形成合力共同参与特种设备监管工作；加大重点监控、重要领域的特种设备安全监管力度，扎实开展未注册登记起重机械等专项整治“回头查”行动。全年共检查企业1956家，排查并整改隐患503宗，处理特种设备投诉举报104宗，立案查处14宗，罚款50万元。年内，宝安区未发生因特种设备损毁、爆炸、失效、缺陷、故障而造成的安全事故。

【打假治劣】2010年，宝安区规范整顿市场经济秩序。组织开展打击违法生产销售水泥等专项执法行动，重拳出击整治福永虾山涌码头建材市场；查办制假售假案件577宗，移送司法机关处理21宗，查处各类制假售假单位894个，查获各类假冒伪劣商品货值1200多万元，逮捕制假售假违法犯罪分子32人，已判刑4人，取得明显的整治效果，福永虾山涌码头建材市场限期整改区域的帽子顺利撤销。

【打击非法传销和监管直销企业】2010年，宝安区开展春季打传行动和创建“无传销社区”等活动，全年共组织打传专项行动9次，捣毁传销窝点46个，清查遣散传销人员556人，拘留传销头目13人，逮捕传销头目10人；接待由东莞市委政法委副书记率领的打传经验交流考察团，双方在建立联席机制实现信息资源共享等方面达成共识。召开全区直销企业座谈会，检查直销企业门店421家。

【民生价格监督检查】2010年，深圳市市场监管局宝安分局开展春节、国庆节等节日市场价格检查以及春运客运票价、春季教育收费、涉农收费、职业介绍收费、停车场收费等专项检查行动，及时查处纠正各类不正当价格行为。全年共查处价格违法案件3宗，退回消费者金额6.02万元，罚没5.4万元，处理价格投诉427宗，调查回复420宗，办理教育收费、房地产销售价格等明码标价监制390件。

【农贸市场升级改造及规范管理】2010年，宝安区继续推进农改超和豆制品改造工作，出台《宝安区豆制品经营单位限期改造及资金补贴办法》，全年共下拨工作经费17万元，发放农改超补助款600多万元。开展二手车市场、房地产市场专项整治行动，有效地净化市场环境。

【保护消费者合法权益】2010年，深圳市市场监管局宝安分局举办“3·15国际消费者权益日”活动；全年受理咨询举报申诉9261宗，已全部按规定办理；新建消费者服务站26家，至年底，已在全区369家商场、餐饮店建立消费者服务站，有力推动消费纠纷“调解在先”。

【计量管理】2010年，深圳市市场监管局宝安分局开展电子秤、出租车计价器、汽车衡等民生计量专项检查行动13次；加强集贸超市、餐饮店、加油站等强制检定计量器具监管；强化能源计量工作，对24家重点耗能企业完成调查摸底；处理计量投诉81宗，查办出租车计量违法案件1宗，罚款0.2万元。

【党建工作】2010年，经宝安区直机关党工委批准，深圳市市场监管局宝安分局召开机关党员大会，按程序选举产生第一届机关党委。分局机关党委成立后，认真落实理论中心组学习制度，召开集中学习会5次，提高党员领导干部的政治理论水平；先后制定印发《基层党组织工作制度》等规范性文件，为加强和改进新形势下分局党建工作奠定理论基础。 （童　星）

附：2010年深圳市市场监督管理局宝安分局领导成员名单

局　　长：陈欣奋
机关党委书记：詹俊亮
副 局 长：黄耀忠　陈俊生
　　　　　陈碧华

【集贸市场管理】2010年，宝安区区属市场商品成交量29.67万吨，成交额19.71亿元，钢材市场成交量4744吨，成交额3724万元，市场店档平均出租率由上一年的89%提高到91%，各项管理指标数与上一年同期相比，都保持一定幅度的增长，经济收入实现年初制定的总目标。2010年是物价波动的一年，群星农贸中心在应对2010年的市场冲击中，完善亲商助商措施，为市场重点商户提供专项服务，使货物降低流通成本，减少流通费用，多渠道、少环节、简手续，快捷进入市场行当，为市民提供优质优价的农副产品。配合区市场监督分局和有关职能部门开展一系列的专项工作，加强农贸市场价格的调控力度，重点防范出现哄抬物价行为，较好地维护市场的经营秩序。由于区属市场覆盖面广，多数市场被有关职能部门确认为“价格监测点”。其中宝民市场2010年初由国家发改委办公厅发文，被深圳市价格认证中心确定为“首批全国实时价格应急监测和重要商品价格应急监测点”，该市场认真落实保障惠民措施，积极履行职责，获得“深圳市价格监测工作优秀奖”和国家统计局颁发的“支持国家统计调查工作先进单位”奖，为宝安区增光添彩。对符合申报条件的十个区属市场进行准化菜市场申报工作，并按标准化的要求制定改造方案，重点进行市场蔬菜、熟食、肉类、水产、烧腊等店档的设施配置，加强经营管理。经过整改，宝民、宝乐、白石厦、明珠、翡翠、官田、龙华、福民、观澜等9个市场通过检查验收，成为深圳首批标准化菜市场。年内，共有三个市场完成改造升级。其中宝民市场是广大市民最为关心的热点市场，工程遇到的问题也较多，在多方努力下，已完成三鸟、干货、海鲜、熟食等档位的改造并投入使用，将在2011年初全面投入使用；石岩市场和福永中心市场改造升级工程分别于9月和10月全面竣工。认真组织开展专项整治和消防知识的宣传教育，有效提高市场人员的消防安全意识和自防自救能力。按照各级市场监督、卫生防疫、农产品检测等职能部门的要求，对区属市场的食品安全管理工作投入大量人力物力，全力保障市民的菜篮子安全。食品安全方面重点抓以下工作：1. 完成上级农检部门的检测抽样任务。蔬菜农药残留、畜产品“瘦肉精”、大宗水产品违禁药检测及豆制品抽检、市场持照率抽检等工作。各市场每日保证检测16个蔬菜样本，将结果进行公示并通过农业信息网上传数据。2. 严把市场食品安全“准入关”。各市场制订和完善市场食品准入制度的实施方案，与商户签订《食品安全管理合同》，组织学习《市场食品卫生管理规定》，使食品安全工作得到推广和落实。行业管理人员每天都要认真做好索票索证、建立台账等工作，保证食品有源可查。3. 积极配合有关部门做好各项食品安全整治工作，顺利通过各项检查，为广大市民吃到放心食品提供保障。 （王　川）

附：2010年度宝安区群星农贸市场服务中心领导成员名单

主　任：简火根
副主任：叶运强

国有企业管理

【概况】2010年，宝安区投资管理有限公司进一步强化企业管理，开拓新的经济增长点，实现较好的经济效益和社会效益，完成国有资产保值增值、带头履行社会责任两项基本任务。经济效益方面，至2010年底，区投资管理公司及所属13家企业总资产51.33亿元，比年初增长2.9%；净资产40.62亿元，增长2.1%。去年全年共实现利润总额2.13亿元，其中下达年度利润计划的11家企业完成1.37亿元，达到年度计划的116%。公司本部积极开展资本运营，转变理财方式，不断提高自有物业的出租率和租金回收率，取得物业出租和理财收入5792万元，比去年同期增长15.84%。出售宝安集团、深信泰丰和农产品公司股票收益6027万元，取得较好的经济效益。宝路华公司加强企业内部资源整合，积极开拓客运场站业务，全年实现利润716万元。资兴源公司债权追收取得突破，收回大亚湾自来水公司长达17年之久的欠款及利息489万元。海上田园公司维修改造园区设施，引进新的游乐项目，实现利润184万元。再生资源公司想方设法完成工商牌照规范登记工作，确保年度利润完成和今后的经营发展。宝华园改善住宿环境，开展“微笑服务年”活动，客房入住率达90%。宝牧公司抓好物业招租和租金追收工作，全年增加租金收入150万元。驻港企业妥善处理历史遗留问题，转让山东威海投资项目股权，收回842万元，实现增值342万元。社会效益方面，所属企业守法纳税，全年上缴国家税费9469万元。热心公益，企业及员工为青海玉树灾区和“广东扶贫济困日”等捐款166万元。宝路华公司全年公路客运运送旅客594万人次，安全行车291万公里，旅客满意度达98%；粮食公司新增储备粮2.08万吨，采购原粮8.72万吨，保质保量完成区政府下达的粮食储备任务；嘉康公司全年生猪屠宰186万头，生猪定点屠宰量占全市52%；寰通公司全年共向市民供应无公害蔬菜2.8万吨，被授予广东省农业龙头企业称号。宝安水务集团全年供水5亿m^3，水质综合合格率达99.9%；西部公汽公司新开线路61条，新增及更新运力372台，区内500米站点公交覆盖率由上年的78%提高至82%。宝安客运中心被评选为“全国100家旅客最满意汽车客运站”和“广东省公路水路春运工作先进单位”。外经公司和粮食公司被评为宝安区2008～2009年度“文明单位”。

【企业重大项目建设】2010年，宝安区属企业全力推进重大项目建设，企业发展能力有所提升。粮食储备库建设进展顺利。8个浅圆仓及楼房仓、综合楼、配电房等主体结构已全部完成。实现工程投资3310万元，超额完成区政府下达的3000万元投资任务。嘉康公司肉类综合加工厂建设取得进展。前期代建工程竣工验收，主体工程已进入施工阶段。至去年底累计完成投资约1.4亿元。再生资源分拣场所建设有序推进。福永、沙井分拣场完成报建手续和施工招标；民治、观澜、松岗、大浪等4个分拣场正在开展各项前期工作。企业土地开发工程项目全面加快。外经公司妥善解决观澜创新型产业工业园未开发土地的历史遗留问题，工业园（三期）建设工程已完成桩基施工。安捷公司72区公交场站一期工程已完成，72区二期、67区等场站建设已完成施工监理招标，本部宝安钢材物流交易中心已完成设计单位招标。

【企业管理】2010年，宝安区投资管理有限公司进一步完善激励监督机制，企业管理规范上水平。企业领导人员经营业绩考核办法出台。在原产权代表考核办法的基础上，针对企业存在的薄弱环节，从利润总额、经济增加值、预算管理、分类指标等方面，进一步完善业绩考核体系，形成旨在促进企业可持续发展的考核制度。全员业绩考核试点取得成绩。海上田园制定各部门年度工作任务书，并严格按任务书的要求对各部门的工作进行检查与考核，考核成绩直接与员工效益工资、评优、晋级挂钩，调动员工积极性，整体工作效率明显提高。全面预算管理进一步深化。企业预算编制水平明显提高，预算执行力度加大，预算对企业经营管理的指导性作用得到加强。企业内部控制建设提速，合同管理、投资项目管理等各项管理制度逐步规范。审计监督成效明显。对嘉康综合肉类加工厂、观澜粮库等5个重大建设项目进行合规性评

2010年3月11日，宝安区召开区属企业工作会议

2010年10月26日，宝安区举行企业应急综合演练活动

审，共出具检查报告13份，提出审计建议30条。企业基建财务工作质量明显提高，现场管理模式得到改进。对外经公司等4家企业进行财务收支审计，将审计工作的重心从事后检查转向以事前预防和服务为主。

【重组整合工作】2010年，宝安区党政机关所属企业脱钩划转工作取得突破。经区脱钩划转工作领导小组会议决定，将区机关事务管理局所属的建设物业管理中心和西园招待所，区工务局所属的层层高、全安监理、长治物业、全达市政等6家企业股权无偿划转至区投资管理公司持有。接收后，指导完成建设物业管理中心和西园招待所2家企业的公司制改造工作，健全企业法人治理结构，制订公司章程、财务管理、财务总监联签等制度，进一步规范企业管理。资源整合工作取得新进展。在区供水整合领导小组指导下，顺利完成宝安水务集团章程修订工作。协调处理原自来水公司资产评估等重大事项，取得市国资局的正式批复。支持宝安水务集团推进宝安区社区管网改造。在宝安、光明新区两区公交资源整合过程中，西部公汽原国企员工安置补偿工作顺利完成，并率先实行同工同酬。

【安全维稳工作】2010年，宝安区投资管理有限公司抓好安全生产、信访维稳和应急管理工作，区属企业总体形势平稳。重点推进安全生产责任落实、制度建设、关键岗位管理“三落实”工作，开展“明察暗访”行动督查企业安全隐患，采用“互检互评”方式对企业进行安全生产考核评价。全年共整改隐患710家次，整改率98%，涉及隐患点2175处，发出整改通知书1439份，投入安全经费1219万元。信访维稳效果显著。积极开展信访隐患和矛盾纠纷排查化解工作，较好地完成“世博会”、“亚运会”等特殊防护期的维稳工作。妥善处理西部公汽部分国有员工身份转换安置和寰通公司公明甲子塘征地引发166户菜农上访等两起维稳事件，协助脱钩企业原主管部门做好脱钩期间企业员工的信访维稳工作。应急管理全面加强。妥善处置西部公汽公交车追尾导致群伤等38宗突发事件。督促企业建立相互衔接、完整配套的应急预案体系。通过举办培训班和应急演练，提高企业对突发事件的快速反应能力、现场处置能力和信息报送的效率。年内，区投资管理公司及所属企业建立健全预案61个，举办应急演练74次，应急培训70次，应急宣传42次。

【企业党建】2010年，宝安区投资管理有限公司扎实推进企业党建工作，党组织政治核心作用充分发挥。把开展“创先争优”活动与企业的经营管理工作及深化“四好”班子创建活动等有机结合起来，积极开展“党员示范岗”、“争当技能标兵”、“迎大运当先锋”等主题活动。宣传和信息报送工作及时有效。党委中心组理论学习切实加强。全年集中学习21次，先后邀请5名专家学者作专题辅导报告。企业党组织理论学习情况良好，学习型党组织创建活动不断深入。人才引进工作初见成效。加强应聘人才库建设，全年组织4次见面会，选聘人才10人。公开选聘5名财务总监，充实财务总监力量。员工教育培训不断强化。举办企业领导人员、财务会计人员等13项培训，参加人员达2130人次。企业党组织关系进一步理顺。接收建设物业中心和全安监理等6家脱钩划转企业党组织。理顺宝安水务集团党组织设置，完成所属4个支部换届工作。年内，区投资管理公司党委共发展新党员11名，14名预备党员转正。党风廉政建设富有成效。加大企业领导人员党风廉政教育培训力度，邀请市纪委专家作党员领导干部廉洁从政若干准则专题讲座。加强监督，严格执行大宗物品采购、工程招投标等各项制度。抓好违纪违法案件查办，全年查办上级转办案件和自办案件共11宗，结案率达90%以上。（江卓芬）

附：2010年宝安区投资管理有限公司领导班子成员名单

董事局主席、党委书记：康　承

监事会主席、党委副书记、纪委书记、工会主席：段满生

副总裁：吴成智　林　俊

审　计

【概况】2010年，区审计局完成审计项目338个，核减工程造价2371万元；查出管理不规范资金22.78亿元，发出审计通报1份，出具移送处理书2份，

移送虚假发票案件线索1条；下达审计决定书3份，提出合理化建议646条；区内审部门完成审计项目297个，提出合理化建议588条，发现涉嫌使用假发票线索1条。3月，区审计局被评为2005~2008年度广东省审计系统先进集体；12月，组织实施的宝安区30家社区股份合作公司2008年度运营及管理情况绩效审计调查项目被评为审计署2009年度全国地方表彰审计项目；松岗审计办组织实施的松岗自来水有限公司2006-2007年度财务收支审计项目被市审计局、市内部审计协会评为2008-2009年度深圳内审机构优秀审计项目。

【财政预算执行和其他财政收支审计】2010年，宝安区在开展财政预算执行情况审计中，遵循“财政资金使用到哪里，审计监督就跟踪到哪里”的原则，注重揭示和分析违规问题背后涉及的体制性障碍、制度性缺陷和管理漏洞，取得良好审计效果。将专项资金审计列为审计重点，加大延伸二、三级预算单位审计比重。突出对各项政策扶持专项资金管理使用情况的审查等。审计范围包括区财政、税务、国土、区科技创业服务中心、区排水管理处和新安、大浪街道财政预算执行情况以及产业发展资金等8项专项资金使用情况，并跟踪审计宝安体育场和宝安人民医院大楼等2项重大建设项目资金使用情况，延伸审计涉及区建设局等6个区直单位、6个街道办及街道办下属9个二级单位和9个社区以及8家民营企业。

【民生项目审计】2010年，区审计局把民生、环境、节能减排审计作为审计重点。重点审计调查推进物业管理补助资金的使用情况、完善公配设施整治工程的建设情况以及已实施物业管理社区的物业管理公司收支情况。审计调查结果表明，各街道社区环境明显改善，居民满意度大幅提高，取得显著成效，审计也发现个别单位存在工程发包招投标不规范、项目资金申请程序复杂、资金申请拨付周期长、物业公司财务制度缺失等问题，并相应提出了加强建设项目管理、完善资金申报制度等审计建议，推动规范运作，建立长效机制。开展了宝安区过桥窝垃圾场封场工程绩效审计，主要审计了该工程的基本建设程序执行情况、工程资金使用情况以及项目后续的运营管理情况，审计发现该项目治理了垃圾污染，净化了区域环境，但同时也存在用地权属不清、工程造价高估冒算及部分项目未按规定办理施工许可证等问题。积极落实上级审计机关民生审计工作部署，开展宝安区教育经费与解决中小学代课教师和中小学教师待遇“两相当”问题专项经费审计调查、宝安区中小学校舍安全工程项目的全过程跟踪审计、宝安区2010年“广东扶贫济困日”活动捐赠资金物资跟踪审计（第一阶段）、宝安区慈善金收支专项审计、宝安区抗震救灾资金物资审计。通过对资金、经费收支的规范性、管理的严谨性、拨付的及时完整性进行审计，促进相关资金、经费的规范管理、有效运行，堵塞管理过程中的漏洞。2010年共完成涉及教育经费的审计调查项目2个，审计涉及金额5.08亿元，经审计，教育方面专项资金均能按照有关规定，按计划、按进度及时足额拨付，专款专用，无截留、挪用或拖延现象，也无责任追究和移送案件情况。

【社区股份合作公司绩效审计调查】2010年4月至9月，组织区、街道两级审计人员对宝安区200家社区股份合作公司（占全区416家社区股份合作公司的48.19%）2009年度经营发展情况进行了绩效审计调查。综合各街道情况，审计发现社区股份合作公司普遍存在经营发展不平衡、持续发展缺乏后劲；土地不作价、集体资源潜在流失；现金管理不规范、内部管理漏洞多等问题，部分公司存在超比例和亏损分红、违规使用转地款等问题，并就如何适应新情况、转变经营模式、调整产业结构、实现良性发展提出了审计意见建议。

【领导干部经济责任审计】2010年，区审计局共完成7位领导干部的任期经济责任审计，审计发现部分单位存在部分物资及服务项目的采购未履行招投标手续、未严格执行年初预算等问题。在审计过程中，综合考虑干部管理力度加大，各级领导依法行政意识明显增强，违纪现象得到有效遏制的背景，坚持突出重点、力求实效，探索两个延伸的工作思路，即突出重点部门、重点人员、重点岗位，以及

2010年3月28日，宝安区审计局获评“2005～2008年度广东省审计系统先进集体”

离任领导的审计向在任领导任中审计延伸、常规财政财务收支审计向投资决策效益审计延伸，达到以点促面、关口前移、提高质量、深化监督的目的。此外，以源头治理为基点，加强对经济责任审计问题的分析和审计建议的可行性研究，促进有关部门完善管理。

【罚没收入及罚没物品管理情况绩效审计】在2008～2009年度宝安区部分执法单位罚没收入及罚没物品管理情况绩效审计过程中，审计人员深入各街道执法队罚没物资储存仓库及多个派出所的扣车场进行调查取证，发现宝安区行政执法单位做了大量维护社会稳定和保障人民利益的工作，取得较好的社会效益和经济效果，没有发生隐瞒、截留、挤占、挪用或者变相私分没收财物的行为以及其他重大违法违纪行为；但在保管、移交、处置以及监督等环节上，存在仓储条件简陋且管理存在漏洞、罚没物资结案慢且处置时间长、执法处罚方法各异且标准不一、罚没物资评估抽样少且不分类、执法单位管理薄弱制度不完善、主管部门指导检查少监督不力等问题。针对以上问题，提出建立地域相对集中管理相对统一的公物仓，实行仓库管理联网系统；健全内控制度，完善有关手续；提高办案效率，加快处置进度；科学处置罚没，尽量减少损失和对环境污染；成立清理小组，全面清理历史遗留罚没物资等审计建议。

【工程竣工决算审计及重点项目跟踪审计】2010年，区审计局共完成石岩河截污三期工程竣工决算审计等319个项目；出具审计决定3个，查处深圳市田园海上风光旅游区建设指挥部办公室等三个建设单位以非正式发票支付工程款共7034万元；完成送审资金19.6亿元，审计核减2371万元，审定工程造价18.97亿元，提出审计意见和建议236条。

【专项审计和审计调查】2010年，宝安区审计局开展对截至2009年底的宝安区政府性债务情况专项审计调查。延伸审计调查了区住宅局、区土地储备开发中心等6个单位，发现政府性债务管理存在债务来源结构不尽合理、偿还期限安排不当、个别使用政府性债务项目利息负担重等问题，并有针对性地提出可行性建议。开展对观澜燃气基地及规划三号路征地拆迁项目的专项审计。2009年11月至2010年2月底组织检查组对区各有关单位2007年至2009年政府投资项目管理情况进行了审计检查。检查发现部分街道投资工程没有开展审计监督、街道邀请招标项目金额和数量比例较高、受邀请参加投标的单位没有实现随机选取、部分项目超计划投资现象未见明显改善、街道办政府投资工程基本没有编制竣工财务决算、工程档案管理不规范等问题，并提出严格执行政府投资项目施工招投标管理规定、加强小额投资项目工程管理工作等建议，受到区领导、区纪委的高度重视、认可。开展对凤凰山森林公园生态湖周边绿化工程的专项检查。根据区委区政府的工作要求，区审计局于2010年2月会同区纪委、区建设局等单位在对凤凰山森林公园生态湖周边绿化工程进行专项检查中发现招投标违规挂靠、中标后低价发包、承包人偷工减料、监理公司和责任单位监管失职等问题，区纪委、区监察局联合发出通报，责令相关部门切实整改，审计结果得到很好的运用。

【审计整改】2010年，宝安区审计局扎实推进上一年度绩效审计整改。2010年5月，区人大常委会审议通过《深圳市宝安区2009年度绩效审计工作报告》，认为审计披露的项目效益偏低、管理不规范、监管体系不完善等方面问题实事求是，提出建议切实可行，促进相关部门和单位完善制度加强管理，并提出提高政府绩效的四项审议意见。区委、区政府高度重视意见，要求区审计局督促各被审计单位根据审计整改意见，认真剖析问题，查找原因，专门制定整改方案和措施，同时认真吸取教训，从体制上研究出台相关管理制度，取得了很好的审计效果。全力推动市审计局对宝安区2008年度财政收支管理情况审计调查的整改落实工作，整改情况得到市审计局的充分认可。区审计局还联合区监察局、财政局向各单位下发了《关于进一步严肃财经纪律的通知》（宝审联发〔2010〕1号），在严格执行廉政准则、严格执行政府采购和招投标规定、严格财务监

2010年4月，上海徐汇区审计局和海门市审计局领导到宝安交流审计工作经验

2010年1月12日，宝安区召开全区审计工作会议

督、检查等八个方面强调和重申财经纪律，促进区直各单位财政财务收支行为的规范化。

【内部审计】2010年，宝安区内审部门共完成审计项目297个，其中政府投资项目审计228个，核减工程造价1654万元；完成街道财政预算执行审计10个，财务收支审计25个，经济责任审计8个，专项审计19个，其他审计项目8个，提出合理化建议588条；发现涉嫌使用假发票线索1条。石岩审计办审计工作成效突出，共完成审计项目127个，核减工程造价766万元，其中探索开展预算项目98个，并制定《石岩街道政府投资小型工程项目预结算审核办法》、《石岩街道政府投资工程项目预、决（结）算审计业务工作流程》和《石岩街道工程结算审计工作实施办法》，使工程审计制度化、规范化和程序化。此外，大浪审计办完成项目46个，核减工程造价339万元；民治审计办完成项目21个，核减工程造价48万元；松岗审计办完成项目19个，核减工程造价468万元；龙华审计办完成项目15个，核减工程造价33万元。有效开展专项审计调查，如观澜审计办利用审计调查手段，成功化解樟坑径社区下围股份公司经营班子与股民之间的矛盾，涉及金额2100万元，有效地维护了基层稳定；新安审计办参与了对一直属公司原经理违规发放奖金专项调查等。　（施凌涛）

附：2010年度宝安区审计局领导成员名单

局　长：贺远东

副局长：翁保荣　宋　超

统　计

【多项措施保数据质量】2010年，宝安区统计局制定《宝安区统计数据质量年实施方案》，从强化队伍建设提高业务素质、强化源头统计确保真实准确、强化审核评估防范统计漏洞、强化依法统计树立统计权威4个方面制定26条具体措施，进一步建立和完善统计数据质量评估控制办法，将统计数据质量控制贯穿于统计活动的全过程。抓好数据审核。企业上报数据严格实行“社区、街道、区”三级审核制度，层层把关。街道统计工作实行“一把手”负责制，街道每月上报数据需由街道书记签名确认方可上报，在确保数据质量的同时让街道“一把手”第一时间掌握本辖区经济数据。规范各专业定期报表上报和评估制度，每月核查企业上报数据，通过设定审核公式，及时发现主要指标波动异常的企业并进行复查，确实存在错误及时更正。结合历史数据、部门数据及周边地区相关数据进行比对评估。定期召开专业统计分析会，从总量、增速、结构等方面着手，运用纵向、横向对比以及关联判断等方法，对各专业主要数据进行质量评估。结合部门数据进行评估，区、街道两级定期召开联席会议，与发改、贸工、财政、电力等经济部门共同比对评估综合数据，研究关联数据是否匹配、一致。实施《宝安区统计定期报表考核办法》，每月对各街道报送数据的质量进行通报，及时反馈数据质量方面存在的问题。按定报10%的比例对全区900多家定报企业开展抽查，对比台账、财务、库存等相关资料，查清核实统计数据。开展外商企业联检，审查4400家企业资料，并要求1500多家企业开具出口额相关说明。

【统计调查】2010年，宝安区统计局完成10大专业，1万家统计对象的统计定期报表工作。其中规模以上工业企业4986家，劳动工资统计核对2253家，投资项目660个，限额以上商业企业327家。抓好各街道主要经济指标完成情况的跟踪。年初配合发改局把全年主要经济指标任务分解到各街道，每月进行监测，并以区府办名义对各街道主要经济指标完成情况进行通报；年底将全年预期目标完成情况作为各街道绩效考核的内容。做好城市住户调查等16项常规性调查和企业用工需求调查等11项快速抽样调查，登记新增统计单位6741家。每月对100户居民家庭开展收支情况详细记账；深入各类商场做好778种商品的采价工作，确保物价调查真实反映市场物价情况。抓好新增企业统计，充分利用部门的行政记录，及时将新增企业纳入定期统计。发改局所有的下达政府投资文件，都会附上统计局的联系方式，并明确投资进度需逐月报给统计局，确保数据及时跟进，不重不漏。

2010年5月10日，深圳市第六次全国人口普查综合试点工作正式启动

【重点行业、重点企业、重点项目统计】2010年，宝安区统计局加强战略性新兴产业、重点行业发展动态的掌握，开展新能源、生物医药企业调查；区、街道统计部门进行重点企业包点服务，及时跟踪重点企业的产值、劳动报酬、折旧等指标，掌握这些指标的波动情况，主动摸清变动原因；对重点企业实行上门指导，有效解决企业统计人员流动性大，业务不熟悉的问题；加强重点项目跟踪，实地核查亿元以上新开工投资项目；定期对50强、100强企业经营状况进行调查；每月掌握重大亏损、产值异常的规模以上企业情况，及时归纳总结企业效益情况。加强与重点企业的沟通交流，通过召开座谈会、举办联谊活动等途径，争取企业对统计工作更多的支持和配合，同时了解企业统计工作情况和生产经营中遇到的困难，及时告知相关部门，协助解决问题。认真做好每月GDP核算，完成全年GDP核算和监测，使宝安的GDP核算更加真实、科学地反映全区经济情况，坚持以市统计局核算结果为准公布和使用GDP各项数据。

【经济社会运行监测】2010年，宝安区统计局加强对社会经济发展中的热点、难点以及苗头性、趋势性问题的调研分析。年内共撰写134篇统计分析，其中专题分析23篇，“短、平、快”信息16篇，定期分析95篇。多篇文章受到市、区领导的重视。尤其是上报市局的《宝安税收与经济发展两者关系分析》，被评为优秀统计分析报告奖，还受到许勤市长的关注和批示。部分文章被省、市《政府信息快报》采用，也被南方日报、宝安日报等多家报刊媒体刊登；落实各项综合评价指标体系统计监测工作，完成《2009年民生净福利统计监测报告》、《宝安区妇女统计监测报告》和《宝安区儿童统计监测报告》3篇报告。

【完善和丰富统计产品】2010年，宝安区统计局出版《宝安统计年鉴》等5种年度刊物，编印《宝安统计月报》等3类月度刊物，编印3类季度刊物，还编印《宝安统计分析》等不定期刊物。积极参与人大、政协、区委区府办等的重要课题撰写工作；审核“区长质量奖”、扶持专项资金有关企业的资料；及时向有关部门提供统计数据和分析资料200余份；积极为社会各界提供数据及咨询服务；推进总部企业认定，审核76家申请宝安区总部经济的企业有关资料。

【人口普查】2010年，宝安区按照全国人口普查工作的统一部署，协调到位，有序完成“四落实”、全市试点、小区划分、普查员选调培训、入户摸底、上户登记等各环节工作。全面完成人口普查组织机构、人员、经费、场地“四落实”。4～7月顺利完成全市在宝安区新安街道宝民社区的综合试点工作，为期3个月的试点模拟正式普查全过程，检验方案步骤，为全市积累经验，锻炼队伍，受到上级的充分肯定。理清边界标绘，完成237个普查区，2.2万个普查小区的划分绘图工作。以区政府名义专门下发《关于做好第六次全国人口普查“两员”选调工作的通知》，认真做好全区3万普查人员的选调、培训和组织管理，广泛动员选调工作，开展指导员培训125期，普查员培训近千场。统一购买普查人员人身意外保险，街道、社区为普查员增加加班补贴（不少社区都为晚上加班的普查人员准备消夜），切实保障关爱普查员。多渠道、多方式开展普查宣传，按照逐步升温的原则，在中心区10个主干道树立大型立柱广告牌，在报纸刊登各类报道300余篇，在电视电台播放宣传短片近千次，张贴宣传海报14万张，发放中小学生宣传折页30万份，有些街道还出动流动宣传车，使人口普查家喻户晓。做好摸底登记，各级领导挂帅，全区人口普查工作人员摸清人口总量、结构等情况，符合市委市政府的工作要求，顺利完成人口普查2010年的各项工作。

【经济普查资料开发】2010年，宝安区统计局完成经济普查相关数据汇总开发工作；发布《宝安区第二次全国经济普查主要数据公报》；撰写《宝安经济发展报告书》，区、街道完成《宝安民营经济发展研究》、《宝安区科技创新情况分析》等32个经普开发课题，其中街道课题20篇。

【统计队伍培训】2010年，宝安区统计局开展“统计大讲坛”、辩论赛、专家讲座、培训等多种形式，更新政府统计系统人员知识，提高综合专业素质，每年开展培训约15期，培训500多人次。加强企业统计人员培训。在年初对8579家定报企业的统计员开展年报实务培训；组织各街道开展企业统计知识培训，共培训企业统计人员1500多人；做好统计从业资格考试及认定工作，提高持证上岗率。开展好区统计从业资格考试及继续教育工作，年内全区参加考试人数达1731人，比上年增加492人，创历年之最，居全市各区之首。

【统计宣传执法】2010年，宝安区统计局结合日常法制宣传和全国法制宣传日活动，制作发放宣传折页3万多份。开展统计调查环节专项整治行动。根据省、市有关开展统计调查环节专项整治行动的要求，成立领导小组并制定具体实施方案，先后对全区50家规上工业企业等进行报表核查，发现问题提出整改意见。对近700家企业进行执法大检查，聘请注册会计师进驻企业协助核查，对违反统计法的企业进行依法处罚。在区政协会议上，向政协委员详细解读新《统计法》，加深大型企业老总对统计法的理解和对统计工作的支持。

【统计信息化建设】截至2010年，宝安区统计局已有近万家统计单位，全面覆盖所有定期报表企业。为进一步提高系统稳定性、报送效率和人性化，年内进行升级，完善自动催报、多种逻辑查询、单位状态标志等35个功能模块。建成以宝安统计信息网为门户网站，以宝安经济普查网、宝安人口普查网为功能子网站的多元化信息发布系统。截至11月份，共发布各类信息360余篇，历史总访问量突破43000人次。（陈少权）

附：2010年宝安区统计局领导成员名单

局　长：查红俐

副局长：周方舟　曾国辉

安全生产监督

【概况】2010年，宝安区安监局坚持“安全第一、预防为主、综合治理”工作方针，牢固树立科学发展观和安全发展理念，强化组织领导，严格落实责任，深入开展“安全生产年”活动，扎实推进“三项行动”和“三项建设”，深入推进企业安全主任管理服务平台建设，全力落实企业安全生产主体责任和“五位一体”网格化管理责任，推进安全系统工程建设，全面开展安全生产大检查，进一步深化八项专项整治，集中开展打非治违专项行动，强化安全督察督办和安全生产宣传教育培训，消除一批重大安全隐患，全力维护全区安全生产形势的持续稳定好转。

2010年11月1日，深圳市副市长唐杰慰问宝安区一线普查员

【落实企业主体责任】2010年，宝安区安监局加大对企业的管理和服务力度，强力推动落实企业安全生产主体责任。在各街道建立“安全主任之家”、“安全主任QQ群”，开展安全生产教育和培训40万人次，督促1万家企业配足用好安全主任，积极推进2万名安全主任的培训再教育工作。邀请国家安全生产专家组成员刘铁民教授来宝安区作专题讲座，宣贯政策法规，区安委会成员单位分管安全生产工作领导和企业负责人共1300余人参加。在300人以上的企业开展国家安全生产标准化达标活动，共开展100家工业企业、10家商贸企业的标准化创建工作；督促300人以下的企业按照区安委会制定的20类企业安全管理标准开展规范化达标活动，共创建示范企业311家。聘请安全技术专家现场核查并对企业开展专题知识培训，共培训带有粉尘车间的企业550家，员工2300名；开展涂层烘干室专题培训，培训2200余人；组织各街道安监办的一线工作人员进行2场专题培训，共培训130余人次。

【安全隐患排查整治】2010年，宝安区安监局扎实推进火灾隐患重点地区消防、校园及周边、危险化学品和重大危险源、旧工业厂房、“城中村”、危险边坡、建筑施工和燃气、道路交通运输行业等八项全区性安全专项整治。组织开展全区安全生产百日大排查大整治行动，检查各类企业场所2.4万多家，查处安全隐患5万余处。成立14个专项执法小组（包括街道安监办），采取“一月一主题，一周一行动”的方式，开展机械制造、塑胶塑料、家具木器、纸品印刷等事故多发易发企业，以及人员密集型企业的执法检查等多项专项治理工作，共执法检查企业2840家次，下发各类执法文书3912份。对涂层烘干室等高风险设备和场所进行专项检查，全面整治排查出6455台涂层烘干室；将宝安区197家已取得许可证的危险化学品生产经营企业纳入年度重点检查对象，每季度向各街道安监办下达检查计划和企业名单，对企业进行评定分级，确保按照ABC三类的检查频次检查到位，共检查197家（次），发现隐患277处，已全部责令整改；开展危险化学品和烟花爆竹领域的“打非治违”专项行动，全区共打击违法生产、经营企业526家，立案处罚各类违法行为37宗，处罚金额48.4万元。

【重大隐患挂牌督办】2010年，宝安区按照“街道上报名单、区筛选确定、宝安日报予以公布、区派驻执法组验收销号”的流程，对确定的300家重大安全隐患单位分三批予以挂牌督办，切实啃掉沙井上星协锐制品厂、松岗街道山门社区三鸟市场旁违章搭建铁皮棚（建筑面积1.5万平方米）等一批“硬骨头”。各街道分三批挂牌督办共3000家较大安全隐患。

【日常协调督查督办】2010年，宝安区将事故指标分解到各街道和主要行业管理部门，签订安全管理责任目标书，加大考核奖惩力度，对超事故指标的两个街道进行红牌警告，并取消评优资格。积极探索“一格多元”网格监管模式，划分大小网格656个，建设“五位一体”网格化电子信息系统，固化网格监管责任。对新安街道72区环卫修理厂围墙背后的护坡整治、西乡公众聚集场所逃生窗口被封闭的安全隐患等20余家隐患单位的整治进行协调督办，确保隐患的及时消除。开通12350全国安全隐患举报热线和手机短信举报热线，保证人员24小时值班和举报热线畅通，加大对举报热线的媒体宣传，设立举报专项资金，鼓励群众举报安全隐患，发挥人民群众对安全生产工作的社会监督作用。2010年，全区安全生产隐患信息处理中心共受理各类咨询、求助、安全隐患举报等共1475宗，受理有效举报和其他部门转办的各类安全隐患179宗，移办179宗，移办率100%。

【安全生产执法监察】2010年，宝安区加大安全生产专项执法监察力度，严厉查处各种安全违法行为。年内全区共监督检查生产经营单位18109个、27964次，日常检查企业3167家，实施行政处罚327宗，罚款总金额219.48万元；坚持按照“四不放过”原则，不断健全和完善事故报告工作机制，严格事故责任追究，严格规范案件审理工作，行政执法案卷被区政府法制部门评为优秀案卷，全年没有一宗案件当事人申请听证，也没有一宗案件因当事人不服处罚决定提起行政复议或行政诉讼；制定《安全生产行政处罚案件审查表》，对审理的每一宗案件都从事实、证据、法律适用和程序等方面严格把关，共审理各类案件188宗。

【安全生产宣传教育】2010年，宝安区创新安全宣传教育，以“三个载体一个主题活动”为中心，有效推动安全生产宣传教育工作。以全国“第九届安全生产月”为契机，通过区、街道、社区三级联动宣传模式，组织生产经营企业开展安全生产知识竞赛活动、演讲比赛等，受益群众约10万人。在全区10个街道开展60场安全生产宣传文艺巡演，普及安全知识。编印一套22类行业《轻松学安全》系列丛书，并印制65万册分发给各街道办及企业深入学习，精心编制52集《安全宝安》电视专题栏目在宝安电视台综合频道播出，在全区主要路段树立536面安全生产宣传灯杆旗，在20多个公共汽车站制作安全公益广告，在通往全区各街道的1100多辆公交车上投放车载移动公益广告。另外，深入企业面对面教育的方式，现场讲解安全实操知识和技能，培训35万人。

【安全生产应急管理】2010年，宝安区安全生产应急管理能力进一步提升，应急救援水平得到切实提高。广东省第一支核生化应急救援队（宝安分队）成立，开展4期军事训练，参与“鹏城—2010”军地联合安保行动实兵演习，圆满完成其中的核化应急救援任务；强化安全生产应急管理预案编制和演练，初步构筑街道、社区、企业网络化的应急救援管理体系，收集并整理安委会各成员单位163个应急预案，督促1300余家企业在“广东省安全生产应急预案管理系统”中进行注册及录入；聘请专家分批次在各街道开展应急管理培训工作，共对1800家重点企业的负责人、安全主任2600多人开展培训，组织各街道开展大型应急演练103场次。（王　莉）

附：2010年宝安区安监局领导成员名单

局　长：郑新强（12月止）
覃敬腾（12月起）

副局长：郭若丹　钟晓鸣　王立松

食品药品监督管理

【宝安区药品安全委员会成立】2010年7月1日，宝安区政府成立宝安区药品安全委员会，以进一步加大各部门之间的协作力度，提高群众用药安全水平，其办公室设在区药品监督管理分局。宝安区药品安全委员会主任由分管副区长担任，副主任由区府办分管领导和区药品监管分局局长担任；成员单位为：区发改局、区财政局、区教育局、区卫生局、区人口计生局、区公安分局、区市场监管分局、区药品监管分局、各街道办。

【行政许可工作】2010年，宝安区新增零售药店467家，注销药店588家，药店总数达2806家。2010年共对411家药店开展GSP认证，GSP证后回查1082家，所有业务的提前办结率均达100%。针对辖区药店趋于饱和的实际，采取“地段药店饱和度”情况提示的措施，降低药店开办者的投资风险，推动行业健康发展。同时还建立行政许可公示制度，通过网站定期向社会公布相关许可信息，保障分局行政许可审批工作科学、公正和公开。

【药品安全专项整治】2010年，宝安区药品监管分局大力整顿和规范药品市场秩序。全年共出动执法人员7400

2010年9月21日，宝安药监分局开展行政执法现场检查行动

人次，检查监管对象2694家次。受理投诉、举报894件，立案509件，清理无证药店179家，捣毁无证药械保化窝点8个，罚没款总额91万元。2010年共完成药品、医疗器械、保健食品和化妆品抽样1430批次，辖区药品安全抽样合格率达97.5%。一是加强部门沟通，形成联动作战。分局以2010年7月1日成立的区药品安全委员会为平台，加强与相关部门的沟通，共同开展药品安全专项整治工作。例如，与区人口计生部门合作，共同开展打击"两非"专项行动；与区卫生部门合作，共同开展打击药店"非法行医"行动；与区公安局、禁毒办合作，共同打击非法经营特殊药品行为；与区卫生局、区人口计生局合作，联合开展社康中心等四类医疗机构药品使用情况专项检查工作；与各街道紧密配合，共同开展"药品安全放心社区"试点工作等。据统计，2010年分局与街道、各职能部门开展联合执法行动合计35次。二是严打违法行为，保持高压态势。自开展整治行动以来，分局严打各类制假售假违法行为。6月1日，分局在新安查获一个无证生产保健食品的窝点，现场查获的"黑保健食品"160多箱。7月7日，分局根据市民举报，在新安街道查获一大型非法生产经营化妆品窝点，现场封存4000多箱化妆品、2000多箱包装材料、原料60多桶及气动式灌装机等生产设备7套。8月19日，分局在福永街道捣毁一个藏身科技园的地下化妆品生产窝点，现场封存化妆品100多箱、包装材料200多箱、原料5桶。

【**药品安全宣传**】2010年，宝安区药品监管分局与《深圳特区报》、《深圳晚报》、《宝安日报》等报刊合办11期药品监管专栏，刊登药品安全信息、相关法律法规、工作动态以及健康饮食和科学用药常识；全年编印各类简报28期，编辑《宝安药品安全》专刊1期，在各级媒体刊登新闻信息稿共计200余篇，及时报道反映全区药品监管工作情况。分别在新安、沙井、观澜、公明开展"药品安全知识进社区"现场宣传活动，讲授假劣药品辨别知识，普及药品安全常识，宣传法律法规，并设立过期药品回收点，回收居民家中过期药品，受到广大社区居民的普遍好评。

【**食品安全**】2010年，宝安区食品安全形势总体平稳。年初，按照《食品安全法》和深圳市大部制改革要求，区食品安全委员会办公室改设在区卫生局，原由药品监管分局承担的食品安全综合协调、组织查处食品安全重大事故的职能改由区卫生局承担。区食安办先后组织制定《2010年宝安区食品安全监管责任白皮书》和《2010年宝安区食品安全整顿工作实施方案》，开展食品安全百日大排查、迎接亚运会食品保障等20余项专项整治行动，并配合区人大开展全区《食品安全法》执法检查工作，有效解决食品安全工作中存在的困难和问题。2010年，全区未发生重、特大食品安全事故。　（陈子晟　吴镇江）

2010年10月28日，宝安药监分局于观澜举行药品安全进社区宣传活动

附：2010年深圳市药品监督管理局宝安分局领导成员名单

局　长：李　红

副局长：郑凤良　张非梦

投资服务

【概况】2010年，宝安区投资联合办公服务中心（企业服务中心）以服务好宝安区“强力推进产业结构优化升级、加快转变经济发展方式”为目标，不断提升行政审批服务水平，全面创新优化企业服务各项工作，系统梳理完善工作管理机制，各项工作取得较好的成绩。行政服务大厅全年共受理业务211707件，同比增长26.80%，日均业务受理量达920件，按期办结率达100%，其中提前办结率达72.01%，即来即办率达29.46%。企业服务中心受理诉求6934件（包含6093件咨询类诉求），十个街道受理诉求2650件，区各职能部门受理转办的诉求135件。全区企业诉求处理率和回复率达100%，按时办结率达96%，企业满意度达85%。

【联合办公服务】2010年，宝安区投资联合办公服务中心进一步完善街道一级审批服务体系，联合监察局对10个街道行政服务大厅建设情况进行指导和检查，并将存在的问题和建议形成专项报告报至区政府。至年底，宝安区10个街道行政服务大厅全部建立并对外办公；积极推动网上政务大厅建设，以实现审批事项的网上申报、网上流转、网上反馈，让群众足不出户就可办理各种审批事项；与监察局共同推动网上受理协办试点工作，通过在区、街道行政服务大厅设立网上受理协办窗口的方式，方便企业、群众就近进行网上资料预审和受理。设立并联审批专门窗口，对政府投资项目并联审批业务流程进行全面梳理，向市行政服务大厅学习市政府投资项目并联审批窗口运作经验；积极推动规划国土窗口及交通窗口将所有涉企审批服务事项进驻区行政服务大厅办理，“企业注册登记”以及“建设项目审批”业务链条逐步完善，实现一条龙服务。至年底，区行政服务大厅可提供办理审批服务事项177项，其中涉企审批事项170项，区级涉企审批事项进驻率达77.98%。坚持科学规范管理，需要内部的管理制度和外部的监督机制共同发挥约束作用。修改制定《区行政审批服务联合办公实施办法》、《联合办公工作制度》、《联合办公考核实施办法》等6项大厅管理制度，确保行政审批联合办公服务行为规范、有序；以“每周情况汇总”、“每月综述”等形式将窗口工作人员考勤、履行工作制度等情况及时通报进驻窗口负责人，形成部门联动共同监管机制。设立大厅巡查员，对于违反规章制度的行为，根据违反次数、影响程度等因素酌情选择不同方式进行整改，有效规范窗口行为；开展服务窗口和个人季度考核评先工作，每季度根据考核结果评选先进窗口和先进个人，营造浓厚的创先争优氛围；将服务窗口行政审批服务提速提效、行政审批绩效纳入绩效评估体系，利用绩效评估的导向、激励和约束作用，促进窗口服务水平的提高；联合区监察局、区绩效办组织开展“行政审批服务窗口评议”活动，广泛接受群众监督评议。在行政服务大厅内部和外部增加统一的标志、在主要干道设立醒目的交通指引；在行政服务大厅显眼处张贴文明标语，增强全民共创文明和谐社会的积极性，推动形成良好社会风气；对非法中介实行零容忍，加强宣传和舆论引导，维护联合办公服务秩序；更新排队取号系统，自动识别申请人身份证号码取号，既节省取号时间也有效抑制非法中介乱取号现象；对激增的业务，通过增设窗口、延长受理时间等，建立及时有效的应急机制，保证大厅的平稳运行。

【企业服务工作】2010年，宝安区投资联合办公服务中心为进一步便利企业多渠道反映诉求，联合各街道办、贸工、劳动、科技等部门，每月召开重点企业座谈会，及时收集企业诉求；双月定期组织10个街道企业服务中心负责人召开联席会议，收集企业热点难点问题；聘请100名来自行业协会、企业热心人士、党代表、人大代表作为企业发展环境特邀观察员，并通过他们深入挖掘企业普遍存在的问题；通过走访、88886789企业服务热线、宝安企业一网通网站、讲座培训和《宝安企业》杂志采访等多种方式，主动收集企业各类诉求。一方面，对受理的企业诉求，在中心职权范围内的，第一时间予以处理和回复；在中心职权范围外的，通过转办、诉求呈签、现场协调等方式督促解决。另一方面，对企业审批疑难通过专项会审会议予以解决。全年共召开行政审批专项会审会议4场次，成功帮助企业解决审批难题。2010年共协调处理企业诉求7069件，涉及联动全区32个职能部门，诉求处理率达100%。新百丽鞋业、长丰电器、中粮地产、万利达等企业提出的关于“补交易地价”、“厂区绿化带维护”等问题的成功解决，受到企业高度评价。创办《宝安企业》刊物，全面介绍企业亮点信息、政府政策信息、政府服务动态等内容，每月一期免费寄送全区5000余家规模以上企业；开设“企业服务之窗”专栏，借助宝安日报宣传平台，将时效性强的重点信息、行业动态等内容及时传递出去，并作为礼宾待遇，免费寄送《宝安日报》给全区1000余家重点企业；编发《企业服务手册（2010年版）》，详细介绍宝安区在投资环境、政企沟通、审批服务、资金扶持等方面的最新政策，为企业投资、营商、发展提供实用参考；编发《宝安区企业家紧急事态救助预案》，为企业家紧急事态救助工作提供更加规范的指引；举办专题讲座，帮助企业了解经济环境，抢抓发展机遇，为企业发展提供智力支持。　（陈潇寅）

附：2010年宝安区投资联合办公服务中心（企业服务中心、企业投诉中心）领导成员名单

主　任：郭小海

副主任：梁　志　芦　江

检验检疫

【**概况**】2010年，宝安出入境检验检疫局全面开展“创先争优”、“质量提升”活动，积极推行“大质量”、“大文化”工作机制，推动各项工作稳步向前发展。全年共检验检疫的出入境货物总批次为347740批，货值为383亿美元，与上一年相比批次增长22.08%，货值增长29.37%。其中检验检疫出境货物312370批，货值336亿美元；检验检疫入境货物35370批，货值47亿美元。检出不合格货物1416批，货值为14471万美元。签发通关单42万份，较上一年增长22.04%；签发其他各类证书1万份，较上一年增长8.12%。签发普惠制产地证书7.3321万份，较上一年增长14.7%；签发一般原产地证书5.7507万份，较上一年增长15.2%，帮助宝安区出口企业利用普惠制签证获得减免关税约0.4529亿美元。签发区域性证书1.0928万份，帮助宝安区出口企业利用区域性签证获得减免关税约0.11亿美元。制定《宝安出入境检验检疫局检测工作整顿实施方案》，落实检测工作整顿活动。在学习动员阶段，收集干部职工28条建议，在“自查自纠”阶段，累计制定和完善规章制度60个；针对实验室的薄弱环节，投入检验检测设备经费99.8万元，购置检测设备10台以增强检测能力，应对新增法检商品开检需要。6月30日，与深圳市市场监督管理宝安分局签署合作备忘录，在交流沟通、信息资源交流共享、工作协作配合、共建大质检文化等方面达成共识。下半年，在“双打”专项行动中，与深圳市场监督管理宝安分局紧密协作，成功破获一宗使用过期食品原料组织生产并出口的违法案件。

【**动植物及其产品的检验检疫**】2010年，宝安出入境检验检疫局以质量提升为目的，加大动植物及其产品的检验检疫力度。重点对辖区备案供港活猪饲养场开展疫情普查和抽样送检监测，开展饲料原辅料专项整治工作，引领企业建立自检自控机制。全年共检验检疫动物及动物产品3833批，货值8316.6万美元。其中出境3521批，货值6414.2万美元；入境312批，货值1802.4万美元。植物及植物产品10921批，货值2.11亿美元。其中出口检疫10020批，货值1.91亿美元，进口检疫901批，货值1978.1万美元。港澳冰鲜冷冻畜禽产品11331.8吨，同比减少3.2%；供港活猪33072头，同比减少47.3%；出境花卉苗木4126批次，同比增加41.2%；出口木家私27991批次，同比增加52.8%；不合格动植物及其产品19批。

【**食品与化妆品检验检疫**】2010年，宝安出入境检验检疫局以质量提升为目的，加大食品与化妆品的检验检疫的力度。重点开展出口乳品及含乳食品企业专项清查工作、“地沟油”专项整治行动，特别是第三季度出动148人次对辖区37家出口食品生产企业进行一次全面的专项检查，未发现违法违规现象。全年共检验出口食品13079批，化妆品599批，食品容器1批，食品包装材料649批，检出不合格共5批，其中食品3批，食品包装材料铅超标2批。

【**工业产品检验检疫**】2010年，宝安出入境检验检疫局继续加强工业产品的检验检疫。通过对重点敏感商品开展专项抽测分析活动，提升各类产品质量水平。轻纺产品方面，对出口欧盟、加拿大、美国、澳大利亚、新西兰14岁以下童装进行逐批查验；对出口美国的儿童仿真饰品铅镉含量进行突击抽查；对童装、自行车、一次性卫生用品开展专项抽检。机电产品方面，对报检数据量大，通过一般贸易方式出口，发货单位为贸易公司的大宗产品，重点下厂进行产能核查和出货确认，核实企业生产能力和调查企业实际出货情况，确保产品质量的同时，有效打击和预防买卖单证的违法行为。全年共检验检疫工业产品26.26万批，货值366.75亿美元，其中出口22.81万批，货值314.7亿美元，进口3.45万批，货值52.04亿美元。共检验检疫出口日用陶瓷852批次，同比增长30.28%；出口塑胶制品共13560批次，同比增长15.5%，货物总值1.76亿美元，同比增长7.6%；进口涂料814批，同比增加6.7%。出口机电产品16.6万批、291.8亿美元，货值同比增长24%；进口机电产品1.96万批、39亿美元，货值同比增长26%，其中进口旧挖掘机3778批，1.6亿美元；自行车及零部件16059批、5.9亿美元，货值同比增加26.17%；电池13850批、6.5亿美元，货值同比增加42.96%；鞋类产品6858批、4亿美元，货值同比增加107%；纺织服装类7721批、货值3.55亿美元，货值同比增加2.9%。不合格工业产品：出口塑胶制品11批，输美日用陶瓷3批，进口金属材料4批，出口金属材料及玻璃2批；出口自行车、纺织服装、电池共112批次，进口机电产品共490批，出口机电产品841批。

【**企业分类管理**】2010年，宝安出入境检验检疫局在2009年完成企业分类考评的基础上，全面推进企业分类管理工作。根据日常检验监管情况对企业分类进行动态调整，及时受理企业的分、升类申请，对申请企业进行重新评定，并按企业类别做好分类管理，对不同类别和不同产品风险等级的企业分别采取相应的监管措施，及时总结，不断完善企业分类评价方法和评价准则。2010年宝安辖区经上级部门审核通过一类企业132家，二类企业1414家。于8月11日召开辖区一类企业颁证大会，辖区132家一类企业负责人参加会议，并为艾美特电器（深圳）有限公司、创维多媒体（深圳）有限公司等10家知名企业举行现场颁证仪式，鼓励一类企业再接再厉、再创佳绩。

【**试运行风险评估分类管理系统**】2010年4月，宝安出入境检验检疫局试运行风险评估分类管理系统。推广应用之初，向辖区大型企业宣传解释、积极协调；各科室安排专门人员收集整理问题和意见，并及时上报深圳局有关部门全面协调解决。使得系统全面推广应用期间平稳过渡，避免影响企业的报检效率。

【行政处罚】2010年，宝安出入境检验检疫局继续加大行政处罚力度，开展查处违法违规行为的专项行动。在3月中旬至6月底集中开展一次打击伪造、贩卖和使用检验检疫假证书的专项行动。最终查实10家企业存在制售、买卖或使用假检验检疫证书违法行为，罚款人民币共36.7万元。同时，加大对恶意违法案件的查处力度。全年共受理涉嫌违法案件161宗，其中立案98宗，不予立案57宗，处罚案件50宗，累计罚款84.5万元。另按规定向深圳局移交5宗涉嫌逃漏检的重大案件。发生1起行政复议。

【业务研究工作】2010年，宝安出入境检验检疫局深入业务研究工作，提升检验人员的业务和理论水平，增强检验检疫工作的规范性和科学性。总结多年来的进口设备检验监管工作经验，历时半年编写出数十万字的《进口机电设备到货检验教材》。下半年，编写印制《深圳LED产业发展调查报告》，详尽分析LED国家和地方两个层面的产业政策，产品检测标准及相关技术壁垒，国内外的产业发展动态，提出三大助推措施。

【质量提升进万企活动】2010年，宝安出入境检验检疫局选取118家三类企业作为重点帮扶对象，制定专门的帮扶培训计划，帮助上述企业建立基本的产品质量检验制度和检验检测体系。自5月份开展“质量提升进万企”活动以来，共召开23场由企业负责人和质量管理人员参加的法规和标准培训会，同时组织有考核经验的人员上门为企业管理人员开展产品质量保证方面的专项培训，培训人员达350余人次，34家企业提升质量管理水平，从三类企业转为二类企业监管。

【质量对比提升活动】2010年，宝安出入境检验检疫局开展质量对比提升活动，在一、二类企业中，选择质量管理先进、产品质量较高的企业作为先进典型和标杆，同时组织一些管理制度、质量管理体系、生产过程的质量控制、质量管理方法和措施等方面较落后、产品质量较差的企业，与这些“标杆”企业进行对比。召开2个专场的“质量对比提升培训交流会”，设立标杆企业18家，其中16家机电企业，1家化矿企业，1家轻纺企业，惠及三类企业150余家，有效促进上述行业的质量管理水平和产品质量水平的提高。

【出口手机专项质量提升活动】2010年，宝安出入境检验检疫局先后开展两次出口手机检验监管调研，在辖区90多家手机制造企业中进行问卷调查，全面了解企业规模、产能、关键料件检测、成品检测及认证等信息。在充分调研的基础上，采取加强验证管理、建立手机产品型号备案表、加大抽测频率等七项措施，全面提升出口手机质量。全年共检测手机1743批次，不合格113批次，不合格率6.5%，检测批次为2009年全年的10倍。经过一年的质量提升活动，宝安辖区出口手机质量明显改观，抽检不合格率明显下降。

【服务企业】2010年，宝安出入境检验检疫局进一步深化和落实促进外贸增长10条45项服务措施，贯彻落实服务外贸经济发展的“5+2工作制”、24小时预约施检服务举措，并结合企业分类管理，对一类企业简化检验程序。预约下厂排期时间由原来的5天缩短为3天，并做到特事特办，急事急办。及时以讲座、宣贯会及全备案系统等方式向企业发布预警信息，提高企业应对国外技术壁垒的能力，全年共通过“全备案”系统向企业发送质量提示信息13万条次。机电实验室共举办10次分别针对手机、LED显示屏等，惠及200多家生产企业的免费培训会，并利用实验室仪器设备对产品标准、检测项目及常见问题进行现场讲解提升企业的检测水平。此外，推荐艾美特电器（深圳）有限公司、中国长城计算机深圳股份有限公司石岩分公司申报出口免验，帮扶宝安辖区6家出口日用陶瓷生产企业建立实验室。

【廉政建设与精神文明建设】2010年，宝安出入境检验检疫局进一步加强廉政建设。通过日常工作中，针对不同岗位、不同对象，坚持开展个性化廉政教育；领导干部讲廉政党课、主题教育、正面典型示范教育、反面典型警示教育、党纪政纪条规教育、读书思廉等常规宣传教育手段；7、8月间集中开展系列的廉政教育活动，巩固反腐倡廉宣传教育工作格局。一年来，工作人员主动拒收红包、购物卡共146人次。2010年，检务科“青年文明号”荣获第三届广东省杰出“青年文明号”集体称号；宝安出入境检验检疫局党总支被评为深圳市直机关工委先进基层党组织；被评为深圳局“文明单位”。（周　静　赵金妙）

附：2010年度宝安出入境检验检疫局领导成员名单

局　　长：元达礼
党组书记：元达礼
副 局 长：卢　俭（6月起）
保利平　董全治
纪检组长：周宗强

科 技

【概况】2010年，宝安区实现高新技术产品产值4986亿元，比上年增长23.5%，占全区规模以上工业总产值比重55.2%；其中具有自主知识产权高新技术产品产值2488亿元，比上年增长24.9%，占高新技术产品产值比例49.9%；公开公告专利10910件，增长37.8%，其中发明专利4490件，增长13.6%，占专利总数的41.2%。宝安区新兴产业正逐渐向规模化、集群化发展，半导体领域如奥伦德、洲明，生物医药领域如致君医药、稳健等，互联网产业如溜溜网、巨龙兄弟等，新能源如万业隆、泰玛风光等，新材料如安品有机硅材料公司的LED封装材料、天星飞锐公司的稀土磁致伸缩材料。

【科技政策服务】2010年3月31日，宝安区出台《关于加快转变经济发展方式　强力推进产业结构调整的决定》（深宝发〔2010〕2号），从加强产业引导整顿市场秩序、做强电子信息支柱产业、大力增强自主创新能力、以大项目、大企业促进产业大发展、大力实施园区带动战略、推动社区股份合作公司转变发展方式6个方面着手，力争用3～5年时间，基本确立科学发展、创新发展、和谐发展的新型发展格局；基本建成电子信息高端制造业基地、生产性服务中心和技术创新中心。率先建成创新型城区，形成产业结构高级化、产业发展集聚化、产业布局合理化、产业竞争力高端化的现代产业体系。修订《宝安区关于强力推进自主创新的若干措施》、《深圳市宝安区科学技术局非行政许可审批登记事项实施办法》、《宝安区科技计划项目25类申请书及配套表格》等政策，优化政策环境。为推进各项政策措施的落实，组织政策宣传团深入街道、社区、园区召开政策说明会，发放科技政策资料2000份，让企业及时掌握政策，促进政策的顺利落实。积极帮助企业申报国家、省、市有关战略性新兴产业领域的科技计划项目260多项。发动申报区科技项目2548项，其中产业类项目1564个；科技计划项目立项1399个，其中技术创新产业类项目1183个（包括新兴产业类项目415个）；全年项目计划安排科技研发资金2.1亿元，其中扶持新兴产业资金4689万元。积极帮助企业申请认定国家级高新技术企业，现已获国家批准认定国家级高新技术企业181家。

【扶持重点企业】2009年，宝安区深入实施自主创新型优势科技企业和创新型企业成长路线图行动计划，并取得明显成效，兆驰股份、立讯精密、长盈精密、信维通信在深交所上市。宝安在海内外资本市场上市的高新技术企业有22家，其中新上市高新技术企业6家，准备上市的高新技术企业70多家，初步符合上市条件的高新技术企业约300家。

【扶持重点领域】2010年，宝安区重点扶持集成电路、电子元器件、半导体照明、电子装备制造、新材料、新能源、生物医药等产业领域高技术的创新，积极培育有自主知识产权的科技项目，项目计划安排5600万元扶持231个关键领域技术创新项目研发，项目计划安排4200万元扶持162个新兴战略产业技术创新项目研发。

【科技创新服务平台建设】2010年，宝安区加大国家、省、市科技创新资源引进力度，优化区内科技创新环境，鼓励企业承担国家、省、市重点实验室、工程中心等建设任务。新增国家级实验室2个，市级技术中心1个，区级开放性研发基地3家。宝安现有国家级各类创新平台7个，省市级各类创新平台17个，区级创新平台40个。创新平台的建设改善了宝安企业科技创新基础条件，促进技术创新。

【深化产学研合作】2010年，宝安区支持企业与高校院所共建研发机构，联合技术攻关，引导47家科技企业与高校院所联合开发53个技术项目，扶持深圳致君药业股份有限公司等企业与清华大学、华南理工大学等高校联合建设3家开放性研发基地，宝安已有38家开放性研发基地。做好开放性研发基地的创新提升工作，给深圳市瑞凌实业股份有限公司、大富（深圳）科技有限公司等15家研发基地的技术创新给予资助。扶持企业充分利用深港创新圈创新资源，开放性研发基地格兰达技术有限公司与香港中文大学合作研发的"全自动晶圆检测机"已投入生产，性能指标达到国际先进水平。

【科技创新奖励】2010年，宝安区组织开展2009年度科技创新奖的评审工作。共受理145个创新奖项目的申报，组织专家评审并经区政府批准，于12月9日召开宝安区科技创新奖励大会，对30个科技创新项目（区长奖2个，创新奖19个，专利优秀奖8个，省科技进步配套奖1个）给予575万元的奖励。

【企业参展服务】2010年，宝安区组织300多家科技企业参加第八届大连中国国际软件和信息服务交易会、深圳国际光电照明展等各类展会。第十二届高交会宝安参展企业173家，展区面积约3500平方米，成交重大高新技术项目29项，参展企业技术成果涉及面广、科技含量高，绝大多数具有国际先进或国内领先水平。为提高宝安区干部和市民对新兴产业发展的认识，推动宝安区战略性新兴产业的发展，高交会期间举办新兴产业发展高端论坛和"物联网技术展"，让市民亲身感受物联网技术发展的迅速和给生活带来的便利。

【知识产权培育和保护】2010年，认真落实《宝安区知识产权发展纲要（2008～2010年）》各项任务。对279项专利项目和66项软件著作权项目进行审查，其中美国专利39项、PCT专利24项，为历年来立项项目中国外发明专利最多的一次。加强对富士康等重点企业的知识产权贴身服务，已受理富士康专利补贴申请117项，受理13家企业申报知识产权优势企业。围绕"知识产权进企业进学校进社区"，配合区市场监管分局做好"4·26世界知识产权日"宣传活动和文博会知识产权专项保护工作。全年公开公告专利10910件，增长37.8%，其中发明专利4490件，增长13.6%，占专利总数的41.2%。

【项目监督和跟踪服务】2010年，认真对2009年度立项的企业研发投入等7类项目共320个科技项目进行分析评估，2009年，全区财政科研资金投入约2亿元，全区社会科研总投入约77亿元，1元财政资金有效带动38.5元社会投入，企业创新主体地位凸显。宝安99%以上研发机构设立在企业，99%以上的研发人员集中在企业，97%以上的研发投入源于企业，95.5%的专利产自企业。严格课题验收，2010年累计验收各类课题213项，科研资金借款使用时间届满的4050万元已全部回收。

2010年12月9日，2009年度宝安区科技创新奖励大会召开

【科技成果转化及产业化】2010年，加强科技创新成果的孵化，促进科技成果转化及产业化。引进生物、新能源、互联网三大战略性新兴产业类27家企业入驻桃花源科技创新园。园区已有在孵企业187家（其中已孵化毕业企业83家），承担和参与国家863计划、重大科技专项20项；在孵项目355项，其中产业化项目231个，已实现规模化生产的企业42家。积极搭建银企合作平台，引进金融机构、风险投资机构与宝安企业进行投融资洽谈，举办上市辅导座谈会，为10多家企业提供融资服务，其中8家企业获得银行贷款，融资总金额达6600万元。

【创新型产业用房建设】2010年，铁岗片区1.54平方公里改造规划已上报深圳市规划和国土资源委员会，铁岗水库路、桃花源路（局部）改造方案设计单位已确定，下一步进入实质规划设计阶段。区政府整体承租的两个旧工业区（原捷生工业园和原得润工业园）整体改造工程已完成，现已引进电子信息、新材料、光机电一体化、循环经济等行业66家。桃花源三期正在开展征地工作。同时，认真做好桃花源科技创新园创建深圳市生态工业园区工作，积极鼓励街道、社区和社会力量建设创新产业园，推动产业聚集和升级。

【编制"十二·五"科技发展规划】2010年，在全面总结"十一·五"科技发展情况的基础上，根据新形势的要求，广泛调研，邀请区职能部门和辖区企业代表分别座谈，找差距，寻对策，研究未来的工作思路，编制《宝安区科学技术发展"十二五"规划》，已经专家评审通过。

【科普阵地建设】2010年，宝安区加强科普阵地建设。年内，区科技馆新建机器人展览室、机器人活动室。"球幕天象馆"、"少儿科学启蒙展厅"已开始建设。新增新湖中学、上芬小学2个区级科普教育基地。科普社区建设取得初步成效，宝民社区被认定为广东省首批科普示范社区。

【**科普活动**】2010年，宝安区抓科普活动创新。抓主题科普活动，以全国科技活动周、全国科普日为主线，以社区、学校和科普教育基地为主阵地，重点围绕“低碳节能 科学发展”深入开展一系列科普活动。共开展科普活动90多项，编印《低碳节能 科学发展》、《科技知识集萃》（第八、九辑）、《回望人类发明之路》等科普资料、图书8万多册，张贴《低碳节能 科学发展》、《低碳办公》、《低碳出行》等科普挂图4万多张（套），发放“低碳经济”等科普音像制品2000多张，放映低碳节能科普电影70多部，近50多万市民参与其中。在全国科技活动周启动仪式上，宣读低碳生活倡议书，举行“低碳生活，从我做起”签名活动，吸引近千名科技工作者，数万名市民参与。充分发挥科普教育基地科普宣传主阵地作用，区科技馆结合社会热点，举办“低碳经济”科普展、“世博会”科普知识展、《海洋生物科普》等主题展览，累计参观人数约10万人次；常设展厅NAO智能机器人向观众演示300多场；4D动感影院放映电影900多场，接待观众2万多人次；深入企业、学校举办“情绪控制和压力管理”等讲座15场，参与人数约1.5万人次；流动科技馆深入街道、社区、企业、福利院等地巡展21场，参与人数达7万人次；“青少年科技动手园地”接待观众5000多人。新审批成立区科技馆和龙华、观澜、松岗、西乡、沙井街道等6支科普数字电影放映队，开展“科普电影进社区、进企业”，全年放映科普电影100多部，观众达60多万人。

【**青少年科技教育**】2010年，宝安区青少年科技创新工作硕果累累，在第25届全国青少年科技创新大赛中，宝安区荣获高中物理组二等奖1名，三等奖3名；在2010年RCJ国际青少年机器人世界杯比赛中，宝安区荣获小学组个人赛冠军、联队赛亚军和中学组个人赛的亚军、联队赛的冠军；在第四届亚洲机器人锦标赛中国选拔赛中，宝安区荣获全国机器人舞蹈、机器人射门、机器人游泳、机器人走迷宫及机器人举重五个环节组冠军和亚军，并于11月代表中国参加在香港举行的亚洲机器人锦标赛中获得优异的成绩。

【**科技交流活动**】2010年，宝安区积极开展学术交流活动。年内，组织举办各类专题讲座、培训30多场。资助有关科技专家参加学术会议3次，出版学术专著8部；协调美国迈阿密大学暑期研讨考察团一行15人到奋达科技公司进行考察交流；组织宝安区科技人员赴香港参加深港科技交流活动。

【**信息化建设**】2010年，宝安区科技局以集约化的建设模式，科学安排政府投资信息化项目，重点保障政府创新管理和民生领域的服务。共安排项目26个，其中推动政府管理和服务创新项目4个，提高政府办公效率项目7个，促进政务公开项目2个，提升民生服务能力项目4个，改善基层工作条件项目9个。对近年来未启动的政府投资信息化项目进行调查摸底，盘活沉淀的信息化资金。

【**电子政务工程建设**】2010年，宝安区科技局针对政府管理条块分割、基层力量分散、部门之间沟通协同困难等问题，着力打造跨部门信息平台来推进政府管理的信息共享和高效协同。“综治信访维稳信息系统”建立覆盖“区—街道—社区”三级的综治、信访、维稳、司法工作信息平台，达到“信息畅通、资源共享、部门协同、快速联动、监督到位”的目标；“应急指挥信息平台”建立覆盖区与街道的应急调度系统，政府处理公共突发事件的能力大大提高；“协同办公系统三期工程”在实现区、街道、社区全覆盖的基础上，进一步深化应用，提升政府内部运作效率；“统计数据管理平台”实现全区9556家统计单位的网上直报，提高统计数据实时采集、处理、分析能力；“社区党风廉政信息公开平台”实现社区站务、居务和股份公司企务的全面公开；“区全程数字化招投标系统工程”实现企业在网上投标，建立具有较高社会公信力、阳光作业的现代化交易服务平台；“宝安政府在线”网站群的升级改造，建立覆盖教育、社保、就业、医疗、住房等民生领域的网上服务窗口，实现网上信息公开的

2010年6月25日，宝安区召开博士联谊会第一次会员大会暨成立大会

统一管理和监督；“部门预算管理系统”规范全区各部门的财政支出管理。

【公共事业领域数字化建设】2010年，宝安区通过教育大平台和教育城域网的建设，实现学校间的资源共享，使偏远学校师生也能分享到中心学校的教育教学资源，加快宝安区教育事业的均衡发展与现代化步伐。区人民医院和石岩医院进行数字化试点，提升医生的看病诊疗效率，加强医院的内部管理；区中心血站的采供血信息化网络安全建设，强化血站与全区各医院之间采供血的安全管理。

【完善基础网络平台建设】2010年，宝安区科技局优化网络，部署流量管理系统、广域网加速系统，区数据中心的应用服务器的响应速度提高70%。拓宽宝安信息网的互联网出口，由原来的200兆提高到1000兆，有效解决基层单位网速慢的问题。完善基层网络，对西乡、沙井、福永、大浪等街道的网络进行整改升级。强化网络安全，组织开展全区党政机关信息安全联合检查工作，统一部署全区病毒防护系统。

【编制“十二·五”信息化发展规划】2010年，宝安区对全区近100个单位进行调研，广泛征求意见，组织专家评审，编制完成《宝安区“十二五”国民经济和社会信息化规划》，提出基本建成“智慧宝安”的总体目标，明确“十二·五”期间需要重点抓好的三项工作：网上一体化服务型政府、主要公共服务领域的数字化和智能化、信息产业发展。

（赖丹花）

附：2010年宝安区科技局（信息化办、知识产权局、科协）领导成员名单

局长(主任、科协主席)：刘继昌
副局长(副主任)：朱北平
　　　　　　　　彭　涤
　　　　　　　　辛　逸
科协专职副主席：刘达华

教　育

【概况】2010年，宝安区教育局继续完善“统一规划、两级管理、以区为主”的教育管理体制，高标准制定《宝安教育发展“十二五”规划》，坚持深化改革，实施素质教育，教育质量显著提高，各级各类教育全面发展。2010年宝安区被省政府正式评为“广东省推进教育现代化先进区”，区教育局被教育部评为“全国学校艺术教育工作先进单位”，区家长学校被评为“全国示范家长学校”。截至2010年12月，全区有中小学178所（其中公办84所，民办94所）、幼儿园282所（其中公办12所，民办270所）；在校学生37.03万人（其中普通中小学28.95万人，中职学校0.47万人，幼儿园7.61万人）。全区义务教育入学率均达100%，高中阶段毛入学率达95%以上，适龄儿童（3~6周岁）学前三年入园率达98%以上。全区公办学校、幼儿园上等级率达100%，民办学校规范化率100%，上等级率80%，幼儿园等级率57%。7所高中通过广东省国家级示范性普通高中初期督导验收（6所通过终期督导验收）。

【教育改革】2010年，宝安教育牢牢把握科学发展主题，继续推进教育改革与创新。深入实施学业成就、办学水平、教师专业发展评价，积极推进基础教育课程改革，涌现一批有影响的课堂教学改革模式，如文汇中学“自然分材教学”四环节、新安中学“高中语文模块教学”、松岗中学“ALTER”、观澜二中“学案导学”等教学模式。全国义务教育均衡发展高级研讨会暨理解教育与自然分材教学成果展示会、全国首届“高中语文模块教学”研讨会在宝安区召开。大力推进学校后勤管理改革，构建“阳光后勤”管理模式，《中国教育报》头版头条进行专题报道，广东省中小学后勤管理工作会议在宝安区召开，宝安区学校后勤改革模式再次向全省推广。深化职业教育改革，全国职业教育改革创新高峰论坛暨“宝安模式”研讨会召开，以“校企合作”为核心的宝安职教模式被《中国教育报》头版头条报道。积极探索向优质民办学校购买学位工作，2010年共有7所民办学校1353名符合资质的学生获取政府购买的学位。

【免费义务教育】2010年，宝安区高标准普及义务教育，积极推进免费义务教育工作。通过新校建设、老校改造和扩容扩大学位供给，全区学生总规模达到37.03万人，比2009年增加3.8万人，增幅超过10%。2010年秋季全区公办小学一年级录取新生14135人，完成计划数105.7%；公办初中一年级接受学位申请13400人，完成计划数118%。加强特殊教育，推进深圳市元平特殊学校宝安分教点建设。积极推进免费义务教育工作，2010年秋季两免13.39万人，免费金额6000多万元。

【民办教育】2010年，宝安区民办教育发展水平进一步提高。完成84所民办中小学的年检和85所民办中小学换发办学许可证工作。积极扶持民办教育发展，开展公、民办中小学对口帮扶工作，选取80所优质公办学校“一对一”帮扶80所民办学校，首批核拨560万元专项资金。修订完善《宝安区民办学校分类管理及综合管理质量奖评审实施办法》，评选出30所综合管理质量奖单位。完成2009~2010年度宝安区民办中小学办学信息公告，对全区62所民办学校的最低工资标准执行情况进行检查。2010年宝安区31所民办学校获“深圳市民办中小学规范优质办学专项奖励”，占全市总数的56%，共获资金1730万元，占全市总额的57.7%，其中石岩公学、展华实验学校和为民小学分别获得全市高中组、初中组和小学组评分第一名。

【学前教育】2010年，宝安区新审批设立26所幼儿园，筹设民办幼儿园16所。完成232所民办幼儿园年检和249所民办幼儿园换发办学许可证工作。

2010年9月6日，教育部副部长鲁昕到宝安区调研中等职业教育发展情况，对宝安职校办学给予充分肯定

完善《宝安区民办学前教育机构设立、变更和终止管理暂行办法》，理顺和规范小区配套幼儿园管理。开展重核幼儿园办园规模及专项检查，启动规范化幼儿园自查。

【职业成人教育及社区教育】2010年，宝安区加快职业成人教育及社区教育发展。宝安职业技术学校（新校区）取得一、二期概算批复，沙井职校新校区项目移交区前期办跟踪。深化职业教育人才培养、专业设置、课程教材、教学方法和评价办法改革，深化校企合作，立项审批5家实训实习基地，完善和提升“宝安职教模式”。宝安职校参加全国职业院校技能大赛，获3个一等奖、5个二等奖、6个三等奖，连续4年成为全国获奖最多的中职学校。推进成人培训，成人中专、成人高中办学规模进一步扩大，给63家成人教育培训机构换发成人教育办学许可证，并在《宝安日报》进行公告。开展劳务工和“农转居”居民培训，培训量达到110万人次。深入推进社区教育，积极开展国家级社区教育实训课题研究。开展面向社区居民的各类社区教育培训，参加居民3万多人次。开展2010年全民终身学习活动周，进一步促进学习型城区建设。

【素质教育】2010年，宝安区高考成绩再创新高，重点本科、本科、省专以上上线率分别为12.87%、48.43%、84.02%，宝安中学易向谦、黄小锐分获全省文科第一名和全省理科综合第一名。中考全区平均分达502.6分，比2009年增长5分，首次超过500分，实现历史性突破，城区和街道之间、公民办学校之间均衡程度不断提升。创新德育工作机制，开展“民族精神代代传”系列教育活动。与区少工委联合举行宝安区少先队第五次代表大会，选举产生新一届少工委委员。践行低碳环保教育，宝安区申报市级“绿色学校”的12所学校全部通过考核验收。参加2010深圳青少年环保绘画选拔大赛，获5个一等奖，16个二等奖，占全市的一半。开展外来劳务工子女教育管理现状调研。开展抗旱救灾等系列募捐活动，募集款项100多万元。加强中小学生普法禁毒教育，顺利通过区“五五”普法验收，宝安中学等6所学校通过第二批“深圳市依法治校示范校”的评估。举办“我与特区共成长”宝安区第十届18岁成人宣誓仪式。加强科普教育，承办第四届中国青少年创意大赛深圳赛区选拔赛。召开“宝安区学校心理健康教育工作交流会”，分4次组织宝安区部分心理骨干老师参加市业务培训，对2000多名高三学生进行考前心理辅导。制定《关于宝安区国学进校园“创模式、创特色、创成效”工作的指导意见》，完成对兴华幼儿园等剩余13所国学实验学校的授牌工作，开展宝安区中小学国学辩论赛，开展中华经典诗文诵读赛、征文比赛、演讲赛、辩论赛、国学知识大奖赛等丰富多彩的国学教育活动。加强家长学校建设，组织骨干教师编写各年级家长面授课参考教案，提高课堂教学实效，开展以“呵护孩子心灵，营造和谐家园”为主题的家庭教育百名专家咨询服务活动，举行宝安区第十届家庭教育宣传周活动。全区60多所学校、幼儿园通过宝安区教师、家长培训“双优学校（园）”专项督导评估。启动“深化教学研究，创建优质高效课堂教学模式”展示周活动，打造“开放校园、开放课堂”，近2万人次教师、家长和社会各界人士参加。创造“名科走教”新模式，将近年来各公办大校有名学科独创的新的教学模式带到新公办初中学校、薄弱民办学校，以“同课异构”的方式开展走教活动。巩固“校校有特色，人人有特长”成果，加强青少年学生的科技、体育、艺术教育，抓好一批科技特色项目建设。成功举办第六届宝安区中小学智能机器人大赛，广东省中小学动漫教学研讨会在宝安区成功召开，宝中附小“全民动漫”获充分肯定。2010年美术类高考全区共有5人达到清华美院、5人达到中央美院的专业分数线和文化分数线。宝安区第十六届中小学生田径运动会、第二十六届全国青少年科技创新大赛宝安区选拔赛成功举办。确定宝城小学等35所信息技术教育特色项目学校，连续第8次荣获“深圳学生网络夏令营活动最佳组织奖”。参加由教育部主办的第三届全国中小学生艺术展演，学生美术、书法、摄影作品取得12个一等奖、3个银奖的成绩，获一等奖数名列全国区县级地区之首，占全市获一等奖总数的70%。参加第五届全国中学生跆拳道锦标赛华南分区赛，获得初中男子甲组团体竞技总分第一名，初中女子甲组团体竞技总分第一名。承办第十四届全国少儿戏曲小梅花荟萃颁奖活动，学生获得10个小梅花金奖。

【**教育科研与调研**】2010年，宝安教育大力实施“科研兴教”战略，立项国家级课题2项、省级2项、区级课题205项。区教育局申报的《督导评估促进社区教育现代化研究》被确定为中国教育学会教育督导分会第四届理事会重点课题，《宝安区学生学业成就案例研究》顺利结题。截至2010年12月，全区共有教育科学规划立项课题国家级7项、省级7项、市级115项、区级645项。在深圳市首届教育教学科研优秀成果奖评选中，宝安区获得一等奖2个，并列全市第一。2010年5、6月，分别组织全区小学四、五、六年级进行教学质量监测，涉及音乐、体育、美术、科学、心理健康、信息技术等六门学科，并形成《宝安区小学教育质量监测调研报告》。

【**教师队伍建设**】2010年，宝安区教育局全面加强教师队伍建设，教师专业化水平进一步提高。加大优秀人才引进力度，共引进优秀应届毕业生280名，中学高级骨干教师35名，其中面向全国部分重点师范院校招聘优秀应届毕业生硕士研究生及以上学历占45%。面向区内临聘教师进行第二批公开招调500名职员，顺利完成17名符合直接条件的临聘教师入编。面向社会公开招考临聘教师456名。积极推行竞争上岗，公开选拔4名机关正科级干部、5位中学副校长。全区教育系统96个事业单位全部完成岗位设置工作。建立绩效工资激励机制，实行绩效工资制度。加强师德师风建设，认真贯彻市教育局关于教师从事有偿家教“五不准”，提高教师队伍综合素质。完成35名2010年师范类应届毕业生和101名非师范类人员的教师资格认定工作，举办民办学校申报教师专业技术资格业务知识培训班。整理人事档案307卷，办理聘用合同见证8560份，民办学校及幼儿园的合同签订率、参保率均达100%。联合区财政局下发《关于做好公办中小学临聘教师解除或终止合同经济补偿金支付和申请工作的通知》。深入推进教师专业发展评价机制改革，促进教师专业化发展。2名校长成为全省首批校长工作室主持人，占全市的三分之一，1名教师成为全省首批教师工作室主持人，宝安、南山、龙岗三个区30位中小学校长和教师成为工作室首批学员。12月9日至10日，广东省中小学校本培训研讨会在宝安举行，与会专家、领导认为宝安校本培训经验对全省教师校本培训工作的开展都具有借鉴和推广的作用。新增3位特级教师，推荐46位校长和骨干教师参加2010年深圳市基础教育系统第三批名师评审。做好西南大学在职教育硕士学历班和课程班的管理工作，52名学员获得硕士学位。组织2期宝安区中小学校校长高级研修班以及幼儿园园长北师大高级研修班、中青年艺术骨干教师华南师大研修班、宝安区中小学青年教师训练营活动，组织2009年宝安区教育管理后备干部培训班到香港中小学挂职学习1周。以“五段互动式”培训为主要模式，各类专业培训达3.13万人次，积极开展品味提升特色培训。组织3090位小学教师参加省2010年中小学教师教育技术能力建设项目中级班培训。

2010年5月12日，宝安区首批省级“名校长、名师工作室”揭牌

【**依法治校规范办学**】2010年，宝安区教育局深入推进依法治教，学校规范办学水平进一步提升。严格执行《义务教育法》，开展贯彻《义务教育法》情况专项检查，根据“就近入学”和“均衡编班”的原则分配学位，按照国家规定的课程标准，开齐、开足义务教育课程。深入开展依法治校示范校评比活动，大力推进党务、政务、校务公开，组织开展“廉洁教育进校园”活动，加强教育系统党风廉政建设。联合区市场监督管理局宝安分局、区纠风办、区财政局和区审计局进行春、秋季教育收费检查，对涉嫌违规的学校幼儿园发出检查通知书，按有关规定进行处理。组织直属学校2009年财务收支内部审计工作，调整账务处理不当资金78万元。开展街道公办学校2009年区财政直接拨付项目账务管理审计调查，制定《宝安区民办教育发展资金管理办法》、《宝安区教育督导评估资金管理办法》，规范专项资金管理。加强“三方共管账户”监管，对全区93所民办学校、245所幼儿园2009年度财务收支进行审计。修订《深圳市宝安区学校后勤管理工作规定》，严格小额工程和学校用品招标采购管理，学校

后勤管理规范化水平进一步提高。规范校外午托班管理，审批校外午托机构9个。

【**学校安全管理**】2010年，宝安区学校安全管理水平进一步提升。全面强化学校安全防范工作，为全区学校免费配备标准保安器械1780套，投入940万元完善公办学校视频监控与门禁系统，全区学校按要求配备保安员1994名，并按每所学校、幼儿园2名的标准增配校园专业护卫队员。印发《宝安区学校安全网格化管理实施办法》，进一步落实学校安全管理“两个主体”责任。深入开展区教育系统安全生产百日排查整治“回头看”、学校冬季防火暨消防安全大检查大整改和学校及周边综治隐患排查整治等行动，整治校园及周边消防、交通、卫生、治安等各类安全隐患1400多处。通过开设安全课程和开展“安全教育周”、“3·29”全国中小学生安全教育日等宣教活动，累计发放安全教育材料30多万册，实现学生安全受教育率100%，在全市中小学生安全知识竞赛活动中获奖情况位列全市前茅，组织学校安全工作人员培训近2000人次。加强信访和维稳工作，妥善处理各类突发事件，教育发展平稳有序。全区教育系统没有发生一起重特大安全维稳责任事故。

【**学校建设**】2010年，宝安区学校建设改造工作取得新进展。宝安中学新高中部、西乡高级中学、海旺中学等3所新校投入使用，宝安高级中学师生宿舍楼工程于10月完工。中心区高级中学、坪洲片区小学、坪洲初级中学、松岗实验学校、大浪九年一贯制、龙华弓村小学等6所新校及新华中学扩建、观澜二中扩建项目动工建设。深入实施校舍安全工程，印发《关于简化宝安区中小学校舍安全工程审批程序的工作方案》，公办学校137栋加固工程和2栋拆除重建工程分别报送市、区发改局申请立项，54栋取得立项批复，5栋加固工程已申报概算，1栋取得概算批复，1栋拆除重建工程已申报概算。民办学校校安工程完成5所学校7栋校舍的加固工程，1所学校2栋校舍的拆除重建工程。

【**教育设备和信息化**】2010年，宝安区大力推进学校设备标准化建设。完成381个采购项目，涉及资金1.04亿元，办学条件进一步改善。开展全区公办中小学教学功能室大检查工作。进一步完善教育城域网安全建设项目，创建12所第五批广东省现代教育技术实验学校。强力推进“大平台”及应用软件的建设、管理、培训与试运行，基本完成基础软件平台及8个应用软件系统的开发任务，并对基础软件平台、学校网站、教师网络教研交流、教师专业发展评价等系统进行初步培训。资源数量达50余万条，总容量约3T，全年资源增量约1TB。2010年12月，由中央电教馆主办的全国数字化校园建设研讨会暨中学协作研究会年会在深圳市宝安高级中学召开，宝安区成为全国首批“中国国际动漫人才培养计划”动漫教育实验基地。

【**教育交流与合作**】2010年，宝安教育开放水平进一步提升。积极推动教育国际化，召开宝安区教育国际化现场研讨会，制定《关于推进宝安区教育国际化的工作方案》。加强学校国际部、海外部建设，与香港保良局签订《教育合作交流项目备忘录》，选派4位教师参加深圳市教育系统赴美国圣文森学院海培工程，组织宝安区名师讲师团赴马来西亚进行培训，开设12场互动培训课程与专题讲座，教育国际化发展受到教育部基础教育课程教材发展中心负责人的充分肯定。推进与揭阳的“千校扶千校”帮扶计划，安排揭东21位小学校级领导到宝安学校挂职学习一周。落实市教育局“百校扶百校”跨区帮扶计划，督促各校依照帮扶协议书认真开展多种形式的帮扶活动。组织赴香港、台湾等地进行教育交流，接待上海市、南京市鼓楼区、广州市萝岗区、鄂尔多斯市、揭阳市等多批教育考察团。

（刘　佳）

【**综合评估**】2010年，宝安区在民办学校、幼儿园等级评估方面，继续采取“推、拉、扶、托”策略，鼓励支持民办学校、幼儿园上等级，改善办学条件，提升办学水平。一年来，有10所民办学校通过市一级学校督导评估；幼儿园等级评估方面，有3所通过省一级幼儿园评估，14所通过市一级幼儿园评估，25所通过区一级幼儿园评估。另外，西乡中学顺利通过广东省高中教学水平评估及广东省国家级

2010年3月19日，宝安区教育局与香港保良局签署《香港保良局与宝安教育局教育合作交流项目备忘录》

示范性普通高中终期验收，石岩公学通过广东省国家示范性普通高中初期验收。同时，4所公办学校通过宝安区优质化学校终期评估，47所学校、幼儿园通过宝安区教师、家长培训“双优学校（园）”专项督导评估；10个社区教育站通过“宝安区特色社区教育站”督导评估。

【等级学校（园）评估】2010年，宝安区人民政府教育督导室认真做好等级学校的申报、初访、专访和评估工作，各级各类专、兼职督学深入学校指导创建工作达200多次，派出评估人员到区内外学校进行督导评估达100多次。继续抓好民办学校、幼儿园等级评估，全年有52所民办学校、幼儿园通过等级评估。其中，西乡街道中华商贸城晶晶幼儿园、大浪街道爱义幼儿园、龙华街道展华幼儿园通过省一级幼儿园督导评估；宝安区立才实验学校、宝安区碧头文武学校、宝安区欣欣小学、宝安区育才学校、宝安区石岩街道料坑学校、宝安区东升实验学校、宝安区振兴学校、宝安区金源学校、宝安区永联学校、宝安区金碧实验学校等10所学校通过市一级民办学校督导评估；宝安区西乡街道崛起第二幼儿园、宝安区民治街道兴茂幼儿园、宝安区龙华街道中英文实验学校幼儿园、宝安区观澜街道格澜幼儿园、宝安区观澜街道君子布幼儿园、宝安区新安街道天悦幼儿园、宝安区新安街道特雷新裕锦幼儿园、宝安区新安街道幸福海岸幼儿园、宝安区民治街道碧水龙庭幼儿园、宝安区民治街道特蕾新春华幼儿园、宝安区大浪街道新太阳幼儿园、宝安区福永街道桥头幼儿园、宝安区西乡街道御龙居德宝幼儿园、宝安区沙井街道华一幼儿园等14所幼儿园通过市一级幼儿园的督导评估。

【区优质化学校评估】2010年，宝安区继续开展优质化学校评估，民治第二小学、兴围小学、罗租小学、凤凰小学等4所义务教育公办学校通过优质化学校终期评估。2010年通过的区优质化学校，由于办学条件不断完善、教育内涵不断提升，学校的办学水平和综合实力不断提高。

【专项督导】2010年，宝安区开展宝安区教师培训、家长培训“双优学校（园）”专项督导评估，共有新安中学、新华中学、民治中学、滨海小学、新安建安小学、新安宝民小学、福永塘尾万里学校、福永和平中英文实验学校、沙井万丰学校、松岗燕山学校、石岩官田学校、观澜第二小学、观澜大水坑小学、观澜德风小学、龙华松和小学、大浪爱义学校、机关幼儿园、新蕾幼儿园、松岗中心幼儿园、沙井黄埔幼儿园罗租小学、鹏晖中英文学校、沙溪小学、新安湖小学、新田小学、桂花小学、锦华实验学校、清湖小学、建安新村幼儿园、西乡中学、潜龙学校、库坑小学、民治小学、民治第二小学、钟屋小学、桥头小学、共乐小学、清华实验学校、三联永恒学校、景山实验学校、育英小学、标尚学校、福民学校、华南中英文学校、宁远实验学校、康桥书院、展华幼儿园等47所学校、幼儿园通过宝安区教师、家长培训“双优学校（园）”专项督导评估；按市教育局、市教育督导室统一部署，经过申报、初审、公示、核评、复查、审核等程序，海滨中学、民治中学、塘尾万里学校、博文学校、华南中英文学校、东升实验学校、宝安中学附属小学、安乐小学、龙华中心小学、黄田小学、为民小学、育英小学、机关幼儿园等13所学校（园）被评为2009年度办学效益先进单位。共获得市、区奖励的经费达800万元；进一步强化宝安区社区教育三级网络建设，评估表彰一批教育培训成绩突出、社区教育特色鲜明、具有示范性的特色社区教育站。2010年，加强对各街道申报评估验收的社区创建工作进行指导，全年对大浪街道大浪社区、西乡街道蚝业社区、福永街道凤凰社区、民治街道龙塘社区、松岗街道东方社区、沙井街道蚝一社区、观澜街道樟坑径社区、石岩街道罗租社区、新安街道海富社区、龙华街道景龙社区等10个社区教育站进行“宝安区特色社区教育站”的督导验收。

【教育督导专业化】2010年，宝安区进一步推动教育督导资格制和专业化。年内，区教育督导室组织102名专、兼职督学参加市、区教育督导室主办的培训，圆满完成学习任务，督学的专业化水平和综合素质得到提高。区教育督导室认真组织学习《广东省义务教育规范化学校建设和评估标准（试行）》、《深圳市中小学办学水平督导评估方案》和《深圳市办学效益评估方案》，结合宝安实际提出修改意见。组织全区专兼职督学到台湾、香港等地考察学习，了解学习当地先进的教育理念和教育督导评估经验，促进交流。在理论和实践上提升宝安区教育督导专业化水平。加强法制建设，协助市教育督导室修订《深圳经济特区教育督导条例》和有关法规，并协助做好有关试点工作。

【教育督导蓝皮书】2010年，宝安区教育督导室总结推广学校先进经验和成果，完成《2009年度宝安区教育督导蓝皮书》的编辑、印发。及时更新宝安教育在线有关教育督导内容，及时向市教育督导部门报送有关宝安区教育督导情况。配合市教育督导室完成对有关督导评估方案的起草工作。

附录：宝安区2010年度通过督导评估的社区、学校、幼儿园名单

一、广东省国家级示范性普通高中（2所）：

西乡中学（通过终期评估）、石岩公学（通过初期评估）

二、市一级学校（10所）：

宝安区立才实验学校、宝安区碧头文武学校、宝安区欣欣小学、宝安区育才学校、宝安区石岩街道料坑学校、宝安区东升实验学校、宝安区振兴学校、宝安区金源学校、宝安区永联学校、宝安区金碧实验学校

三、省一级幼儿园（3所）

宝安区西乡街道中华商贸城晶晶幼儿园、宝安区大浪街道爱义幼儿园、宝安区龙华街道展华幼儿园

四、市一级幼儿园（14所）

宝安区西乡街道崛起第二幼儿园、宝安区民治街道兴茂幼儿园、宝安区龙华街道中英文实验学校幼儿园、宝安区观澜街道格澜幼儿园、宝安区观澜街道君子布幼儿园、宝安区新安街道天悦幼儿园、宝安区新安街道特雷新裕锦幼儿园、宝安区新安街道幸福海岸幼儿园、宝安区民治街道碧水龙庭幼儿园、宝安区民治街道特蕾新春华幼儿园、宝安区大浪街道新太阳幼儿园、宝安区福永街道桥头幼儿园、宝安区西乡街道御龙居德宝幼儿园、宝安区沙井街道华一幼儿园

五、区一级幼儿园（25所）

宝安区新安街道凯旋城幼儿园、宝安区福永街道花苑幼儿园、宝安区沙井街道上寮幼儿园、宝安区沙井街道民主幼儿园、宝安区西乡街道臣田幼儿园、宝安区观澜街道松元幼儿园、宝安区观澜街道福民幼儿园、宝安区观澜街道朵朵红幼儿园、宝安区民治街道阳光新苑幼儿园、宝安区龙华街道大元明珠幼儿园、宝安区福永街道福围幼儿园、宝安区石岩街道崛起第三幼儿园、宝安区松岗街道东升幼儿园、宝安区松岗街道集信名城幼儿园、宝安区沙井街道沙一心愿幼儿园、宝安区沙井街道和兴幼儿园、宝安区福永街道瑞华幼儿园、宝安区福永街道金明珠幼儿园、宝安区西乡街道绿海名居幼儿园、宝安区西乡街道宝田幼儿园、宝安区观澜街道金宝宝幼儿园、宝安区观澜街道新园幼儿园、宝安区民治街道滢水幼儿园、宝安区大浪街道博恒幼儿园、宝安区大浪街道育英幼儿园

六、宝安区优质化学校（4所）

民治第二小学、兴围小学、罗租小学、凤凰小学

七、宝安区教师、家长培训双优学校（园）（47所）

新安中学、新华中学、民治中学、滨海小学、新安建安小学、新安宝民小学、福永塘尾万里学校、福永和平中英文实验学校、沙井万丰学校、松岗燕山学校、石岩官田学校、观澜第二小学、观澜大水坑小学、观澜德风小学、龙华松和小学、大浪爱义学校、机关幼儿园、新蕾幼儿园、松岗中心幼儿园、沙井黄埔幼儿园罗租小学、鹏晖中英文学校、沙溪小学、新安湖小学、新田小学、桂花小学、锦华实验学校、清湖小学、建安新村幼儿园、西乡中学、潜龙学校、库坑小学、民治小学、民治第二小学、钟屋小学、桥头小学、共乐小学、清华实验学校、三联永恒学校、景山实验学校、育英小学、标尚学校、福民学校、华南中英文学校、宁远实验学校、康桥书院、展华幼儿园

八、深圳市办学效益奖

海滨中学、民治中学、塘尾万里学校、博文学校、华南中英文学校、东升实验学校、宝安中学附属小学、安乐小学、龙华中心小学、黄田小学、为民小学、育英小学、机关幼儿园

九、宝安区特色社区教育站（10所）

大浪街道大浪社区、西乡街道蚝业社区、福永街道凤凰社区、民治街道龙塘社区、松岗街道东方社区、沙井街道蚝一社区、观澜街道樟坑径社区、石岩街道罗租社区、新安街道海富社区、龙华街道景龙社区。

（吴小聪　张学斌）

附：2010年宝安区教育局领导成员名单

局长、局党委副书记：郑映通

党　委　书　记：吉　毅（12月止）

副　　局　　长：童尽一
李家勇（兼局纪委书记）
陈代刚

2010年度宝安区人民政府教育督导室领导成员名单

主　任：王熙远

副主任：张德梅

文化

综 述

【概况】2010年，宝安区文化局荣获深圳市“第六届外来青工文体节特别荣誉奖”。福永杂技团自主编排的杂技节目《蹬人空竹》在法国明日世界杂技节上荣获该比赛最高奖——总统奖；宝安区文化局、宝安区沙井金蚝曲艺杂技团、宝安区福永街道文体中心、宝安区群众文化艺术馆获“群星奖”；区图书馆获“深圳市第六届外来青工文体节”外来青工知识竞赛组织奖、“深圳市公共图书馆杯”越野比赛“最佳组织奖”、文化执法大队文化行政执法案卷在全省文化市场综合执法案卷评比中，获单项二等奖。

【公共文化服务体系建设】2010年，宝安区文化基础设施建设逐步完善。协助中心区规划建设办公室做好中心区图书馆（含博物馆、展览馆）、中心区文化艺术中心和演艺中心的筹建工作：中心区图书馆于8月开工建设；中心区文化艺术中心正在办理初步设计和概算审批；演艺中心正式启动设计。各街道文化艺术中心建设项目深入推进：龙华街道文化艺术中心主体建筑已经封顶；松岗、沙井、观澜、福永街道文化艺术中心已经完成初步设计和概算报批等前期工作，并分别移交相应街道组织开展下一步工作，预计2011年上半年开工建设；大浪、民治街道文化艺术中心前期工作已移交相应街道组织实施。富士康集团周边两个劳务工图书馆建设进展顺利，预计2011年春节后建成开放。区图书馆共加工图书11.5万册，加工随书光盘及音像制品7882张，接待读者125.3万人次，新增读者证9817张，外借文献46.1万册，举办读者活动160余场；8家直属分馆共接待读者75万人次，接待读者上网17万人次，外借文献11万册，新增读者证4882张，举办读者活动40余场。新增流动图书馆和服务点19个，配送流动图书近6万册；新增城市街区自助图书馆32台。大浪街道图书馆和民治街道丰润社区图书馆分别荣获“2009年度深圳市优秀基层图书馆”称号。

【文艺精品创作】2010年，宝安区文艺精品创作推陈出新，重点创作情景快板剧《我们是快乐的打工妹》、话剧《突围1978》、《他是一名义工》和舞蹈《快乐的建筑工》等一批剧目。各项重大活动圆满成功，成功举办“第九届中国艺术节大地情深——‘群星奖’曲艺决赛”和“深圳经济特区建立30周年系列文化活动”等重大文化艺术活动。“第九届中国艺术节大地情深——‘群星奖’曲艺决赛”是宝安区也是深圳市首次承办全国“群星奖”大赛，经过精心策划和相关部门的大力支持，本次大赛各项活动任务圆满完成，由于宝安区承办本届“群星奖”曲艺决赛做出的突出贡献，宝安区人民政府被授予“突出贡献奖”。艺术赛事成果丰硕，获省级以上奖项61项。在第九届中国艺术节大地情深——“群星奖”曲艺决赛上，曲艺节目《我们是快乐的打工妹》、舞蹈《快乐的建筑工》分别荣获“群星奖”；在第八届全国杂技（魔术）节上，杂技《火之灵——技巧造型》荣获杂技类银奖；在广东省第六届群众戏剧曲艺花会上，宝安区文化系统再创佳绩，小戏小品《应人石传说》、《妈妈，你放心》分别荣获金奖；杂技《蹬人空竹》荣获法国“明日”国际杂技比赛共和国总统奖；音乐杂技剧《卖火柴的小女孩》参加文化部举办的全国民营艺术院团优秀剧目展演荣获优秀剧目奖等。

【群众文化】2010年，宝安区文化局共举办传统节庆、重大纪念日、各类专场赛事和演出活动300余场。其中，庆祝深圳特区建立30周年系列活动、深圳市第六届外来青工文体节、宝安区首届企业文化活动周等一批大型群众文化活动受到市民群众的普遍欢迎。深圳市外来青工文体节已经成为近年来深圳市规格最高、参与面最广、文艺门类最多的群众文化活动，由于承办本届文体节的突出贡献，宝安区委宣传部、宝安区文化局、宝安区体育局分别荣获“第六届外来青工文体节特别荣誉奖”。宝安区首届企业文化活动周由于内容丰富、覆盖面广、针对性强，吸引近10万名劳务工倾情参与，20余万人次受益。组织策划展览60余场，《2010中国景德镇当代陶瓷艺术精品邀请展》、《"南风南韵"——阎敏、颜晓萍、莫建文画展》（赴北京中国美术馆展览），区画院举办的《中国百杰画家——谢定超中国画作品展》、《迎新春中国画邀请展》、《杨志美术作品精品展》等各类艺术展览深受广大市民群众的喜爱和肯定。特别是在区画院和区群众文化艺术馆举办的《纪念与永恒——全国名家美术作品邀请展》，是宝安区纪念特区建立30周年系列活动中规模最大、规格最高、参展名家最多的一场美术盛宴，赢得全国美术界专家和社会各界的广泛好评。群文品牌成绩突出，全年送戏下乡200余场，在社区、工厂、军营和文化广场共放映公益电影2500余场。"2010年宝安区老领导新春座谈会"、"2010年宝安区慰问公安干警新春文艺晚会"、"2010年宝安区慰问社会各界新春文艺晚会"、"宝安区全国第九个安全生产月启动活动文艺演出"等大型群文品牌活动圆满完成。

【**文化市场管理**】2010年，宝安区文化市场管理规范有序。全年共设立文化经营场所227家，变更165家，注销8家。检查文化经营场所6230家次；发现安全隐患620家次，现场责令整改473家次，通报消防部门147家次、通报市场监管部门233家次、通报城管、环保等部门57家次；发现文化违法违规问题1075家次，大部分为未按规定填写营业日志等轻微违法违规行为，现场责令整改912家次，立案查处163家次，一线执法人员全年人均办案23.28宗；受理并处理举报投诉案件161宗；查处出版物经营门店12家次，收缴非法音像制品1.12万张、书报刊221本（册）；打掉非法出版物经销窝点6个，收缴非法音像制品9.6万张、书报刊1.28万本（册），向公安机关移送违法犯罪嫌疑人6名。加大对全区文化市场的监管力度，开展系列文化市场专项治理行动。其中，为迎接深圳特区建立30周年和广州亚运会等活动，组织开展文化市场综合整治行动；结合省、市、区的部署，与公安、市场监管等部门开展取缔黑网吧和整治互联网低俗之风行动；配合公安消防等部门，开展公众聚集场所消防安全专项整治，组织对全区娱乐场所、网吧等公众聚集场所的火灾隐患进行联合检查，确保公共聚集场所安全。以杜绝违规接纳未成年人为工作重点，加大对网吧市场监管处罚力度，对群众反映问题较多的区域进行集中整治，着重加强校园周边网吧的日常检查，有效净化校园周边文化环境；加强对宝安区网吧行业协会的业务指导，研究促进网吧行业健康发展的思路和方法。加强对商业性演出和歌舞娱乐场所的日常监管，严格执行营业性演出报批规定，确保举办的营业性演出未发生任何事故或问题；采取定期检查与突击检查相结合的方式，加大对演艺娱乐行业的监管力度。积极配合公安、市场监管等部门开展"打黄扫非"等专项整治行动。深入推进制度建设步伐，先后制定《无证文化娱乐场所查处规程》、《宝安区关于无证歌舞娱乐场所常态化查处的工作意见》、《行政执法指南》（试行本）等文件，修订《文化市场突发公共事件总体应急预案》等预案，制作《歌舞娱乐场所消费者安全警示教育动漫片》。

【**广电管理、新闻出版**】2010年，宝安区广播电影电视和新闻出版工作扎实推进。指导区广电中心做好数字电视整体转换工作，数字电视普及工程是深圳经济特区建立30周年"十项民生工程"之一。至年底，宝安区已完成转换52万多户，基本完成全部转换任务。组织推进宝安广电发射中心迁址新建工作，已先后完成选址、环评、可行性研究等工作，正在组织进行方案设计。在春节、深圳特区建立30周年等重要时段，督促区广电中心做好有线电视线路维护和安全值班工作；组织开展整治荧屏低俗之风、违规插播广告等行动，加强广播电视监听监看工作。完成全区印刷企业和书报刊零售点地理位置信息采集工作，进一步摸清底数；落实属地管理原则，加强对全区有证印刷企业的安全监管和法规宣传；严格执行上级有关规定，做好"三印"企业（复印、影印、打印）审批和管理工作。

【**传统文化弘扬**】2010年，宝安优秀传统文化得到发展。第三次全国文物普查工作进展顺利，野外调查工作现已全部完成，调查范围涉及全区所有街道和社区，形成登记资料1万余页，在全市六区中率先完成并通过广东省第三次全国文物普查办的验收，专家组对宝安区此次文物普查工作给予"不可移动文物记录校验通过率100%"和"消失不可移动文物记录校验通过率100%"的评价。完成"绮云书室"的修复和"云野书室"的异地重建工作；完成"虔贞女校"和"王大中丞祠"修缮保护方案编制工作；完成"茅山公家塾"壁画的修缮保护工作。申报"商周时期的斜岭岗遗址"、"明清时期的文氏古墓群"、"清代晚期的大水田村古建筑群"等8处为第五批区级文物保护单位；申报"锦庭书室"、"维新学校旧址"、"文母陈氏墓"、"新桥古建筑群"等28处为宝安区第四批不可移动文物点。制定文物保护规划。编制《凤凰村古建筑群文物保护规划》，启动实施凤凰村古建筑群保护规划工作；初步完成《宝安区古村落文物保护总体规划》的编制工作。推进博物馆建设工作，全年，深圳（宝安）劳务工博物馆共接待来自全国各地的参观者2.5万余人，位居全市区级博物馆、纪念馆前列；"劳务工博物馆大讲堂"活动已经引起《中国青年报》、《南方日报》和中央电视台《半边天》栏目等新闻媒体的持续关注。文博会期间，全国艺术家参观团考察宝安区水岩奇石博物馆，对宝安区博物馆建设工作留下深刻印象。落实区委区政府"1+2"文件精神，按照《宝安区民办博物馆资金奖励办法》要求，鼓励社会力量兴办博物馆。非物质文化遗产普查效果明显，保护工作取得实质进展，共形成非遗普查线索158条、文字材料501册、图片134张、音像材料33盒/张，基本摸清和掌握全区非物质文化遗产情况，为加强非物质文化遗产项目保护奠定良好基础。修改上报3个国家级名录项目，其中大浪大船坑麒麟舞已经在中国非物质文化遗产网上公示，组织第二批区级5个名录申报市级名录。

【对外文化交流】2010年，宝安对外文化交流活动日益活跃。组织开展“俄罗斯功勋画家油画展”等对外文化交流活动，邀请俄罗斯乌苏里斯克美术家协会4位功勋艺术家携65幅画作来宝安区举办展览。深入开展对港澳台文化交流，积极拓展交流渠道，提升交流水平。组织宝安区优秀艺术家和部分文化干部30余人前往台湾进行文化交流，通过举办展览、演出、参观考察和座谈会等形式，促进宝安区和台湾地区的文化交流。组织宝安区优秀艺术家和部分文化干部90余人参加“台湾・广东周”之“魅力深圳”活动，在台湾台南县学甲镇举行文化交流演出、杂技表演和南狮表演等活动，与学甲镇基层民众交流、座谈，并与在宝安区投资的台商联谊，受到台湾有关方面的热烈欢迎和盛情款待。

【基层文化事业】2010年，宝安区街道文化事业蓬勃发展。新安街道成功举办2010年春节龙狮旗鼓、秧歌、麒麟舞等大型表演活动；组织参加深圳市第六届外来青工文体节，荣获才艺大赛银奖、歌手大赛民族组铜奖。西乡街道组织参加首届“发现深圳之美”最佳市民生活、最佳旅游摄影奖，荣获“壮丽中华・纪念建国60周年”摄影大赛国家级金奖；组织参加深圳市第六届外来青工文体节，荣获银奖两项、铜奖一项。福永街道组织优秀文艺节目下企业50场，举办展览4次，送讲座10次；“福永街道历届企业文化周宣传月活动”被共青团深圳市委员会、深圳市精神文明建设委员会办公室、深圳报业集团、深圳广播电影电视集团评为“社区广场十佳特色文化活动”。沙井街道积极配合承办第六届中国（深圳）国际文化产业博览会宝安中饰珠宝文化创意中心沙井大王山分会场和深圳（沙井）汉玉国际文化节分会场开幕式；在深圳市合唱节宝安区专场决赛中，选送歌曲《天路》荣获金奖。松岗街道组织参加全国“群艺杯”摄影大赛、深圳市非遗进社区展演活动和区企业文化活动周等，取得优异成绩；配合深圳电视台拍摄大型非遗电视系列片《鹏城遗韵》之“松岗赛龙舟”，在深圳公共频道播出。石岩街道围绕纪念深圳特区建立30周年开展“印象・石岩”社区歌咏比赛、书法摄影征文比赛系列活动；在裕同任达企业新建图书馆两个，增加藏书5000余册。观澜街道成功承办第六届文博会观澜版画基地分会场，被中国（深圳）国际文化产业博览交易会组委会评为优秀分会场二等奖；举办千名劳务工喜闹元宵花灯会、文艺汇演国庆晚会、外来劳务工诗歌散文朗诵比赛等活动20余场，吸引6万余名群众热情参与。大浪街道举办“星光大浪劳务工歌手晋级大赛”累计参赛人数500余人，《南方日报》对此进行整版报道；成立羊台山青工艺术合唱团，编排创作音乐作品《嘿，妹妹》、《鹏城华彩》等在中国合唱节、深圳市首届合唱节比赛中荣获金奖。龙华街道加强劳务工漫画创作，与《宝安日报》合作推出“龙华劳务工漫画”专版，《南方日报》和《宝安日报》对此进行专题报道；组织参加深圳市第六届外来青工文体节，荣获歌手大赛银奖2项、优秀奖3项。民治街道开办公益文化培训13期，展览4次，筹办各类大型文艺演出、活动8场，各种文化讲座4场，创作优秀文艺作品5部，参加区级以上文化活动荣获奖项近二十项。（陈雪峰）

附：2010年宝安区文化局领导成员名单

局长、党委副书记：吴少平
党　委　书　记：高伟光
副　　局　　长：佟建华
纪东萍
廖云山

广播影视

【广播电视宣传】2010年，宝安广电中心组织深圳经济特区建立30周年和特区一体化等主题宣传，开辟“聚焦特区一体化”、“聚焦大项目”大型系列报道，形成社会各界积极推动、群众普遍关注支持的态势，加速特区一体化的进程，为宝安区的科学发展提供强有力的舆论支持。

【安全播出】2010年，宝安广电中心优化各项安全工作机制，修订《宝安广电中心突发事件应急处置预案》，开展安全专项整治4次，确保深圳特区成立30周年和广州亚运会等重点保障期的广播电视安全播出。

【广电改革】2010年，宝安广电中心配合市、区有关部门，协助做好全市有线电视网络改革重组的前期准备工作，深入基层开展调研活动，稳定员工队伍，及时做好市改革重组方案征求意见稿的反馈工作。

【广电党建】2010年，宝安广电中心党委以创先争优为契机，积极推进党建标准化建设，将创建学习型组织和广电工作等内容纳入党支部标准化考核体系，开创性地实施“党政互动”和“党群互动”机制，通过行政与党建工作挂钩绩效考核的方式，形成人人关心党建，处处推进党建的良好态势，带动工青妇工作，促进广电事业的发展。

【精品创作】2010年，宝安广播电视中心文艺精品创作成绩喜人。2010年3月，广播剧《拔鲁》获深圳市精神文明建设重大成果奖。同年11月，广播剧《爱在春天》获第十届中国广播剧研究会广播剧专家奖单本剧金奖。

【市级荣誉】2010年3月，宝安广播电视中心获“深圳市2009年度广播电视安全播出先进单位”、“深圳市2009

2010年4月7日，宝安区有线数字电视整体转换工作动员会现场

年度广播电视精品生产先进单位”和“2009年度慈善公益活动先进单位”等称号。

【数字电视】2010年3月28日，宝安区有线电视数字化转换工作全面启动。宝安广电中心全力组织实施，通过广泛宣传、全面开花的形式，稳步推进整转工作。全年共完成53万终端用户的有线电视数字化转换工作。宝安广电事业进入数字电视发展新阶段。

【有线电视网络改造】2010年6月，宝安广电中心全面启动宝安区有线电视网络双向化改造，并通过“充分利用市政管道，立足于租用管道，合理开挖管道”的方式，缓解网改中凸显的有线电视管道匮乏问题。全年共完成60万用户分配网的双向化改造工作，为数字电视增值业务的开展提供基础条件。

【青工广播】2010年11月9日，经国家广电总局批复同意（广局〔2010〕495号），宝安广电中心原有的FM104.3获申报为青工广播，呼号为“深圳人民广播电台青工广播”，成为全国首个以外来务工群体为服务对象的广播频率。（罗　华）

附：2010年宝安广播电视中心领导成员名单

主任、党委书记：冯方明
党委副书记、纪委书记：方元生
副主任：欧阳宅光
袁军群
徐德庭

文化产业

【概况】2010年，宝安区坚持文化与产业“双轮推进”，注重完善政策体系、培育市场主体、加强规划指导、创新体制机制、强化资金保障等关键环节，完善文化市场体系，优化文化产业结构，提升文化创新能力，进一步发展文化生产力，各项工作取得显著成绩，全区文化产业保持良好的发展势头。2010年实现文化产业增加值137.8亿元，同比增长18%。至年底，全区文化产业限额以上企业604家，从业人员24.61万人。辖区内现有观澜版画原创产业基地、永丰源瓷文化创意产业园、深圳F518时尚创意园、127陈设艺术产业园、雁盟酒店文化产业园、中国（观澜）山水田园文化产业园、深圳22艺术区、宝安国际珠宝交易中心、西部国际珠宝城、宝安艺术城等文化产业园区（基地），形成以产业实体为基础融入文化内涵、与城市更新改造相结合自发自生、集聚文化企业搭建平台运营园区等的文化产业发展模式。深圳市永丰源实业有限公司获得国家文化部文化产业示范基地命名授牌，实现宝安国家级文化产业示范基地零的突破；观澜版画基地被保加利亚文化部、外交部、艺术家联合会共同授予“发展和普及现代版画艺术贡献奖”；宝安区文化产业发展办公室被第六届文博会组委会授予优秀组织奖；F518时尚创意园获联合国人居环境发展促进会等6个组织颁发的“中国最具发展潜力园区”、“中国最佳文化创意产业示范区”奖。

【“文博会”宝安展区】2010年，宝安区圆满完成第六届“文博会”主会场参展工作，成功承办观澜版画基地、国瓷永丰源、中国（观澜）山水国画基地、F518时尚创意园、雁盟酒店文化产业园、深圳22艺术区、宝安国际珠宝交易中心、万众空间站等8个分会场和1个专项活动点，观展、交易成果喜人、影响广泛，受到各级领导、媒体、业界的高度关注和充分肯定。版画基地获优秀分会场二等奖，国瓷永丰源、F518时尚创意园获优秀分会场三等奖。第六届“文博会”主展馆宝安展区和分会场合计总成交额180.1亿元，同比增长10%。2010年参观“文博会”宝安展区各项活动的观众达56万人次，创历届新高。

【项目进展】2010年，宝安区集中力量推进重点产业项目，进一步提升重大项目对全区文化产业的引领能力、服务能力、竞争能力和创新能力，文化产业园区（基地）的孵化能力大幅提升，文化产业项目亮点纷呈。观澜原创版画产业基地连续4年举办以版画为主题的、具有国际影响的文博会分会场，并成功打造“中国·观澜国际版画双年展”、“中国（观澜）原创版画交易会”、“版画学术论坛”三个品牌项目，同时制定出台《中国观澜版画公约》，中国版画有第一个专业的行业标准和规范。观澜原创版画在中国美术馆、保加利亚首都索菲亚文化部艺术中心展出；深圳市永丰源实业有限公司通过高新技术改造传统产业，加快文化企业的技术升级，努力探索“文化＋科技”、“文化＋创意”、“文化＋品牌”等综合创新模式，2010年12月9日被国家文化部命名为国家文化产业示范基地并授牌；深圳F518时尚创意园除获得联合国人居环境发展促进会等6个组织颁发的“中国最具发展潜力园区”、“中国最佳文化创意产业示范区”奖外，还被中国（北京）国际文化创意产业博览会组委会办公室和中国光华科技基金会共同主办的“光华龙腾奖”授予“中国最佳创意产业园区奖”。深圳F518时尚创意园获深圳市第二批授牌文化产业基地，被评为深圳市“文化+旅游型示范园区（基地）”，深圳市创意文化投资发展有限公司为“深圳市重点文化企业”；劲嘉彩印成为中国大型高新技术包装印刷企业集团、中国包装印刷龙头企业，连续三年蝉联“中国印刷企业百强”第一名，获“深圳经济特区30年杰出贡献企业”、深圳市第一批授牌文化产业基地，被评为深圳市“文化+科技型示范企业”；星光集团被《福布斯》杂志评选为“亚洲200家最佳上市公司”之一。全国印刷标准化技术委员会在星光成立中国首家“包装印刷标准化试验与推广基地”，以星光为龙头，带动和提升整个印刷行业的标准化技术水平；雁盟酒店文化产业园集中国首家的高端酒店文化用品、酒店艺术品及设备展示、销售、酒店物流配送为一体，酒店文化用品、酒店建筑、装饰、陈列、工艺、礼品创意设计为辅助，是集酒店策划定位、运营管理、人才培训、行业高峰论坛、旅游观光等高端服务为一体的体验式酒店文化产业园。深圳市雁盟文化产业投资有限公司被评为“深圳市重点文化企业”；宝安国际珠宝交易中心规划集研发设计、展示交易、配套服务、旅游文化等功能于一体，并配合周边即将形成的珠宝产业链，形成创意孵化区、珠宝交易展示区、生产加工区、教育研究区和文化旅游区五大功能区域。在不断完善产业链条的同时，从产业价值链条的低端，向高端发展，吸取国外在珠宝文化、珠宝品牌方面的建设经验；从简单的加工制造阶段，向重设计、重文化表现、重高附加值的层次发展，注重创意与文化相结合，提升品牌价值。深圳市大王山中饰国际珠宝交易股份有限公司被评为“深圳市重点文化企业”；中国（观澜）山水田园文化产业园为国家4A级旅游景区，坚持以文化产业和旅游产业为基础的“双业并举”发展战略，是集生态文化、客家文化及乡村民俗文化为主背景的旅游观光度假酒店，文化娱乐、休闲养生、会议、演艺等为一体的旅游文化产业园，也是中国首家以旅游度假国画创作为主题的“中国（观澜）山水国画基地”，被评为深圳市“文化+旅游型示范园区（基地）”。

【产业环境】2010年，宝安区政府出台一系列惠企政策，在制定出台《加快文化产业发展的若干办法》、《深圳市宝安区文化产业发展规划纲要》的基础上，出台《宝安区文化产业发展专项资金管理办法（试行）》、《宝安区文化产业园区（基地）认定与管理暂行办法》，为推进文化产业进一步发展提供制度保障，优化文化产业企业经营环境，初步形成较为完善的文化产业运行机制。宝安区文产办建立政企沟通桥梁，不断健全对文化企业的服务举措，提供高效优质服务。组织区内50家文化产业企业成立“宝安区文化产业协会”，建立企业交流平台，深入了解企业的要求和呼声，优化服务水平，提升服务质量，引导文化产业协同发展。文化产业协会切实树立文化产业发展的新理念，明确总体发展思路，着力构建文化产业发展的新格局，借鉴国内外成功经验，积极探索文化产业发展的新路子，发挥市场导向作用，完善文化产业发展的新机制，弥补区内文化产业行业管理方面的不足，当好区委区政府的决策参谋，服务好广大文化产业企业；与宝安日报、宝安区文化产业协会联合推出《文产周刊》，借助宝安区文化产业协会、宝安区创意产业联合会等文化产业交流与合作平台，深化协作机制，优势互补、交流融合，进一步优化文化产业发展环境；编辑出版19期《宝安文化产业信息》，印发各街道、相关部门以及重点企业学习参考；组织各街道和文化产业协会重点企业开展以“全国文化产业现状解说、文化产业发展趋势和政策解读、文化产权交易解说”、“创意园区的策划与运营探讨”为内容的两期素质工程培训，并通过召开研讨会等方式提升文化产业从业人员综合素质；组织区内重点文化企业相关负责人和文产办工作人员到深圳市各兄弟区文化产业园区（基地）考察，学习借鉴龙岗、盐田、罗湖、福田、南山区文化产业园区（基地）的先进经验，进一步提升宝安文化产业品牌建设。（陈瑞利）

附：2010年宝安区文化产业办公室领导成员名单

主　任：王明祥

副主任：彭浪燕（12月起）

图书馆

【概况】宝安区图书馆馆舍占地面积6000平方米，建筑面积8119平方米，楼高6层。图书馆对读者开放自修室、少儿阅览室、报纸阅览室、期刊阅览室、文学及社科阅览室、自然科学阅览室、特色文献室、参考咨询室、港台资料室、电子阅览室、视听室等11个阅览室和8个培训课室，以及24小时自助图书馆。截至2010年底，该馆拥有纸质藏量69万册（其中包括区图书馆52万余册及劳务工直属分馆16万余册）及电子图书8.8万余册，现有总藏量为77.8万余册；订阅报纸215种、期刊1360种（其中有港澳台期刊63种，外文期刊6种）；购买电子期刊1000种，专题数据库18个（其中自建专题数据库5个）。宝安区建有地市级公

2010年11月27日，第十一届宝安区读书月系列活动

共图书馆1个、街道级图书馆16个、达标社区图书馆124个，流动图书馆102个，形成以区图书馆为中心、街道图书馆为骨干、社区及流动图书馆为节点的较为完善的公共图书馆服务网络。全区公共图书馆总藏量412.4万册，阅览室总座席位数7082个，年均接待读者约387万人次。

【借阅工作管理】2010年，宝安区图书馆接待读者131.2万人次，新增读者证10272个，外借文献15.2万人次46.9万册次，接待到馆电子阅览5万人次，解答读者咨询5790人次，开通通借通还340人次，编印专题汇编资料3种，代检索课题23人次，同时通过网站、电子屏、宣传栏、内刊等多种途径向读者推介新书好书3万种次，为读者提供了优质、便捷的借阅和信息服务。全年采编加工图书119,146册，其中为本馆分编上架新书53,370册，流动图书65,700册；加工随书光盘4736张，音像光盘3146张。社科、自科、少儿及其他类图书分别占年度总馆藏的54%、33%、13%，馆藏结构进一步平衡、优化。推进信息化服务，数字图书馆备受青睐。年内，24小时自助图书馆共接待读者3.53万人次，自助借还图书12.4万册次，自助办证5176个，占全年办证量的50%。图书馆网站点击31万人次，数字资源使用率较2010年有较大幅度提升。年内，深入基层实地调研36次164人次，组织基层馆员专业知识培训与辅导14次，培训馆员150人次，分别组织本馆业务骨干到民治、大浪等街道对社区馆馆员进行集中培训，组织各街道馆馆长前往松岗街道馆学习交流，接纳松岗、新安翻身馆馆员来馆进行岗位培训等，全面提升全区公共图书馆读者服务的整体水平。不断优化少儿图书馆藏结构、加强少儿阅览室管理、丰富少儿读者服务内容和形式，定期举办宝图少儿英语、宝图少儿读书会、电影展播、科普知识竞猜、新书好书推荐等少儿活动70余场次。加大公共图书馆服务的宣传力度，设计制作“宝安区公共图书馆网络地图”，向市民宣传宝安区公共图书馆的建设现状，图书馆各项工作在业界媒体宣传报道138次。

【地方文献征集】该馆现有地方文献4000余册，以法律政治、文学、经济、艺术、历史地理类藏书为主。2010年，征集地方文献资料1281册、便民资料4000份。特色文献室已上架地方文献资料2674种4367册，全年接待读者1517人次。地方文献征集工作由“被动搜集为主”转变为“读者主动捐赠为主”，征集工作进入新的阶段。2010年4月出版“宝安文库”第二辑——《宝安雕塑地理志》。

【基层服务】2010年，宝安区图书馆不断规范已建8家劳务工直属分馆的日常业务管理，各项业务指标平均增幅达33%。宝安区公共图书馆“总分馆制”办馆模式、人性化的管理和服务得到充分肯定，全年接待来访专家及领导考察26人次。年内，新建流动图书馆及服务点19个，配送流动图书近5.85万册，并对14个流动馆共3万余

“雕塑与城市记忆”研讨会

册图书进行了轮换。至2010年底，全区已建流动分馆102个，年均接待读者达到185万人次，年均外借图书45万余册次，遍布全区各街道的流动图书馆为基层读者提供了丰富的阅读资源和便捷的借阅信息服务。2010年11月，宝安区图书馆采取委派馆长直属管理的模式，接管新安街道翻身社区馆。接管后该馆各项业务指标成倍增加。2010年，宝安区基层馆建设得到了业界肯定，新安安乐社区馆、西乡鹤洲社区馆、福永街道馆等基层馆顺利通过市复评检查。民治丰润社区图书馆和大浪街道图书馆荣获“2009年度深圳市优秀基层图书馆”称号，水田分馆馆长杨红玲、大浪街道馆馆长孔红、西乡街道馆馆长夏宏斌等荣获“2009年度深圳市优秀基层图书馆工作者”称号。　　（黄震东）

附：2010年宝安区图书馆领导成员名单

馆　长：周英雄

副馆长：熊　军　郑　萌

文化艺术馆

【群众文化活动】2010年初，宝安区文化馆文化广场被评为“全国特色文化广场”，元旦、春节期间，文化馆统一部署认真组织好元旦、春节系列群众文化活动，丰富广大市民节日精神文化生活。春节期间，在馆办文化艺术广场连续承办7场新年文艺晚会。5月，承办第九届中国艺术节《大地情深》——“群星奖”曲艺决赛，宝安区在第九届中国艺术节中舞蹈《快乐的建筑工》和情景快板剧《快乐的打工妹》夺得“群星奖”。承办“2010年宝安老领导新春座谈会”、“2010年宝安区慰问公安干警新春文艺晚会”、“2010年宝安区慰问社会各界新春文艺晚会”、“欢乐闹元宵”“宝安区纪委（监察局）2010年春节干部职工家属座谈会演出”、“宝安区全国第九个安全生产月启动活动文艺演出”、“宝安区金皇冠肚皮舞大赛”、“宝安区2010年赴台湾文化交流活动”、“群星奖”曲艺决赛等大型文艺演出活动。

【文艺演出和文化展览】2010年，宝安区艺术团部分演职人员参加话剧《突围1978》与深圳大学艺术学院再度合作，为宝安区打造又一新文艺精品。两个小戏小品《应人石传说》、《妈妈，您放心》参加广东省第六届群众戏剧曲艺花会获金奖。全年艺术团承担并组织参加赴台湾“广东周宝安·学甲之夜”和“情系岭南”等71场演出。区文化馆响应市文化关于建设创新型、智慧型、力量型城市文化的号召，着力开通多年来停办的艺术培训工作。培训中心从2月28日起开展少儿舞蹈、跆拳道、少儿美术、书法、摄影、手工艺、瑜伽、肚皮舞等项目的培训，共培训近8000人次。春节期间举办为期1个月的“2010＇中国景德镇当代陶瓷艺术精品邀请展”，2010年共举办各类美术、书法、摄影展览计33次。为纪念深圳特区成立30周年《南风南韵》——阎敏、颜晓萍、莫建文画展于6月25日—7月7日在中国美术馆展出，受到《南方日报》等多家媒体关注。特别是改革开放总设计师邓小平的展览，深受宝安人民的喜爱，各单位组织前来区群艺馆参观。文学创作调研部出版发行《宝安群文》杂志6期和宝安群文通讯12期。

【外来青工文化节】2010年，外来青工文化节日渐成为宝安群众文化的品牌，让广大外来青工在享受文化权力的同时，提高了广大外来青工的文化素质。4月28日至5月28日，区文化馆协办深圳市第六届外来青工文体节的开幕、闭幕式大型文艺演出暨颁奖文艺晚会。外来青工文体节期间，参与了外来青工文体节歌手大赛、才艺大赛、器乐大赛，共获金奖7名，银奖8名，铜奖11名、优秀奖12名。承办深圳市第六届外来青工文体节全国“外来青工风采”摄影大赛，获奖作品于5月28日至6月1日在宝安区群众文化艺术馆二楼展厅展出。此次大赛参赛选手的数量和作品质量都明显高于往届，全国共有600多人参加此次摄影大赛，收到作品5800多件，150件作品入选，共评出金奖2名、银奖4名、铜奖8名、优秀奖136名。其中宝安区获银奖1名、铜奖2名、优秀奖23名。获市外来青工文体节组委会颁发的“优秀组织奖”。

【非物质文化遗产保护】2010年，宝安区实施非物质文化遗产的保护工程，做好非物质文化遗产保护工作。区文化馆十分重视民族民间文化艺术的挖掘、收集和整理工作，在区文化局的指导下，专门抽调两人组成宝安区非物质文化遗产保护办公室，安排专人负责日常工作的开展。在各街道文体中心的密切配合和共同努力下，3月18—19日分别在区群艺馆广场和观澜世纪广场举办“非遗进社区”活动；组织第二批区级5个名录申报市级名录；修改上报国家级名录的三个项目，其中大浪大船坑麒麟舞于5月19日在中国非物质文化遗产网上公示。

（黄永珍）

附：2010年宝安区文化艺术馆领导成员名单

馆　长：刘明军

副馆长：胡棵育　王文舵

卫　生

【概况】 2010年，宝安区医疗卫生机构853间，同比增长1.2%，其中，公共卫生单位和血站12间，公立医院13间（含区计生专科医院和市人民医院龙华分院），民营医院14间，门诊部（诊所）503间，社区健康服务中心168间，医疗服务站13间，医务室130间，设有病床6237张（含民营医院床位1567张），同比增长11.38%。卫生人员共15125人（含社会医疗机构3681人），同比增长7.62%，其中，公立医疗卫生机构人员中具有副高以上职称的1496人，具有硕士学位的601人，博士学位的78人，博士后1人。总诊疗（含社会医疗机构）预计达2708万人次，同比增长约10.33%，门诊2294.16万人次，同比增长约11.31%，急诊188.57万人次，同比增长约8.69%，住院为23.78万人次，同比增长约12.66%，病床使用率为87.6%，同比增长6.85%。

【卫生改革】 2010年，宝安区医药卫生体制改革开局良好。年内，宝安区卫生系统积极开展学习贯彻医改政策活动，通过举办学习培训班、知识竞赛、局领导巡回授课、专家学者报告会等方式，使医务人员积极支持、参与医改的主动性不断提高。积极落实医改工作任务，以完善新型城市医疗服务体系为抓手，强力推进重大卫生设施建设，进一步完善社区健康服务体系、全面落实国家基本药物制度，着力促进基本公共卫生服务均等化，积极推进人事制度改革，取得初步的成效。

【卫生事业特区一体化】 2010年，宝安区卫生事业特区一体化工作全面起步。特区扩容之后，区卫生局立即成立四个课题组对卫生事业一体化发展进行调研。各课题组通过广泛征求意见，深刻剖析差距和根源，切实摸清宝安区医疗卫生的“家底”，制定出具有前瞻性、针对性和操作性的调研报告和行动方案。按照区委区政府“下半年全面起步”的要求，区卫生系统把卫生基础设施和卫生人才队伍两个最薄弱环节作为切入点，启动一批卫生基础设施建设项目，派出一批医护骨干到国内外知名医疗机构进修学习，吸纳一批卫生专业技术人才进入医疗卫生岗位，为卫生事业特区一体化发展奠定坚实的基础。

【卫生基础设施建设】 2010年，宝安区重大卫生基础项目建设全面提速。区人民医院新门诊大楼和区中心血站新业务大楼投入使用，区慢性病防治院新院主体工程提前封顶，区妇幼保健院中心区新院建设项目进展顺利，区预防医学・区卫生监督所综合楼、松岗卫生监督所、西乡公共卫生服务中心建设项目奠基动工，新建民治医院和大浪医院获投资立项，其他各街

卫生部副部长陈啸宏与广东省副省长雷于蓝调研宝安区职业卫生工作

道公立医院改扩建项目的可研报告评审工作完成，现代化卫生基础设施体系初步成型。

【医疗管理】2010年，宝安区医疗服务质量与水平稳步提高。在年终区级医疗服务质量评估检查中，各公立医院均达到一级医疗质量标准，全年未发生重大医疗事故和差错。年内，广东省恢复医院等级评审，区人民医院立即启动创三甲工作，成立创三甲办公室，下发创三甲活动方案，召开全院创三甲动员大会。“科教兴卫”工程取得丰硕成果，石岩、福永人民医院顺利通过广东省普通高等医学院校教学医院评审，宝安区已在全市率先实现公立医院高等医学院校教学医院全覆盖；观澜人民医院成功创建为广东医学院非直属附属医院，成为宝安区第4间医学高等院校非直属附属医院；在科研成果方面，区妇保院“初生儿体格发育及影响因素的研究”荣获广东省科学技术三等奖；在立项方面，区慢病院“深圳市宝安区防治结核病规模化现场流行病学和干预的研究”获得“十一五”国家科技重大项目，区人民医院课题“SATB2调控结直肠癌干细胞生物学特性的表观遗传学机制”获得“国家自然基金青年基金项目”。多方齐抓共管机制得到更多肯定，宝安区人民法院、区司法局、区卫生局及医学专家库三方联合调解医患争议机制两年以来，除充分发挥属地维稳功能外，其成绩和模式在国家司法部得到充分肯定和经验介绍；警医联防联动长效机制进一步完善，力度进一步加强，对打击“医闹”维护医院正常工作秩序起到关键性作用；区卫生局和区药监分局《关于联合打击药店非法行医行为的通知》文件的实施，已查处药店非法行医321家和吊销药店经营许可证32家。打击非法行医行动效果显著。打击非法行医工作移交到卫生行政部门以来，宝安区首先通过区人事局增加15个专职医疗保健监督执法人员编制，增强打击非法行医力量，2010年共完成针对无牌无证诊所和超经营范围医疗机构的监督检查1647次，出动执法人员4006人次，出动执法车1215车次，取缔非法医疗机构579间，收缴药械7.173吨，标价46.16万元。两次在松岗老虎坑垃圾填埋场举行打击非法行医销毁非法药械现场会，集中销毁收缴药品医疗器械，有力震慑不法分子。与《晶报》合作开设打击非法行医专栏连载，宣传打击非法行医工作，取得良好的社会反响。血液供应保障工作扎实有效，采取多种形式开展无偿献血宣传和招募，实现无偿献血率100%，机采成分无偿献血比例100%，临床成分血使用率99.7%。中医药工作进一步加强，深入开展中医“名医、名科、名院”建设工程、中医“治未病”预防保健体系试点工作和中医药进社区、进基层、进家庭工作，宝安区被定为深圳市示范中医药进社区试点区，区中医院荣获2010年宝安区区长质量奖。

【社区健康服务】2010年，宝安区社区健康服务体系进一步健全。社区健康服务工作全面发展，全年社康中心服务人次预计达1105.68万，同比上年增加15.43%，诊疗人次占全区门诊量的一半。社康中心平均处方费用约为39.81元，在全市处于较低水平。2010年12月8日，全区社康中心实行药品“零加成”，切实降低群众负担。社康管理运行机制改革试点工作圆满完成，通过改革，西乡和观澜两个街道的社康中心财务收支实现平衡，服务质量和水平明显提高，居民看病费用大幅下降，居民总体满意度达到85.57%，改革试点工作得到省、市、区领导和专家的高度评价。社康队伍建设进一步加强，通过公开招考引进一批优秀的社区卫生专业技术人员和全科医学规范化培训学员，积极组织全区社康管理精英专项培训班，使社康人才队伍得到充实壮大，人员整体素质得到明显提升。公共卫生服务能力显著提升，积极开展卫生部社区卫生服务适宜技术的试点工作，慢病及儿童保健等管理对象数量和质量得到大幅度提升。全科医学重点专科研究成果累累，全科医学研究中心取得1项卫生部中国社区卫生科研基金项目的立项，2项市科技局立项，9项区科技局立项，发表论文20多篇，陈金喜局长主持实施的国家级课题“深圳市社区卫生服务机构药物使用现状及实行国家基本药物制度的策略研究”顺利通过卫生部终期评审，研究成果斐然。

【公共卫生】2010年，宝安区公共卫生服务工作再上新台阶。基本公共卫

卫生部副部长王国强视察区中医院治未病中心

生服务均等化进社区工作深入开展，全区社康中心已建立市民健康档案474.6万份，60岁以上老年特殊人群专案管理人数达7.5万人，慢性病专案管理人数达1.15万人。常住人口0～6岁儿童系统管理率达到98%以上，暂住人口达到90%以上。全区孕产妇系统管理率达到79.04%，产后访视率98.69%。全年社康中心预防接种人次达116.82万，各类计划免疫的疫苗接种率均达到或超过国家目标要求。母婴安康工程成效显著，区财政补贴200万元，为"降消"项目提供资金保障。全市人口孕产妇死亡率下降到11.95/10万，为近10年最低。积极落实预防出生缺陷和免费婚检工作，全区婚检率明显上升，全年婚检率超过33.33%，出生缺陷率10.27‰，为近5年的最低。精神卫生工作取得新成绩，开展"心灵关爱进企业"活动，直接受益人群达20000余人。成立心理救援工作组进驻富士康集团，共开展心理健康教育5000人次，评估筛查2186人次，筛查出有自杀风险患者36人，疑似精神障碍患者61人，确诊精神障碍17人，转康宁医院进一步诊治55人，圆满完成心理救援任务。投入资金90万元，接诊"三无流浪"精神病人150例，彰显人文关怀。重大传染病防治有效，认真、规范地开展肺炎、甲流、霍乱、痢疾等传染病监测，对每一起传染病疫情的处置都做到及时、规范，及时控制甲类传染病霍乱和新发传染病基孔肯雅热疫情。国家扩大免疫规划工作顺利实施，圆满完成国家重大公共卫生项目"15岁以下人群乙肝疫苗补种"工作，全区范围内8月龄～4周岁儿童麻疹疫苗接种率达到96.93%，有效保护儿童身体健康。其他重点工作扎实开展，宝安区成为卫生部首批农民工健康关爱工程项目试点。认真做好艾滋病、性病、麻风病、结核病和慢性非传染性疾病防治工作。2010年，宝安区公共卫生监督管理能力显著提高。医疗机构监管进一步强化，全年共完成日常监督检查3437次，作出现场检查笔录2865份，发出卫生监督意见书2776份，作出行政处罚140宗，罚款46.70万元，没收非法所得8267.7元，妥善处置群众举报或投诉案件145宗，行政处罚结案率100%，全区医疗机构诊疗行为进一步规范。职业危害整治工作落实有力，积极开展正己烷、粉尘与高毒物品等专项整治，全年共监督有毒有害企业6696间次，责令限期改正1182间，进行职业健康检查17.4万人次，有效保障劳务工身体健康。公共卫生日常监管依法开展，实施生活饮用水、游泳场所水质专项卫生监督和抽检，对1199间旅业经营单位和68间游泳场所进行量化评级，超额完成公共场所卫生监督量化分级任务。开展学校、托幼机构手足口病防控、甲型H1N1流感等急性呼吸道传染病防控专项监督等工作，共监督各类医疗卫生机构1692间次、学校425间次、托幼机构637间次、消毒产品经营单位459间次。继续抓好放射卫生监督工作，全区放射诊疗许可证持证率达90.6%。

【人才引进与培训】2010年，人才引进工作加速推进，出台《关于进一步加强宝安区卫生人才队伍建设的实施意见（试行）》，使宝安区卫生人才的引进与培训有规范化的指引和依据。公开招考引进322名职员和23名全科医师规范化培训学员，选聘引进副高级职称的卫生专业人员4名，正高职称的卫生专业人员6名，博士10名，卫生人才队伍进一步充实。人事制度改革稳步进行，迅速启动岗位设置工作，实现促进事业单位人事管理模式由固定用人向合同用人、由身份管理向岗位管理的转变；顺利完成公务员分类管理改革，区卫生监督所23名公务员转任行政执法类公务员，使宝安区卫生系统公务员队伍更专业、更高效。人才培养力度进一步加大，出台《宝安卫生系统医务人员出国进修管理暂行规定（试行）》和《宝安卫生系统医务人员国内进修培训管理暂行规定（试行）》，积极实施素质工程重点班次和德中临床医疗项目，共派出19名医护骨干分别到美国、德国、澳大利亚等国家和我国香港地区进修学习，派出139名专业骨干到国内著名医疗机构进行进修，全年举办各类培训讲座及宣传教育2131场次，受训人员达到627224人次，卫生人员的素质得到进一步提升。

【财务管理】2010年，宝安区卫生系统财务管理工作扎实开展。认真做好基本药物零差率政府补助的测算工作，积极探索适合宝安区实际的医药卫生经费补偿机制，努力为推动医药卫生体制改革提供支持。成功举办首届宝安区卫生系统财务人员专业技能竞赛，优选其中20名选手代表宝安区参加全市财务人员专业技能竞赛，荣获全市团体总分一等奖和组织奖。

【行风建设】2010年，宝安区卫生系统行业作风建设成效显著。民主评议政风行风活动取得好成绩，各单位通过广泛征求意见，狠抓整改落实，努力提升服务，注重健全机制，取得显著成效。11月，宝安区卫生系统基层站所行风评议工作以总分99.28分，社会满意度98.96%的优异成绩通过区纠风办评议组的考评。"构建和谐医患关系示范岗"创建工作成果斐然，2010年，宝安区人民医院泌尿外科等6个科室被评为2009年度市级创建"构建和谐医患关系示范岗"，沙井人民医院麻醉科等20个科室被评为2010年度区级创建"构建和谐医患关系示范岗"，继续保持全市创建活动排头兵的地位。全力配合区纪委派驻三组的工作，一手抓制度约束，认真落实党风廉政建设责任制，建立健全医德医风考评制度；一手抓预防教育，广泛开展"三纪"教育培训、"廉政文化进机关、进医院"、纪律教育学习月、廉政文化创建等活动，切实筑牢防腐拒变防线。

【卫生应急与安全管理】2010年，宝安区卫生应急处置能力明显提升。卫生应急体制机制进一步健全，对各类应急预案进行有效整合和精简，明确和完善应对突发事件的组织体系、预防措施、处置程序、工作流程、应急储备，基本建立起应对各种突发事件和复杂局面的工作机制。编印《宝安区卫生系统突发公共事件信息报告规范》，明确和统一信息报告的标准、程序、时限、模板，建立突发事件信息员队伍，提高应急处置的快速反应能力。应急演练和培训工作切实加强，强化应急管理、专业队伍、专家组队伍、信息员队伍四支应急队伍的建设，全年共开展各类演练36次，举办各类应急培训52次，全面提升广大医务人员应急知识和现场处置水平。应急处置及时有效，2010年协调处置71起传染病疫情（其中10起达到一般突发公共卫生事件标准）、23宗职业中毒事件、6起食物中毒事件、9宗群体性医疗争议事件。共出动“120”救护车23982车次，其中开展突发事件医疗救援353起，救治伤员762人。每起事件都得到及时、规范、有效的处置。安全管理工作切实强化，严格落实安全岗位责任制，安全生产长效机制进一步构筑。组织开展节假日安全大检查、安全生产百日大排查和“迎亚运、保平安、促稳定”年终冲刺行动等专项整治活动，排查整治一批安全隐患，有效防范安全事故的发生。信访维稳工作有效开展，进一步落实接访和包案制度，变上访为下访，变等访为约访，切实做好信访维稳工作，全年未造成一起引发不稳定因素的赴省进京等非正常上访事件。

【健康教育】2010年，宝安区健康教育工作稳步推进。卫生宣传活动积极开展，全年共组织卫生宣传日活动197次，宣传咨询活动180次，编印健康教育资料661种388.9185万份，宣传画59种11.03万份，发放各类宣传资料1659种899.2万份，发放宣传画166种24.9万份，举办各类讲座397次，培训班357次，召开专题会议101次，有效提高医务人员和群众健康知识知晓率和健康行为形成率。控烟工作落实有力，宝安区卫生系统层层签订《宝安区创建无烟医疗卫生机构责任书》，将责任落实到位。积极创建无烟医疗卫生机构，在办公室、公共场所明显处张贴禁止吸烟标志5000余个，安排宣传专栏50个，张贴海报1万余张，宣传效果显著，区卫生局机关和23家公立医疗卫生机构全部通过“无烟医疗卫生机构”评估。

【党群工作】2010年，宝安区卫生系统党群工作亮点频现。成立党代表工作室，在党代表与党员群众间建立起经常化、制度化的联系，受到群众的好评。卫生文化品牌不断涌现，区妇幼保健院新生儿科、龙华人民医院急诊科分别被授予宝安首个国家级“工人先锋号”和“模范职工小家”，区疾控中心被授予市级“先进职工之家”，区慢性病防治院结防科被授予市级“先进职工小家”，行业形象明显提升。

【红十字会和医学会】2010年，宝安区红十字会和医学会工作卓有成效。宝安区红十字医疗救助专项资金共救助困难群众48人，救助金额72万元，让贫困急危重病人得到及时救治。为32名早期脑损伤患儿申请每人2万元的康复治疗费用，有效提高患儿的生活质量。广泛宣传《器官捐献条例》，成功获得8例多器官捐献，30例眼角膜捐献，数量在全市名列前茅。建立宝安区红十字会卫生救护培训基地，为区内348名消防志愿者作初级卫生救护培训，做好“大运会志愿者”培训工作准备。成功举办“红十字博爱活动周”系列活动，取得良好社会反响。积极为灾区奉献爱心，共为玉树地震灾区募得救灾款80余万元，为舟曲泥石流灾区募得救灾款6万余元。区医学会第三次会员代表大会顺利召开，选举产生新一届理事会。各专业委员会开展学术交流活动40场次，使医疗卫生领域的新技术、新方法、新成果得到有效推广。

【卫生信息化建设】2010年，宝安卫生信息化建设全面铺开。在历经近一年的起草招标文件、标书公告、答疑复函、两次开标工作后，最终产生应用软件系统的中标单位并进入合同签订阶段。试点医院之一的区妇幼保健院完成所有前期准备与基础性工作，PACS系统项目试点区中医院也完成部分业务系统与市卫生数据中心的对接工作；区人民医院，石岩人民医院，区中心血站争取到政府信息化项目的投资，正着力完善硬件与网络设施。信息化管理已成为卫生系统发展强有力的支撑。

【干部保健】2010年，宝安区干部保健工作进一步加强。为适应新时期干部保健工作要求，建立健全保健对象健康档案，组建干部保健工作联络员队伍和专家队伍，扩展保健对象就医网络，提高健康体检标准，同时还高质量做好保健对象就医联系、住院探视、保健包配备等日常服务工作，各项措施受到保健对象的认可和好评。

（王　栋）

附：2010年宝安区卫生局领导成员名单

局长、党委副书记：陈金喜
党委书记：钟天伦
纪委书记：胡晓霞
副局长：胡晓霞
孙玉卫
廖　欣

体　育

【大运筹办】2010年，宝安区展开大运配套改造工程。至2010年11月，宝安体育场主体工程建设完成，屋盖钢结构和索结构的安装完成，屋盖膜结构12月中旬开始铺装，春节前完工。室内装修和设备安装工程将在春节前完工。室外绿化工程预计2011年4月完成建设。场馆维修改造工程稳步推进。为满足大运会赛事要求，宝安区对4个场馆进行维修改造。宝安体育馆维修改造工程部分项目如空调、灯光、大屏幕等已进场施工，其他项目进入招标程序；宝安游泳馆安保系统改造工程完成招投标工作，其他改造项目如节能减排等完成项目建议书，正等待发改局审批；西乡体育中心维修改造工程于10月1日正式开工建设；宝安实验学校体育馆完成预算编制，招投标工作基本完成。赛区委员会和场馆运营团队成立。区委区政府设立宝安赛区5个工作部门，成立大运场馆运营团队。按照市大运执行局的要求，宝安赛区委员会下设5个工作部门，即综合部、安全保卫部、志愿者部、外围保障部和执行局协调办公室。为加强对大运会各项工作的统筹领导，赛区委员会各工作部门均由区领导担任主要负责人。为做好大运场馆运营团队组建工作，成立宝安区体育中心，体育中心是区属公益性体育场馆管理机构，为区体育局直属事业单位，内设综合部、体育场管理部、体育馆管理部、游泳场馆管理部。

【群众体育】2010年，宝安区群众性体育活动精彩纷呈。年内，宝安区体育局联合区总工会成功举办宝安区第二届企业劳务工运动会，是建区以来举办的规模最大、参赛企业和运动员人数最多的一次劳务工体育综合赛事。运动会以“服务企业、服务员工”和“重在健身、重在参与”为宗旨，吸引了全区66家企业代表队的1839名劳务工参与游泳、篮球、乒乓球、羽毛球、田径、拔河、趣味运动等7个项目的角逐。全年共组织举办9项较大规模的体育赛事，包括以万名老人迎大运健步行、全区乒乓球、羽毛球比赛、万人长跑、羊台山登山节、全国中学生跆拳道锦标赛华南分区赛、深圳市青工文体节趣味体育活动等，参加人数6万多人次。8月8日“全民健身日”期间，免费向市民开放43处体育场馆，有近3万市民免费进入场馆锻炼。各街道以“体育进社区、运动在家门”为目标，着力开展丰富多彩的群体活动，如龙狮闹元宵、五四青年杯、七一党建杯、纪念特区成立30周年系列活动等。据统计，街道、机关、企事业单位举办区域性赛事、活动186项次，其中以劳务工为对象的赛事活动43项次，参与人数21万人次，比2009年均有大幅提升。指导协助企业、部委办局开展群体活动12项次。通过群体活动开展，宝安区已逐步构建市、区、街道、社区四级群体活动体系，形成“月月有赛事，天天有活动”的全民健身格局。

【体育培训模式创新】2010年，宝安区体育局将三级社会体育指导员培训模式由体育局主办改革为由各街道分别承办的“进街道服务社区”模式，体育局负责统一教师、教材和培训考核形式，全年举办培训班四期，培训三级社会体育指导员623名，其中重点为企业培训指导员128名。结合各类体育赛事，为社会体育专业人员、体育骨干和体育爱好者举办乒乓球、羽毛球等项目裁判员学习班6期，培训各项目裁判300多人。

【体育基础设施建设】2010年，宝安区体育局申请使用体育彩票公益金300万元购置健身器材，为50个社区和工业区配建了35条健身路径，安装50副篮球架和60副室内乒乓球台，维修了沙井街道2个门球场。在街道体育中心建设方面，松岗体育中心正在进行施工招标工作；龙华和沙井街道体育中心已确定设计方案；观澜、石岩、福永、大浪街道体育中心前期工作仍在进行之中。民治、新安2个街道体育中心尚未确定选址用地。

【国民体质测定】2010年，宝安区体育局积极开展国民体质监测工作，共测试各类人群19541人，其中企业劳务工4300人，完成了国家体质测试年1260人的指标录入和数据整合工作，拟出了《宝安区2010年国民体质测试结果公报》、《教育局学生类分析报告》、《宝安区2010年来深建设者体质测试公报》等4份分析报告。在开展体质测试期间，现场为测试人群提供体质现状咨询和科学健身指导，免费发放健身手册12700本。

【竞技体育】2010年，宝安区按市第八届运动会各项目年龄段要求进行招生和选拔，组建了14个项目的备战队伍，完成注册运动员872人。协同教育部门举办各类中小学生体育比赛15项，包括篮球赛、毽球赛、备战市运会乒乓球、田径、武术选拔赛等，参与学校29间，参赛学生3200人，以比赛达到选才、检查、提高的目的。经过暑假集训，考察选拔和资格赛，确定参加市八运会的运动员529人，领队23人、教练员70人。2010年，宝安区

2010年5月22日，宝安区外来青工文体节的拔河比赛

2010年8月12日，宝安区举办社区篮球赛

各运动队在全国比赛中获金牌16枚、银牌15枚，省级比赛银牌5枚，市级比赛金牌1枚。其中，跆拳道队在洲际和全国比赛中取得6个团体冠军，在全国青年锦标赛上获得2金5银8铜；空手道队获得全国比赛4金7银7铜的好成绩；女足获市级比赛金银铜牌各1枚；游泳队获全国比赛2金3银；乒乓球队宝安籍运动员林高远，代表广东参加全国乒乓球锦标赛获男团冠军；田径队宝安籍运动员陈达裕代表广东参加全国田径大奖赛（苏州站、合肥站）获400m栏冠军、宝安籍运动员林任铿代表深圳参加第十三届省运会，获100m和200m两枚银牌。宝安区运动员有3人进入空手道国家队，4人进入跆拳道国家青年队，2人进入八一集训队，7人进入广东省跆拳道队，28名跆拳道运动员分别被广西师范大学、武汉体育学院等大专院校录取。

【训练网点项目巩固】2010年，宝安区加强对全区18个项目45所传统项目训练学校和57个训练网点的指导和督促工作。全区参加业余训练的学生达2352人，业余体校注册管理的有1864人，教练员70人。同时，对西乡中学、文汇中学、安乐小学等传统项目学校体育设施和赛事活动给予适当扶持；并确定西乡中学等4所学校5个项目向市申报高水平项目学校，文汇中学等25所学校为传统项目学校。

【体育场所安全管理】2010年，宝安区体育局高度重视安全生产管理工作，努力消除体育场馆和体育经营场所安全隐患。年内，两次召开游泳场所安全生产管理工作会议，全区300余名救生员做到持证上岗。积极协助市体育主管部门和区安监部门，加强对高危险性体育项目管理，加强对各街道游泳场所及溜冰场所的安全检查工作，共检查各类游泳场所87家，对不符合安全要求的经营场所，发出安全隐患项目整改通知，限期整改；对无证或有效证照不齐全、超经营许可范围经营的场所，及时联系相关执法单位，对其进行停业整改处理，使安全隐患消除于萌芽状态。深刻吸取松岗燕川社区“9.23”触电死亡事故、沙井海上田园农庄和福永工厂火灾教训，建立健全体育系统内部消防安全管理机制。

【体育场馆经营】2010年，宝安区属体育场馆（宝安体育中心）创造了良好的社会效益和经济效益。宝安体育馆全年接待来馆健身休闲群众（含馆外篮球场）55万人次，承办全国国标舞比赛、全国中学生跆拳道比赛、亚运会拉拉队比赛等大型赛事13场，深圳卫视2010跨年演唱会、2010红人馆歌友会、雪碧中国原创音乐榜、伍佰演唱会等大型文艺演出5场，上海大众汽车途观发布会、2010深圳茶叶展销会、宝安日报车展等大型年会、展会15场，全年经济收入385万元；宝安游泳场馆接待泳客25万人次，营业收入390万元，举办游泳培训班5期，培训人数517人；网球场举办网球培训班培训800人次，营业收入30万元。　（刘　念）

附：2010年宝安区体育局领导成员名单

局　长：杨齐兴

副局长：谢建华

社会生活

民　政

【社会救助】2010年，宝安区社会救助工作稳步推进。在广东省率先建立社会救助体系的基础上，协调15个相关单位落实各项帮扶措施。委托广州零点公司，对社会救助体系执行效果进行评估。根据评估结果，初步拟定新增、调整的救助项目。2010年4月召开的广东省社会救助工作会议，肯定和推广宝安区社会救助体系建设的做法和经验。宝安区607户1676人纳入最低生活保障，累计发放低保金529万元、医疗救助金82万元、燃气补贴14.9万元；为292名低保群众购买住院医疗保险。资助140名困难学生69.1万元。发放低收入家庭养育扶助金32.1万元。自11月起对低收入家庭发放物价补贴累计16.8万元。宝安区慈善超市以低于市场价40%的价格销售生活用品6.68万元，补贴2.69万元，受惠低保群众1100人次。对居住较为偏远，交通不便的低保户，不定期发放米、油等物资，惠及低保户393户，金额37.6万元。分层次分类别救助特困低保群众252户707人，年计发放244万元。42户124名低保边缘群众得到生活、医疗、子女上学、住房等救助。利用“宝安区社区信息直通车”进行低保业务网上审批，提高审批效率。救济困难户籍居民402人（次）120万元。救济外来务工人员33人（次）20万元。推荐患病劳务工160人和劳务工子女42人申请市慈善会救助，共获得救助金226万元。节日期间慰问孤寡老人、孤儿、弃婴、低保户、麻风病人等3552人次，发放慰问金364.54万元。协助台湾慈善组织慈济公德会走访慰问全区150户低收入家庭和孤寡老人，发放冬令物资。

【社会保障】2010年，宝安区社会保障工作创新发展。创新流浪人员救助方式。开展流浪人员的涉法救助，与区法院探索假释未成年人的救助和帮教工作，协助2名缓刑未成年人返乡；与区检察院、区法院探索为遇害流浪汉法律维权新路，由区救助站作为流浪汉的诉讼主体提起民事赔偿诉讼。加大精神病人救助，共救助36人。扩大救助范围，主动开展街头救助，将城区学校周围纳入流动救助重点巡查范围。灾害和异常天气救助930人（次）。区救助站全年共救助5292人次，其中未成年人325人次，为262人查清户籍地址或找到亲属，护送特殊人员返乡47人次，帮助26名流浪人员找到工作。救助站新站建设进展顺利。大力提升养老服务水平。改进居家养老服务，居家养老补贴方式由现金改为服务券，下拨服务补贴1056万元，服务老人5181人。全区4300多名80岁以上老人自九月起发放高龄津贴。做好孤寡老人和敬老院老人的护养，区福利中心和各街道敬老院积极加强软硬件建设，提升服务质量。加大为老人服务设施建设，完成

2010年4月29日，宝安区举行首届慈善表彰大会

38家“星光老年之家”建设，资助4家街道公办敬老院40万元加强设施维护。健全基层老年组织，维护老年人权益，成立宝安区老年协会，备案新安街道老年协会，建立龙华、松岗、观澜、大浪、民治街道老年协会。办理老年优待证5216张。及时下拨各类老龄工作经费2892.5万元。经市组织检查，宝安区是全市公益金使用中唯一未出现问题的单位。开展养老福利事业改革调研，着手制定老龄工作“十二五”规划。在弃婴（童）的福利性保障方面，共接收弃婴（童）103人，办理收养87人（国内收养23人、涉外收养64人），家庭寄养53人次，机构异地托养安置弃婴（童）48人。区福利中心被民政部中国收养中心评为“2010年度全国涉外送养先进福利机构”。登记成立两家特殊儿童康复中心，启动由社会组织运作的自闭症儿童康复训练。推进弃婴（童）异地代养试点，探索开展孤残儿童模拟家庭养育模式。全年募集慈善金6606万多元。其中，为青海玉树地震灾区募集3500多万元，占深圳市的27.5%；慈善捐赠月募集717万多元，占深圳市的83.5%；广东“扶贫济困日”活动募集1800多万元，为舟曲泥石流灾区捐款34.7万多元，为西南旱灾地区募集资金36万多元。接收定向捐款50万元，接收衣被1万多件以及其他物资一批。召开首届宝安区慈善表彰大会。创新“一十百千万”的慈善月募捐活动方式，标志宝安区募捐活动从原来的重点人群募捐向全社会募捐转变。完善救助办法，降低救助门槛。救助门槛从低于1800元降至低于2200元，惠及更多的困难群众。2010年共救助670多人次、599万多元，其中劳务工281人次、250多万元。资助驻地困难官兵87人次、47.7万元。捐赠区中心血站价值160万元的双层采血车1台。加强应急救灾体系建设。坚持实物储备和合同储备相结合，建立防灾救灾仓库。储备食品、衣被、帐篷等应急物资。完成《宝安区应急避险场所专项规划》。

【**基层建设**】2010年，宝安区基层建设工作成效显著。完成“宝安区社区治理现状、问题与对策研究”和“宝安区社区基础设施投资管理研究”专项调研，全面掌握宝安区治理和社区基础设施的现状，并提出有针对性的建议。协助中央编译局完成《宝安区社区治理体制创新报告》，并从实际出发，制定行动方案。完成《宝安区受生态控制线和水源保护区规划影响的社区股份合作公司状况调研报告》，提出适当调整生态控制线、落实征地转地中未返还用地等意见，解决因生态控制线和水源保护区影响的社区股份公司的经济受损问题。总结东、西片街道两种不同的社区建设模式，加强指导，重点推进社区居委会建设和社区工作社会化。总结和推广大浪街道加强社区居民自治的经验。协助区财政局及时拨付社区社会管理费用7.2亿元。50个社区通过省“六好”平安和谐社区评审，宝安区已达120个，创建率77.4%。23个社区申报2010年市“六好”平安和谐社区，宝安区已达152个，申报完成率为98.1%。协助推进新岸线社区居委会“和谐康居示范社区”创建工作。加快推进固本强基社区建设项目。加大立项力度，选准选好项目，区审定并向市申报项目70个，市、区共安排资金1亿元。加快建设进度，新开工项目27个，完工15个。进一步加强与有关部门协调，加快用地、资金审批，提前介入，适当突破投资建设规模，实事求是解决资金缺口，多措并举解决社区办公服务场所问题。加大对革命老区的支持力度。安排1000万元资助57个建设项目，完善贫困老区的排污、道路、管网、厂房配套等设施。举办2010年社区工作站站长、居委会主任培训班，协助举办社区干部香港、新加坡培训班，进一步提升社区干部素质。推进社区党风廉政信息公开平台建设。加强组织领导，配齐软硬件设施，强化人员培训，严把信息录入关。开展西乡、沙井等街道行政区划调整的调研，拟出街道分设方案初稿。从实际出发，调整社区工作站（居委会）。增设新安街道新岸线社区居委会、观澜街道大水田社区工作站，西乡街道劳动社区工作站（居委会）分设为劳动、永丰社区工作站（居委会）。宝安区现有社区工作站156个，社区居委会236个。积极调处行政区域界线争议。调处新安街道与西乡街道大铲港行政区域界线争议。解决交椅湾蚝田争议取得重大进展。在各方的共同努力下，交椅湾蚝田争议问题引起国务院有关方面的高度重视，争议解决正在向保障蚝民正当权益的方向发展。

2010年1月，区民政局代表区委区政府向驻区部队赠送“拥军奶”

【优抚安置】2010年，宝安区优抚安置工作扎实开展。积极创建省级双拥模范区。全面梳理和总结宝安区三年来的双拥工作情况，严格按要求做好各项迎检工作，完成“省双拥模范区”创建申报工作。主动走访部队，了解部队和官兵训练、学习、生活上的困难。帮助驻港部队观澜教导团、龙华75212和武警深圳指挥部等18个部队改造天然气管道、建设训练游泳池和购置抢险车等26个项目500万元。做好春节、“八一”等重大节日慰问工作，组织慰问团30多个慰问部队87个，赠送慰问金520万余元，慰问品30万余元。慰问各类优抚对象918人（次）共114.3万元。对区优抚对象生活现状和福利需求进行普查，完成优抚对象逐人建档工作。发放《优抚对象抚恤补助登记证》290本。下拨各类优抚经费666.01万元，优抚保障水平按自然增长机制逐年提高。新认定参战人员18人，补助53名生活困难优抚对象8.55万元。接转各类优抚对象12人。组织400多名优抚对象免费体检。接收退役士兵147人，发放安置金及待安置期间生活补贴1332.8万元；接收转业士官4人，全部申请自谋职业，发放安置金和生活补贴共59.72万元。安排培训经费72.66万元，组织92名退役士兵参加短期职业技能培训，21人参加深圳职业技术学院继续教育大专研修班学习，3人参加全日制本科学习。

2010年4月20日，宝安区开展第三届社工宣传周活动

【社会组织】2010年，宝安区创新社区组织管理体制，社会组织进一步发展壮大。加大社会组织培育发展力度。新登记社会组织106家（包括社区社会组织55家），其中民办非企业单位46家，社会团体60家；变更社会组织53家。宝安区社会组织共有806家（包括社区社会组织183家），备案1家。推行工商经济类、社会福利类、公益慈善类社会组织直接登记方式，以及社区社会组织登记和备案双轨制，备案首家新安街道老年协会。用好公益慈善类和社区维权类社会组织专项培育资金，资助28家社会组织共90万元。协助中央编译局完成《关于深圳市宝安区社会组织管理体制创新的报告》，并制定行动方案。加强社会组织监督和管理。规范年检，受理2009年度社会组织年检材料628份。对行业协会以及民政局作为业务主管单位的社会组织进行安全生产检查。会同区纪委、监察、财政、审计等部门，对225家社团开展“小金库”和收费专项治理工作，规范社会团体的运作。加强部门联动，与区公安分局联合下发《关于深化宝安区社会组织管理服务的通知》，促进宝安区社会组织健康有序发展。加强社会工作人才队伍建设。设置社工岗位165个，全部按合同要求完成全年的服务指标。加强指导和调研走访，完成社工合同的签订、核拨购买款项、对社工机构的评估以及新增社工岗位（项目）购买计划申报等工作。召开宝安区社会工作座谈会，举办“社工宣传周”、“社工交流分享会”等大型活动；定期印发《宝安区社工情况通报》和12期《宝安区社工试点工作情况报告》。加大培训力度，200多人次参加社会工作培训。

【社会事务】2010年，宝安区规范管理社会事务，民政服务水平进一步提高。优化婚姻登记服务。继续坚持周六和重大节假日加班服务制度。2010年办理结婚登记5977对（其中国内结婚5919对，涉港、澳、台、华侨、外国人结婚58对），离婚登记1183对（其中国内离婚1163对，涉港、澳、台、华侨、外国人离婚20对），补领结婚证482对，补领离婚证83对。出具无婚姻登记记录证明8956份。做好10月10日等高峰日的登记工作。完成婚姻登记办公场所的设计、审批工作。严格依法办理收养登记。办理国内居民收养登记27件，解除收养关系登记1件。按政策妥善处理国内公民私自收养子女的历史遗留问题。加强殡葬管理。确保清明节、重阳节期间群众祭扫活动安全。制定安全保障工作方案，落实各单位责任，加强殡葬宣传，引导群众文明祭扫。加强墓园、集中深埋点检查。协助西乡街道完成三围社区旧坟搬迁。加强遗体管理。共处理遗体滞留31宗。火化率继续保持100%，发放户籍居民火化补助款59.9万元。推进殡仪公共服务均等化。对无力承担殡仪公共服务费用的6类对象，殡仪服务费用全免。优惠安置西乡、新安街道居民骨灰。减免困难群众、重点优抚对象和离退休干部等墓位费用共计103万元。（张超鑫）

附：2010年宝安区民政局领导成员名单

局　长：王挹之

副局长：黄建强　黄毓安　刘国玲

社　保

【**概况**】2010年，宝安区共征缴各项社会保险费达72.6亿元，完成全年征收任务的131.7%，各险种参保总人次累计已超过1200万，其中基本养老保险参保人数为341万，同比增长39%，医疗保险参保人数为372万，同比增长15.4%，工伤保险参保人数为366万，同比增长13.4%，失业保险参保人数为31万，同比增长37.5%，辖区各险种参保总人次创历史新高，基本养老和医疗保险关系转移接续工作实现顺利平稳过渡，社会保险各项工作取得优异成绩。

【**养老保险**】2010年，深圳市社会保险基金管理局宝安分局认真做好养老保险各项工作，积极破解历史难题，切实保障参保人权益，民生福利水平稳步提高，确保养老金的按时足额100%社会化发放。做好2010年养老保险待遇的调整，使企业退休人员生活质量不断得到提高；针对原宝安二轻系统集体职工要求提高待遇的诉求，积极与有关部门进行沟通协调，稳妥解决此项历史遗留问题；做好退休人员指纹采集、验证工作，对一些因病卧床或行动不便的老同志，主动上门提供服务，确保指纹采集和生存验证率达到100%，在退休人员较集中的社区安装指纹验证仪，使退休人员“足不出户”就能享受到社会保险服务。至2010年底，全区企业退休人员14847人，共发放养老保险待遇4.85亿元。

【**医疗保险**】2010年，深圳市社会保险基金管理局宝安分局创新监管方法，精心创建诚信医保体系，通过加大对就医行为的监管力度，强化现金报销审核等一系列举措，进一步加强医保监督管理，对医疗机构申请准入的药品目录等三个目录进行系统核对清理，共核查清理的项目及药品共达到10万余条，定点医疗机构的监管和现金审核报销水平上新台阶，有力促进诚信医保。全年医疗保险审核报销4045人次，核付金额约2137.42万元，核查定点医疗机构门诊处方及诊疗单据约3.8万张，抽查定点医疗机构住院病历1750多份，调查异常参保人达50余人，有效维护基金安全。

【**工伤保险**】2010年，深圳市社会保险基金管理局宝安分局完善工伤救助方案，及时做好工伤认定及疑难工伤案件处理工作，依法行政水平大大提高。坚持每周案例讨论制度，及时对案件定性，力求在短时间内完成工伤认定，坚持工伤认定工作“电子监察系统日常查询制度”，及时处理，杜绝出现工伤超时认定的现象；坚持工伤备案登记制度和工伤业务值班登记制度，落实《宝安区实施工伤救助工作方案》，最大限度维护工伤员工的合法权益，有效减少辖区内因工伤问题导致的信访难题；多次组织工伤办案工作人员到法院庭审现场旁听，开拓工作人员的视野，进一步提高工伤业务工作人员的依法行政水平。全年共处理工伤补偿事故18252宗，处理疑难工伤案件650多宗，共支付各种工伤补偿金额约1.67亿元。

【**失业保险**】2010年，宝安区加大对失业员工的救助力度，强化失业保险帮扶救助功能，倾心关爱失业员工，进一步放宽困难补助申请限制，实现对“4050”、单亲家庭、患重病和再就业困难人员的援助，按时足额发放各项失业待遇。2010年，全区参加失业保险人数为31.3万人，同比增长38.63%，全年新增申领失业金人数399人，实发失业保险金5483人次，发放总额491.55万元。

【**社保稽核**】2010年，宝安区强化应急维稳能力建设，通过建立信访、稽核、征收联动机制，定期开展社会保险专项检查，派工作人员进驻区信访大厅等一系列举措，积极有效化解各类矛盾纠纷，有力构建辖区和谐社保关系：完善突发事件应急管理机制和各类应急预案，进一步明确各科站的职能和责任；开展社保专项大检查，组织对辖区企业展开检查工作，对违规企业相关负责人当场进行政策宣传、解释，并责令企业限期改正；规范信访工作程序，畅通信访渠道，严格执行信访首问负责制，重点排查各类信访投诉案中存在的不稳定因素，做好分类登记和跟踪处理，把矛盾纠纷解决在萌芽状态。分局全年共受理投诉案件656宗，结案率为96.3%，共检查各类企业1560家，涉及人数约30.3万人，共计追缴社会保险费724.6万元，共排查出不稳定因素案件10宗。

（王　旭）

附：2010年深圳市社会保险基金管理局宝安分局领导成员名单

局　长：钟锦泉

副局长：李锡权　李　敦

人口与计划生育

【**概况**】2010年，宝安区户籍人口出生8581人，政策生育率为97.87%，出生率为15.88‰，自然增长率为14.32‰，分别比市考核指标高0.87个百分点、低0.02个千分点和低0.18个千分点，户籍出生人口性别比为109.3∶100；流动人口出生33382人，政策生育率为92.03%，比市考核指标高1.03个百分点；全区申报无政策外多孩街道8个、无政策外生育社区105个，全面完成各项人口和计划生育考核任务。宝安区连续15年被授予广东省“人口与计划生育先进单位”称号。

【**人口计生工作例会制度**】2010年，宝安区将区、街道、社区三级人口计生工作例会作为强化层级动态管理，调动各方力量加强人口计生基础工作的重要抓手，区委副书记张洪华，区委常委、常务副区长刘惠玲每月主持区级工作例会，在工作例会上通报全区人口计生工作情况，查摆存在的问题，提出下阶段工作要求，落实工作责任。各街道以区级工作例会为示范，不断完善街道、社区工作例会制度。龙华、观澜、大浪、民治和石岩等街道先后出台奖惩制度，在工作例会上对相关责任人进行奖励和处罚。宝安区结合人口计生工作例会制度的落实，全面实行街道领导班子成员、部门干部挂社区，社区工作站领导包片区，计生专干包“网格”的包干责任制，推进计划生育“网格化管理”，并在福永街道探索“一格多员”管理模式，社区计生专干、出租屋管理员、治安员各有分工、密切协作，实行绩效评估，按月通报奖惩，提高信息采集等各项基础工作的效率。

2010年5月11日，宝安召开全区人口和计划生育工作会议

【**人口计生信息化建设**】2010年，宝安区人口计生系统认真做好全员流动人口信息录入工作，录入信息近500万条；开展人口计生基础信息核查、协查，清理、核查、比对、补登现住0~10岁儿童信息43万条，如期完成16万条基础信息协查任务；开展统计质量月活动，完成全区107万名育龄妇女及其配偶各项信息补录；开展全国流动人口动态监测工作，组织9个街道28个样本社区，对1400名流动人口育龄对象进行家庭基本情况、子女情况调查；积极配合第六次全国人口普查，做好人口信息采集、调查统计工作，为加强人口管理提供可靠的人口数据和决策依据。全区人口计生信息采集、维护、核对、通报反馈制度逐步完善。

【**计划生育综合治理**】2010年，宝安区人口计生局加强与出租屋管理等部门的信息共享，协调各公立医院、公立学校进一步畅通信息报送渠道，按时传递人口信息数据。宝安区实行计生后进社区挂钩帮扶工作目标管理责任制考核，区政府拨出专项资金对后进社区进行扶持，宝安区财政、人事、卫生、教育等部门以各种方式支持挂钩社区加强人口计生宣传服务阵地建设，全区形成区帮扶后进社区、街道帮扶难通户、社区帮扶到人的工作格局。2010年6月、9月，宝安区人口计生局联合宝安区卫生、药品监督、市场监管、公安等部门两次开展全区性集中打击“两非”（非医学需要的胎儿性别鉴定和非医学需要的人工终止妊娠行为）专项治理联合行动，对全区医疗保健机构、个体诊所、计划生育技术服务机构以及零售药店进行抽查，对一批涉案药房、私人诊所依法进行查处。2010年5~6月，宝安区人口计生局会同出租屋管理部门开展流动人口计划生育服务管理专项活动，加强流动人口日常管理。

【**流动人口服务管理区域协作**】2010年，宝安区加强流动人口计划生育区域协作，流动人口“双向管理”取得重大进展。宝安区与全国25个省170个县（区）签订流动人口“双向管理”协议，协助揭阳市普宁、揭东、揭西、惠来等县（市）免费落实结扎等长效措施100多例；协助湖南、安徽、江西、湖北4个省11个城市开展打击“两非”（非医学需要的胎儿性别鉴定和非医学需要的人工终止妊娠行为）行动，查处案件24宗。

【**人口计生公共服务**】2010年，宝安区加强人口计生公共服务体系建设，提高人口计生综合服务功能。全区创建“深圳市优秀社区生育文化中心”28个，数量居全市各区之首；投入294万元完成区计划生育服务中心优生实验室改造；在区计划生育服务中心建成面积833平方米的0~3周岁幼儿早期教育中心和生殖健康体检中心；全面完成计划生育技术服务机构标准化、规范化建设，区计生服务中心、西乡、石岩、龙华街道计生服务站被授予首批“全国计划生育优质服务示范站”称号。全区开展环情孕情检查123.8万人次，落实节育等各类手术1.37万例，为1.3万名夫妇进行出生缺陷筛查；实施“情暖四方——关爱劳务工生殖健康”项目，为2600多名女性劳务工进行宫颈、乳腺疾病普查初筛。该项目被收入全国“生育关怀行动100例”。全区新设110个避孕药具免费发放点，发放避孕套420多万只。省人口计生委2010年度三大课题之一——儿童孤独症研究项目在宝安区计划生育服务中心启动。

【**人口计生宣传教育**】2010年，宝安区创新人口计生宣传教育工作思路，着力打造社会宣传与公共服务品牌。开展“一街道一特色”项目创建活动，按照“依托资源、体现特色、发挥优势、贴近实际、便民服务、扩大宣传”的思路，在全区推出“计生E家人”、“千金是福”、“新婚玫瑰园”、“彩虹家庭计划”、“向日葵家园”、“飞扬绿丝带”等13个特色项目，服务对象从社区居民和劳务工延伸到其父母和子女，服务内容从生殖健康检查拓展到出生缺陷筛查、心理辅导和子女成长等方面，形成一街道一特色、一街道一亮点的局面。在石岩街道实施的“彩虹家庭”计划在全市推广；在福永街道实施的“新婚玫瑰园”项目和在新安街道实施的“计生E家人”项目被《南方日报》等省级媒体连续报道；在观澜街道实施的单亲家庭“心灵港湾”项目被新华网等媒体广泛宣传；在西乡街道设立的“关爱女性健康大讲堂”获广东省人口计生宣传教育创新奖；在大浪街道实施的“向日葵家园”服务项目被国家人口计生委宣教中心专题采访报道。全区人口计生系统充分利用计生“三栏”（宣传栏、公开栏、阅报栏）和社区生育文化中心等人口计生宣传教育阵地，加强人口计生宣传教育。2010年度，全区人口计生系统利用社区生育文化中心开展各类宣传服务活动3721场，到社区生育文化中心参加活动的社区居民和劳务工达61.2万人次。宝安区人口计生局加强与新闻媒体的合作，2010年度，在区级以上纸质媒体刊发人口计生新闻414篇，其中在省级以上纸质媒体刊发新闻250篇。刊发在省《人口快讯》上的《用关爱破解计生难题》获2010年度广东省“十佳”优秀人口计生新闻作品奖。宝安区人口计生局大力开展人口计生演讲比赛等特色宣传活动，选派的两名选手分别获得深圳市“关爱留守儿童”演讲比赛一、二等奖。

【人口计生利益导向机制建设】2010年，宝安区在全市率先出台《宝安区职工以外户籍居民独生子女保健费发放管理暂行办法》，使夫妻双方均无业的宝安户籍居民独生子女保健费纳入区财政预算保障范围，使法定奖励政策得到全面兑现；全面落实《宝安区常住人口落实避孕节育手术及政策外怀孕落实补救措施奖励补助办法》，全区为8319名落实计划生育措施的育龄群众发放“节育奖”460万元，其中90%以上为流动人口育龄群众。

【人口计生依法行政】2010年，宝安区人口计生系统引入信息手段，加快推进人口计生电子政务建设，创新管理服务手段，规范行政审批行为，扎实推动人口计生法律法规和国家《人口和计划生育系统依法行政“十一五”规划》的贯彻落实。在全区全面推行计划生育证明电子打印系统，实行查环查孕和办证“一站式”服务，提高服务效率，缩短办证时间；完善人口计生咨询热线电话服务机制，定期报告服务情况，人工接通率和市民满意率均达100%；利用审批网络处理平台和数据库，实现全区人口计生行政审批的数字文档远程传输、集中存储、实时调阅、信息共享。

2010年2月4日，宝安区人口计生局在龙华富士康生育文化中心开展“情暖四方”——关爱劳务工活动

【计生协会工作】2010年，宝安区加强计划生育协会组织建设，全区275个流动人口（企业）计生协会通过市计生协会评估认定；开展创建人口计生基层群众自治示范社区试点工作，观澜街道福民、沙井街道东塘等8个社区被评为全国首批人口和计划生育基层群众自治示范村（居）；深入开展“生殖健康知识进社区、进企业、进学校”活动，将预防艾滋病与生殖健康教育相结合、健康教育与生活技能发展相结合，进社区、企业、学校开展生殖健康讲座651场，参加活动的劳务工达68020人次；开展“生育关怀行动”，慰问计生困难家庭等460户，发放慰问金73.53万元。宝安区计生协会被中国计生协会授予“2010年全国计生协（县级）先进单位”称号，被国际劳工组织、中国计生协会评为2010年度“工作场所艾滋病预防教育”项目先进集体。宝安区人口计生局局长刘红瑛被中国计生协会授予“全国计划生育协会先进个人”称号，宝安区人口计生局副局长代扬被国际劳工组织和中国计生协会授予“‘工作场所艾滋病宣传教育’先进工作者”称号。

【人口计生队伍建设】2010年，宝安区在全区10个街道人口计生科和区计生服务中心开展政风行风民主评议活动。全区人口计生系统将政风行风民主评议和“流动人口农民工育龄群众对区、街道计生部门、服务机构进行评议”活动相结合，强化文明执法、

2010年9月25日，宝安区人口计生局举办纪念中共中央发表《关于控制我国人口增长问题致全体共产党员、共青团员的公开信》30周年活动

热情服务观念，规范办事流程，各办事服务窗口工作效率大幅度提高。问卷调查显示，群众对宝安区人口计生工作的满意率达99%。宝安区加强人口计生工作队伍建设，举办培训班35场，培训2110多人次，14人参加生殖健康咨询师认证考试；广泛开展药具“三基”（基本理论、基本知识、基本技能）岗位练兵活动，在全市药具“三基”岗位练兵知识竞赛中，宝安区代表队获得团体冠军。（管佩祥）

附：2010年宝安区人口和计划生育局领导成员名单

局　长：刘红瑛

副局长：代　扬　陈泽强

劳动管理

【概况】2010年，宝安区劳资关系形势保持总体稳定，劳动信访、劳动争议仲裁、欠薪逃匿案件数分别同比下降0.8%、13.3%、25.4%；就业创业工作任务全面超额完成，促进居民就业、创业分别完成年度任务的309%、135%，城镇登记失业率1.5%，低于市控制指标1.5个百分点。宝安区劳动局先后获得市就业工作考核先进单位，区综治考核优秀单位、区“文明单位”等荣誉称号，区劳动监察大队获得国家人力资源和社会保障部等三部委的联合通报表彰。

【劳动法制宣传】2010年，宝安区劳动局积极开展各类主题宣传活动7场次，派发宣传资料7.5万份，“五五”劳动普法工作得到区普法检查组的高度肯定。加强对企业管理者的教育引导，面向企业管理人员举办劳动法制辅导员培训班10期，向企业负责人派发《致全区企业的一封信》3.2万份，实施企业负责人约谈活动1300余次。9~11月，开展创建和谐劳动关系示范区、评选劳动关系和谐企业活动，向市人力资源保障局推荐候选企业40家、工业区3个。3~5月，开展“春暖行动”，办理集体合同审核814家，全区劳动合同签订率达98.6%。开展构建和谐劳动关系专题调研，参与起草《宝安区关于加快转变经济发展方式努力构建和谐劳动关系的若干措施》，认真总结探索宝安区构建和谐劳动关系的经验做法。

【劳动监察执法】2010年，宝安区加强劳动监察执法，切实加大对长期存在劳动违法行为、劳资隐患大的用人单位的查处力度，把监察范围进一步扩大到餐饮住宿、仓储物流、休闲娱乐等第三产业用工单位。全年先后开展以整治欠薪、查处超时加班及工资不达标等为内容的专项执法大检查9次，检查用人单位15123家，涉及员工325万人次，发出整改通知书2119份，对未进行有效整改的立案查处147家。严格审批企业特殊用工行为，办理企业非标准工时制审批86家，办理招用

2010年7月5日，宝安区召开新安“1+3”劳资恳谈协商机制经验推广暨第三季度预防重大安全事故工作会议

未成年工登记35152人次。开展劳动用工守法诚信企业评比活动，179家企业获得此称号。积极推广业主信息平台建设，发动厂房业主、物业管理者等基层力量共同参与对企业生产和用工情况的监测。进一步推广劳务工工资监控系统，监控系统对全区400人以上企业的覆盖率达85.5%。

【**劳动信访**】2010年，宝安区在全区504家规模以上企业试点推广“1+3”劳资恳谈协商机制，其中新安街道已率先实现对300人以上企业的全覆盖。认真做好劳动信访工作，接听劳务工咨询投诉电话92259人次，接待劳动信访件62681宗，其中办理市人力资源保障局、区信访局以及直通车、民生访谈、民心桥，12345公开电话等转办件1034宗，全部及时妥善办理。加大对劳务工的关爱力度，节假日期间深入街道或企业开展慰问帮扶活动，先后举办慰问劳务工文艺晚会、首届“企业文化周”等文体活动。加强劳务工工作宣传，在《南方都市报》、《宝安日报》等媒体开设“关爱劳务工”专版11期，编印《宝安区劳务工工作简报》10期。

【**劳动争议仲裁**】2010年，宝安区在全市率先开展“开标准庭、审标准案”活动，全面梳理完善各类案件处理的规范、流程、文书样本等，着力解决劳动争议仲裁程序不完善、庭审不规范、裁决不统一等问题。“双标”活动得到市仲裁院和全国有关专家的充分肯定，拟在全市推广。开展全区劳动争议仲裁员技能大比武活动，全面提高仲裁员业务水平。加强劳动争议调解工作，在全区推广“四阶段”调解模式，强化窗口部门释明、引导、案前调解的功能；在全区21家大型企业建立企业劳动争议调解委员会，把劳动争议调解重点进一步向企业前移。全年共受理劳动争议仲裁案件10779宗，涉及劳动者19295人，涉及金额19835.8万元；法定期限结案率100%，调解率59%，居全市之首。

【**劳动争议联合调解**】2010年，宝安区劳动局积极做好劳动争议联合调解工作，调处疑难劳资纠纷300宗，各街道联调室调处基层劳资纠纷20598宗，调解成功率达90.5%以上。认真落实重大劳资纠纷领导包案制，妥善处理30人以上劳资纠纷148宗，结案率100%；处理欠薪逃匿案件41宗，同比下降25.5%，为员工垫付工资1166.8万。全力做好东道物流、富士康、理光越岭美、华强三洋等重大危机事件的处置工作，做到“第一时间到现场、始终站在最前线、全程确保有跟踪”。加大约谈和宣传力度，有效消除富士康“二次调薪”带来的不稳定因素。

【**“农转居”居民就业**】2010年，宝安区重点做好就业困难群体的就业帮扶。一是认真落实区委区政府“民生实事”工程，把“零就业家庭”、单亲家庭、低保户、“4050”等特殊群体的就业作为保民生的重中之重，通过开展“就业援助月”、专场招聘会、“一对一”帮扶等活动，实施动态管理、个性帮扶。全区新认定就业困难人员7484人，帮扶就业7482人，困难人员就业率达99.9%，“零就业家庭”保持动态归零。全年共促进居民就业9431人，完成年度目标任务的309%；全区城镇登记失业率1.5%，控制在3%的目标范围之内。二是深入推进“农转居”居民创业就业工程。充分发挥区促进“农转居”居民创业就业优惠政策的激励作用，加大对居民创业就业的指导与帮扶，以“公益岗位安排一批，专场招聘介绍一批，社区物业管理公司解决一批，向企业推荐一批”的方式多方位开发就业岗位，全年力促2465名“农转居”居民实现就业，265名“农转居”居民实现创业，分别完成年度目标任务的164%、147%。三是强力推进创业就业服务平台建设。加大对创业孵化基地的支持与服务力度，沙井、西乡等街道切实做好进驻创业孵化基地创业者的跟踪服务，松岗街道创业孵化基地正式建成启用，民治街道创业孵化基地有望春节前建成。成功举办宝安区第三届居民创业项目推介会，现场有2913人与企业达成创业意向。积极推动青年职业见习活动，新建成青年职业见习基地10家，全区见习基地总数达60家；成功举办宝安区第二届青年职业见习推介会，全年共促成青年见习496人，完成年度目标任务的124%。

【**劳务工就业**】2010年，宝安区有效提升劳务工就业服务水平。加强公益性就业服务，精心组织开展为期70天的“春风行动”，累计举办公益招聘

2010年6月21日，宝安区举行第二届户籍青年职业见习推介会

会281场，进场求职者达40万人，达成就业意向18万人。充分发挥区、街道两级公益职介机构的优势作用，全年举办各类公益招聘活动854场次，服务劳务工56万人次。加强区域性劳务合作，先后组织企业赴潮州、河南兰考等地开展劳务对接活动。积极做好劳动力转移就业工作，新接收粤东西北地区劳动力99169人。全面推进就业登记常态化管理，全区完成就业登记302.4万人，就业登记率97.2%，信息准确率96.9%。严厉打击民营职介违法行为，组织开展清理整顿人力资源市场秩序专项行动，检查民营职介机构219家次，依法取缔关停非法职介机构36家。优化劳动力结构，严格落实招调工政策，办理企业招调工年审1474户，新立户743户；下达招调工指标4021个，发放调令3467份。积极做好随军家属就业安置工作，2009年计划安置的工人类随军家属14人已全部安置。积极做好外来劳务工积分制入户工作，共办理积分入户110人。

【**职业技能开发**】2010年，宝安区加强技能人才培养与引进，劳动力结构进一步优化。一是构建技能培训长效工作机制，编制社区居民和劳务工素质工程“十二五”规划，明确未来五年社区居民和劳务工培训工作的目标方向。积极引导职业技能培训机构规范发展，新批准成立3家机构，依法取缔非法培训机构26家，全区民营职业技能培训机构进一步优化。鼓励企业积极开展自主培训，全区企业高技能人才培训基地达20家，总数居全市之首。二是扎实开展技能培训工作，积极拓展鉴定工种，不断提高鉴定等级，组织开展7批次18个工种的职业技能鉴定工作，7936人申请鉴定，完成年度任务的158.7%。认真开展“双转移”培训工作，推荐7家培训机构、12家高技能人才培训基地承接“双转移”培训工作，2392人参加培训和鉴定，完成上级下达指标的199.3%。联合区职业能力开发局实施“百万员工素质提升行动计划”，面向全区规模以上企业组织开展素质培训，培训员工超过100万人。三是成功举办宝安区第四届职业技能竞赛。根据产业结构调整和社会发展需要，增加并优化竞赛工种，设立6大工种8个竞赛组别，工种数历届最多。加大宣传发动力度，吸引7562人报名参赛，参赛人数创历届新高。通过比赛，101人获得高级职业资格证书，164人获得中级职业资格证书。积极组织宝安区339名劳务工参加“省长杯”职业技能竞赛，137人获得中级职业资格证书。四是积极引进优秀技能人才。严格落实招调工政策，办理企业招调工年审1474户，新立户743户；下达招调工指标4021个，发放调令3467份。积极做好随军家属就业安置工作，2009年计划安置的工人类随军家属14人已全部安置，2010年拟安置17人的方案已报区双拥办。积极做好外来劳务工积分制入户工作，共办理积分入户110人。（翁翠敏）

附：2010年宝安区劳动局领导成员名单

局　长：陈长贵

副局长：许　进　陈佑明　黄向荣（6月止）

职业培训

【**概况**】2010年，全区素质工程工作贯彻落实《关于全面实施素质工程的意见》和宝安区素质工程领导小组会议精神，以创建学习型组织为抓手，坚持“干什么学什么、缺什么补什么”的原则，积极开展“七类人员”职业能力开发和市民现代城市意识、文明素养提升工作，促进特区一体化和加快宝安区经济发展方式转变。全年全区各级各部门共举办各类培训和宣传教育活动9170班（场）次，受训人数达226.98万人次。

【**科学发展能力培训**】2010年，宝安区以党委中心组为核心，积极推进学习型党组织建设，提升党员干部理论水平和实践能力，区委中心组组织集中学习活动18次，举办“学习型党组织建设”等专题报告会7场；区直属党（工）委（党组）中心组组织集中学习活动近400次，举办专家辅导讲座120多场。同时举办学习“市第五次党代会精神，加快转变经济发展方式”专题研讨，全区近500名处级干部参加培训。组织45名处级干部到中国浦东干部学院进行城市公共服务和经济发展专题培训，组织20名街道、单位主要负责人到南开大学、北京大学进行加快转变经济发展方式推进特区一体化专题培训，组织20名区党代表赴湖北罗田、武汉市江岸区考察学习，选

2010年9月1日，宝安区举行2010年“百万员工素质提升行动”启动仪式

送134人次参加省、市有关部门举办的调训，举办新闻发言人高级研修班、新兴产业发展专题论坛等，进一步提升党政领导干部理论水平和实践能力。全年举办面向党政领导干部的培训和宣传教育活动353班（场）次，共培训11562人次（含街道科级干部）。

【依法行政能力培训】2010年，宝安区职业能力开发局围绕机关事业单位各类公职人员，举办科级任职培训、公务员初任培训、自选培训、产业升级与科技创新等各类学习培训32个班次，培训13200多人次。同时各单位立足岗位，开展形式多样的各类干部培训活动，进一步提升党员干部整体素质。通过加强行政执法人员依法行政能力，举办法治政府建设培训，推进法治政府建设，培训215人。组织检察人员813人次参加自主培训、高校培训等活动，着力提高检察队伍的业务技能和执法水平。分批组织38名干警赴广东省法官学院参加预备法官培训，组织55名干警参加"侵权责任法理解与适用研修班"等，进一步提高执法队伍司法能力。采取分层级分岗位的形式，举办全区处级干部、法院系统、检察系统、建设工程、政府采购、教育系统、卫生系统、组织人事等8期"三纪"教育培训，培训人员2500余人，进一步提高广大党员领导干部和重点领域、关键环节的管理人员廉洁从政水平。全年举办面向公务员的培训和宣传教育活动851班（场）次，共培训76151人次。

【维稳综治能力培训】2010年，宝安区职业能力开发局组织10个街道及37个维稳成员单位的分管领导、综治办专职副主任、联络员等100多人开展区维稳系统领导干部和维稳成员单位联络员培训。举办街道综治信访维稳中心工作人员培训，培训100人。组织出租屋综管系统综管组组长、社区工作站综治办主任、街道治安联防大队负责人、区公安、安全部门负责人等共500余人，开展治安联防队伍管理和运作知识学习。开展反邪教警示教育、涉黑刑事案件办理培训等，进一步提高干部反邪教能力和治安管理能力，增强新形势下化解社会矛盾的能力。同时强化居民反邪教意识，通过送教育进街道社区、工厂等，开展社区居民及外来劳务工反邪教警示教育，3000多人接受教育。对出租屋综管员、治保安员、城管执法队员、邮政投递员、环卫工人等十类社会面一线人员开展反邪教警示教育等，促进居民了解反邪教警示教育知识，增强反邪教意识。

【应急处置能力培训】2010年，宝安区职业能力开发局组织开展"全区公务员与职员应急管理全员培训"，参加人数达2万人。举办宝安区突发事件信息员、应急预案编修等培训，向全区各单位派发《学会应急》等公职人员应急培训通俗教材2万余册，进一步提升各单位公职人员应急处置能力。组织开展应急演练活动，全区各单位组织各类应急演练738次，参与演练人数达200万人（次）。开展应急知识宣传，举办"5.12"防灾减灾日公益宣传活动等应急宣传培训500多场次，发放各类宣传资料50多万份。编印《遭遇险情，你怎么办？》、《从悲剧中学习》等应急常识宣传册2000册（套），向居民发放，不断提高广大居民应急避险自救能力。

【社区管理发展能力培训】2010年，宝安区职业能力开发局围绕社区干部管理服务社区能力提升的需要，组织全区155个社区的168名社区党组织书记、工作站站长赴新加坡、香港开展"城市化后社区建设管理和服务"专题培训和学习交流考察。开展社区工作站站长和社区居委会主任培训，全区155个社区工作站、236个社区居委会的负责同志，400余人参加培训。举办宝安区街道集体办业务培训，全区10个街道的集体办业务人员、通讯员共25人参加培训。举办宝安区股份合作公司财务培训，320名股份合作公司财务人员参加培训。举办宝安区股份合作公司规划国土知识培训，全区10个街道的股份合作公司董事长、总经理等785人参加培训学习。组织基层统战干部、妇女干部、年轻大学生"村官"等培训，进一步提高社区干部管理社区和服务群众的能力。全年举办面向社区干部的培训和宣传教育活动859班（场）次，共培训57376人次。

【企业经营发展能力培训】2010年，宝安区职业能力开发局积极开展产业政策、科技政策宣传，举办公共检测服务推广会、低碳经济与深圳发展等活动，培训人员近2000人。围绕进出口外贸政策，举办宝安区进出口企业外贸政策及业务知识培训班、"后危机时代外贸出口的机遇与挑战"专题讲座等活动，600多家企业负责人和管理人员参加学习。组织各街道经科办分管废品站负责人、区再生资源公司相关负责人和再生资源收购站点负责人298人进行再生资源行业安全生产知识培训。举办"宝安区大型商场安全生产管理人员"培训讲座，全区5000平方米以上大型商场、超市的安全生产主管217人参加培训。组织300家企业参加上市业务专题培训，提高企业上市意识，增强上市做大做强的信心热情。组织举办国有企业领导人专题培训，区投资管理公司领导班子成员、所属企业董事长等81人参加培训。举办企业内部控制培训班，区属国有企业董事、监事会主席等103人参加培训。举办企业家高级研修、劳动法制辅导员培训、国有企业"三重一大"决策制度专题学习会等，进一步提高企业经营管理水平，促进企业的可持续发展。全年举办面向企业经营管理者的培训和宣传教育活动674班（场）次，共培训99412人次。

【就业创业能力培训】2010年，宝安区实施"百万员工素质提升行动"，对劳务工开展系统的城市生产生活常识轮训，培训内容分为安全生产知识、法律常识、健康生活和城市文明四部分，全年在500人以上的587家企业开展培训，培训劳务工106万人。公布《2010年宝安区劳务工职业技能培训政府补贴工种等级及标准》，开展物流管理员、安全主任等39个紧缺工种的补贴培训。继续推行“平安卡”安全教育，培训建筑劳务工12000人。落实中央、省农民工培训计划，培训2500多名省内农民工。开展宝安区第四届职业技能大赛，组织7562人参加数控铣床操作工、电工、钳工、保安员等6个工种的技能大赛。开展33个工种的职业技能鉴定考核，组织鉴定考试8期，年鉴定量达7741人次。积极引导和鼓励劳务工开展自学，全区有3688人报名参加成人高考，有17892人参加自学考试。同时组织外来女工公益性培训、企业班组长培训、青工素质拓展训练营等活动，切实提升劳务工就业能力和综合素质。全年举办面向劳务工的培训和宣传教育活动3582班（场）次，共培训1502368人次。实施户籍居民就业创业“金钥匙行动”系列培训，对户籍居民分层分类开展培训，开发50个职业技能政府补贴培训项目，针对失业人员开发18个岗位适应性培训项目，开展就业促进创业政策宣讲、生活类技能培训、创业实训和创业见习等活动，培训3万多人次。开展生源毕业生“三业”培训，举办就业能力、岗位适应性等培训班12场，培训1490人次；举办创业培训班5期，培训570人次，不断提升生源毕业生就业创业技能。开展“农转居”居民学历教育，继续实施“农转居”居民学历教育报销和技能培训补贴计划，有1529名“农转居”居民参加学历教育考前辅导，有1173名“农转居”居民获得继续教育学费和职业技能培训补贴1021万元。全年举办面向户籍居民的培训和宣传教育活动1832班（场）次，共培训406442人次。促进9431人实现就业，243人实现创业。

2010年5月27日，宝安区举行百场“心灵关爱进企业”活动启动仪式

【公共服务能力培训】2010年，宝安区职业能力开发局围绕卫生人才培训，选拔学科带头人或重点培养的技术骨干到国内外知名医院进修，国外进修人员19人，国内进修139人。面向全区卫生专业技术人员，开展1.5T磁共振临床应用、全国手外科周围神经损伤与修复培训、基孔肯雅热知识培训等学习。邀请159名国家、省、市内著名专家来宝安区卫生系统授课，切实推动卫生专业技术人员技术水平的提高。加强教师队伍建设，采用专家讲座、新秀授课、现场点评、同行辩课、研修反思等“五段式互动”培训模式，开展小学语文、数学、英语等教师全员培训，培训9712人。实施“名师工程”和“未来名师”计划，成立宝安区首批省级中小学校长和教师工作室。组织宝安区中小学校园长高级研修班、新青年教师培训、教师人文素养培训等，受训人数达到2.1万人，不断提升教育管理干部和教师队伍整体素质。组织开展审计、统计、会计培训和体育专业人员以及各类学术交流活动，提高专业技术人员业务水平。全年报考会计从业资格、会计电算化和会计专业技术资格共33104人。全年举办面向专业技术人员的培训和宣传教育活动1019班（场）次，共培训116562人次。

【城市文明宣传教育】2010年，宝安区职业能力开发局组织深圳市宣讲团深入宝安区机关单位、社区开展礼仪知识宣讲活动共17场。编排以“文明礼仪”为主题的文艺节目，深入机关、社区、企业开展巡回演出共50场次，参与群众6万余人。办好“宝安市民讲堂”，举办经济发展、特区一体化、家庭及励志教育、国学素养及文学艺术和健康养生等系列讲座141场，听众达2.1万人。其中开展“百场心灵关爱进企业”活动，听众达1.5万人。举办宝安区第四届母亲文化节，开展宝安“智慧母亲”评选等1+10系列活动，制作“母亲微笑墙”，征集“智慧母亲的家庭小故事”等。围绕社区科普、青少年科技教育等，开展科普活动90多项，举办讲座20多场、播放科普电影38场，印发宣传资料6万多册等，近100万市民参与学习。完成19541名各类人群的国民体质测试，发放科学健身手册12700册。全年全区各街道、社区、企业围绕“全民健身迎大运”、“纪念特区成立30周年”的主题，举办体育竞赛活动达186项，参加人数达21万人次。编印《宝安区户籍居民现代城市文明意识宣传手册》5万套25万册，《劳务工生产生活常识宣传教育手册》3万套15万册，免费向市民发放。举办百课下基层、宝安讲坛、宝图星期讲座等活动，进一步提升市民文明素养和身体素质，加强城市主人翁精神和家园意识。

【法制和安全生产宣传教育】2010

年，宝安区职业能力开发局以“八个一”系列法制宣传教育活动为契机，开展一系列从企业管理层到员工的法制教育培训、一系列“送法进校园”活动、一千场送法制电影进社区活动等；把500万劳务工、各级行政执法人员、青少年学生作为重点普法对象，全区共开展普法宣传教育活动162场，发放宣传资料近4.2万册，受教育人数达19万人次，进一步增强市民法律意识，提高市民法律素质。开展安全生产月主题宣传活动，组织开展安全咨询、知识竞赛、演讲比赛等活动，受益群众约10万人，印发各类宣传教育折页、卡通图书10万余份。编印22类《轻松学安全》系列丛书65万册，分发给各街道及企业深入学习。开展安全生产教育文艺巡演60场，在全区主要路段树立536面安全生产宣传灯杆旗，在20多个公共汽车站制作安全公益广告等，使安全意识日益深入人心。

【基础建设】2010年，宝安区职业能力开发局进一步完善工作长效机制，干部培训学习更具针对性，出台《宝安区干部学习促进办法（试行）》，编印《干部知识更新读本》16000册。按照核心能力、通用能力、专业能力三个模块，开发岗位练兵知识题库，其中核心能力、通用能力题库1000道，各单位按有关要求开发工作业务题库，促进干部在“干中学”。政府补贴培训更具实效性，开展户籍居民培训信息卡试点和劳务工培训券试点，户籍居民凭培训卡可到政府补贴培训定点机构接受培训；劳务工可凭培训券参加中级物流管理员等工种培训，全年共发放培训券400张，安排经费32万元。培训办班组织管理更具科学性，全区大型培训活动全部实行项目策划，注重培训需求调查，制定有针对性的培训方案，对课程内容、学习形式、师资聘请等做效果评估，有力提高学员学习兴趣，确保培训收到实效。完成全区技能人才状况专题调研，提出《宝安区技能人才状况调查报告》和《关于加强宝安区技能人才队伍建设的报告》。组织编制《2011~2015年宝安区实施素质工程工作规划》，突出系统性、前瞻性和可操作性。进一步夯实素质工程实施平台，完善区、街道、社区、企业四级培训网络建设，加快区职业能力培训基地的建设步伐，积极协调石岩培训基地扩建项目的前期工作，推动福永职业能力培训基地的新建和大浪培训基地的扩建工作，充分发挥区委党校、市民学校、外来女工流动学校、社区教育中心的阵地作用，审定并公布19家政府补贴培训定点机构，升级改造“宝安培训网”，充分利用高校教育资源，协调联系武汉大学、武汉理工大学和湘潭大学三所重点大学在宝安招收在职研究生。（张省豪）

2010年6月1日，中国劳动保障科学研究院院长田小宝一行到宝安区调研指导素质工程和职业能力开发工作

附：2010年宝安区职业能力开发局（宝安区素质工程领导小组办公室）领导成员名单

局　长（主　任）：范燕塔

副局长（副主任）：卢基贤

副局长（副主任）：尹庆玲（12月起）

居民收入、消费与权益维护

【居民收入】2010年，宝安区100户城市居民家庭抽样调查资料显示，2010年，宝安区城市居民人均可支配收入30012.83元，同比增长10.2%，增幅比上年同期提高1.2个百分点，人均可支配收入首次突破3万元大关。城市居民家庭人均工资性收入为20765.96元，同比增长9.8%，继续保持稳步增长。其主要原因是经济加速回升，企业经营效益不断好转，就业岗位增加，员工工资有所增加等因素促使工资性收入继续保持稳步增长。工资性收入是居民收入主要来源，占人均可支配收入的比重为69.2%。

【居民消费】2010年，国际外围经济从恢复性增长转为流动性过剩，大宗商品价格保持高位，国内市场价格水平受影响也持续走高，通胀压力剧增。特别是蔬菜、肉禽等与广大居民日常生活息息相关的消费品价格持续居高不下。宝安区居民消费价格总水平为103.1%，比全国低0.2个百分点，比全市低0.4个百分点。

从全年走势来看，宝安区CPI走势与全国、全市一致。1～6月份，延续去年经济转好走势，商品价格呈现一路上扬态势，每月涨幅较大，到6

月份涨幅达4.1个百分点，为上半年最高。7～9月份后上涨速度开始放缓，涨幅缩小，分别为103.9%、103.7%、103.7%，而10月份后受部分食品类价格大幅上涨影响，仍保持上扬态势。

从居民消费八大类来看，与往年四升四降态势不同，年内以上涨走势居多。其中，食品类和居住类从去年带动价格水平回落“角色”转变成为上涨迅猛的推手，幅度排前列，医疗保健和个人用品类紧追其后。

如右图，食品类价格水平同比为106.2%，居住类价格水平同比为104.0%，医疗保健和个人用品类价格水平同比为103.7%，烟草及用品类价格水平同比为102.0%，娱乐教育文化用品及服务类价格水平同比为101.8%，交通和通讯类价格水平同比为100.3%，家庭设备用品及维修服务价格水平同比持平，衣着类价格水平同比为99.1%。

各级CPI累计同比走势图

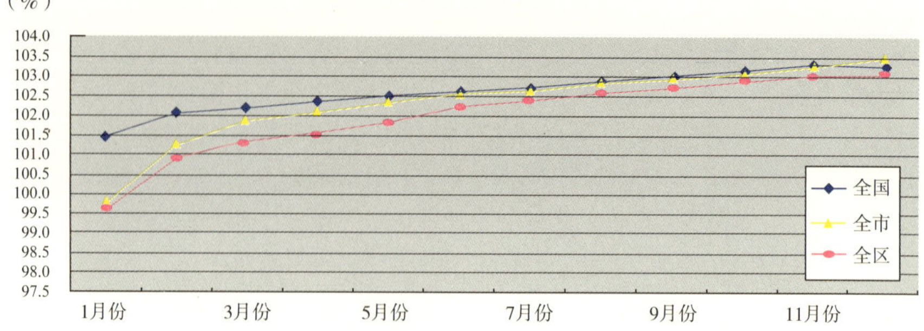

1~12月居民消费价格八大类

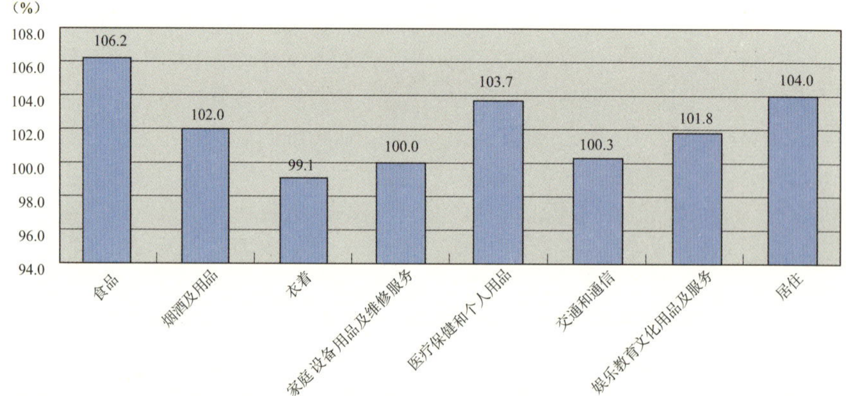

【消费者权益保护】2010年，宝安区消费者协会围绕上级确定的食品安全监管的主题，组织开展宝安区“3·15”国际消费者权益日纪念活动。全年共调处投诉1465宗，完结率100%。联合宝安广电中心宝安电台缤纷104.3频率长期举办“消费在线”栏目。每周二上午11点至12点，消费者协会工作人员走进直播间，接受听众咨询投诉，普及消费知识。组织开展送法下乡活动。全年共计派发《消费者权益保护法》等宣传资料十万余册。加强对邮政、快递、物流行业的监督检查。

（吴利东）

新安街道

【概况】新安街道位于宝安区南部，东与南山区西丽街道接壤，西临珠江口，南与南山区南头街道相连，北以新安路为界与西乡街道相邻；辖区面积30平方公里；下辖22个社区，是宝安区委区政府所在地；2010年年末常住人口40.7万人，其中户籍人口14.62万人。

【经济发展与社会事业】2010年，新安街道实现地区生产总值278.33亿元，增长9%；规模以上工业总产值275.26亿元，增长4.7%；社会消费品零售总额152.31亿元，增长14.7%；全社会固定资产投资总额73.1亿元，增长3.4%；实际利用外资5583万美元，增长7.18%；两税收入49.5亿元，增长24.4%。出台《新安产业发展规划指导意见》，完成街道"十二五"规划（草案）和尖岗山新兴产业园规划项目建议书（初稿）编制工作。扶持壮大龙头企业，山本光电等8家企业被区认定为总部企业。商贸服务业加速发展，海雅商业中心商业裙楼主体封顶，华侨城五星级酒店动工建设，西部国际珠宝城、居佳宝装饰材料城等专业市场顺利开张营业。金融业蓬勃发展，北京银行、包商银行、江苏银行等商业银行在新安设立营业机构。文化产业形势喜人，成功承办第六届文博会分会场活动，宝安艺术城、圈子艺术酒店等相继开业。制定商业业态调整奖励办法，调整一批临街低端商业业态，依法淘汰67家耗能高、污染重、劳资纠纷频发的低端工业企业。全面完成南坪快速征地拆迁和市轨道二期工程建设14项工作任务。完成220千伏贤兴变电站"两通一平"及4条电缆沟工程，6条10千伏电缆沟前期工作进展顺利，全年电力设施建设投资2.3亿元。制定城市更新试点实施方案，扎实推进城市更新，27区华联片区列入市城市更新第一批项目，22区（一期）、13区翻身工业区旧改项目完成规划公示。建立企业服务工作联席会议制度，全年走访重点企业2911家次，及时帮助企业解决用电、招工等难题56个。组织辖区164家企业参加24场国内外专业展会，成交53.2亿元。商会积极发挥作用，协助7家企业争取7000多万元融资。街道直属企业债务处置工作积极推进。促进义务教育均衡优质发展，落实辖属5所公办学校的后勤社会化管理工作，全面开展公民办学校结对帮扶。开展群众文体活动400多场，28万人次参与，街道春节龙狮大型表演活动项目被国家体育总局授予全民健身活动"民族传统特别奖"。通过国家卫生镇复查。加大流动人口管理和社会抚养费征收力度，继续保持人口低出生率。22个社区全部成立"科协"，宝民社区被评为"省科协示范社区"。完成第六次全国人口普查。工青妇等群团工作得到加强。新组建工会组织3579家，工会组织覆盖率和职工覆盖率均超过90%。积极组织干部职工和居民群众参与义工活动，义工队伍达到4023人，开展义工活动1269次。

【社区建设】2010年，新安街道洪浪、上合、甲岸、灵芝园社区工作站新办公楼正式投入使用，新建4个社区灯光篮球场，安装4个电子自助图书馆。完成兴东、大浪2个"青工活动中心"主体工程建设，海华停车场投入使用，布心社区老人之家等一批民生项目稳步推进。深业新岸线花园"和谐康居示范社区"文化长廊和910平方米社区综合服务中心投入使用；海裕社区被省妇联评为"广东省巾帼文明岗"，海富社区成功创建"全国综合减灾示范社区"。街道和22个社区成立居民创业帮扶协会，举办各类公益招聘会96场次，提供就业岗位4.9万多个，扶持和资助4437名户籍居民和289名生源毕业生成功就业创业。街道职业能力培训基地和社区文明学校共举办各类培训班667班次，培训13万人次。完善社会保障，全年向低保户、优抚对象、残疾人和困难归侨等发放生活补助1054万元。全面推广居家养老服务，为482名老人发放服务代金券110万元。22个社区慈善帮扶协会全年救助困难居民及劳务工80人。开展"玉树赈灾"、"一十百千万"等募捐活动，募集善款524万元。文雅社区成立"四点半学校"，为200多劳务工子女免费提供托管服务。免费为居民和劳务工提供法律援助103宗。街道结对帮扶龙川3镇5村，帮扶挂职在省市县三级考核中均名列榜首，被河源市委市政府推荐为省

“扶贫双到典范单位”。社会建设工作在全市社会建设大会上作经验介绍。

2010年，新安街道开展“十佳劳务工”、“十佳关爱劳务工企业”和“百名优秀劳务工”评选活动

【**综合治理**】2010年，新安街道高标准完成前进一路、建安一路、裕安二路、公园路、上川路、流塘路等6条道路两旁建筑立面刷新工程，改造道路总长15.6公里，改造建筑物158栋，刷新面积54万平方米，拆除违章搭建370处，平窗安装防盗网11347个。完成留仙三路等6条道路绿化升级改造，建成5.5公里绿道。完成兴东71区绿化升级改造和文雅29区等3个“优美社区”创建，新建海旺等4个社区公园。复绿1.2万平方米，复明路段7公里。推广车载桶装垃圾收运模式，新增专用垃圾桶600多个。继续开展“新安杯”评比，整治城市“六乱”75000宗。拆除广深高速公路沿线大型立柱广告17块，整治行动获得市嘉奖。保持查违高压态势，拆除违章搭建5411平方米。大力整治交通秩序，查扣各类非法营运车辆3540台。开展安全生产“五个百家”和百日排查整治行动，消除安全隐患8712处，立案处罚58宗，处罚宗数居全区各街道之首。建立500多名企业安全主任参与的安全管理平台，落实企业安全生产主体责任。新组建新乐等10支义务消防应急分队，投入2200多万元，全面完成17个城中村消防安全综合整治，开设逃生口32103个，上川社区顺利通过全市火灾隐患整治验收。完成39栋学校校舍建筑抗震排查和安全检测鉴定工作。全年受理调解案件951宗，调处率99%。劳务工信访案件和劳动争议仲裁案件同比分别下降31%、13%。处置各类突发事件114宗169次。对18宗重点信访维稳案件实行领导包案制，成功化解越战复退人员多次上访，妥善处理海雅商业中心基础开挖导致周边房屋受损和43区碧海花园因地铁施工房屋受损业主上访等多宗重大矛盾纠纷，确保社会稳定。“1+3”劳资恳谈协商机制在全区推广。街道被省委授予广东省“依法治省工作先进单位”称号。成立街道治安联防大队，整合治安辅助力量，为社区和派出所购置27台巡逻电瓶车、84台巡逻摩托车，开展各类严打行动271次，打掉犯罪团伙25个。配齐安保人员和器材，确保辖区76所学校、幼儿园安全。全力推进“出租屋治理年”工作。完成43区、31区、27区、20区等出租屋片区集中整治，打通堵塞巷道239处，清理废品收购站275个，拆除“房中房”等违章搭建1715处，消除火灾隐患12000多处，减少蜗居人员7500多人。投入3500万元，加大城中村道路、路灯、排水、消防等基础设施建设力度，改善出租屋小区环境。成立50人的租赁执法队伍，严查严处违法租赁行为，全年处罚违规业主和“二房东”380人，罚款62万多元。新成立2个社区出租屋管理服务中心。在宝民社区成立出租屋业主协会，强化业主管理责任。出租屋治理工作经验在全区大会上交流。

【**党的建设和精神文明建设**】2010年，新安街道评选出一批“突出贡献集体和个人”，涌现出“十佳公务员”、“十佳职工”和“十佳社区干部”。学习型街道建设稳步推进，学习型机关创建有声有色，宝民等学习型党组织创建试点和海裕等学习型社区创建试点取得成效。深入开展以“想干、敢干、快干”为主题的机关作风大提升活动，街道办及主要负责人被市委评为全市“百优处室”和“百优处室带头人”。区域化党建扎实推进，新成立兴东等3个驻社区党委和海乐等2个党代表工作室，宝民作为全市唯一社区代表在全市党建南山现场会上作经验介绍。深入开展党代会常任制试点，组织党代表接访142次，文汇党代表工作室被列为全省党代表任期制现场会参观点，其做法在全省推广。区域化党建工作得到中组部主要领导的肯定。对5个副科级领导岗位实行竞争上岗，分批对21名公务员、社区专干实行“双向”挂职锻炼。认真开展党风廉政建设，不断完善工作制度，积极配合区纪检监察派驻组开展工作，坚持从源头上治理腐败。　（王景明）

附：2010年宝安区新安街道领导成员名单

党工委书记：欧瑞志
党工委副书记：李国雄　曾炳辉　赵俊平　黄万钧
纪工委书记：黄万钧
党工委委员：欧瑞志　李国雄　曾炳辉　赵俊平　黄万钧　祝锐胜　张水云　王国华　李光华　陈国超　陈素谊　汤卫忠(8月起,挂职)

人大工委副主任：庄景样
办 事 处 主 任：欧瑞志
办事处副主任：赵俊平 梁 坚
蒋资达 魏思环
汤卫忠(挂职,8月起)

西乡街道

【**概况**】西乡街道位于宝安区西南部；东与石岩街道和光明新区公明街道接壤，西濒珠江口，南以新安路为界与新安街道毗邻，北与福永街道相连；辖区面积106平方公里；下辖33个社区。2010年末常住人口47.17万人，其中户籍人口8.1万人。

【**经济发展与社会事业**】2010年，西乡街道全年实现地区生产总值253.97亿元，同比上一年（下同）增长7.5%；规模以上工业总产值581.64亿元，增长5.1%；规模以上工业增加值102.96亿元，增长2.7%；固定资产投资完成额69.0亿元，增长8.7%；社会消费品零售总额125.56亿元，增长14.8%；预算内财力8.70亿元，增长10.0%；两税收入37.24亿元，增长12.0%；进口总额31.47亿美元，增长0.7%；出口总额58.79亿美元，增长10.7%。提出并开始实施“1220”工程，即“一带”西乡河经济带，“两区”宝安科技创新产业园、固成现代物流配送园，“二十个点”20个城市更新项目；依法淘汰“劣质企业”107家，加快推进以电子信息产业为主导的“六大工业园”的产业整合，F518时尚创意园和雁盟酒店文化产业园承办第六届文博会分会场，签约交易额同比增长38%；引入高技术、高产出、低耗能、低污染的优质企业25家，引进深圳西部国际珠宝城、泰华产业园、互联网产业园、大兴奔驰汽车城等7项重大社会投资产业项目落户西乡；街道有高新技术企业117家。街道领导挂点46家重点企业，开展企业调研92次，梳理解决各类问题75项；积极拓宽企业发展渠道，组织辖区98家企业参加国内外各类展会，总成交额59.88亿元。街道行政服务中心“一站式”服务功能进一步强化，全年共受理各项审批申请10666宗，办结10648宗，结案率99.84%。坚持扶持与监管并重，制定《股份合作公司财务人员业务考核方案》、《财务信息公开管理办法》，规范社区股份合作公司统一记账工作、财务行为；组织33个社区党支部书记赴上海、北京、香港、新加坡等地学习考察，促使社区干部拓宽视野、转变观念；认真处理历史遗留违法私房和生产经营性违法建筑，协助社区、原居民理顺土地、房产的权属关系，全年上会审批通过237宗，发放房地产证418本，征收地价及罚款3530万元，完成率为118%。黄麻布小学等6所原村小改（扩）建工程全部完工，11所公办学校通过优质化学校评估，14所民办学校达区一级学校以上标准。31个社区生育文化中心运行正常，其中7个被评为市级优秀生育文化中心，整体覆盖率达94%；建成38个社康中心，基本实现“三个全覆盖”，西乡人民医院社管中心的社康服务运行机制改革试点效果得到卫生部肯定，并被选为基本公共卫生服务项目实践培训基地。大力推进文明礼仪“六进”教育实践活动，开展各类群众文化、体育活动793场次，参加人数7.7万余人次；素质工程开展“金钥匙”活动、百万员工素质提升、妇女素质工程、素质教育特色社区创建等活动；法律服务深入基层，共举办普法系列活动410场，受教育群众达27万余人次。西乡团员青年和义工为群众开展服务活动500多次，服务群众10万余人次。市级文物保护单位绮云书屋修缮完毕，“三月三”北帝庙会获批区级非物质文化遗产并挂牌。推进同富裕工程和“双到”工作，对龙川县铁场镇5个贫困村、536个贫困户制定脱贫方案，援资150万元建成铁场镇卫生院，筹集150万元经费支持茶油种植基地项目建设；社会救助体系逐步完善，发放或转发各类扶弱济困款273.3万元，积极开展慈善募捐活动，累计募集各项救灾、慈善款项634万元；全街道10个人大、2个政协联络站共开展接访活动31次、解决问题29件。举办创业就业项目推介会，促进“农转居”居民创业33人、就业352人，促进失业人员再就业1638人；举办各类现场招聘会42场，各类技能培训5场次，受训人数达760人次。加快蚝业、汇潮创业示范基地建设通过验收。

【**社区建设**】2010年，西乡街道完成重大项目征地拆迁任务28项，签订拆

2010年4月14日，李勇（左二）陪同省委常委、政法委书记、省综治委副主任、省公安厅厅长梁伟发（中），市委副书记、政法委书记白天（右三）到西乡街道综治信访维稳中心调研

迁补偿协议书76份，涉及补偿金额8500万元，83个市、区投资项目顺利推进，48个街道直接实施项目完工，完成投资8.7亿元，完成年度计划任务的100%。“两河、两园”和西乡中学（高中部）一期完成，西乡河综合治理工程（二期）竣工，九围河治理实现污水零排放，南昌公园、碧海湾公园竣工开放。完成“一高一主五次”（广深高速、西乡大道、流塘路等5条道路）等7条道路穿衣戴帽工程和流塘社区等24个城中村整治任务，累计完成650栋建筑的立面刷新120万平方米，整治影响市容和存在安全隐患的各类管线5113处、拆除乱搭建14万平方米、清理城中村“六乱”1.5万处。西乡大道环境综合整治工程成为全市参观的样板路；流塘社区火灾隐患整治工作高分通过区考核验收。完成前进二路等5条道路绿化升级改造工程、西乡河（二期）两侧宽林带绿色廊道和区域绿道宝安段3标段建设，维修疏通西乡河等排水、排污管道25千米；桃源社区夺得“中国人居环境范例奖”，西乡街道、河西、桃源社区获得“省宜居范例奖”，桃源、铁岗及凤凰岗社区通过省“宜居社区”考评组的检查；20个社区通过省、市卫生村复检小组的检查验收；创建14个省、32个市“六好”社区，超额完成达标创建任务。

【**综合治理**】2010年，西乡街道初步建立“一个中心，两套机制，三张网络”的社会管理新格局。高标准完成街道综治信访维稳中心的建设，实行“六联”和“五个一”工作机制，全年共受理各类纠纷10679宗，调解成功率达96.2%，街道综治中心被省委常委、政法委书记、省公安厅厅长梁伟发称赞为“广东省第一中心”；继续抓好“人民大调解”、“说事评理”两套矛盾纠纷调解机制，街道各级人民调解委员会共化解各类矛盾纠纷9139宗，调解成功率达94.6%。“说事评理”机制逐步完善，共有47个疑难复杂案件通过市民评理的方式得以化解，参与市民511人；深入开展“织网工程”，编织“防控网”、“管理网”、“服务网”三张网格，网络型社会综合管理模式初显雏形，试点成效受到中央综治委督查组的肯定。完成第六次全国人口普查工作任务。处置并化解东道物流公司欠款欠薪、桃源居物业管理纠纷、越战老兵上访等一系列纠纷事件；深入开展社会治安综合整治行动608次，对6个治安重点区域进行集中整治，全面加强校园及工业区周边安全保卫，严厉打击各类违法犯罪行为，全年累计打掉各类犯罪团伙119个476人，查处治安案件2835宗3904人，刑拘1219人，“两抢”、“两盗”类警情分别同比下降24%、12%；全面修复街道2281个电子摄像头并实现图像接通，安装盐田等7个社区8个试点单位视频门禁系统828套，实现107个小区物业管理覆盖率100%；加强治安辅助力量整合，西乡街道治安联防大队挂牌成立，安全防控基础进一步夯实。以“安全生产百日排查整治”工作为抓手，突出抓好隐患专项整治、宣传教育和落实安全生产主体责任等工作，整治各类安全隐患8457处，提前完成30家区挂牌督办的重大安全隐患单位和300家街道挂牌督办的较大安全隐患单位整治任务，全年未发生重、特大安全生产事故，死亡人数控制在区下达的指标范围之内；开展“飓风行动”查违等专项治理行动313次，拆除各类违法建筑374处82924平方米，查违形势处于整体可控状态；加大劳动执法力度，全年排查企业2854家，劳动信访案件办结率98%以上，重大劳资纠纷数同比下降40%，欠薪逃匿案件数同比下降44.3%，仲裁派出庭受理案件数同比下降27.2%，劳资关系总体和谐稳定。

【**党的建设和精神文明建设**】2010年，西乡街道以党工委1号文的形式下发《关于加强机关作风建设的决定》，切实加强作风建设。做好民主评议政风行风，加大政务公开力度，街道网站更新政务信息2534条，向社会公开年度《公共服务白皮书》并圆满完成各项工作任务，其中14项按时完成，6项提前或超额完成。源头防腐工作力度加大，规范工程招投标和政府采购，强化对执法、工程建设等重点领域和敏感岗位人员的廉政宣教，下发各类廉政图册约1000份。进一步规范行政运作程序，制定《西乡街道加强制度建设推进反腐倡廉工作实施方案》，对街道34项制度进行修改完善，并汇编成册。大力推进固本强基工程，竣工率居全区之首；街道党员服务中心和30个社区党员服务中心建成并投入使用。率先在劳动、黄田社区建立党代表工作室，共组织开展接待、走访、义诊、慰问等活动122次，接待群众1000多人次，收集意见建议163条，其中136条意见建议及时得到圆满解决，逐步实现党代表工作室开展活动经常化、规范化、制度化，其中劳动社区党代表工作室成为“全省实施党代表任期制工作现场会”参观点。组建新经济组织和新社会组织党支部148个，组建联合党支部36个，管理“两新”组织党员1455人（新发展党员198人），实现非公有制经济组织和社会组织党组织和工作全覆盖。（林彦怀）

附：2010年宝安区西乡街道领导成员名单

党工委书记： 李　勇（宝安区副区长兼任）
党工委副书记： 黄耀东（正处级）
刘长俊（正处级）
廖　原　张春明
纪工委书记： 廖　原
党工委委员： 陈仕妲、魏剑彬
徐小勇
周兆翔（5月止，任正处级干部援藏）
马　钧　乔永普
办事处主任： 李　勇（宝安区副区长兼任）
办事处副主任： 黄耀东（正处级）
梁奕良（正处级）
陈小龙　叶碧军
王建文

福永街道

【概况】福永街道位于宝安区西部；东与光明新区公明街道接壤，西濒珠江口，南与西乡街道相连，北与沙井街道毗邻；海岸线长8.2公里；辖区面积66平方公里（含机场面积6平方公里）；下辖13个社区；2010年末常住人口34.6万人，其中户籍人口1.8万人。

【经济发展与社会发展】2010年，福永街道紧紧抓住特区一体化全面启动的契机，深入开展“产业结构调整年”活动，积极推动经济发展方式转变，高度重视规划在经济社会发展的科学引领和统筹指导作用，制定现代物流业发展规划、“宝安西部高新技术产业带起步区”规划，环立新湖新兴产业自主创新园示范区规划，以及民营经济总部规划、航空航天电子产业园规划、国际家具村周边（机械城）环境升级改造等专项规划，明确福永“一心、两轴、三片”的发展构想，得到市、区的热切关注和充分肯定，对航空城的规划建设起到积极推动作用。经济建设取得新成绩，组织64家企业参加5个大型展销会、成交26亿元，组织8个项目参加宝安区招商推介会，成交5300万元。新和、新村变电站主体工程基本完工，莱尔德电子、伟创力电子等29家大型企业周边环境整治前期工作顺利推进。成立福永家私行业协会，成功举办第二届家私节，成交1.5亿元、同比增长近50%；凤凰台湾美食街按期建成、顺利开业，成为远近闻名的特色食街；万福商业街管理模式创新成效初显，完成14个业态调整项目。通过政府、企业和福永群众的共同努力，福永经济摆脱国际金融危机的影响，经济运行呈不断上升态势。2010年，实现规模以上工业总产值946.84亿元，同比增长17.1%（以区公布数据为准，下同）；社会消费品零售总额50.68亿元，增长15.6%；固定资产投资额76.75亿元，增长1.2%；外贸进出口总额138.16元，增长11.03%，其中出口总额79.18亿美元，增长13.4%；税收总额59.49亿元，增长28.4%；各项主要经济指标位居全区前列。效益方面，福永建设用地地均产出为每平方公里20.77亿元，高于宝安区平均水平。福永街道完成24栋中小学校校舍加固或重建工程，福永高级中学建设项目纳入区“十二五”规划，福永中学中考成绩位居全区第三，小学教育质量名列全区前茅。福永人民医院扩建工程进入设计招投标筹备阶段，福永卫生监督所工程完成前期准备工作。文体事业再创佳绩，福永文体艺术中心已完成方案设计和立项审批，凤凰古民居保护工作获区立项批准，举办首次全国南狮公开赛，街舞《快乐的建筑工》荣获第十五届“群星奖”舞蹈比赛金奖并在2011年央视春晚演出，成功赴台举办“学甲—福永之夜”大型文艺晚会。实施食品安全“五大工程”，初步建成食品安全管理“四大体系”；落实计生责任制，顺利完成各项计生指标任务；社会保障、社会救助体系更加完善，圆满完成第六次全国人口普查任务等等。

【社区建设】2010年，福永街道坚持“自下而上”的规划思路，根据《珠江三角洲地区改革发展规划纲要》、《深圳市城市总体规划》等上层次规划文件，各社区着手制定远景发展规划，结合区域蓝图，突发自身优势，主动做好衔接，制定《怀德社区低碳综合体规划（2010~2030）》、《凤凰社区发展策略研究报告》，其他11个社区的规划也正逐步展开。社区人居环境不断改善，实施怀德路、桥头大道、凤凰山大道等9个道路环境改造及建筑立面整治项目，投资6300万元完成44个片区城中村消防整治任务，263万平方米社区道路及绿化清扫工作全部纳入街道统一管理。强化在建工地现场管理，严查城市“六乱”，设立摆卖疏导摊档，保持环境卫生整洁、有序、干净。全年数字化城管案件处置率提高到93%，环境卫生问题得到及时处理，兴围、福围、新田等3个社区通过“省卫生村”创建验收。

【综合治理】福永将2010年定为该街道的“环境治理提升年”，全年完成9项建筑立面整饰工程、12项道路景观提升工程、14项环境综合整治工程，投资6300万元完成44个片区城中村消防整治任务。市、区在福永辖区的16个政府投资项目中，该街道负责实施的污水配套干管一期工程、凤凰山森林公园二期工程已基本完成，污水配套干管二期工程和凤凰山大道改造工

2010年6月8日，福永第一工业区升级改造项目开工仪式

程以及配合实施的松福大道、福洲大道等5个项目、其他在福永建设的7个项目有序进行，累计完成工程投资额4.8亿元。交通环境逐步改善。积极争取市交委支持，将福永确定为“特区交通一体化示范街道”，制定交通综合改善规划，计划五年投入11.5亿元，首期投资8000万元实施10项改造工程，全面改善福永交通环境。街道自筹资金拓宽福永中心区4条主要干道，重新划定停车位1529个，更新交通标志，改善局部拥堵和乱停放状况。开展执法检查行动1880次、查处交通违法行为17194宗，查扣违法车辆7619辆，有力地规范交通秩序。违法建筑得到有效控制，制止并查处50栋次开工行为，查处万丰统建楼，拆除机场净空区超高建筑，清拆乱搭建2处、1.75万平方米。与深圳机场和区有关部门配合，共同完成钓鱼台机场扩建用地拆迁清理任务。社会保持稳定和谐，街道综治信访维稳中心工作机制进一步理顺，新建企业综治工作室30个、总数达82个，全年共排查化解重大不稳定因素15宗，妥善处理白石厦集体账户被冻结、金银城问题楼盘纠纷等历史遗留问题，未发生赴省进京非正常上访，到市、区上访23批152人次，批数、人次分别下降52.4%、216.4%。治安状况持续改善。强化出租屋和流动人口“网格化”管理，创建安全文明小区3个、“围合式”小区3个，完成电子防控系统普查，新和五区等5个小区和凤凰社区视频门禁系统建设进展顺利。深入开展社会治安巡逻和“鹏城10”、利剑等专项行动，重点整治14个治安隐患区域。安全生产形势整体平稳。强化安全生产责任考核，设立“五位一体”责任卡，形成企业自查自改—工业区、居委会全面监控—政府监督检查的“三级”隐患治理体系。创建10个整体托管工业园区，大力整治新田社区等火灾隐患重点地区、城中村消防隐患。劳资关系日趋和谐，开展第三产业用工情况排查、执行最低工资标准检查，处理劳资案件1191宗，重大劳资纠纷、欠薪逃匿案件分别下降5%、62%，妥善处置中粮万宝志、理光越岭美、东芝一鑫三福等重大劳资纠纷。

【党的建设和精神文明建设】2010年，福永街道基层党建不断加强。“五星火炬”创先争优活动效果显现，创建10个党建工作示范点，街道党工委被列入中央创先争优网“五好党组织”评选单位。公推直选新成立驻和平社区、驻凤凰社区党委，为扩大党内民主、党建区域化作有益探索。新建商会党代表工作室，“两新”组织党代表驻挂企业，帮扶企业解决发展难题。启动社区党委支部换届工作。执行力不断提升。完善竞争上岗、轮岗交流、分类管理制度，按组织程序公平公正选拔7名副科级干部，调整部分科级干部、事业单位负责人。启动“绩效管理电子督办系统”，在全区率先运用电子信息技术量化绩效考核。廉政建设成效突出。深入开展《廉政准则》专题教育、“三纪”教育培训、“廉洁文化周”等活动，进一步完善工程招投标、市政管养、政府采购、财务收支审批、社区财务集中记账等制度。（黄世斌）

附：2010年宝安区福永街道领导成员名单

党工委书记：廖少权

党工委副书记：钟健君　曾雪莲　庄富兴　谢海生

党工委委员：廖少权　钟健君　曾雪莲　庄富兴　谢海生　周玉强　黄珍才　赖为杰　史纪新　姚伟光　肖锦潮　栾广慧

办事处主任：廖少权

办事处副主任：曾雪莲　钟　华　邓福生　程志强　邓炳祥

沙井街道

【概况】沙井街道位于宝安区西北部；东接光明新区公明街道，西临珠江口，南邻福永街道，北连松岗街道，西北隔茅洲河与东莞市长安镇相望；辖区面积64.91平方公里；下辖28个社区；2010年末常住人口52万人，其中户籍人口3.1万人。

【经济发展与社会事业】2010年，沙井街道规模以上工业企业产值744.84亿元，同比增长23.4%，社会消费品零售总额58.21亿元，增长19.7%；外贸出口65.18亿美元，增长14.5%；完成社会固定资产投资33.03亿元，增长30.3%；两税收入39.42亿元，增长21.2%；街道预算内财力7.42亿元，增长11.9%。年内，街道把精力重点放在抓转变经济发展方式、进行产业结构调整上。实施转型升级“四大战略”：一是淘汰落后产能，扶持优质企业发展；二是扶持社区股份合作公司转型升级；三是以做大做强“电子沙井”为重点，引进发展现代服务业；四是促进商贸旅游业发展壮大。全年淘汰高耗能企业31家，原地不停产转型企业32家，对现有75家高科技企业和30多家自主知识产权企业进行重点扶持培育。辖区企业格林美高新技术股份有限公司成功在A股中小板上市，另有2家完成股改，8家拟上市，23家基本具备上市条件。实施“一社区一特色经济”的发展战略，中亚电子城、中亚奥特莱斯购物公园、德普电子城二期、深圳宝安国际珠宝创意产业园、新桥红星美凯龙家居广场等十多个重大建设项目规划、实施，总投资达121亿元。街道把握深圳西部工业组团中心和宝安做强电子信息支柱产业的定位机遇，努力将沙井打造为珠三角电子元器件配送中心，加快落实华强电子基地选址及后续工作，德普电子城二期和垦岗中亚电子博览中心分别被确定为2010年区重大建设项目和社区股份合作公司转型试点项目。投资4.5亿元的麒麟山景大酒店和投资3000万元的岁宝百货先后开业，海上田园旅游景区被评定为国家4A。同时着力打造“千年蚝乡”品牌，加快旅游配套设施建设，发展现代服务业，扩大吸引内需，有效提升商业消费的规模和

2010年12月21日，蚝民在第七届“沙井金蚝节”开幕式现场开蚝

档次。年内，街道共有工业企业2600家，个体工商户2万余户，出租厂房配套设施面积1330.9万平方米，出租屋在册登记人数68.56万人。年内，沙井街道坚持把城市建设管理作为推进城市化进程、实现经济社会科学和谐发展、建设宜居城市的重点来抓，努力改善投资发展硬环境，加大市政基础设施和公共配套设施建设力度，重点开展市重点项目沙井污水处理厂二期管网铺设、沙井公园建设，凤凰山公园二期沙井入口及道路建设、茅洲河综合整治等16项工程。社会各项事业全面进步，立足“文化沙井”建设，成功举办市第六届“文博会”沙井汉玉立体艺术创意园分会场、珠宝文化创意产业中心分会场、市第六届外来青工文化艺术节沙井分会场系列活动和第七届深圳宝安“沙井金蚝节”品牌文化活动，完成上寮、新桥、壆岗三个村级小学的改造工程，加强流动人口计生服务和妇幼保健，完成第六次全国人口普查工作。工青妇和民兵、武装工作不断创新，加强对新生代劳务工的服务关爱和户籍青年创业就业培训，结合文明单位、文明社区、文明企业、文明家庭的创建工作，组织开展形式多样的文明创建活动和爱心募捐活动。努力改善民生，低保户做到“应保尽保”，重视退役士兵安置和扶危济困、敬老助残工作，年内共发放各类救济金和退役士兵安置费300多万元。

【社区建设】2010年，沙井街道基本实行“一站一居”，解决街道29个社区和28个社区工作站的办公场地和办公设备问题。加强“六好”平安和谐社区建设和固本强基社区建设，21个社区荣膺省、市“六好”平安和谐社区，49个社区固本强基项目有33个完成并投入使用，占67.35%。加强对社区股份合作公司的管理，完成社区股份合作公司的换届选举，对公司高管出国（境）实行审批备案管理制度。强化对公司的引导培育和结构治理，加快股份制改造，实施“一社区一特色经济”经济战略，社区集体经济健康发展，全街道63家股份合作公司资产总额达174.51亿元、净资产89.71亿元，较上年分别增长31.43%和55%；全年总收入17.78亿元，净收入6.27亿元，分别增长6.5%和9.5%。

【综合治理】2010年，沙井街道整合信访、司法、综治、公安、应急指挥中心各方资源，完善应急管理机制，提高应付各种突发事件能力。坚持实行排查调处责任制，注重化解矛盾于未然。探索劳动管理工作机制，通过深化劳动协管制度、提高服务企业质量，开辟劳资纠纷“速立速审”绿色通道，改善用工环境，加强对劳务工的人文关怀和守法维权教育，努力构建新型和谐劳动关系，劳动关系总体稳定。加强治安防控体系建设，在全区率先成立街道治安联防大队，完成6个治安联防中队和29个社区治安联防队的挂牌，同时加强电子防控工程的管理和使用、居住证推广发放、门禁视频等工作。开展“鹏城10”行动，对重点地区、重点场所（行业）开展全面的专项整治行动，严厉打击严重违法犯罪、黑恶势力、两抢两盗和“黄赌毒”等社会丑陋现象。加大出租屋和流动人口管理和信息采集力度。加强城市管理，加大市政基础设施的配套维护和旧城改造工作力度，对违法违规用地进行复绿。对乱摆卖等城市六乱加大综合执法力度，开展系列打假活动，有效净化市场秩序，维护消费者权益。

【党的建设和精神文明建设】2010年，沙井街道在党组织和党员中坚持开展争优创先活动，实行党建社区化。加强“三员”队伍建设，开展党代表工作室接访活动，解决一批群众的热点难点问题。社区换届工作稳步有序进行。严格党员发展标准，加强党员干部的提素培训。党工委中心组坚持每月一次的集中专题学习，发放学习资料5000多册。党风廉政建设不断深化，开展“纪律学习教育”活动，扎实推进党员干部廉洁从业教育，落实廉政建设责任制。对政府投资工程项目进行专项治理，严格工程建设管理责任制。严格开展查信办案和纠风治乱，配合上级纪检部门对3名违纪党员进行查处。（汪时健）

附：2010年宝安区沙井街道领导成员名单

党工委书记：刘少雄

党工委副书记：何奕飞　朱雪飞
张志光
赖志民（12月起）
纪工委书记：赖志民
党工委委员：刘少雄　何奕飞
朱雪飞　张志光
赖志民　刘亚飘
郭培源　陈杰峰
高毅华　杨希成
郭东江
邹宛均（挂职）
办事处主任：刘少雄
办事处副主任：何奕飞　李鼎荣
文旭平　方荣添
胡应福
邹宛均（挂职）

松岗街道

【概况】松岗街道位于宝安区西北部；东与光明新区公明街道毗邻，南与沙井街道相连，西北与东莞市接壤，是深圳的西北门户；辖区面积66.53平方公里；下辖18个社区；2010年末常住人口38万人，其中户籍人口2.21万人。

【经济发展与社会事业】2010年，松岗街道实现地区生产总值163亿元，同比增长15.6%；规模以上工业产值418亿元，增长23%；社会固定资产投资30亿元，增长31%；社会消费品零售总额42.5亿元，增长21%；外贸出口28.8亿美元，增长18%；两税收入25亿元，增长30%。松岗街道企业服务取得明显成效，投资600多万元、设立31个窗口的行政服务大厅正式启用；重点帮扶22家企业，解决一批企业反映的困难；劲嘉彩印等5个重点企业项目进展顺利；协助17家企业获区补助450万元；组织企业参加7场展销会。社区经济持续向好，50家股份合作公司总资产达到62亿元，同比增长4.9%；全年实现总收入8.4亿元、净利润1.99亿元，分别增长11.2%、19.7%。产业升级取得良好进展，制定《松岗街道加快城市更新推动产业升级试点工作方案》、《关于加快转变经济发展方式推进城市更新及产业结构调整工作实施方案》，拟定10个启动项目，梳理统计32个意向项目；积极推进燕川塘下涌先进制造业等园区升级改造；淘汰低端企业134家，新引进企业113家，其中产值过亿元的有4家、上市公司2家、外资企业79家；20家“三来一补”企业完成转型；30多家民营企业完成上市准备；运辉物流园正式运营。基础设施不断完善，“门户”项目推进顺利，其中象山大道、楼岗大道接公明根玉路、东方大道改造已基本完工，东方渠整治箱涵主体已完成，松罗路改造完成71%，松白路改造完成21%；体育中心、文化艺术中心、河滨南北路等3个项目已完成前期工作。各类配套设施建设进展顺利，综治信访维稳中心办公楼等3个房建工程、洪桥头天盛达厂等3个边坡治理工程、行政服务中心等3个装修工程以及1个户外文体广场工程已完工；松岗中学扩建、松岗实验学校建设分别完成85%、65%，卫生监督所大楼主体已封顶；松白路（宝安大道—松安路）、松山墓园后山道路、107国道综合治理工程分别完成65%、70%、45%，17条微循环道路已开工建设。防洪排污工程加快推进，燕川污水干管一期两个标段已竣工验收，燕川二期、沙井二期分别完成95%、73%；完成5个水利续建项目、3项渠道整治工程和47项应急水利工程。其他财政投资项目共123项，正在施工69项，完工54项，完成投资1.2亿元。城市更新扎实推进，完成7个城市更新项目申报，4个已成功列入市年度计划；沙浦旧工业区启动区、东方旧工业区前期工作进展良好，红星湾头综合改造专项规划已通过审批；梳理并建立33个旧改项目的城市更新项目库。市容环境进一步改善，东方大道等5条道路建筑立面刷新、沙江东路绿化升级和景观特色改造已基本完工；占全区40%、长度29.5公里的区域绿道如期建成。就业创业取得实效，开展“金钥匙”、“百万员工素质提升”行动，培训社区居民、劳务工1.5万人；促进“农转居”居民就业256人、创业22人，分别完成区任务的135%、110%；举办公益招聘会46场，推荐外来工就业5120人；居民创业孵化基地正式启用，入园创业居民36人；“零就业”家庭保持动态归零。社会保障逐步完善，居民最低生活保障得到落实，发放各类保障金109万元；为31个低保对象分别购买住院医保和少儿医保；开展“一十百千万”募捐活动，全年募

2010年4月14日上午，市委常委、市公安局局长李铭调研松岗火灾隐患重点地区整治

集善款532万元；发放慈善救助26万元、优抚补助120万元、残疾人补助34万元，解决31名户籍残疾人就业；977名老人享受居家养老服务；“双到”工作以优异成绩通过省验收。社会事业取得新成绩，精神文明建设深入开展，学习型家庭创建被确定为“全国社区教育实验项目”；顺利完成城市公共文明指数测评迎检工作；评选表彰一批精神文明建设先进集体、先进个人和道德模范；组织开展各类素质提升活动388场次，12.5万人次受到教育。教育均衡优质程度不断提高，新增公办优质学位930个；特色教育逐步形成，共有6个项目确定为市、区特色项目；松岗中学中高考成绩名列全区前茅。文体活动蓬勃开展，获得市、区各类文体比赛奖项44个，老人门球队获第十届世锦赛第五名，送电影进企业、工厂110多场。计生管理服务不断加强，顺利完成上级下达的各项计生指标任务，户籍人口政策生育率和综合节育率分别达到97%和90%；完成18个社区生育文化中心建设。工青妇工作取得实效，工会组建覆盖率和职工覆盖率均达到90%。开展各类特色普法宣传教育活动，完成“五五普法”。征兵、人口普查任务圆满完成。

【社区建设】2010年，松岗街道下拨社区各项经费7250万元。培训社区干部216人次。潭头、江边2个社区综合服务中心已完工，红星社区户外文体广场等6个项目正在施工。累计完成13个省“六好”、18个市“六好”社区创建工作，红星等3个社区成功创建“市卫生村”。物业管理进社区继续推进，补助社区经费4634万元，54个“村改居”小区实施物业管理，3个小区获市、区“优秀物业管理小区”荣誉称号。

【综合治理】2010年，松岗街道加强社会环境综合治理，加大矛盾纠纷调处力度，治安形势持续好转。建成投资600多万元的综治信访维稳中心新大楼，完成18个社区综治信访维稳工作站和40家企业综治工作室建设。排查较大矛盾纠纷45宗，发案宗数同比下降10%，成功调处40宗；受理劳资纠纷、司法调解、信访等各类案件2203宗，成功调处2191宗，调处率达99.5%；落实街道领导包案制度，8宗包案重点案件全部得到有效调处。没有发生赴省进京非正常上访。推进治安专项治理，按区要求全面完成“六小”场所、出租屋、治安重点区域、“三边”地带等四项100%清查整治任务，清查整治各类场所24.2万处。强化环境综合整治，以消防安全为重点的28个城中村综合整治项目已经完成；1.7万平方米裸露黄土整治复绿；查扣违法营运车辆8000多台；查处制假、售假单位37家次，疏导发证6084家，“清无”工作顺利通过区验收；查处市容环境违法行为2.3万起；保持查违高压态势，拆除乱搭建6万平方米，实现违法建筑“零增量”。在全市率先完成高速沿线37块违法广告牌整治拆除。扎实开展“出租屋整治年”活动，排查出租屋各类隐患4.4万条，开展整治行动211次。严厉打击违法犯罪，破刑事案件940宗，打掉犯罪团伙72个。巩固防控基础，加装路灯144盏，新建治安岗亭24个，开通监控点581个，安装摄像头3256个，安装视频门禁358套、在装158套，创建安全文明小区、围合式小区3个。成立治安联防大队，完成松岗特勤、特保中队进驻工作。楼岗、沙浦围两个社区的网格化管理试点顺利推进。消防隐患整治成效显著，累计投入经费1.57亿元，新建消火栓450个，增配消防器材4.4万个，完善4支专职消防队硬件，新组建专兼职消防队、安全义工队、消防志愿队伍44支；检查各类场所16.2万家次，整改隐患2.6万处，打通逃生口4.3万个，拆除阁楼和房中房5934间，整治消防车道150处，以全省得分第一名的优异成绩通过省火灾隐患重点地区挂牌整治验收。

【党的建设和精神文明建设】2010年，松岗街道以创先争优活动为契机，不断加强党的建设和精神文明建设。围绕创建“党建工作示范点”和争当“科学发展带头人”主题，按照“五好”、“五带头”标准，引导党组织和党员创先进、争优秀，创先争优活动与各项中心工作同步推进。涌现出一批先进党组织和优秀共产党员，东方派出所民警范伟光、潭头社区党支部、松岗中学党总支3项先进事迹被作为全国典型推广。认真落实理论中心组学习制度，开展集中学习、理论讲座17场（次），干部队伍整体素质不断提升。基层组织建设得到加强，新成立街道驻花果山、松涛2个社区党委，建立东方、松涛2个党代表工作室，筹建松涛、花果山、沙浦围3个社区党员服务中心，组建18个社区“两新”党支部；新发展党员78人，转正103人；开展党代表接访考察活动50多次，解决一批群众关心的热点难点问题；社区换届工作稳步有序进行。党风廉政建设不断深化，开展“纪律学习教育月”、《廉政准则》学习活动，强化党员干部勤政廉政意识；完善《松岗街道财政投资基本建设项目管理制度》、《松岗街道采购工作管理制度》等近20项制度，对工程、采购、干部任用等重点领域进行全程监督；继续发挥审计监督作用，对24家股份合作公司经营情况进行绩效审计调查，监督约束工作得到强化。（王 铮）

附：2010年宝安区松岗街道领导成员名单

党工委书记：吴汉明

党工委副书记：黄景秀 徐建社 张贵林 陈出新

纪工委书记：陈出新

党工委委员：李协元 柯 明 周海峰 彭奕文 蓝洪春 曾子坤 詹 斌(挂职，7月起)

办事处主任：吴汉明

办事处副主任：黄景秀 张战平 陈贺党 郭志光 陈兴源 詹 斌(挂职，7月起)

石岩街道

【概况】石岩街道位于宝安区中部；东邻大浪街道，西连新安街道和西乡街道，南依南山区西丽街道，北接光明新区公明街道和光明街道；辖区面积65.9平方公里；下辖9个社区；2010年末常住人口24.73万人，其中户籍人口1.36万人。

【经济发展与社会事业】2010年，石岩街道全年实现地区生产总值180.78亿元，同比增长13.4%；规模以上工业企业总产值657.94亿元，同比增长15.9%；固定资产投资额21.03亿元，同比增长34%；社会消费品零售总额32.3亿元，同比增长22.2%；外贸出口总额42.27亿美元，同比增长29.2%；两税收入23.64亿元，同比增长25%；财政收入3.71亿元。产业结构进一步优化。“三来一补”企业转型工作加快推进，13家企业已成功转型且办理“三资”执照；民营工业园市政配套一期工程完工，市政设施日益完善，高科、金凯进等部分企业已进驻并投产；创维“深圳电视城”、艾美特小家电生产基地等重点项目建设稳步推进；完成石岩IT服务外包示范区规划与发展策略以及“十二五”规划纲要的编制工作；全年新引进规模以上工业企业13家，其中产值超亿元企业3家，新引进高新技术企业2家，新上市企业2家，经济发展质量得到进一步提升。集体经济管理服务力度切实加大。积极协助祝龙田等6家股份合作公司申报房产确权补贴、引进人才补贴和综合补助共计329.5万元；鼓励引导股份合作公司参与城市旧改，集中有限土地资源整合开发；组织股份合作公司经营管理人员参加财务等各类培训，规范和提高经营管理水平；认真做好股份合作公司财务监督和指导工作，进一步强化经济合同、原始凭证审核工作；积极协调出嫁女配偶和子女股权争议等困扰股份合作公司发展的问题。切实抓好街道所属企业经营管理，集体经济的实力进一步壮大，资产规模同比增加8.8%，资产负债率同比下降近1个百分点，资产进一步优化；社区股份合作公司股东人均分红达5700元，同比增长16.3%。素质工程和创业就业工作强力推进。深入推进素质工程，全年共举办各类培训班和宣传活动1021场次，培训人数近23万人次；进一步加强激励措施，累计为265名生源大学毕业生、“农转居”居民办理学历教育和技能培训补贴203万元；深入开展“展翅行动”，应届生源毕业生就业率达90.2%；共帮扶403名户籍失业人员实现就业，促进358名“农转居”居民实现创业就业；帮扶就业困难人员244人，困难人员就业率达100%，“零就业家庭”保持动态归零。扶贫帮困扎实有效。共发放各类救助金、慰问金107万元，救济困难户籍居民42户，救济外来务工人员92人次，对全街道218名低保户做到应保尽保；推进社区居家养老服务，成立居家养老服务中心，为辖区394名老人提供家政、康复、生活照料、心理咨询等服务。社会各项事业均衡发展。实现公办学校全部为区优质化学校、民办学校全部为市一级以上学校的高位均衡目标，石岩公学在全市民办学校中率先通过国家级示范性高中初期督导验收；文艺精品创作取得佳绩，话剧“突围1978”得到省、市艺术界的肯定，成功举办第十届羊台山登山节，组织开展庆祝深圳经济特区成立30周年系列活动；石岩医院扩建工程、手术室改造工程等一批有利于改善石岩就医环境的建设项目正加快推进。同富裕和固本强基工作富有成效。黎光道路、罗租中新村供水工程和上下屋社区办公楼改造等11个工程项目建成并投入使用；官田社区综合服务大楼、下排道路排水改造工程等17个工程项目已立项并顺利推进；为8个欠发达社区1134人办理同富裕社保补助630万元。此外，顺利推进13家农贸市场改造升级，精心组织开展人口普查，协调组建香港石岩同乡会，完成驻龙川“双到”年度工作任务。石岩街道政府投资项目共57项，涉及市政道路、公共建筑以及市政工程，总投资21.31亿元，其中续建项目10项，投资总额2.27亿元；新开工项目24项，投资总额6.99亿元；前期项目23项，投资总额12.05亿元。全年累计完成政府投资约3.5亿元，各工程项目进展顺利。其中，石岩生猪定点屠宰场进场道路及供水工程、塘头地下河修复工程等部分续建项目顺利完工；石岩交通设施综合整治、18个边坡整治工程等新开工项目扎实推进；石岩排污管网工程已完成上屋西片区施工，其余6

2010年，石岩街道浪心商业街落成

个片区已全面开工建设，累计完成投资7810万元；妥善解决石岩文化艺术中心复工问题，并已开始续建；大树林公园完成工程招投标，即将开工建设；19条道路、水源保护公园、石岩体育馆等项目的前期工作扎实开展。城市更新深入推进。官田工业区旧改项目即将进入全面建设阶段，兰姜新村、浪心南区等4个综合整治项目完成前期工作，以消防安全治理为重点的城中村消防综合整治工程第二批15个项目已完成工程总量的90%，完成3个省卫生村创建工作，官田长块下工业区、官田简龙坳工业区、塘头第二工业区、水田旧村等4个项目已纳入市城市更新计划。市容环境提升行动扎实开展。辖区5条道路的沿街立面刷新工程基本完工，4条道路、机荷高速塘头出入口、南光高速料坑出入口等重要节点的绿化升级改造工程已基本完成，羊台山入口片区升级改造工程即将进入招投标；积极开展市容环境综合整治，按照网格化工作机制，对重点企业、中小学校、居民小区周边的乱摆卖、超门线经营、乱挂标语等行为进行重点整治，全面清理卫生死角、暴露垃圾、淤泥渣土；开展“雨季行动”，加强对水源保护区内的违法养殖、违章乱搭建等行为的巡查整治和水库周边暴露垃圾的清理，保障水库水质的安全；全年开展植树造林116.59亩，完成羊台山山体裸露复绿工程年度任务。查违和国有土地管理力度进一步加大。继续保持查违高压态势，依法拆除各类新建、抢建违法建筑1128栋（次），总建筑面积近33万平方米；重点拆除机荷高速两旁、石龙社区危险边坡旁和铁岗、石岩水库周边等地的一大批乱搭建，共拆除国有土地乱搭建150余间，面积1.6万多平方米。

【社区建设】2010年，石岩街道做好集体经济的引导和服务：塘头等股份合作公司董事、监事补选和章程修订工作；组织力量全力开展股份合作公司养老保险情况、同富康经营情况调研工作；组织股份合作公司经营管理人员参加财务等各类培训，规范和提高经营管理水平；认真做好股份合作公司财务监督和指导工作，进一步强化经济合同、原始凭证审核工作；积极协助祝龙田等股份合作公司申报房产确权补贴、引进人才补贴和综合补助。同时，积极协调解决出嫁女配偶和子女股权争议等困扰股份合作公司发展的问题。全面完成社区综治办、企业综治工作室的建设工作，有效整合治安联防队伍，新创建安全文明小区2个、围合式小区1个，实现“围合式”小区覆盖率超过95%，6个“视频门禁”系统建设试点小区工程完成率84%。

【综合治理】2010年，石岩街道全面完成9个社区综治办、49家企业综治工作室的建设；有效整合治安联防队伍，成立街道治安联防大队；新创建安全文明小区2个、围合式小区1个，实现“围合式”小区覆盖率达95%；6个“视频门禁”系统建设试点小区工程已完成84%；强化出租屋和重点场所整治，整治各类隐患近7万处，整治率达100%；开展“春雷”等社会治安专项行动，严厉打击各类违法犯罪行为。全年共受理刑事警情6550起，同比下降12%，在全区排名第八，辖区社会治安进一步好转。注重矛盾隐患排查整治。大力推进应急管理“三进”工作，完成应急管理“进企业”25家；充分发挥综治信访维稳中心在维稳工作中的主导作用，全年共受理各类综治信访诉求2190宗，成功调处2171宗，调处率为99.1%；切实加大社会不稳定因素的排查和整治力度，重点针对劳资纠纷、转地遗留问题等矛盾易发领域展开排查，全年开展劳资纠纷隐患排查等行动19次，排查化解劳资纠纷隐患321宗，调解处理各类劳资纠纷案件3794宗；大力开展“基层大接访”、领导干部“四访”等活动，有效调处化解可能造成较大影响的8宗维稳矛盾纠纷案件。全年到市集体上访案件7宗、到区集体上访案件4宗，全区排名第五。注重加强安全生产管理。全面推行网格化管理信息化建设，加强动态监控；全力开展市挂牌督办浪心社区火灾隐患重点地区整治工作，顺利通过市的验收；持续推进专项执法监察，深入开展安全生产百日排查整治，突出抓好“三小”场所安全监管；切实抓好安全生产主体责任落实，继续抓好重大隐患挂牌督办，完成两批共220家挂牌督办单位的整治工作。全年共组织各类安全生产知识培训336场，开展安全生产大检查行动48次，整治安全隐患1万多处。安全生产形势总体平稳，未发生重特大安全生产事故。

【党的建设和精神文明建设】2010年，石岩街道以开展“知己党员”志愿服务活动为抓手，深入开展创先争优活动；以开展党代表常任制试点工作为突破口，扎实推进驻社区党委和党代表工作室建设，组织党代表开展接待、走访群众活动，扎实推进基层区域化党建工作；深入推进党员活动阵地建设，建立10个社区党员管理服务中心、4个“两新”党员服务中心和25个党群共建办公室或党员活动室，构建覆盖全街道的党员活动阵地网络。服务意识和能力不断提高。持续推进机关作风建设，扎实开展督查督办和绩效考核工作，进一步提高干部队伍素质，增强服务意识，打造服务型机关；街道行政服务大厅正式对外开放，为辖区企业和群众提供“一站式、一条龙”便利服务；继续加大企业服务和管理，为大型工业企业提供“一企一策”服务，实行街道领导班子成员“一对一”挂点产值16强企业，职能部门专人对辖区内50大企业进行点对点服务，帮助解决企业反映的问题107个；积极协助企业开拓国内市场，组织辖区40家有自主品牌的企业参加郑州等多个展销会，实现总成交额近25亿元；积极做好重点工业企业周边环境综合整治，完成第二批大型企业周边环境综合整治工程；协调解决彩虹等公司上市过程中遇到的困难和问题。党风廉政建设不断加强。严格执行党风廉政建设责任制，不断健全人、财、物等重点领域的制度建设；建立健全股份合作公司财务监管机制，开展股份合作公司绩效审计，完善股份合作公司集中记账制度；开展党风廉政社区行活动，建立社区党风廉政信息公开平台，以“身边发生的案例”为主题开展警示教育，警醒党员干部遵纪守法，廉洁自律。　（张　旭）

附：2010年宝安区石岩街道领导成员名单

党工委书记：陆福强
党工委副书记：浦文浩
邓小敏（挂职，10月起）
梁志虹　张玉秋
戴鼎清
纪工委书记：梁志虹
党工委委员：胡建阳　潘树荣
廖文安　田　庄
许　华　王沿中
办事处主任：陆福强
办事处副主任：浦文浩
邓小敏（挂职，10月起）
李育基　宋乃阵
林松龙

观澜街道

【概况】观澜街道位于宝安区东北部；东与龙岗区平湖街道和坂田街道相连，西与光明新区公明街道和光明街道毗邻，南与大浪街道接壤，北靠东莞市；辖区面积89.8平方公里；下辖13个社区；2010年末常住人口45.13万人，其中户籍人口2.3万人。

【经济发展与社会事业】2010年，观澜街道实现规模以上工业总产值1474.1亿元，比上年增长47.7%；“两税”收入39.4亿元，同比增长70.2%；进口总额150.5亿美元，同比增长78.1%；出口总额253.5亿美元，同比增长96.2%，以上经济指标增速均居全区之首。街道充分利用良好的生态环境和浓厚的文化氛围，引进可口可乐、铭可达等优质品牌企业；全力协助市、区推进投资120亿元的以长安标致汽车项目为核心的长安汽车产业园落地兴建；积极协助推进投资100亿元的大唐低碳生态示范园建设，形成富士康、富士施乐、佳能等龙头企业互动共赢的发展格局。积极推动观澜新型高科技园核心区建设；全面整合规划街道工业园区，加强土地整备，重点规划观澜北部新型园区。清理整治无证照经营场所5337家，逐步淘汰、搬迁116家虽有证照但环境污染严重、安全隐患突出、劳资纠纷频发以及高能耗、低效益的落后产能企业，为优质企业和重大项目的进驻腾出宝贵的发展空间。城市环境进一步优化。全力配合推进市、区总投资82亿元的28个重大项目。总投资达45亿元的人民路等12条道路以及污水干管建设工程已全面动工，进展顺利。按照“整洁、有序、生态、有特色”的原则，重点围绕观澜河沿河两岸以及观澜大道、观光路等“一河两岸五路”，高标准规划、推进市容环境提升行动。民生福利水平进一步改善。9所旧校改造和新校建设全面完成，市第二外国语学校顺利招生开学。全年实现663名户籍居民就业、31人创业，“零就业家庭”动态归零，“充分就业社区”创建达标率为100%。人口计生工作顺利通过省考核组的“飞行检查”，库坑、大水坑生育文化中心被评为市“优秀生育文化中心”。观澜人民医院成功创建成为广东医学院非直属附属医院，并获得2010年度全市医院顾客满意度第三方评估等3项评比第一名。“特色品牌”进一步凸显。街道被市评为“十佳低碳优秀范例”，并实现全区首个“绿色社区”全覆盖。其中，茜坑社区被评为“2010年宝安区生态示范街（社）区”、齐心商用设备公司被评为“2010年宝安区生态示范企业”。“推动观澜街道低碳经济试点工作”被确定为2010年区“十件民生实事”之一。辖区共有26家企业被评为“省清洁生产企业”、“鹏城减废卓越企业”、“市绿色企业”等，1家商场被评为“市绿色商场”，1家酒店被评为“市绿色酒店”，3所学校被评为“市绿色学校”。第六届文博会观澜版画基地、山水田园、永丰源三个分会场取得圆满成功。观澜版画艺术博物馆、版画基地展览中心顺利奠基；观澜原创版画作品在中国美术馆、保加利亚首都艺术中心以及内蒙古、黑龙江等地成功巡展，获得保加利亚文化部、外交部和艺术家联合会联合颁发的“当代版画艺术发展与普及贡献奖”；刊登在《光明日报》上的“观澜版画灿烂绽放”一文，得到中共中央政治局常委李长春的批示，称“这是突出特色的成功实践”。观澜红木家居艺术街成功开业营销。永丰源公司被文化部授予“国家文化产业示范基地”称号。观澜古墟保护性开发顺

2010年观澜街道低碳经济工作启动仪式

利推进，街道被评为“2010年深圳市文物工作先进单位”。

【社区建设】设立1000万元专项资金，鼓励和扶持社区股份合作公司在巩固和优化传统物业经济的基础上，通过参与园区及配套建设、城市更新、旧村改造、物业管理等方式，实现多元化转型发展。重点扶持福民、库坑、牛湖等社区结合辖区产业发展特点探索开展配套项目建设。对全街道108家社区股份公司实行统一保管公章等“五统一”管理，受到区纪委的表扬和推广。重点推进8个旧村、旧工业区拆除重建和10个二类综合整治项目等城市更新改造工作。全街道14个社区率先在全区完成省“六好”平安和谐社区创建任务，已创建的10个省、市卫生村均通过复检考核验收。大水坑、黎光、松元厦等9个社区综合服务中心相继竣工验收并交付使用，福民、桂花、章阁等5个社区综合服务中心稳步推进。人民公园升级改造、樟坑径城市公园以及大水田等社区公园建设进展顺利。

【综合治理】继续完善街道、社区、企业三级综治网络，全街道14个社区综治信访维稳工作站和110家规模以上企业的综治工作室顺利建成运行，其中章阁社区综治信访维稳工作站成为全区示范。率先全面整合社区治安联防大队等各类治安力量共计8111人。深入开展“出租屋整治年”工作，对出租屋、“六小”场所等进行全面清查整治，成效明显，被区评为优秀。实现110总警情、到市和区上访数以及群体性事件“三个明显下降”，街道被评为市社会治安综合治理先进集体。全面落实企业安全生产分级管理，对191家A类企业实施重点监控，强化企业安全生产主体责任。全力开展“打非治违”和重点行业领域安全生产专项整治，检查、复查企业1043家次，完成整改隐患1528处，执法处罚企业47家；区、街道挂牌督办的三批共330家重大、较大安全隐患单位整治工作均已通过区验收销号；观城社区火灾隐患整治工作已顺利通过市验收，并被评为优秀。7个社区、54个城中村消防安全整治工程已竣工验收。实行“四保险、双负责”机制，建立查违动态台账，采取“合法报建一批、严格控制一批、封杀拆除一批”措施，始终保持高压态势。市查违办表扬观澜街道查违“有力度、敢担当、违建控制得好”，并得到许勤市长的批示肯定。街道执法队被评为“市查违先进单位”和“市标兵执法队”。整合街道、社区两级劳动保障资源，完成全街道14个社区劳动保障管理服务中心的创建，实现劳动保障工作的关口前移。在辖区124家500人以上规模企业建立员工关爱中心，并开通关爱服务24小时热线电话。依托数字城管指挥平台和数字化综合执法系统，加大对城市“六乱”等违法行为的查处力度，街道数字化城管得分连续三年在全区排名第一。

【党的建设与精神文明建设】2010年，观澜街道扎实开展创先争优和机关作风大提升活动。涌现出观澜湖高尔夫球会、永丰源、宝昌、银星公司等典型党支部及先进个人；积极开展市“百优处室”、“百优处室带头人”竞赛活动，被市授牌确定为“优秀示范街道办事处党建工作示范点”。大力构建社区“大党建”格局，按照“成熟一个社区、推进一个社区”原则，在成功创建福民、新澜2个驻社区党委的基础上，继续在全街道推进驻社区党委建设。大力推进区廉政文化示范点创建工作，着力培育具有观澜特色的廉政文化。实现48个机关事业单位、14个社区工作站，以及所有工作人员的考核全覆盖，并将考核范围延伸至公安派出所等驻街道单位，有力推动街道各项重点工作顺利完成。群口快板《昨天，今天》在广东省第六届群众戏剧曲艺花会大赛中获得金奖。工会组织覆盖率和会员覆盖率“双90%”工作顺利通过市考核验收。连续28年被评为宝安区征兵工作全优单位，顺利完成第六次全国人口普查工作和库坑、松元厦“统侨工作进社区”试点工作。团工委被评为“深圳市五四红旗团委”；出租屋综管所连续5年被评为区先进单位。富士施乐“职工之家”图书馆再次被推荐为“全国工会优秀‘职工书屋’”；天惠有机硅公司被评为市“工人先锋号”和区十佳“双爱双评”先进单位。（魏　薇）

附：2010年宝安区观澜街道领导班子成员名单

党工委书记： 刘家宝（12月止）
蔡　颖（12月起）
党工委副书记： 骆秋雄　赖元欢
刘添云　翟招和
党工委委员： 蔡　颖（12月起）
骆秋雄　赖元欢
刘添云　翟招和
邓水平　黄庆棠
张远桥　李洪州
陈智谦
武永庆（挂职）
人大工委主任： 麦志成（11月止）
办事处主任： 骆秋雄（12月起）
办事处副主任： 武永庆（挂职）
陈裕通　陈小青
廖永兰　陈　南

大浪街道

【概况】大浪街道位于宝安区东部；东接观澜街道和龙华街道，西与石岩街道、南山区接壤，南临民治街道，北靠光明新区；辖区面积37.2平方公里；下辖5个社区；2010年末常住人口27.78万人，其中户籍人口0.78万人。

【经济发展与社会事业】2010年，大浪街道完成地区生产总值113.58亿元，规模以上工业总产值422.95亿元，同比增长19.4%；全社会固定资产投资完成额21.15亿元，同比增长61.2%；社会零售品消费总额14.09亿元，同比增长28.6%；出口总额20.02亿美元，同比增长42.6%。辖区完成地税收入5.20亿元，国税收入19.73亿元。全年64个政府投资项目投资总额达28亿元。羊台山森林公园大浪入口广场工程、大浪实验学校等17个项目正紧锣密鼓加快建设，大浪体育中心、大浪文化中心等31个项目正在推进前期工作。新建市政道路6901米，改造道路9467米，主干路网和道路微循环进一步畅通。完成华兴路、石观路等5条主干道路建设，总长8.63公里。207栋建筑立面刷新整治工程全面施工，城区面貌焕然一新。18个社区64个基础设施建设项目投资总额达1.4亿元，完成包括新围户外文体广场、浪口户外文体广场，三合室外健身路径、鹊山室外健身路径，赤岭头社区居民活动中心等23个项目。完成应急排水抢修、河道改造、清淤维护等水利工程16项。水围等6个项目纳入市城市更新规划，引导天诚家具等6家企业申报2011年市城市更新计划。9项固本强基社区建设项目完工，5个同富裕工程基础设施建设项目顺利推进。

【**社区建设**】2010年，大浪街道引导社区股份合作公司用好区奖励政策，提高招商引进企业档次，共引进10家高新技术企业，引进投资3.27亿美元。积极扶持社区股份合作公司发展，集体经济实力不断增强。安排扶持社区资金2000万元，至年底，12个扶持项目已全部动工兴建，部分项目已初步产生经济效益。积极推进城市更新，新围社区公园、罗屋围旧村公园等4座社区公园建成并投入使用，新增绿化面积5.5万平方米。积极推进社区基础设施建设，18个社区64个项目投资总额达1.4亿元。完成23个项目，投入7200万元。水围、陶吓、龙胜、赤岭头4个旧村与赤岭头勤丰工业区纳入市城市更新规划，引导天诚家具等6家企业申报2011年城市更新计划。

【**综合治理**】2010年，大浪街道全年共排查不稳定因素91宗，成功化解矛盾纠纷74宗，没有发生赴省进京上访事件。劳动信访结案率达100%，劳动合同签订率达98.55%。59家中大型企业建立“1+3”劳资协商恳谈机制。400人以上企业劳务工工资监控系统覆盖率91%、信息采集率98%。妥善处理三洋华强龙华分厂等15宗重大劳资纠纷。街道综治信访维稳中心现场调处解决4060宗，占受理总宗数的95.7%。积极协调区有关部门，解决新百丽公司与大浪颐丰华股份公司项目用地纠纷和陶吓莲塘壁水库土地征用及补偿等8宗历史遗留问题。围合2个小区，新创建、巩固提高安全文明小区2个，成立街道特保中队和治安联防大队，深入开展社会治安综合整治、治安重点区域（行业）整治、出租屋综合整治、禁摩及打击非法营运等专项治理行动，辖区全年刑事警情同比下降13.4%，飞车抢夺警情下降81.7%，除入室盗窃案件高发外，治安总体形势平稳。安全生产形势持续好转，全年辖区未发生较大、重特大安全事故。完成8个城中村消防、4项重点工业企业周边环境的综合整治，其余12个城中村消防整治施工总进度达60%。实施街道、社区、工业园三级网格管理，组建20支居委会安全应急小分队。深入推进安全生产百日排查整治、冬季防火排查工作，整改完毕三批共330家区、街道挂牌督办重大、较大安全隐患单位。强力遏制违法抢建，对违建工地坚决采取“四清两断”强硬措施，共拆除违建排栅12万平方米，回填基础8000平方米，遣散参与违法抢建工人1300多人。

【**党的建设和精神文明建设**】2010年，大浪街道开展内容丰富、形式多样的各类文化活动，满足居民和劳务工文化生活需求。街道图书馆强化服务质量，接待读者15万余人。羊台山青工艺术团为社区和企业义务演出20余场。积极推进大船坑麒麟舞入选国家级非物质文化遗产。开展公益电影进社区、进企业活动，累计放映公益电影116场。《羊台山》文学杂志影响力不断扩大。年初创办的文化生活综合类月报《浪花》成为辖区文学爱好者的“草根文学”平台。组建50多人的文化义工队定期深入企业、社区开展活动，对培育辖区文化起到积极作用。同胜社区、高峰社区深圳市“六好”平安和谐社区创建工作顺利完成并等待市检查验收。9项固本强基社区建设项目除1项正在办理前期外，其余8个项目均提前完工。5个同富裕工程基础设施建设项目均按工期顺利推进。社区教育示范街道创建工作顺利进行。加大对困难家庭及外来劳务工救助救济力度，全年发放最低生活保障金、低收入家庭补助金等救济金72万余元。为216名老人开展居家养老服务和为700余名原籍老人发放老人优

2010年，深圳台茗大浪时尚创意园奠基暨开工典礼

待金80万元。大力弘扬慈善文化，全年为玉树地震灾区、“广东扶贫济困日”等捐款215万余元。努力推进教育优质化、均衡化，大浪实验学校、大浪第二个九年一贯制学校和大浪小学等公办学校建设步伐加快。加强队伍素质建设，扎实开展理论中心组学习、“大浪讲坛”，邀请专家学者及街道领导授课，全年培训“七类人员”3万余人次。定期集中开展针对社区干部的岗位技能和业务知识培训，组织到“长三角”地区考察学习，进一步开阔社区干部的视野。制定《社区工作实绩综合考核方案》，对社区工作站、社区党支部、居委会、股份公司进行考核，增强社区基层组织工作主动性，积极与街道工作对接，形成强化基层建设社区合力。制定《大浪街道全面开展作风整顿提升活动方案》，深入开展作风整顿提升活动。从社会各界聘请20位社会监督员明察暗访，督促干部队伍转变工作作风和服务效能。对照“六项整顿”进行自查，规范各级各部门工作流程。制定临聘人员管理办法，加强临聘人员入口管理和完善退出机制。深入社区走访调研，及早筹划2011年社区党组织和社区居委会换届选举。顺利完成机关事业单位党支部设置调整，将原有6个机关及事业单位党支部调整为9个，安排专项经费，确保党支部活动的正常开展。深入推动创先争优活动。完成“两新”党建普查工作，新发展“两新”组织2家。（钱东升）

附：2010年宝安区大浪街道领导成员名单

党工委书记： 何家鸿
党工委副书记： 黄　伟　卫树强
党工委委员： 黄树荣　黄健辉　潘　芸　吴伟忠　印国强　文伟强　彭　程（挂职，7月起）
办事处主任： 何家鸿
办事处副主任： 卫树强　黄健辉　印国强　文伟强　彭　程（挂职，7月起）　吕有伟

龙华街道

【**概况**】龙华街道位于宝安区东南部；东与龙岗区坂田街道接壤，西接大浪街道，南邻民治街道，北与观澜街道相连；辖区面积24.8平方公里，下辖7个社区；2010年末常住人口36.41万人，其中户籍人口5.51万人。

【**经济发展与社会事业**】2010年，龙华街道规模以上工业总产值完成2589.87亿元，同比增长7.1%；全社会固定资产投资完成78亿元，同比增长4.3%；社会消费品零售总额完成65.58亿元，同比增长21.9%。国地两税收入92亿元，同比增长15%。清尔路伍屋桥、景龙社区综合服务楼、油松社区公园、清联变电站场平工程等项目已竣工。龙华文化艺术中心、华明路、污水干管二期、富士康北门天桥等重点项目，以及弓村公园二期完善配套设施工程、8条支路改造等工程顺利推进。清湖文化公园、龙华公园改造工程已经进场。在共和、伍屋、瓦窑排等3个城中村开展全市首个光纤建设试点项目，实现城中村内479栋、1.8万户居民的“三网融合”全覆盖，城中村社区信息化迈出可喜步伐。深入开展市容环境提升行动，龙观路、清泉路、东环一路、梅龙路、东环二路等5条主要干道两侧的建筑外立面整修一新，龙观路、东环二路、清泉路，梅观高速大发埔、富士康龙华片区出入口周边绿化改造基本完成。富士康周边环境综合整治4大项16小项工程全面开展。完成恒通鑫、信隆实业、栢兴实业等第二批大型工业企业周边环境综合整治任务，营商环境进一步优化。城市管理与执法进一步加强，清理城市“六乱”11万余处。保持查违高压打击态势，共拆除违法建筑92栋次，拆除面积1.4万平方米，确保违法抢建“零增量”。扎实推进原村小改造工作，清湖、松和小学改造完工并投入使用，增加优质学位1300个。龙华中学高考成绩大幅超过区定指标，新华中学、三联永恒学校、展华实验学校被评为全区初中教学管理标兵单位。圆满承办2010年市中小学生田径运动会以及宝安区第十六届中小学生田径运动会。严格落实人口与计生目标管理责任制，计生服务体系进一步完善。加强社康中心建设，就医难问题得到较好解决。构建和谐劳动关系，举办免费现场招聘会92场，提供免费职业介绍服务4万多人，较好帮助劳务工解决“找工难”问题。

龙华公园

【社区建设】2010年，龙华街道景龙社区通过区“数字化学习社区”创建评估，龙华成为全区首个特色社区教育站全覆盖街道。实施“农转居”居民创业就业工程，促进失业人员就业506人，促进“农转居”居民就业创业17人，实现“零就业家庭”动态归零。开展“送温暖，促和谐”关爱行动，对“五老”人员、离退休人员、贫困户、残疾人等七类人员共1100多人进行慰问关怀。积极开展“六好”平安和谐社区创建活动，7个社区全部达到省“六好”平安和谐社区标准，成为全区首个全部社区达到省“六好”平安和谐社区标准的街道。

【综合治理】2010年，龙华街道完成11个城中村消防安全整治、区挂牌督办的30家重大安全隐患单位和300家较大安全隐患单位整改、41家涂层烘干室和44家危险化学品使用企业仓库达标整改任务。完成全市消防安全重点整治社区——清湖社区安全隐患整治工作。开展“面对面”安全教育268场，受训21万多人次，组织应急演练1000余场。全年未发生重特大安全生产事故，全街道公共安全和安全生产总体形势平稳。建立完善街道综治信访维稳中心、7个社区综治信访维稳工作站、248家企业及重点区域综治工作室的三级综治信访维稳应急体系，全年排查各类矛盾纠纷1425宗，调处率为98.7%，社会秩序整体平稳，实现“小事不出社区，大事不出街道”的稳控目标。强化群防群治力量统筹，实行警区绩效考核与警情每周通报机制，对辖区11个警区警长实行季度绩效考核，对辖区142个小区实行每周警情通报、排名。发挥300名社区联防队员、92支小区义务巡逻队等社会治安辅助力量的作用，对重点场所进行定点巡逻防控。加强物防技防投入，新创建围合小区37个、安全文明小区11个。推进玉翠、清湖、山咀头、水斗富豪、共和等5个小区“视频门禁”系统试点建设。辖区接报总警情、八类案件、两抢案件分别同比下降2%、20%、3%。加强应急管理体系建设，全年共协调处置各类突发事件138宗。

【党的建设与精神文明建设】2010年，龙华街道推进党建制度化、职业化、信息化“三化”建设，建立健全基层党建责任分工体系和街道党员领导包点联系基层党组织制度，举办首期基层党务工作者职业能力建设专题培训班，200名党务工作者持证上岗，创建“龙华共产党员网”，搭建党建工作综合服务平台。构建区域化党建格局，成立驻华联社区党委。扎实开展“创先争优”活动，进一步激发全街道各级党组织和党员的开拓创新、敬业奉献精神，广大党员在急、难、险、重任务面前和工作岗位上充分发挥先锋模范作用，形成岗位争先进、业务争一流、个人争优秀的良好局面。严格落实党风廉政建设责任制，深入开展社区党风廉政建设。深入创建学习型街道，加强干部队伍建设，实施“干部大培训计划”，开展“文化博览”、“提速提效提执行力”等主题培训活动13期，组织1538名干部职工进行全脱产集中轮训。广泛开展社会主义核心价值体系学习教育，加强社会公德、职业道德、家庭美德建设，开展“传梅精神传承龙华”系列主题活动。编辑出版《龙华文学精品集》，“打工文学”创作取得新成绩，打工漫画创作逐渐成为街道文化品牌。深入开展关心下一代工作，创建清湖、华联社区的“关心下一代之家”。积极开展慈善捐款活动，全街道为玉树地震灾区捐款514.93万元，为区慈善会募集善款76万元。 （朱育凡）

附：2010年宝安区龙华街道领导成员名单

党工委书记：黄启键
副 书 记：陈贤彪
莫汉邦（12月止）
纪工委书记：陈贤彪
党工委委员：吴金明 文俊陵
梁兴华 阮开江
高 红 梁业甫
办事处主任：黄启键
副 主 任：莫汉邦（12月止）
吴金明 梁兴华
阮开江 叶茂春

民治街道

【概况】民治街道位于宝安区东南部；东与龙岗区坂田街道接壤，西与南山区桃源街道相连，南与福田区梅林街道毗邻，北靠龙华街道和大浪街道；是梅林检查站、新区大道检查站、南坪检查站、深圳北站、轨道交通四号和五号线的所在地。2010年11月，街道被市委市政府定位为特区一体化先行示范区。辖区面积30.69平方公里；下辖6个社区；2010年末常住人口27.8万人，其中户籍人口2.1万人。

【经济建设与社会事业】2010年，民治街道地区生产总值55.15亿元，增长19.7%；规模以上工业总产值90.45亿元，增长36.2%；规模以上工业增加值16.26亿元，增长34%；社会消费品零售总额22.49亿元，增长29.1%；固定资产投资65.04亿元，增长26.5%；外贸出口15.4亿美元，增长53.1%；地税15亿元。各项经济指标增速均居全区前列。加大对企业的服务力度，继续深入推进“一企一策”帮扶制度，大力开展企业周边环境综合整治，想方设法协调解决企业生产经营中存在的困难问题，共走访企业607家次，协调解决企业诉求95宗。大力帮助企业拓展国内外市场，积极组织企业参加深圳——郑州经贸洽谈采购会暨宝安产品展销会等26个展会，达成意向成交金额合计7.3亿元。岁宝百货、沃尔玛、国安居等品牌商家先后签约入驻，建设银行等金融机构相继入驻民治街道。区招商推介会引进的民治电子商务产业园等4个项目进展良好。投资10亿元的深圳127陈设艺术产业园项目正式落户并顺利开业。牛栏前商圈改造有序进行。一批商贸服务企业陆续开业。公共文化服务设施建设不断完善，书香门第小学建设项目已完成预算编制，民新小学建设项目已取得用地选址意见书和用地方案图，潜龙

2010年3月22日，省委常委、深圳市代市长王荣（左二）到深圳北站调研

中学等4所学校的扩班配套设施顺利完成，新增学位2792个，其中公办学位1034个。学校特色教育成果显著，传统美德、音乐、美术、体育、科技创新等获多项国际、国家级奖项，其中民治小学选手勇夺全国奥赛特别金奖，并入选国家队。协调优化公交线路5条，新增公交线路22条，新增公交运力138台。认真抓好计划生育政策的落实，积极打造“飞扬绿丝带”特色计生品牌，街道人口计生服务管理水平进一步提升。加大食品监管力度，全年未发生一例食物中毒、传染病疫情暴发等公共卫生事件。成立街道老年协会，新建成星光老年之家6家。新成立基层团组织25个，新增义工637人，开展义工服务活动2018次。新组建独立基层工会企业38家，新发展会员9811人，工会组织覆盖企业率达91.7%、覆盖职工率达90.4%。举办“第四届母亲文化节”等系列主题活动，进一步提升妇女综合素质。加强国防教育和双拥工作，圆满完成征兵任务。统计、统侨台、民族、宗教、民间组织、双拥优抚、殡葬管理都取得新进展。

【**社区建设**】2010年，民治街道大力推进城市更新和旧村整治。上塘工业区等3个第一批城市更新项目已通过区政府初审，并已上报市规划和国土资源委员会审批。宝山工业区等3个第二批城市更新项目已上报区政府。东龙新村综合整治项目已进入施工图设计阶段。旭联工业区已纳入深圳市第二批工业区升级改造项目。龙塘旧村、牛栏前旧村改造进展良好。加大社区公配设施建设力度。深圳北站综合门诊部、民治广场、民新社区综合服务中心等一批民心工程建设加快推进。沙吓等3个社区供水管网改造工程已完成，龙塘等4个小区供水管网改造工程已完成项目建议书。对樟坑村等11个“城中村”、5100栋建筑进行新一轮城中村整治，城中村消防安全大幅提高。加强对绿色社区创建工作指导，民治等3个“绿色社区”创建工作推进顺利。大力改善市容市貌，梅龙路等4条干道建筑物“穿衣戴帽”、华南立交等3个门户节点以及民丰路绿化升级改造等工程已完工。

【**综合治理**】2010年，民治街道继续延伸维稳综治网络，在6个社区工作站和11家500人以上企业设立社区综治信访维稳工作站和企业综治信访维稳工作室。共受理矛盾纠纷1588宗，成功调处1477宗，调处成功率达93%。及时妥善化解少数民族群体“争夺地盘”等纠纷，确保世博会、亚运会等敏感期的社会稳定。全年未发生重大社会矛盾纠纷、进京赴省上访和重大群体性事件，受到区充分肯定。在全区率先开始视频门禁系统试点建设工作，创新性地将视频门禁系统建设与办理居住证工作相结合，取得较好成效。进一步推行街道“十员”治安维稳信息员队伍建设，构建群防群治治安网络。扎实推进“出租屋整治年”各项工作，出租屋纳管率达100%，流动人口登记率达97.2%。加大违法犯罪打击力度，破刑事案件503宗，查处治安案件976起，打掉犯罪团伙45个，刑拘犯罪嫌疑人525人。加大交通综合整治力度，查处各类非法营运车辆4613辆。社会治安秩序持续好转，群众安全感进一步提升。强力推进安全生产百日排查行动，共检查各类类企业3560家次，发现隐患2970处次，整改隐患2970处次。完成40家企业的安全托管工作。圆满完成330家重、较大安全隐患整治任务，并顺利通过验收。始终保持查违高压态势，落实街道领导、科室部门、查违办、社区工作站、股份合作公司“五位一体”的查违责任制，切实加大巡查、查扣、清拆工作力度，严厉打击各种违法抢建行为。街道查违形势整体处于平稳、可控状态。

【**党的建设与精神文明建设**】2010年，党代会常任制试点工作扎实推进。成立新牛、上芬两个党代表工作室。坚持每周党代表接待、走访、慰问党员群众以及与党（总）支部定点联系机制。建立群众意见建议办理落实情况反馈机制，定期通报工作室工作动态。规范新建驻社区党委议事规则，将“两新”组织党组织和党员纳入社区一体管理。党建社区化工作进一步深化。在9个社区党组织挂牌成立社区议事厅，提升社区党组织引领力；组建35支党员志愿者服务队，通过开展志愿者服务活动，努力提升社区党组织的凝聚力。在7个社区党组织建立社区文化活动排练厅，密切社区党组织与群众的关系，增强社区党组织的感召力。开展经常性、针对性的党风廉政宣传教育，扎实完成“五个一”规定动作。切实抓好执法、窗口等部门的专题教育，邀请区纪检、监察部门到一线工作部门进行廉政辅导。深入推进“阳光工程”，加强政府采购和工程招投标监管。认真抓好计划生育政策的落实，积极打造“飞扬绿丝带”特色计生品牌，街道人口计生服务管理水平进一步提升。新牛社区荣获“广东省文明社区”和“深圳市十大爱心社区”称号，民安、锦绣社区获宝安区“文明社区”称号。“望天湖的传说”正式列入宝安区非物质文化遗产。《民治新城市文学》杂志引起市、区有关领导和社会各界的广泛关注和好评。街道“四点半学校”被团省委选为全省“‘朝阳行动’试点单位”，受到团中央和市文明办的高度肯定。（邓才斌）

附：2010年宝安区民治街道领导成员名单

党工委书记：刘　斌

党工委副书记：范会艺　文桂培

纪工委书记：文桂培（2月止）
范会艺（2月起）

党工委委员：戴伟鸿　李金俊
林海青　曾创林
陈伟文　李明跃
王广泳
莫一兵（8月起）

办事处主任：刘　斌

办事处副主任：文桂培（2月起）
戴伟鸿　李金俊
林海青　李明跃
莫一兵（8月起）

全国先进模范人物

李小娟 女，52岁，中共党员。现任深圳市公安局宝安分局信访办主任。2010年3月，获得“全国公安机关排查化解矛盾纠纷先进个人”荣誉称号。25年以来，李小娟长期从事信访工作，尽心竭力为民解愁，有效化解大量信访矛盾隐患，得到领导的信任，赢得群众的肯定。面对复杂的社会矛盾，李小娟始终坚持尽心尽力为群众办实事、办好事，热情接待群众上访，及时收集群众意见，解决一系列信访疑难案件，及时调处大量信访矛盾隐患。针对特定时期信访维稳工作要求，李小娟一方面带领分局信访办民警沟通协调分局各部门做好后方稳控工作；另一方面带领工作组参与前线的维稳。多年来，在特定时期宝安区无一人因涉警问题赴省进京上访。

王　军 男，28岁，中共党员。现任宝安分局机动训练大队查缉战术教官，并获得市局、省厅两级教官资格证书。2010年荣获公安部一等功，“全国援疆特警成绩突出个人”荣誉称号。自担任分局机动训练大队查缉战术教官以来，他工作认真负责，尊重上级，服从领导，团结同志。2009年8月，王军被市公安局选为深圳援疆特警宝安大队民警，10月27日赴疆开始执行任务。在赴疆培训和执行任务期间，他圆满完成各项任务，为深圳警队赢得荣誉，为宝安警队增添光彩。11月4日，王军在报纸上看到乌鲁木齐市一名70岁老人因肿瘤手术急需O型RH阴性血（俗称“熊猫血”），于是瞒着队友，独自前往医院献血。王军紧急献血的事迹传开后，在当地引起强烈反响。11月21日，郑东副厅长在公安部援疆特警345期简报上批示：“深圳特警王军精神可嘉，请转达对王军同志的问候。”

叶就意 男，45岁，中共党员。现任深圳市公安局宝安分局巡警大队副大队长，分管巡务科、巡警大队一中队、二中队、三中队、四中队及反扒中队。2010年6月，获得“全国援疆特警成绩突出个人”的荣誉称号。“75”暴力事件发生后，叶就意率队赶赴新疆执行维稳任务。作为大队一把手，叶就意严格军事化管理，确保队伍零违纪、零事故、零伤亡。执勤中，他始终坚持维稳主线不放松，坚决扮演好指挥员与战斗员双重角色，背负着40多斤的装备，顶风踏雪，与队员战斗在维稳第一线，在学校上下学时段实行校门口定点守护，在交通路口上下班高峰时段疏导交通，在治安复杂路段设卡盘查，在重点单位周边防控警卫。在疆期间，他深入社区走访，了解社情动态，了解各民族群众在生产、生活等方面存在的困难和问题，积极宣传党的政策方针，努力将各民族群众团结到民族统一战线上来；组织发动爱心捐款，慰问困难户、老党员、“75”事件遇难者家属，积极开展对乌市人民群众的扶贫帮困活动。

刘红瑛 女，中共党员。现任深圳市宝安区人口和计划生育局局长。2010年12月，被评为全国计划生育协会先进个人。刘红瑛高度重视计生协会工作，积极推进计生协会组织建设，全区建立社区、企业计生协会组织1376个，发展计生协会会员94651人，形成健全的计生协会组织网络；积极协调财政等部门，为计生协会工作的全面、高效开展提供有力保障。她把计划生育基层群众自治作为提升基层人口计生工作水平的一个有力抓手，在全区所有社区建立“党组织为核心、工作站做指导、居委会来组织、协会当骨干、单位齐协作、群众齐参与”的计划生育基层群众自治工作机制。从2008年起，她组织实施宝安区“情暖四方”——关爱劳务工生殖健康服务项目，3年来为1万多名劳务工进行宫颈、乳腺、前列腺免费检查服务。该项目被列入“深圳市生育关怀创新特色品牌项目”，被国家人口计生委和中国计划生育协会选入“生育关怀行动100例”。

杨洪流 男，48岁，中共党员。现任宝安区水务局局长。2010年被国家防总、人力资源和社会保障部以及解放军总政治部联合授予“全国防汛抗旱先进个人”称号。任职期间，他组织开展河道整治、排涝泵站、水闸改造、水库除险、海堤加固、排水管网、水毁修复等300多项防洪减灾工程建设，在较短的期间内基本建成宝安城市防洪减灾体系，建立健全全区三防责任体系、预案体系、应急指挥体系、抢险保障体系，在抗击2008年“613”超强暴雨等抢险救灾过程中始终恪尽职守，冲锋陷阵，带领全区水务三防人员战胜多场强台风强暴雨灾害，为宝安经济社会平稳发展提供坚强有力的“三防”保障。

广东省先进模范人物

国　涛　男，39岁，中共党员。现任深圳市公安局宝安分局刑警大队副大队长，分管刑警大队三中队、沙井中队和龙华中队。2010年6月荣获“广东省‘五一’劳动奖章”。在分局党委的领导下，国涛带领三个中队的侦查员，坚持多干、实干，发挥网上作战优势，创新破案技能战法，为实现宝安公安分局打击“两抢一盗”（抢劫、抢夺、盗窃）、电话诈骗、盗抢销汽车犯罪单项总分第一贡献自己的力量。自参警以来，国涛参与、指挥打掉职业犯罪团伙630余个，抓获犯罪嫌疑人近千名，侦破案件超过9000宗。

方　清　女，42岁，中共党员。现任深圳市公安局宝安分局出入境管理科科长。2010年3月获得“全省公安机关思想政治工作优秀工作者”荣誉称号。多年以来，方清紧紧围绕公安中心工作，努力构建和谐警营，深入推进“政治建警、公正塑警、素质育警、宣传树警、关爱凝警、信息强警”工作，扎实打造敏锐政工、主动政工、效能政工，使该科政治思想工作进一步服务大局、服务实战、服务民警、服务群众。通过把握“激励斗志，树立信心；围绕服务基层，服务实战这一中心；抓好队伍建设，把准思想脉搏这一核心；以转变思想，创新理念为重心；加强走访，弘扬正气，大力凝聚人心”这“五心”，不断锤炼队伍。为该科队伍业务素质的提高做出杰出的贡献，为该科获得2项国家级荣誉、8项省级荣誉，61项市、区级荣誉付出不懈的努力。

黄煜汶　男，31岁，中共党员。现任深圳市公安局宝安分局经侦大队副大队长，分管案件队和信息情报、法制等工作。2010年4月，获得“全省公安机关打击假币犯罪‘09行动’先进个人”称号。“09行动”以来，黄煜汶带领情报中队民警对全区假币犯罪情报、线索、犯罪苗头等信息进行专门地跟踪调查，通过多种渠道获得大量情报信息，对有价值的信息进行深挖，切实做到情报信息导侦，提高破案效率。2009年6月，黄煜汶带领民警深入石岩街道摸查线索，17日，经侦大队根据前期摸查的情报信息，在石岩国惠康百货对面停车场抓获肖时新、刘柳之、游兵、邓波等4名出售假硬币的犯罪嫌疑人，缴获假硬币25000多枚，打掉一个活跃在宝安区的销售假币团伙。黄煜汶在侦破“617石岩销售假币案”等多宗大要案件的过程中，均发挥重要的领导作用。

敬渭清　男，35岁，中共党员。现任深圳市公安局宝安分局刑警大队三中队副中队长，分管打击盗抢销汽车犯罪，打击电话诈骗犯罪及涉枪涉车重特大恶性暴力犯罪工作。2010年4月获得全省公安机关“创平安、迎国庆”重点打击行动破案标兵荣誉称号。敬渭清参警以来，共参与、指挥打掉盗抢销车团伙30个，电话诈骗团伙10个，拉人上车抢劫团伙9个，共抓获犯罪嫌疑人205名，缴获涉案汽车29辆，缴获枪支等作案工具一批。在日常侦查工作中，敬渭清有很强的网上作战能力和意识，他根据工作实际，不断总结创新网上作战技战法，研发《刑事情报分析系统》，将各种残缺不完整信息与刑事犯罪有效关联。至年底，该系统数据量已达9000多万条，在案件侦查中发挥重要作用。

易雁翎　女，中共党员。现任深圳市宝安区环境保护局宣传教育中心主任。2010年，获得第七批“广东省绿色学校”创建活动先进个人荣誉称号。宝安区环保局与教育局从1997年开始联手开展“绿色学校”创建活动，至年底，宝安区现有国家级“绿色学校”2所，省级“绿色学校”25所，市级“绿色学校”57所。通过多年的研究与实践，宝安区的绿色学校已将可持续发展思想与国内外环境的实践相结合，同时将环境教育和可持续发展教育的内容和要求，融入中小学现有各学科的教学之中，使学科成为环境教育和可持续发展教育的载体，并积累许多已经实践检验的环境教育经验和案例。以倡导绿色生活为主旋律的环保观念已深深地刻在绿色学校的每一个老师、学生心中。

黄振辉　男，中共党员。现任广东深宝律师事务所主任、宝安区政协委员。2010年12月，荣获“全省律师行业公益法律服务杰出贡献奖”，并作为深圳代表上台领奖。黄振辉执业20多年来，一直热心于公益法律服务。自2006年起，连续两次当选为深圳市律师协会法律援助与社区服务工作委员会主任，特别是他担任深圳市律师协会法律援助与社区服务工作委员会主任以来，大力推动律师参与“法律进社区”和律师参与法律援助工作，在实践中创立律师参与“法律进社区”福永模式，得到广东省司法厅、深圳市司法局领导的充分肯定。黄振辉身体力行，积极配合参与社区突发事件的调解，义务为社会弱势群众提供法律帮助，为律师行业的公益事业发展作出杰出的贡献。

2010年宝安区国民经济和社会发展统计公报

2010年是实施“十一五”规划的最后一年。在区委、区政府的领导下，宝安区深入贯彻落实科学发展观，紧紧抓住特区一体化的重大发展机遇，灵活应对复杂多变的国内外经济环境，着力巩固基础，优化结构，提高效益，改善环境，保障民生，促进和谐，努力推动经济社会协调健康发展，全区经济社会发展取得新的成绩。

一、综合

初步核算，2010年全区生产总值为2603.11亿元（含光明新区，下同），比上年增长14.9%。总量和增长速度均列深圳市六个行政区第一。

全区生产总值2329.84亿元（不含光明新区，下同），增长14%，高于全市2.0个百分点。其中，第一产业增加值0.8亿元，下降17.7%，对GDP增长贡献率为0.1%；第二产业增加值1516.45亿元，增长15.2%，对GDP增长贡献率为71.6%；第三产业增加值812.59亿元，增长10.8%，对GDP增长贡献率为28.5%。三次产业比例为0.03∶65.09∶34.88。

2010年全区单位土地产出GDP4.09亿元/平方公里，比上年增加5889万元；税收（不含契税）地均集约度0.7

图1　2006～2010年宝安区生产总值及增长速度

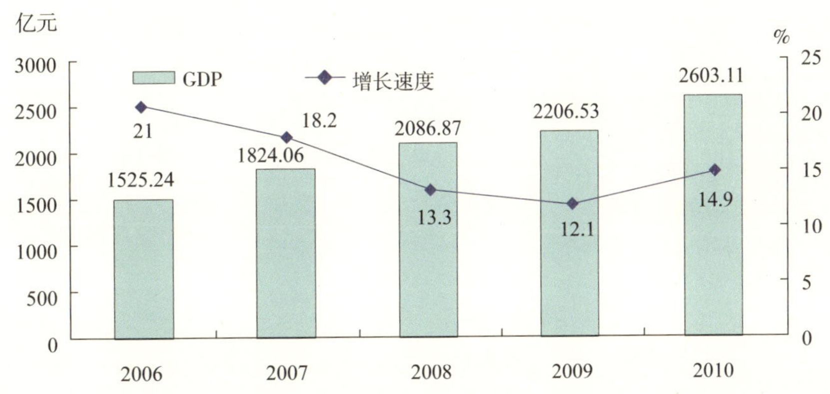

图2　2006～2010年居民消费价格涨跌幅度

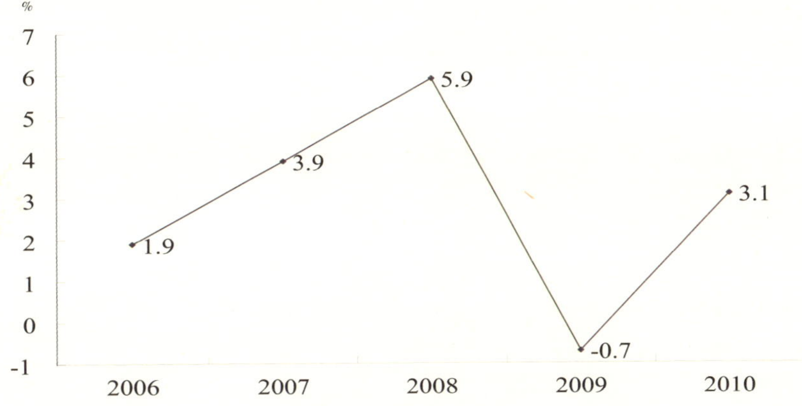

亿元/平方公里，增加1391万元；万元GDP水耗、综合能耗分别下降4.2%和3.0%。

物流和文化产业较快增长。全年物流业增加值224.35亿元，增长16.4%。文化产业增加值137.8亿元，增长17.9%。

全年居民消费价格比上年上升3.1%。其中，服务项目类价格上涨2.3%，消费品价格上升3.4%。

经济和社会发展中存在的主要问题：资源约束突出，节能减排任务艰巨，转变经济发展方式任务紧迫，经济发展质量亟待提高，保障和改善民生工作亟待加强，城市功能还不能适应发展的需要，特区一体化进程有待进一步加快。

二、农业

全年农业增加值2.02亿元（含光明新区，下同），比上年下降19%。农业总产值4.49亿元，下降13.3%。

农业增加值0.8亿元（不含光明新区，下同），下降17.7%，总产值1.49亿元，下降35.9%。其中，种植业上升10.8%；林业下降13.7%；牧业下降65.4%；渔业下降32.1%；农林牧渔服务业上升393.8%。

三、工业和建筑业

全年工业增加值1627.06亿元（含光明新区，下同），比上年增长16.6%。规模以上工业总产值9032.22亿元，增长16.6%。规模以上工业增加值1558.47亿元，增长16.9%，总量和增速均列全市六个行政区第一位。

全年工业增加值1452.88亿元（不含光明新区，下同），增长15.3%，占全区生产总值的比重为62.4%。规模以上工业总产值8202.06亿元，增长15.3%。其中，国有企业产值190.29亿元，增长9.8%；民营企业产值1161.12亿元，增长21.2%；港澳台及外商企业产值6674.01亿元，增长14.8%。分轻重工业看，轻工业和重工业产值分别为1757.19亿元和6444.87亿元，增长16.3%和14.8%。

通信设备、计算机及其他电子设备制造业产值5424.15亿元，增长17.7%，占规模以上工业产值的比重为

表1　初步核算本地生产总值

单位：亿元

指　标	2010年	比上年（±%）
本地生产总值	2329.84	14.0
第一产业	0.8	-17.7
第二产业	1516.45	15.2
#工业	1452.88	15.3
第三产业	812.59	10.8
交通运输、仓储和邮政业	59.53	20.9
批发和零售业	218.96	16.4
住宿和餐饮业	63.93	10.1
金融业	66.65	11.3
房地产业	145.03	-0.7
其他	258.49	11.3

表2　2010年居民消费价格比上年涨跌幅度

单位：%

指　标	比上年涨跌幅度（±%）
居民消费价格	3.1
服务项目价格	2.3
消费品价格	3.4
1. 食品	6.2
2. 烟酒及用品	2.0
3. 衣着	-0.9
4. 家庭设备用品及维修服务	0.0
5. 医疗保健和个人用品	3.7
6. 交通和通讯	0.3
7. 娱乐教育文化用品及服务	1.8
8. 居住	4.0

表3　主要农产品和畜产品产量

指　标	单　位	数　量	比上年（±%）
蔬菜	吨	15948	-7.4
活鸡上市量	万只	91.3	-24.2
乳鸽上市量	万只	41.3	-32.3
生猪出栏量	头	12170	-85.7
水产品	吨	1562	-23.2

66.1%。规模以上工业销售产值8001.07亿元，增长19.2%。工业产品销售率为97.5%，比上年提升3.3个百分点。出口交货值5538.38亿元，增长21.3%。

全年规模以上工业经济效益综合指数为138.33%，比上年提高8.79个百分点。总资产贡献率7.49%，提高0.72个百分点，资产负债率63.12%，提高2.76个百分点，资产保值增值率126.07%，提高10.06个百分点，工业成本费用利润率3.55%，提高0.13个百分点，工业全员劳动生产率77611元/人，增长5.8%，流动资产周转率2.15次，提高0.2个百分点，利润总额269.38亿元，增长33.2%。

全年建筑业实现增加值86.02亿元（含光明新区，下同），比上年增长20.9%。

全年建筑业增加值63.57亿元（不含光明新区，下同），比上年增长9.7%，占全区生产总值的比重为2.7%。

四、固定资产投资和房地产

全社会固定资产投资690.28亿元（含光明新区，下同），比上年增长18.1%，比全市高4.3个百分点，总量和增速分别列全市六个行政区第一、第二位。

全年完成全社会固定资产投资549.18亿元（不含光明新区，下同），比上年增长13.5%。其中，基本建设投资368.51亿元，增长14.3%，占全社会固定资产投资总额的67.1%，比上年提高0.5个百分点；更新改造投资49.51亿元，增长3.4%。

从投资方向看，工业完成投资142.12亿元，比上年下降0.5%；住宅完成投资168.76亿元，增长6.3%；公共设施完成投资221.33亿元，增长32.4%。

全区62个重大建设项目累计完成投资56.34亿元，完成年度计划的112.5%。其中，政府投资项目33个，完成投资33.55亿元；社会投资项目29个，完成投资22.79亿元。市第五高级中学、宝安中学新高中部、松岗街道燕罗片区防洪排涝工程和金海国际珠宝城、凤凰山森林公园二期、中心区N5区初级中学已投入使用，沙井街道衙边涌泵站排涝工程已全部完工，燕川污水处理厂配套污水干管工程（二期）、大族激光全球生产基地、华南公路货运中心、高新奇大仟工业区、宝兴特种线缆项目、展滔科技大厦及周边改造工程、中运泰科技工业区等项目基本完工。

全年房地产开发投资126.31亿

表4　规模以上工业企业主要产品产量

产品名称	单　位	数　量	比上年(±%)
光电子器件	万只	727839.51	56.8
电子元件	亿只	562.46	59.0
印制电路板	万平方米	1622.71	36.2
半导体分立器件	万只	148515.45	38.9
显示器	万台	3671.25	-11.8
移动通信手持机（手机）	万台	12877.53	975.5
电饭锅	万个	68.1	-31.0
家用吸尘器	万台	1195.56	2.3
家用电热烘烤器具	万个	3312.08	-2.1
家用电风扇	万台	911.83	3.6
彩色电视机	万台	1061.57	83.9
照相机	万台	608.82	125.0
组合音响	万台	2800.79	-5.1
数字激光音、视盘机	万台	1903.62	21.1
半导体存储器播放器	万个	2441.4	76.4
液晶显示器件	万片	24957.92	22.3
复印和胶版印制设备	万台	30.99	32.4
打印机	万台	98.63	41.3
家具	万件	625.94	12.8
啤酒	千升	519988.03	18.8
软饮料	吨	246798	-5.7
服装	万件	6853.05	5.6
塑料制品	万吨	51.24	15.0
中成药	吨	26449.49	13.6
表	万只	5230.2	29.8
卷烟	万支	1817025	3.6
自来水生产量	万立方米	53515.09	12.0

元，比上年增长31.9%。施工房屋面积775.59万平方米，下降4.4%；竣工房屋面积110.95万平方米，增长168.3%；商品房销售量13600套，下降33.8%；商品房销售面积122.28万平方米，下降41.1%；商品房销售额233.93亿元，下降16.1%。

五、国内贸易

社会消费品零售总额652.67亿元（含光明新区，下同），比上年增长18.4%，总量列深圳市六个行政区第二位，增速列第三位。

全年社会消费品零售总额603.82亿元（不含光明新区，下同），比上年增长18.1%。总计中，限额以上批发零售业零售额235.38亿元，增长27.6%；限额以下批发零售业和个体户零售额255.58亿元，增长9.5%；餐饮业零售额112.86亿元，增长20.7%。

全区限额以上批发零售业商品销售额526.53亿元，增长39.4%，其中食品、饮料、烟酒类106.47亿元，增长30.2%；服装、鞋帽、针纺织类28.05亿元，增长38.2%；日用品类14.75亿元，增长37.8%；家用电器和音像器材类24.18亿元，增长48.3%。

六、对外经济

进出口总额1483.79亿美元（含光明新区，下同），比上年增长32.8%，其中出口总额864.73亿美元，增长30.2%，出口总额分别占深圳市、广东省、全国的42.4%、19.1%和5.5%。进口总额619.06亿美元，增长36.7%。实际使用外商直接投资金额12.51亿美元，下降1.8%。

全年进出口总额1423.65亿美元（不含光明新区，下同），比上年增长33.2%。其中，进口总额595.77亿美元，增长36.9%；出口总额827.88亿美元，增长30.6%。贸易顺差232.11亿美元。

全年新批外商投资项目532宗，比上年增长40.7%。实际使用外商直接投资金额9.51亿美元，增长3.8%。其中，第二产业外商直接投资7.15亿美元，占75.2%；第三产业外商直接投资2.36亿美元，占24.8%。在第三产业中，批发和零售业直接投资金额1.45亿美元，占61.4%。

图3　2006～2010年全社会固定资产投资及增长速度

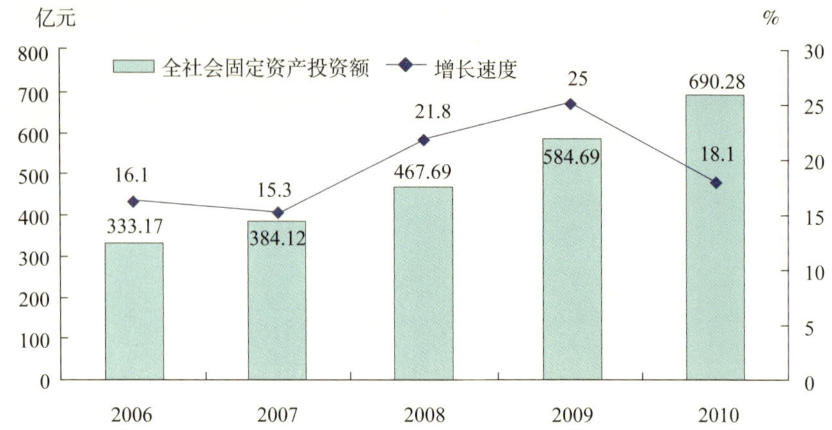

图4　2006～2010年社会消费品零售总额及增长速度

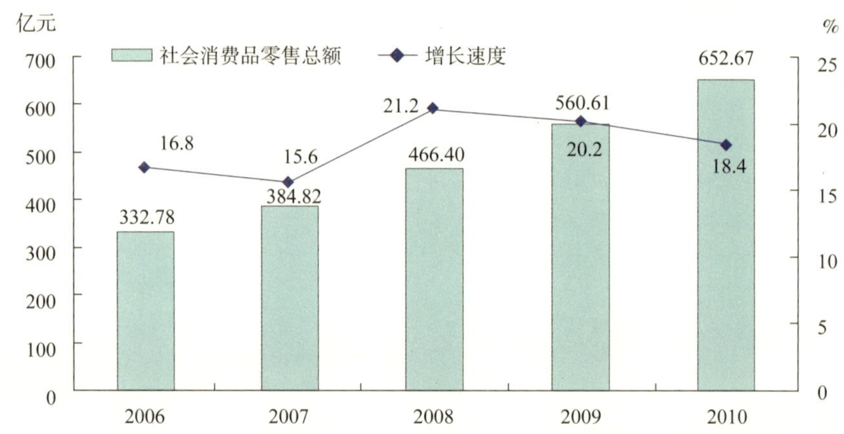

七、交通、邮电与旅游

全年完成货物周转量274.38亿吨公里（含光明新区，下同），比上年增长34.7%；旅客周转量295.21亿人公里，增长17.8%。全年邮政业务总量28918.6万元，下降16.5%；全年邮政国内汇款216.02亿元，增长21.5%；年末邮政储蓄余额97.96亿元，增长26.0%。电信业务收入89594.4万元（不含光明新区，下同），下降5.4%；固定电话用户125.9万户，增长11%；互联网宽带用户60.6万户，增长16.6%。

全区星级酒店29家，比上年增加2家。其中，五星级3家，四星级8家，三星级15家，二星级3家。

全年接待游客783.07万人次，比上年增长13.0%。其中，接待国内游客711.27万人次，增长13.8%，入境游客71.8万人次，增长5%。过夜游客272.35万人次，增长12.2%；过夜游客中的国外游客40.49万人次，增长8.8%。

全年旅游总收入39.76亿元，比上年增长14.9%。其中，国内旅游收入31.88亿元，增长15.1%；入境旅游收入7.89亿元，增长14.1%。

八、财税和金融

全年地方财政一般预算收入102.48亿元，比上年增长23.9%。地方财政一般预算支出130.64亿元，增长25%，其中，用于公共安全、教育、文化体育与传媒、环境保护的支出分别增长6.1%、17.3%、93.6%、90.4%。全年税收收入405.78亿元（含契税），比上年

表5 2010年进出口总额及增长速度

单位：亿美元

指　标	绝对数	比上年（±%）
进出口总额	1423.65	33.2
出口额	827.88	30.6
其中：一般贸易	92.74	37.1
加工贸易	688.73	25.9
其中：国有企业	61.96	8.8
外商投资企业	664.49	30.5
其中：机电产品	734.35	33.9
高新技术产品	477.72	34.5
进口额	595.77	36.9
其中：一般贸易	61.18	32.9
加工贸易	457.84	27.0
其中：国有企业	38.39	-5.1
外商投资企业	466.28	29.9
其中：机电产品	492.44	38.2
高新技术产品	313.75	35.7

表6 2010年对主要国家和地区进出口总额及其增长速度

国家和地区	出口额（亿美元）	比上年（±%）	进口额（亿美元）	比上年（±%）
美　国	149.35	19.9	14.11	15
欧　盟	101.91	20	23.05	28.8
香　港	449.27	45.7	2.52	-4.9
日　本	28.74	14.3	69.11	31.2
东　盟	29.01	31.3	74.15	33.1
加拿大	7.53	39.2	2.63	58.6
台　湾	11.67	5.3	105.68	19.7
中　东	12.52	18.4	2.18	41.4

增长25.2%，

年末国内金融机构人民币各项存款余额2677.94亿元（含光明新区，下同），增长21.2%，增速比上年快0.8个百分点。其中城乡居民储蓄存款余额1374.47亿元，增长20.8%。人民币各项贷款余额1399亿元，增长30.8%，比上年加快2.6个百分点。全区全年金融机构累计现金净投放201.38亿元。

九、教育和科学技术

年末全区学校总数459所（不含光明新区，下同），比上年增加23所。其中，职业技术学校2所，普通中学92所，小学85所，幼儿园280所。全年各类教育招生人数9.39万人，比上年增长2.3%；在校生37.03万人，增长11%；毕业生7.27万人，增长9.3%。年末各类学校教职工总数3.17万人，其中专任教师2.15万人。

全年高新技术产品产值4986亿元（含光明新区，下同），比上年增长23.5%，占规模以上工业总产值的55.2%。其中，具有自主知识产权的产值2488亿元，增长25.1%，占高新技术产品产值的49.9%。高新技术产品增加值893亿元，增长23.6%。全年专利公开公告10910件，比上年增长37.8%。其中发明专利4490件，增长13.6%；实用新型专利3499件，增长86.1%；外观设计专利2921件，增长40.2%。专利授权量9459件，增长51.9%。全区累计认定高新技术企业637家（不含光明新区，下同），其中民营高新技术企业435家，占68.3%。全年科技计划立项1399项，比上年增长85.3%。

十、文化、卫生和体育

年末全区有区级图书馆1个，街道级图书馆16个，社区图书馆133个，总藏书量412.4万册；区级群艺馆1个，街道级文化馆（站）11个，博物馆11个，影剧院13个。全年共开展各类文化活动3477场次，其中“送电影进社区”2500场，“送戏下乡”200场，传统节庆、重大纪念日、各类专场赛事和演出活动300场。全年获省级以上文化艺术奖项61项，其中国家级53项，省级6项。

年末全区共有卫生机构852家，比上年增加9家，其中医院27家，卫生监督所10家，门诊部、诊所503家，社区健康服务中心168家。年末各类卫生技术人员12645人，比上年增加328人。其中执业（助理）医师4991人，注册护士4948人。卫生机构拥有病床6073张，比上年增加508张。全年总诊疗2592.76万人次，比上年增长12.6%，其中门诊诊疗2061.74万人次，增长7.8%。病床使用率83.3%，比上年提高5.5%。

全区各类体育设施2124个，比上年增长10.7%。其中，健身路径326条，增长19.4%；游泳馆（池）91个，增长78.0%；篮球场1130个，增长4.6%；足球场76个，增长137.5%。全年举办群众性体育活动168次，比上年增长9%；参加人数36万人次，增长13%。国民体质测试有效人数14486人，合格率91.3%。全年获得金牌112枚，下降13%，其中国家级50枚，增长47%；获得银牌67枚，下降26%，其中国家级15枚，下降63%。

十一、城市建设、环境保护、安全生产

年末全区公园199个，比上年增加18个，其中社区公园164个；垃圾转运站达到189个，增加19个；公共厕所408个，增加4个；城市建成区绿化覆盖面积25565.74公顷，增长0.6%，建成区绿化覆盖率由上年的46.26%上升至46.27%。全年处理垃圾142.7万吨，增长15.3%，其中采取卫生填埋处理的达95.75万吨，采取焚烧处理的达46.95万吨，全区城市生活垃圾无害化处理率100%。

全年空气综合污染指数1.644，比上年上升0.6%。二氧化硫年平均值0.013毫克/立方米，下降35.0%；二氧化氮年平均值0.059毫克/立方米，上升20.4%；可吸入颗粒物年平均值0.069毫克/立方米，与上年持平。全年区域环境噪声年平均值56.7分贝，与上年持平；道路交通噪声68.7分贝，与上年持平。

全年共发生道路交通事故739宗，比上年下降2.4%。死亡214人，下降1.8%；受伤892人，上升8.5%；直接经济损失336.25万元，下降13.6%。发生火灾事故82宗，比上年下降4.7%。死亡1人，受伤5人，直接经济损失495.26万元。

十二、人民生活和社会保障

年末在岗职工（不含私营和个体）32.2万人，比上年增长3.7%。全年在岗职工工资总额119.7亿元，比上年增长15.5%。在岗职工平均工资3171元/月，增长10.3%，扣除物价因素，实际增长7.0%。

根据100户（含户籍和非户籍）居民家庭抽样调查资料，全年城市居民人均可支配收入30012.83元，比上年增长10.2%，扣除物价因素，实际增长6.9%；居民人均消费性支出20381.29元，增长6.5%，扣除物价因素，实际增长3.3%。城市居民家庭恩格尔系数37.6%，比上年上升2.4个百分点。

全年受理治安案件62100宗，下降22.4%；查处治安案件61089宗，下降22.3%；查处人数24105人，下降39.0%。全年刑事案件立案数74884宗，比上年增长67.7%；破案数10185宗，增长18.9%。

全区年末各险种参保人数1110.02万人，比上年增长21.6%。其中参加基本养老保险341.12万人，增长39.0%；参加医疗保险人数371.69万人，增长15.4%（其中，基本医疗保险人数86.27万人，增长20.1%；劳务工医疗保险人数271.09万人，增长13.4%）；工伤保险人数366.16万人，增长13.4%；失业保险人数31.05万人，增长37.5%。

全年共完成社会保险费征缴72.64亿元，比上年增长31.7%。其中，养老保险费58.94亿元；工伤保险费1.77亿元；基本医疗保险费6.3亿元。

全年抚恤费598.9万元，比上年下降2.4%；安置费1505.2万元，增长76.1%。城镇居民家庭最低生活保障标准450元/人月，比上年提高35元。年末领取最低生活保障人数1676人，累计发放低保救济金529.4万元，下降17.6%。

注：

1. 本公报中2010年数据均为初步统计数，统计图中2006——2009年数据为年报数。

2. 个别数据因四舍五入的原因，存在着与分项合计不等的情况。

3. 地区生产总值及各产业增加值、工业总产值、工业销售产值和工业出口交货值的绝对数按现行价格计算，增长速度按可比价格计算。

4. 2010年为全国人口普查年份，根据国家人口普查有关规定，统计公报暂不公布人口及相关数据。

5. 邮电、旅游、进出口、利用外资、财税、金融、教育、科技、文化、卫生、体育、市政建设、环境保护、安全、社会治安、社会保障的数据来源于部门统计。

宝安区主要经济指标（含光明新区）

指标名称	计算单位	本月数	1～12月累计	累计同比（±%）
1. 宝安区生产总值（季报）	亿元	—	2603.11	14.9
2. 规模以上工业总产值	亿元	858.71	9032.22	16.6
3. 规模以上工业增加值	亿元	121.32	1558.47	16.9
4. 农业总产值	亿元	0.51	4.49	-13.3
5. 社会消费品零售总额	亿元	64.73	652.67	18.4
6. 全社会固定资产投资完成额	亿元	81.18	690.28	18.1

（续 表）

指标名称	计算单位	本月数	1～12月累计	累计同比（±%）
7. 地方财政一般预算总收入	亿元	45.21	151.05	—
#地方财政一般预算收入	亿元	11.46	111.37	—
地方财政一般预算总支出	亿元	59.06	155.39	—
#地方财政一般预算总支出	亿元	47.53	143.87	—
8. 税收收入（含契税）	亿元	34.71	439.56	—
其中：税收收入（不含契税）	亿元	34.16	431.55	—
#国税收入	亿元	20.00	273.36	—
地税收入（含契税）	亿元	14.71	166.20	—
#地税收入（不含契税）	亿元	14.16	158.19	—
9. 金融机构人民币存款余额	亿元	2677.94	—	比年初21.2
金融机构人民币贷款余额	亿元	1399.00	—	比年初30.8
10. “三资”企业直接投资额	亿美元	0.42	12.51	—
11. 出口总额	亿美元	90.75	864.73	—
12. 居民消费价格总指数（以上年同期为100）	%	104.3	103.1	—

1月

1日　广州白云国际机场宝安客运中心候机楼正式启用。每天有12个班次的专线直通车来往宝安和广州两地，平均每小时就有一班车开出。

4日　怀德醒狮团代表深圳队在第八届全国龙狮锦标赛中，与来自全国25支队伍角逐，最终在高难度的“高桩赛”中荣获亚军，全能总分列全国南狮第四。全国龙狮锦标赛是全国龙狮领域最高规格的比赛。

6日　观澜、大浪、龙华、民治4个街道联合开展社会治安综合整治统一行动。区委副书记张洪华、区委常委、政法委书记、区公安分局局长曲晓顺现场督战。

9～10日　“南方百花盛典”盛世中华2010年春节戏曲晚会在广东佛山举行，宝安区少儿京剧团作为压轴节目参加演出。2010年春节戏曲晚会由北京、广东、上海、天津、深圳、吉林、山东等17省市联合主办，由广东南方电视承办，宝安京剧娃作为深圳电视台代表参加演出。

11日　位于大浪街道华旺路的深圳华南国源农产品批发配送中心建成开业。该中心首期项目占地面积1.5万平方米。

11日　宝安区召开区委常委（扩大）会议，学习贯彻落实省委、市委全会精神。区委书记周林祥主持会议，他表示，年内全区工作要在转变经济发展方式等五大方面实现新的重大突破。

12日　区委区政府对当选的宝安区第六届“十大杰出青年”和“优秀青年”进行表彰。

12日　第七届深圳关爱行动在深圳市民中心礼堂启动，全市各种关爱行动随即在各区热烈展开。宝安区各部门、街道、社会各界共组织16项重点活动和144项常规活动，数量位列全市各区之首。

13日　宝安区举行2010年新春军政联谊会。驻香港部队副政委张志国少将，驻惠州75200部队副部队长王兵少将，驻惠州75200部队副政委李有新少将，深圳市委常委、深圳警备区政委王小毛大校，深圳警备区司令员钟志坚大校，区领导周林祥、李文龙、张洪华、刘惠玲、戴斌、曲晓顺、李立军、麦启锐、蔡颖、周格机参加联谊会。

17日　广东首个民办自然科学馆——水岩奇石博物馆落户宝安西乡盐田商务广场。该馆藏有观赏石、矿石和古生物化石近千件。

18日　位于宝安沙井的深圳西部海上田园旅游区被批准为国家4A级风景旅游区。

19日　2010粤港澳台珠宝内销战略高层峰会在宝安召开。此次活动由深圳市宝安区文化产业发展办公室、中华全国工商业联合会金银珠宝业商会主办。专家学者、珠宝商家等约400人参加会议。

20日　宝安国际机场首个异地国内航空货站——深圳机场东莞货站正式投入运营。即日起，东莞的货主和代理人可享受到莞深两地航空货物无缝链接的便利。

宝安区政协2010年新春茶话会隆重举行。市政协副主席姜忠、宝安区领导李文龙、沈建英、张洪华、赵燕民、刘惠玲、戴斌、梁敏华、李慧民、曾汉良、高书环、黄英来、毛伍元、周格机，光明新区党工委委员、管委会副主任杨柏胜等参加茶话会。

21日　宝安区侨办被国务院侨办与人力资源和社会保障部评为“全国侨办系统先进单位”。

23日　宝安区人民武装部被评为“标兵人武部”。这是全市此次唯一获得“标兵”荣誉称号的基层武装部，也是宝安建区以来首次获此殊荣。

25日　宝安区四届五次党代会在宝安区行政中心礼堂召开，会议为期两天。大会应到代表267人，实到258人。区委书记周林祥作题为《解放思想　改革创新　努力推动科学发展上水平》的工作报告。报告紧紧抓住党的建设这条主线，以党建统领全文，突出党要管党，党管大事的主题。

26日　宝安区中医院被国家中医药管理局确定为全国第三批“治未病”预防保健服务试点单位。

28日　宝安体育场工程最重要的结构——钢箱梁合龙。

区委区政府以深宝发〔2010〕1号文颁布《关于加快现代化城区建设，全面提升城市环境的实施意见》。《意见》分八部分：第一部分，充分认识加快现代化城区建设，全面提升城市环境的重要性和紧迫性；第二部分，进一步明确加快现代化城区建设，全面提升城市环境的指导思想和工作目标；第三部分，主要内容。《意见》从9个方面制定详细具体的政策措施：1．关于大力推进城市更新工作的若干措施；2．关于开展建筑立面刷新和屋顶美化，打造优美城市空间的若干措施；3．关于推进重点工业企业周边环境整治的若干措施；4．关于抓好净化绿化亮化，进一步改善市容环境的若干措施；5．关于加快市政基础设施和公共服务设施建设，完善城市功能的若干措施；6．关于提升商业业态，优化消费环境的若干措施；7．关于加强交通环境整治的若干措施；8．关于加强生态环境保护，深入开展创建国家生态区工作的若干措施；9．关于进一步严格城市管理的若干措施。

29日晚　香港宝安大龙华同乡会在香港沙田大会堂成立。香港有关部门人士，深圳市人大常委会有关负责人，深圳市委统战部副部长、市侨办主任钟荫腾，宝安区领导沈建英、刘惠玲、戴斌、曾新稳、曾汉良、黄英来，以及区政协、区委统战部（侨办）负责人，大浪、龙华、民治街道主要负责人出席盛会。国务院侨办发来贺信。

31日　由世界华人华侨社团联合总会、中国山水研究院等部门共同创办的“唐人文化俱乐部”在宝安正式成立。

由深圳市文联、宝安区文联、宝安区文化局共同推荐，宝安区福永杂技团和吴桥杂技学校共同打造创作演出的杂技节目《蹬人》在第31届法国巴黎明日世界杂技节喜获金奖。

2月

2日　为期2天的宝安区2010年“送温暖”慈善慰问活动启动，全区将有101名困难群众获得区慈善会为他们送去的“温暖”。

3日　2010年宝安区慰问社会各界新春文艺晚会在新安影剧院举行。

区人大常委会机关召开机关党总支党员大会。大会选举产生新一届机关党总支委员会，机关党总支三个党支部共40余人参加此次会议。

大浪街道党员服务中心正式揭牌成立，该街道党员服务中心活动周活动也同时启动。

5日　宝安区领导分组深入基层一线，慰问困难群众，检查春节特别防护期平安工作。区委书记周林祥率队慰问困难群众和节日期间坚守岗位工作者时，向他们致以节日祝福，送去慰问金。

宝安区政协常委会召开三届十四次会议，贯彻落实区四届五次党代会精神，并研究区政协三届六次会议有关事项。

6日　观澜山水田园举行国家4A级景区揭牌仪式。该景区是广东首个免门票的4A级景区。

雁盟酒店文化产业园开业，同时，雁盟与四大院校进驻签约、园区的三大中心开始筹建、雁盟二期规划启动。这些重大举措对宝安文化产业发展有积极的意义。

8日　宝安区2010年迎春花市开市。

宝安企业80年代网络科技公司通过编号为14307的国际CMMI三级认证。据统计，全市获得三级以上认证的企业只有10多家。

9日　宝安日报与宝安客运中心联合举办“春暖2010送你回家过年”特别行动，帮助50多名劳务工踏上返乡路。

14日　新安街道、区文化局、区体育局在宝安海滨广场举办辞旧迎新活动。数以千计的人参加包括舞龙、舞狮、划彩船、太极拳、麒麟闹春等精彩的民俗、传统活动。

20日　区委书记周林祥主持召开区委常委（扩大）会议。会议讨论研究2010年全区工作重点和国民经济社会发展目标及举措，并要求全区各行各业的工作者迅速投入到落实工作中去。

22日　区领导与松岗、石岩、观澜、大浪、龙华、民治街道及区直单位的区人大代表、政协委员座谈，就《政府工作报告（征求意见稿）》倾听意见建议。

24日　“观澜版画基地版画精品巡展”在深圳市民中心B区贵宾厅举办。

3月

1日　中国人民政治协商会议深圳市宝安区第三届委员会第六次会议开幕。区政协主席沈建英代表政协深圳市宝安区第三届委员会常务委员会作工作报告，区政协副主席高书环作区政协三届四次会议以来提案工作情况的报告。深圳市政协副主席陈观光，宝安区委书记周林祥，区委副书记、区长李文龙，区委副书记张洪华等区领导以及光明新区党工委委员、管委会副主任杨柏胜等应邀出席会议，170多名区政协委员参加会议。

宝安八景评选活动全面启动，该活动至5月28日结束。经各街道众多单位推荐、市民投票和专家组评议，最终充分反映宝安现有的资源特点和城市形象的“观澜球会、版画基地、凤凰胜境、羊台叠翠、海上田园、蚝乡古韵、西岸新城、万福广场”被评选为“宝安八景”。

2日　宝安区第四届人民代表大会第五次会议开幕。171名区人大代表到会。会议由区委书记、区人大常委会主任、大会主席团常务主席、执行主席周林祥主持，区长李文龙作政府工作报告。

观澜街道2010年青少年“民族精神代代传——忠于祖国、爱我观澜”系列教育活动正式启动。宝安区相关领导以及中心小学学生共一千多人参加启动仪式。

2日　“福永杯”首届全国南狮公开赛在凤凰山森林公园广场举行，赛事持续到6日结束。

4日　宝安区举行“春天有约”庆百年“三八”各界妇女联谊会。

5日　省综治第五督导组组长高扬率队检查宝安区综治信访维稳中心建设工作，并给予高度肯定。区委副书记张洪华，区委常委、政法委书记、区公安分局局长曲晓顺等参加活动。

5日　区义工联在宝安各大型社区、超市、义工办公场所等地启用100个“爱心愿望箱”，通过这种方式方便市民提出愿望诉求，并安排义工进行跟进帮扶。

7日　区委书记周林祥、区长李文龙深入松岗街道检查指导严打和社会治安综合整治工作，并召开平安建设工作会议。周林祥要求在全区掀起打击犯罪和社会治安整治的高潮。

8日　区妇联在民治街道主办“男女平等促和谐，人人学法保平安”的“三八”妇女维权周宣传活动。

9日　共青团宝安区委召开五届三次全体（扩大）会议，传达学习区四届五次党代会、区“两会”及团市委五届三次全会精神。团市委副书记张志华，区委常委、组织部长赵燕民出席会议，并为2009年度的“宝安区青年文明号”集体代表授牌。

10日　省委第一巡视组在宝安开展为期近两个月的巡视检查工作。宝安区召开巡视工作动员大会，区委副书记、区长李文龙主持会议。省委第一巡视组组长林伟伦作重要讲话，区委书记、区人大常委会主任周林祥作表态发言。

11日　沙井街道治安联防大队举行揭牌仪式，标志着宝安区整合构建“大保安”格局四级管理体制的工作正式启动。

宝安区新安街道海富社区、观澜街道黎光社区荣膺国家减灾委员会、民政部授予的“全国综合减灾示范社区”。

13日　宝安区地税局创新办税服务模式，在福永地税所试行开通“全职能”窗口服务。

15日　民治街道的“望天湖传说”、龙华街道的“清湖三界庙传说”、西乡街道的白帝古庙“三月三”庙会、宝安“肖氏棉塑”、宝安“安琪广式月饼制作技艺”5个项目被列入宝安区第二批区级非物质文化遗产代表作品名录。

16日　省司法厅副厅长梁震一行到西乡、新安司法所调研指导工作。梁震对西乡街道党工委和办事处对司法所工作的大力支持表示感谢，并充分肯定西乡街道首创的“市民说事评事”机制。

“春风消费·宝安购物节暨台湾美食文化推广会”在宝安区宝城广场开幕。此次推广会由宝安区政府主办，深圳市宝安区贸易工业（旅游）局、深圳市宝安区人民政府台湾事务办公室、宝安日报社、深圳市零售商业行业协会承办。时间从3月16日持续到3月28日，为期13天。

全市首个驻社区团委——新安街道驻海裕社区团委成立，辖社区民营团支部等16个团组织及10000余名团员。

17日　宝安区会计学会在深圳市会计学会召开年度大会上被评为先进分会，成为深圳市六个区中唯一一个获奖的区级分会；宝安区会计学会刘柏稻等15名会员也被评为先进个人会员。

18日　广东省委、省政府在全省人口与计划生育工作电视电话会议上通报，宝安区被授予“广东省2009年度人口计生工作先进单位”称号，这也是宝安区连续14年获此殊荣。

沙井街道在宝安区率先试行劳动协管制度，劳动争议仲裁案下降42.2%。

19日　宝安区首家街道级“职工教育培训中心”在福永成人学校正式挂牌成立，为该街道广大来深建设者增设一个提升素质、增长本领的新平台。

桃源居举行社区公益资产移交仪式，开发商深圳航空城东部（实业）有限公司向社区居委会正式移交1388平方米的公益资产。桃源居社区公益管理模式再开先河。

20日　观澜永丰源公司为上海世博会广东馆专门创作的大型瓷板画“南粤风情”正式亮相。这件创造多项世界之最的作品为世博会广东馆镇馆之宝。

22日　宝安区第四届爱水节水宣传月活动启幕。固戍、龙华污水处理厂，同时被授予宝安区爱水节水科普教育基地。

23日　省教育厅在宝安区举行“广东省推进教育现代化先进区”授牌仪式。

宝安区召开市容环境提升行动推进会，区委书记周林祥对市容环境提升行动进行再动员、再部署、再推动。

由宝安区文明办、沙井街道等单位联合举办的沙井国学经典系列课程培训班开班授课，130多名来自社区、工厂等单位的学员，前来接受国学教育。这是宝安区街道办举办的首个大规模国学经典系列讲座，该街道年内有1.3万人接受国学教育。

24日　新安街道宝民社区在广东省科协七届四次全委会议上被授予“广东省科普示范社区”荣誉称号。

26日　宝安区首家社会事务服务中心——深圳市宝安区正大社会事务服务中心正式揭牌。宝安区正大社会事务服务中心的前身是宝安区民政事务服务中心，成立于2002年，是经宝安区民政局批准注册的民办非营利机构，主要从事婚姻服务、民间组织服务、收养服务、拥军优属服务、社会公益慈善等民政事务。

深圳首个居家式老年公寓——任达爱心护理院在石岩落成开业，20位老人搬进新家。该护理院位于石岩街道塘头社区长坑仔（洲石公路旁），占地面积达3000亩，总投资达2亿多元。

28日　宝安区有线电视数字化整体转换在建安新村和沙井街道棕榈堡花园同时启动，标志着宝安广播电视的发展将全面进入数字时代。

区审计局组织实施的《深圳市宝安区电子防控工程建设和管理绩效审计项目》在全省审计工作会议暨全省审计系统先进集体和先进工作者表彰大会上，荣获由国家审计署评定的“2008年度全国地方审计机关表彰项目”。这是区审计局继2007年荣获全国“十大地方审计机关优秀项目”之后再次获得审计署的表彰。同时获得“广东省审计系统先进集体”荣誉称号。

29日　宝安广电中心选送的以沙井蚝为题材的电视新闻专题《蚝乡　蚝运　蚝情》获2009年度广东新闻奖（广播电视部分）一等奖。

31日　区委区政府以深宝发〔2010〕2号文颁布《关于加快转变经济发展方式，强力推进产业结构调整的决定》。《决定》包括：充分认识加快转变经济发展方式、强力推进产业结构调整的紧迫性和必要性；加强产业引导整顿市场秩序；做强电子信息支柱产业；大力增强自主创新能力；以大项目、大企业促进产业大发展；大力实施园区带动战略；推动社区股份合作公司转变发展方式。

宝安区召开“出租屋整治年”工作会议，推出的一项项具体而严格的举措彰显区委区政府年内完成出租屋清理整治，实现“三降三改三提升”的信心和决心。

4月

1日　宝安区举办“第19个全国税收宣传月暨税收开放日”启动仪式。宝安区委常委、常务副区长刘惠玲出席启动仪式并讲话。年内，宝安第一季度区地税部门共组织税收收入32.06亿元，与去年同期相比，增幅达到22.83%。

宝安区第23届“清洁深圳月”活动在灵芝公园正式启动。

2日　国家卫生部副部长陈啸宏率队到宝安，出席“宝安区防治结核病规模化现场流行病学和干预的研究”实施现场启动会，并赴沙井德昌电机厂、沙井卫生监督所开展职业病防治工作调研。广东省副省长雷于蓝，宝安区区长李文龙、副区长李慧民，以及国家、省、市、区卫生部门负责人，专家学者参加此次活动。有关专家表示，“宝安结控模式”为我国的结核病防治探索出一条行之有效的科学道路。

“中国物流学会产学研基地”在宝安职业技术学校揭牌，宝安职校成为国家级物流产学研基地中唯一的一所中职学校。

宝安区首个义工党支部——龙华街道义工党员党支部正式成立。党员义工刘雍平当选为首届义工党员党支部书记，李小宝、孔祥裕当选为首届支部委员。

4日　宝安区民政局主办的首届“宝安慈善奖”评选活动正式启动，通过宝安政府网站及宝安新闻媒体进行集中公示，听取群众意见及建议。然后再由评选委员会讨论表彰名单，报区政府审定，拟在4月底召开表彰大会进行颁奖，以区政府名义颁发奖牌和证书。

8日　宝安区老年协会成立。

宝安区西乡街道臣田、凤凰岗等5个社区，被广东省爱卫会授予“广东省卫生村”称号。

9日　广东省统计局副局长彭启鹏、市统计局副局长李必祥一行到宝安区调研，对宝安区全国第六次人口普查工作准备工作进行督导。宝安区新安街道宝民社区确定为人口普查综合试点。

宝安区2010年度公交线网“1+10”优化方案项目启动。项目中“1”指整个宝安区的公交优化方案，主要是快、干线网络的构建和优化，“10”是指宝安区10个街道内部微循环改善方案。

宝安召开全区宣传思想工作暨精神文明建设重大成果表彰会议，会上宣读区委区政府《关于表彰宝安区2008——2009年宣传文化工作先进单位的决定》，17个项目获表彰。区委书记周林祥作重要讲话，要求加快学习型党组织建设，提高推动科学发展能力；加强舆论宣传，营造推动发展、促进和谐的良好氛围；加强城市公共文明建设，丰富群众精神文化生活。

11日　农历二月二十七，是北帝爷“出位”日，一年一度的北帝庙会在西乡公园内盛大开幕。60人的龙凤队、30人的麒麟队、200人的醒狮队、300人的风情演绎、60人的飘色表演队参加午巡游。西乡居委会、北帝古庙理事会、香港西乡同乡会等单位团体，在西乡北帝古庙真理街和西乡公园内举办150桌的“千岁盆菜宴”。西乡北帝庙会为期3天。

14日　省委常委、政法委书记、省公安厅厅长梁伟发一行到宝安调研综治信访维稳、社会管理创新工作，希望推广宝安经验做法。市委副书记、政法委书记白天，宝安区区长李文龙，区委副书记张洪华，区委常委、区委区府办主任戴斌，区委常委、政法委书记、区公安分局局长曲晓顺，副区长兼西乡街道党工委书记、办事处主任李勇参加调研。

15日　宝民社区挂牌成立全省首个社区出租屋业主协会。宝民社区400业主成为首批会员。

位于宝安机场北端河口的旧福永码头送走最后一名旅客，完成其17年的历史使命，新福永码头今日启用。

16日　宝安区群众文化艺术馆内举办“庆祝深圳经济特区成立30周年宜兴紫砂文化邀请展”，展出紫砂壶精品198件，其中国家级大师作品10件、江苏省工艺美术大师作品20余件。

20日　宝安区妇幼保健院新生儿科荣获全国“工人先锋号”授牌仪式举行。该院新生儿科成为全区第一个荣获国家级“工人先锋号”的集体。区人大常委会副主任、区总工会主席邓桂洪出席活动。

宝安区委组织部、区民政局、区社工协会在宝城香缤广场联合举办主题为“培育社工人才队伍，推进专业社会服务”的宝安区第三届“社工宣传周”宣传活动，来自教育、民政、医院、社区等试点领域的社工机构代表现场开展宣传，并接受市民咨询。

21日　区委区政府办公大楼对面的海滨广场下半旗，以表达对玉树地震遇难同胞的深切哀悼，不少市民自发前来为玉树地震遇难同胞默哀。宝安区娱乐场所关门停止营业一天，积极响应全国哀悼活动。

中共深圳市宝安区第四届代表大会第六次会议召开，参会的255名代表选举产生35名出席市第五次党代会的代表（其中市领导3名，区委提名代表32名）。市委常委、组织部长王穗明出席大会，区委书记周林祥主持大会。

22日　深圳沙井义乌商贸城开业。

23日　宝安区治安联防指挥部及区保安支队成立大会暨揭牌仪式，在宝安巡警大队大院举行。区委副书记张洪华，区委常委、政法委书记、区公安分局局长曲晓顺，副区长李勇等出席仪式。

24日　宝安20名知名书法家齐聚区文化艺术馆广场，铺开宣纸现场挥毫泼墨，将作品义卖所得全部捐献玉树地震灾区。

26日　龙华商会“祥利杯”2010高尔夫球邀请赛在观澜高尔夫球会黎光会所举行，此次比赛是由龙华商会举办的第十届高尔夫球邀请赛。

27日　梅龙路工业路至东环一路路段的这段“断头路”贯通，梅龙路与东环一路正式连接通车，油松片区30万居民的出行难题得到缓解。

29日　省委常委、市委书记、代市长王荣率队到宝安龙华街道龙城派出所现场调研，并召开全市治安管理工作现场调研会。王荣对全市公安工作提出具体要求：全市公安干警要解放思想，实事求是，积极主动参与社会管理；向科技要警力，向素质要警力；公安干警要继续保持严防严打、高压态势，营造良好的社会治安环境，赢得群众信任。市领导戴北方、李铭，区领导周林祥、戴斌、曲晓顺参加调研。

宝安举行首届宝安区慈善表彰大会，对3年来全区慈善事业先进集体和先进个人予以表彰。蔡吉胜等79人喜获“慈善个人奖”，艾美特电器（深圳）有限公司等30家企业荣获“慈善企业奖”，福永商会等30个单位荣膺“慈善组织奖”，广东恒丰投资集团有限公司等18个单位被授予“2008年抗震救灾捐赠特别奖”。

29日上午　省委常委、政法委书记、省公安厅厅长梁伟发在市委副书记、政法委书记白天，区长李文龙，区委副书记张洪华，副区长兼西乡街道党工委书记、办事处主任李勇等陪同下，现场调研宝安综治信访维稳中心建设工作，要求做强做好做实，提升居民安全感，并给予高度评价，希望推广宝安的经验做法。

2010年“希望之旅”（深圳·宝安）春令营活动启动。通过此次活动，美国收养联合机构代表将会收集需要帮助的孤残儿童信息，并为其寻求爱心家庭进行跨国收养。

30日　《深圳市宝安区志》初审会召开。宝安区志总纂稿基本完成，现已通过初审评议。市委副秘书长张骁儒，区委常委、区委区府办主任、初审小组组长戴斌参加初审会。

自2月21日（农历正月初八）开始，长达70天的宝安“2010春风行动”免费公益招聘会落幕。其间，全区公益职介服务中心及10个街道公益职介所，共举办免费现场招聘232场次，免费为企业和劳务工提供职业介绍、就业信息、职业指导、政策咨询等服务，促18万名求职者成功就业。

5月

5日　宝安区教育局召开校园安全防范工作会议，要求校内须24小时视频监控，各校完善报警系统与警方联动，并逐步推行学校保安员向宝安公安分局保安公司购买服务的聘用方式。

6日　“特区三十年，青年再争先”宝安区纪念“五四”运动91周年系列活动之青年创业高峰论坛，在F518创意产业园开幕，以此弘扬“五四”运动精神，纪念深圳经济特区成立30周年。

宝安区第二十次“全国助残日”系列活动启动仪式在宝城广场启动，全区残疾人朋友共享精神文化盛宴，并领取慰问品。市残联理事长高建伟，区委常委、组织部长赵燕民，副区长孙波等出席启动仪式。

7日　汇集宝安艺术家精华的宝安区当代艺术家邀请展在宝安画院启幕，19位宝安艺术家精品亮相。区委常委、宣传部长李桦，区政协副主席高书环等出席剪彩仪式。

8日　宝安区第四届母亲文化节在沙井海上田园启幕，郑大华等10位宝安女性荣获“智慧母亲”称号。

由区文学艺术界联合会、区妇女联合会主办，区书协承办，区档案局（馆）协办的第四回“宝城十二品”女子书法艺术提名展在宝安区档案馆一楼举行。此次提名展推出宝安十二位女子书法家的作品，共展出作品近百幅。

10日　深圳市第六次全国人口普查综合试点在新安街道宝民社区启动。市统计局局长、市人普领导小组副组长、市人普办主任邓平，宝安区委常委、副区长、区人普领导小组组长王立新出席启动仪式。

11日　第六届文博会国瓷永丰源分会场隆重开幕。深圳市政协主席王顺生，文化部文化产业司司长王永章，深圳市政协副主席姜忠，商务部市场运行司副司长李照胜，宝安区委常委、组织部长赵燕民等领导和嘉宾出席开幕式。

宝安区“五五”普法检查工作暨2010年开展法治城区（街道）创建活动动员大会召开。区委副书记张洪华，区委常委、政法委书记、区公安分局局长曲晓顺，区人大常委会副主任陈桂其，副区长蔡颖等参加。

12日　由市综治办、市公安局、市流动人口和出租屋综管办等单位相关负责人组成的检查考核组，对福永街道流动人口和出租屋信息采集大会战工作进行随机抽查和考评。“检查结果非常满意，队伍管理非常满意，税费征管非常满意”，市检查考核组连用“三个非常满意”对该街道信息大会战工作给予充分肯定。

13日　第六届文博会观澜版画原创产业基地分会场暨观澜版画艺术节开幕。开幕式后，版画基地二期建设项目：观澜版画艺术博物馆和交易中心正式奠基。

14日　第六届文博会宝安区文化产业项目签约仪式在深圳会展中心举行。文博会首日，宝安主展馆现场签订10项重大文化产业项目。

区司法局和区残联设立的宝安区残疾人法律援助工作站在区残疾人联合会举行揭牌成立仪式。

15日　第六届文博会宝安国际珠宝交易中心分会场开幕。

5月中旬于杭州召开的全国县级机关党建研讨会上，宝安机关“五个一”创新做法在全国县级机关党建研讨会上得到中央国家机关工委领导及专家、学者的肯定。

17日　文博会观澜版画基地分会场的一项重要内容，“2010版画嘉年华拍卖会”在观澜美术馆举行。最终45幅版画成交金额达60万元，其中中国工业版画研究院院长宋恩厚创作的版画《毛主席来到武钢工地上》拍出最高价5万元人民币。

松岗罗田社区和运辉物流公司合作兴建的运辉物流园举行开业典礼。该物流园位于龙大高速和南光高速松岗出口，是宝安西部最大的物流园区。松岗街道办领导出席开业庆典，并对工业园的转型表示祝贺。

18日　本届文博会落幕，宝安各展馆迎来观众56万人次，创历届新高；宝安区总成交额达到180.1亿元，比上届总成交额增加16.1亿元，同比增长10%。其中，合同成交额50亿元，占总成交金额的27.8%，同比增长54.8%。主展馆成交金额117.2亿元，8个分会场成交金额62.9亿元。

在治污保洁工作表彰暨国家生态区创建情况汇报会上，市人居环境委主任刘忠朴向宝安区授予2009年深圳市治污保洁工程领导小组特别奖和治污保洁工程优秀项目奖。去年深圳市治污保洁工程中，宝安不仅承担全市24项工程任务，还自加压力增加30余项。

广东省核化应急救援队（宝安分队）正式成立。该应急救援队（宝安分队）由区安全生产监督管理局从各街道安监办、大型化工企业抽调具有相关救援经验和危化专业知识的100名同志，与深圳警备区预备役防化团有关同志一并组成。

19日　深圳高新区观澜新型高科技园启动仪式暨宝安区园区建设现场会，在观澜举行。市委常委、副市长陈应春，市科工贸信委副主任彭新叶，区领导周林祥、李文龙、刘惠玲、戴斌、王立新等出席仪式。仪式由副区长兼区高新办主任孙波主持。

深圳北线引水工程正式通水。宝安多个片区及光明新区、龙岗区平湖、布吉区域水资源紧张问题将得到有效缓解。

20日　为方便社区党员共同监督管理社区党组织，积极参与党组织活动，驻宝民社区党委进一步创新工作方法，设立全省首个党组织议事厅，并开通议事热线电话。

宝安区卫生局组织宝安区卫生监督所和各街道卫监所在松岗街道老虎坑垃圾填埋场举行打击非法行医收缴药械销毁行动。

21日　深圳市2号区域绿道宝安段工程开工。该路段全长56公里，以山川田园为特色，穿越松岗、沙井、福永、西乡、新安。该工程预计年底完工，建设期间将以保护沿线生态景观为基础。

22日　西乡人民医院通过升级“双向转诊”（即医院对从社康中心转诊的急难重症病人派出救护车免费护送并直接转入专业科室治疗；当患者病情转为轻缓或逐渐康复后，经患者同意，医院将患者下转至社康中心）系统，建立双向转诊信息平台和绿色通道，引导患者在社康中心与医院之间合理流动，体现“小病在社区，大病进医院，康复回社区”的医疗服务模式。

23日　宝安在各中小学启用“学生交通安全护卫旗”。司机驾车在学校路段行驶，遇学生交通安全护卫旗必须停让，否则将被记分、罚款。护卫旗为过马路的学生“保驾”，受到社会的一致好评。

24日　区四届人大六次会议在区委区政府会堂闭幕，会议选举产生宝安区出席市五届人大一次会议代表79名。会议由区委书记、区人大常委会主任、大会主席团常务主席周林祥主持。李文龙、沈建英、张洪华等区几套班子领导及大会主席团其他成员出席会议。

26日　广东省委常委、深圳市委书记、代市长王荣专程前往富士康科技集团考察调研，与该集团总裁郭台铭及管理人员、员工代表座谈，深入分析近期跳楼事件发生的原因，进一步研究解决问题的措施。王荣要求政府、企业、员工、社会共同努力，采取各种行之有效的防范措施，切实制止类似事件再次发生。

富士康科技集团总裁郭台铭在龙华厂区出席第三届海峡两岸心理暨社会学专家团调研座谈会并讲话。会上，郭台铭就富士康近期多次发生的员工跳楼事件向社会和员工家属公开致歉，同时承诺采取更多措施关爱员工心理状态。

27日　区召开省委巡视组巡视宝安情况反馈会议。省委第一巡视组组长林伟伦代表巡视组通报巡视工作情况，市委常委、市纪委书记、宝安区委书记周林祥代表区委区政府领导班子作表态发言。巡视组认为宝安区党政班子敢于创新，先行先试，团结和谐，勤政廉政，作风民主，工作务实，是广大干群拥护的领导班子。

中组部、团中央联合调研组来宝安调研基层“党建带团建”工作和农民工发展党团员工作等。区委常委、组织部长赵燕民陪同调研。调查组对宝安“党建带团建”、基层党建和劳务工党团员发展工作表示充分肯定。

28日　全国第六届“外来青工风采”摄影大赛作品展在区群艺馆二楼展厅开幕，这次大赛是以纪念深圳经济特区成立三十周年为契机，以“关爱外来青工活动”为核心而精心组织的一次全国大赛。主办方收到来自全国各地的摄影爱好者6000多幅摄影作品，专家们从中评选出150幅获奖作品。

历时一个月的市第六届外来青工文体节闭幕式暨文艺演出，在新安影剧院举行。市政协副主席陈思平，区委常委、宣传部长李桦等为获奖者颁奖，宝安区委宣传部、宝安区文化局、宝安区体育局被授予“第六届外来青工文体节特别荣誉奖”。近千名外来青工观看演出。

6月

1日　新安街道举行纪念深圳经济特区建立三十周年暨人类历史重大改革事件回顾展活动，同时举行创建学习型机关活动启动仪式。区委副书记张洪华出席启动仪式，并为该街道成立的新安读书会揭牌。

2日　广东省统计局局长幸晓维来宝安调研，了解加强统计基层基础建设的情况和建议。

3日　“宝安禁毒在线”网站正式开通。全区2010年“6·26”禁毒宣传教育月系列活动启幕。区委副书记张洪华、区委常委、政法委书记、区公安分局局长曲晓顺，区委政法委副书记张建国、龚报优出席活动。

4日　以“生态宝安，宜居家园”为主题的2010年宝安区市民环境文化月启动仪式在区政府礼堂举行。

5日　宝安区开展“关爱地球、保护环境和物种多样性”各类环保宣传活动。为配合宝安区创建国家生态区、倡导低碳经济，作为这次宝安区世界环境日的一项重要内容，由帕客联盟UH主办，宝安区环保局、宝安区贸工局（循环办）、宝安团区委、宝安区科学技术协会、观澜街道办等单位联合支持的“绿色创意，低碳生活——世界环境日绿色公益行动暨首届深圳帕客文化节新闻发布会系列活动”在F518时尚创意园举行，近500名政府领导、中小学生、社区群众、企业员工、环保人士、艺术家等参与。

7～30日　宝安开展安全生产大检查，重点检查、整治各街道2010年挂牌督办安全隐患单位。

8日　由市委宣传部、市人居环境委员会和各区政府共同主办的“深圳百万市民共建宜居生态城市系列活动”在市民中心启动。启动仪式举行深圳市十佳低碳优秀范例、绿色社区、绿色学校等环保奖项颁奖活动，观澜街道、石岩公学、石岩河人工湿地等荣获深圳市十佳低碳优秀范例。

深圳市首批工业区升级改造试点项目之一、宝安区首个旧工业区升级改造项目——福永第一工业区升级改造项目正式开工。

9日　卫生部重点联系城市社区卫生服务调研组一行5人到宝安西乡人民医院调研社区健康服务工作，并对该院在社区健康服务运行机制改革所取得的巨大成绩给予高度赞赏。

11日　西乡街道综合执法队与市铁岗·石岩水库管理处水政执法大队等执法部门，共同清理一级水源保护区内西乡佛庙工业区及附近果场违法建筑。此次清拆行动共拆除违法建筑近5000平方米。

13日　观澜街道首届“观澜杯”龙舟赛在观澜河新中心区段开赛，28支队伍参赛。观澜街道人武部队、投资公司队、新田社区队、福民社区队分列总决赛的第一、二、三、四名。

14日　“世界献血者日”活动在宝安区群众文化艺术广场举行，将近100人无偿献血近30000毫升。宝安区卫生局局长出席并探望献血者。全区有91人次获得全国无偿献血奉献奖金奖，69人次获得全国无偿献血奉献奖银奖，147人次获得全国无偿献血奉献奖铜奖。宝安区表彰无偿献血金、银、铜奖者累计551人次，先进集体单位41次。

18日　全市第一家村镇银行——深圳宝安融兴村镇银行在宝安开业。市、区政府分别向该行颁发800万元、200万元金融法人机构落户奖。该行位于宝安区建安一路，注册资本为人民币20000万元，由哈尔滨银行股份有限公司以货币方式出资14000万元，占注册资本的70%；汇联资产管理有限公司、中国宝安集团股份有限公司、深圳宁佳投资发展有限公司各出资2000万元人民币，分别占注册资本的10%。

新安街道上合社区率先在全区挂牌成立劳务工服务站。

21日　宝安区召开干部大会。大会宣布，经市委研究并报省委同意：鲁毅任中共深圳市宝安区委员会委员、常委、书记；周林祥不再兼任中共深圳市宝安区委员会书记、常委、委员职务。省委常委、市委书记王荣出席会议并作重要讲话。市委常委、组织部长戴北方主持会议。市委常委、市委秘书长王毅，市委常委、市纪委书记周林祥，宝安区几套班子领导等出席会议。

23日　宝安区召开歌舞娱乐场所禁毒和安全管理工作会议，要求对各娱乐场所加强管理，全面自查“黄赌毒”及消防安全隐患。有关部门将集中对娱乐场所“黄赌毒”进行清理整治。

24日　卫生部副部长、国务院医改办副主任、卫生部公立医院改革试点协调工作小组组长马晓伟到宝安调研公立医院改革，对西乡社康中心的发展现状给予高度评价，认为社康中心院办院管模式十分科学，可操作性强，值得各地借鉴和在全国推广。

宝安区文化产业园区F518在中国社会科学院、中共广东省委宣传部、广东省社会科学院等单位联合主办的“第五届中国企业文化国际论坛”上荣获“中国企业文化建设示范基地”称号。副省长雷于蓝为该园颁奖。

20～27日　2010年RCJ国际青少年机器人世界杯在新加坡新达城国际会展中心隆重举行，宝安代表队勇夺世界冠军。这也是宝安区智能机器人项目走出国门，夺到的第二个世界冠军。

29日　宝安区民主党派和无党派人士活动室在区党员服务中心揭牌。它的建成开放，为全区各民主党派和无党派人士共享党建资源提供平台。

7月

1日　扩大深圳经济特区范围庆典在深圳市民中心广场举行。国家发改委副主任彭森，广东省省长黄华华，广东省委常委、市委书记王荣等出席庆典。市长许勤主持庆典。区领导鲁毅、李文龙、戴斌等率宝安区代表团200余代表参加庆典仪式。

市委副书记王穗明，市委常委、组织部长戴北方，市人大常委会常务副主任谭国箱等分别率队到宝安西乡街道、龙华街道、沙井街道开展“七一”慰问老党员活动。区委书记鲁毅，区委常委、常务副区长刘惠玲，区委常委、区纪委书记刘建柱，区委常委、组织部长赵燕民，区委常委、区委区府办主任戴斌，副区长兼西乡街道党工委书记、办事处主任李勇、区人大常委会副主任邓桂洪、麦启锐参加慰问活动。

2日　宝安区综合应急救援大队以及下设的8个应急中队挂牌成立，由两百多名综合素质过硬队员组成，系全市首支基层综合应急救援队伍。

为提高宝安区爱国卫生应急队伍应对公共突发事件的处置能力和业务水平，及时采取应急措施，将灾害损失减到最小，宝安区举行首次爱国卫生公共突发事件应急演练。

随着“督导评估促进社区教育现代化研究课题”的开题，宝安社区教育正式引进督导评估机制。中国教育学会教育督导分会第四届理事会理事长白景龙等出席报告会，对宝安区利用督导评估促进社区教育现代化的方式给予充分肯定。

3日　宝安区卫生系统义工服务中心成立。同时，全区23家医疗卫生单位也组织23支义工服务队，将发挥卫生系统的特有优势，为全区群众开展医疗卫生服务。

4日　宝城大型垃圾转运站项目开工建设，计划主体工程于年底完成。该垃圾转运站是去年中央扩大内需和市投资建设项目之一，也是年内区委区政府重点工作任务。位于西乡固戍海堤边，工程占地面积15103.29平方米，总建筑面积6515平方米，总投资7291.91万元，工程设计垃圾处理规模为1000t/d。

5日　宝安区举行工作会议，全面推广新安街道“1＋3”劳资恳谈协商机制，力求通过该机制的推广实施，使劳资双方在对话交流的过程中，化解冲突、实现双赢，构建和谐劳动关系。全区500人以上企业负责人参加会议。

7日　市“五五”普法考核验收组来宝安检查验收，对宝安的普法工作表示肯定。

9日　宝安区人武部党委第一书记任职大会在区行政中心附楼会议室举行。市委常委、深圳警备区党委书记、政治委员王小毛大校宣布，宝安区委书记鲁毅兼任区人武部党委第一书记。

11日　观澜街道的新澜、大水坑、桂花、观城、茜坑、牛湖等6个社区工作站创建省“六好”平安和谐社区工作通过省检查组验收。至此，该街道14个社区工作站都已达到省“六好”和谐平安社区创建标准，也是宝安区首个完成省“六好”平安和谐社区创建工作的街道。

13日　央视戏曲频道在新安影剧院录制全国少儿戏曲小梅花颁奖晚会。宝安戏曲娃在第十四届全国少儿戏曲小梅花比赛中获10个小梅花金奖。

省军区副政委张志国少将率工作组来到宝安调研安全稳定工作和落实“四个基本”（基本教育、基本队伍、基本制度、基本设施）建设情况，他希望宝安高标准、高质量按时完成民兵营（连）“四个基本”建设任务，力争成为省先进。区委常委、区人武部部长李立军上校，副区长蔡颖，区人武部政委刘晓春上校参加调研。

15日　宝安交通指挥中心揭牌。

21日　宝安区举行庆“八一”军政军民座谈会。

22日　省委常委、市委书记王荣，副市长袁宝成等来宝安调研，王荣提出要求：服务基层下工夫，力促经济社会良性发展。区委书记鲁毅、区长李文龙，区委常委、区委区府办主任戴斌，区委常委、政法委书记、区公安分局局长曲晓顺，区委常委、副区长王立新陪同调研。

省教育厅副厅长叶小山带领省直属12所中职学校骨干，莅临宝安职校奋达教学区，考察该校独创的“工学结合、六层推进”校企合作人才培养模式，称赞校企合作“宝安模式”。

23日　宝安区委常委召开会议，讨论通过《宝安区2010年纪律教育学习月活动方案》。7至9月的宝安区纪律教育学习月启动。活动期间，宝安区以“加强制度教育，构筑拒腐防线”为主题，加强对全区党员和公职人员，重点是处级以上的党员领导干部和区管国有企业负责人以及重要领域、重要岗位的党员干部的教育。

26日　宝安区庆祝建军83周年慰问演出晚会在西乡会堂举行，千余名驻宝安武警官兵和各界群众观看演出。

27日　区领导鲁毅、李文龙、刘惠玲、戴斌、李立军、麦启锐、蔡颖率慰问团慰问惠州某部队，该部队政委岳世鑫少将率官兵列队欢迎。鲁毅代表区委区政府向该部队送上慰问金，部队首长回赠纪念品。

28日　宝安区首家拥军民间社会团体——宝安区社会拥军联谊会在区委党校会堂举行成立大会暨揭牌仪式。该会会长李新华代表区拥军联现场向驻宝安75212部队、75615部队、区武装部、区边防大队及区消防大队送上慰问金10万元。

29日　西乡街道河西社区被省司法厅、省民政厅联合授予“广东省民主法治示范社区”荣誉称号。全省共122个社区获此称号。

31日　30名宝安书法家在宝安区文化艺术馆现场挥毫同时书写30米长卷《深圳赋》，为特区建立30周年献礼。《深圳赋》作者深圳报业集团党组书记、社长黄扬略应邀到场讲座。

8月

1日　区城管局正式启动广深高速公路宝安段沿线户外广告的专项整治行动。预计本月25日前全面完成广深高速公路宝安段（含机场路）沿线违法户外广告的整治、清拆。

3日　区委区政府以深宝发〔

2010〕10号文发《印发宝安区关于加快转变经济发展方式努力构建和谐劳动关系的若干措施的通知》。措施包括：加快产业结构调整，推动发展方式转变；加大企业服务力度，优化企业和谐发展环境；强化政府监管和机制建设，营造良好用工环境；加强人文关怀，改善劳务工生产生活条件；提升劳务工素质，增强劳务工归属感；加快实现公共服务均等化；加强对加快转变经济发展方式努力构建和谐劳动关系工作的组织领导。

5日 省委常委、市委书记王荣，市长许勤率队到富士康科技集团调研，与富士康集团总裁郭台铭等座谈，实地了解企业发展中遇到的困难和问题，研究解决方案。王荣强调，政府部门要提供针对性、“处方式”优质服务，服务企业发展，助推企业提升，全力支持富士康在深圳继续做大做强，不断提升企业发展水平和竞争能力，为深圳在新时期实现更高水平发展作出更大贡献。

5日起 区建设局开始对全区在建工地开展市容环境整治行动。凡是不符合要求的，一律责令停工整改，直至整改合格才允许复工。

9日起 为期一周的宝安区第五届“廉洁文化周”活动拉开帷幕。

9日 “印证宝安——深圳宝安文物古迹·全国名家百印谱展”在区文艺馆开幕。

10日 福永街道首个员工关爱中心在劲嘉彩印集团正式挂牌成立。

11日 区四届党代会机关三团，区四届党代会、人代会民治代表团，部门民治辖区的区三届政协委员联合开展社区行、企业行活动。

13日 省军区政委蔡多文少将一行到宝安调研基层武装工作。蔡多文表示，宝安区历届党委政府领导班子始终坚持党管武装原则，全区武装工作卓有成效，走出一条富民强武的军民融合式发展路子。

15日 宝安交通运输局正式启动“市政道路进社区”整治计划。四个施工队分别开赴沙井上寮社区、福永兴围社区和兴田社区以及西乡鹤洲社区，开展“村道”改造整治行动。

在海南三亚举办的中国最佳投资环境工业园区公益评选会落幕，F518创意园荣获“中国最具发展潜力园区”、“中国最佳文化创意产业示范区”称号。此次评选活动由联合国亚太城市发展研究中心、联合国人居环境发展促进会、中国城市建设发展促进会、中国开发区发展促进会、中国品牌管理协会、商务时报社主办。

16～31日 宝安区开展查处违法建筑销售行为联合执法专项行动，专项行动工作组赴各街道开展巡查检查工作。各街道联合巡查执法小组同步开展巡查整治行动。

19日 省委组织部在宝安区召开全省实施党代表任期制和试行党代会常任制工作现场会，省委常委、组织部长李玉妹出席会议并作讲话，省委组织部副部长方锐主持会议，市委常委、组织部长戴北方，宝安区领导鲁毅、李文龙、赵燕民参加现场会。

由澳门工联体育委员会主办的庆祝澳门工会联合会成立六十周年双鱼“长虹杯”粤、桂、澳青少年足球邀请赛，在澳门关闸工人体育馆落幕，沙井街道垦岗社区少年队代表广东参赛，并勇夺少年组冠军。

20日 宝安区召开社会各界纪念深圳经济特区建立30周年座谈会，区领导鲁毅、李文龙、沈建英、张洪华、李桦、赵燕民、戴斌、麦启锐、李勇参加座谈会。原宝安县委书记，深圳市委副书记，广东省委常委兼秘书长、政法委书记，省人大常委会副主任方苞；原宝安区委副书记、区长，深圳市副市长，深圳市人大常委会副主任、党组成员袁汝稳等老领导、特区“拓荒牛”应邀参加座谈会。

21日 国家基本公共卫生服务项目实践培训班在颐康园社康中心开班，来自深圳、东莞等地的50多名社康中心医护人员参加培训。此次培训班由卫生部全科医学培训中心、国家医学教育发展中心继续医学教育工作委员会和中国全科医学杂志社主办，深圳市社区健康服务技术指导专家委员会和西乡人民医院社管中心协办。

25日 在特区建立30周年纪念日来临之际，为加强党史、区情教育，培养家园意识，区委组织部组织部分与特区同龄的原居民党员代表开展“我与特区共成长”主题活动。

宝安龙华保障性住房项目启动，是深圳市最大的保障性住房项目，占地17.6万平方米，可以提供1.1万套住房。同日，深圳5个领域60大项目在蛇口“海上世界”举行开工仪式，总投资超过千亿。

“深圳宝安——北大低碳经济创新中心”正式签约并挂牌。

26日 区委书记鲁毅，区委常委、区委区府办主任戴斌，副区长孙波等调研宝安交通工作。区领导一行现场视察福永凤凰山福洲路建设工程、地铁灵芝站4B出入口建设情况。

9月

1日 宝中新高中部正式投入使用并举行开学典礼。

市重点工程——铁岗水库入库小流域河口治理工程正式开工。工程完工后，长期威胁铁岗水库水质安全的多个小流域将被有效截污，宝安两大“水缸”的供水水质将更加安全。

5日 《激荡30年——我们的宝安》首发仪式在区档案馆大楼举行，该书由宝安区委区政府支持，区档案局、史志办编辑。区委常委、区委区府办主任戴斌出席仪式，并向青年代表赠书。

6日 宝安区预防医学·卫生监督所综合楼、区中心血站新业务大楼、松岗卫生监督所业务大楼开工启用仪式举行。

7日 宝安区庆祝第26个教师节暨表彰大会召开。大会为全区105名从事教育教学工作满30年的教师颁发“金质纪念章”。

省军区副政委张志国少将视察正在宝安区国防教育训练基地备战深圳市军地联合实兵演习的宝安民兵应急分队训练情况，并调研宝安区落实“四个基本”（基本教育、基本队伍、基本制度、基本设施）建设工作。区委副书记张洪华和区委常委、区人武部部长李立军陪同视察。

9日　市双拥工作检查考评组到宝安考评双拥工作。区委书记鲁毅表示，宝安区将一如既往发扬拥军光荣传统。

全国妇联党组书记、副主席、书记处第一书记宋秀岩来深调研，首站选择宝安。宋秀岩对宝安区外来女工流动学校公益培训项目明德、砺能、笃行、创新表示肯定。

13日　心星园训练中心在宝安区妇女儿童活动中心大堂内揭牌，成为经宝安区民政局批准注册的第一家民办自闭症儿童康复训练中心。

16日　位于海滨广场的区综治信访维稳中心揭牌，在区信访大厅基础上完善建成，系全市首个区一级综治信访维稳中心。市委副书记、政法委书记王穗明，区委书记鲁毅共同为该中心揭牌。

17日　省委常委、政法委书记、省综治委主任、省公安厅厅长梁伟发到宝安调研综治信访维稳中心建设工作。梁伟发充分肯定宝安区开展三级综治平台建设的做法。市委副书记、政法委书记王穗明，区委副书记张洪华陪同调研。

20日　“燃烧青春激情，再创火红年代”宝安新老团干座谈会举行。新老团干共同庆祝深圳经济特区建立30周年，畅谈特区一体化进程中宝安共青团事业发展。

深圳市首个民营社区综合养老服务中心——惠友黎光社区“颐乐园”正式挂牌成立。

25日　新安街道“百万员工素质提升行动”在该街道职业能力培训基地启动。3年时间里，该项公益培训计划覆盖全街道所有企业，惠及每一名员工。年内预计培训10万人以上。

位于新安街道翻身社区的居佳宝五金装饰材料城开业。该材料城由六栋旧厂房改建而成，是新安街道商业业态调整走专业市场道路的成功典范。

28日　位于福永凤凰山下的台湾美食街开业，这是深圳首条以台湾特色小吃为主的美食街。

宝安区交通文明指数发布会举行，区文明办首次向社会公布城市交通文明指数。今后每月将在媒体发布，以推动交通文明建设。区委常委、宣传部长李桦出席发布会并讲话。

10月

5日　宝安首批电动汽车充电桩在西乡“汇新安”加油站建成，这是中石化在深圳建设的首批电动车充电桩。

6日　龙华人民医院急诊科工会小组被中华全国总工会授予全国“模范职工小家”荣誉称号，成为宝安区首个国家级“模范职工小家”。

8日　市长许勤率队到宝安企业调研并召开现场工作会议，他指出，宝安有基础、有能力、有潜力转变经济发展方式。希望宝安区从产业大区、经济大区发展成产业强区、经济强区。

10日　深圳市义工联在全市范围内评选393名“深圳市五星级义工”。其中，宝安区有56名义工成功晋级，获得“五星级义工”荣誉称号。

11日　宝安区召开第二次全国经济普查表彰、第六次全国人口普查动员暨宣传月启动大会。

14日　区委书记鲁毅，区委常委、组织部长赵燕民，区委常委、区委区府办主任戴斌调研区域化党建工作。区领导一行参观区党员服务中心、宝民社区党员服务中心。

《改革开放总设计师邓小平》大型展览宝安巡展开展仪式在区群艺馆二楼展厅隆重举行。

市规划和国土资源委员会宝安管理局和广东电网公司深圳供电局签订《深圳变电站用地代管协议书》，将位于宝安区的220千伏四黎变电站、110千伏桂花变电站用地提前移交深圳供电局。区长李文龙，区委常委、副区长王立新出席签约仪式。

省政府节能减排督查组组长毕志坚率省、市相关部门督查人员，督查宝安区在“十一五”期间节能减排工作。区委常委、副区长王立新陪同。

15日　宝安区“万名老人重阳健步暨健身月活动”在宝安公园主会场启动，共有一万多名老年朋友分别在宝安公园主会场及另外8个分会场登高。此次活动主题为“老年朋友同特区共进、全民健身与大运同行”。

18日　深圳机场保税物流中心正式封关投入运营。深圳机场保税物流中心（一期）项目总占地面积11.5万平方米，总建筑面积56881平方米，是深圳市重点物流项目。

19日　宝安公安分局为期70天的“虎啸行动”打响第一枪，一盗车嫌犯拒捕袭警被警方击毙。区领导要求全体干警以对群众生命财产高度负责精神，打好年终冲刺关键战役。

20日　为确保岁末全区社会大局和谐稳定，“迎亚运、保稳定、促平安”年终冲刺行动在海滨广场启动，区委书记鲁毅和政法、公安、综治、信访、维稳等战线代表参加启动仪式。

21日　宝安“大组工网”建设工作顺利通过建设检查验收工作组验收。“大组工网”建设是2010年中组部规划的全国组织系统重点建设项目。

25日　中共中央编译局副局长俞可平教授来宝安调研，探讨社会管理和公共服务创新。

26日　省政协副主席、卫生厅厅长姚志彬在市卫人委主任江捍平陪同下，前往西乡人民医院、调研国家基本药物制度实施情况，并要求各医疗机构配齐“国药”、“省药”保障群众安全用药。调研组一行还调研深圳同仁妇科医院，对该院“公益兴院、技术强院”的服务理念表示肯定。

深圳市召开庆祝广东省第十七届环卫工人节暨“鹏城市容环卫杯”、“鹏城优秀美容师”表彰大会。宝安区获“鹏城市容环卫杯”优胜杯，宝安两位市容环卫工作者获“鹏城优秀美容师”称号。

广东省律师协会会长欧永良一行

到深宝律师事务所就“法律进社区”进行专题调研。

27日　区委区政府以深宝发〔2010〕11号文颁布《关于着力构建区域化党建格局深入推进党建社区化的实施意见》。《意见》分六部分：第一部分，明确推进党建社区化的指导思想和目标要求；第二部分，推广驻社区党委模式，搭建党建社区化组织基础；第三部分，开展“服务社区、凝聚人心”活动，积极发挥各种工作力量作用；第四部分，坚持共享资源，夯实党建社区化阵地基础；第五部分，健全机制，确保党建社区化工作有效运转；第六部分，加强组织领导，确保党建社区化扎实有序推进。

由宝安交通运输局、区公安分局、宝安交警大队、市交通运输行政执法支队宝安大队等单位组成交通联合执法整治行动组，在全区联合开展电动车、三轮摩托车非法营运专项整治行动。全区共出动执法人员1080人，查扣非法上路、非法营运的电单车、两轮摩托车、三轮摩托车共705台。全区20家单位联合行动，将耗时4个月整治非法营运。

29日　宝安拉开在全区范围内开展社会治安综合整治统一行动的序幕，掀起岁末社会治安整治高潮。新安、松岗、龙华三个街道为本次整治行动的主战场。

30日　2010年中国国际人才交流大会闭幕，宝安区获最佳展示金奖和最佳组织奖，这是宝安区连续第二年获此殊荣。

广东省第五批现代教育技术实验学校评估专家组一行10人到宝安，对12所申报广东省现代教育技术实验学校的中小学进行检查评估，该12所学校全部顺利通过资格确认。宝安现共有省级现代教育技术实验学校32所，占全区公办中小学的38%，居全市各区首位。

11月

1日　宝安区第六次全国人口普查正式开始登记。副市长唐杰在深圳市人普办主任、市统计局局长殷勇和宝安区委常委、副区长王立新等陪同下，前往宝安区新安街道宝民社区检查人普工作，代表深圳市委市政府向工作在第一线的普查人员表示慰问，并与普查员一道入户开展普查登记。

宝安区慈善捐赠月活动启动，捐赠活动主题为“一十百千万”。指的是：号召中小学生捐一元，普通市民捐十元，公职人员和个体工商户捐一百元，一般企业捐一千元，规模以上企业捐一万元。

2日　市委常委会召开会议，讨论并原则通过《深圳经济特区一体化建设三年实施计划（2010～2012）》，民治被列为深圳经济特区一体化先行示范区。

3日　区委书记鲁毅率相关街道和职能部门负责人，来到位于福永的3家企业开展“订单式”服务。

广东省依法治省工作先进单位表彰大会在广州召开，新安街道被省委授予“广东省依法治省先进单位”称号，成为全市唯一获奖街道。

4日　省人口普查办公室主任、省统计局副局长彭启鹏，省人普办常务副主任叶建新，国家人普办处长伍超等在市统计局副局长李必祥等陪同下，到宝安检查指导人口普查工作，听取区人普办作人口普查工作汇报。

位于宝安25区的宝安艺术城开业，该艺术城投资约8000万元、建筑面积达16000平方米，是目前深圳市文化艺术行业品种最齐全、服务内容最丰富的产业集散地。

宝安再次开展“迎亚运、保稳定、促平安”综合整治统一行动，作为本次整治行动的3个重点街道，西乡、石岩、观澜的派出所、安监办、执法队、交警中队、出租屋综管所等部门共出动2000多人次，按照“什么问题突出，就整治什么”的原则，有重点地开展整治行动。

宝安区被广东省依法治省工作领导小组和广东省普及法律常识领导小组评为首批“广东省法治县（市、区）创建活动先进单位”称号，

5日　宝安区松岗街道行政服务大厅正式投入使用。11个职能部门提供42项服务。该大厅的启用，标志着松岗街道一站式审批、一条龙服务的行政服务工作机制初步形成。

7日　福永街道“两新”组织500多名党员在凤凰山加入义工队伍。区委组织部和福永街道领导参加启动仪式。

8日　宝安展开非法营运联合整治，对非法营运及电单车交通违法违章行为集中整治。联合整治行动为期一个月。首日行动中，联合执法队共设置20个检查点，查扣近300辆非法营运电单车。

宝安区第十届青年学生成人宣誓仪式主会场活动在新安中学举行。活动由团区委、区教育局、区关工委共同举办。除新安中学主会场外，全区共有七千余名18岁青年宣誓成年。

9日　宝安区第五届“廉洁文化周”优秀书法美术作品展开幕，120余件书法美术作品在区群艺馆亮相。区纪委副书记、区监察局局长王敬出席作品展。

11日　区委书记鲁毅率队到龙华、民治街道调研，并提出规划先行，强力推进民治街道作为特区一体化先行示范区建设。

15日　宝安区第二届残疾人展能节书画摄影作品及手工艺品展在区文化艺术馆开幕。

17日　区委书记鲁毅率队视察高交会宝安参展企业。区政协主席沈建英，区委常委、常务副区长刘惠玲，区委常委、区委区府办主任戴斌，区委常委、副区长王立新，区人大常委会副主任姜锦笑参加活动。

19日　由中央政法委、综治办督导室副巡视员李炜率队的中央综治委督导检查组一行，到西乡街道调研社会治安综合治理工作。对于该街道在社会管理上的创新举措，督查组给予高度肯定。

宝安区义工联成立15年“最具影响力15人15事”评选结果出炉，“最具影响力15人”分别是：王莹、王晓玲、刘镇、张晓燕、张海文、李秋

霞、李晓晖、杨秋林、陈锦花、周国波、黄桁静、曾柳英、蒋云香、廖耀华、熊永兰。并于12月5日举行以“爱心15载，因你更精彩”为主题的活动表彰获得荣誉的个人，区委常委、组织部长赵燕民出席活动并为荣誉获得者颁奖。

20日　深圳首个光纤化城中村——龙华共和社区网线改造工程竣工。接下来，共和社区的示范经验将在龙华甚至全市的“城中村”推广。

22日　全国第五届“群艺杯”摄影艺术展在区群艺馆启幕。区委副书记张洪华，区委常委、宣传部长李桦，副区长李慧民，中国艺术摄影协会主席杨元惺等领导嘉宾出席剪彩仪式。本届摄影艺术展以“中国人的面孔”为主题，评选出金、银、铜奖和优秀作品231幅。

23日　宝安区召开干部大会。大会宣布，经市委研究同意：张备任中共深圳市宝安区委委员、常委、副书记，为深圳市宝安区区长人选；免去李文龙中共深圳市宝安区委副书记、常委、委员职务，不再担任深圳市宝安区政府区长职务。市委常委、组织部长戴北方出席会议并作重要讲话。区委书记鲁毅主持会议。区几套班子领导等出席会议。

位于宝安区民治街道白石龙社区的“中国文化名人大营救纪念馆”被授予“广东统一战线基地”，这是深圳市首个“广东统一战线基地”。

25日　由国家安监总局、卫生部、人力资源和社会保障部、全国总工会等部门组成的全国粉尘与高毒物品治理专项行动督查组，由全国总工会副主席张鸣率领，到宝安督查工作。

26日　宝安区四届人大常委会举行第三十二次会议，根据表决结果，决定任命张备为宝安区人民政府副区长、代理区长。

宝安区非公企业建会活动月暨“广普查、深组建、全覆盖”会员入会集中行动率先全市正式启动，截至当天下午5时许，全区共有三千余名劳务工领取会员证，成为工会大家庭的一员。

27日　即将总体完工的地铁一号线续建工程西乡段首次试通车，从位于新湖路与新安路交汇处的新安站出发，途经宝安中心站、宝体站、坪洲站，最终抵达西乡站。30名市民代表乘坐首趟列车，体验该段运营服务。

30日　2010年第三届中国（深圳）国际工业设计节在宝安恒丰海悦酒店开幕，这是一次汇集工业、建筑、平面、室内等世界设计精英的“英雄会”，世界顶级设计大师将现场进行国际设计交锋。

12月

1日　宝安区在福永街道召开“11·30”火灾事故现场工作会。会上，区委书记鲁毅，代区长张备要求深刻吸取火灾事故教训，举一反三，迅速全面加强全区安全生产工作。宝安区将每季度对全区各街道进行安全生产考核。

2日　代区长张备，区委常委、常务副区长刘惠玲，区委常委、区委区府办主任戴斌，副区长龙耀庭来到民治街道调研。张备要求，民治要全面推进特区一体化先行示范区建设，实现硬件一体化、管理一体化和人的一体化。

3日　宝安区2010年“12·4”法制宣传日主会场活动在宝城灵芝公园举行，“12·4”活动主题是“发展法治文化，建设法治城市”。

中共中央组织部组织二局街道社区处处长周训国一行来宝安调研党建社区化工作，并为区卫生局党代表工作室揭牌。区委常委、组织部长赵燕民陪同调研。

3～5日　全国社区教育工作座谈会在浙江杭州召开，宝安区获全国首批34家“全国社区教育示范区”之一。

4～5日　由北京师范大学中国语文与海外华文教育研究中心发起主办，由宝安区教科培中心协办的全国首届“高中语文模块教学”研讨会在新安中学召开。国家教育部基础教育司课程教材发展中心教材处李水平处长，全国中学语文研究会会长苏立康教授，北京师范大学教授、博士生导师郑国民先生等专家学者出席会议并讲话。

5日　国家住建部副司长陈蓁蓁率中国人居环境奖工作领导小组成员到福永指导绿道建设，并骑自行车体验凤凰山段绿道。

6日　宝安区高端产业招商推介会在大中华喜来登酒店宴会厅举行。市委常委、副市长陈应春，市政府副秘书长盛斌等出席会议。区委书记鲁毅为本次招商推介会致辞。代区长张备主持招商推介会。区政协主席沈建英等区几套班子领导参加推介会。区委常委、副区长王立新介绍宝安区投资环境并推介一批高端产业项目。

7日　中国首家以“陈设艺术”为主题的大型创意文化产业园区——127陈设艺术产业园于民治街道开园。

8日闭幕的第八届全国杂技（魔术）节上，福永杂技团选送的杂技节目《火之灵——技巧造型》获得杂技类银奖。

8日　观澜医院通过广东省专家组认定，成为继宝安区人民医院、沙井医院等医院之后又一家广东医学院非直属附属医院。

9日　广东省军区副政委张志国少将来到宝安，对区人武部年度工作任务完成情况、安全稳定工作情况、基层人武部“四个基本”（基本教育、基本队伍、基本制度、基本设施）抓建情况和扶贫“双到”情况进行调研。

文化部在天津举行第四批国家文化产业示范基地命名授牌活动。市永丰源实业有限公司成为宝安区首个荣获“国家文化产业示范基地”称号的单位，标志着宝安实现国家级文化产业示范基地零的突破。

宝安区科技创新奖励大会召开，两企业老总获区长奖。区科技创新奖自本届开始由两年一评改为每年一评。

10日　联合国教科文组织文化部

文化表达与创意产业局局长嘉丽·萨乌玛·弗雷德、创意产业发展部处长乔治·普萨、创意城市网络协调员李到妍一行到观澜版画原创产业基地参观考察。

12日　深圳市2010年特色工业园授牌仪式在龙华举行，龙华利金城科技工业园被授予“深圳特色工业园”荣誉称号，全市共5家工业园获评此称号。

13日　在北京举行的中国社区卫生政策研究课题终期评审会上，宝安区卫生局的“深圳市社区卫生服务机构药物使用现状及实行国家基本药物制度的策略研究”通过课题终期评审，相关研究成果得到卫生部评审专家组肯定。

宝安首家电子商务产业园——展滔电子商务产业园在宝安区高端产业招商推介会上签约，并开始对外招商，该产业园位于民治牛栏前社区，总占地约1.1万平方米，总建筑面积10万平方米。

16日　西乡街道被全国残疾人康复工作办公室，中国残疾人康复协会授予“全国残疾人康复咨询人员上岗服务试点工作示范单位”。

17日　宝安西部发展规划的又一重点项目——深圳西部琦丰达科技创新园主体大厦建成封顶。这标志着宝安区又多了一个引进高端产业发展的科技创新基地。

18日　第二届雁盟创意文化节启动，作为“创意十二月”活动的重要部分，雁盟以“低碳”为主题，探讨多种形式的绿色生活。

20日　水色——深圳宝安华侨城大酒店开工庆典在宝安中心区举行。这是宝安区积极发展高端服务业的又一特色项目，定位白金五星级主题商务酒店。

21日　市中院在宝安法院召开全市法院审前调解工作现场会暨调解工作表彰大会。宝安法院首创的“审前调解”制度正式在全市法院全面推广。

21～28日　以“千年蚝乡，优美宝安”为主题的第七届“沙井金蚝节”在沙井街道举办。本届沙井金蚝节活动由市文体旅游局、区政府主办，沙井街道办、区贸工（旅游）局承办。

22日　区委区政府以深宝发〔2010〕14号文颁布《关于建立长效机制全面提升文明城区建设水平的实施意见》。《意见》分六部分：第一部分，健全文明委工作制度，建立决策咨询机制；第二部分，建立文明创建活动管理办法，完善工作机制；第三部分，丰富文明创建活动载体，健全教育引导机制；第四部分，调动多方力量参与，整合创建资源；第五部分，实施科学评估，强化责任追究；第六部分，加大支持力度，健全保障机制。

省卫生厅副巡视员吴少林带领省检查验收组来到宝安，听取市、区、街道关于松岗火灾隐患重点地区整治工作汇报。市政府副秘书长李一康主持汇报会，代区长张备，区委常委、副区长王立新出席汇报会。

23日　宝安区第一个新经济组织工会联合会在福永商会挂牌成立，这是宝安区首个新经济组织工会联合会。

24日　区委书记鲁毅率队到西乡街道、沙井街道、福永街道检查督导安全生产工作。区委常委、区委区府办主任戴斌，区委常委、政法委书记，区公安分局局长曲晓顺，副区长李慧民参加。

28日　深圳市“创意十二月——创意雕塑系列活动暨新华书画院广东分院创作基地落成典礼”在松岗街道燕川社区朴园举行。《相聚鹿回头》、《龙腾》等40件精品雕塑参展。

29日　沙井街道行政服务大厅正式启用。至此，宝安10个街道行政服务大厅全部建成并正式对外办公，在全市率先实现街道一级全覆盖。

31日　宝安区举行综治信访维稳信息系统开通仪式。

主题索引

说　　明

1.本索引按照主题词首字汉语拼音字母顺序排列。

2.索引条目后的数字表示本书的页码；数字后的拉丁字母（a、b、c）分别表示该页码的左栏、中栏、右栏。

3.本期的文献、人物、统计资料和大事记等内容未作索引。

A

B

C

K

L

M

N

T

W